道德情操论

（2020 年　全译本）

［英］亚当·斯密（Adam Smith）　著　张春明　译

经济管理出版社

图书在版编目（CIP）数据

道德情操论：2020年：全译本/（英）亚当·斯密（Adam Smith）著；张春明译．—北京：经济管理出版社，2021.6（2025.10重印）

ISBN 978 - 7 - 5096 - 8057 - 5

Ⅰ.①道…　Ⅱ.①亚…　②张…　Ⅲ.①伦理学—思想史—英国　Ⅳ.①B82 - 095.61

中国版本图书馆 CIP 数据核字（2021）第 109321 号

组稿编辑：白　毅
责任编辑：杨国强　白　毅
责任印制：赵亚荣
责任校对：陈　颖

出版发行：经济管理出版社
　　　　　（北京市海淀区北蜂窝 8 号中雅大厦 A 座 11 层　100038）
网　　址：www.E - mp.com.cn
电　　话：（010）51915602
印　　刷：北京晨旭印刷厂
经　　销：新华书店
开　　本：720mm×1000mm/16
印　　张：24.5
字　　数：464 千字
版　　次：2021 年 8 月第 1 版　2025 年 10 月第 6 次印刷
书　　号：ISBN 978 - 7 - 5096 - 8057 - 5
定　　价：68.00 元

译者序

我读《道德情操论》，前后有十五年，包括英文版和中文版，读了数十遍。对于这本博大精深的鸿篇巨著，我每读一次都有新的认识和理解。

然而在阅读中文版的过程中，每次都会出现程度不一的理解困难。一方面，可能是由于著作本身专业性强、抽象概念多，而且论述又繁复广博；另一方面，或许是由于我所读中文译本中存在层出不穷的翻译错误与文理逻辑问题。

长子跃彰，三岁开始阅读，尤其在手机广泛普及和游戏泛滥的当下，他也算得上是一位真正的读书爱好者。在他小学毕业时，我多次推荐他读《道德情操论》，但他皆因句式拗口、语意晦涩而放弃。以致他现在即将高中毕业了，也只是零星读过几段。正是犬子的一个玩笑"爸爸，你要是把它重新翻译了，我就读《道德情操论》"，促成我完成了本书的翻译。

在我看来，《道德情操论》**其实更多的是一本心理学和社会学方面的巨著**。无论是我们的七情六欲、喜怒哀乐、爱恨情仇，还是我们曾经产生过的各种念头以及那些从未产生过的念头；无论是我们"为什么会那么想，又为什么会这么做"，还是那些我们亲身经历过或曾经听闻过的以及那些我们尚未来得及经历体会的各种想法、感受、念头，作者都将在本书中进行全面、系统而辩证的阐释。换句话说，**我们日常生活中的所思所想、所见所闻、所乐所怒、所爱所恨、所喜所厌**，甚至是各种偶尔的微妙闪念，作者都几无遗漏、全面系统地分析了其**心理根源**，解释我们为什么以及在什么情况下会羞涩怯懦、羞愧懊悔、收敛节制，或反之，喜形于色、得意扬扬、纵情宣泄。

对于本书的恢宏论述，我感受有三。其一，作者把种种"情感或念头"的**来龙去脉（心理根源）**，全都逐一阐释得非常清楚；其二，作者总能透过现象剖**析本质，直击心灵深处**；其三，作者总是能够辩证地分析看待各种现象或问题，**可以帮助我们学会如何客观而独立地思考**。

尽管当今的道德哲学和心理学，如同自然科学那样已经取得了日新月异的发展，但《道德情操论》的学术地位和真知灼见，仍然少有人能够望其项背。它不仅对人类丰富多彩的情感世界作了详尽阐释，而且对人生的诸多命题也有深刻诠释。所以，**若想赢得更幸福的人生，《道德情操论》至少值得我们每个人读三遍：在步入社会之前；在结婚成家之前；在生养孩子之前。**我相信这本书，必定有助于我们更好地认识自己；有助于我们更好地理解、体谅和包容身边的同学和老师、同事和领导、父母和其他长辈、兄弟姐妹和朋友、丈夫或妻子、儿女和其他晚辈，以及那些与自己毫无关系的陌生人；有助于我们提高个人认知，更好地与他人友好而愉快地相处、更好地培养和教育下一代；有助于我们更好地认知宗教、政党、国家与政治统治。

本书翻译的关键，首先在于厘清相关概念、术语及其含义。比如，不同章节段落中的"sympathy、sentiment、nature、principle"等词，绝不能全都按照其常见字面含义，而笼统直译为"同情、情感、自然、原理（原则）"等，更不能将"mean principle"译作"恶劣习惯"；否则，就难免令人啼笑皆非而贻笑大方。值得一提的是，到了 21 世纪的今天，倘若还把牛顿的巨著《**自然科学的数学原理**》（*Mathematical Principles of Natural Philosophy*），仍然像过去那样误译为《**自然哲学的数学原理**》，就不得不令人忧心学术之严谨性。

其次在于文理与逻辑的贯通。正如胡适先生在他的《中国哲学史大纲》导言中指出的那样，"**整理史料的方法，约有三端：校勘、训古、贯通……而'贯通'便是把每一部书的内容要旨融会贯串，寻出一个脉络条理，演成一家有头绪有条理的学说**"。所以译者窃以为，西方经典古籍尤其是哲学古籍的翻译，其重中之重也在于"贯通"。本书译文不仅杜绝了其他译本几乎通篇都是"简单的文字堆砌（直译）"甚至"概念不清而错误百出"的问题，而且最重要的也是我最满意之处，就是全书的翻译无论是句子内部，还是上下文之间、段落之间、章节之间，甚至是各章节的标题，译者都力求做到概念准确和文理"贯通"。可以说，基本理顺了该书的论述逻辑与脉络条理，确保读者读后不再晦涩难懂、一头雾水而不知所云。

衷心希望《道德情操论》，**从此不再因五花八门而层出不穷的翻译错误而影响其学术价值的传播、影响它在启迪个人与社会智慧方面的作用。**

作为一名普通阅读爱好者，受限于自身的文学、英语和哲学等知识水平，在翻译过程中，译者不得不大量借助电子词典、百度百科、英文版维基百科来查阅资料。面对大师的经典巨著，心怀忐忑而不得不反复咬文嚼字，尤其是对那些抽象论述的翻译，有时哪怕只是一句话或一小段，也常常伏案数天。整个翻译之"煎熬"和速度之慢，远远超出我的预料，以致好几次产生放弃的念头。现历经三年半有余，终于付梓，总算对犬子的"玩笑"有个交代。

本书依据 1790 年英文版第六版译出。还请读者注意以下三点"改动"：英文版第三、第四、第五卷中均只有一章，译者基于中文目录的编制习惯，窃将此三卷当中原文标题的"节"改为"章"；同时，译者对部分章节的标题进行了不同程度的节略或调整；以及出于文理逻辑和便于阅读理解的考虑，译者还在大约十处，联系上下文做了内容添加或微小调整。以上改动均在正文中进行了相应的标注和说明，以示对原文的尊重。

当然，亚当·斯密也不可避免地存在某些时代局限性。故此，对于本书中诸如第三卷第三章、第五卷、第七卷第二章中"野蛮民族、野蛮人""文明民族与野蛮民族"这样在今天看来不太恰当的说法，请读者注意甄别。

限于个人的知识水平，本书译文的错误与偏颇之处，敬请读者和专家指正。有兴趣的朋友请关注我的微博（书末二维码），与我讨论交流以共同完善。

本书中的双下画线字体均为地名或人名等，无任何强调之意。

本书中的译注是对相关人物、地名、历史背景或事件的一些简要说明，这些说明全部来自中文版百度百科和英文版维基百科，如涉及版权事宜，请联系出版社。

张春明

2020 年 7 月 22 日于武汉

亚当·斯密的生平及
《道德情操论》的创作过程

（参照百度百科、百度词条、维基百科等公开信息整理）

    亚当·斯密（Adam Smith，1723 年 6 月 5 日至 1790 年 7 月 17 日），出生在苏格兰法夫郡（County Fife）的寇克卡迪（Kirkcaldy），英国经济学家、现代经济学的主要创立者。

    1723 年他出生于苏格兰一个海关官员的家庭，14 岁考入格拉斯哥大学，学习数学和哲学，并对经济学产生兴趣。17 岁时转入牛津大学。毕业后，1748 年到爱丁堡大学讲授修辞学与文学。1751 ~ 1764 年回格拉斯哥大学执教，期间将他的伦理学讲义修订后，并以《道德情操论》为名于 1759 年出版，从而为他赢得了声誉。1764 年他辞去教授并担任私人教师，随后到欧洲旅行，期间结识了伏尔泰等名流，这对他的思想产生了很大影响。1767 年，他辞职回到家乡写作《国富论》，9 年后（1776 年）《国富论》出版。1787 年他出任格拉斯哥大学校长。1790 年与世长辞。

亚当·斯密

    亚当·斯密的主要成就在于他在政治哲学、伦理学、经济学方面的贡献，传世代表作为《国富论》和《道德情操论》。

一、亚当·斯密　主要生平

    1723 年 6 月 5 日，亚当·斯密出生于苏格兰法夫郡一个只有 1500 人左右的小镇寇克卡迪（Kirkcaldy）。斯密幼年聪明好学，14 岁就进入格拉斯哥大学（University of Glasgow），主修拉丁语、希腊语、数学以及道德哲学。在格拉斯哥大学学习期间，深受哲学教授弗兰西斯·哈奇森的自由主义精神影响。

1740 年，斯密获得了奖学金，进入牛津大学学习，1746 年毕业后回到故乡寇克卡迪。1748 年，斯密开始在爱丁堡大学担任讲师，主讲英国文学，几年后又开始讲授经济学课程。

1751 年，斯密回到母校格拉斯哥大学任教授，主讲逻辑学和道德哲学。在格拉斯哥大学任职期间，斯密公开发表经济自由主义的主张，形成了自己的经济学观点。

1759 年，斯密的第一部著作《道德情操论》出版。1764 年，斯密受布克莱（Buccleuch）公爵之邀，离开格拉斯哥大学，到欧洲大陆旅行。旅行的经历以及在旅行过程中同许多欧洲学者的交往，促使斯密的经济理论走向成熟，尤其是重农主义的经济学家魁奈对他影响很大。三年后，斯密回到伦敦，被选为英国皇家学会会员。为了完成自己的研究工作，斯密回到故乡寇克卡迪，开始潜心撰写经济学著作。

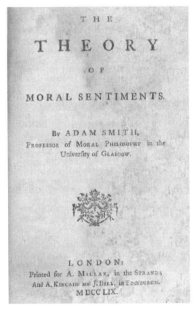

1759 年首版 封面

1776 年，这部历时九年（写作六年和修订三年）的经济学著作《国民财富的性质和原因的研究》（即《国富论》）终于完成。它的发表标志着古典自由主义经济学的正式诞生。

在写作《国富论》的过程中，斯密积劳成疾。自 1784 年开始，他的健康状况持续恶化。但斯密依然笔耕不辍，继续写作两部关于哲学和经济学的著作。

1787 年，斯密应邀去伦敦为英国内阁成员讲授经济学，同年 11 月，又被推荐担任母校格拉斯哥大学的校长。1790 年 7 月 17 日，斯密与世长辞。

英镑上的亚当·斯密

斯密在临终前，坚持将未完成的十几部手稿付之一炬。后人根据他学生所记的笔记，于 1796 年整理出版了《正义、警察、岁入和军备讲稿》，其他遗稿也陆续整理出版，包括 1793 年出版的《哲学问题论集》和 1795 年出版的《天文学史》等。

二、亚当·斯密　个人生活

（一）亚当·斯密　家庭成员

亚当·斯密的父亲也叫亚当·斯密（Adam Smith），是律师，也是苏格兰的军法官和寇克卡迪的海关监督。父亲于 1720 年去世（时间存在争议）。

斯密的母亲玛格丽特（Margaret），是法夫郡斯特拉森德利（Strathendry）大地主约翰·道格拉斯（John Douglas）的女儿，一直活到 90 岁。由于在斯密出生前，他的父亲就已去世，所以斯密特别亲近他的母亲，母亲也经常教导和鼓励斯密，因此他受到母亲的影响极大，母亲也一直是亚当·斯密生活的中心。斯密童年体质孱弱、多病，又无兄弟姐妹，家里孤儿寡母的缘故，使他长大成人后仍时常陪伴在母亲身边，因此真正了解亚当·斯密的人就是他的母亲。亚当·斯密的一生，就是与母亲相依为命的一生，在长达 60 年的岁月中，斯密对母亲孝顺侍奉而终身未娶。1784 年 5 月 23 日，亚当·斯密之母去世，这年斯密已经 61 岁。在 6 年后的 1790 年 7 月 17 日，67 岁的斯密也离开了人世。

（二）亚当·斯密　社会交往

斯密一生最好的朋友就是大卫·休谟（David Hume）[1]。大约在 1750 年时他认识了大卫·休谟，两人很快成为亲密好友。无论两人相隔多远，都一直保持着联络。由于亚当·斯密在 1773 年完成《国富论》初稿时的身体状况已衰退许多，他生怕自己历时九年的著作会没有出版的一天，所以斯密当时便指定大卫·休谟为遗稿管理人。1776 年 3 月《国富论》首次出版，5 个月后，大卫·休谟却因病先他而去，大卫·休谟在此前的 1776 年 1 月的遗嘱中，也指定亚当·斯密为他的遗稿管理人。

（三）亚当·斯密　主要作品

《道德情操论》（*The Theory of Moral Sentiments*），1759 年首次出版；

《国富论》（*An Inquiry into the Nature and Causes of the Wealth of Nations*），1776 年 3 月 9 日首次出版。

---

① 译注：大卫·休谟（David Hume，1711 年 4 月 26 日至 1776 年 8 月 25 日），苏格兰哲学家、经济学家、历史学家，被视为苏格兰启蒙运动以及西方哲学历史中最重要的人物之一。虽然现代学者对于休谟的著作研究仅聚焦于其哲学思想上，但是他最先是以历史学家的身份成名，他所著的《大不列颠史》一书成为英格兰历史学界的基础著作长达 60 ~ 70 年。历史学家们一般将休谟的哲学归类为彻底的怀疑主义，但自然主义也是休谟的中心思想之一。

休谟的哲学受到经验主义者约翰·洛克和乔治·贝克莱的深刻影响，也受到一些法国学者的影响，他也吸收了各种英格兰知识分子如艾萨克·牛顿、弗兰西斯·哈奇森、亚当·斯密等的理论。

三、亚当·斯密　主要理论

（一）亚当·斯密　经济学

在斯密看来，人类的行为是由六种内在自然动机所推动的：自爱、同情、追求自由的欲望、正义感、劳动习惯和交换倾向。这些动机经过各种社会机制的微妙平衡，会使一个人的利益不至于与其他人的利益产生强烈对立；由此而产生的自利行动，必然就会在追求个人利益的同时，也考虑到他人的利益。出于对人类动机的自然平衡和自然秩序的深信不疑，斯密提出了他的论断：每个人在追求自身利益时，都会"被一只看不见的手引导着去达到并非出于其本意的目的"。他的经济学理论，正是以这种基本观点为基础来分析经济运行过程的。

在微观经济学方面，斯密的价值论把劳动看成是价值的唯一源泉，从而把每一种商品中所包含的劳动量视为衡量交换价值的尺度，并以此为基础，通过考察自然价格和市场价格的关系，分析了竞争约束个人自利行为的作用形式和价格机制配置社会资源的作用过程。他的分配理论，不仅解释了工资、利润和地租的决定方式，还考察了三者之间的相互关系。他指出，利润就是雇佣劳动所创造的、超出工资的那部分剩余价值。随着竞争的加剧，不仅利润会减少，而且有利可图的投资机会也将减少，投资回报率亦将趋于下降。至于地租，则是土地所有者凭借其垄断权而获得的一种收入。然而，当他力图把价值论与分配论结合在一起时，他的论述难免就会出现不少混乱甚至相互矛盾的观点；不过他的学术研究，还是成为后来的学者各取所需的源泉。

在宏观方面，斯密所关心的是经济增长的性质和动态变化过程——究竟是什么力量驱使近代社会的经济不断发展？按照他的分析，这部分归因于市场机制本身。因为，市场在鼓励人们追求自身利益的过程中，会自然激发出他们的勤劳、节俭品质和创造精神，并通过竞争的力量，引导人们把其资源投向生产率最高的经济领域，从而促成社会资源的优化配置。除此之外，还存在着其他基本的力量，那就是以劳动分工为主要基础的劳动生产率的提高和资本积累所推动的生产性就业人数的增加。因此，他一方面详细分析了分工如何导致劳动者技能的提高、时间的节约和技术进步，考察了分工发展的条件，进而提出"分工受市场规模限制"的论点；另一方面考察了人口的增长和资本的积累对生产性就业量的决定性作用，以及资本积累的源泉——节约和储蓄。

（二）亚当·斯密　经济政策

在经济政策方面，斯密是自由经济主义的倡导者。他期望在自律的个人自由基础上，建立起一种自发调节的社会经济秩序，因而倡导一种"自然的、简单明了的自由体系"。在这样的自由经济中，政府只需维持和平，建立和维持一个严密的执法体制，以及提供教育和其他最低限度的公共事业；政府无须干预一般的经济事务，可以放心地让每一个人按自己的方式来自由开展经济活动；这样，他自然就会对公共利益作出最大贡献。也就是说，自由的社会经济体制是市场经济得以顺利运行和经济增长的基本条件。

四、亚当·斯密　人物影响

亚当·斯密因《国富论》而被认为是古典经济学的"开山鼻祖"。

斯密的理论体系是一个百科全书式的经济学体系，虽然其间缺乏严密的逻辑以及存在各种矛盾，但两个多世纪以来，一直对经济实践和经济学的发展具有广泛而深刻的影响。几乎从他还在世时开始，经济学家、政治学家以及其他领域的学者，无不以追寻斯密的思想为时髦，以便力图解释他们自己的理论。

五、亚当·斯密　人物评价

德国思想家卡尔·马克思评论道："在亚当·斯密手中，政治经济学已经得到几乎完美的阐释，而它所涵盖的范围，几乎涉及整个政治经济学领域。对政治经济学的基本问题，亚当·斯密第一次做出了系统的研究，并创立了一个完整的理论体系。"（《剩余价值学说史》）

奥地利政治经济学家约瑟夫·熊彼特评论道："亚当·斯密在劳动经济学领域的贡献是非常突出的，而且事实上，他的著作就是经济学理论的最好开端，加之他对这门学科的完善的、系统的论述，更增加了其重要性。"

六、亚当·斯密　主要纪年表

（一）1723 年 6 月 5 日【亚当·斯密出生】
亚当·斯密出生在苏格兰法夫郡（County Fife）的寇克卡迪（Kirkcaldy）。
（二）1730～1737 年【7～14 岁】
斯密在家乡苏格兰求学，就读于寇克卡迪（Kirkcaldy）的市立学校。
（三）1737～1740 年【14～17 岁】
1737 年就读于格拉斯哥大学（University of Glasgow）。亚当·斯密完成拉丁语、希腊语、数学和伦理学等课程；在"永恒的"哈奇森（斯密如此称呼他）的教导下研读道德哲学，斯密在这个时期表现出对自由、理性和言论自由的热情。

（四）1740～1746 年【17～23 岁】
1740 年斯密就读于牛津大学（University of Oxford），享受巴利澳尔学院（Balliol College）的斯内尔奖学金（Snell Exhibition），但他在牛津大学并未获得良好的教育，唯一的收获是阅读了许多格拉斯哥大学缺乏的书籍。他后来说在牛津求学的时期对他毕生事业没有多少影响，1742 年他被提名享受沃纳奖学金（Warner Foundation），他在 1746 年离开了牛津大学。

（五）1746～1747 年【23～24 岁】

斯密在寇克卡迪与母亲住在一起，此时亚当·斯密没有工作。

（六）1748～1751 年【25～28 岁】

斯密于爱丁堡演讲授课。他在亨利·霍姆·卡姆斯（Henry Home）的赞助下开始于爱丁堡演讲授课。最初是针对修辞学和纯文学，但后来他开始研究"财富的发展"，到了年近 30 岁时，他第一次阐述了经济哲学的"明确而简易的天赋自由制度"，他后来将这些理论写入被简称为《国富论》的《国民财富的性质和原因的研究》一书里。在大约 1750 年时他认识了大卫·休谟（David Hume），两人成为亲密的好友，他也认识了一些在后来成为苏格兰启蒙运动推手的人物，1750 年他同父异母的哥哥休·斯密（Hew Smih）去世，亚当·斯密继承哥哥的遗产。

（七）1751～1763 年【28～40 岁】

1751 年 1 月，亚当·斯密当选为格拉斯哥大学的逻辑学教授，从 1751 年 10 月至 1763 年 12 月他住在格拉斯哥。斯密在格拉斯哥大学不仅担任逻辑学和道德哲学教授，还负责学校行政事务。1752 年 4 月 29 日，他被选为道德哲学教授，后因健康问题前往约克郡（Yorkshire）。1759 年，他在怀库姆（Wycombe）拜访谢尔本（Shelburne）勋爵。

1759 年，《道德情操论》出版。

1760 年他在因弗拉里（Inverary）拜访阿盖尔（Argyle）公爵。

1761 年，《道德情操论》第二版修订出版。

1761 年 8 月 27 日至 10 月 25 日的某天，他第一次因公出差到伦敦（London）。

1762 年 5 月 3 日他被授予格拉斯哥市荣誉市民称号；10 月他被授予格拉斯哥大学法学博士学位。

1763 年 11 月 8 日他临时请假，准备辞职。

1764 年斯密辞去了格拉斯哥大学的教授职位。

（八）1764～1766 年【41～43 岁】

1764 年他担任巴克勒（Buccleuch）公爵的私人教师。

1764 年 1 月他离开格拉斯哥前往伦敦，2 月初他离开伦敦前往法国。2 月 14 日他正式辞去格拉斯哥大学教授职务，在巴黎（Paris）逗留十天，自 3 月 15 日起他在图卢兹（Toulouse）停留一年半。

1765 年 8 月和 9 月亚当·斯密在法国南部旅行两个月，10 月和 11 月在日内瓦（Geneva）逗留两个月，11 月至 1766 年 10 月又在巴黎停留十个月。其间，斯密也认识了许多精英知识分子，如狄德罗、达朗贝、孔狄亚克、霍尔巴赫、艾尔韦修，以及雅克·杜尔哥（Jacques Turgot）和达朗贝尔，尤其是弗朗索瓦·魁奈（François Quesnay）、米拉波、奈穆尔等重农主义学派的领导人。亚当·斯密极为推崇他们的理论；在各种沙龙、宴会等社交场合与个人交往中，斯密经常与他们讨论经济学、哲学、文学、政治等方面的问题，并从中汲取了不少思想养料。尤其是魁奈和杜尔哥，在经济理论方面对斯密影响最大，并在《国富论》里有所体现。

（九）1766 ~ 1767 年【43 ~ 44 岁】

1766 年 10 月至 1767 年春天斯密在伦敦与查理·汤孙德（Charles Townshend）共同工作十个月。

1767 年，《道德情操论》第三版修订出版。

1767 年 5 月 21 日他当选为伦敦皇家学会会员，27 日成为正式会员。1767 年 6 月他开始写作《国富论》。

（十）1767 ~ 1776 年【44 ~ 53 岁】

1767 年 6 月至 1773 年 4 月斯密与母亲住在寇克卡迪。

1770 年 6 月他被授予爱丁堡市荣誉市民称号。

1774 年，当《国富论》进入定稿阶段时，斯密又修订出版了《道德情操论》第四版。

1776 年 3 月 9 日，历时 9 年的《国富论》首次出版。

（十一）1776 ~ 1790 年【53 ~ 67 岁】

1781 年，斯密又修改了《道德情操论》中仍然存在瑕疵的细节，出版了该书的第五版。

1784 年 5 月 23 日，与斯密相伴 60 年的母亲在 90 岁高龄时去世。

1787 年，斯密应邀去伦敦为英国内阁成员讲授经济学。

1787 年和 1788 年，斯密先后两次被推荐担任母校格拉斯哥大学的名誉校长（每次任期一年）。

1790 年，斯密在其生命的最后时光里，倾注所有精力，最终修订出版了《道德情操论》第六版。

1790 年 7 月 17 日，在母亲去世 6 年后，亚当·斯密与世长辞。

致读者

　　《道德情操论》第一版自 1759 年初问世以来，已经过去很多年了。我一直 01
想做些修订，并增加一些可以更好说明本书观点的例子，但我由于种种琐碎凡务
而陷入各种繁杂的工作中，而且直到现在那些琐事还妨碍着我，以致我很难以自
己一直想要的那种严谨和专注，去进行这些修订工作。本次新版的主要改动，读
者将在第一卷第三章的最后一节以及第三卷的前四章①中看到；而本版的第六
卷，则完全是新增的。同时，在本次新版中，我将大部分有关斯多葛学派②的哲
学论述，全都集中在第七卷；而在以前的版本中，这些论述散见于不同章节。在
第七卷中，我将把各个知名道德学派的学说尽量解释得更充分、考察得更明确；
同时，我把有关"信守承诺与信任"方面新增的几点看法也放在了第七卷最后
一章即第四章。此外，在本书的不同地方，亦有少量不重要的其他改动和修订。

　　在本书第一版的结尾，我说过："我将在另一本书中，专门针对各种有关 02
正义原则方面的问题，各种有关公共政策、国民收入和国防军备方面的问题，
以及其他一切有关法律对象的问题，尽量阐明法理学与政府制度的一般原理，
以及这些原理在不同时代与不同社会阶段又经历过哪些变革与演进。"在《国
富论》中，我至少针对公共政策、国民收入和国防军备方面的问题，已经兑现
了部分承诺。而有关法理学一般原理的阐述，我虽已计划了很久，但迄今仍因
各种羁绊而无法完成。尽管我承认自己年事已高，而且很难如愿完成这项艰巨
的任务，但我并未彻底放弃这个计划，仍然会竭尽所能地继续写作，并希望能
够完成整个承诺。在此，我把三十多年前信誓旦旦地宣告的这段话，一字不改
地保留在这里。

---

　　① 译注：原文为"节"，此处按新编译的目录，称之为"章"。
　　② 译注：斯多葛学派（The Stoics），即斯多葛哲学学派，是塞浦路斯岛人芝诺（Zeno，约前 335
年~约前 264 年）于公元前 300 年左右在雅典创立的学派。具体请参见第七卷第二章第一节第 15 段关于斯
多葛学派的详细译注。

目　录

第一卷　论行为的合宜性

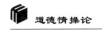

第二卷 论功与过，或论奖赏与惩罚的对象

第三卷 论我们评判自身情感与行为的依据，并论责任感

　　译注：本书英文名为 *The Theory of Moral Sentiments*，有很多学者曾提出《道德情操论》这个书名的翻译不太准确，因为他们觉得本书主要讨论的，似乎并不只是"道德情操"方面的问题，甚至有学者提出应该译作《道德情感理论》或《道德感情论》。但我觉得这些说法，都太过纠结于某个单词的常见义项而无视全书的论述主题和内容。首先，Sentiment 这个词的常见含义为"情感"，但更多是指"基于情感的观点、看法、情绪"。所以它在本书中除了译作"情感"之外，很多地方其实应译作"看法、感觉、××观"，而不应按其常见字面含义全都笼统而千篇一律地译作"情感"。其次，"情操"要比"情感"或"感情"的内涵和外延更深更广。情操是指"由感情和思想综合起来的，不轻易改变的心理状态"，当其作为一般语调时意为"情感和操守的结合"。而我们通常习惯于仅按一般语调来理解"情操"的含义。再次，通观全书，作者不只是在讨论"道德情感"或"道德感情"，而且还分析阐释各种"情感、感情、感受、情绪、激情、欲望以及现象、行为、思绪、观念、念头、心理、观点、思想、学说"的根源或心理机制，进而提出他的看法和主张。最后，通观全书，Theory 这个词在标题中的含义也许应当包含该词义项的三个方面：① 作者在"道德伦理"方面的学说（即看法或理论主张）；② 作者所指明的一些情感产生或"运作"的原理或心理机制；③ 作者在某些方面所提出的意见、看法甚至推论。所以我还是坚持认为，译作《道德情操论》或许最为精炼达意，更何况它已广为人知。

　　**译注：原著英文版的第三、第四、第五卷均只有一章，并且全都以"节"开始；基于中文目录的编排习惯，译者窃将此三卷英文版中"本卷只有一章"这句话略掉，并将"节"改为"章"，恳请读者注意。

　　***译注：为更好体现原书的逻辑和结构，便于阅读和理解，译者结合这些章节正文的论述内容，对这部分标题进行了节略。同时，为最大限度地尊重原文，译者将原标题内容，顺次移入该章或该节正文的首段前，且在正文中以黑体字表示并进行了标注说明。

第一卷

论行为的合宜性

行为究竟是否合宜，究竟是端正得体还是粗野卑俗，全都取决于引发行为的那个情感，是否与激发那个情感的原因或事物相宜相称。

第一章　论合宜感

第一节　论同情①

　　人，无论被认为有多么自私，天性中显然还是有着某种情愫②，会促使我们去关心别人的命运，从而把别人的幸福当作自己的幸福；尽管除了因看到别人幸福而感到开心之外，我们得不到任何好处。人类的这种情愫，就是怜悯或同情，就是当我们看到或设身处地地想到他人的不幸遭遇时，所产生的那种恻隐之心。比如，我们常常会因他人的悲伤而感到悲伤，这是一个显而易见并且无须任何例证的事实。这种恻隐之心，同人性中其他所有原始情感一样，绝不仅仅局限于那些善良仁慈的人，尽管他们也许更富同情心。即使是那些最歹毒的恶棍和最铁石心肠的罪犯，也不会完全丧失同情心。 01

　　由于我们无法直接感知到他人的感受，所以我们根本无法产生他人那样的切身感受，而只能设想自己身陷类似处境时会有怎样的感受。即便正在遭受酷刑拷打的是自己的亲兄弟，只要我们本人仍然轻松自在，那我们自身的感觉器官，就 02

---

　　① 译注：这里译作"同情"的"sympathy"这个词，在本书中会频繁出现，它除了指"我们对他人悲伤或痛苦的怜悯"这种狭义的同情之外，更多是指"我们对他人情感或行为的同感共鸣、理解体谅、认同认可、赞同接受"这种广义的同情，也就是我们常说的"共情或同理心"。在本节第 5 段，作者也对"sympathy"的含义作了解释。所以在本书中，请读者务必联系上下文，来确定"同情"的含义究竟是狭义的还是广义的。而且，译者并不会把"sympathy"全都直接译作"同情"，有时也会按其广义选取更贴合上下文的词，除非找不到比"同情"更好的表达方式。

　　② 译注：此处译作"情愫"的"principle"这个词，其通常含义为"原理、原则"，但在本书中，其实更多是指"心理、心理因素、心理机制、行为的缘由或信条、道德准则、行为准则"等。正是这一点理解，决定了本书多处翻译的概念准确性与逻辑条理性。否则，如果全都笼统地直译作"原理"或"原则"，难免就会贻笑大方。

绝不可能感觉到他所遭受的痛苦。因为，我们的感觉器官所能直接产生的感觉，绝不会也绝不可能超出自己的身体范围，唯有借助想象，我们才能体会他受酷刑折磨时的感觉。我们借以产生同情的所谓想象力，其实并没有什么特别之处，不过就是假设自己身处他的处境时，我们将会产生什么样的感受。想象力所展现给我们的，只是自己感觉器官的一种模拟印象，而不是他人感觉器官的那种真实感觉。借助想象，我们假设自己身处他的处境，假设自己也正忍受着与他同样的酷刑折磨，仿佛我们进入了他的身体，甚至在某种程度上变成了他，进而让我们得以体会到他的感受。我们这时所感觉到的痛苦，虽然在程度上要比他本人轻微一些，但在性质上并非完全不同。当我们深切体会到他那剧烈的痛苦，并将其转化为自己的痛苦时，那种剧痛就会开始影响我们；以致我们一想起他的痛苦感受，自己也会战栗发抖，好像遭受酷刑折磨的人就是我们自己。正如任何不幸与痛苦都会让我们感到十分悲伤那样，当我们设想或想象自己身陷那种不幸与痛苦之中时，也会让我们产生几分类似的悲伤情绪。不过，我们此时的悲伤程度，却取决于自己的想象力有多丰富。

03　　　可见，想象力是我们对他人不幸产生同情的根源，也正是通过设想自己身陷受害者的处境，才得以让我们能够想象并体会受害者的感觉，或者说受害者的感觉才会影响我们自己。如果还有人觉得我讲得不够清楚，那我们可以用大量显而易见的例子来进一步说明。比如，当我们眼看一根棍子正要朝另一个人的腿或手臂打下去时，我们也会本能地缩回自己的腿或手臂；当棍子真的打下去时，我们自己好像也被打中了似的，从而也会感到几分与受害者本人类似的疼痛。又比如，当我们目不转睛地观看那种绳索上的杂技舞蹈表演时，我们也会随着表演者的扭动而不由自主地不停扭动，以平衡自己的身体，好像我们自己也走在绳子上似的。再比如，那些身体纤弱且心理脆弱的人经常抱怨说，当他们在街上看到乞丐身上露出的脓疮时，自己身上的相应部位，往往也会感觉到那种瘙痒与不适。那些可怜人身上的脓疮让他们心里所产生的厌恶，对他们身体上相同部位的影响要大于其他任何部位；因为那种厌恶，是源于他们想象自己在遭受那种痛苦时的一种感觉，源于他们设想自己就是那些可怜的乞丐，源于他们设想自己身上的相同部位也同样不幸地生了脓疮。这种强烈的"想象"，足以让他们纤弱的身体，产生那种讨厌的瘙痒与不适的感觉。同样的道理，即使是那些身体最强健的人，当他们看到溃烂的眼睛时，自己的眼睛往往也会明显觉得不舒服；而且，即使身体最强壮者的眼睛，也要比最纤弱者身体的其他任何部位都更为脆弱。

04　　　当然，唤起我们同情的，并非只是那些让人感到痛苦和悲伤的情形。不管当事人的感受是什么，是高兴还是悲伤，又是缘何而起，每一位旁观者只要留心观察，当他想到当事人的处境时，就会油然升起一股类似情绪。在悲剧或浪漫爱情剧中，当我们看到自己关切的那些英雄人物得救时所感到的喜悦，不仅与我们看到他们遭遇不幸时所感到的悲伤同样真切，而且我们对他们不幸所产生的同情，并不比我们对其幸福所产生的同情（译按：即共情）更真切。我们不仅会像那些英雄人物自己一样，对那些在他们陷入困苦时始终不离不弃的忠实朋友也心生感激之情；而且我们还会像他们那样，对那些曾经伤害、抛弃、欺骗过他们的背信弃义之徒也深恶痛绝。凡是在人的内心容易产生触动的那种情感，旁观者总是可以借由想象——通过假设自己身处当事人的处境，来让自己也产生跟当事人相似的情绪。

怜悯（pity）和同情（compassion）这两个词，通常用来表示对他人悲伤的同感共鸣（fellow-feeling）。而同情（sympathy）这个词，其原义也许跟前面两个词相同，但在本书中，它通常还用来表示，我们对他人情感或行为的同感共鸣或感同身受，或者用来表示所谓的共情或同理心，其实也未尝不可。　05

在某些情况下，同情（译按：亦即共情和同理心）似乎就是纯粹源于对他人某种情感的深入观察与体会。然而在另外一些情况下，即使事先不知道当事人的情绪因何而起，旁观者的情绪似乎也会瞬间受到感染。比如一个人的悲伤或高兴，如果非常明显地表现在脸色上或行为举动上，就会立刻让旁人也感到几分类似的悲伤或愉悦。众所周知，笑脸总是让人愉悦，而愁容总是令人伤感。　06

然而这一点并非普遍成立，或者说，并非每一种激情①都是这样。有些激情如果表现过度，不但不会引起任何同情，反而在我们弄清楚其缘由之前，会引起我们的厌恶和反感。比如发怒者的那种狂躁，就非常容易引起我们的反感，其程度甚至可能超过我们对激怒他的仇敌的反感。因为我们不清楚他发怒的缘由，以致我们无法产生任何类似情绪，从而也就无法同情体谅他。然而，我们却可以清楚地看到那个被他狂怒的对象的处境，并且可以预见到那个被狂怒对象将会遭到什么样的伤害；因此，我们反而更容易同情那个被狂怒对象的恐惧与憎恨，甚至会立刻想同后者一道，去反对那个让他面临危险的狂怒者。　07

那些悲伤或高兴的表情，之所以会让我们在自己心中也产生几分类似情绪，其实就是因为它们通常会引起我们联想，进而让我们觉得，某种不幸或好运似乎已经降临到我们观察对象的身上；而这种联想，足以对我们的情绪产生一些细微影响。不过，悲伤或高兴的影响，通常会让我们的同情仅限于悲伤者或高兴者本人；而愤怒的影响则有所不同，它会让我们首先想到，自己关切的人是否就是被愤怒的对象。可见，我们对待好运或不幸的这种态度，通常都会激起我们对获得好运者或遭受不幸者本人的同情；而我们对待过度愤怒的那种态度，通常不会激　08

---

① 译注：这里译作"激情"的"passion"，在本书中极少有热情或热忱之意，而是泛指情感、情绪、欲望、渴望、愤怒或高兴等，请读者务必联系上下文来理解。

起我们对愤怒者本人的同情。天性似乎让我们不太情愿去体谅愤怒这种激情，甚至在搞清愤怒的缘由之前，反而更容易先让我们产生反感。

09　　在搞清楚他人悲伤或高兴的原因之前，我们的同情通常总是极不充分。这是因为，受难者的那种悲叹恸哭，通常只是表明他自己极度痛苦，但这让我们所感受到的，无非只是那种探究他"到底怎么啦"的好奇心；我们顶多有点儿同情他的倾向，而这显然不是那种真正的同情。我们首先会问他："你怎么啦？"在这个疑问得到解答之前，即使我们会为他的不幸遭遇感到忧心不安，但更多只是想要搞清楚他不幸的原因；因此，我们在这之前的同情仍然不会那么真切。

10　　综上可见，同情其实更多源于激发某个情感的情境，而很少是源于某个情感本身。因此，我们有时就会仅仅出于对某个人的担心而产生某种情绪，尽管他本人并没有那种实际感受。这是因为，当我们设想自己就是他时，即使他本人实际上并没有那种感受，我们也会出于担心而在自己心中产生那种感受。比如，我们会因为某个人的厚颜无耻与粗鲁无礼而感到羞耻，尽管他本人并不觉得自己的行为有任何不当之处，这是因为我们觉得，如果自己的行为如此荒唐，那我们将是多么的窘迫羞愧。

11　　一个人只要尚存一丝仁慈，那他就会认为，在那些可能会给人造成致命打击的所有不幸当中，丧失理智必定最为可怕。所以，人们对"丧失理智"这种人类的极大不幸，总是会产生更强烈的同情。但那个丧失理智的可怜人，他本人可能仍然又笑又唱或者又哭又闹，对他自己的不幸反而浑然不觉。可见，丧失理智者让善良的旁观者所感到的那种痛苦，与丧失理智者本人的感受完全不同。旁观者对失去理智者的那种同情，当然只是源于一种想象，也就是他以自己现在的正常理智与判断力，去看待当他自己也不幸丧失理智时所产生的那种痛苦感受。

12　　婴儿在遭受病痛折磨时，由于无法表达自己的感受而只有不断痛苦呻吟；然而，这让婴儿的妈妈所感到的痛苦又是什么样的呢？妈妈心中的痛苦，并非仅仅源于她看到自己的孩子正在遭受病痛折磨，而且还源于她眼看孩子遭受病痛折磨自己却束手无策、源于她对孩子的病情不明而感到的担忧与恐惧。所有这些，都会让妈妈在自己的脑海中形成有关痛苦与不幸的全部想象，进而让她忧心忡忡而悲伤不已。然而实际上，婴儿也许只是暂时的不舒服，病情也不算太严重，而且很快就会痊愈。正是由于缺少思虑与预见，让懵懂的婴儿对恐惧和焦虑拥有免疫力；一旦他长大成人，想要摆脱人类心中的这两大苦恼，即使拥有再多的理性和哲思，都将是枉费心机的徒劳①。

---

　　① 译注：译者认为，虽然恐惧和焦虑源自思虑和预见，但也正是思虑、预见与远见，推动了人类文明和社会进步。

我们甚至会同情一个已经死去的人。不过我们此时的这种同情，通常会忽略死者即将面临的真正痛苦——那个正等着他的可怕来世这件更重要的事情。因为我们的同情，主要源于我们想象出来的那些痛苦场景所引起的感触，可我们所想象的那些场景，却丝毫不会影响死者的安息长眠。在我们的想象中，其实担心更多的，只是死者即将被隔绝人世，再也无法享受阳光；只是他即将被埋在冰冷的坟墓中，慢慢腐烂变蛆；只是他即将不再被世人想念，并且很快就会从亲朋好友的关爱甚至记忆中消失。而所有这些，都是多么的不幸啊！想到这些，我们必然就会对那些即将遭受这些可怕灾难的死者产生同情。想到死者即将被所有人遗忘，我们就会出于同情而深切哀悼他。一方面，我们会赋予死者各种无用的荣誉或称号以示缅怀；另一方面，我们又会刻意让自己不断沮丧地回想死者的不幸，以保持自己悲痛忧伤的表情。但我们的这些同情，却无法给死者丝毫慰藉，这似乎又加重了死者的不幸。想到我们所做的一切，对死者而言已经没有任何意义；想到我们无论怎样努力安慰死者的亲友，无论怎样努力减轻死者亲友的悲伤、不舍、哀哭，都无法再给死者以任何慰藉，这就会进一步加深我们对死者不幸的伤感。然而，死者的安息长眠，并不会受到任何影响；因为逝者已矣，上述情况也就不可能再对他产生任何影响。我们所感到的那种永无休止的悲伤和忧郁，通常只是我们对死者处境的一种担忧；因为当我们联想到死者身体上的那些变化时，我们自己也会有所感触。如果允许我打个不恰当的比方，即假设死去的人就是我们自己，或者假设把自己那鲜活的灵魂附着在死者那毫无生气的尸体上，那我们自然就会感到悲伤和忧郁。正是这种虚幻的想象，才让我们对死亡感到如此恐惧；正是这些有关死后的种种可怕设想，让我们在活着的时候痛苦不堪。然而实际上，这些想象的情境并不会对我们死后造成任何痛苦。于是，在人类天性中就形成了一项最重要的本能——恐惧死亡。这种对死亡的恐惧，既是人类幸福的巨大破坏者，也是抑制人类各种不义的伟大力量；它在折磨伤害个人的同时，亦捍卫守护了社会。

第二节　论相互同情[①]的愉悦

无论同情是因何而起，也不管同情是如何产生的，最令我们开心愉悦的，莫过于发现别人对自己的内心感受感同身受。反之，最令我们震惊痛苦的，莫过于

---

① 译注：这里的相互同情，还包括彼此的"同感共鸣、理解体谅、赞同认可"等。

发现别人对自己的内心感受无动于衷。那些主张人类的所有情感都源于自爱的道德学家，自以为根据他们的理论，就可以完全解释快乐与痛苦的产生原因。他们认为，当一个人觉得自己柔弱无助而需要别人帮助时，如果发现别人觉察到了自己的这种需要，那他就会高兴不已，因为他会据此认为，自己可以从对方获得那种必要的帮助；如果情况相反，他就会痛苦万分，因为他会据此认为，别人对自己怀有敌意。然而快乐和痛苦，总是转瞬即逝，并且常常发生在一些微不足道的场合，因此，它们显然不可能仅仅源于那种利己之心。比如，当一个人努力讲笑话并试图逗乐同伴时，环顾四周却发现没有一个人觉得好笑，那他必定会感到尴尬沮丧；反之，如果同伴们开怀大笑，必定会让他也非常开心，因为同伴们能够理解认同自己所讲的笑话，就是对他的最大赞赏。

02　　　无论愉悦还是痛苦，尽管在某种程度上都源于是否得到他人的赞同，然而一个人的愉悦，并非完全源于同伴的赞同所带来的快乐，而一个人的痛苦，也并非完全源于同伴的不认同所导致的失望。如果我们经常阅读同一本书或朗诵同一首诗，就会觉得无聊并且很难从中再发现什么乐趣，可我们仍然愿意为同伴朗读，并能从中获得一些乐趣。这是因为，尽管它们很难再直接让我们感到那种新奇与赞叹，但它们在同伴眼里却仍然充满着新奇的魅力，这自然就会令同伴感到惊讶和赞叹，进而让我们在朗读时，仍然可以从同伴的惊讶与赞叹中感受到几分乐趣。我们此时之所以会觉得有趣，其实更多是同伴的新奇与赞叹所带给我们的间接感受，而不是自己对它们的直接感受。如果我们发现同伴跟自己一样也喜欢那些书或诗，自然就会令我们觉得开心愉悦；反之，如果同伴似乎不怎么喜欢，那我们自然就会觉得不开心，进而无法再从朗读中获得任何乐趣。这个例子其实同刚刚那个"讲笑话时同伴不觉得好笑"的例子一样，也可以很好地说明：同伴们的认同或快乐，无疑也会令我们感到快乐，而他们的沉默不语或无动于衷，无疑也会令我们感到失望。尽管这两个例子都有助于说明被人认同会让我们感到愉悦，而不被人认同则会让我们觉得痛苦；然而，被认同与不被认同，绝对不是产生愉悦或痛苦的唯一原因。虽然，他人的情感或看法同我们相一致，似乎是产生愉悦的一个原因；虽然，他人与我们在情感或看法上缺少共鸣，似乎也是产生痛苦的一个原因，然而这两点都不能作为解释产生愉悦与痛苦的真正原因。比如，当我高兴时，如果朋友们为我的高兴而感到高兴，那就会让我更高兴，这时确实可以认为，朋友的"同高兴"会带给我快乐。但当我悲伤时，如果朋友们也为我的悲伤而感到悲伤，那除了会让我更悲伤之外，朋友的"同悲伤"绝不会带给我丝毫快乐。尽管如此，同情（译按：即同感共鸣）总能增加快乐或者减轻痛苦。因为同情他人，总能让我们获得另一种形式的满足，从而得以增加我们的快乐；而被人同情，几乎是我们悲伤时内心的唯一渴望，正是得到他人同情的那种愉悦感受，得以缓解我们的悲伤。

值得注意的是，虽然我们渴望向朋友分享心中的喜悦，但我们更渴望向朋友倾吐心中的不快。这是因为，朋友分担我们的悲伤要比分享我们的喜悦更让我们满足，而朋友对我们的悲伤缺乏同情却比对我们的喜悦缺乏同情（译按：即共鸣）更令我们震惊。 03

那么，当一个遭遇不幸之人找到一个可以倾诉的对象来述说自己伤心的缘由时，他究竟又是如何获得宽慰的呢？一方面，当事人似乎会觉得，倾听者的同情会减轻自己的部分痛苦，或者说分担了自己的痛苦也未尝不可。另一方面，倾听者似乎会觉得，自己不仅感受到了几分与不幸者类似的悲伤，而且好像分担了当事人的部分痛苦，这样就可以减轻对方悲伤的程度。但当事人在倾诉自己不幸的过程中，又会在一定程度上回想起过去那些伤心往事，从而再次激起他的悲伤；于是他又声泪俱下，并再次沉浸在那种悲伤恸哭之中。即便如此，遭遇不幸的当事人还是能通过倾诉获得安慰，从而明显减轻悲伤的程度。因为，倾听者的同情所带给他的慰藉，会远远超过他在倾诉时再次悲伤恸哭所产生的痛苦，而他的再次悲伤恸哭，其实也是为了博得倾听者的更多同情。反之，对遭遇不幸者最残忍的打击，莫过于我们面对他们的悲惨遭遇却无动于衷。如果我们对同伴的喜悦表现得无动于衷，不过只是有失礼貌而已；然而在同伴诉说悲伤或苦恼时，如果我们不装出一副严肃的表情去认真倾听，那就是真正残忍而没有人性的行为①。 04

爱，总是让人愉悦；恨，总是令人不快。然而我们对朋友友爱的渴望，却远不如我们渴望他们对我们心中愤恨的理解体谅。比如，当我们获得成功而兴高采烈时，如果朋友显得有点无动于衷，其实我们很容易原谅他们。但是，当我们遭遇伤害而痛苦不堪时，如果他们也显得漠不关心，那我们就无法忍受。因此，如果朋友不能分享我们的喜悦，我们顶多会非常生气，但若朋友不能理解体谅我们心中的愤恨，那我们就会大为光火。再比如，尽管我们朋友的朋友很难成为我们的朋友，但我们朋友的仇敌却难免成为我们的仇敌。所以，即使我们对自己朋友的朋友怀有敌意，我们自己的朋友也很少会为此跟我们发生争吵；倘若我们跟自己朋友的仇敌关系甚密，那我们的朋友就会对我们大动肝火。爱与快乐总是令人开心不已，因此不再需要其他什么开心事儿，就足以让我们感到心满意足和欢欣鼓舞。但悲伤和愤恨，却总是令人痛苦不堪，因此也更需要得到同情的抚慰。 05

遭遇任何不幸的当事人，如果得到了同情就会感到欣慰，如果得不到同情就会觉得伤心难过。所以，如果我们能够同情宽慰他，自己也会觉得开心，如果我 06

① 译注：请读者品味，为什么我们有时候对朋友会故作关切、在葬礼上会故作悲伤、在宗教仪式上会故作庄重、在大人物面前会故作肃敬，甚至在聚会时会故作欢笑？

们无法同情宽慰他，自己同样也会感到伤心难过。我们既会赶着去祝贺那些取得成功之人，也会真心去安慰那些遭遇不幸之人。一个遭遇不幸的人，如果我们在各方面都能很好地同情宽慰他，那我们就可以从与他的交流中得到快乐，而我们同情抚慰他人时所感到的这种快乐，足以大大弥补我们因为看到他的不幸处境时所感到的那种悲伤与痛苦。反之，如果我们觉得自己无法同情抚慰他，那我们就会觉得不开心；即使我们可以免受安慰同情他时可能会感到的那种痛苦，但我们也不会因此而感到高兴，反而会因为自己无法为他分忧而感到更加难过。然而，一方面，当我们听到一个人因遭遇不幸而失声痛哭时，却又会让我们觉得，即使那种不幸发生在自己身上，我们也不至于像他那样过度悲痛，进而就会对他的过度悲伤感到震惊；以致我们由于无法理解体谅他的过分悲伤而认为他胆小又懦弱。另一方面，如果一个人交了点好运就高兴过头而欣喜若狂，却又会令我们恼怒；以致我们由于无法理解体会他的喜悦而认为他轻浮又愚蠢。比如，当同伴在听到一个笑话时，如果他大笑不止并且超出了我们所认为的应有分寸，甚至也会令我们讨厌。

第三节　论评判他人情感是否合宜的方式（一）

01　　我们通常会根据他人的情感表现是否与自己的感受相一致（译按：即是否有同感共鸣），来评判他人的情感是否合宜①。如果当事人自身的情感表现与旁观者透过同情想象所产生的感受完全吻合，那在旁观者看来，当事人的情感表现必然就显得非常适宜而得当，而且也符合当时的客观情况。反之，当旁观者设想自己身处那种处境时，如果发现当事人的情感表现与自己想象的不一致，那旁观者必然就会认为，当事人的情感表现显得失宜而不当，而且也不符合引发他那些情感的客观原因。所以，只有当我们觉得一个人的情感表现符合当时的客观情况时，我们才会完全同情体谅他，否则，我们绝不会完全同情体谅他。当我遭受伤害时，如果一个人发现我所表现出的愤怒，正好同他所感到愤慨的程度相一致，那他必定会理解体谅我的愤怒。如果一个人对我的悲伤深感同情，那他就不可能不认为我的悲伤表现合情合理。如果一个人同我一样喜爱某首诗或某幅画，那他必然就会完全认同我对那首诗或那幅画的评价与赞美。如果一个人对某个笑话同我一样大笑不止，那他必然也会觉得我的放声大笑合宜得体。反之，在上述各种

---

① 译注：本句为英文版标题移入，译者根据正文内容对本节标题进行了节略。

不同情形中，如果那个人的感受与我的情绪反应完全不同，或者在程度上相去甚远，那他难免就会因其自身的感受差异而讨厌我的情绪表现。比如说，如果我的愤怒程度超过了朋友所能产生的愤慨，如果我的悲伤程度超过了朋友所能体谅的极限，如果我的赞美过高或过低而与朋友的不一致，如果朋友淡淡一笑时我却开怀大笑，或者朋友开怀大笑时我却只是淡淡一笑。在诸如此类彼此感受不一致的情形中，当对方开始按照我的处境来审视我所受到的影响时，如果他一旦发现我的情绪表现与他想象的有所不同，那他就会基于这种感受差异的大小，而对我产生相应程度的不满。可见，在上述所有情形中，旁观者自身的感受，才是他判断我的情感是否合宜得当的标准与尺度。

赞同，就意味着接受他人的观点或看法；而接受，也意味着赞同他人的观点或看法。让你信服的观点如果让我也同样信服，那我必定就会赞同你的看法；否则，我必然就会反对。而无法想象的是：我信服你却不赞同你，或者我不信服你却赞同你。可见，我们是否赞同他人的观点或看法，无非就取决于对方的观点或看法是否与我们自己的相一致，这是众所周知的事实。同样的道理，我们是否赞同他人的情感或行为，其实也取决于对方的情感或行为表现是否与我们自己的同情感受相一致（译按：即是否有同感共鸣）。

确实在某些情况下，即使彼此的感受或看法不一致，我们似乎也会赞同对方，此时的这种赞同，似乎不再取决于彼此感受或看法是否相一致。但只要稍加留意，就可以发现我们此时的这种赞同，其实仍然基于"彼此感受或看法是否相一致"这个原则。我举个最普通的例子就足以说明这一点，因为只有那种最普通的例子，才会让人的判断不易受到错误观念的误导。比如，当我们听到一个非常好笑的笑话时，如果我们自己碰巧情绪低落或者正在关注其他事情，即使我们自己没有发笑，但我们通常也会认为那是一个不错的笑话，从而觉得同伴们的开怀大笑是非常合宜得体的。这是因为，经验已经告诉我们，什么样的笑话能够在大多数场合引人发笑，进而让我们觉得它就是那种容易引人哄堂大笑的笑话。也就是说，即使我们当时由于心情不佳或注意力分散，而没有像大多数时候那样同大家一起开怀大笑（译按：即尽管情绪表现不一致），但由于我们觉得它是个不错的笑话（译按：即但基于对笑话本身的认同），所以我们仍然会赞同同伴们的开怀大笑，从而觉得他们笑得自然而得体。

其他所有情感，往往也会发生这种类似情况。比如在大街上，当一个悲痛欲绝的陌生人与我们擦肩而过时，如果我们马上又得知他刚刚接到父亲离世的消息，那我们此刻就不可能不会同情他的悲伤。然而实际上，即使我们并不缺乏仁慈，我们往往也很难真正体会他那悲痛欲绝的心情，甚至由于行色匆匆而不能对他表示最起码的关切。我们之所以会这样，或许是因为我们根本不认识他和他的父亲，或许是由于我们碰巧事务缠身，而没有时间去想象那种必然会让他感到悲痛的遭遇。然而生活经验又告诉我们，失去亲人这样的不幸必然会让他悲痛欲绝，因此，只要花点时间来考虑一下他的感受，我们无疑就会对他产生那种最深切的同情。正因为我们意识到丧亲之痛尤其强烈，才得以让我们在尚未产生那种真正的同情之前，就能体谅理解失去亲人者的那种悲痛欲绝。总之，如同其他许多场合那样，过往经验所形成的那些一般准则，也会在这时发挥作用，并告诉我们在此情此景应该表现出什么样的情绪，进而纠正我们此时不合时宜的情感表现。

05　　内心深处的情感或好恶，不仅是行为产生的根源，而且还从根本上决定着行为性质的善与恶。因此，我们通常会从两个角度或两种关系来考察它们：首先，会考察情感产生的原因或动机；其次，会考察情感意欲达到的目的或可能产生的后果。

06　　行为究竟是否合宜，究竟是端正得体还是粗野卑俗，全都取决于引发行为的那个情感，是否与激发那个情感的原因或事物相宜相称。

07　　行为究竟有功还是有过，究竟应获奖赏还是该受惩罚，全都取决于情感所意欲达到的目的或可能产生的后果，在性质上是有益的还是有害的。

08　　近年来，哲学家们都专注于考察情感的意图或目的，却很少有人注意到情感与激发情感的原因之间的关系。但在日常生活中，当我们评判某人的行为以及引发这个行为的情感时，往往会同时从上述两个方面进行考察。当我们指责一个人过度崇拜、过度悲伤与过度愤怒时，并非只是担心这些过度行为可能导致的那些破坏性后果，而且还会关注引发这些情感的深层次原因。这或许是因为我们觉得，某个人所爱戴对象的功劳其实并没有那么伟大，某个人的不幸其实并没有那么悲惨，某个人所愤恨的事情其实并没有那么严重，然而他的情绪或行为表现却又太过激烈。反之，如果他的情感表现，在各方面都与激发他情感的原因相符相称，那我们就会迁就姑息他，甚至理解认同他那过激的情绪或行为表现。

09　　那我们究竟又是根据什么，来判断某个情感与引发它的客观原因是否合宜相称呢？我认为，除了"观察他的情感表现是否与我们自己的相一致（译按：即是否有同感共鸣）"这种方式之外，几乎不可能采用其他任何判断准则与标准。当我们设想自己身处他的处境时，如果我们发现那个客观原因在他身上所引发的情感与自己想象的相一致，那我们必然就会认同他那些情感表现，从而觉得它们与客观原因相符相称。否则，我们必然就会讨厌他那些情感表现，从而觉得它们相对于客观原因而言，显得太过夸张而严重不符。

10　　人们通常会把自己的各种主观感受，作为评判他人类似客观感受的标准。比如，我会根据自己的所见来判断你的所见，我会根据自己的所闻来辨别你的所闻，我会用自己的理智程度来要求你的理智，我会用自己的怨恨程度来对比你的怨恨，我会按照自己的喜好来评价你的喜好。除此之外，我既没有也不可能有评判你感受的其他任何方法①。

第四节　论评判他人情感是否合宜的方式（二）②

当我们通过观察他人的情感表现是否与自己的相一致（译按：即是否有同感共鸣），并据此评判他人的情感表现是否合宜得当时，通常会分为两种情形：首先，我们自己和对方，全都跟激发他情感的原因或客观事物毫不相干；其次，激发他情感的原因或客观事物，对我们其中一方有着某种特定影响。　01

（1）当我们自己和对方都跟那些客观事物毫不相干时，如果对方的感受或看法同我们的完全相一致，那我们就会认为他品位高雅而见识不凡。比如，美丽宽广的平原、雄伟壮丽的山峰、装饰华美的建筑、寓意深刻的画作、构思巧妙的论述、行为高尚的旁人、排列奇妙的数字，以及伟大的宇宙机器用它那神秘的齿轮与弹簧所不断展现出来的万千景象，等等，诸如此类属于科学研究或艺术鉴赏的一般对象，全都是我们自己和同伴们都认为与自己毫不相干的事物。如果想要让我们彼此对这些事物的看法或感受完全一致，只需要采用相同的观察视角即可，既不需要借助任何同情（译按：即同理心）的作用，也不需要借助那种虚构的情景交换。尽管我们彼此受到这些客观事物的影响经常会有所不同，那也只是由于不同的生活阅历导致我们各自对那些纷繁庞杂的客观事物所在意和所喜好的程度不同，或者是由于我们对这些客观事物的感知能力所存在的天生差异所致。　02

对于上述那些显而易见的客观事物，也许很少有人会与我们自己的看法不一致。因此，当同伴在这类事物上的看法或感受与我们的相一致时，尽管我们确信无疑会赞同他的那些看法或感受，然而他似乎并不会因为这一点而值得我们赞赏或钦佩。但是，如果同伴的看法或感受不仅与我们相似，而且还高于我们的认知，似乎还能指点或引导我们去发现许多被我们忽略的细节，进而让我们能够根据不同客观事物的不同细节来提升我们对那些事物的认知深度，那我们此时，不仅会赞同他的看法或感受，而且还会被他那超乎寻常而惊人的敏锐洞察力所折　03

① 译注：古希腊智者派哲学家普罗泰戈拉（Protagoras，约前490年或前480年~前420年或前410年）也说过：人是万物的尺度，世上没有绝对的真理；一切事物的所谓善恶与好坏，其实皆因个人的感受或需要而异。符合自己预期的，或许就是好的而且可以接受的；反之，不符合自己预期的，就是不好的、过分的、无法接受的。作者在这里并不是否定理性与事物的客观存在，而只是强调自我"感觉和意识"即感性的重要性。

② 译注：本节标题有改动，英文原文直译应为"续前节"。

服，进而认为他值得高度钦佩和赞赏。这种因惊叹而激发的赞赏，就是那种所谓的钦佩之情；而赞美则是钦佩之情的自然流露。如果一个人喜欢漂亮优雅的美女而讨厌丑陋粗俗的丑八怪，或者他认为二乘二等于四，那么，尽管他这些看法当然会得到全世界的赞同，但这个人绝不会因此而值得任何钦佩。因为，只有那些品位高雅而洞察力敏锐的人，才能发现存在于美丑之间的那些不易察觉的细微差异；只有那些才思敏捷的资深数学家，才能轻松解答最错综复杂的数列问题；只有那些知识渊博的科学泰斗和才华横溢的艺术大师，才能令我们赞叹折服并引领我们提高自己的认知。可见，只有那些令我们钦佩的人，似乎才会赢得我们的称赞；而我们之所以会赞赏那些被人们认为有智慧的美德，其实大多也是出于对那些美德的钦佩。

04　　　有人也许会认为，我们之所以会赞赏那些敏锐而独到的见解，最初是因为它们对提高我们的认知有帮助作用。当然，如果我们真的注意到了某个人见解的敏锐与独到之处，那无疑有助于让我们对那些客观事物产生一些新的认知或发现一些新价值。然而，最初让我们赞赏某个人见解的，其实并不是因为他的见解对我们所产生的帮助作用，而是因为他的见解不仅正确而独到，而且还揭示了真相和本质。可见，我们之所以会赞赏他的见解，显然不是因为别的，而是因为我们发现他的见解与我们自己的相一致。同样的道理，一件艺术作品之所以会赢得我们的赞赏，最初也不是因为它对我们有用，而是因为它惟妙惟肖而恰如其分地刻画了某个事物。总之，那种认为我们赞赏那些独到见解是出于其有益作用的观点，显然只是一种针对"行为后果"的看法，而最初让我们赞赏那些独到见解的，显然不是出于其效用①。

05　　　（2）当那些客观事物对我们其中一方有着某种特定影响时，若想让彼此的看法或感受达到上面那样的协调一致，就会立刻变得比较困难。然而，此时的那种"彼此协调一致"似乎又尤为重要。在这种情况下，同伴通常不会像我本人那样去看待我所遭受的不幸与伤害；因为那些不幸与伤害，只对我本人有着更切实的影响。我们双方在审视各自所遭受的不幸与伤害时，彼此的感受就会大相径庭，因为它不像双方共同欣赏一幅画、一首诗或讨论一个哲学观点时那样容易达成共识。对那些与我们彼此都毫不相干而且无关紧要的客观事物，"我"并不会太在意同伴是否与自己看法一致，但对那种关乎自己切身利益的不幸与伤害，"我"就很难接受同伴的漠不关心。即使你鄙薄我所赞赏的"那幅画、那首诗、那个哲学观点"，我也不太可能为这种分歧与你发生争吵，因为我们彼此都不会太在意这种分歧。可见，对于那些我们双方看来都无关紧要的客观事物，即使彼

---

① 译注：关于效用（Utility）会如何影响赞赏或赞许，请参阅第四卷第二章。

此看法完全相反，我们双方的喜好仍可表现得非常接近一致。但是，如果那些客观事物对你我任何一方有着某种特定影响，情况立刻就会变得大为不同。即使你对那个哲学观点的看法与我完全相反，即使你对那些诗歌绘画的品味鉴赏与我完全不同，我也很容易忽略这种对立；并且，如果我有意调和，彼此仍可从这些分歧的争论中找到一些乐趣。不过，如果你对我遭受的不幸不表示任何同情，如果你对我的伤心欲绝不给予一点儿安慰，如果你对我蒙受的伤害不感到愤慨，如果你对我的满腔怒火不给予一点儿抚慰，那我们彼此根本就无法继续讨论交流。于是，我们再也无法容忍彼此，你讨厌我的激烈暴躁，我讨厌你的冷漠无情，甚至彼此都不愿意看见对方。

即使在遭遇上述这些不幸或悲伤的情况下，旁观者的感受仍然可以做到有几分接近当事人。首先，旁观者必须尽可能地换位思考；然后，再设身处地地想象每一个可能令当事人悲伤痛苦的细节。也就是说，旁观者必须关注当事人处境中的所有细枝末节，同时还要尽可能充分地体会当事人的处境，进而借助这种虚构的情境交换，就可以对当事人产生几分同情。 06

然而，旁观者即使经过上述所有努力之后，他的情绪反应仍然很难达到遭遇不幸者本人那样激烈的程度。人，虽然天生具有同情心，但对他人所遭受的不幸，旁观者无法单凭想象就能感受到与当事人同样强烈的痛苦。那些通过想象而虚构出来的情景，不过只是旁观者借以产生同情的瞬间念头而已。旁观者会下意识地不断提醒自己："我自己是安全的，真正遭受不幸的并不是我本人。"尽管这种念头不至于妨碍旁观者对当事人产生几分同情，但却会让他们那仅凭同情想象而产生的感受，始终不及遭受不幸者本人那么深切。尽管当事人心里也很清楚，旁观者不可能像自己那么痛苦，但他还是会急切渴望得到更充分的同情；因为，唯有旁观者的充分理解和同情，才能让他获得内心渴望的宽慰。不过，面对这些激烈而讨厌的激情，旁观者心里的感受，在各方面都不可能达到当事人渴望获得充分宽慰的那种程度。所以，当事人想要获得那种满意的宽慰，唯一的办法，就只有先把他自己的情绪抑制降低到旁观者能够接受体谅的程度。也就是说，他必须尽可能掩饰——恕我直言——自己心中的痛苦，尽可能平复自己心中的情绪，从而把它抑制降低到周围旁观者可以接受的程度。旁观者的感受，在某些方面确实总是不同于不幸当事人的感受，而且旁观者因同情而感到的悲伤，在程度上也不可能与当事人完全相同。因为旁观者心里总是觉得，借以产生同情的那些虚构的情境转换其实只是自己的一种想象而已。旁观者的这种念头，不仅会降低他感受的强烈程度，而且还会让他的这种同情感受发生某种性质上的改变甚至完全不同。尽管旁观者的感受永远不可能跟当事人完全一致，但双方都会尽量调整自己，以最终达到彼此期望或要求的那种和谐程度。他们彼此间的这种和谐 07

程度，对维系友谊亲情与社会和睦来说，显然已经足够了。

08　　　为了达到这种程度的和睦，造物主既会让旁观者懂得如何同情体谅当事人所面临的处境，同样也会让当事人懂得如何同情体谅旁观者可能面对的处境。所以，当一个人遭遇不幸时，旁观者就会通过换位思考来让自己产生几分类似当事人的悲伤情绪；而当事人同样也会通过换位思考来让自己产生几分类似旁观者的冷静。旁观者会设想，如果遭遇不幸的人就是他自己，那自己的感受将会如何；当事人同样也会设想，如果自己作为一个旁观者，那自己的情绪将受到何种影响。这种彼此设身处地的换位思考，不仅会促使旁观者以几分当事人的眼光去审视对方的处境；而且也会促使当事人以几分旁观者的眼光去审视自身的处境，尤其是当事人面前有旁观者①注视时更是如此。于是，经过如此这般的一番考量之后，当事人的情绪较当初就会大大减弱；因为，只要当事人开始推想旁观者将会受到自己情绪的何种影响，他就会用没有偏见的公正眼光来冷静看待自身的处境，这就必然会促使他在面对旁观者之前先降低自己情绪的激烈程度②。

09　　　众所周知，当我们烦躁不安或心情激动时，唯有朋友的陪伴才能够帮助自己恢复几分安宁与平静。因为，"同情（译按：即同理心）"在瞬间就可以发挥作用，它会立刻让我们考量朋友将会如何看待自己的处境，进而让我们立即用朋友的眼光来审视自己。于是，就在我们见到朋友的那一瞬间，烦躁的心情就会立刻平静很多。我们既不会指望从一个泛泛之交那里得到比朋友更多的同情，当然也不会像在朋友面前倾吐衷肠那样向泛泛之交全盘托出自己心中的各种细节③。所以在泛泛之交面前，我们反而会表现得更为平静，并且会努力考量自己应该将情绪控制到何种程度，才有可能让对方愿意接受。同时，由于我们预期从陌生人那里只会获得更少的同情，这就会促使我们在陌生人面前表现得更为平静，进而总是会极力控制自己的情绪，并降低到他们可以接受的程度。不过，这种平静并非都是装出来的。因为，如果我们在各方面都能理智地自我克制，那么，想要让自己在情绪激动时尽快恢复平静，一个泛泛之交的出现确实比一位朋友在场更有效，而一群陌生人的出现则比一个泛泛之交在场更为有效。

10　　　总之，无论任何时候，如果我们的内心不幸失去了宁静，那就多参加社会活

---

　　　① 译注："旁观者"在本书中会频繁出现，作者将旁观者分为现实中的真实旁观者和心中假想的旁观者。这里的旁观者就是指前者，后者将在后续章节多次出现。

　　　② 译注：另一方面，如果旁观者发现自己的"同情"不足以"宽慰"当事人，也会尝试提高"同情"的程度，以尽可能地缓解当事人的痛苦。通过双方的这种共同"努力调整"，就会逐渐达到上一段末所说的那种程度的"相对和谐"。

　　　③ 译注：亲爱的读者，你是否还注意到另一种现象，一方面，我们更愿意在亲人朋友那里倾吐衷肠；另一方面，我们却更愿意向某个只有一面之缘的陌生人（比如出租车司机）分享自己的某些"隐私"。

动、多跟朋友交流，这不仅是恢复内心平静的最佳途径，而且是保持内心宁静和心情愉悦的最佳良方；而内心宁静与心情愉悦，又是我们获得满足与快乐必不可少的前提。那些离群索居而忧郁沉思的人，却总是盘坐家中，对自己的悲伤或怨恨顾影自怜；尽管他们通常都比较宽厚仁慈，而且也比较注重个人声誉，但他们往往却很少能够像普通世人那样拥有一颗平常心。

第五节　论亲切宜人与令人敬佩的美德

旁观者尽量去同情体谅当事人的感受，当事人尽量去抑制自己的情绪并降低到旁观者所能接受的程度，这两种基于同情（译按：即同理心，本段下同）的不同努力，就形成了两类不同的美德。温柔体贴、温和有礼、亲切友善、坦诚谦逊、宽容仁慈这类亲切宜人的美德，就建立在前一种同情的努力上。恢宏豪迈、英勇无畏、端庄得体、自我牺牲、自我克制这类令人敬佩的美德，则源于后一种同情的努力。正是源于后一种同情的努力，才得以让我们本性使然的各种情感或行为，在各种场合都能受到适当的控制和约束，从而符合自尊、声誉与行为合宜性的要求。 01

如果一个人富有同情心（译按：即同理心），那他就会充分理解体谅身边朋友的各种感受，那他就会为朋友的不幸感到悲伤、为朋友的伤害表示愤慨、为朋友的好运感到高兴，而这样的人又是多么的亲切友善啊！只要我们设身处地地想象一下他那些朋友的处境，就很容易理解他那些朋友心中的那种感激之情，从而也会感受到他们从一个知心朋友的体贴关怀中必然会获得的那种安慰。反之，如果一个人冷酷无情，那他就只知道关心自己，那他对朋友的好运或不幸就会无动于衷，而这样的人又是多么令人讨厌啊！同样，我们也非常容易理解这种冷酷无情必然会带给他朋友的那种痛苦；而我们最为同情的，就是当一个人遭遇不幸或受到伤害时，却又无法得到朋友的宽慰。 02

另外，如果行为当事人懂得自尊自爱又顾及他人感受，那他在面临困苦时，就会自我克制并保持内心平静，就会将自己的情绪降低到他人可以体谅接受的程度，而这样的行为表现又是多么的优雅得体而难能可贵啊！因为，我们不仅讨厌那种不加掩饰而哭天喊地的悲伤，而且也讨厌那种用无休止的眼泪、哀叹和恸哭来博取同情的行为。反之，我们会敬佩那种有节制的悲哀与那种恢宏的无声悲痛，我们只能从他那红肿的双眼、抽泣的嘴唇和脸颊，以及他那看似平淡却又令人十分伤感的举动中，感受到他内心的极度悲痛。面对如此自我克制的人，我们 03

会肃然起敬，在他面前，我们会强作沉默而谨言慎行，并忐忑不安地留意自己的言行，唯恐自己稍有不当，就会扰乱他付出如此巨大努力才得以维持的内心平静。

04　　同样的道理，如果一个人听任自己愤怒的发作，这种毫无节制的怒火就会显得蛮横无理而粗野狂躁，进而让他成为极度讨厌的对象。反之，如果一个人遭受了极大的伤害，即使自己心中异常愤怒，他也能参照公正旁观者心中通常会唤起的愤慨程度来保持克制；即使是言语与姿态上的发泄或不满，他也不允许自己逾越常情常理所容许的范围；即使想要进行报复或施加惩罚，其严厉程度也绝不会超过任何一个公正旁观者所能接受的程度，他甚至都不会萌生那种加倍报复的念头。那么，他对自己心中复仇怒火的这种克制，以及他这时所表现出来的这种宽容与大度，就会让我们感到由衷的钦佩。

05　　可见，人性之尽善尽美，就在于关爱他人胜于自己，就在于克服自私而乐善好施。也唯有这样，才能够让人们和谐共处、让人们的各种情感和行为都表现得优雅得体。所以，不仅基督教的主要宗旨要求我们要"爱人如爱己"，而且造物主的主要戒律也要求我们要"爱己如爱人"或者"爱己如人爱己"①。

06　　正如优秀的鉴赏力与良好的判断力，它们之所以备受推崇，其实是因为极少有人具备它们所要求的那种见微知著的鉴别力与敏锐深邃的洞察力；所以，同情体谅他人和自我克制这样崇高的美德，也并非普通常人所能拥有，而只有那些品行非凡者才能够具备。比如，仁慈善良这种亲切宜人的美德对共情能力（译按：亦即同理心）的要求，就必然远远超过粗鲁世俗的平民；恢宏气概这种非常崇高的美德对自我克制力的要求，也远远超过普通人的薄弱意志。正如平庸的智力无才华可言，因此，普通行为亦无美德可言。美德是一种高尚、美好而绝非寻常的卓越品质，并且远远高于那些粗俗的普通品行。可见，那些亲切宜人的美德，就在于它那超乎寻常的体贴入微与仁慈善良，以及它由此而展现出来的那种令人惊叹的共情能力（译按：亦即同理心）；而那些令人极度钦佩的美德，就在于它超乎想象地驯服了人性中那些最难驾驭的激情，以及它由此而展现出来的那种令人惊叹的自我克制力。

07　　在自我克制这一点上，合宜性与美德之间就存在着一个显著差异：那些具有美德的品行值得赞赏又令人钦佩，但那些仅仅表现得合宜的行为顶多只是值得赞赏。因为在许多情况下，即使一个最不起眼的普通人，只要他具备普通程度的共情能力（译按：亦即同理心）或自我克制力，就足以让他自身的行为表现出最

---

　　①　译注："爱人如爱己"，就是说我们要像爱自己那样去爱别人。"爱己如爱人"，就是说我们要像爱别人那样去爱自己，或者说，我们爱自己的程度不要超过我们爱别人的程度。"爱己如人爱己"，就是说我们要像别人可能爱我们那样去爱自己，或者说，我们爱自己的程度不要超过别人可能爱我们的程度。

完美的合宜性，有时甚至连那种最普通的共情能力（译按：亦即同理心）或自我克制力都不需要。举一个非常浅显的例子，我们肚子饿了就会吃东西，这种行为通常都会显得完全正当又合宜，而且每一个人都会对此表示赞同。但若有人认为这样的行为也是高尚的美德，那就再荒唐不过了。

再举个反例，有些行为尽管没有表现出那种完美的合宜性，但却明显具有一定的美德成分；因为人在遭遇不幸的情况下，很难做到尽善尽美。在那些最艰难的情况下，如果有人表现得比通常预期的更为接近那种完美的合宜性，那他的行为就具有美德的成分；尤其是需要他发挥极大自我克制力的时候，则更是如此。很多情况下，对人性的考验是如此严酷，而人类这样不完美的生灵，即使把自我克制力发挥到极致，也不可能完全抑制人性的弱点，以致我们大多数时候都不能把自己的激情抑制降低到公正旁观者所能完全接受体谅的程度。可见，在那些艰难的情况下，遭遇不幸者的行为表现即使达不到那种完美的合宜性，但仍然值得一定的称赞，甚至在某种意义上也可以被视为一种具有美德的行为。显然，大多数人都很难表现出那种完美程度的恢宏气概与自我克制。所以，在如此艰难的情况下，一个人的行为表现即使算不上完美，但也比我们平常所见的或所预料的，都更接近那种完美。

对于艰难情况下的这类行为表现，人们在评判它们究竟应该受到何种程度的指责或称赞时，通常会采用两种不同标准：第一种标准，就是看行为表现是否完全合宜而极度完美。如果采用这种标准来评判那些非常艰难情况下的行为表现，那么，这种完美标准，不仅过去绝没有人达到过，而且将来也绝没有人能够达到，进而让所有人的行为必然全都显得有缺陷而应该受到指责。第二种标准，就是以那种接近完美程度的标准——也就是绝大多数人通常都可以实际做到的那个程度来作为评判标准。如果采用这种评判标准，那么，凡是超过这个一般程度的行为，不管距离那种绝对完美的标准有多远，似乎都值得称赞；当然，凡是达不到这个一般程度的行为，似乎都应该受到指责。

当人们在鉴赏那些需要借助想象力进行创作的艺术作品时，同样也会采用这两种不同标准。当一位艺术评论家在品鉴其他大师们的诗歌与绘画作品时，如果他采用自己心中的那种完美标准，那他所看到的，不外乎都是瑕疵和缺陷；因为任何人的作品，都无法达到他心中的那种完美标准。但是，如果他更看重那些诗歌与绘画在同类作品中所处的艺术地位，那他就会以这门艺术中的一般卓越程度作为评价标准。在这样的新尺度下，那些诗歌与绘画作品，往往就要比那些能够与它们相提并论的大部分作品，不仅显得更接近于完美，而且似乎也值得那种高度赞美。

第二章　论不同激情^①或情感的合宜度

引　言

01　　毋庸置疑，那些对我们有某种特定影响的客观事物所激发的每一种情感反应或行为表现，必须处于某个适中的程度才会显得合宜得体，进而才能得到旁观者的接受认同。无论是反应过激还是无动于衷，都无法让旁观者理解接受。例如，人们在遭遇不幸或伤害时所产生的悲伤与愤怒，尽管绝大多数人都容易表现得非常强烈，但也有极少数人会表现得异常平静。我们会把那种过度强烈的悲伤与愤怒视为一种心理脆弱或脾气暴躁，而把那种过于平静的表现视为迟钝冷漠、麻木不仁和缺乏勇气。当面对这两种过度的情绪表现时，我们不仅都无法接受，而且还会为之大感震惊而不知所措。

02　　然而，不同的情感或行为，其合宜性所要求的那个具体合宜点，其实也各不相同，有些情感或行为的合宜点比较高，而另一些的合宜点则比较低。比如，有些情感或行为，通常就不宜表现得过于激烈，即使在人们公认可以容忍的极限范围之内也是如此。而另外一些情感或行为，即使通常并不至于反应那么激烈，但是，如果禁不住表现得过于激烈，在很多情况下似乎又合乎情理。第一类情感或行为，由于表现得过于激烈而很难得到同情体谅；第二类情感或行为，即使表现得过度，却也能得到绝大多数人的同情体谅。只要对人性中的各种情感进行观察研究，我们就可以发现，人们评判某个情感或行为是否合宜得体，其实完全取决于他们自身所能体谅接受程度的大小。

---

　　① 译注：这里译作"激情"的"passion"，在本书中极少有热情或热忱之意，而是泛指情感、情绪、欲望、愤怒或高兴等，请读者务必联系上下文来理解。

第一节 论源于生理和心理的激情

（1）源于生理的激情。我们因身体的某种需要而产生的各种欲望或激情，任何过于强烈的表达都会失宜不当，因为他人在没有相同身体需要的情况下根本无法理解我们的感受。比如，尽管在许多情况下，由于极度饥饿而狼吞虎咽，本是很常见而且在所难免的行为，但这种狼吞虎咽的行为总是会显得不得体，进而普遍会被视为一种失礼行为。尽管如此，我们对极度饥饿时的狼吞虎咽，还是会表示几分理解。因此，当我们看到饥饿的朋友大快朵颐时，总是会感到高兴；而他任何难以下咽的表情，则总是会令我们讨厌。但是，由于个人身体需要不同或健康状况不同，人们的饮食习惯也千差万别；以致同样的食物，有些人会觉得津津有味，而有些人却觉得难以下咽——如果允许我这样粗俗形容的话。无论是在一本"战争围困日记"中，还是在一本"航海遇险日记"中，当我们读到那些描述极度饥饿的情节时，就会深受触动而心生同情。只要我们设身处地地想象一下那些受难者所面临的困境，就很容易体会到，那种必然会让他们痛苦不堪的忧伤、恐惧与无助。可见，真正让我们对他们产生同情的，其实是因为我们感受到了几分那种处于极度饥饿时的困苦，而不是因为那些关于饥饿的描述让我们感到了饥饿。这时，如果认为我们是在同情他们的饥饿，那就太不恰当了。

造物主用来让两性结合的情欲也是如此。在人类的所有激情当中，尽管男欢女爱是天生最炽热的欲望，但它在任何场合的强烈表现都是有伤风化的，即使尘世与宗教的所有法律和道德，都认为两个人的尽情放纵是无罪的情况下也是如此。尽管人们对于男女之间的那些美妙情感似乎也能表示几分理解，但在不同场合所能接受的程度也各不相同。比如，我们跟男士说话时，通常会比较豪放甚至粗鲁，但如果跟女士交谈时也这样，那我们就会被认为不够绅士而有失礼貌。再比如，男人都喜欢有女士相伴，因为她们会让我们更开心愉悦、更幽默风趣、更殷勤有礼；反之，如果有哪位男士，对女士漠不关心或者面对美丽佳人却不闻不问，那他在男人眼里甚至也会遭到几分鄙视。

某些古代哲学家认为，所有源于生理需要的欲望都会令人反感，而且这些欲望的任何强烈表现都会令人恶心讨厌。因为他们认为，这些生理欲望在本质上与动物无异而且毫无人性特征，以致有损人性的尊严。但是，某些不是源于生理需要的情感，比如愤怒、亲情、感激等，并不会因为动物可能也有这些情感而显得粗俗讨厌。我们之所以会特别厌恶他人所表现出来的生理欲望，真正的原因，其

01

02

03

实是当我们看见之后，自己无法理解接受或者无法获得类似满足。即使有着某种强烈生理欲望的人，一旦他那个欲望得到满足，先前激发他欲望的那个客观事物就不会再令他感到愉悦，甚至反而会变得令他讨厌。他试图寻找片刻前还让他心旷神怡的那种美妙或满足，但此刻却踪迹难寻；这时，他也如同一个旁观者那样，很难理解自己片刻前的欲望为何会如此强烈。这种心理，就如同我们在饱餐一顿之后，通常会立即吩咐收走餐具的原因相同。对于那些激发最炽热、最强烈生理欲望的客观事物，我们通常都会产生这种类似心理①，但对那些不是源于生理欲望的其他情感，我们就不会这样。

04　　　对各种生理欲望的控制，就形成了所谓节制的美德。但是，如果把这些生理欲望仅仅控制约束在健康和财力所容许的范围之内，那顶多只能算得上审慎的行为；只有把它们控制约束在优雅得体、合宜得当、体贴入微、谦和有礼所要求的范围之内，才真正称得上节制的美德。

05　　　（2）源于心理的情感。同样的道理，尽管身体的疼痛会引起强烈的同情，但是，无论身体的疼痛如何难以忍受，大喊大叫总是会显得过于娇气而不得体。如前面的例子所述，当我们眼看一根棍子正要朝另一个人的腿或手臂打下去时，我们也会本能地缩回自己的腿或手臂；当棍子真的打下去时，我们自己好像也被打中了似的，从而也会感到几分与受害者本人类似的疼痛。但我们所能感受到的疼痛，必然会极其微弱，因此，我们也就无法完全理解体谅受害者的疼痛，以致他如果大喊大叫，我们必然就会瞧不起他。所有源于身体的激情，其实都是如此：要么无法引起任何同情，要么所引起的同情非常轻微。总之，旁观者此时的同情感受，完全无法跟当事人自身痛苦的程度相提并论。

06　　　不过，那些源于心里想象而产生的感受，就与身体疼痛或生理欲望所产生的激情截然不同。别人的身体因受到刺激而产生的变化，只会给我们的身体带来轻微影响。但我们的想象力却拥有更强的形塑能力——恕我直言，进而让我们得以更容易理解体会他人源于心里想象的情感。因此，即使是最严重的身体伤害，也不如爱情受挫或壮志未酬那样更容易唤起我们的同情。因为后两种痛苦，完全是来自心里的一种忧郁。一个人即使失去了全部财产，只要他身体健康，就绝不会产生任何疼痛；因为他的所有痛苦，只是来自心里的忧郁，源于他担心自己即将尊严不再而颜面扫地，源于他担心朋友怠慢、对手蔑视、可怜兮兮、穷困潦倒等悲惨境遇很快就会向自己袭来。对他这种源于心里忧郁而产生的痛苦，我们会产生更强烈的同情；因为，别人身体的疼痛对我们自己身体的影响甚微，但那种源于一个人心里忧郁的痛苦，我们仅凭想象就能轻易体会到。

①　译注：请读者思考，那些没有感情基础的一夜情，无论男女，是否也会在性欲的一时满足后，彼此很快就成了饱餐之后的"餐具"，而不再吸引对方甚至变得讨厌？

我们通常都会认为，同失去恋人相比，失去一条腿是一种更为切实的不幸。但是，一部悲剧如果以身体伤残作为结局，那它必然荒唐可笑而注定失败；只要以爱恨情仇作为主题，不管有多么无聊，也可以塑造出无数出色的悲剧。

没有哪一种内心感受，会像身体疼痛那样很快被遗忘。身体疼痛一旦消失，所有痛苦也随之而去；即使回想起之前的疼痛，也不会再带给我们任何困扰，甚至我们后来也无法理解自己当初为什么如此忧虑和苦恼。然而，朋友一句无心的话，有时却会让我们一直耿耿于怀；由此而在我们心中所造成的苦恼，绝不会随那句话的消失而不再。这是因为，最初导致我们苦恼的并不是那种身体上的感官刺激，而是由那句话所引起的各种联想。可见，真正让我们烦恼不堪的，正是这种源于心里的想象，只要回想起它，那种耿耿于怀的苦恼就会继续折磨我们，直到时间或其他事件让我们淡忘它。 08

身体的疼痛，只有在它可能带来危险时才会引起我们的强烈同情，而这时真正引起我们同情的，其实并非一个人身体所遭受的疼痛，而是他面临危险时的那种恐惧。而恐惧纯粹只是源于心里的一种想象，这种想象所呈现的，只是我们将来可能遭遇的危险。因此，让我们焦虑不安的，也正是这种将来的不确定性与可能发生的变化，而非我们身体的真实疼痛。例如，无论是痛风还是牙疼，虽然都疼痛难忍，却很少能引起什么同情；而有些疾病，虽然产生的身体疼痛非常轻微，但却能引起最深切的同情。 09

比如外科手术，有些人看到就会感到头晕恶心；身体肌肉被切开的那种疼痛似乎极易引起他们的过度反应。因为身体受到外伤时所引起的疼痛，要比体内疾病所引起的疼痛对他人产生的冲击力更直接、更强烈。尽管我们很难想象，他人在遭受痛风或结石折磨时的痛苦，但我们却能非常清晰地想象，一个人在皮开肉绽或骨折时所承受的痛苦。外科手术之所以会让我们如此震撼，主要原因是它不太常见。如果一个人目睹过上十次开腹或截肢手术，那他对各种外科手术就会慢慢变得熟视无睹甚至无动于衷。但是，即使看过五百个悲剧故事，我们多少还是会为那些悲惨的故事情节所感动。 10

在某些希腊悲剧中，就有一种试图通过肉体上的痛苦折磨来激起观众同情（译按：即共鸣）的表现手法。比如<u>菲罗克忒忒斯</u>[①]因遭受极大痛苦而大声尖叫 11

---

① 译注：菲罗克忒忒斯（Philoctetes），希腊神话中第一神箭手，色萨利的墨利波亚（Meliboea of Thessaly）国王波阿斯（Poeas）之子，特洛伊战争中希腊联军的将领。他还是大力神赫拉克勒斯的朋友，赫拉克勒斯在死后将自己的神弓和箭遗赠给他。根据荷马《伊利亚特》的记述，菲罗克忒忒斯在前往特洛伊的途中，由于在利姆诺斯岛被水蛇咬伤，双脚感染恶毒而被奥德修斯遗弃在那里。在他伤好后，奥德修斯与赫拉克勒斯之子等人请他继续前往特洛伊，但遭到了菲罗克忒忒斯的拒绝。这时，已成为神祇的大力神赫拉克勒斯降下神谕，他才随同奥德修斯一道去了特洛伊，并射杀了掳走海伦、掀起战争的特洛伊王子帕里斯。

并昏厥过去，而<u>希波吕托斯</u>①和<u>赫拉克勒斯</u>②总是在经受过酷刑拷打之后甚至奄奄一息时才出场；诸如此类的酷刑折磨，似乎连<u>赫拉克勒斯</u>般的坚强意志也难以忍受。但所有这一类悲剧，真正吸引我们并激起我们同情（译按：即共鸣）的，其实并不是肉体上的各种痛苦折磨，而是由此而产生的一些情境联想。比如，真正感动我们的其实并不是<u>菲罗克忒忒斯</u>那溃烂的双脚，而是我们想象中他的孤寂以及贯穿于整个迷人剧情的那种浪漫与狂野。<u>赫拉克勒斯</u>与<u>希波吕托斯</u>的那种极度痛苦之所以感人肺腑，其实也是因为我们心里预料到他们将在痛苦挣扎后死去。如果那些英雄们的结局是再次复活，我们反而会觉得那些酷刑折磨的情节安排十分荒唐。尽管没有什么疼痛会比腹绞痛更剧烈，但是，如果一部悲剧以腹绞痛为主要情节，那将是多么糟糕的一部悲剧啊！这种试图通过肉体上的痛苦折磨来激起观众同情（译按：即共鸣）的表现手法，也许可以视为是对<u>希腊</u>经典戏剧传统的一种极大破坏。

12　　　由于我们对他人身体的疼痛很难感同身受，所以我们才会认为，如果一个人遭受了身体上的痛苦，就应该尽量表现得坚强而有忍耐力。反之，一个人在遭受酷刑折磨时，如果他不露出丝毫怯意、不喊不叫，也没有任何过激的表现，那我们必然就会由衷地钦佩他。他的坚强不屈几乎达到了我们认为的那种无动于衷与麻木不仁的程度。一方面，我们钦佩并由衷赞赏他为之付出的巨大努力，赞赏他这种毫不畏惧的行为表现；而另一方面，根据我们对人性普遍弱点的了解，又会对他如此罕见的行为表现感到惊讶，好奇他究竟是如何做到的。好奇、惊讶与赞赏，这三种情感不断相互交织，就形成了那种所谓的钦佩之情。正如前面（译按：本卷第一章第四节第3段）所指出的那样，赞美就是钦佩之情的自然流露。

---

① 译注：希波吕托斯（Hippolytus），欧里庇得斯作品中的人物，是雅典国王忒修斯的儿子。他一直追求狩猎女神阿尔忒弥斯，并以能够与女神有非凡交往而自豪，他拒绝与其他女性交往，甚至藐视爱神阿弗洛狄忒。这导致爱神十分恼怒，于是，她先让希波吕托斯的继母费德尔疯狂地爱上他，然后又让希波吕托斯拒绝了费德尔。费德尔蒙羞自杀，留下遗书诬陷希波吕托斯对她不轨。国王忒修斯看到遗书气急败坏，放逐希波吕托斯，并用海神的诅咒处死了他。

② 译注：赫拉克勒斯（Hercules），古希腊神话中最伟大的英雄，在如今的西方世界，"Hercules"一词已经成为了大力士和壮汉的同义词。是主神宙斯与阿尔克墨涅之子，因其出身而受到宙斯的妻子赫拉的憎恶。他神勇无比、力大无穷，后来他不仅完成了12项被誉为"不可能完成"的任务，而且还解救了被缚的普罗米修斯，隐藏身份参加了伊阿宋的英雄冒险队并协助他取得金羊毛。赫拉克勒斯英明一世，却因遭到自己第二任妻子误会而在他的衣服上涂了毒，最终痛苦难耐而自焚身亡，死后升入奥林匹斯圣山，成为大力神，他惩恶扬善，敢于斗争。

第二节　论爱情这种源于特殊心理的情感

有一些情感，虽然也是源于心里想象的一种感受，并且十分常见而又合乎情理，但它们却由于产生于某种特殊心理而难以得到他人的理解。由于人们无法进入那种特殊的心理状态，因此也就无法理解他人的那种特殊情感。这些源于特殊心理的情感，虽然是我们日常生活中必不可少的一部分，但常常会由于表现过于强烈而显得有几分可笑。比如，男女之间长期相互倾慕，彼此就会产生深深的依恋之情，这是再自然不过的事，可我们却很难凭借想象去体会两个热恋者本人的那种儿女情长，因此也就无法理解恋人之间的那种恋恋不舍。如果朋友受到伤害，我们很容易理解他心中的愤怒，并且也会憎恨伤害他的那个人；如果朋友得到恩惠，我们很容易理解他心中的感激，并且也会铭记他恩人的功德。然而，如果朋友堕入爱河，即使我们认为他的情感与行为表现完全合乎情理，但在我们自己心中也绝不会燃起类似情感，更不会对他迷恋的女孩产生爱慕之情。爱情之美妙，只有那些坠入爱河者才能充分领略，局外之人根本无法理解体会。众所周知，人到了适当的年龄就会谈恋爱。尽管这是再自然不过的事情，但却总是会被人取笑或打趣，因为旁人无法体会其中那美好而特别的滋味。所以，任何过于热情奔放的爱意表达，即使是完全出于真心，但在旁人看来也显得非常可笑；恋人只是对方心中的好伴侣，但在旁人眼里却不是。那些被爱情俘虏的人，其实他们自己心里也清楚这一点。所以，一个人只要保持这种清醒的认识，他就会尽量以调侃或自嘲的方式来表达自己的爱意。这不仅是我们愿意聆听别人谈论他们爱情的唯一方式，也是我们愿意谈论自己爱情的唯一方式。这也是为什么人们开始讨厌考利①和佩特拉卡②那种一本正经、卖弄文采、冗长累赘的爱情诗，因为他们总是没完没了地夸大恋人之间的那种倾慕

---

① 译注：考利（Abraham Cowley, 1617～1667），英国作家、诗人和散文家，是当时形而上学派向 18 世纪新古典主义过渡期间的代表人物。他在 1656 年发表的《品达颂》（*Pindarique Odes*）中开创了一种不规则诗体，被很多诗人广为采用。

② 译注：佩特拉卡（Francesco Petrarca, 1304～1374），意大利文艺复兴时期的诗人和学者，以写十四行诗著名。

与依恋之情；而奥维德①爱情诗的简洁明快与贺拉斯②爱情诗的豪迈奔放，则总是大受欢迎。

02　　　不过，即使我们很难体会到恋人之间的那种儿女情长与朝思暮想，即使我们从未恋爱过，甚至连单相思也没有过，但我们只要稍微想象一下，就非常容易理解，美满的爱情为什么会让一个人对幸福充满希望，而一个人在失恋之后为什么会痛不欲生。爱情故事之所以会吸引我们，其实并非爱情这种情感本身，而是那些由爱情衍生出来的其他情感——信赖与希望、担心与害怕，以及各种不幸与苦恼。这就如同一本"航海遇险日记"那样，真正吸引我们的并不是它所描述的饥饿，而是那些由饥饿所引起的不幸与痛苦。所以，尽管我们很难充分体会恋人之间的那种儿女情长与朝思暮想，但我们还是很容易理解他们心中对幸福与浪漫的那种向往。一个人在坠入爱河之后，炽热的爱火已经把他折磨得疲惫不堪，当那让人意乱情迷的爱情一旦得到满足，他自然就会有所松懈，内心自然就会渴望那种恬静安宁的生活。这在我们看来再正常不过了，因为我们自己也憧憬那样的生活。温文儒雅而热情奔放的提布卢斯③，曾经就饶有兴致地详细描述过那种宁静闲适的田园生活。诗人们在《幸福岛》(The Fortunate Island) 中也描绘了一种类似的宁静生活。在"幸福岛"，不仅充满了友爱、自由和闲适，而且人们也免于劳作和忧虑，也不再因劳作或忧虑而心烦意乱。所有这些美好的景象，虽然只是我们心中的理想而无法真实享受到，但却总是会令我们无限神往。肉体欲望，

---

　　① 译注：奥维德 (Publius Ovidius Naso，前43年~公元17年)，古罗马最具影响力的诗人之一，与贺拉斯 (前65年~前8年)、卡图卢斯 (约前87年~约前54年) 和维吉尔 (前70年~前19年) 等齐名，代表作有《变形记》《爱的艺术》《爱情三论》。年轻时在罗马学习修辞，对诗歌充满兴趣。曾结婚三次，第三个妻子出身名门，得以让他有机会进入上层社会，结交皇家诗人。公元1年发表《爱的艺术》，描写爱的技巧，传授引诱与私通之术。然而，奥维德所宣扬的"生育过的女人不再美丽"的观点，却与奥古斯都·屋大维试图重建的罗马美德和家庭价值产生了剧烈冲突，在公元8年被屋大维流放到黑海边的托弥，10年之后忧郁而死。
　　② 译注：贺拉斯 (Horace，拉丁语：Quintus Horatius Flaccus，前65年~前8年)，古罗马帝国奥古斯都统治时期著名的诗人、批评家、翻译家，代表作有《诗艺》《讽刺诗集》《长短句集》等。他在翻译方面主张活译而摒弃直译，他认为本族语言可通过译借外来词加以丰富。他在《诗艺》中指出："真正忠实原作的译者，绝不会逐字逐句地死译。"他是古罗马文学"黄金时代"的代表人之一，与维吉尔、奥维德并称为古罗马三大诗人。他的名言众多，其中最著名的是"你笑什么？只要改个名字，故事说的就是你"。
　　③ 译注：提布卢斯 (Albius Tibullus，前54年~前18年)，古罗马挽歌诗人。家境富有但早年丧父。他与著名演说家、共和主义者墨萨拉关系密切，在公元前31年至前30年期间，先后随墨萨拉出征高卢和东方，中途因病返回意大利。后来一直从事诗歌创作，并成为墨萨拉庇护的文学小组的成员之一。尽管他对当时奥古斯都的独裁统治持反对态度，但很少谈及政治。因此，提布卢斯留下的两卷诗集 (共16首) 主要是挽歌体格律的爱情诗。他的爱情诗充满理想色彩，歌颂田园生活，蔑视功名财富，诅咒战争，向往和平生活以及远古的黄金时代和朴素幽静的乡村乐趣。他对田园风景方面的描写尤为出色细腻，奥维德曾称赞他为罗马挽歌诗人的骄傲。

虽然也含有爱的成分，并且也是爱的基础，但它本身还是存在粗俗的一面。在爱情故事中，肉体欲望的满足如果被含蓄地描绘得遥不可及，其粗俗性就会消失；如果被露骨地描绘得唾手可得，就会招致所有人的反感。正如痛苦通常更容易打动人心，所以，正是种种担心与害怕、忧郁与悲伤，让那种曲折的爱情故事总是远比那种幸福美满的爱情故事更感人至深。因为，渴望幸福美满的爱情乃人之常情，而任何事情，只要有可能破坏这种令人愉悦的美好愿望，都会让我们牵肠挂肚而心神不安。因此，我们非常理解恋人之间的那些焦虑、关切和苦恼。

可见，正是爱情故事当中的各种曲折，才让那些现代悲剧和浪漫故事如此精彩而令人着迷。比如，在悲剧《孤儿》（*The Orphan*）① 中，真正让我们感动的，与其说是<u>卡斯塔里奥</u>②与<u>莫尼米娅</u>③的爱情，不如说是两人爱情的不幸。如果作者呈现给观众的是两位恋人在无忧无虑地互吐爱慕之情，结果将是哄堂大笑而不是感动。在爱情悲剧中，即使有时候允许出现爱情美满的场景，但多少总会显得有点不对劲。观众之所以仍能接受这样的情节安排，并不是因为剧中所呈现的那种美满爱情而感动，而是因为观众已经预见到那种美满是短暂的，主人公随后必将遭受各种艰难与坎坷。正是这种预见，增加了悬念并让观众牵肠挂肚，进而让爱情悲剧更加扣人心弦。 03

伦理道德会强加给女性很多限制，而种种禁锢和习俗，必然就会让她们在爱情的道路上更加困难重重。然而，或许正是因为这一点，才让她们的爱情故事更加感人至深。比如，我们会为法国悲剧《菲德拉》（*Phaedra*）④ 所描述的那种爱情着迷，尽管女主人公<u>费德尔</u>太过放纵而且有罪。在某种意义上我们甚至可以认为：似乎正是那种放纵与罪过，才让女主人公的恐惧、羞愧、懊悔、憎恶、失望变得更加合乎情理，进而得以让这部悲剧更加荡气回肠而大受欢迎。诸如恐惧、羞愧、懊悔等伴随爱情而衍生出来的次生情感——如果允许我这样定义它们的话，必然会变得比爱情本身更加热烈狂野；因此，确切地说，真正让我们感动的，其实是伴随爱情而产生的那些次生情感。 04

然而，在所有容易表现过分的情感当中，似乎只有爱情会让人觉得美好而惬意，甚至在一个内心浅浮者眼里也是如此。首先，尽管过于热烈奔放的爱情也许 05

---

　　① 译注：《孤儿》（*The Orphan*）是英国剧作家 Thomas Otway（1652～1685）于 1680 年发表的一部爱情悲剧。剧中女主角 Monimia 是男主角 Castalio 之父的养女。他俩的爱情悲剧，源于 Castalio 的哥哥只想占有她的身体，而在 Monimia 与 Castalio 俩人打算秘密结婚的那一夜，Castalio 的哥哥却阴差阳错地上了她的床。

　　② 译注：卡斯塔里奥（Castalio），《孤儿》（*The Orphan*）剧中的男主角。

　　③ 译注：莫尼米娅（Monimia），《孤儿》（*The Orphan*）剧中的女主角。

　　④ 译注：指法国诗人及悲剧作家 Jean Baptiste Racine（1639～1699）在 1677 年发表的 *Phaedra*。剧中的女主角 Phèdre 虽为人继母，却爱上了她的继子。

会显得有点可笑，但它通常不会令人讨厌；尽管爱情常常会引发不幸甚至带来致命打击，但它几乎不带有任何不良企图。其次，尽管过于热烈奔放的爱情，也许会显得不太合宜得体，但伴随爱情而产生的那些次生情感，却非常合乎情理；即使我们觉得爱情过于热烈奔放，但爱情当中所交织夹杂的仁慈、宽容、善意、友爱、尊重等次生情感，已经足以立刻让我们非常乐意接受它。尽管爱情常常也会带来各种败德恶行，尽管爱情可能会让女人身败名裂，尽管爱情也会给男人造成严重伤害——几乎总是会导致男人荒废事业、玩忽职守、名誉受损甚至声名狼藉，但伴随爱情而产生的仁慈、宽容、善意、友爱、尊重等美德般的次生情感，不仅让爱情不再令人讨厌，反而让我们更加坚信爱情的美好。尽管爱情可能产生如此多的不良后果，但人们还是会给予足够的理解和宽容。可见，爱情仍然是人们梦寐以求的情感；当人们一旦坠入爱河，就会沉醉其中，而根本无暇顾虑将来可能出现的不良后果。

06　　　基于同样的道理，当我们在谈论自己的家人与朋友、学习与研究、爱好与职业之时，一定要有所保留而不能流露过多。因为，我们不要指望同伴也如同自己那样，对我们自己所关心或喜欢的人与事也有着相同程度的兴趣。反之，如果缺乏这种必要的保留，我们就很难同他人友好相处。这也是为什么哲学家只能和哲学家做朋友，而一个俱乐部的会员通常也只能在他那个小圈子里找到知音。

第三节　论愤怒这类讨厌的激情

01　　　还有一类激情，虽然它们也是源于心里的一种想象，但当事人必须事先把它们抑制到远低于未开化人性可能产生的程度，才有可能获得我们的理解体谅，才有可能显得合宜得体。这类激情就是愤怒、怨恨以及它们的一切不同变种。我们对愤怒这类激情的同情，通常包括两个方面：我们既会同情那个心怀愤恨者，同时也会同情那个被愤恨的对象。由于他们两者都是人，所以我们对双方都会表示关心；我们同情前者是希望他的情绪得到缓和，而同情后者则是由于我们担心他可能会遭受伤害。但他们两者的利益，始终是完全对立的；如果过多担心后者可能遭受的伤害，不仅会让我们忽略前者已经遭受的伤害，而且还会减弱我们对前者已经遭受伤害的愤慨。我们之所以无法完全体会一个人心中的狂躁怒火，不仅仅只是"我们的同情感受无法达到愤怒者自身愤怒的程度"这个普遍原因，而且还有"我们也会同情那个被愤怒对象"这个特殊原因。总之，同其他几乎所有激情相比，愤怒更应该被抑制在远低于其自发的程度；而且只有这样，才会显得合宜得体而易于让人接受。

但与此同时，人们对他人遭受的伤害总是会感到义愤填膺。在悲剧或爱情剧 02
中，坏蛋总是会令我们恨之入骨，而英雄则总是深受我们喜爱。我们对伊阿古①
的憎恨，在程度上绝不亚于我们对奥赛罗②的敬佩；我们乐于看到伊阿古受到惩
罚，但奥赛罗若遭遇不幸，则会令我们伤心难过。尽管我们在看到朋友受到伤害
时会义愤填膺，但我们愤慨的程度却总是远不及受害者本人的愤怒。大多数情况
下，只要受害者不显得缺乏勇气，不是因为害怕才保持克制；那么，他表现得越
是忍耐、平静、宽宏，我们就越痛恨那个加害者。换句话说，受害者表现得越平
静，加害者的行为就会显得越残忍。

然而愤怒这一类激情，其实又是人性中不可或缺的。如果一个人过于温顺而 03
甘受侮辱，既不愿反抗也不想报复，那他就会遭到鄙视。我们不仅无法理解他的
冷漠与麻木，而且还会哀其不幸而怒其不争。即使是最无关的民众，当他看到一
个人甘愿受辱时，也会对那个人的表现感到气愤不已；因为人们总是希望看到这
种公然侮辱遭到谴责，尤其希望看到受害者本人为之愤怒。人们会大声呼喊，希
望他挺身反抗或者奋起还击，如果他终于怒不可遏，人们就会为他欢呼喝彩，心
中的愤慨也会得到满足。这又会进一步激化人们对加害者的愤恨，让人们更乐于
看到受害者开始反击。只要报复没有超过限度，人们就会从他的报复行动中获得
真正的满足，好像遭受伤害的人就是他们自己。

尽管愤怒这类激情可能会给个人造成侮辱和伤害，尽管人们既充分认识到了 04
它们的危害，也非常清楚它们在维护公平与正义等公共利益方面发挥着至关重要
的作用（我将在第二卷第三章中对这种作用进行详细阐述）；然而，愤怒这类激
情本身却始终包含某些令人厌恶的成分，这自然就会让它们成为我们讨厌的对
象。所以，任何人所表现出的愤怒，如果超过了我们认为可以忍受的极限，那它
不仅会被视为是对被愤怒对象的侮辱，而且还会被看作是对所有在场同伴的无
礼。故而，即使是出于对周围同伴的尊重，我们也应该抑制自己的愤怒，以免太
过激烈而冒犯他人。可见，愤怒这类激情尽管对维护社会公平正义而言，其长远
影响是有益的，但于个人而言，其直接影响却是有害的。然而在人们的脑海里，
让人感到愉悦或不快的，其实是一个事物的直接影响而不是长远影响。比如，一
座监狱肯定比一座宫殿更有利于维护公众利益，而且建造监狱的人，通常也比建
造宫殿的人会受到更多爱国精神的正面引导。但一座监狱的直接作用就是让那些
被监禁的可怜人失去自由，这是令人不快的；更何况，人们也不会花时间去探究
监狱的长远正面影响，甚至觉得那些影响太过遥远而不会影响到现在的自己。实

---

① 译注：伊阿古（Iago），莎士比亚的悲剧《奥赛罗》中的反面人物，阴险残忍。

② 译注：奥赛罗（Othello），莎士比亚的悲剧《奥赛罗》中的男主角，正面人物。

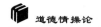

际上，监狱总是令人讨厌，它的预期作用发挥得越好，就越令人讨厌。反之，一座宫殿总是令人喜爱，尽管它的长远影响往往对公众不利；因为它可能助长奢靡之风，并成为堕落生活方式的坏榜样。可是，宫殿的直接作用却令人非常愉悦，因此，住在里面的人不仅会感受到它的舒适华丽并获得心理满足，而且还会由此产生无数愉悦的联想；而他们的这种愉悦，通常来自宫殿的直接作用，也很少有人会深入探究其长远的负面影响。我们常常把乐器与农具的油画或浮雕作为客厅和餐厅的装饰品，因为它们总是令人愉悦。但是，如果有人把解剖刀、截肢刀、截骨锯、钻孔器等外科手术器械作为装饰品，那必定会显得荒诞不经而令人震惊。尽管外科手术器械通常总是比农具打磨得更精致，也更易于发挥其预期作用，并且从长远看，也更有助于病人健康而应该令人喜爱，但是，由于它们的直接作用会让人疼痛和受苦，因此，只要看到它们，我们就会心生厌恶。尽管枪械的直接作用同样也是令人疼痛和受苦，但却非常令人喜爱；因为它们是让我们的仇敌疼痛和受苦，而我们不会去同情自己的仇敌。在我们的心中，看到枪械就会立刻联想到勇敢、胜利和光荣等令人愉悦的念头。因此，枪械类饰品就会被人们视为服饰中最高贵的象征，而枪械类工艺品则会成为人们心目中最精美的建筑装饰。人类的道德情感其实也存在类似情况。古代斯多葛学派①学者就认为：世间万物，皆由一个圣明、全能、仁慈的上帝来统治，而每个独立的个体，都按照上帝的旨意被安排为整个宇宙的一个必需部分，并被用来促进提升宇宙整体的秩序和福祉；因此，人类的罪恶与愚蠢其实同美德与智慧一样，也被安排为整个宇宙的一个必需部分。上帝之所以做出这种巧妙的安排，其实是为了让人类明白仁慈善良的重要性。可见，从长远和整体来看，罪恶与愚蠢也有利于促进伟大宇宙的繁荣与完美。但是，不管斯多葛学派的这种理论如何深入人心，如何强调罪恶在人类社会整体中所扮演的角色和所发挥的长远作用，它也无法减轻我们对罪恶的深恶痛绝；因为罪恶的直接作用是如此具有破坏性，而它的长远作用却又如此遥远，以致很少有人愿意花心思去探个究竟。

05　　　同样的道理，前面刚刚谈及的愤怒这类激情，由于它们的直接作用是如此令人讨厌，所以，即使愤怒有非常正当的理由，它仍然难免会令我们心生厌恶。正因为这一点，我们在弄清楚愤怒这类激情的起因之前，根本不愿意也不打算去同情体谅它们。我们对他人痛苦的第一反应通常会这样：当听到远处传来痛苦的惨叫时，我们绝不会充耳不闻而对发出惨叫者无动于衷，惨叫声会立即激起我们对他处境的担心，如果惨叫声持续不断，我们几乎会不由自主地飞奔过去帮助他。

---

① 译注：斯多葛学派（The Stoics），即斯多葛哲学学派，是塞浦路斯岛人芝诺（Zeno，约前336年～约前264年）于公元前300年左右在雅典创立的学派。具体请参见第七卷第二章第一节第15段关于斯多葛学派的详细译注。

而我们对他人快乐的第一反应通常会这样：当看到微笑的表情时，我们就会立即变得热情，甚至原本忧郁的心情也会立即变得轻松愉快，之前那苦思焦虑而紧缩压抑的心也会在瞬间变得舒展而高兴起来；因为人们更乐意去感受快乐和分享喜悦。但我们对愤怒和怨恨的第一反应就截然不同。比如，当听到远处传来歇斯底里的怒吼尖叫时，我们既讨厌又害怕，因此绝不会像听到痛苦惨叫时那样飞奔过去提供帮助。再比如，女人或意志薄弱的男人，即使明知自己不是愤怒发泄的直接对象，也会出于对那个被愤怒对象的同情和担心而被吓得全身颤抖。尽管愤怒确实不足以让那些内心强大的人感到害怕，但他们还是会出于对被愤怒对象的同情和担心而感到气愤。我们对怨恨的第一反应也是如此，如果一个人只顾一味地发泄自己心中的怨恨而不道明原委，那他不但不会赢得任何同情，反而会招致厌恶。此外，过度的悲伤也会令人讨厌，在我们不清楚当事人悲伤缘由的情况下尤为如此。总之，我们生来就讨厌愤怒、怨恨、悲伤这类不友好的激情，它们任何过于激烈的宣泄，都会令人生厌而绝不会引起丝毫同情。这似乎又是造物主的有意安排，以便减少这类比较粗野而不太宜人的激情可能对他人的负面影响，进而让它们在人们之间更难相互传染，以免让人们彼此变得更加疏远。

无论是悲伤的音乐还是欢快的音乐，都会让我们产生某种类似的真实情绪，至少会让我们联想到某种类似的情感。但哀怨愤怒的音乐却会令我们心生恐惧。如果把快乐、悲伤、仁慈、赞美、无私等诸如此类的情感比作音乐，那它们的音调天生就会显得柔和、清晰而悦耳动听，而且它们的停顿自然而有规律。于是这类情感就很容易让人与它们保持相同的节奏和旋律，它们也容易采用音乐来进行模拟或表达。愤怒这类激情则完全相反，它们的音调嘈杂又刺耳，而且停顿也毫无规律可循，时长时短而杂乱无章。因此，人们很难同情体谅愤怒这类激情，而且它们也很难采用音乐来进行模拟或表达——即使能够做到也会令人非常讨厌。那种充满欢快与友好曲调的音乐会，气氛必然会非常和美而大受欢迎；如果一场音乐会的曲调充满愤怒与怨恨，必定会显得十分古怪而令人讨厌。 06

如果一种激情令旁观者感到讨厌，那当事人自身的感受必定非常痛苦。愤怒和怨恨，是内心平静的最大破坏者；因为它们本身就显得狰狞暴戾，非常容易让人惊慌失措而胆战心惊，进而彻底破坏内心的平静与安宁。只有感激和仁爱，才最有助于增进内心的平静与安宁。对于一个宽容仁慈的人而言，朋友背信弃义所造成的财产损失，并不会让他感到丁点儿惋惜；因为无论损失了多少财产，通常都不会影响他内心的宁静。而真正让他困惑不解的，是朋友为什么会对自己背信弃义，也只有这一点，才会让他感到苦恼和不快，才会对他的内心造成伤害。 07

那么，我们究竟应该如何做，才能让自己的愤怒宣泄易于被他人接受呢？才能让他人完全理解自己的报复行为呢？以下两方面条件，通常必不可少：一方 08

面，激怒我们的必须是那种应该遭到鄙视的事情，并且，如果我们不表示一定的愤怒，那些侮辱可能会继续。所以，我们千万不要因他人的小过错而耿耿于怀，如果仅仅因为一个小争吵就大动肝火，那我们反而会遭人耻笑。我们不能任由复仇的怒火肆虐，而应该更多顾忌合宜性的要求、顾忌人们心里的预期和旁观者所能接受的程度。在人类心灵所能感受到的全部情感中，只有愤怒的合理性最应该遭到怀疑；只有愤怒，我们在付诸行动之前，最应该事先仔细审视一下合宜性的基本要求，最应该认真考量冷静的公正旁观者将会如何看待自己的行为。也就是说，只有出于宽宏大度，只有出于维护自身的社会地位和尊严，才能让我们抑制住自己心中的愤怒，才能让我们保持言行举止的优雅得体。另一方面，我们不仅必须做到朴实、坦诚、率真，做到处事既要坚定果敢又要灵活变通，做到为人既要严肃正派又要谦恭有礼；而且还必须做到戒骄戒躁、杜绝粗俗下流，做到宽容大度、光明磊落，做到凡事都要充分考虑合宜性的要求，甚至对触怒或冒犯我们的人也应如此。总之，我们必须做到一切行为举止都要合宜得体而不矫揉造作，绝不能因愤怒而丧失理智甚至泯灭人性，只有在那种受到反复严重挑衅而迫不得已的情况下，我们才能听从报复心的驱使。当愤怒被抑制约束到上述那种程度时，就可以认为我们做到了宽宏大度而高尚可贵。

第四节　论仁慈这类宜人的情感

01　　上述各种令人讨厌的激情，在大多数情况下都非常粗野而令人不快，因此会让我们的同情大打折扣。不过，也存在某些与它们相反的情感，这类情感几乎总是非常合宜得体而令人愉悦，所以总能赢得我们更多的同感共鸣。诸如仁慈、善良、宽容、怜悯，以及彼此的友爱和尊重，全都属于友好而仁慈的情感。任何情况下，只要我们表现出这类情感或行为，即使是那些我们素不相识者或毫不相干的旁观者，也会非常喜欢而开心愉悦。旁观者不仅会赞赏那些心怀友好与仁慈情感的人，同时也能充分感受到这些情感对象心中的愉悦。旁观者作为一个普通人，通常会因为受恩者所获得的幸福而更加赞赏施恩者。因此，我们对那些友好仁慈的情感，总是怀有最强烈的好感，它们似乎在各种场合都能带给我们愉悦。而且我们还能同时体会到，施恩者与受恩者各自在心理上所获得的那种满足。如果一个人成为愤怒或怨恨的对象，那他就会比一位勇士在面临残暴敌人时还要更加恐惧；反之，当一个人觉得自己被人关爱时，就会感到一种极大的满足。而且在一个情感细腻敏感者眼里，"被人关爱"这种满足与幸福，要远比一切可能从对方获得的实际好处更为重要。可是有些人却喜欢挑拨离间，甚至让朋友之间原本最诚挚的友爱也变成了不共戴天的仇恨，这样的行为是多么的可恶啊！然而，令人如此可恶的行为究竟可恶在哪里呢？难道是因为它会让朋友彼此都失去那些曾经有望从对方获得的微不足道的帮助吗？其实挑拨离间的真正可恶之处，就在于它会破坏朋友之间的友谊，会让他们失去原本令彼此都感到极大满足的情谊；就在于它会扰乱双方内心的宁静，从而中断彼此间原本愉悦的精神交流。无论是一个温和善良而感情细腻的人，还是一个粗犷而低俗的人，都渴望拥有这种亲密的友情、内心的宁静和精神上的愉悦交流，因为我们每个人都更在意被爱的那种幸福，而不是期望从对方获得什么实际帮助。

爱，总是令人愉悦。因为爱能抚慰人心、增进身心健康，因为爱能带来感激、让被爱者满足；因为爱能促使人们相互关爱、让彼此都更加幸福。如果一个家庭里充满互爱互敬，那将是何等的开心幸福啊！在这样的家庭，父母和孩子都是彼此的好伴侣，父母恩爱有加，孩子恭敬有礼，相互尊重包容，彼此间没有任何争执；在这样的家庭，父慈母爱，孩子自由，彼此情趣相投而友好相处，兄弟姐妹亲密无间，相互之间既不争名夺利也不争宠夺爱。如果生活在这样的家庭，难道还会出现任何有碍我们祥和、欢乐、融洽、惬意的事情吗？反之，如果一个家庭里充斥着吵闹，彼此总是对立；那在这样的家庭，虽然表面上显得风平浪静，但暗地里却相互猜疑妒忌，彼此貌合神离，并且随时都可能爆发冲突，甚至有朋友在场时也毫不避讳顾忌。如果生活在这样的家庭，又将是何等的心神不宁而坐卧不安呢？ 02

上述这些亲切宜人的情感，即使表现过分也不至于令人反感。比如，友爱与仁慈，即使表现过分也会令人感到某种愉悦。父母的溺爱、朋友的过分慷慨或太重情义，有时也许只是因为他们心肠太软而让我们为之感到遗憾。但这种遗憾，顶多只会让我们对那些溺爱行为感到惋惜，而绝不会产生丝毫憎恨与厌恶之情，只有那些最残忍卑劣之人，才无法理解甚至鄙视这种溺爱。即便是我们在指责这种溺爱之情时，也总是会含有关心、理解和善意的成分。心地极度仁慈善良者，他们本人并不会觉得自己的表现太过仁慈，也正是这一点，让我们对他们深感同情惋惜，因为仁慈本身并不含有丝毫卑鄙或令人厌恶的成分。我们只能为这种情深义重深感惋惜，因为它不适合这个现实世界，而且世人也不配拥有它。心地善良常常会让一个宅心仁厚者反而成为那些背信弃义者、忘恩负义者、钻营欺诈者的牺牲品，反而承受百般痛苦而焦虑不安。可是，在所有人当中，心地善良者本来最不应该也最无法承受这种折磨。愤怒和怨恨就截然不同，不仅绝没有人会为之感到惋惜，而且任何过于激烈的发泄，都会令人害怕和憎恶；以致我们甚至会认为，这种人无异于狂野的禽兽，并且应该被逐出文明社会。 03

第五节　论个人的喜与悲

01　　除了上述两类对立的激情之外，第三类就是合宜度介于宜人与讨厌之间的那种激情：我们因个人好运而感到的欣喜，以及因个人不幸而感到的悲伤，就属于第三类激情。个人的欣喜有点接近于那些令人愉悦的情感，但又不如它们那样优雅得体；而个人的悲伤则有点接近于那些令人讨厌的激情，但又不如它们那样可憎可恶。此外，个人的悲伤即使表现得过分，也绝不会像过激的愤怒那样令人讨厌，因为个人心中的悲伤并没有任何针对对象，因此它就不可能像愤怒那样，会同时激起我们对被愤怒对象的同情。但个人的欣喜即使表现得非常合乎时宜，也绝不会像无私的仁慈和正义的善行那样招人喜欢，因为个人心中的欣喜并没有任何针对对象，因此它就不可能像仁义的善行那样，会加倍激起我们对施仁行善者的感激。然而，个人的欣喜与个人的悲伤之间也有差别：那种适度得体的小欣喜通常要比欣喜若狂更容易让我们接受，而那种沉痛的悲伤却总是要比轻微的悲伤更容易引起我们的同情。如果一个人突然时来运转而平步青云，即使是他最亲密朋友的祝贺也未必是发自内心的。一夜富贵者，即使功德过人通常也会招致嫉妒与不满；因为嫉妒心常常会妨碍我们发自内心地为他感到高兴。那些一夜富贵者只要稍有判断力，那他就会顾忌别人的嫉妒心，从而避免自己因为交了好运而洋洋得意；那他就会想方设法掩饰心中的喜悦，从而避免自己因暴富而情不自禁地欣喜若狂。比如，他会刻意装扮得跟以前一样朴素，行为和态度也跟以前一样谦逊客套；他会加倍关心老朋友，并且尽量表现得比以前更谦卑、更殷勤、更有礼。他这样的行为和态度，当然也是我们最容易接受的，我们甚至会觉得他更应该理解我们对他的嫉妒，而不是我们应该为他的一夜富贵感到高兴。但无论他如何努力，都很难赢得我们的认可，因为我们总是会怀疑他的谦卑不够真诚。我们的猜疑与不理解，让他开始厌倦自己的装模作样。于是，他很快就无法继续伪装下去，不久就会把所有老朋友全都抛诸脑后；或许只有那些最卑微的人，会甘愿继续留在他身边，以谋求一份扈从的差事。他也会尝试去结交一些新朋友，却很难成功，因为他新结识的那些人会由于他现在跟他们平起平坐而觉得自己受到了冒犯，以致他自始至终都只有保持谦卑才有可能减轻那些人所感到的屈辱。但是，他很快又会对这种装模作样感到厌倦，老朋友的阴阳怪气、猜疑与高傲，新朋友的傲慢无礼与轻视怠慢，让他气急败坏。于是，他开始疏忽怠慢老朋友，并且动辄就对新朋友恼羞成怒，直到最后，他自己也变得傲慢无礼，进而失去人们对他的所有尊敬。如果人类的幸福主要源于我们觉得自己被人所爱——我对此深信不疑，那么，突然的好运就很难有助于增进真正的幸福。所以，只有一步一个脚印取得成功的人，才是最幸福的。这样的人在每次获得升迁之前，人们都早已期待良久；所以，他这种众望所归的升迁就会显得合情合理而易于被人们接受。这样，不仅会让他自己不至于高兴过头，而且也不至于引起那些被他赶超并甩在身后的同僚们的任何猜疑与妒忌。

　　由于人们总是更乐于理解接受那些无关紧要的小事所带来的小欣喜，所以，当我们取得巨大成功时，保持低调是最恰当的。但在日常生活中的所有小乐趣上，无论是昨晚同朋友一起开怀畅饮、一起观看为我们安排的演出、一起回忆以前说过和做过的趣事，还是此刻闲聊漫谈中的各种插科打诨等诸如此类用来打发空虚无聊的一切消遣娱乐，不管我们表现得多么开心，都不会显得过分。人生之美好，莫过于时刻保持心情愉悦；而日常生活中各种独特的小情趣，正是我们快乐的源泉。我们之所以会钟情于各种小情趣，正是因为它们能让我们开心愉快；并且，只要保持积极乐观的心态，我们总能从各种日常琐事中发现乐趣。也正因为这一点，充满欢乐与朝气的青春年华才让我们如此流连忘返。那热情似火的青春、那顾盼生辉的双眸、那年轻美丽的笑脸，让人的心情多么舒畅啊！即使是一位老人，也会被这种青春朝气点燃自己的激情，从而感到一种超乎寻常的愉悦；因为他们会沉浸在那令人愉悦的青春回忆中，进而让他们由于眼前的欢乐而暂时忘掉了自己的年迈体弱。老人常常会感叹自己的青春不再，因此，眼前所见到的这种青春朝气就很容易再次点燃他们心中的热情，进而勾起他们各种美好而愉快的回忆。

　　悲伤的情形就截然相反。轻微的苦恼或悲伤，几乎很难引起什么同情，但沉重的哀伤悲痛，反而容易唤起那种最深切的同情。比如，如果一个人因芝麻小事不如意就烦躁不安，如果一个人因厨师和管家的小疏忽就不满，如果一个人总是对隆重庆典中的礼仪吹毛求疵——无论他自己觉得还是别人觉得，如果一个人因好朋友没有问候自己早安就生气，如果一个人因兄弟在听自己讲故事时一直哼着小曲就不高兴，如果一个人总是抱怨生活枯燥乏味——住在乡下时抱怨天气不好、旅行时抱怨道路泥泞、住在城里又抱怨缺少朋友和娱乐消遣，那我就敢断定，如果一个人总是为诸如此类的芝麻小事而苦恼悲伤，即使事出有因或情有可原，他也很难得到什么同情。然而，快乐总是一种令人愉悦的情绪，只要有那么一丁点儿理由，我们也乐意让自己沉浸其中。因此，只要没有嫉妒心作祟，我们就非常乐意分享他人的快乐。反之，悲伤是一种令人痛苦的情绪，甚至是在我们自身遭遇不幸时，也会下意识地抗拒并刻意回避。我们会尽量不去回想悲伤的事情，并且，即使想到了也会努力尽快摆脱它。尽管我们确实也会因自己的微小不幸而经常感到悲伤，但我们却很少会因他人的类似微小不幸而感到悲伤；因为我们因同情他人而感到的悲伤，总是比我们自身的悲伤更容易消失。此外，人类还有一种恶念，它不但会阻碍我们去同情他人的小苦恼与小悲伤，而且还会让我们产生几分幸灾乐祸的感觉。因此，我们有时候会以捉弄同伴为乐，比如，当看到同伴在遭受各种逼迫、敦促和戏弄时那种敢怒而不敢言的样子，我们反而会觉得非常有趣。教养良好的人，通常会掩饰小意外所产生的悲伤或痛苦；而老于世故的人，通常会主动把这些小插曲变成朋友们的笑料，因为他知道，即使自己不主动这么做，大家也会拿这些小插曲来取笑捉弄他。在现实生活中，如果我们已经练就了用他人的眼光去看待那些发生在自己身上的每一件事情，那我们就会以朋友那种戏谑玩笑的方式来看待我们自己所遭遇的微小不幸。更何况，即使我们不自我解嘲，朋友们也会嘲弄打趣我们。

　　反之，我们对沉痛悲伤的同情，通常都非常强烈而真诚，这根本无须再举例说明。我们甚至还会因一个虚构的悲剧情节而落泪。所以，即使你遭受了重大灾难，即使你因某种突发不幸而陷入贫困、疾病、屈辱和绝望，甚至有些还是你咎由自取，但你仍然可以相信，朋友们的同情不仅非常真诚，而且他们力所能及的帮助也是发自内心的。但是，如果你的不幸并不太严重，如果你只是事业上遇到点小挫折，如果你只是被情人抛弃或者只是被老婆骂了一顿，那等着你的，就只有老朋友们的揶揄和嘲笑。

第三章　论成败对评判行为
合宜性的影响，为何成功者的
行为总是更易赢得赞赏

第一节　论同情悲伤与同情①快乐的差异

尽管我们对悲伤的同情，通常是一种比同情快乐更为深切的感受，但我们因同情悲伤而感到的悲伤，却总是远不及当事人自身的感受那么强烈②。尽管我们同情悲伤的感受不如当事人那么真切，但悲伤总是比快乐更容易引起我们的同情。同情（sympathy）这个词，其严格的原始含义就是指我们对他人不幸的同情，而不是指对他人快乐的同情（fellow-feeling，即同感共鸣，本节下同）。尽管有位刚刚离世的、见解独到而敏锐的哲学家③曾经认为：不仅很难证明我们对他人快乐的同情是发自内心的，而且也很难证明我们祝贺他人是出于人性的一种本能。但下述两方面的理由还是让我坚信，我们对他人悲伤的怜悯是出于一种人性的本能，而且绝没有人会怀疑这一点。

首先，从某种意义上看，我们对悲伤的同情通常要比我们对快乐的同情更为普遍。即使悲伤表现得太过激烈，我们也会产生几分同情。当然，我们此时的同情感受，既不可能完全达到感同身受的程度，也不可能如同当事人那样悲伤，除

01

02

① 译注：请读者务必从广义上去理解"同情"，包括共鸣、共情、同理心、认同等。

② 译注：本句为英文版标题移入，译者根据正文内容对本节标题进行了节略。

③ 译注：指英国道德哲学家约瑟夫·巴特勒（Joseph Butler, 1692~1752），在本书英文版首次出版时，他刚刚离世不久。他还是英国国教主教、皇家法庭的传教士、有影响力的作家。巴特勒的支持者认为，其代表作《十五条关于人性的布道》（*Fifteen Sermons on Human Nature*, 1726）和《自然宗教与启示宗教之类比》（*Analogy of Religion, Natural and Revealed*, 1736）是对伦理学、道德学和神学有史以来最有力的贡献之一。

非我们完全认同他的过度悲伤。尽管我们不可能像受难者本人那样哭泣、叫喊和悲叹，但我们还是会受到他脆弱无助以及情绪失控的感染，进而常常也会为他的处境深感担忧。然而，当我们在没有充分理解他人快乐缘由的情况下，却不太情愿去关注或分享他人的快乐，以致我们不但不会像欣喜若狂的当事人那样手舞足蹈，反而会鄙视和愤恨他这种得意忘形的样子。

03　　其次，无论是心灵还是肉体上的痛苦，都要比快乐带给我们的感受更为强烈。而且，尽管我们对痛苦的同情远不及当事人的自然感受那么强烈，尽管我们对快乐的同情更接近当事人的原始自然感受，但我们对痛苦的同情通常要比对他人快乐的同情更强烈、更明显。接下来，我将对这两种同情的差异进行详细说明。

04　　最为重要的差异是，我们通常都不太情愿去同情他人的悲伤，而更乐意去感受分享他人的快乐。为了让自己好受一点，每当我们离开悲伤者的视线时，就会尽量让自己不再去担心他的不幸与悲伤。然而我们未必总能做到这一点，以致我们越是想抗拒、越是不情愿，反而越是让自己更容易注意到它。但我们对他人快乐的同情，却从来不会产生这种矛盾的念头。当然，如果我们心存妒忌，就很难因他人的快乐而感到快乐；只要没有妒忌心作祟，我们就会不由自主地跟他人一起尽情欢乐。另外，如果我们由于妒忌心作祟而不太愿意分享他人的快乐，那我们就会因自己的妒忌心而感到羞愧。所以，我们往往又会装出一副开心的样子，有时候甚至弄假成真。比如邻居交了好运，我们也许会因为心存妒忌而感到极其不爽，但我们在表面上还是会祝贺他并为他感到高兴。其实很多时候，我们越是想赶走因同情而产生的悲伤，却往往越是挥之不去；而我们越是希望分享他人的快乐，却常常因心存嫉妒而错过。于是，这种众所周知的心理现象，自然容易让我们产生一个错觉：我们同情悲伤的倾向更为强烈，而同情快乐的倾向比较微弱。

05　　然而，即便存在上述这种倾向差异，但我仍敢断定：只要没有妒忌心作祟，我们更乐意去同情快乐而不太情愿去同情悲伤；并且，我们同情快乐时所产生的愉悦，更接近当事人的自然感受，而我们同情悲伤时所产生的痛苦，却总是远不及当事人的自然感受。

06　　尽管我们无法完全体谅接受那种过度的悲伤，但我们多少还是会给予一定程度的宽容与体谅。因为我们知道，一个人若要把自己的悲伤调整降低到旁观者完全能够接受理解的程度，他需要付出多么巨大的努力。因此，即使他不能很好地克制自己，我们也容易原谅他。但我们对那种过分的高兴，却不会如此宽容，因为我们觉得，一个人要把自己的快乐调整降低到我们能够完全接受的程度，他并不需要付出太大的努力。如果一个人在遭遇重大不幸时能够抑制自己的悲伤，那他似乎就值得高度钦佩；然而，如果一个人在取得巨大成功时能够掩饰心中的欣喜，却几乎很难获得什么称赞。因为我们非常清楚，旁观者因同情而产生的感受总是与当事人的自然感受有一个鸿沟。并且，同情悲伤时的鸿沟要远大于同情快乐时的鸿沟。

对于一个身体健康、生活富足和问心无愧的人来说，还有什么能够增加他的 07 幸福呢？对生活幸福美满的人来说，任何额外的好运其实都是多余的。只有那些轻浮鲁莽的人，才会因意外的好运而沾沾自喜。然而，因好运而沾沾自喜似乎又是人类非常普遍的自然反应。因为在人世间，目前还普遍存在着各种不幸与罪恶，而我们绝大多数人往往又不得不非常遗憾地面对这个现实。所以，即使境况良好，绝大多数人通常也会像他们的同胞那样，很难做到不为一个额外好运而沾沾自喜。

尽管很难再有什么事情，能为我们这种健康、富足而惬意的生活状态增加幸 08 福感，但可以让我们失去这种幸福感的事情却有很多。尽管这种幸福状态距离完美的幸福人生也许仅一步之遥，然而，即使是那种最轻微的不幸与这种幸福状态的差距也大得惊人。正因为这一点，失败更容易让一个人的情绪极度低落，而且在程度上，也要远大于成功让一个人在精神上所增加的振奋。所以，虽然我们很难完全理解并体谅他人的悲伤，但我们却比较容易体会感受到他人的快乐；并且，同当事人通常的自然感受相比，我们同情悲伤时的感受远不及当事人那么强烈，而我们同情快乐时的感受却更接近当事人。正因为这一点，尽管我们对悲伤的同情往往是一种比同情快乐更为强烈的感受，但它总是远不及当事人的自然感受那么强烈。

快乐的事情总是令人感到愉悦，因此，只要没有妒忌心作祟，我们就会尽情 09 享受各种快乐并获得内心的满足。但悲伤的事情却总是令人痛苦，以致我们不太情愿去同情悲伤①。比如，当我们观看一部悲剧时，我们就会努力抗拒自己因同情剧中人物而感到的悲伤，即使最后确实再也无法抑制住伤感时，我们也会尽量掩饰自己的情绪，尤其是与朋友一起观看时更为如此。所以，即使我们被剧中情节感动得泪流满面，我们也会偷偷抹掉眼泪，唯恐身旁的人由于不能理解自己的

---

① 原注：曾经有人反对并质疑我的理论，因为我一方面认为基于同情的赞许之情总是令人愉悦的，而另一方面又认为有些基于同情的感受却是令人不快的，这似乎自相矛盾。我的答复是，关于赞许之情需要注意两点：首先，同情是指旁观者基于对当事人情感的共鸣而产生的类似感受。这种因情感共鸣而产生的感受，既可能是令人愉悦的，也可能是令人不快的，它完全取决于当事人原始情感的性质，所以，旁观者的同情感受必然总会保留当事人原始情感的几分特征（译按：比如，因当事人的快乐而感到快乐，或者因当事人的悲伤而感到悲伤）。其次，赞许之情是当旁观者发现自己因情感共鸣而产生的感受，完全与当事人的原始情感一致时而在心中所产生的一种新感受（译按：即赞同感或认同感），这种新感受才是真正的赞许之情，所以总是令人愉悦而高兴的（译按：比如，基于彼此体会或看法的一致而产生的那种赞许之情或认同）。

这种过分感动而认为我们像女人那样脆弱。一个遭遇不幸的可怜人，尽管总是渴望得到我们的同情，但他同时又会担心我们不太乐意同情他，进而导致他在向我们倾诉其不幸时总是会心存顾虑。所以，他通常会由于担心我们的冷酷无情而掩饰自己的部分悲伤，进而羞于全盘托出他的满腔痛楚。但一个获得成功或好运者就截然相反，他会高兴得欣喜若狂，因为他心里清楚，只要没有妒忌心作祟，我们就不会反感他，而是会充分理解他的欣喜之情。所以他会毫无顾忌地大声欢叫，并且确信我们也会为他的成功感到由衷的高兴。

10　　　为什么我们羞于在朋友面前哭泣，却又极少羞于在他人面前欢笑？我们这么做的真正原因，往往只是由于我们心里总是觉得：朋友们会更乐意同我们一起快乐欢笑，而讨厌同我们一起悲伤哭泣。因此，即使我们遭遇了最可怕的不幸，大声的喊冤叫屈也总是会令人反感。但我们在欢庆胜利时，高声欢呼就未必会显得鲁莽冒失。当然，我们在取得成功时，也会出于审慎考虑而非常得当地掩饰心中的欣喜之情；因为审慎告诫我们要避免招人妒忌，更何况，成功比任何事情都更容易招来妒忌。

11　　　在凯旋仪式或胜利庆典上，民众的欢呼为什么如此热烈？民众为什么从来不会妒忌那些取得战功的胜利者？在围观处决死刑犯时，民众的悲伤为什么往往都不太强烈而非常平静？在葬礼上，我们的哀伤不过只是故作肃穆而已；但在洗礼或婚礼上，我们的欢笑却总是发自内心而毫不矫揉造作。在诸如此类的所有欢庆场合，尽管我们的快乐惬意不及当事人那么持久，但开心程度却往往相同。只要我们真心诚意地祝贺朋友，那我们就会由衷地为朋友的成功而感到高兴，就会立即像他们那样开心，内心就会充满真正的快乐，以致我们的眼神、表情和举手投足之间都会洋溢着喜悦与满足。然而让人性蒙羞的是，我们却很少真心诚意地祝贺他人的成功。

12　　　反之，当我们安慰痛苦中的朋友时，我们的感受为什么远不及朋友那么痛苦？通常，我们只是坐在他们身旁并看着他们，当他们诉说自己的种种不幸时，我们只是严肃认真地倾听而已。而且，他们在倾诉过程中，悲伤常常会不由自主地随时再次爆发甚至失声恸哭，为什么我们此时的感受，会与他们的号啕大哭相去甚远甚至感到极不耐烦？另外，我们可能又会觉得他们这种号啕大哭也很正常，如果我们自己遭遇类似不幸，说不定比他们还更加悲痛。我们可能会由于这一点而暗中责备自己缺乏同情心，进而让自己刻意装出一副深表同情的样子。即使我们产生了这种同情，它也总是一种微弱而短暂的假象；以致我们只要一踏出朋友的家门，它瞬间就会消失得无影无踪。看来造物主似乎觉得，她让我们每个人所承受的痛苦已经够多了，因此不想让我们再去分担别人的痛苦，而只是鼓励我们尽力帮助别人减轻痛苦。

正因为我们对别人的痛苦感觉迟钝，才让我们总是高度敬佩那种能够忍受巨大痛苦的悲壮行为。一个人在遭遇小灾小难时，如果仍能保持心情愉悦，那他的行为表现顶多算得上适当得体而已。但是，一个人在遭遇最可怕灾难时，如果仍能保持内心平静，那他的表现就非同寻常了。因为我们心里清楚，一个人在遭遇巨大不幸时，情绪通常会异常激动，想要保持内心的平静，他就必须付出极大的努力。如果我们惊异地发现，一个人居然能够完全控制自己的情绪，而且他的坚强镇静几乎完全到了我们认为的那种麻木不仁的程度，那我们无疑就会高度敬佩他。尽管他并不需要我们给予他什么深切同情。但是，当我们发现自己没有对他产生那种深切同情时，也会为自己的无动于衷感到羞愧。一方面，由于他的坚强镇静完全符合我们置身事外的心理预期，因此我们有理由认为，他的行为表现顶多算得上极度合宜得体而已。另一方面，根据我们对人性弱点的普遍了解，我们又没有任何理由期望他能表现出那种程度的坚强镇静，这种看法似乎也合乎情理。但令我们倍感惊讶与好奇的是，究竟有一股什么样的精神力量，让他表现得如此坚强镇静？正如我多次指出的：好奇、惊讶、同情与赞赏，这几种情感不断相互交织，就形成了那种所谓的钦佩之情。当小加图①遭到敌人包围之后，在已经无力抵抗又不愿投降的情况下，按照他那个时代宁死不屈的精神，最后不得不选择舍身成仁。但小加图在整个过程中，既没有表现出丝毫畏惧，也没有用可怜的惨叫去哀求敌人的同情——我们最不齿的就是用哀哭的眼泪去乞求敌人的同情。小加图反而表现出了那种威武不屈的男子汉气概，而且他在自杀之前，仍然像往常那样镇定自若地发出了确保其他人安全的所有必要命令。他这种英勇不屈的精神，即使在塞内卡②这位命运多舛而坚强不屈的伟大布道者眼里，也是一种超乎寻常的惊人表现，甚至连众神也会为他感到欣慰而赞叹。

在日常生活中，我们总是会被这种英雄气概深深打动。我们更容易为这种义无反顾的英勇行为哀伤流泪，而瞧不起那些懦弱得不能忍受丝毫痛苦的人。旁观者因同情这种英勇行为而感到的悲伤，有时候甚至会超过当事人自己。比如，当

14

---

① 译注：小加图（Marcus Porcius Cato Uticensis，前95年～前46年）罗马共和国末期的政治家和演说家，同时也是一位斯多葛学派的哲学家。他因其传奇般的坚忍和固执而闻名，他不受贿、诚实、厌恶当时普遍的政治腐败。他同盖乌斯·尤利乌斯·恺撒（Caesar）长期不和，在他与恺撒的多年斗争中，虽然一直坚持抵抗，但最终落败，为了让恺撒失去宽恕自己的权力，小加图最后选择了自杀。

② 译注：塞内卡（Lucius Annaeus Seneca，约前4年～公元65年），古罗马政治家、斯多葛派哲学家、悲剧作家、雄辩家。曾任帝国财务官和元老院元老，后任司法事务的执政官及尼禄皇帝的家庭教师兼顾问。他在古罗马帝国时代的克劳狄王朝的三位元首统治时期，多次与死神擦肩而过，最后在公元65年，因他的侄子卢坎（Marcus Annaeus Lucanus，英文称Lucan，公元39年～65年，古罗马诗人）谋杀尼禄事件，多疑的尼禄逼迫他承认参与谋杀，赐以自尽。塞内卡一生著作颇丰，几乎涉及了可以作为研究对象的一切实际领域。现在流传下来的哲学著作，仅存12篇关于道德的谈话和论文，以及收录于《道德书简》和《自然问题》中的124篇随笔散文，另有包括《菲德拉》在内的9部悲剧文学作品。

<u>苏格拉底</u>①最后喝下毒药时，尽管他的朋友全都泣不成声，但他本人却神情自若，并且显得极为轻松平静。在所有类似情况下，旁观者并不会努力克制，也没有必要去克制自己因同情他人而感到的悲伤。旁观者并不担心自己的悲伤会显得过于夸张或不得体，而是更乐意任由自己宣泄心中因同情而产生的悲伤以求得良心上的满足与安慰。因此，当一个人看到自己朋友遭遇灾难时，他自然就容易沉浸在那种极度悲伤之中，在这之前，他也许从未对朋友有过如此悲切伤感的怜爱。然而，当事人自己的表现却截然相反，他不仅会极力克制心中的悲痛，而且会尽量不去思虑自己处境中那些令人厌恶与害怕的事情；因为他担心如果过多关注自己所面临的困境，他可能就无法继续保持适度克制甚至会导致自己情绪失控，从而无法得到旁人的充分同情和赞许。因此，他强迫自己只去想那些令自己愉快的事情，努力想象自己的英勇气概和壮烈行为会在将来赢得多少赞扬与钦佩。当他想到，自己在面临如此可怕的处境时，如果仍然能够临危不惧而泰然自若，那自己的这种努力，可能就会显得非常崇高而有气概，这就会让他的内心受到鼓舞而感到高兴，进而表现出一副宛如胜利者那种得意的样子，最终得以让他战胜不幸所带来的痛苦。

15　　反之，如果一个人遭遇一点儿不幸就悲伤不已或垂头丧气，那他就会显得非常平庸而让人瞧不起。尽管当我们遭遇相同不幸时，或许也会像他那样垂头丧气，但我们仍然无法仅凭换位思考就足以体谅他人遭遇不幸时的那种痛苦感受。因此，我们会鄙视他这种过度悲伤的表现。如果有什么情感可以被认为是不公正的话，那我们的这种鄙视也许就是，尽管这种鄙视是我们的天性使然。那种过度的悲伤，似乎在任何情况下都难以让人接受，除非我们的悲伤更多是源于他人的不幸，而不是由于自身的不幸。比如，如果慈爱可敬的父亲去世了，儿子再怎么悲伤过度也无可厚非；因为他的悲伤主要源于他父亲的不幸离世，并且我们也很容易理解体谅这种亲人离世之痛。但是，如果他是由于自己遭遇不幸而号啕大哭，那他就很难再得到我们的体谅宽容。即使他倾家荡产而流落街头，即使他面临最可怕的危险，甚至是被送上断头台公开处决，只要他为自己流下一滴眼泪，那他也会被勇敢无畏者所不齿。尽管人们对他不幸遭遇的同情强烈而真挚，但总是远不及他本人的悲伤那么强烈。因此，人们就无法容忍一个人在众人面前表现出那种毫无节制的悲伤。他的这种过度悲伤，不但不会赢得同情，反而会令人感

---

① 译注：苏格拉底（Socrates，前469年~前399年），古希腊著名的思想家、哲学家、教育家、公民陪审员。苏格拉底和他的学生柏拉图，以及柏拉图的学生亚里士多德并称"古希腊三贤"，被广泛认为是西方哲学的奠基者。身为雅典的公民，据记载苏格拉底最后被雅典法庭以侮辱雅典神、引进新神论和腐蚀雅典青年思想之罪名判处死刑。尽管苏格拉底曾获得逃亡的机会，但他仍选择饮下毒堇汁而死，因为他认为逃亡只会进一步破坏雅典法律的权威。

到羞耻；并且在勇敢无畏者眼里，他这种懦弱表现所带来的耻辱，要比他的不幸遭遇本身还更可悲。比如，那个曾经不畏生死而常常冲锋陷阵的拜伦公爵[①]，当他被送上断头台时，当他看到国家因自己而毁掉时，当他想到自己即将因草率鲁莽而不幸失去一切恩宠和荣光时，当然就会禁不住黯然泪下，可他那脆弱的眼泪，却又多么地有损他之前在人们心目中那英勇无畏的形象啊！

第二节　论追逐功名利禄的根源，并论等级地位的差别

正因为人们总是更倾向于同情理解我们的快乐而不是悲伤，所以，我们才会常常炫耀自己的财富而掩饰自己的贫穷。如果我们的贫穷在世人面前暴露无遗，并且发现没有任何人对我们的处境表示丝毫同情，那就再也没有什么事情比这更令人羞愧难当了。不过，正是人们对待贫穷的这种冷漠态度，才促使我们去追求财富而避免贫穷。否则，人世间那些熙熙攘攘的辛苦与劳碌究竟是为何而来？否则，我们的贪婪和野心，不断追逐财富、权力和地位，究竟又是为了什么？难道只是为了保证基本温饱吗？当然不是！即使是最普通劳动者的收入，也足以保证他的基本生活，甚至足以让他衣食无忧，让他拥有舒适的住所并轻松养活一家人。并且，如果仔细查看一下一个普通人的开支情况，我们甚至还会发现，他不仅将大部分钱花在了那些也许有点奢侈而只是为了舒适便利的非生活必需品上，而且偶尔还会为了虚荣或哗众取宠而像富人那样捐赠点什么。既然如此，那究竟又是什么原因让我们嫌弃他那种平凡的生活境遇呢？并且，那些生活在上流社会而且教养良好的人，如果沦落到这样的简朴生活——吃简单的食物、住低矮的房屋、穿简陋的衣服，即使无须任何劳作，那他们为什么又会觉得生不如死呢？难道他们的肠胃高贵些？或者他们觉得在府邸里睡觉要比在茅屋里睡得更加安稳香甜？我们所观察到的现实往往截然相反，而且这也是再明显不过的事实：人们之所以会追求荣华富贵，其实大家都心照不宣，只是没人说破而已。否则，各阶层的人总是不断地相互攀比竞争，到底又是为了什么呢？否则，我们口口声声只是为了改善自己生活状态而孜孜不倦地往上爬，究竟又是为了得到什么好处呢？其实，无外乎都是为了引人注目和受人尊重、希望被人羡慕和赞美，进而从中享受

01

---

① 译注：拜伦公爵（Charles de Gontaut, Duke of Biron, 1562~1602），曾因战功卓著而被法国国王亨利四世任命为法国元帅和勃艮第省省长。后来阴谋反叛失败，于1602年7月31日被处以绞刑，但临刑时却缺乏阳刚和勇气。

那种洋洋得意的优越感。其实真正吸引我们的并不是那些闲适与逸乐本身，而是它们所带来的虚荣——那种渴望被人羡慕和赞美的虚荣。富人之所以总是以自己的财富为荣，是因为他觉得自己常常备受世人瞩目，是因为他的优越处境很容易让他感到开心快乐并且总是令世人羡慕。富人们只要想到这些，内心就会充满骄傲和得意。可见，一个人之所以会追逐财富，更多只是为了获得那种骄傲得意的感觉，而不是为了获得那些优渥本身。反之，穷人之所以总是以自己的贫穷为耻，是因为他觉得人们会无视自己的存在；而且即使人们注意到了自己，也很少有人会对他所遭受的不幸与痛苦表示什么同情。正是这两点，让穷人感到羞耻。尽管遭人藐视与遭人厌恶是性质完全不同的两码事，但两者都如同黑暗遮蔽光明那样，会让我们得不到尊重和认同，让我们觉得没人在意自己，这必然会浇灭我们心中那最美好的希望，而且无异于宣告人性中最强烈的渴望——被人尊重——也彻底落空。即便如此，也不会有人在意那些忙进忙出的穷人；即使穷人置身于熙攘的人群之中，也如同被关在自己的黑暗小屋里那样无人待见。因为穷人们费心尽力打理的那些卑微琐事，在纵情享乐与放荡不羁的富人眼里毫无乐趣可言。富人对穷人总是不屑一顾，即使穷人的悲惨遭遇引起了富人的注意，他们最终也只会成为富人们非常厌恶的唾弃对象。某些春风得意与趾高气扬者，当他们看到穷人时甚至会大感惊讶：人世间的这些悲惨景象，怎敢如此无礼地出现在自己面前，怎敢用那种令人作呕的惨状来扰乱自己的幸福与安宁。反之，地位显赫者却总是备受世人瞩目。每个人都渴望一睹他的风采，人们只需凭借最起码的想象，就能让自己体会到他那显赫地位所必然会带来的那种高兴与得意之情。因此，权贵人士的举手投足都会受到众人瞩目，甚至连他不经意的一句话或一个手势，人们都不会轻易放过。比如，在那种盛大集会上，权贵或英雄总是会成为万众瞩目的焦点，人们似乎对他充满各种期待，甚至希望从他那里得到鼓舞和启发。只要他的行为举止不至于荒诞不经，他时刻都有机会吸引人们的注意，从而有机会让自己成为众人效仿和景仰的对象。正是这些让显赫地位成为人们心中艳羡和追逐的目标。尽管人们在追逐显赫的过程中会受到很多约束限制，甚至为之失去部分自由，但人们还是会觉得，他人的羡慕足以补偿自己所承受的一切辛酸、焦虑和屈辱。而且更有甚者，只要能够获得地位和荣耀，有人宁可永远放弃一切闲暇和舒适，甚至不顾一切危险。

02　　当我们羡慕那些显贵人物的优渥境遇时，凭借自己想象所描绘的那些虚幻的光鲜生活，似乎就成了那种近乎理想的完美幸福状态。然而，我们正是按照梦想或幻想中的这种完美幸福生活，来描绘构建自己心中那远大目标的。因此，我们对那些境遇优渥的显贵人物就会产生一种特别的好感，进而追随他们的各种喜好，甚至愿意帮助他们完成一切愿望。因为我们觉得，任何破坏或有损于如此美好境遇的事情，都将是多么的令人遗憾啊！我们甚至会希望他们永垂不朽，因为我们似乎难以接受，如此完美的快乐生活最后却因死亡而终结。我们甚至还会觉得，如果造物主真的迫使一个人从显贵沦落到卑微，而只留给他一个她为所有子民准备的那种还算舒适的家，那造物主就太残忍了。尽管"伟大的国王万岁"这样的口号其实只是一种恭维和一种东方式的阿谀奉承，但若不是生活经验告诉我们这有多荒谬，说不定我们自己同样也会轻易效仿。这就是为什么权贵人士在遭受不幸或伤害时所激起的同情与愤慨，总是会比其他普通人在遭受同等不幸或伤害时所激起的同情与愤慨还强烈十倍。因此，国王的不幸总是最好的悲剧题材，而它感动我们的方式其实与凄惨爱情故事的情节安排相同。这两类悲剧情节之所以能够吸引和感动我们，其实是因为我们心里总是希望，它们的结局要比其他任何悲剧的结局更幸福美满；尽管理智和经验告诉我们，现实生活中绝不可能出现那种幸福完美的结局。因此，扰乱或破坏这种美满的惬意生活，似乎是所有伤害当中最残忍的一种。比如弑君求荣的叛徒，在人们眼里似乎要比其他任何凶手都更阴险恶毒。这就是为什么在内战①中，所有无辜牺牲的鲜血和生命还不如<u>查理一世②</u>一个人的死那么让民众义愤填膺。如果一个人缺乏人性，当他面对地位卑微者的不幸时，往往就会显得冷漠无情；然而，当他面对富贵者的不幸和苦难时，却会深表惋惜甚至义愤填膺。这或许是因为他觉得，富贵者比普通人更难忍受痛苦，甚至他们在临死前的抽搐也更为可怕。

　　不过，正是这种仰慕富人和权贵的倾向，等级地位和社会秩序才得以建立。我们之所以会顺从并崇敬那些富人和权贵，其实更多是出于我们对其优渥处境的羡慕，而不是期待在他们善心大发时自己能够得到多少恩惠。因为他们的恩惠只能惠及少数人，而他们的财富却让每个人都羡慕不已。我们甚至希望他们在各个方面都更加幸福完美，并且愿意为他们提供一切帮助而不图任何回报。权贵人物

03

① 译注：这里的内战，指发生在1642～1649年由英王查理一世同议会的斗争而引发的第一次和第二次英国内战，最后以查理一世失败并被处死告终。

② 译注：查理一世（CharlesⅠ，1600～1649），苏格兰斯图亚特王朝第十位国王和英格兰及爱尔兰斯图亚特王朝第二位国王（1625～1649年在位），詹姆斯一世和安妮皇后（丹麦公主）的次子。他不仅是英国历史上唯一被公开处死的国王，也是欧洲史上第一个被公开处死的君主。由于查理一世重用当时具有争议的教会人物，这让很多臣民都认为，这样做使得英格兰教会与罗马天主教会的关系太紧密了，并对他的宗教信仰持不信任态度。他反对新教，可又迎娶了一位罗马天主教的公主。在英国三十年宗教混乱与战争中，正是他的失误最后帮助新教势力取得了成功。此后，查理一世还试图迫使苏格兰进行宗教改革，从而引发了1633年的主教战争并以失败告终。在1642年8月22日，他与国会之间的冲突引发了英国第一次内战。查理一世被击败后，国会希望他能够接受君主立宪制，但他执迷不悟并试图与苏格兰结盟，并逃到了怀特岛郡，这种行为彻底激怒了国会，从而导致了第二次英国内战。查理一世再次被议会派击败，随后被捕并以叛国罪被处死，君主体制随即土崩瓦解。长子查理二世（CharlesⅡ，1630～1685）在他父亲死后流亡国外，直到1660年复辟后才开始恢复权力。

随口的一句感谢，就会让我们的虚荣心得到满足甚至觉得非常荣耀。可见，尽管社会秩序正是建立在我们的这种服从之上，但我们服从权贵者指挥差遣的主要或根本原因，并不是因为我们觉得自己的这种服从对维护社会秩序会起到有益作用。即使是出于维护社会秩序的需要而要求我们去反对或违抗权贵者时，其实我们也很难让自己去反对他们。君王本是服务人民的公仆，因此，人民完全可以根据公共利益的需要而选择服从、抵制、惩罚甚至废黜他，尽管这完全合乎情理与道义，但却不符合君王统治苍生之道。统治者们总是极力宣扬：我们要为了君王的利益而臣服于他，要在君王的崇高地位面前卑躬屈膝甚至胆战心惊，要把君王满意的微笑视为对我们效劳的最大奖赏，要把君王的不满视为自己的最大耻辱——即使没有产生任何不良后果也要感到害怕而自责。一个人若想把君王作为普通人来对待，或者像平常与普通人争论那样同君王辩论或争吵，则需要极大的勇气。更何况很少有人具有这种胆量，除非他与君王本来就关系密切。那种最强烈的冲动和最狂躁的激情，即使到了极度不满、恨之入骨甚至怒不可遏的地步，也不足以减少我们心中对君王的固有崇敬。如果民众迫不得已而暴力反抗他，或者渴望他被惩处甚至被废黜，那么，君王的胡作非为必定已经到了天怒民怨的地步。即使到了这种民怨鼎沸的地步，民众的怒火也可能随时缓和消退，甚至会很快恢复到顺从君王的那种惯有状态，因为君王天生就是民众心中至高无上的统治者。更有甚者，有的民众甚至无法忍受自己的君王遭受屈辱。以致对君王的反抗刚刚开始，同情很快就会取代之前的愤恨，民众很快就会忘记之前的怨恨与愤怒，而原来的忠诚顺从也会迅速恢复，甚至还会怀着当初反抗君王时的那种热情，去为重建昔日旧主受损的权威而努力奔走。比如，查理一世之死反而激发部分人试图复辟王权统治①；再比如，当詹姆斯二世②在逃亡的船上被抓获时，民众对他的同情也贻误了革命的进程，甚至差点断送了整个革命③。

---

　　① 译注：英国内战时，议会派打败保王派后，克伦威尔（Oliver Cromwell，1599～1658）出任护国公。他迫于人民的压力，以议会和军队的名义，在1649年1月以叛国罪处死了查理一世，其长子查理二世（Charles Ⅱ，1630～1685年）被迫流亡国外。同年5月，克伦威尔宣布英国为共和国，标志着英国君主统治的彻底瓦解，但有人因同情王室而试图复辟。

　　② 译注：詹姆斯二世（James Ⅱ，1633年10月14日至1701年9月16日），苏格兰斯图亚特王朝第十二位国王（苏格兰的詹姆斯七世）、英格兰及爱尔兰斯图亚特王朝第四位国王（1685～1688年在位）。他是最后一位信奉天主教的苏格兰、英格兰及爱尔兰国王。他是查理一世的次子、查理二世的弟弟。他的臣民不信任他的宗教政策，反对他的专权，他在光荣革命中被捕并被剥夺王位，随后被迫流亡法国并受到路易十四的保护。

　　③ 译注：指英国1688年发生的光荣革命（Glorious Revolution）。1688年，英国资产阶级和新贵族发动了推翻詹姆斯二世的统治和防止天主教复辟的非暴力政变，由于这场革命没有发生流血冲突而被历史学家称为"光荣革命"，这次革命为君主立宪制奠定了基础。1689年英国议会通过了限制王权的《权利法案》，国家权力由君主逐渐转移到议会，君主立宪制政体自此正式确立。

那些权贵似乎并没有意识到：为什么他们可以轻易赢得民众的爱戴？为什么他们不必像普通人那样付出汗水和鲜血？年轻的贵族子弟凭什么享有尊贵的地位？又凭什么拥有比同胞更优越的境遇？难道是像他们祖辈们那样凭借自己的功勋和美德？还是凭借自己的学问、勤劳、耐心、奉献或其他各种美德？权贵们知道，自己的一言一行都会备受瞩目。因此，他们时时处处都谨言慎行，即使是琐碎细末的事情，也会遵照最严格的礼数。权贵人物心里其实清楚自己有多么受众人景仰，而自己的取向和爱好又多么受众人追捧；因此，即使在最无关紧要的场合，他们必然也会考虑，如何让自己保持那种风度翩翩而高不可攀的样子。他们觉得自己的神态、风度和言谈举止，无处不代表着自身的高贵和优雅，他们甚至还觉得这些高贵和优雅是那些出生卑微者很难具有的。正是凭借这些屡试不爽的手段和伎俩，权贵们才得以轻易让民众服从自己的权威，进而得以按照自己的喜好去支配他人的行为和意志。然而，他们在地位与权势的支撑下，通常仅凭这些手段和伎俩就足以统治世人。路易十四①统治时期，他在法国甚至整个欧洲都被视为是一位伟大君主的最完美典范。但他究竟何德何能，可以赢得如此崇高的荣誉？难道是凭借他追求所有事业中的审慎沉稳与秉持公正吗？难道是由于他克服了所面临的各种艰难险阻吗？难道是因为他在追求事业当中那百折不挠的精神和坚持不懈的努力吗？难道是靠他的渊博知识、英明决断和勇猛果敢吗？其实这些全都不是，他凭借的是他作为欧洲最有权势的君主在诸王中所拥有的最高权力和地位。那些为他著书立传的历史学家这样写道："国王体态优雅，英俊威严，令所有朝臣都黯然失色。他的声音高贵舒缓而富有感染力，他所到之处皆令人敬畏。他举手投足之间，尽显国王至高无上的威仪和地位，其他任何人的模仿都会显得滑稽可笑。国王令所有跟他讲话的人都感到局促不安，这让他觉得自己高人一等并暗自得意。曾经有位老将军在请求国王给予赏赐时，就变得惶恐不安而语无伦次，最后他实在讲不下去了，就直接对国王说'陛下，请您相信，即使我在您的敌人面前，也绝不会像现在这样紧张得发抖'，然后，那个老家伙就毫不费

---

① 译注：路易十四（Lewis XIV，1638～1715），法国国王，5岁时即位，在位72年，自号太阳王，是欧洲历史上在位时间最长的君主。他在欧洲三十年战争期间（1618～1648），在两任红衣主教黎塞留（Richelieu，1585～1642，路易十三的宰相）和马萨林（Mazarin，1602～1661）为法国取得了巨大外交成果（标志是1648年10月24日签订的《威斯特伐利亚合约》）的支持下，奠定了法国在欧洲的霸主地位。路易十四登基之初，由他母亲安妮太后摄政，在红衣主教马萨林死后（1661）他开始亲政。路易十四把大贵族集中在凡尔赛宫居住，将整个法国的官僚机构集中于他的周围，以此强化国王的军事、财政和机构的决策权，建立起中央集权的绝对君主制，并一直持续到法国大革命时期。

力地得到了他想要的赏赐。"① 路易十四正是凭借这些微不足道的手段和伎俩，并仰仗他的崇高地位（他无疑也具有一定的才华和美德，尽管并不比常人高出多少），才得以让他在自己统治的时代成为备受尊敬的国王，甚至让子孙后代在回想起他时，也对他充满无比的敬意。在路易十四统治时期，其他任何美德，在他的权势和地位面前似乎都不再有任何价值；任何学问、勤奋、英勇和仁慈，在他的权势和地位面前都自愧不如、黯淡无光而不再具有任何尊严。

05　　　但是，普通人想要出人头地，就绝不可能采用这种手段和伎俩。威仪礼数，似乎只有权贵才能派上更多用场，因此它就不可能为普通人赢得任何尊重。有些纨绔子弟，试图通过模仿权贵的神态举止来让自己的平凡举动显得优雅出众，并借此冒充显贵，但这种愚蠢的妄想只会招来人们的加倍鄙视。当一个人走过房间时，即使没有人愿意多瞧他一眼，可他为什么会如此在意自己的神态举止，甚至到了搔首弄姿的地步？显然，他是急于显示自己的重要性而表现得太刻意了，但绝没有人会买他的账。普通人的主要行为特征是最大程度的谦逊与朴实，是不拘小节而又不失对他人的尊敬。普通人若想出人头地，就必须依靠更重要的美德和才华。因为普通人无法像权贵那样依靠成群的仆从，更何况他们也没有财力供养仆从，所以，普通人必须依靠自己的勤奋努力和聪明才智。也就是说，他必须拥有渊博的专业知识，勤奋学习并努力实践；他必须能够吃苦耐劳、不畏艰难险阻而百折不挠。而且，普通人也只有依靠自己的远见卓识、刻苦奋斗、坚持不懈，只有在事业上不断攻坚克难，才能向公众展现自己的才华。普通人时时处处都必须让自己表现得正直审慎、慷慨大度、坦率真诚。同时，他还必须主动而勇敢地投身于那些要求极高才华和美德的一切艰苦事业，并且只有光荣完成那些艰巨任务，他才会赢得人们的高度赞扬。一个积极进取而雄心壮志的人，如果受困于环境而屡不得志，那他将是何等急切地四处寻找大展身手和出人头地的好机会啊？只要有出人头地的机会，什么事情他都愿意去做。他甚至乐于看到发生国外战争或国内争端，并暗自为之高兴不已，因为他从战争或争端所导致的各种骚乱与流血冲突中，看到了期盼已久的大显身手的机会，他会抓住这个机会并赢得人们的瞩目和赞赏。但拥有显赫地位的人根本就不需要这样做，他只要做到日常行为举止合宜得体就可以继续享有一切荣耀。他满足于现在所拥有的一切，并且觉得自己没有能力再往上爬，所以他绝不愿意卷入任何困境或危难。在舞会上出风头是

---

　　① 译注：作者的这段描述，摘自法国启蒙思想家、文学家、哲学家伏尔泰（Voltaire，1694～1778）编著的《路易十四时代》。该书描绘了人类的才智和风俗，激发人们热爱道德、学术和祖国，启迪人类反思自我，告诉我们伟大的时代需要伟大的民族精神。内容包括大战前夜的欧洲、三十年战争中的法国、遗产继承战争、国王的遗嘱、西班牙王位继承战争、礼仪之争与取缔基督教等。伏尔泰还著有悲剧《穆罕默德》等著名剧本。

他最大的胜利和满足，在风流韵事中得逞是他最得意扬扬的谈资。他之所以会讨厌一切公众骚乱，其实既不是由于他爱护民众——大人物从来不把地位卑微者看作自己的同胞，也不是由于他缺乏勇气——骚乱还不至于令他胆怯，而是因为他觉得自己没有平息骚乱的能力和威望，并且担心自己必然会因此失去民众的关注而被别人抢走风头。他也许愿意冒点小危险，比如投机取巧地去参加某场正在进行的战争，以便为自己捞取点儿荣誉。但这些出身高贵的人，如果想到某件事情需要耗费大量精力，或者需要付出持久的耐性、艰辛、勇气，他们就会害怕得发抖，所以他们也很难具有这些品质。正因为这样，在所有公民政府甚至君主制国家里，身居要职的人通常都出身于受过良好教育的中下阶层。他们完全凭借自己的勤奋和才华来一步一步获得晋升，这必然会遭到原来那些出身比他们高贵者的嫉妒、忌恨和反对。那些当初由于出身高贵而瞧不起他们的人，后来又开始妒忌他们，但最终又不得不反过来卑躬屈膝地讨好他们，那副奴颜婢膝的嘴脸，也正是那些出身高贵者当初渴望从他们那里得到的。

　　一个人从高贵沦落到平庸，真正让他最难以承受的，其实是他失去了原本可以轻易支配别人情感和行为的权势与地位。马其顿国王①败北之后，所有家人都被保卢斯·埃米利乌斯②将军安排在胜利游行中示众，据说他们的这种不幸甚至引起了罗马征服者的同情。在游行队伍中，首先出现的是王室的孩子们，他们由于年幼无知而根本没有意识到自己的不幸。这一幕甚至深深触动了游行队伍中的罗马人，尽管罗马人是在欢庆胜利，但他们还是夹杂着几分微妙的伤感与同情。接着出现的是国王，遭受如此巨大的打击，让他惊慌失措而惊魂未定，以致他仿佛完全失去了知觉。紧随其后的是国王的朋友和大臣，在游街示众过程中，他们时不时会瞟一眼已经倒台的国王，看到他那落魄的样子，每个人都禁不住潸然泪下。但从他们的整个行为举动可以看出，他们真正悲伤的，其实并非自己的不幸，而是国王所遭受的痛苦。反而是那些气节高尚的罗马征服者，非常鄙视马其顿国王这种令人愤慨的行为。因为那些罗马人觉得，他都已经国破家亡了，作为

---

　　①　译注：马其顿国王，指珀尔修斯（Perseus，约前212年～前166年），马其顿安提柯王朝的末代国王（第13任，前179年～前168年在位），他继承了亚历山大开创的大部分领土。第三次马其顿战争（前171年～前168年）期间，他在公元前168年6月22日的彼得那战役（Battle of Pydna）中败北，被俘后囚禁在罗马（并非传说中获得政治庇护）。此后，马其顿王国（约前800年～前146年）不再作为一个独立国家存在，被划分为4个地区。第四次马其顿战争（前149年～前148年）期间，罗马镇压了马其顿人大规模的起义以后，在公元前146年将4个地区合并，使其成为一个由罗马人直接治理的行省。

　　②　译注：保卢斯·埃米利乌斯（Paulus Aemilius，约前229年～前160年）罗马共和国时期的一位杰出将领，当时最具影响力的人物之一，两次出任执行官。他于公元前182年第一次当选为执政官，并在公元前168年再次被选为执政官，受元老院委托去解决马其顿问题，并于当年6月22日的彼得那战役中彻底击败了马其顿军队，国王珀尔修斯成了罗马人的俘虏，从而结束了第三次马其顿战争，并彻底征服了马其顿王国。

国王居然还要忍辱求生，这根本不值得丝毫同情。然而，马其顿国王最后究竟有多不幸呢？根据大部分历史学家的记载，他后来在政治庇护下度过了余生，并且得到了非常仁慈的优待，可以说是过着那种令人羡慕的生活。即使他在因自己的愚蠢而倒台之前，也不曾拥有这种富足、轻松、悠闲而安定的生活。只不过，他的身边不再时刻围绕着一群歌功颂德的佞从、傻瓜和马屁精，再也没有人敬仰他，他的一举一动也不再受万众瞩目，他由于权力地位的不再，而失去了人们的崇敬景仰、感恩戴德与拥护爱戴，国家和民族的情感也不再受他个人意志的支配。所有这些，才是马其顿国王真正难以承受之痛，以致让他完全失去知觉，甚至让他的朋友和大臣都为国王难过不已而忘记了他们自己的不幸；不过，即使是那些宽宏大量的罗马人也很难想象，国王为了忍辱求生，居然到了如此没有骨气的地步。

07　　　　罗什福柯勋爵[①]曾经指出："爱情通常容易被雄心取代，但雄心却很难被爱情取代。"因此，一个人的野心一旦膨胀，就很难再容下其他任何东西了。有些人，由于已经习惯并且只希望得到公众的钦佩与敬仰，以致其他任何开心事在他们眼里全都会显得讨厌而无趣。比如那些失势的政客，为了求得自己的心安而总是试图压抑自己过去的雄心壮志，劝自己看淡那些无法再获得的荣耀，可又有几人能够真正做到呢？他们中的绝大多数人，都百无聊赖地打发着慵懒无趣的日子，成天为自己的无权无势而懊恼不已。那种平淡无奇的平民生活根本无法吸引他们，只有在谈论过去的丰功伟绩时，他们才能从中获得一丝宽慰；只有在枉费心机地图谋如何东山再起时，他们才能从中求得些许满足。有谁可以坚定而发自内心地说，他只想要那种自在无忧的逍遥生活，而绝不会用自由去换取一个气派的宫廷官差？若想保持逍遥自在生活的崇高决心，办法似乎只有一个，那就是永远不要涉足那个让人无法脱身的名利场，永远不要投身于那个钩心斗角的权力圈子，而且永远不要跟人攀比，尤其不要跟那些早就赢得众人瞩目并已经主宰世界的人攀比。

08　　　　人们普遍有一种根深蒂固的观念，就是总希望获得高官厚禄，并借此赢得众人的瞩目和羡慕。于是社会地位就成了很多人毕生追求的目标，成了高官妻子们尔虞我诈的导火索，同时也是一切骚乱与争斗、劫掠与不义的根源，进而让世界充满贪婪和野心。只有那些超凡脱俗之人，才会真正藐视高贵地位，也只有他们才不会在乎自己是否坐上头把交椅，才不会在意谁又凭借狗屎运而从人们当中脱颖而出。在他们眼里，所谓的高贵地位不仅毫无意义，而且也不可能让他们为之心动。然而在现实生活中，绝没有人不在意地位和荣誉，除非他的追求远高于普

---

①　译注：罗什福柯勋爵（Francois duc de la Rochfaucault, 1613～1680），法国思想家、格言体道德伦理作家，著有《道德箴言》。

通常人，或者自甘堕落而毫无追求。也就是说，要么他已经看透一切而洞若观火，而只追求自己的行为是否合宜得体、只看重自己是否值得赞赏，从而毫不在乎是否有人仰慕或赞赏自己；要么他已完全习惯于自己的卑微，并且对一切都兴味索然而不思进取，沉沦于今朝有酒今朝醉之中，以致彻底忘记了还有愿望这回事，而几乎没有丝毫往上爬的欲望。

功名利禄之所以闪耀着诱人的光芒，就在于它常常能够赢得人们的由衷祝贺与羡慕。同样的道理，人生的最大悲哀莫过于当我们遭遇不幸时，不但得不到任何同情，反而还遭到人们的鄙视和厌恶。可见，最可怕的灾难未必就是最难以承受的灾难。同遭遇巨大不幸时却能保持克制镇定的人相比，遇到小灾小难就大喊大叫的人往往会更加丢人现眼。后者不会引起旁观者的任何同情；前者尽管不可能激起旁观者产生那种接近受害者本人那样的痛苦，但他反而会唤起旁观者非常强烈的同情。换句话说，旁观者因同情前者而产生的痛苦，即使达不到受害者本人那样的程度，但这种不太充分的同情却有助于减轻当事人的痛苦。比如，在欢庆胜利的集会上，真正令一位落败绅士倍感窘迫羞耻的，其实是让他衣衫褴褛和满身污秽，而不是让他遍体鳞伤和鲜血淋漓。因为，后者会引起人们的同情，而前者只会招来众人的嘲笑。一个罪犯被判戴枷游街示众，他所蒙受的耻辱要远甚于被直接处决。很久以前，有位伟大的国王，在士兵们面前当众杖责了一位将军，进而让这位将军从此名誉扫地。如果国王把他一剑刺死，对那位将军来说，反而是一种更轻的惩罚。因为按照人们的荣辱观念，鞭刑是一种羞辱，而剑杀只是一种责罚，这是一个显而易见的道理。总之，在一个气节高尚者眼里，那些较轻的肉体惩罚反而会成为一种最可怕的羞辱，因为"士可杀不可辱"，名誉扫地才是一名绅士的最大耻辱。因此，人们对那些地位显赫的人，通常不会采用那种带有羞辱性的刑罚；即使在某些情况下必须判处他们死刑，几乎都会尽量考虑他们的尊严。除了俄国以外的所有欧洲国家，一个地位显赫者无论犯了什么罪，都不会对他采用鞭刑或戴枷示众这种侮辱性的野蛮惩罚。

一位勇士，并不会因为被送上断头台而遭到鄙视，但他若被戴枷示众，则是奇耻大辱。前者所表现出的勇敢会赢得普遍的尊重和敬佩，但后者无论表现得多么勇敢都无法得到人们的赞赏。前一种情况，旁观者的同情有助于减轻他的羞辱，进而让他觉得，尽管自己正遭受那种最难以承受的不幸，但并非只有他一个人在独自承受痛苦。后一种情况，没有人会表示丝毫同情，即使有那么点儿同情的话，也不是同情他那不值一提的轻微痛苦，而是可怜他虽然遭受痛苦却无人同情。在后一种情况中，人们真正同情的是他的窘迫而非痛苦。那些可怜他的人，都为他感到脸红和沮丧。他自己也垂头丧气，并且觉得真正让自己名誉扫地的，并不是罪名本身而是那种侮辱性的惩罚。反之，一个决心赴死的人，他必然会由

09

10

于那种坚强表现而赢得尊敬和赞扬，所以，他会表现出那种无所畏惧的样子，他会觉得，既然罪名不会夺走人们对他的尊敬，那他绝不会让自己因为害怕处死而被人瞧不起。于是，他就不再担心自己会遭到任何人的鄙视或嘲笑，他不仅会十分平静地面对死亡，而且还会适当流露出胜利者的那种得意神情。

11 　　雷兹红衣主教①曾经指出："巨大危险自有其诱人之处，因为即使失败也会感到几分光荣；普通危险反而无人问津，因为只要不成功就会名誉受损。"他这句格言所蕴含的道理，其实同我们上面所讨论的侮辱性惩罚如出一辙。

12 　　一个人只要具有自我克制这种德性，他就足以战胜痛苦、穷困、危险和死亡，并且无须付出太大努力，就可以完全无视这些不幸。但是，如果他所遭受的不幸是受到侮辱，是被人耻笑，是被游街示众，或者是被吊起来任人羞辱和指指点点，那么，即使他有再高的德行，也难以一直承受这样的凌辱。因为遭到人们的鄙视和羞辱，要比其他任何外在伤害都让人更难以承受。

第三节　论嫌贫爱富与避凉附炎心理对
道德观的败坏

01 　　人们总是仰慕甚至崇拜富人与权贵，怠慢甚至鄙视穷人与平民。这种嫌贫爱富与避凉附炎的心理倾向，尽管有助于建立和维系地位差别与社会秩序，但同时也是导致我们道德败坏的一个最为普遍的重要原因。尊敬和钦佩，原本只是对智慧和美德的奖赏，却往往被财富和地位窃取；鄙视和耻辱，原本只是对恶行和愚蠢的惩罚，却经常极其不公地落在穷人和弱者头上。所以，各个时代的道德学家，一直都对此愤愤不平。

02 　　尽管我们每个人都渴望有个好名声而受人尊敬，都害怕落个坏名声而遭人鄙视。然而，当我们来到这个现实世界之后，很快就会发现，智慧和美德绝不是唯一受人尊敬的对象，而且愚蠢和恶行也绝不是唯一遭人鄙视的对象。我们经常还会看到，富人和权贵不仅总是备受青睐，而且总是赢得世人的更多尊敬；然而智者和贤良，却很少有人问津。并且，有钱有势者，即使愚昧无知而作恶多端，也很少会遭到鄙视；然而穷人和平民，即使纯洁而无辜，也常常会被人瞧不起。因此，值得、赢得并享有世人的尊敬和钦佩，就成为人们竞相追求和奋斗的主要目标。想要实现心中渴望的这个目标，摆在我们面前的有两条不同的成功之路：要

---

　　① 译注：雷兹（Cardinal de Retz, 1613～1679），即 Jean Francois Paul de Gondi，红衣主教、法国神学家、传记作家。雷兹在他弟弟去世后不得不投身于教会事业，后来接替他的叔叔成为巴黎大主教。

么谋求财富和赢得地位，要么追求智慧和践行美德。这也让我们表现出性质不同的两种好胜心：前者是狂妄自大的野心和毫不掩饰的贪婪，后者则总是追求朴实谦逊和公平正义。我们不仅可以从中看到两种不同的榜样和形象，而且还可以按照它们来塑造自己的品行：前者光彩照人却华而不实，后者朴实无华却正直善良；前者会吸引那些缺乏主见者的瞩目，后者却很难引起什么人的注意——除非那些最用心和最仔细的观察者。尽管选择后一条道路的，主要是那些贤明有德的人，并且恐怕也为数不多，但他们却是真正坚定地追求智慧与美德之人。尽管绝大多数人都会选择追逐甚至崇拜财富和地位这条路，但最奇怪的是，他们自己常常也瞧不起那些拜金者和势利眼。

我们对智慧和美德所怀有的崇敬，无疑与我们对财富和显贵的仰慕有所不同，但要弄清它们两者之间的差异其实也不难。尽管这两种情感存在差异，但它们还是有着明显的相似之处。也就是说，尽管它们的内在本质截然不同，但从表面上看，它们通常又近乎相同。因此，若不仔细分辨，极易将两者混为一谈。　03

即使是具有相同程度的功德，富人和权贵也总是会比穷人和平民获得更多尊敬。因为，绝大多数人会更加羡慕前者那种傲慢与浮华，而不太可能欣赏后者那种切实可靠的美德。当我们认为一个人值得尊敬时，如果不是根据他的功劳与美德而是仅凭他的财富与地位，那几乎就是对高尚美德的亵渎，甚至有辱"美德"这个词。可我们又不得不承认一个现实：拥有财富和地位几乎总是会赢得尊敬。因此，在大多数情况下，财富和地位依然是人们仰慕的天生对象。高贵的地位，无疑也会因恶行和愚蠢而遭到彻底贬损，但恶行和愚蠢必须非常严重，否则就不足以造成那种彻底的贬损。比如一个上层人士的挥霍浪费，就很少会让他像一个地位卑微者的挥霍浪费那样遭到鄙视和厌恶。富人和权贵，即使经常公开的挥霍无度和行为不检，也容易得到人们的宽容；而黎民百姓，即使是偶尔一次的铺张浪费或行为不当，通常也很容易招致人们的怨恨。　04

值得庆幸的是，在大多数情况下，社会的中下阶层，同样也有机会像追求美德那样来为自己谋取财富——那种他们至少可以合理期待的财富。在所有中下等职业当中，只要有真才实学的专业技能，只要做到审慎、正直、坚定和克制，很少不会成功；只要有能力，即使行为偶尔出现闪失，最终也一定会取得成功。反之，如果一个人总是轻率鲁莽、不仁不义、怯懦软弱或挥霍无度，那也会遮蔽甚至完全抑制他最杰出的专业才干，以致最终一事无成。此外，生活在中下层的人，即使再出类拔萃，也不足以凌驾于法律之上，法律必然会对他们起到普遍的威慑作用，至少会让他们不敢违背那些比较重要的正义准则。再者，他们若想取得成功，几乎总得依靠同事、朋友和邻居的支持和好评，如果他们没有优良的品行，就很难获得这些支持和好评。可见，"诚实是最好的策略"这句古老的处世　05

箴言，对中下阶层来说几乎总是完全正确的选择。并且，我们通常也期望他们具有相当程度的美德。所幸的是，绝大多数人目前都达到了这样良好的社会道德水平。

06   然而令人遗憾的是，生活在上层社会的人就未必如此。在王宫里，在大人物的权力圈子里，一个人若想成功往上爬，他所依靠和崇尚的，就不再是个人的聪明才智和见多识广，而是只需要博得那些愚昧无知、专横跋扈和狂妄自大的上司们心血来潮而愚蠢荒唐的宠幸，以致那些善于阿谀奉承和欺世盗名者，往往要比那些德才兼备者更受青睐。因为在上层社会圈子里，人们其实更看重取悦能力而不是真才实学。在远离战乱的和平年代，君主或大臣都只想被人取悦，他们甚至觉得自己并没有差遣太多人围着自己转，或者觉得自己只是需要几个能逗自己开心的人就足够了。在上层社会圈子里，徒有其表、傲慢自大和尔虞我诈这些大肆流行的雕虫小技，通常要比一位勇士、政治家、哲学家或议员的坚韧不拔与刚毅顽强还更受推崇。卑鄙无耻的马屁精反而大行其道，进而导致整个社会风气的败坏。原本高尚而备受推崇的所有美德——那些在市议会、参议院甚至乡村民间都要求具备的美德，反而遭到了极大的鄙视和嘲笑。当<u>苏利公爵</u>①被<u>路易十三</u>②召见进宫，并要求他就某个重大突发事件发表意见时，他却发现国王的宠臣和马屁精们在交头接耳地嘲笑自己的过时装扮。于是，这位两朝元老和功臣愤愤地对国王说："在以前，每当陛下的父亲召见我荣幸地同他共商国是之时，他总是先把宫廷里的那些跳梁小丑遣退到前厅等候。"

07   正因为我们这种仰慕并效仿富人和权贵的心理，才得以让富人和权贵能够树立并引领各种所谓的时尚。他们的服饰装扮成为时尚和潮流；他们交谈用的言辞成为流行用语；他们的神态姿势与举手投足也成了体态优雅的代名词；甚至他们

---

① 译注：苏利公爵（Duke of Sully，1560～1641），法王亨利四世的顾问、首相，原名马克西米利安·贝休恩，胡格诺派教徒。早年进入亨利四世的宫廷，1572年随亨利到巴黎，在圣·巴托洛缪大屠杀中得以身免。内战期间为亨利效劳，肩负过特殊任务。1596年成为国王的财政大臣和真正的亲信，1600年促成了亨利与玛丽·德·美第奇的婚姻。他减征直接税，扩大间接税，以增加国库收入和振兴农业，对宗教战争后法国的国力恢复作出了重大贡献。1606年封公爵，成为法国贵族。1610年亨利四世被刺后，他于1611年1月隐退政坛而未受路易十三的重用。

② 译注：路易十三（Lewis Ⅷ，1601～1643），法兰西波旁王朝第二任国王，亨利四世的长子，9岁登基并由其母玛丽·德·美第奇摄政，14岁与同岁的西班牙公主安妮结婚，直到37岁时才生下长子路易十四（据记载，他们由于关系冷淡而从1620年开始分居，后来迫于王位继承人问题才恢复家庭生活。值得一提的是，自罗马时代以来，欧洲的基督教地区全部实行一夫一妻制度，国王也不例外，而且私生子没有王位继承权）。后来在红衣主教黎塞留（1585～1642）的帮助下，尤其是取得1627年拉罗歇尔之围的胜利之后，路易十三开始亲政并实施专制统治。在其统治期间，欧洲爆发了一场持久的争霸战争（即1618～1648年的三十年战争）。法国凭借军事和外交手腕取得最终胜利，结束了长达三个世纪的哈布斯堡王朝霸权，并成为欧洲新霸主。1643年5月14日，路易十三因骑马落水引起肺炎而驾崩，年仅5岁的长子路易十四继位，并由母亲安妮太后摄政。

的恶习与蠢行，也受人追捧而大行其道，以致很多人都以模仿效法富人权贵为荣。不过，也正是这些盲目的效仿，让那些东施效颦者丢人现眼而自取其辱。比如那些爱慕虚荣的人为了装点门面而不得不经常大肆挥霍，即使他们不太情愿这样大肆挥霍，但他们也不会真的觉得自己的挥霍有什么罪过。因为他们总是渴望受到称赞，尽管他们心里也清楚自己并不值得称赞。有时候，他们也会为自己冷待美德而感到羞愧，进而也会偷偷践行各种美德，因为他们对美德仍然心存几分崇敬。正如在宗教界和道德领域会隐藏着很多伪君子那样，在世俗社会中也常常有人冒充富人和权贵。因此，奸诈之徒总是会表现出一副仁义善良的样子，而爱慕虚荣者总是为了面子而出手阔绰。当爱慕虚荣者用富人权贵那种奢华生活与豪华马车来装点门面时，他并没有考虑到：尽管那些奢华光鲜的生活让人感到荣耀，但想要获得它们，却要求具有能够轻松承担所需花销的相应地位和财力。如果穷人被别人认为生活富裕，那他多半会觉得非常荣耀，但他殊不知，"生活富裕"这个名声反而会成为他的拖累，因为他根本就担负不起相应花销的责任——请允许我用"责任"这个庄严的名词来称呼这种愚蠢。冒充富人的生活，必定让穷人很快沦为乞丐，进而导致他的处境更不如从前，更不如他曾经羡慕和效仿的那些富人。

为了获得那种令人艳羡的境遇，那些追逐财富者经常会放弃对美德的追求，而且令人遗憾的是，通往财富之路与通往美德之路，很多时候方向截然相反。然而，野心勃勃者却想当然地自以为，只要自己能够爬上所追求的耀眼地位，那他将来就会拥有许多方式和手段来赢得人们的尊敬和仰慕，进而让自己也享有那种上等礼遇。他甚至还以为，将来的飞黄腾达与耀眼光芒，会掩盖甚至完全抹去自己现在往上爬时所采用的卑鄙手段。在许多公民政府里，那些觊觎和角逐高位的人，经常凌驾于法律之上。他们甚至还认为，只要能够达到目的，就可以不择手段，而根本不用担心将来会有人追究自己采用了什么卑鄙手段。因此，他们常常会欺上瞒下而谎话连篇，诸如阴谋诡计和拉帮结派这样的无耻伎俩，也几乎成了他们的家常便饭。而且，他们为了排挤对手和清除异己，有时甚至还会犯下滔天大罪，比如不惜进行谋杀和行刺，甚至煽动叛乱和内战。然而，他们当中的成功者却寥寥无几，而失败者除了会受到罪有应得的羞辱和惩罚之外，通常都将一无所获。我们往往会以为，那些如愿以偿而功成名就者应该非常幸运，然而实际上，他们在梦寐以求的成功中所能享有的幸福快乐，却总是令他们失望透顶。因为，一个野心勃勃者之所以追逐财富和地位，其实根本不是为了安逸和享乐，而是为了各种荣誉和光环。但他所认为的那种荣誉已经完全扭曲变味，因为包括他自己在内的所有人心里都清楚，他会由于当初所采用的卑鄙手段和无耻伎俩，而让他现在所获得的显赫地位与光环荣耀全都显得黯淡无光。尽管他试图通过各种极尽

08

奢华的尽情挥霍，通过纵情于各种放荡无度的淫乐——这通常也是让人堕落的不幸根源，甚至试图通过投身于繁忙的公务，或者发动更引以为傲、更波澜壮阔的讨伐征战，来让自己和人们淡忘他过去的卑鄙行径，然而他的所有这些努力，全都无济于事，各种回忆如同梦魇般挥之不去。他甚至渴望拥有一种忘记过去的神秘力量，但却总是枉费心机。他总是会在不经意间回想起过去的卑鄙行径，而且他知道人们必定也会像他那样记得一清二楚。尽管他可以举办各种极尽奢华和炫耀的盛大仪式，尽管他可以得到那些唯利是图而卑鄙无耻的达官显贵和御用文人的各种阿谀奉承，尽管他可以听到那些天真却又愚昧的民众们的欢呼，尽管他可以为各种讨伐征战的胜利而自鸣得意，但过去种种卑鄙行径的影子，始终会在他脑海里萦绕，进而总是让他羞愧难当而懊恼不已。这仿佛就是复仇女神①对他的暗中报复：在他荣誉和光环加身的同时，随后又让他无时无刻不为自己过去的卑鄙无耻与罪恶行径感到羞愧和懊恼。即使是伟大的<u>恺撒</u>②，尽管他可以自信而豪迈地解散自己的卫队，但他仍然无法消除心中的猜疑和愧疚。<u>法沙利亚</u>内战③中

①　译注：复仇女神（Furies），原为希腊神话中的复仇女神三姐妹厄里倪厄斯（Erinyes），后来在罗马神话中，她们被称为孚里厄斯（Furies）。由天神乌拉诺斯（Uranus）的血落在地神盖亚（Gaea）身上所生，其形象为三个身材高大的女人，头上长着蛇发，眼中流出血泪，双肩生有翅膀，手执火把和蝮蛇鞭。她们在人世间追逐杀人凶手（特别是血亲相弑者），使作恶者的良心受到煎熬，发疯发狂。在冥界，她们亦负责对罪孽的亡灵执行惩罚。在俄瑞斯忒斯（Orestes）弑母一案的审判中，复仇女神厄里倪厄斯败诉。在智慧女神雅典娜（Athena）的劝说下，她们放弃了复仇的权力，转而成为繁荣的保护者。从此三姐妹被人们称为"善心"三女神欧墨尼得斯（Eumenides）。

②　译注：恺撒（全名盖乌斯·尤利乌斯·恺撒，Gaius Julius Caesar，前102年7月12日至前44年3月15日），史称恺撒大帝，罗马共和国（今地中海沿岸等地区）末期杰出的军事统帅、政治家，并且以其卓越的才能成为了罗马帝国的奠基者，著有《高卢战记》和《内战记》。恺撒出身贵族，历任财务官、祭司长、大法官、执政官、监察官、独裁官等职。公元前60年与庞培（Gnaeus Pompey，前106年～前48年，罗马共和国末期著名的军事家和政治家，罗马三巨头之一）、克拉苏（Marcus Licinius Crassus，前115年～前53年，古罗马军事家、政治家、罗马共和国末期声名显赫的罗马首富，罗马三巨头之一）秘密结成三巨头同盟，随后出任高卢总督，在八年的时间里征服了高卢全境（今法国一带），还袭击了日耳曼和不列颠。公元前49年，他率军占领罗马，打败庞培，集大权于一身，实行独裁统治。公元前44年3月15日，恺撒遭到布鲁图斯（Marcus Brutus，前85年～前42年）所领导的元老院成员的暗杀而身亡，享年58岁。恺撒死后，其甥孙及养子屋大维击败安东尼开创罗马帝国并成为第一位帝国皇帝。

③　译注：恺撒大帝在他的历史著作《内战记》中详细记述了法沙利亚（Pharsalia）内战。《内战记》的开篇与他的第一部著作《高卢战记》是首尾呼应的，先讲述恺撒和元老院之间的相互交涉；第二步叙述他渡过卢比孔河后步步为营、最终迫使庞培逃往东方；第三步恺撒把西班牙、马西利亚以及阿非利加的战争情况分别讲述；最后讲到东方战场的大决战，法萨卢斯战役庞培战败，而后庞培死在埃及，恺撒紧追到埃及，随后他干预了埃及的王位继承纠纷。《内战记》是恺撒继《高卢战记》后写成的又一部重要著作，它们几乎就是恺撒对自己丰功伟业所做的"平实"记录，既是古罗马历史的名著、拉丁语黄金时期的代表作，也是富有战略战术的兵书，对西方史学界、文坛和兵家，都产生了巨大的影响。

的讨伐与杀戮，总是在他心头萦绕而挥之不去。恺撒在打败劲敌庞培①之后，他答应了罗马元老院的请求，并宽大地赦免了庞培的死党马塞卢斯②。虽然他当时在嘴上对元老院说："我不是不知道有人正在图谋杀害我，但我已经享足天年和荣耀，即便现在死了也会心满意足，所以根本不担心任何针对我的图谋与不轨。"然而他心里却始终害怕被人谋害，一方面，恺撒之所以心里害怕被人谋害，是因为单就自然寿命来说，他也许觉得自己还没有享足天年。另一方面，恺撒之所以嘴上说不害怕被人谋害，是因为单就真正的荣誉而言，他觉得自己确实已经活得太久了。因为当时的恺撒，已经成了众矢之的，以致他永远也无法再享有同僚的爱戴和尊敬，再也无法从中感受到那种真正的幸福与快乐，尽管他原本认为那些人会支持自己，而且他还一直把他们视为自己的朋友。

---

① 译注：庞培（Gnaeus Pompey，前106年～前48年），古代罗马共和国末期著名的军事家和政治家。勇敢善战，为人正直，在罗马三巨头同盟中势力最强。庞培在罗马内战中被恺撒打败之后逃到埃及，被阿基拉斯刺死，终年58岁。

② 译注：马塞卢斯（Marcus Claudius Marcellus，？年～前45年），古罗马贵族头目，尤利乌斯·恺撒的死敌。公元前51年担任执政官时，曾试图利用阴谋剥夺尤利乌斯·恺撒的兵权而未遂。罗马内战时期，他追随格奈乌斯·庞培，在庞培被恺撒打败后，得到恺撒的赦免。退出政坛后专攻修辞学，最后被自己的侍从杀死。

第二卷

论功与过，或论奖赏与惩罚的对象

　　行为究竟有功还是有过，究竟应受奖赏
还是该受惩罚，全都取决于引发行为的那个
情感所意欲达到的目的或可能产生的后果，
在性质上是有益的还是有害的。

第一章　论功过感

引　言

除了合宜性之外，我们的行为还有另外一组性质，它们就是行为的功与过 01
（merit and demerit）。尽管行为的功与过，既无关行为是否合宜得体，也无关行
为是否端庄优雅，但它们却决定着一个行为究竟应该受到赞许还是应当受到谴
责，进而决定着一个行为究竟应该受到奖赏还是应当受到惩罚。

前面已经指出，我们内心的情感或好恶，不仅是行为产生的根源，也是决定 02
行为善恶或美丑的基础。因此，我们可以从两个不同方面或者从两种不同关系，
来考察行为的功与过。首先，可以考察引发行为的情感，是否与激发那个情感的
原因或事物合宜相称；其次，可以考察引发行为的那个情感，其意欲达到的目的
或可能产生的后果是否有益。也就是说，行为究竟是否合宜，究竟是端正得体还
是粗野卑俗，全都取决于引发行为的那个情感是否与激发那个情感的原因或事物
相宜相称；行为究竟有功还是有过，究竟应获奖赏还是该受惩罚，全都取决于引
发行为的那个情感所意欲达到的目的或可能产生的后果，在性质上是有益的还是
有害的。我们在本书第一卷（译按：即第一章第三节和第四节）已经解释了，
究竟什么样的内心感受决定着行为是否合宜，现在就让我们来讨论，究竟什么样
的内心感受决定着行为究竟应该得到奖赏还是应当受到惩罚。

第一节　论感激与奖赏、愤恨与惩罚的关系

01　　**凡是觉得应该感激的对象，似乎就应当得到奖赏；凡是觉得应该愤恨的对象，似乎就应当受到惩罚**①。因此在我们看来，如果某个行为立即会直接激起我们去奖赏或报答它，那么，这个行为就是我们心中认为的那种应当奖赏或报答的真正对象，而且这样的行为必然应当得到奖赏。同样的道理，如果某个行为立即会直接激起我们去惩罚或报复它，那么，这个行为就是我们心中认为的那种应当惩罚或报复的真正对象，而且这样的行为必然应当受到惩罚。

02　　立即会直接激起我们去奖赏或报答某个人的那种情感，其实就是感激。反之，立即会直接激起我们去惩罚或报复某个人的那种情感，其实就是愤恨。

03　　因此在我们看来，如果某个行为是我们心中认为应当感激的真正对象，那它显然就应该得到奖赏或报答。反之，如果某个行为是我们心中认为应当愤恨的真正对象，那它显然应该受到惩罚或报复。

04　　奖赏，就是报答和回报，就是以德报恩②。惩罚，其实也是一种报答和回报，只不过方式有所不同，是以恶报怨。

05　　尽管除了感激和愤恨之外，其他某些情感也会激发我们去关心别人的幸福或不幸，但没有任何一种情感能够像感激或愤恨那样，会如此直接地激发我们去关心他人的幸福或不幸。比如志趣相投的知心朋友，彼此就会心生喜爱和崇敬之情，进而就会关心彼此。这种友情，必然也会让我们为对方的好运感到高兴。并且，对方在自己眼里也是一个令人愉悦的情感对象，以致我们也乐意为他的好运助一臂之力。即使我们没有为他提供任何帮助，我们对他的喜爱之情也将得到充分满足。因为我们只是渴望看到朋友得到好运，而不会去关心究竟是谁（译按：即究竟是不是我们自己）帮助他取得了成功或带给了他好运。然而，我们心中的感激之情，并不会像友情那样轻易得到满足。如果我们不能为那个对自己有大恩大德者的幸福快乐尽一份力的话，那么，即使我们会对他充满喜爱之情，但我们对他的感激之情也无法得到满足。除非我们报答了他，除非我们已经为增进他的幸福快乐尽了自己的一份力，否则，我们就会因为他过往的帮助，而一直觉得自己欠他一笔恩情债。

---

① 译注：本句为英文版标题移入，译者根据正文内容对本节标题进行了节略。
② 译注：在本书中，请读者均按作者此处的定义，从广义上来理解"奖赏"。

同样的道理，如果两个人的观念不合或有矛盾，就容易心生厌恶甚至憎恨。这往往还会让我们为对方的不幸而感到幸灾乐祸，因为我们乐意看到那些令我们痛苦的人遭受不幸。尽管厌恶和憎恨会让我们变得冷酷而失去同情心，有时甚至还会让我们对别人的不幸感到幸灾乐祸。但是，如果我们只是厌恶对方而没有什么仇恨，如果自己和朋友都未受到对方任何严重的人身伤害，那么，这种幸灾乐祸的心理就不至于让我们再往他的伤口上撒把盐。尽管我们并不担心借机发泄可能让自己受到什么惩罚，但我们还是宁愿采用其他方式来发泄曾经的不满。当我们完全被强烈的愤怒支配时，如果听到自己痛恨的人死于非命，那我们也许就会感到幸灾乐祸。不过，如果是我们亲手导致了对方的死亡，即使不是蓄意的，只要我们还心存一丝正义（尽管这种幸灾乐祸心理有悖于美德，但我们仍然会心存正义），那我们也将因此而感到痛心疾首。如果我们是蓄意报复，那我们就会对自己的过度报复行为感到无比震惊。我们甚至会由于极度厌恶夺人性命而放弃心中那个可恶的蓄意报复念头，因为我们只要想到自己居然也会做出如此穷凶极恶的事情，就会觉得自己也变成了我们曾经痛恨的那种人。但若涉及仇恨，情况就大为不同了。如果那个遭受不幸的人曾经严重伤害过我们，比如，他曾谋杀了我们的父亲或兄弟，即使他在不久之后死于一场热病，或者因其他罪行而被送上断头台，尽管这可以缓减我们的愤怒，但也无法完全消解我们心头的仇恨。因为我们心中的仇恨，不只是仅仅希望他受到惩罚，而且还渴望亲手惩罚他，并且只有这样，才足以抵偿他曾经对我们的特定伤害。即便如此，我们心头的仇恨也无法彻底消解，除非那个伤害我们的人，自己也认识到他所犯下的罪恶并为之懊悔难过。只有让加害者为自己的错误恶行感到懊丧和愧疚，才有可能让其他人害怕遭到同样的惩罚而不敢去违犯类似罪行。只有惩罚加害者并让他心生懊悔，才会彻底消除我们心头的仇恨，并且也只有这样，才会让惩罚达到"以儆效尤"的政治目的——惩戒罪犯并告诫民众。

可见，感激立即会直接激起我们去给予奖赏；而愤恨则立即会直接激起我们去实施惩罚。因此在我们看来，如果某个人是我们心中认为应当感激的真正对象，那他显然就应该得到奖赏；反之，如果某个人是我们心中认为应当愤恨的真正对象，那他显然就应该受到惩罚。　07

第二节　论应当感激或愤恨的真正对象

所谓应当感激或愤恨的真正对象，无非就是指一个人的行为，必然已经成为　01

人们公认应当感激或愤恨的真正对象。

02　　　感激和愤恨这两种情感本身，如同人性中其他所有情感一样，也都只有在得到每个公正旁观者充分同情、理解和体谅的情况下，才会显得合宜得当并被人们赞同。

03　　　因此，如果一个人在人们心中已经成为所有人都会衷心感激与赞扬的自然对象，那他显然就应该得到奖赏；反之，如果一个人在人们心中已经成为所有理智者都会深恶痛绝的自然对象，那他显然就应该受到惩罚。当然，如果某种行为让每个知道真相的人都希望给予它奖赏，那我们必定就会认为那种行为应当得到奖赏，并且乐于见到它获得奖赏；反之，如果某种行为让每个听到它的人都感到愤恨，那我们必定就会认为那种行为应当受到惩罚，并且乐于见到它遭到惩罚。

04　　　（1）应当感激的真正对象。正因为我们会为朋友的成功而感到高兴，所以，凡是能够帮助朋友取得成功的好运，我们自然也会像他本人那样感到得意和满足。由于我们理解朋友对好运的殷切渴望与欣喜之情，所以我们也会渴望朋友获得好运。如果朋友的好运遭到破坏，甚至只是因为好运太遥远而让朋友得不到好运的及时眷顾，我们也会替朋友感到遗憾，尽管他缺少好运并不会损失什么，顶多只是感受不到走好运时的那种欣喜而已。如果带给朋友好运的是某个人，那我们尤其不乐意他的好运遭到破坏。因为，当我们看见一个人得到别人的帮助、保护和安慰之时，我们不仅会像那个受恩者一样开心，而且也会像他本人那样对他的恩人心生感激。只要我们想象一下那个受恩惠者必将如何看待他的恩人，只要我们以受恩者的眼光来看待他的恩人，那在我们眼里，他的恩人就会显得极富魅力而亲切仁慈。因此，我们也乐意看到受恩者对施恩者所怀有的感激之情，并且会赞赏他那种知恩图报的行为。我们完全能够理解那种感激之情及其所激发的报恩行为，所以无论怎么看，受恩者都应该知恩图报，而且施恩者也应该得到恩报。

05　　　（2）应当愤恨的真正对象。正因为我们会因同情朋友的不幸而感到悲伤，所以，凡是可能导致朋友不幸的事情，我们同样也会像他那样感到深恶痛绝。由于我们心里对朋友的悲伤感同身受，所以我们也会像他本人那样，去竭力赶走或消除导致他不幸的原因。如果我们纯粹只是同情他，就会让自己的情绪受到负面影响，从而与朋友一起陷于悲伤之中。所以，我们更愿意用一种积极的态度，主动同朋友一道，去努力战胜悲伤或者赶走那些造成他不幸的事情。如果是某个人造成了朋友的不幸，那我们尤其会这样主动帮助他去报复那个加害者。因为，当我们看见一个人受到他人欺压或伤害之时，我们就会对受害者的不幸感到同情，进而激起我们对加害者的愤恨。我们乐于见到他还击仇敌，只要他奋起进行自卫或进行必要的报复，我们甚至会时刻准备去帮他一把。如果受害者在还击时不幸死去，我们不仅会感受到死者的朋友与亲人的那种切肤之痛，而且还会感受到自己想象中死者可能产生的那种愤恨。尽管死者再也无法产生愤恨，再也无法感受到人类的其他任何情感。然而，只要我们设身处地地想象一下死者的处境，我们自己仿佛就进入了他的躯体，进而让这个遭人杀害而残缺不全的尸体得以在我们脑海中重新复活。通过如此这般的想象，就像其他许多时候那样，我们此时也会产生一种死者已经无法感受到的愤恨之情，但我们此时心中的愤恨，其实只是对死者的一种虚幻同情①。在我们的想象中，死者显然蒙受了一种无法挽回的巨大损失，进而让我们为他流下同情的眼泪。但这点同情的眼泪，似乎仍然不足以表达我们对他所遭受伤害的愤慨，因为我们心里关切更多的，是死者所遭受的不义伤害是否得到伸张。我们心里会觉得，如果死者那冰冷僵硬的尸体还对世界有点儿知觉的话，那他就应该感受到，而且也能够感受到我们想象中的那种愤恨。我们甚至会觉得，死者还在高喊血债血还，想到死者所蒙受的不义伤害尚未得到报复，我们就会觉得他一定会死不瞑目。那些传闻中经常出没于凶手床边的恐怖冤魂，以及那些迷信传说中从坟墓里跑出来要求对那些让受害者死于非命的凶手进行复仇的各种鬼魂，其实全都只是源于我们对死者的某种同情，因为我们心里总是觉得，死者也会对凶手恨之入骨。对残害生命这种穷凶极恶的罪行，至少早在世人尚未采用刑罚来进行有效惩戒之前，造物主就以"做鬼也不会放过凶手"这种威慑作用，来把"有仇必报"这条神圣不可侵犯的复仇法则，作为一种直接本能深深地烙刻在人类的心中而永远无法磨灭。

第三节　论赞许与感激、谴责与愤恨的关系

通常情况下，如果施恩者的行为动机不值得赞许，那受恩者的感激就很难得到赞同；反之，如果加害者的行为动机不应当谴责，那受害者的愤恨就不会得到理解②。然而值得注意的是，无论"行为人"的行为后果或行为倾向对"被行为人"而言是多么有益还是多么有害，我们都不能单凭"行为的后果或倾向是否有益或有害"——恕我直言——来判断"行为人"是否应该被感激或被愤恨。比如，如果"行为人"的动机显得不正当，也就是说，如果我们不赞同引发他行为的那个情感，那么，即使其行为后果有益，我们几乎也不会赞同受恩者（译

01

---

① 译注：关于这种虚幻同情的论述和举例，请参阅第一卷第一章第一节第13段。
② 译注：本句为英文版标题移入，译者根据正文内容对本节标题进行了节略。

按：受恩者即"被行为人"）的感激。反之，如果"行为人"的动机显得正当合宜，也就是说，如果我们赞同引发他行为的那个情感，那么，即使其行为后果有害，我们几乎也不会赞同或体谅受害者（译按：受害者即"被行为人"）的愤恨。前一种行为似乎只应得到少许感激，但若对后一种行为满怀愤恨，似乎也有失公平。因此，前一种行为似乎只应得到一点奖赏，而后一种行为似乎也不应受到什么惩罚。

02　　（1）首先，我认为，只有动机值得赞许的行为才应该得到感激。只要我们无法认同行为人的情感，只要引发其行为的动机显得不正当，那我们就难以赞同受恩者所表达的感激。那种出于毫无意义的动机而给予他人极大的恩惠，比如仅仅因为某个人的族姓和爵号恰巧跟自己相同，就赠予对方一大笔财产，那么，这种愚蠢而过度的慷慨大方似乎只值得很小的报答。因为我们觉得这种没有意义的施恩行为，似乎并不需要给予任何相应报答。我们会鄙视施恩者的这种愚蠢行为，从而妨碍我们去完全理解受恩者的感激之情，进而觉得他的恩人似乎并不值得什么感激。即使我们置身受恩者的处境，自己也无法对这样的恩人产生崇高的敬意，因为我们觉得这样的崇敬和尊重，应该属于那些更值得敬重的品行。也就是说，如果一个人总是仁慈地对待他那些懦弱的朋友，那我们并不会认为他这种做法有多么值得推崇，因为我们觉得这样的崇敬，应该属于那些更有价值的善行。历史上那些随心所欲地不断赐予宠臣爱妃以各种财富、权力和荣誉的君主，往往很少会赢得人民应有程度的爱戴；而那些赏罚分明的君主，反而会赢得人民更多的爱戴。比如，<u>大不列颠国王詹姆斯一世</u>①心地善良却不够英明，他那些慷慨无度的赏赐，似乎并未赢得多少爱戴他的追随者。以致<u>詹姆斯一世</u>尽管秉性温和友善，但终其一生似乎也没什么朋友。可他的儿子<u>查理一世</u>②，虽然非常吝啬但却赏罚分明；尽管生性冷漠而且残酷无情，但他却让<u>英格兰</u>的所有绅士和贵族，都不惜为他牺牲自己的生命和财产。

03　　（2）其次，我认为，只要动机不应被谴责的行为就不应该遭到愤恨。只要

---

　　① 译注：詹姆斯一世（James Ⅰ，1566年6月19日至1625年3月27日），苏格兰斯图亚特王朝国王及英格兰斯图亚特王朝首位国王（1603~1625年在位）。1603年英格兰女王伊丽莎白一世驾崩，死前将王位传给詹姆斯并让他成为英格兰的詹姆斯一世。在位期间鼓吹君权神授，自认为是上帝的使者，导致他与议会的冲突不断，同时引起英国民众的极度不满。他间接引发了1649年的第二次英国内战和1688年的光荣革命，导致君主体制瓦解，王室最终接受君主立宪制，权力转移到议会。
　　② 译注：查理一世（Charles Ⅰ，又译查尔斯一世，1600年11月19日至1649年1月30日），英格兰斯图亚特王朝国王，詹姆斯一世和丹麦公主安妮的次子，在位24年。他的宗教政策引起了以清教徒为代表的加尔文教派的不满，以及他与议会的冲突，先后引发了两次英国内战，但他均被议会派击败，最后被处死，并导致英国君主体制的瓦解。他是英国历史上唯一被公开处死的国王，也是欧洲史上第一个被公开处死的君主。

我们充分理解并完全赞同支配行为的那些动机和情感，那么，不管受害者遭受的伤害有多么严重，我们也不会赞同或体谅他的愤恨。比如，当两个人发生争吵时，我们会完全赞同或体谅自己偏袒那一方的愤怒，而绝不可能同时又赞同或体谅另一方的愤怒。正因为我们赞同自己偏袒那一方的行为动机，所以我们才会赞同或体谅他的行为，进而觉得他是正确的。当然，我们同时必然会觉得另一方是错误的，进而让我们无法赞同或接受他的行为，甚至毫不留情地反对他。因此，无论后者遭受了什么样的痛苦，只要不超出我们认为他所能承受的极限，或者只要不超过我们出于对前者同情的愤慨而想要惩罚他的程度，那么，后者的痛苦既不会触怒我们，也不会令我们心生同情。比如，当一个残忍的凶手被送上断头台时，尽管我们对他的不幸也会心生几分怜悯，但是，如果他荒谬狂妄至极而怨恨检察官或法官的公正判决，那我们丝毫也不会理解体谅他的这种怨恨。为了伸张正义，检察官和法官必然会做出这种死刑判决。因此，尽管对邪恶的罪犯来说，死刑判决确实是毁灭而致命的，但我们绝不可能会憎恨法官们这种伸张正义的行为。而且，只要我们设身处地地想一下，我们自己也不可避免地会对残忍凶手进行这种报复。

第四节　前三节要点概述

（1）如果一个人仅仅因为别人给自己带来了好运就对别人感激不尽，那我们就不会完全由衷地赞同这种感激，除非我们完全赞同那个施恩者的动机。也就是说，首先，我们必须赞同施恩者动机，或者理解赞同引发其施恩行为的情感。然后，我们才会完全理解赞同受恩者心中的感激，进而也对施恩者心生感激。反之，如果施恩者的动机显得不正当，那么，无论其行为后果对受恩者多么有益，我们都会觉得似乎并不需要或不必给予施恩者任何相应报答①。　01

但是，如果某个行为倾向于产生那种有益的后果，而引发行为的那个情感同时又显得正当合宜，而且我们也完全理解并赞同施恩者的动机，那我们不仅会因此而喜爱施恩者，而且还能进一步深切体会到，那些因贵人相助而取得成功者心中所怀有的感激之情。施恩者的这种行为，不但必须，而且应该大张旗鼓地——如果允许我这样形容的话——给予他应得的报答。因此，我们能完全理解并赞同他对施恩者的那种感激之情。总之，只有当我们完全理解并赞同施恩者的动机　02

---

① 译注：比如用金钱收买某个人的行为，由于其"施恩"动机不良，我们就不会认同其受恩者的感激之情，进而认为施恩者也不应该获得报答。

时，那个施恩者似乎才是值得奖赏的真正对象。也就是说，如果我们理解并赞同引发某个行为的那个情感，那我们必然就会赞许那个行为，进而觉得行为人是值得奖赏或报答的真正对象。

03　　（2）同样的道理，如果一个人仅仅因为别人给自己带来了不幸就对别人愤恨不已，那我们就不会完全赞同或体谅这种愤恨，除非加害者的动机为我们所不齿。也就是说，首先，我们必须觉得加害者的动机应该遭到谴责，而且心里根本无法接受引发其加害行为的那个情感。然后，我们才会理解体谅受害者心中的愤恨。反之，如果加害者的动机看不出什么不当之处，那么，无论其行为后果对受害者有多么致命，我们都会觉得加害者的行为，似乎既不应该受到任何惩罚，也不应该遭到任何愤恨①。

04　　但是，如果行为的后果是有害的，而引发行为的那个情感同时又显得失宜不当，而且我们心里又非常憎恶并坚决反对加害者的动机，那我们就会由衷地完全理解体谅受害者心中的愤恨之情。加害者的这种行为，不但必须，而且应该大张旗鼓地——如果允许我这样形容的话——给予相应的惩罚。因此，我们能够完全理解并赞同受害者那种要求报复的愤恨之情。总之，只有当我们极度讨厌并反对加害者的动机时，那个加害者似乎才是必须给予惩罚的真正对象。也就是说，如果我们讨厌并反对引发某个行为的那个情感，那我们必然就会谴责这个行为，进而觉得行为人是应该惩罚或报复的真正对象。

第五节　功过感分析

01　　（1）行为的功德感②。正如我们觉得某个行为合宜得当，是源于我们赞同行为人（译按：即施恩者）的情感和动机（以下我称之为对行为的"直接同情"），那么，我们觉得某个行为"有功德"或值得奖赏，其实也是源于我们赞同理解被行为人（译按：即受恩者）的感激之情（以下我称之为对行为的"间接同情"）。

02　　既然只有在事先赞同施恩者行为动机的前提下，我们才可能充分理解认同受恩者的感激之情，那么，我们觉得某个行为"有功德"或者值得奖赏，似乎就

____

① 译注：比如法官处决叛国者的行为，我们决不会同情叛国者对法官的愤恨，法官的行为更不会受到任何惩罚。

② 译注：这里所讨论的"功德感"，主要指我们评价他人的行为是否"有功德"；而本卷第二章第二节所讨论的"功德感"，主要指我们评价自己的行为是否"有功德"。

是由性质截然不同的两种情感组成的一种复杂情感。也就是说，功德感不仅包含我们对施恩者情感与动机的直接同情（译按：即对其动机的赞同），而且包含我们对受恩者感激的间接同情（译按：即对其感激的共鸣）。

在许多情况下，我们都可以清楚区分这两种性质不同的情感，尽管它们混合交织在我们认为"善有善报"的道德观念之中。当我们读到历史上那种浩然正气而仁慈大义的品行时，难道我们不会急切地想了解其行为意图吗？难道我们不会被那种恢宏气概的高尚精神感动吗？难道我们不会渴望他们成功吗？难道我们不会为他们的失败感到悲伤难过吗？在我们的想象中，自己仿佛变成了书中所描绘的那个英雄人物，幻想自己就身处那些年代久远却早已被人们遗忘的战场之中，甚至觉得自己就是当年那个<u>西庇阿</u>①、<u>卡米卢斯</u>②、<u>提莫莱昂</u>③或<u>阿里斯提戴</u><u>斯</u>④。一方面，我们此时的情感仍然只是基于对这些施恩者的直接同情（译按：即对其动机的赞同）。而另一方面，我们对那些战争胜利的受益者的间接同情（译按：即对其感激的共鸣）同样也会非常强烈。只要我们将自己置身那些受益者的处境，想一想那些为了人民安危而浴血奋战的英雄，难道我们不会由衷而真切地对他们心生感激之情吗？我们也会像那些受益者那样去拥戴他们的保护者。其实我们很容易理解体会他们心中那种深切的感激之情。因此我们就会觉得，人

---

① 译注：西庇阿（Publius Cornelius Scipio Africanus，前235年~前183年），古罗马统帅和政治家。在第二次布匿战争（Punic War）中，他是罗马方面的主要将领之一，以在扎马战役中打败迦太基统帅汉尼拔（Hannibal）而著称于世，后来又为罗马征服了西班牙。由于西庇阿的胜利，罗马人以绝对有利的条件结束了第二次布匿战争。西庇阿因此得到了"阿非利加征服者"（AFRICANVS）的美誉。然而，他最终却由于在政务上与老加图（Cato the Censor）不和，愤而退隐，离开罗马回到利特尔卢姆（在坎帕尼亚）的私人庄园，并在那里度过了自己的余生。据记载，西庇阿拒绝葬在阿皮亚大道沿线的西庇阿祖辈的墓地里，原因是墓地在罗马境内。西庇阿留下遗言，直译过来是："不知感恩的祖国，你有何资格拥有我的遗骨。"因此他被安葬在利特尔卢姆。

② 译注：卡米卢斯（Marcus Furius Camillus，约前446年~前365年），罗马将军和政治家，出身于贵族家庭。据记载，他曾取得四次胜利，但多次被贬而被流放。他先后五次出任罗马行政官，被世人誉为罗马的第二奠基人。

③ 译注：提莫莱昂（Timoleon of Corinth，约前411年~前337年），希腊将军和政治家，反对迦太基的主要人物。在公元前364年，他设计推翻了他的哥哥，让科林斯（Corinth）免于独裁统治，却反而因为其哥哥的死亡而遭到民众抛弃20年。直到公元前344年，才被科林斯人派至西西里（Sicily），打败暴君Dionysius，解放殖民城市Syracuse，开始他统治西西里的时代。后来他由于眼盲而退休，虽然权力继承者通常还会征求他的意见，但他通常不会提出反对意见。死后埋葬在Syracuse，后人为纪念他，在这里修建了广场并命名为Timoleonteum。

④ 译注：阿里斯提戴斯（Aristides，前530年~前468年），雅典政治家，绰号"公正"（The Just），被历史学家Herodotus誉为"雅典最值得尊敬的人"，同时也得到了哲学家柏拉图的盛赞。他早年追随政治家Cleisthenes，后来成为第一次希波战争（Persian War，前499年~前449年）中对抗古波斯帝国的主要将领，尤其在公元前490年9月12日的马拉松（Marathon）会战中，他因以少胜多而一战成名。后来在公元前482年，却被无知的雅典民众投票表决放逐到国外。作者所提到的这四个人，全都是古罗马或古希腊时代雄才大略而且成就非凡的将军和政治家，但都曾因误解而遭到羞辱。

民给予英雄再多的荣誉和奖赏都不过分。我们会由衷地称赞并赞同对英雄的功勋所给予的那些恰当回报；反之，如果人民的实际表现显得对英雄没有尽到报答义务，那我们则会大感震惊。总之，如果我们觉得某个行为"有功德"，那我们就会认为它值得奖赏，进而认为应该给予它恰当而适度的报答。也只有这样，行善者才会因为得到了奖赏或报答而感到欣慰和高兴。这一系列的复杂感受，其实全都源于我们自己也喜欢善行，也会对行善者心生感激。并且，只要我们心怀善意地切身体会一下受恩者的实际处境，那么，我们必然也会对如此浩然正气而仁慈大义的善举心生感激与崇敬之情。

04　　　　（2）行为的罪过感。同样的道理，正如我们觉得某个行为失宜不当，是源于我们不太赞同或者直接憎恶加害者的情感和动机（这里我也称之为"直接同情"），那么，我们觉得某个行为有罪过或应受惩罚，其实也是源于我们认同理解受害者的愤恨之情（这里我也称之为"间接同情"）。

05　　　　既然只有在厌恶并且坚决反对加害者行为动机的前提下，我们才可能真正理解体谅受害者心中的愤恨之情，所以，与功德感一样，我们的罪过感似乎也是由性质截然不同的两种情感组成的一种复杂情感。也就是说，罪过感不仅包含我们对加害者情感与动机的直接同情（译按：即对其动机的憎恶），而且包含我们对受害者愤恨的间接同情（译按：即对其愤恨的共鸣而产生的愤慨）。

06　　　　在许多情况下，我们同样也可以清楚区分这两种性质不同的情感，尽管它们混合交织在我们认为"恶有恶报"的道德观念之中。当我们读到历史上那些类似于<u>博尔吉亚</u>①或<u>尼禄</u>②的背信弃义和残酷暴虐时，我们心里不仅会讨厌他们那

---

　　　① 译注：博尔吉亚（Cesare Borgia，1475 年 9 月 13 日至 1507 年 3 月 12 日），意大利军事家、政治家，西班牙裔的意大利贵族，教皇亚历山大六世（罗德里格·博尔吉亚）的私生子，瓦伦蒂诺公爵，罗马尼阿的主人，伊莫拉、弗利、佩鲁贾、皮奥姆比诺、比萨、卢卡、锡耶纳等无数属地的征服者。他曾经担任瓦伦西亚大主教和枢机主教，但他却以自己的邪恶、残忍和征战的天赋，将一个教皇国的梦想献给自己家族。整个博尔吉亚家族一直被财富、阴谋、毒杀、乱伦的阴影笼罩着，而他不仅是博尔吉亚家族中最恶名昭彰的一个，也是最具魅力的一个。在十四五世纪的欧洲历史上，再没有第二个像他那样背负如此之多恶名，却又被同时代人同情并毫不吝惜地给予赞美的统治者。甚至达·芬奇也形容他拥有"宁静的面孔和天使般清澈的双眼"。尽管他残酷贪婪，为了权力和财富不择手段，但在欧洲追随他的大有人在，以致很多人都认为他是一个勇敢、果断、坚强、才华横溢的完美统治者。尼可罗·马基亚维利以他为原型写下传世名作《君主论》，而希特勒、墨索里尼等更是对他顶礼膜拜。他曾经呼风唤雨，权倾一时，令人谈之色变，但自从与父亲一同中毒之后，命运急转直下，在一次可疑的战斗中被长矛穿胸而死。

　　　② 译注：尼禄（Nero Claudius Caesar Augustus Germanicus，公元 37 年 12 月 15 日至公元 68 年 6 月 9 日），罗马帝国朱里亚·克劳狄王朝第五位亦是最后一位皇帝（公元 54 年 10 月 13 日至公元 68 年 6 月 9 日在位）。罗马暴君，以残忍腐败和迫害基督徒而闻名。公元 54 年，皇帝克劳狄乌斯驾崩，尼禄凭借其母小阿格里皮娜此前的诸多谋划，顺利继承帝位。尼禄是古罗马乃至欧洲历史上著名的暴君。他在统治时期，不仅行事残暴，杀死了自己的母亲及几任妻子，处死了元老院的多位议员，而且奢侈荒淫，沉湎于艺术、建筑等。然而，尼禄并未完全荒废政务，对内推行了诸多利民政策；对外成功化解帕提亚与亚美尼亚危机，

种可恶的品行，而且还会极度讨厌、憎恨、谴责如此可恶的动机。一方面，我们此时的情感仍然只是建立在对加害者动机的直接憎恶之上。而另一方面，我们对受害者愤恨的间接同情反而感受更加强烈。只要我们将自己置身那些受害者的处境，设想遭到侮辱、谋杀或背叛的人就是我们自己，难道我们不会对世间如此蛮横和残忍的压迫者感到义愤填膺吗？无辜受害者所遭受的那种无法避免的痛苦，不仅会令我们深感同情，而且受害者心中必然会产生的那种正当愤恨，还会引起我们更深切的同情。不过，前一种同情较轻微，它更多只是引发并加强后一种同情，因为我们对他们所遭受痛苦的想象，只是起到激起并增强我们憎恨加害者的作用。只要想一想那些受害者所遭受的极度痛苦，我们就会真心地支持他们去反抗那些欺压他们的人，就会真心赞同他们的报复计划；我们时时刻刻都在对加害者的恶行发泄心中的不满，仿佛这样就可以惩戒这些触犯社会法律的人。我们为受害者所遭受的痛苦感到义愤填膺，进而让我们认为，对他们实施的一切惩罚都是他们罪有应得的。因此，对于如此恐怖的暴行，我们乐于听到它受到应有的惩罚，如果听说它逃脱了应得的报复，我们就会气愤不已。总之，如果我们觉得某个行为有罪过，那我们就会赞同对这种暴行进行严惩、赞同对施暴者进行相应的报复，进而让作恶者自己也感受一下痛苦和悲伤。上述这一系列的复杂感受，其实全都源于我们因同情受害者而产生的愤慨。并且，只要切身体会一下受害者的处境，每位旁观者心中自然也会燃起对加害者的愤恨之情①。

创造了辉煌的政绩。后世关于他的史料与创作相当多，但对他的形象描述普遍不佳，世人称之为"嗜血的尼禄"。公元68年，高卢、西班牙诸行省先后爆发了反对尼禄的叛乱，尼禄在不明战况的状态下，以为深陷穷途末路的境地，遂仓皇逃离首都罗马。元老院获悉后当即宣判尼禄为"国家公敌"，承认率军起义的西班牙行省总督加尔巴为皇帝。同年6月9日，尼禄被迫自尽。

　　①　原注：我们用这种方式把"恶有恶报"的常见道德观念，归因于我们对受害者愤恨之情的一种认同或同情（译按：即同感共鸣，下同），也许大多数人会认为这是对"同情（译按：亦即共情和同理心）"的一种贬低。因为人们通常都容易认为，既然愤恨通常被认为是一种非常讨厌的激情，那么，无论从哪方面看，"有恶必报"这个普遍认可的报复原则，就不可能建立在我们对受害者愤恨的那种认同或同情之上。人们也许更愿意承认，"善有善报"这个道德观念是建立在我们对受恩者感激的认同或同情之上。因为，正如其他所有仁慈情感那样，感激总是含有"仁慈"这种亲切宜人的成分，而且"有恩必报"这个感激原则，无论怎样都会发挥"扬善"的作用。然而不难发现，无论从哪方面看，感激和愤恨都犹如一对相反相成的孪生姐妹。所以，如果承认我们对某个行为有"功"的感觉，是源于我们对受恩者感激的认同或同情；那我们对某个行为有"过"的感觉，就不可能不是源于我们对受害者愤恨的认同或同情。

　　关于愤恨或愤怒，还需要注意以下几点：尽管我们常常见到的各种程度不同的愤怒，也许是所有激情中最令人讨厌的一种，但是，如果当事人进行适当的克制收敛，并且降低到与旁观者因同情而产生的愤慨完全相同的程度，那么当事人的愤怒就不至于遭到什么指责。更具体地说，如果我们作为旁观者所感到的愤慨在程度上与受害者的愤怒完全一致；如果受害者的愤怒在各方面都没有超过我们自己的愤慨程度；

如果他的每一句话和每一个姿态所表达的愤怒，都没有超出我们所能接受的程度；如果他对加害者的报复，既没有超过我们愿意看到的程度，也没有超过我们自己打算出手帮他惩罚加害者的程度；那么，我们就不可能不会完全赞同体谅他的愤怒。因为在我们眼里，自己当时所感到的愤慨程度，无疑会作为评判当事人愤怒是否合宜得当的标准。同时经验又告诉我们，其实大多数人都不能很好克制自己的愤怒情绪。换句话说，一个人若想把这种粗野狂暴的冲动，抑制降低到旁观者能够接受的适宜程度，那他必然会付出非常巨大的努力。所以，如果一个人能够很好地控制"愤怒"这种人性中最难驾驭的激情，那我们必然就会情不自禁地对他表示高度的崇敬和赞赏。然而实际上，受害者的愤怒几乎总是会超过我们可以接受的程度，由于我们无法理解体谅它，必然就不会赞同它。以致在我们的脑海里，我们对愤怒的厌恶，在程度上会超过我们对同等激烈的其他任何激情的厌恶。因此，那种过度激烈的愤怒，不但无法让我们接受，反而会变成我们憎恨和讨厌的对象。因为我们担心，过激的愤怒可能会伤害他人，所以我们就会反过来同情那个遭受过度愤怒的人。因此，过度的愤怒或报复，似乎是所有激情中最可憎最可恶的，而且也是每个人嫌恶和讨厌的对象。人们在克制愤怒方面的表现，通常是"节制一次就会过激百次"，所以很容易让人觉得十分可憎可恶，并且在大多数情况下，愤怒的表现确实也是如此。然而，尽管如今世风日下，但造物主仍然没有无情地对待我们。无论是对整个人类还是对个人，他既没有赋予我们任何邪恶的天性，也没有让我们失去驾驭自己愤怒的本能。否则，无论我们怎样做，都永远无法成为那种值得称赞或赞许的真正对象。不过，在某些情况下，我们通常认为那种应该表现得十分强烈的愤怒，也可能会表现得太过微弱。比如，我们有时就会抱怨某个人对他自己遭受的伤害麻木迟钝，进而据此认为他缺乏勇气；正如我们会厌恶过于激烈的愤怒那样，我们同样也会鄙视他这种太过懦弱的表现。

那些自以为获得圣灵启示的学者，如果他们真的认为，对于人类这种并不完美的脆弱生灵而言，各种程度不一的愤怒也是邪恶有罪的话，那他们肯定就不会那么频繁而激烈地谈论上帝的愤慨和怒火了。

关于惩罚，也需要注意以下几点：我们所探究的，其实并不是"如何惩罚才算正当"的理论问题——恕我直言，而是关于"我们在现实生活中会如何实施惩罚"的实际问题。换句话说，我们不是在探究一个完美的生灵，在理论上应该根据什么原则来赞同对恶行的惩罚；而是在探究像人类这种并不完美的脆弱生灵，在现实生活中实际上会根据什么原则来赞同对恶行的惩罚。刚刚提到的"有恶必报"这个惩罚原则，显然会对人类的情感产生巨大影响，而这个惩罚原则似乎也是出自造物主的睿智安排。人类社会若要存续发展，必然需要采用适当的惩罚，以限制那些不正当的或不应该有的怨恨。因此，对那些不正当的怨恨实施适当的惩罚，就应该被视作一种正当而且值得赞赏的做法。虽然，人类天生就被赋予了一种维护社会幸福与安定的欲望，但是，造物主并没有让人类依托自己的理性，而是赋予人类一种直觉和本能，以便更快找到那种用来维护社会幸福与安定的适当惩罚手段。也就是说，只要本能和直觉上认为所实施的那个惩罚有利于维护社会的幸福与安定，那人们就会表示赞同。造物主在这方面的睿智安排，其实同她在其他许多方面的总体安排是一脉相承的。因为维护社会的幸福与安定对于人类的存续发展尤其重要，而这其实也是造物主最笃爱的目的——如果允许我这样形容的话。所以，造物主在这方面也做出了同样巧妙的安排，一方面，他让人类渴望实现她所计划之目的；另一方面，他同时又让人类寻求能够达到那个目的的各种手段。并且她还让人类只注重手段本身是否有利于达到其目的，而完全不用考虑手段可能产生的后果。于是，自我保护和种族繁衍，似乎就成为造物主在塑造一切动物时所确定的主要目的。当然，人类也被赋予了一系列这样的本能。比如，渴望实现自我保护和种族繁衍而厌恶任何有悖于这些目的的行为；热爱生命而害怕死亡；渴望种族永远延续而讨厌种族遭到灭绝。尽管我们被造物主如此这般地赋予了自我保护与种族繁衍的强烈欲望，但他并没有将"如何找出实现那些目的的恰当手段"寄托于我们的理性，因为理性总是反应迟钝而且犹豫不决。于是，造物主就通过赋予我们一种原始的直接本能，来引导我们去发现实现那些目的的大多数手段。比如，赋予我们饥饿、口渴、性欲等欲望，赋予我们喜欢快乐而害怕痛苦的本能，进而得以促使我们本能地使用那些能够直接满足这些欲望的手段。因此，我们肚子饿了就会直接吃饭，口渴了就会直接喝水，而压根儿不会去考虑这些手段是否有利于伟大造物主赋予我们"自我保护和种族繁衍"这个目的本身。

在结束这个附注之前，我还必须指出，我们对功德或善行的赞赏，其实与我们对合宜行为的赞赏有所不同。就行为合宜性而言，如果我们认为某个人的情感表现相对于激发他情感的那个客观事物是合宜相称的，这其中其实包含两层意思：它不仅意味着我们自己的情感也像当事人那样受到了那个客观事物的影响，而且还意味着我们觉得他的感受与我们自己的感受相一致。比如，当我们听到自己的朋友遭遇不幸时，虽然我们能够准确体会到他忧虑的程度，但是在我们看到他的实际行为表现之前，在我们觉得他的感受与我们的感受相一致之前，我们就不会赞同引发他行为的那些情感。也就是说，当我们赞同某个人的行为合宜得当之时，不仅意味着我们完全理解认同行为人的动机，而且还意味着我们觉得他的感受和我们的感受完全相一致。然而，当听到某个人得到了恩惠时，我们的心理感受就会有所不同：不管那个受恩者是否心生感激，不管他是否感到欣喜，我们只要将自己置身他的处境，就会由衷地对施恩者心生感激，并且必定会赞赏施恩者的行为，进而认为施恩者的行为不仅"有功德"，而且应该得到奖赏或报答。显然，无论受恩者是否心怀感激，都丝毫不会改变我们认为施恩者"有功德"这个看法。可见，此时的赞赏，实际上并不需要彼此情感上的那种相一致。如果受恩者也心怀感激，虽然足以说明彼此的情感是相一致的，但我们判断一个行为是否"有功德"，通常会依据那些借助想象而产生的同情感受，而不是依据"彼此情感是否相一致"。因为，只要我们将自己置身当事人的处境，即使在当事人未能产生感激的情况下，我们透过同情（译按：即同理心）的作用，也会让自己产生感激之情。此外，上述这些存在于我们"赞赏行为合宜"与"赞赏行为有功德"之间的差异，在我们"谴责行为失宜"与"谴责行为有罪过"之间也同样存在。

译按：作者的这段原注，其实更多是为了强调"感性"即自身感受的重要性，如同 18 世纪苏格兰学派那样，亚当·斯密本人也旗帜鲜明地反对唯理主义，这在他后来的《国富论》里也有体现。唯理主义发端于 17 世纪的法国，主张理性或理智是决定人类判断与行为的唯一权威，认为检验真理的标准和获取正确知识的途径不是感觉经验而是完全基于理性。唯理主义引领学术界长达 300 多年，至今仍影响着各个学术领域。譬如在经济学界，就言必称理性。商业信用其实主要依靠商业道德来运作，而相关的法律只是作为最后的底线。自由主义经济学家哈耶克（F. A. Hayek）、行为经济学家理查德·泰勒（Richard H. Thaler）和丹尼尔·卡尼曼（Daniel Kahneman）都很好地解释了感性在行为决策方面所发挥的重要作用。

第二章　论正义与仁慈

第一节　论正义与仁慈的区别

01　　一种行为，只有当它倾向于产生有益的后果，而且又是出于正当的动机，似乎才应该得到奖赏或报答。因为只有这样的行为，才是人们赞同的感激对象，才能激发旁观者的同情（译按：即共鸣），进而让旁观者也心生感激。

02　　一种行为，只有当它倾向于产生有害的后果，而且又是出于不正当的动机，似乎才应该受到惩罚或报复。因为只有这样的行为，才是人们赞同的愤恨对象，才能激发旁观者的同情（译按：即共鸣），进而让旁观者也感到愤慨。

03　　仁慈的善行，通常都是出于自愿而不能强制。如果一个人只是缺乏仁慈，他并不应该遭到惩罚，因为缺乏仁慈还不至于产生实际的罪恶或伤害。尽管缺乏仁慈有可能让人们由于原本合理期待的善行落空而感到失望，进而遭到人们的厌恶和指责，但还不至于激起人们太多的愤恨。不过，当一个人在他的恩人需要帮助时，如果在有能力报恩的情况下他却不报恩，那他无疑就是那种最可恶的忘恩负义之徒。每个公正旁观者都会从内心拒绝接受他这种自私的做法，他理所当然也会成为人们强烈谴责的真正对象。尽管他并没有对任何人造成丝毫实际伤害，而仅仅只是没有做到他应当履行的报恩义务而已。尽管他这种不当的情感与行为表现必然会激起人们的憎恶，但他顶多只会成为人们憎恶的对象，而不至于成为人们愤恨的对象；只有那种真正会给人造成实际伤害的行为，才会激起人们的愤恨。可见，如果一个人不知感恩，他并不会受到惩罚。即使每个公正旁观者都认为他应该出于感激而报答恩人，但若有人强制他去履行报恩义务，那么，这种强制他报恩的做法，将比他知恩不报的做法更不恰当。如果施恩者试图强迫受恩者报答自己，反而会让施恩者的名声受到玷污。凡是地位不高于他们两者的任何旁人，横加干涉或试图强制他报恩的做法，都是不合适的。但出于"有恩必报"的感激原则，我们还是认为"知恩图报"应该作为最基本的应尽义务。尽管友谊友情、慷慨大方和仁慈善良都会促使我们做出各种广受赞许的善行，但这些行为更多是出于我们的个人自愿，而不会像"有恩必报"那样具有约束力。尽管我们认为每个人都应该"知恩图报"，但我们并不会认为每个人都应该乐善好施或慷慨大方，更不会认为必须回报友谊友情，因为友情不会掺杂任何利益成分，它是建立在那种纯粹的相互敬重之上，而不是建立在那种由于从对方得到了恩惠而产生的感激之上。

愤恨，似乎是天性赋予我们的一种自卫本能，而且只能用于自卫。同时，愤恨也是维护正义和保护无辜的基础，它不仅会促使我们去阻止伤害自己的企图，而且还会促使我们对所受到的伤害进行报复。愤恨不仅会让冒犯者对自己的不义行为感到后怕，而且还会让其他人因忌惮惩罚而不敢触犯类似罪行。因此，除了上述这些目的之外，出于其他任何目的的愤恨都无法得到旁观者的认同。然而缺乏仁慈的美德行为，尽管会让我们由于原本合理期待的善行落空而感到失望，但它还不至于造成任何蓄意伤害——那种我们有必要进行自卫的伤害，因此也就不会招致我们的愤恨。

04

还有一种美德，是否遵从它不但不取决于我们的个人意志，而且还可以被强制遵守，只要违背它就会招致愤恨并且受到惩罚。这种美德就是正义。违背正义的行为，不仅会对人造成切实伤害，而且其动机也常常为人们所不齿。所以，不义行为理所当然就应该遭到愤恨，而愤恨的结果必然就会导致惩罚。对不义行为所造成的伤害，绝没有人会反对使用暴力进行报复。因此，人们会非常赞同使用暴力去阻止并击退一切不义伤害、去制止罪犯伤害自己和同胞。同时，图谋不义者自己心里其实也清楚：为了阻止或惩戒自己的不义罪行，人们——无论是他将要去伤害的那个人还是其他旁观者——可以非常正当地对自己使用暴力。可见，是否可以使用暴力进行强制，就是维护正义与维护其他所有社会美德之间的最大区别。最近有位伟大的天才哲学家①也特别强调这一点；他也坚持认为，尽管我们每个人都必须严格按照正义的要求行事，但友谊友情、慷慨大度、仁慈善良等美德的要求却没有那么严格。是否践行后面这几种美德，在某种程度上似乎仅仅取决于我们的个人选择；然而不知何故，是否遵从正义的要求，我们似乎会受到

05

---

① 译注：指亨利·霍姆，卡姆斯勋爵（Henry Home，Lord Kames，1696～1782），律师、法官、哲学家、作家。霍姆是亚当·斯密学术生涯最早的赞助人，作为苏格兰启蒙运动的核心人物、爱丁堡哲学学派的奠基人，他长期活跃于英国上流社会；其追随者包括大卫·休谟（David Hume，1711～1776）、亚当·斯密（Adam Smith，1723～1790）、詹姆斯·鲍斯韦尔（James Boswell，1740～1795）。作者所引用的这段话，出自亨利·霍姆的《道德与自然宗教原理论文集》（*Essays on the Principles of Morality and Natural Religion*，1751）。

某种无形的约束和控制，进而会强迫自己去遵守。也就是说，我们每个人都会赞同使用适当的强制手段来强迫一个人去遵守正义准则。然而，绝没有人会赞同使用强制手段去强迫一个人遵守其他美德的要求。

06　　尽管我们总是需要仔细区分各种情感和行为，才能搞清楚哪些只应受到指责、哪些确实应该受到谴责、哪些可以采用强制手段进行惩罚或加以阻止。然而，实际生活经验会告诉我们：如果有人连那种人人都应该做到的、普通程度的仁慈行为都没有做到，那他似乎就应该受到指责；反之，那种超过普通程度的仁慈行为，就应该受到赞扬；当然，如果只是做到普通程度的仁慈，那就似乎既不应受指责也不值得赞扬。比如，作为父亲、儿子或兄弟，如果他对待自己家人的态度同他对待大多数外人的态度差不多，那他当然既不应受到赞扬，也不应受到指责。一个人所表现出的那种宜人的仁慈行为，如果在程度上超乎寻常而出人意料，那我们必然会为之感到惊讶，进而认为他值得赞扬；反之，一个人所表现出的那种失宜的冷酷无情行为，如果在程度上超乎寻常而出人意料，那我们必然也会为之感到惊讶，进而认为他应该受到指责。

07　　然而，在地位相近的同辈或同级之间，一方面，即使是那种最普通程度的善良或仁慈，也不能以力强求；另一方面，早在公民政府建立之前，每个人天生就有权保护自己免受伤害，并且完全有权对自己所遭受的伤害进行适度的惩罚或报复。每个有正义感的旁观者，都会深切同情一个受害者的遭遇。因此，他不仅会赞同受害者的报复行为，甚至常常还愿意出手相助。如果发现有人要攻击、抢劫或企图杀害他人，所有旁人都会感到紧张，进而认为自己理所当然应该赶紧去保护那个处于危险之中的人，或者应该去为受害者报仇雪恨。但是，如果父亲对儿子缺乏那种一般程度的父爱，如果儿子对父亲缺乏那种基本的孝道，如果兄弟之间缺乏那种常见的手足之情，如果一个人毫无怜悯之心，如果一个人在本可轻易帮助同胞减轻痛苦的情况下却拒绝这样做，那么，即使每个人都会指责这些不良行为，但上述那些也许理应得到更多亲情关爱或友情关爱的人，绝没有人会认为他们有任何权力去强制对方更好地对待自己。那些缺乏亲友关爱者，他们本人只能诉苦抱怨，而旁观者除了建议和劝说之外，也没有其他更好的干预办法。同时，面对所有这些不良行为，在地位相近的同辈或同级之间，如果有人强制要求对方表现出更多的善良或仁慈，那他就会被认为是极度的傲慢无礼和放肆狂妄。

08　　不过，上级或长辈有时候确实可以强制要求下属或子女遵守某些礼仪并善待彼此，而且这种强制已经得到人们的普遍认同。比如，所有文明国家的法律都会要求父母抚养子女，而子女也必须赡养父母，甚至还会强制人们承担一些必要的慈善义务。市政官为了维持社会安定，不仅有权制止各种不义行为，而且为了促进国家繁荣，还有权制定惩恶扬善的法纪、有权阻止各种邪恶与不正当行为。因此，市政官不仅可以颁布各种法律法规来禁止民众相互伤害，而且还可以强制要求人们在某种程度上善待彼此。有些无关紧要的行为要求，在君主下令禁止之前，即使有人违反也无人在意，因此也不会受到任何谴责；如果君主一旦下令禁止，再有违反者不仅会受到谴责，而且还会受到惩罚。然而有些行为要求，即使在君主没有下令禁止之前，只要有人违反也会遭到极其严厉的谴责；如果君主一旦下令禁止，若有任何程度的违反或不服从，无疑都会受到更严厉的惩罚。因此，立法者的最重要责任或许就在于制定法律时的精准与缜密，以及在执行法律时的恰当与公正。完全忽视立法工作，可能会让一个国家出现许多可怕罪行和严重混乱；反之，如果法律过于严苛，又会破坏基本的自由、安定和正义。

地位相近的同辈或同级之间，如果一个人仅仅因为缺乏仁慈或善良，那他似乎就不应该受到什么惩罚；不过，如果一个人表现出比一般人更多的仁慈，那他显然就应该得到高度奖赏。最高尚的仁慈行为，自然就会成为公认最强烈的感激对象。反之，尽管违背正义会遭到惩罚，然而，遵守正义似乎又得不到任何奖赏。毫无疑问，正义行为本身就具有一种合宜性，按理说，它就应该得到行为合宜性的一切赞赏。然而，由于正义行为更多是避免伤害而不会带来什么实际益处，所以它极少能够赢得什么感激。那种纯粹的正义行为，只是阻止我们不要去伤害他人，所以在大多数情况下，它只能算得上一种消极意义的美德。一方面，如果一个人仅仅约束自己不去侵犯他人的生命、财产或名誉，那他当然算不上有什么真正的功德。另一方面，一个人确实仅仅需要做到不侵犯他人，就可以被视为已经完全履行了那些被称为正义的特定要求。因为，无论是那些同辈或同级可以正当强制要求他做的所有事情，还是那些不按他们要求去做就会遭到惩罚的所有事情，他全都已经做到了。甚至还可以这样认为：我们往往只需要静坐不动或者什么也不干，就能完全做到正义的一切要求①。

常言道，"以其人之道，还治其人之身"，这种报答或报复观念，似乎也是造物主希望我们遵循的主要行事原则。因此，对那些仁慈善良和慷慨仗义之人，我们就应该"以德报德"。反之，对那些无情无义之人，我们就应该"以怨报怨"，从而让他们也感受不到任何同胞的仁义和情谊，让他们如同生活在与世隔绝的大沙漠之中，得不到任何人的关心或问候。对那些违背正义的人，就应该让作恶者自己也感受一下他们施加给别人的那种不义伤害；既然同胞所遭受的痛苦

09

10

---

① 译注：人们对待"普通程度的仁慈与遵守正义要求"的这种态度差异，其实在佛教故事中也经常出现，以致"好人成佛，必须历经九九八十一难，而坏人成佛，却只需要放下屠刀"。其他宗教也不乏类似的态度差异。这也许是造物主为了鼓励人们更多地施仁行善而做出的人性设计。

不足以让他们停止不义伤害，那就只好用他们自己也害怕的东西来让他们感到畏惧。一个人只有首先保证自己清白无罪，只有首先要求自己遵照正义准则去对待别人，只有首先约束自己不去伤害别人，他才会获得别人对他的同样尊重，别人才会恪守同样的正义准则来对待他。

第二节　论正义感与自责感，再论功德感①

01　　　除了别人对我们进行不义伤害时所激起的那种正当愤慨之外，人们绝不会容许我们以其他任何理由或借口去伤害别人。尽管每个人天生都希望自己过得比别人幸福，但是，如果我们仅仅因为别人妨碍到自己的幸福，就去破坏别人的幸福；如果仅仅因为别人有用的东西对我们也许同样有用或更加有用，就从别人手中将其夺走，等等诸如此类以牺牲别人为代价来满足自身利益的做法，绝不可能得到任何公正旁观者的赞同。毫无疑问，每个人天生都会首先并主要关爱自己，这不仅因为每个人要比其他任何人都更适合关爱自己，而且这么做也是适宜而正当的。因此，每个人都会更加深切关心自己的切身利益，而较少去关心别人的利害得失。比如，当我们听到某个毫无关系者的死讯时，这个死讯让我们所产生的忧虑以及它对我们日常饮食起居所产生的影响，都远不如自己所遭遇的一个小灾小难。尽管别人所遭受伤害对我们心情的影响远不及自己遭受轻微不幸时的影响那么大，但也绝不允许我们为了避免自己遭受微小不幸或伤害而去伤害别人。此时，我们也要像其他任何时候那样，必须尽量用旁观者通常会看待我们的那种眼光，而不是用自己通常会看待自己的那种眼光来看待我们自己。俗话说，每个人在自己眼里意味着整个世界，然而在众人眼里却只是沧海一粟。尽管每个人都会觉得，自己的幸福要比这个世界上其他所有人的幸福都更重要，然而在众人眼里，它并不比任何人的幸福更重要。尽管每个人其实都喜欢自己甚于喜欢别人，然而绝没有人胆敢公开承认这一点，更不敢公开宣称这就是他的行事原则。因为他觉得，绝没有人会赞同这种自私的想法；并且，无论这种想法在他自己看来有多么自然，但在众人看来，必然总是显得过分而放肆。当他意识到众人会如何看待自己并以他们的眼光来看待自己时，他就会明白自己在众人眼里不过只是芸芸众生中的一员而已，并且在任何方面都不比其他人更重要。如果一个人希望自己的所作所为和行事原则能够得到公正旁观者的认同——这种认同也是每个人最渴

①　译注：这里所讨论的"功德感"，主要是评价自己的行为是否"有功德"，与本卷第一章第五节所讨论的"功德感"略有不同。后者更多是评价他人的行为是否"有功德"。

望得到的，那他就必须像其他任何时候那样收敛心中的自爱与自大，并把它们降低到人们能够接受的程度。只有这样，人们才会理解宽容他的自爱之心，才会容许他更多关切和谋求自身的幸福。也只有这样，当人们设身处地地为他考虑时，才容易理解体谅他这种自爱之心。在谋求财富、追逐荣誉和角逐地位的竞争过程中，每个人都可以为了超越所有对手而竭尽所能和全力以赴。但是，如果他想要排挤或除掉对手，人们就不会再容许他这种自爱之心。因为那样做有悖公平竞争原则，而且人们绝不会容许公平正义遭到破坏。在人们看来，每个人在各方面都同等重要，任何人都不应该遭到排挤或被除掉，人们既不能接受这种不顾及别人的过度自爱，也无法容忍伤害竞争对手的任何企图。因此，人们更倾向于同情理解不义受害者心中的愤恨，而不义加害者也容易成为人们憎恨和愤慨的对象。其实加害者自己心里也清楚，他的不义行为必将招致人们的憎恨，各种反对与复仇的怒火，必将从四面八方向他袭来。

越是深重而难以弥补的不义罪行，越是让受害者愤恨不已，同时也会让旁观者更加义愤填膺、让加害者感到罪孽更加深重。一个人对他人的最大伤害，莫过于夺走其性命，这也会让死者的亲友们瞬间怒不可遏。因此，在包括凶手本人在内的所有人眼里，谋杀是对他人最残忍的侵犯。众所周知，剥夺我们已经拥有的东西要比让我们期待的东西落空更加令人憎恶。比如，盗窃与抢劫，就是一种比违背契约更严重的罪恶。因为，前者是夺走我们拥有的东西，是侵犯我们拥有的财产，而后者只是让我们的期望落空。首先，在所有维护正义的法律当中，最为神圣的就是那些保护我们同胞生命与人身安全的法律，任何人若有违犯，都会遭到最严厉的惩罚或报复；其次，就是那些保护个人财产与所有权的法律；最后，才是那些保护所谓个人权利、确保兑现承诺和履行契约的法律①。

一个违背神圣正义准则的人，当他在作恶之时，从来不会顾及他人的感受和看法，所以他就会变得肆无忌惮，从而根本不会感到诸如羞愧、害怕和惊恐的任何巨大痛苦。然而，当他在作恶结束之后，一旦开始冷静思考自己之前的所作所为，他自己也无法理解当初作恶的动机。在他现在看来，自己当初那些作恶动机，也如同在别人眼里那样可恨之极。想到人们必然会对他恨之入骨，他在某种程度上也开始憎恨并厌恶自己当初的不义行为，他不义行为导致受害者所陷入的不幸处境，此刻也会唤起他的怜悯之心。想到这些，他就会开始感到内疚难过，进而为自己当初的不义行为所造成的不幸后果感到悔恨。同时，他自己心里也清楚，这些不幸后果必然会让自己成为人们愤恨和声讨的对象，并最终遭到报复和惩罚。这种念头将一直在他心头萦绕，进而让他心中笼罩着害怕和不安，惶惶不

02

03

---

① 译注：本段主要解释"正义感"是如何形成的，并指明基本正义所维护的范围。

可终日。他不敢再面对社会，仿佛觉得自己被社会抛弃了，担心自己再也得不到任何人的关心与问候。尽管他身陷这种可怕的极度痛苦之中，但却无法指望得到任何同情和安慰，因为人们对他的不义罪行仍然心有余悸，进而会从内心拒绝对他表示丝毫同情。其实他最害怕的，正是人们对他不屑一顾的这种态度和看法。似乎所有人都对他怀有敌意，因此，只要不用再面对任何人，只要不用再看到人们对他不义罪行所流露出的那种鄙夷神情，他宁愿逃到荒无人烟的沙漠去生活。然而，孤独寂寞却比面对社会更为可怕，因为他自己心里也非常清楚，孤独寂寞必然意味着黑暗、不幸和痛苦，而忧郁寡欢必然意味着那种难以想象的折磨和摧残。对孤独寂寞的恐惧又迫使他回到社会，让他不得不重新面对世人。尽管他心里清楚，世人作为正义的法官，早已对他做出一致的定罪，但为了从人们的好脸色中求得些许宽慰，他会在人们面前表现出那种难以想象的满怀羞愧而惶恐不安的样子。上述这一系列内心感受，混合交织在一起，通常就会形成那种所谓的自责感。其实让人对犯罪产生畏惧的，正是这种自责感。它包括：意识到过去行为的不当而产生的羞愧，意识到行为的不良后果而感到的遗憾，对不义行为的受害者所产生的怜惜，以及意识到每个理性的人都会对自己的罪行义愤填膺时而对惩罚所感到害怕和恐惧①。

04　　　反之，恪守正义准则的行为，必然会让人感觉到美好和善意。比如，一个人所实际做出的某个慷慨正义行为，只要是出于正当动机而不是心血来潮，那么，当他面对自己曾经帮助过的那些人时，就会觉得自己自然会成为他们喜爱和感激的对象，进而成为所有人尊敬和赞许的对象。当他回想自己当初的行为动机，并用公正旁观者的眼光进行审视时，他仍然会赞同自己当初的动机，进而觉得心中假想的那个公正法官也会赞许自己。于是他就会觉得，无论是公正旁观者还是心中假想的那个公正法官，都会赞许自己的正义行为。只要想到这些，他心里就会十分高兴，进而感到一份心安而怡然自得。他与所有人都会友好和睦相处，并且会怀着信任和善意来对待每个人，因为他坚信自己已经成为最值得人们尊敬的人，并为之感到心满意足。上述这一系列内心感受，混合交织在一起，就形成了对自己的"功德感"，亦即一个人觉得自己"有功德"或者"应该受到奖赏"的那种感觉②。

---

① 译注：本段主要解释"自责感"是如何形成的。
② 译注：本段主要解释一个人觉得自己"有功德"的感觉是如何形成的。

第三节　论正义与仁慈这种本性的作用①

　　人，只有在社会中才能够生存，因此，人的天性也被造物主按照人所生存的社会环境来进行塑造。人类社会的所有成员，在需要相互帮助的同时却又面临相互伤害。然而，只有互助友爱的社会才会繁荣兴盛，人们之间只有充满爱、感激、情谊和尊重，才会幸福快乐。唯有通过爱与情谊这种令人愉悦的纽带，社会中的每个成员才会彼此联结在一起。这样，人们仿佛就生活在一个友爱互助的大同世界。　　　　　　01

　　不过，即使这种必要的相互帮助不是出于那种慷慨无私的动机，即使社会成员之间完全没有爱和情义，但社会依然可以在不同群体中存续而不至于分崩离析，尽管它不太幸福和宜人。比如在商业贸易领域，即使交易各方没有丝毫爱或情义，但不同的商人，仍然会出于交易需要而组织联结在一起。尽管在这种没有爱和情义的社会中，既不需要承担任何义务，也不必感激任何人，但这样的社会，仍然可以按照某种公允的价值进行互惠互利的交换而得以存续。　　02

　　然而，如果社会成员之间随时可以相互伤害，社会就绝不可能继续存在。相互伤害开始之时，就是彼此间怨恨和敌意产生之时，而维系社会的各种纽带也将不复存在，人们之间就会变得情感不合而相互侵犯对抗，原本维系在一起的不同社会群体也将土崩瓦解成一盘散沙。即使是强盗和杀人犯，只要彼此之间尚有交往或交易，那他们至少也会有所顾忌而避免相互抢劫或杀害。可见，对于社会存续而言，仁慈善良就不像正义那样必不可少。也就是说，即使没有仁慈善良，尽管社会不是那种最幸福宜人的状态，但它仍可存续；然而，倘若不义盛行，社会必将彻底土崩瓦解。　　03

　　所以，尽管造物主会利用"善有善报"的道德观念，来规劝和鼓励人们多多施仁行善，但她并不认为，人们如果疏于行善就应该受到惩罚，而且造物主也不会借惩罚来恐吓或强制人们必须行善。仁慈善良，就好比美化建筑的装饰品，而不是支撑社会大厦的基石。因此，规劝和鼓励人们施仁行善足矣，而绝不能进行强制要求。但正义就截然不同，它是整个社会大厦的主要支柱。如果没有正义　　04

---

　　① 译注：尽管本节第二稿的校译就花了十多天时间，但仍有许多地方不太满意（尤其逻辑条理方面），纰漏之处还请读者指正。本节似乎意在阐明：一方面，维护正义是确保社会存续的根本前提，而施仁行善则是人们幸福快乐、社会繁荣兴盛的保证；另一方面，造物主为人类塑造"正义和仁慈"这两种本性，并非只是为了社会的存续与繁荣，而且还为了人类的个体生存和种族繁衍。

这根支柱，人类社会这座宏伟大厦——这座造物主一直特别宠爱和关心并且要在人世间建造维护的大厦——如果我可以这么比喻的话，必将在顷刻之间土崩瓦解。于是，造物主为了维护正义，就在人们心中根植了"恶有恶报"的道德观念，进而让人们产生"违背正义必将遭到惩罚"的恐惧心理，并借此保护人类社会——保护弱者、遏制暴力和惩戒罪犯。人，尽管天生富有同情心，但更多的是为自己着想，而很少会为那些毫无关系的他人着想。因此，别人哪怕是遭遇了巨大不幸，也不如他自己的微小不便那么重要。人，经常会为了自身利益而恃强凌弱，更何况还有很多因素诱惑他去强取豪夺。所以，如果造物主没有在人类心中树立"人人都有权自卫"这条正义准则，并借此威慑人们不要伤害无辜，那人们就会像野兽那样随时准备攻击别人。如果一个人走进这样的社会，那他无异于走进了狮子窝。

05　　　我们不难发现，世间万物的构造，其实全都被造物主巧妙而精确地塑造成那种有利于个体生存和种族繁衍的形态。我们禁不住会赞叹，造物主为了达到这两大根本目的，她把植物形状或动物的身体构造全都设计塑造得如此精妙。然而，对于诸如此类的一切事物，我们仍然需要注意区分，以免误把事物的"最终目的"当作其运行或构造的"初始动因"①。比如，食物的消化和血液的循环，以及由此引起的各种体液的分泌等所有这些作用过程，尽管都是动物维持生命这个目的所必需的，但我们千万不要误把维持生命这个"目的"当作食物消化和血液循环这些作用过程的"动因"，更不要误以为血液的循环或食物的消化之所以会自动进行，是因为它们本身就被赋予了循环或消化的意图或目的。因为所有这些作用过程，其实都是造物主为了动物的生存繁衍而塑造的。这就如同钟表匠在制造钟表时，为了达到指示时间这个目的，所有齿轮都会被钟表匠按照这个目的来进行精准调校（译按："调校"即所谓的"塑造"）；然后，各个齿轮就会精妙配合并悄悄运转，最终共同达到指示时间这个目的。即使所有齿轮都被赋予了指示时间的愿望或意图，它们也不会运转配合得更美妙。显然，我们绝不会认为，这些齿轮之所以会自动运转，是因为它们被赋予了指示时间的愿望或意图；而是会认为，是钟表匠为了指示时间而把它们调校成"自动运转"的。因为我们每个人都清楚，钟表的所有齿轮全靠一根发条驱动，而且发条同齿轮一样，也没有被赋予指示时间之目的。尽管在解释身体方面的运作机制时，我们很容易区分这一点而不至于误把"目的"当作"动因"，然而在解释心理方面的运作机制时，

①　译注："动因"（efficient cause）和"目的因"（final cause）是亚里士多德解释事物存在和运动的"四因说"中的两个"因"。他认为，事物的运动或变化由"质料因、形式因、动力因和目的因"这四个原因决定，是事物形成、运动、变化、发展和灭亡的普遍原因。简言之，"动因"就是直接触发事物"运动或变化"的原因，"目的因"则是追求事物"终极目的"的原因。

我们却极易混淆这两个不同概念。比如，当精明的理性也像天生的本能那样引导我们去做出那种有利于个体生存和种族繁衍的行为时，就极易让我们产生混淆而误把理性当作我们行为的"动因"，进而误认为是理性促使我们做出了各种有利于生存繁衍的判断和行为，甚至把造物主的这种睿智安排也误以为是人类理性作用的结果。从表面上看，理性似乎足以让我们做出有利于生存繁衍的判断和行为，倘若果真如此的话，那么，人性的不同运作机理，似乎全都可以通过简单推理而得出，而人性理论也会变得非常简单而易于理解。①

众所周知，如果不严格遵守正义，社会就不可能存续，如果不普遍放弃相互伤害，人们就不可能发生社会交往。于是，就有人据此认为，人们之所以会普遍赞成通过强制惩罚不义者来维护正义，其实只是因为正义是社会存续的基石。甚至还有人认为，人对社会有一种天生的热爱，即使不能从中得到任何好处，每个人也会为了共同利益而维护社会的存在。因为对个人来说，秩序井然而繁荣兴盛的社会是令人愉悦的，而且绝没有人不喜欢这样的社会。反之，混乱无序的社会则会让每个人都感到厌恶，任何可能导致混乱无序的事情都会令人感到失望。而且每个人心里都清楚，自己的个人利益其实与社会的整体繁荣休戚相关，个人的幸福甚至生命的维持都有赖于社会的良好秩序与繁荣兴盛。所以，凡是危害社会的行为，无论出于什么原因，都会让人感到憎恶，而且每个人都愿意用一切手段去阻止任何如此令人憎恨的恐怖行为发生。违背正义必然就会危害社会，一旦有不义行为发生，就会让人惊恐不安，进而促使人赶紧跑过去——如果我可以这么形容的话——阻止不义行为的继续发展。否则，如果任由不义伤害恣意妄为，那人们所珍爱的社会很快就会全部被葬送。因此，如果温和公平的手段无法制止不义，人们必然就会采用暴力进行遏制，无论如何都必须阻止不义伤害的继续发展。所以，为了维护正义，人们通常都会赞成采用强制手段，甚至不惜对不义者处以死刑。也只有这样，才能把社会安宁的破坏者逐出人间，并且借此震慑世人，让他们不敢步其后尘而违背正义。②

上述这种关于"为什么我们会普遍赞成严惩不义行为"的普遍看法，似乎足以推定：我们之所以常常会下意识地认为"不义行为理所当然应该受到严惩"，其实是因为我们觉得它对维护社会秩序非常重要。当人们心中义愤填膺时，

06

07

---

① 译注：本段主要解释了动因与目的因之间的关系和区别，以及局部作用与整体目的之间的关系。同时也再次体现了作者怀疑并反对"唯理主义"的立场，强调感性的重要作用。这一段看似与上下文没有太大关联，其实作者是为了后续段落的论述而作的一个概念性的铺垫，以便接下来更好地说明：我们为什么要遵守正义？而遵守正义的"真正原因和终极目的（原因）"又分别是什么？我们为什么要惩罚违背正义的行为？而惩罚的"真正原因和终极目的（原因）"又分别是什么？在哪些情况下，我们应该为了整体利益而放弃局部利益？又在哪些情况下，我们会为了整体利益而惩罚无心之过的行为？

② 译注：本段主要意在阐明强制惩罚是维护正义的必要手段。

自然就会觉得作恶者即将遭受的惩罚是罪有应得的正当报复。可是，如果作恶者对即将到来的惩罚感到恐惧，如果作恶者不再像当初实施不义伤害时那样狂妄而是表现出惭愧懊悔，如果作恶者不再令人害怕，那么，人们可能就会由于宽宏仁慈而宽恕他甚至可怜他。因为，当人们想到作恶者即将遭受的惩罚与痛苦，心中原来的怒火就会慢慢减弱甚至完全熄灭。此时，人们就不再像冷静清醒时那样认为惩罚是作恶者罪有应得的报应，反而可能宽恕他，甚至免除对他的惩罚。所以在这种情况下，就有必要呼吁人们更多考虑社会的整体利益，提醒人们不要对作恶者产生那种狭隘的妇人之仁，因为只有顾全大局的仁慈善良，才是真正的正义仁慈。同时还必须让人们明白，对作恶者的宽容就是对无辜者的残忍。因此，人们应该以那种博大的仁爱之心去更多地为人类的整体利益着想，而不应该以那种狭隘的怜悯之心去过多地考虑某个特定个体的利益。①

08　　有时候，我们还会借"正义是社会存续的基石"这个说法，来作为捍卫一般正义准则的正当理由。因为我们经常会听到某些年少轻狂者嘲笑那些最神圣的正义准则，甚至公然奉行那些极度可恶的行事态度。他们这么做，虽然有时候是由于他们自身的道德败坏，但往往更多是出于他们内心的狂妄自大。对这种狂妄自大的不义行为，我们总是感到义愤填膺，进而总是渴望驳斥或揭穿那些可耻行为。尽管激起我们驳斥他们的，最初只是心中对他们的憎恨和厌恶，但我们并不愿意把这一点作为谴责他们的唯一理由，或者宣称我们仅仅由于心中的憎恨和厌恶就谴责他们。因为我们觉得，个人心中的憎恨和厌恶似乎并不能作为谴责他们的决定因素。可是，既然我们是因为他们本来就是令人憎恨讨厌的真正对象而憎恨讨厌他们，那为什么我们又不能把心中的这种憎恨与讨厌作为谴责他们的决定因素呢？这也许是因为，当他们反问"为什么我们不可以这样行事"之时，他们这个问题本身似乎就在向我们表明，于其个人利益而言，他们觉得自己的行为方式并不应该遭到憎恨或厌恶。所以，我们此时的最佳办法，就是让他们明白每个人的行为都必须考虑他人的利益。为了让他们停止那些令人憎恶的行为，我们通常还需要找出能够说服他们的其他理由，而这时我们首先会想到的，就是告诉他，如果每个人都像他们这样只顾个人利益，社会必将陷入无序和混乱。于是，有了这样正大光明的理由，我们就能很好地坚守并捍卫正义。

09　　尽管我们通常不需要太高的辨别能力，就可以发现各种狂妄不义行为对社会福祉的危害，但激起我们反对狂妄不义行为的，最初其实是出于维护正义的考虑，而不是因为我们担心它们会危害社会福祉。尽管我们每个人——即使是一个最愚蠢而毫无思维能力的人都会憎恶欺诈、背叛与不义行为，并且乐于看到不义

---

　　① 译注：本段主要意在阐明对不义者的妇人之仁会破坏社会的基本正义。

者受到惩罚，但却很少有人意识到，我们之所以憎恶这些不义行为，最初纯粹只是出于维护正义的考虑，而不是为了社会的存续与繁荣。

还有大量显而易见的事实可以证明，激起我们赞同对侵犯他人的不义罪行进行惩罚的，最初其实只是为了维护正义而不是为了整个社会的存续与繁荣；同样，激发我们对个人命运与幸福关心的，最初通常也不是出于我们对整个社会存续与繁荣的关心。这就好比，尽管我们应该关心整箱金币的得失，但我们关心某一枚金币的得失，最初并不是因为那枚金币是整箱金币当中的一枚；那么同样的道理，尽管我们应该关心社会整体的存亡，但我们关心某个人的生死，最初并不是因为那个人是社会整体当中的一员。在这两个例子中，尽管我们对个体的关心最初都不是出于我们对整体的关心，但我们对整体的关心却又是由我们对整体当中每个独立个体的关心加在一起而组成的。再举个例子，当我们有一笔钱被人非法抢走时，我们之所以要追讨这个侵占行为，最初并不是出于保护自己的全部财产考虑，而更多只是想追回那一笔具体财产的损失；同样，如果某个人惨遭伤害或杀害，我们之所以要求对作恶者的罪行进行惩罚，最初并不是出于对社会整体利益的关心，而更多只是出于对那个受害者的关心。然而，这里需要注意的是，我们对某个与自己没太多关系者的那种关心，其实并不含有太多通常被称为爱、尊敬和情义等美好情感的成分，可要区分一个人是不是我们的朋友或至交，就得看他是否拥有我们的爱、尊敬和情义。可见，我们对某个与自己没太多关系者的那种必要关心，其实只是我们出于对自己同胞的那种基本同情。因此，当自己的同胞遭受无辜伤害时，即使他是一个讨厌的人，我们也能理解他心中的愤恨并产生那种基本同情。此时，我们对他之前那些品行的厌恶，并不会完全阻止我们去同情他在受伤害时的愤恨。但是那些在评价他人时有失公允的人，或者那些尚未练就用一般道德准则来调整并控制自己基本判断的人，往往极易因为成见或反感而泯灭对同胞的那种基本同情。

在某些特定情况下，我们确实会仅仅出于社会整体利益的考虑而去施加惩罚或赞同施加惩罚，否则，我们就会担心社会整体利益得不到保证。比如，对那些违反公共安全或军队纪律者所给予的惩罚，就属于这一种。尽管这类罪行不会立即或直接伤害到某个具体的人，但其长远影响，确实会或可能会给社会带来明显不利或严重混乱。比如在战争中，哨兵在警戒时如果呼呼大睡，按军法就应当被处死，因为这样的粗心大意会危及整个部队的安全。在许多情况下，这种严厉的惩罚都是非常必要的，因此也是正确而恰当的。当对个体的保护与整体安全发生冲突时，那最公平的选择，就莫过于保全多数而牺牲个体了。然而，无论这种惩罚有多必要，它总是会显得过于严厉。这种不经意犯下的罪行，本身其实并不凶残，可惩罚却又如此严厉。因此，我们很难发自内心地真正接受它。尽管这种因

10

11

疏忽大意而犯下的罪行应该受到严厉责备，但它并非一定会在我们心中激起那种强烈的愤恨，因此也不足以对他采用处死这种可怕的报复。对于一个心慈手软的人而言，他必须先让自己冷静下来，并且尽力运用他的全部意志力和决心，才有可能让自己去执行这种过于严厉的处决，或者才有可能赞同别人去执行这种严厉的处决。但是，对弑父杀母这种忘恩负义的谋杀犯所实行的正义处决，心慈手软者就不会再这样认为。当看到这种可恶的罪行得到正义的报复，他的内心会为之热烈地疯狂喝彩；如果那些罪行因某种意外而逃脱了惩罚，他就会感到义愤填膺和失望透顶。可见，对睡觉哨兵的严苛惩罚与对弑亲者的正义报复，旁观者的看法截然不同，这就说明，旁观者对这两种惩罚的赞同，其实并非建立在同一原则之上。旁观者觉得那个哨兵只是不幸的牺牲品，一方面，按照军法，那个睡觉哨兵确实必须而且应该为了部队的整体安全而被处死，但旁观者心里仍然希望保全哨兵的性命；另一方面，哨兵的睡觉行为又有损于部队的整体利益，因此旁观者对他的处决也只有感到遗憾。然而，如果弑亲者逃脱惩罚，就会让旁观者义愤填膺，人们甚至会祈求上帝，在另一个世界对那个逃脱人间惩罚的不义罪行进行报仇雪恨。

12　　因此，非常值得注意的是，一方面，我们会出于"离开正义社会必将混乱而无法存续"的考虑而认为不义罪行应该在今世受到惩罚；另一方面，我们还认为，造物主和宗教也会允许我们希望那些不义罪行在来世也受到惩罚。换句话说，即使作恶者已经死了并且躺在坟墓里——恕我直言，我们仍然会认为他有罪而且应该追讨惩罚。然而这种所谓的来世惩罚，对于那些根本不相信也不知道来世惩罚的其他世人来说，其实并不像今世的惩罚那样足以威慑阻止他们不去违犯类似不义罪行。尽管如此，我们仍然觉得上帝的正义是必要的，并且仍然相信上帝会在来世替那些今世失去丈夫的寡妇和失去父亲的孩子报仇雪恨，因为这些孤儿寡母，在今世受尽了各种无端欺凌却无人加以惩戒。这也是为什么全世界所能见到听到的每一种宗教或迷信，都无一例外地会同时存在地狱、天堂和来世；并且都会宣称，邪恶不义者在来世会受到惩罚并下地狱，仁慈正义者在来世会获得奖赏并上天堂。

第三章　论行为后果①对我们
评价行为功过的影响

引　言

　　无论某个行为是值得赞扬还是应当受到谴责，我们必定会首先考量，激发那 01
个行为的意图或内心情感；其次会考量，内心情感所引发的具体外在行为或举
动；最后会考量，外在行为所产生的实际后果是否有益。以上三点，就决定着行
为的全部性质和最终命运——会得到何种评价，进而必然就会被我们作为评判行
为善恶与功过的根据。

　　然而，如果仅从道德层面看，上述三点中的最后两点其实并不能作为任何赞 02
扬或谴责的恰当根据，这不仅有大量事实可以证明，而且也没有人会对此持反对
意见。首先，具体的外在行为或举动其实并不能作为赞扬或谴责的恰当根据，这
是因为，即使一个行为显得极其合宜得当，而另一个行为应受到最强烈谴责，但
两者的具体外在行为却往往有可能完全相同。比如，一个人射击鸟，而另一个人
却射击人，但两人都做了"扣下扳机"这个相同的外在行为。其次，某一个行
为所产生的实际后果，同具体的外在动作相比其实更不能作为赞扬或谴责的恰当
根据，因为行为的最终后果并不取决于行为人自身的情感或意图，而是取决于命

---

　　① 译注：讨论行为善恶的各种道德哲学，通常分为两派：一派注重"行为动机"，另一派则注重
"行为后果"的影响。而这里译作"行为后果"的英文词"Fortune"，其通常含义为"命运、运气、时运、
幸运、际遇、财富"等，所以就有人认为我的译文与"Fortune"的词义毫不沾边。但我觉得，这似乎无异
于一位根本没有看过美国电影 *Top Gun* 的观众在指责这部电影不应该译为《壮志凌云》。

运女神的安排①，所以它也不能作为评判行为人品行的恰当根据。

03　　因为仅从道德层面看，行为人唯一能够承担责任的后果，或者说唯一能够作为"评判行为人究竟应受赞许还是该受谴责"依据的行为后果，要么正好就是行为人所意欲达到的目的，要么至少能够表明行为人的动机本来就带有善意或恶意。也就是说，诸如称赞与责备、赞许与谴责等任何形式的行为评价，若要做到公正恰当，最终其实只有根据"行为人内心的意图或情感、行为本身是否合宜、行为意图的善恶"来进行道德评判。

04　　当上述这个评判行为功过的原则以这种抽象方式提炼总结出来时，并没有人会表示反对，其不证自明的正确性，不仅已经得到全世界的公认，而且所有人都不会对此有异议。所以在道德层面，我们每个人都会承认：各种各样的行为最终产生的实际后果，无论有多么的偶然、意外、出乎预料，无论有多么的不同，只要激发这些行为的意图或情感在性质上是合宜而仁慈的，那就不仅意味着这些行为都具有同样的功德，而且还意味着行为人也同样应该成为我们感激的真正对象。反之，只要激发那些行为的意图或情感在性质上是失宜而邪恶的，那就不仅意味着那些行为都有着同样的罪过，而且还意味着行为人也同样应该成为愤恨的真正对象。

05　　在进行这种道德层面的抽象分析时，无论我们认为上述那个评判行为功过的原则有多么正确并为之折服，然而，只要在现实生活中面对具体情况，某个行为最终产生的实际后果就会严重影响我们对行为功过的评价，从而几乎总是会增强或减弱我们对行为的"功过感"。尽管每个人都认为，我们应该完全按照上述那个抽象的道德原则来评价行为的功与过，然而，只要仔细观察就不难发现，其实在某些特定情况下，我们对行为功过的评价很少会完全遵循那个抽象的道德原则。

06　　在现实生活中，我们评价行为功过时所产生的这种感觉变化②，尽管很少有人充分注意到它，而且也没多少人愿意承认这一点，但我们每个人其实都有这种

---

　　① 译注：这里所说的"取决于命运女神的安排"（depend upon fortune），其实并不是说"命运女神在控制行为的最终结果"。而是说，在现实生活中，行为的最终结果通常会受到很多意外因素和客观环境的影响，进而常常出现"善意结恶果或恶意结善果"等反常情况。因此，作者在这里也许是为了强调"行为动机本身并不能完全决定行为结果的性质"，而把行为最终结果在性质上的这种不确定性或变化比喻为"取决于命运女神的安排"。

　　② 译注：抽象道德原则更加注重行为动机或意图的善恶，但在现实生活中，我们却更在意行为后果是否有益，这就让我们对行为的功过评价必然会产生感觉变化（即增强或减弱功过感）。比如，无论是恶意碰巧结出善果，还是善意不幸结出恶果，人们通常倾向于直接根据"行为的最终后果是否有益"来评判行为的功过，而很少会去追溯行为主观意图的善或恶。本章主要讨论的就是各种可能出现的功过感觉变化，及其表现形式、产生原因、影响范围和终极目的（原因）等。

体会。接下来，我将对它进行详细解释。首先，我将分析引起我们产生这种功过感觉变化的原因或心理机制；其次，我将分析究竟哪些情形会引起我们产生这种功过感觉变化；最后，我将分析这种功过感觉变化究竟有什么作用，或者说，造物主赋予我们这种功过感觉变化究竟想要达到什么目的。

第一节　论引起我们"功过感觉变化"的根本原因

凡是会引起痛苦或快乐的事物，不管它们具体是什么或者究竟是如何引起痛苦或快乐的，似乎都会立即激起一切动物的愤怒或感激。然而愤怒与感激这两种激情，既可以由有生命的事物激发，同样也可以由无生命的事物激发。比如，即使碰疼自己的是一块无生命的石头，我们也会冲它发一通火，小孩会敲打它，狗会对它咆哮，性情暴躁者甚至会咒骂它。其实只要稍微冷静一下，我们就可以纠正这种愤怒，并且很快就能意识到，没有知觉或情感的东西根本就不值得我们愤恨或报复。但是，如果我们受伤很严重，那我们就会一直讨厌那个伤害自己的东西，甚至以烧掉或摧毁它为快。比如，如果某个器械导致了我们朋友的意外死亡，我们就会一直讨厌甚至想毁坏那个器械，并且，如果没有对它发泄这种荒唐的报复，我们往往反而会觉得自己缺乏仁义。

同样地，无论是那些曾经带给我们极大帮助的事物，还是那些经常让我们开心愉悦的事物，即使它们没有生命，我们也会对它们心怀感激。比如，一位在船只失事后依靠一块木板成功逃生的水手，如果他一爬上岸就把那块救命木板用来生火取暖，那我们就会认为他这种做法，似乎太不近人情。因为我们希望他对那块木板心怀感激，甚至把它当作一件珍爱的纪念物小心保存。再比如，我们对自己长期使用的鼻烟壶、削笔刀、拐杖都会日久生情，进而对它们产生那种由衷的喜爱之情。如果它们被自己弄坏了或搞丢了，我们就会为之恼羞成怒，甚至恼怒程度会远远超过实际的价值损失。再比如，无论是对自己长期居住的房屋，还是对长期为自己提供绿荫的树木，我们都会怀有某种敬意，好像它们就是我们的恩人。如果房子破败不堪或者树木遭到损毁，即使我们自身没有蒙受丝毫实际损失，我们也会为之感到忧伤。古人传说中保护树木和房屋的神灵，比如森林女神德阿得斯（Dryads）和家庭守护神拉瑞斯（Lares），最初可能就起源于我们心中的这种敬意和感激。而当初创造这些传说的人也许觉得，如果不赋予这些东西某

01

02

种生命或灵气，似乎就不太合乎情理①。

03　　尽管我们会感激或愤恨无生命的东西，但任何事物，如果要成为感激或愤恨的真正对象，它不仅必须是产生快乐或痛苦的原因，而且它本身也必须同样能够感知快乐或痛苦。否则，我们想要对它表达的感激或愤恨就无法得到充分满足。由于感激或愤恨是由产生快乐或痛苦的客观对象所激发的，所以，如果想要让我们的感激或愤恨得到充分满足，那我们就必须以同样的快乐或痛苦去回报那些激发它们的客观对象。如果我们试图对没有知觉能力的对象表达感激或愤恨，那就无异于对牛弹琴。可见，同那些无生命的事物相比，动物更适合作为感激或愤恨的对象。比如，咬人的狗和抵人的牛都可以作为惩罚对象，如果它们直接导致了某个人死亡，那就唯有反过来将它们也杀死，才会让死者亲属和公众泄恨。我们之所以会这么做，其实不仅仅是为了生者的安全，而且还有几分为死者报仇的意味。反之，那些对主人们作出过巨大贡献的动物，就会变成他们深切感激的对象。比如，我们之所以会对《土耳其侦探》中那位军官的残忍行为大感震惊，其实是因为他居然刺死了那匹驮着他横渡海峡的救命之马，更何况那位军官刺死那匹马，仅仅只是不想让它再有机会以同样的壮举让其他人扬名。

04　　虽然动物既可以带给人快乐或痛苦，也能够感知快乐或痛苦，但它们仍然不足以让我们的感激或愤恨得到充分满足，因为动物缺少那种能够让感激或愤恨得到充分满足的意识。首先，感激的核心诉求就在于，不仅仅是要让施恩者获得快乐，而更多的是要让施恩者意识到，他是由于过去的善行才获得现在的这个回报，进而让他继续乐于去做出之前的那些善行，同时也让他心里感受到一个知恩图报者值得自己帮助。然而，动物却缺少这种意识。施恩者最令我们开心和感激的，莫过于他对我们的认同，莫过于他也认为我们最看重自身品行，进而觉得我们也值得尊重。因为我们乐于见到，有人完全像我们自己那样去看待和评价我们，去格外关心和看重我们。让施恩者享有行善之后的那种愉悦感与荣耀感，其实才是我们感激和报答他的主要目的之一。尽管品格高尚的人往往不屑于通过表达感激来向施恩者索要新恩惠，因为这种自私的念头无异于借感激之名进行敲诈勒索。但是，即使品格最高尚的人，也会认为有必要注意保持并增进对施恩者的敬意。我做出上述这些论断的根据是：如果我们不认同施恩者的动机，如果他的品行并不值得我们赞许，那么，不管他当初给予了我们多大的帮助，我们对他的感激都会明显减弱。也就是说，我们对那些非常浅薄而不值得称道的施恩者，并不会因为自己得到过他的关心和恩惠就感到庆幸，而且这样的施恩者，似乎本来

_____

① 译注：无论是公众的纪念物还是私人的纪念品，其实同那些传说（或宗教）的神灵一样，也包含着我们内心深处对某种事物或某个人的敬意与感激。

就不值得我们格外尊重。

其次，愤恨的核心诉求，同样也不仅仅是为了让仇敌感受一下痛苦的滋味，而更多的是要让仇敌意识到，他现在的痛苦是源于他过去的罪恶，进而让他为过去的罪行感到懊悔，让他意识到自己不该那样对待别人和伤害别人。然而，动物却缺少这种意识。我们之所以会对那些伤害或侮辱自己的人感到异常愤怒，其实主要是因为对方根本不把我们当回事，因为对方过于看重自己而毫不在意我们。这或许是因为他过分自爱而荒唐地认为，他随时都可以为了自己的方便或高兴而牺牲别人的利益。他对行为合宜性的这种公然践踏，这种令人厌恶的狂妄与不义，往往要比我们遭受的任何实际伤害还更让我们震惊和恼怒。可见，我们报仇雪恨的主要目的，其实是再次让他更好地意识到哪些是对别人应有的基本尊重，进而让他意识到对我们的亏欠和所犯下的罪过。如果没有达到这些目的，我们的报仇雪恨就算不上得到充分满足。不过，如果仇敌并没有给我们造成任何实际伤害，如果我们觉得他的行为完全正当合宜（比如我们觉得，如果自己身在他的处境也会像他那样做，或者觉得，我们所遭受的伤害是自己罪有应得的惩罚），那么，只要我们还心存一丝公平或正义，心中就绝不会对他产生任何愤恨。

综上所述，任何事物，若要成为那种能够充分满足感激或愤恨的真正对象，就必须同时具备以下三个不同条件：其一，它（他）必须是产生快乐或导致痛苦的原因；其二，它（他）自身必须也能够感知快乐或痛苦；其三，它（他）所导致的快乐或痛苦，必须是出于一种主观意图或动机，亦即出于那种值得赞赏的善意动机，或者出于那种应受谴责的蓄意伤害。只要具备第一个条件，任何事物都会激起我们的感激或愤恨。只要具备第二个条件，我们的感激或愤恨就会得到某些方面的满足。如果具备第三个条件，不仅会让我们的感激或愤恨得到充分满足，而且其主观意图或动机，也会成为激发感激或愤恨的额外原因，因为主观意图或动机所引起的快乐或痛苦，强烈而有针对性。

无论具备了哪个条件，只有实际产生快乐或痛苦的那个原因，才会被我们视为激发感激或愤恨的唯一原因。也就是说，某个人的主观意图或动机，无论有多么的正当和仁慈，或者无论有多么的不端和恶毒，只要他的行为并未实际产生他所意图的善果或危害，那他就缺少了激发感激或愤恨的第一个条件，因此，那个人似乎就不应该得到太多感激或者遭到太多愤恨。反之，某个人的主观意图或动机，即使没有丝毫值得赞赏的善意，或者没有丝毫应当谴责的恶意，只要他的行为产生了实际的巨大善果或严重伤害，那他就具备了激发感激或愤恨的第一个条件，因此，那个人似乎就容易得到一定感激或者遭到一定愤恨。前者的行为由于产生了实际善果，似乎就会让一个本无善意者获得有功德的美名；而后者的行为

05

06

07

由于产生了实际伤害，似乎就会让一个本无恶意者背负有罪的恶名。总之，行为后果是否有益，确实影响着我们对行为功过的评价。然而行为的最终后果，却完全受命运女神的摆布①。可见，命运女神的影响，才是导致我们在评价行为功过时产生感觉变化的根本原因。

第二节　论哪些情形会引起我们"功过感觉变化"

01　　　行为后果对我们评价功过的影响，通常会减弱或增强我们的功过感。首先，如果那种最值得赞许或最该受到谴责的行为意图，最终并没有产生其所意图的快乐或痛苦，就会减弱我们对行为的功过感。其次，如果行为后果最终产生了那种超出预期的快乐或痛苦，就会增强我们对行为的功过感，而且在程度上会超过其行为动机和情感本该受到的赞许或谴责。

02　　　（1）会减弱功过感的情形。我认为，无论一个人的主观意图有多么的正当与仁慈，或者有多么的不端与恶毒，如果他的行为最终并未产生他所意图的善果或伤害，那么，在前一种情况下，他的功德似乎就不太圆满；而在后一种情况下，他的罪过似乎也不算太严重。不只是行为后果的直接作用对象会产生这种功过感觉变化，甚至是公正的旁观者，同样也会产生几分功过感觉变化。一个人想为别人提供帮助，即使他未能如愿，通常也会被对方视为朋友，并且似乎也值得对方喜欢和关爱。所以，如果一个人如愿为别人提供了帮助，那他就更应该被对方视为大善人或大恩人，从而有资格得到那个受恩者的尊敬和感激。即使有人认为不必对没有实际帮到自己的人表示尊敬或感激，那我们通常也会觉得，他的这种想法还算合乎情理。然而，倘若有人认为不必对实际帮到自己的人表示尊敬与感激，那我们就无法接受他的这种想法。人们通常会这样说：对那些曾经尽力帮助自己的人，无论对方最终是否如愿提供了实际帮助，我们确实都应该同样心怀感激。每当有人试图帮助我们而最终却并没有帮上忙时，我们总是会对自己这样说。然而这种说法，其实同其他所有漂亮话一样，我们必须先对它打点折扣才能了解人们内心的真实想法。一方面，宽宏大度的人，无论是对那些最终未能如愿

---

　　① 译注：这里所说的"完全受命运女神的摆布"（under the empire of Fortune），其实并不是说"命运女神在操控各种行为的最终结果"。而是说，在现实生活中，行为的最终结果通常会受到很多意外因素和客观环境的影响，进而常常出现"善意结恶果或恶意结善果"等反常情况。因此，作者在这里也同本章引言第2段末那样，也许只是为了强调"行为动机并不能完全决定行为结果的性质"，而把行为结果在性质上的这种不确定性或变化，比喻为"完全受命运女神的摆布"。

帮到自己的朋友，还是对那些最终如愿帮到自己的朋友，他都会心怀几乎同样的感激。并且，越是宽宏大度的人，对两者的感激程度就越接近于完全相同。真正宽宏大度的人，会更看重自己是否值得朋友敬重、是否受到朋友的关爱和尊重，而不太在意从朋友那里获得多少实际好处，这样的人不仅会获得更多快乐，而且也会心怀更多感激。因为在他看来，即使没有获得那些实际好处，似乎也只是少了一些不足挂齿的蝇头小利。然而另一方面，他毕竟还是少了一些实际利益，以致他的欣喜和随后的感激就不会表现得太充分。因此，即使其他条件完全相同，一个助人未能如愿者所能得到的感激总是不如一个助人如愿的朋友，即使是最高尚、最宽宏大度的心灵，在情感上也会更偏爱实际帮到自己的朋友。人类在这方面的不公平，其实远不止这些。比如，有些人就容易认为，即使自己从朋友们那里获得了所期望的帮助，如果其中某位朋友并没有起到实际的帮助作用，那么，这位朋友就不应该得到多少感激。因为在这种人眼里，如果一个人没有给自己带来什么实际帮助，即使他怀有最善良的助人意愿，也不值得多少感激。尤其是在获得多人共同帮助的情况下，这种人就会把自己的感激分割成许多小份，并且只分配给那些对自己有实际帮助的人，似乎每个恩人只应该分得其中一份感激。一方面，我们经常会听到有人这样说：那个朋友毫无疑问也想帮我，并且我也相信他已经为了帮我而竭尽全力，但我并不应该为这么多朋友的共同帮助而特别感激其中某一个人。因为这种人认为，如果没有其他人的共同努力，即使某一个人倾尽全力，也不可能实现对自己的帮助；他们甚至还觉得，即使是公正的旁观者也会理解自己这种想法，进而借此减轻他们对施恩者的愧疚。另一方面，那些努力帮忙却最终未能如愿的朋友，其实他们本人也不指望从对方得到什么感激，也不会像他们如愿帮到对方时那样觉得自己"于人有功德"。

即使那些相信自己完全有能力造福社会的人，如果某些意外事件妨碍了他们才华和能力的正常发挥，那他们也会因为自己没能建功立业而感到几分遗憾。比如一位将军，如果由于奸臣的妒忌和阻挠而失去了为祖国征战杀敌的机会，那他就会为失去这种建功机会而遗憾终身。不仅他会因为自己没能为祖国取得征战胜利而遗憾，而且包括他本人在内的所有人，都会对他失去了一次必将为自己增光添彩的建功机会而深感惋惜。他经常会为此愤愤不平：作战计划和具体战术全都成竹在胸，而且执行作战计划不过就是进行一些必要的指挥而无须什么更高的能力，如果当初让他继续指挥作战，他就会想尽办法来执行自己的作战计划，并且最终必定会取得胜利。但他这些抱怨陈词，既不能让他自己释怀，也无法让任何人接受战争失败的结果。尽管他那个宏伟的作战计划值得高度赞赏，但他毕竟没有实施那个作战计划，更没有在那次重大战役中建立实际战功。当一个人几乎就要取得公共事业的成功时，如果这时剥夺他的管理

03

指挥权，那将是令他最憎恨的不义行为。我们通常会认为，既然他已经付出了那么多努力，那就应该让他继续完成那项公共事业，以便让他享有全部功绩。庞培①在当选罗马执政官后，就由于窃取了卢库鲁斯②的胜利果实而饱受非议，因为那些幸运和荣誉本该属于英勇的卢库鲁斯。尽管骁勇善战的卢库鲁斯已经把那场战役推进到几乎任何人都能取得最后胜利的程度，但就在他即将取得胜利之时，却被元老院解除了指挥权而无法继续完成最后征战。尽管如此，就连卢库鲁斯的朋友，似乎也由于他没有取得最后胜利而认为他的功德不够圆满并深感遗憾。一位建筑师的设计图，如果根本没有付诸实施，或者设计图被改得面目全非以致最后破坏了建筑效果，这对那位设计师来说，简直就是奇耻大辱。然而，建筑是否精美壮观，却完全取决于建筑师的设计。建筑专家也许只需看设计图，就如同看到了真实建筑那样可以完全领略整个建筑的精妙所在。然而，即使在最聪明的非专业人士眼里，再精妙的建筑设计图，也不如一座富丽堂皇的真实建筑那样赏心悦目。尽管建筑专家从设计图中所领略到的独特设计与精妙之处，也许并不亚于非专业人士从真实建筑中所领略到的富丽堂皇，但他们两者的实际感受仍然大不相同，因为观赏真实建筑时所产生的惊讶和赞叹，是永远无法从设计图中领略到的。一方面，我们也许都相信，很多当代人的才华并不亚于恺撒③

---

①　译注：庞培（Gnaeus Pompey，前106年~前48年），古代罗马共和国末期著名的军事家和政治家。骁勇善战且为人正直，在罗马三巨头同盟中势力最强。庞培在罗马内战中被恺撒打败之后逃到埃及，被阿基拉斯刺死，终年58岁。

②　译注：卢库鲁斯（Lucullus，约前117年~前56年），古罗马执政官和将军，拥有很多财富，曾经先后取得两次米特拉达梯战争（Mithridates War）的胜利。公元前70年（即第二次米特拉达梯战争期间，前74年~前66年），卢库鲁斯以1万多士兵再次大败米特拉达梯与亚美尼亚的12万联军，但始终没有彻底消灭米特拉达梯。公元前68年再次征讨时，由于士兵的长期不满而拒绝继续前进，卢库鲁斯担心引起兵变只得选择撤退。公元前66年，在庞培的授意下，他被公民大会解除军事指挥权并由庞培接替。公元前63年，他因取得过多次胜利而受到奖赏。公元前59年，他在恺撒出任首席执政官期间被迫着平民生活。退休后，其命运有所好转，还时常发起群众性体育比赛。最后可能是由于精神错乱而卒于公元前56年。

③　译注：恺撒（全名盖乌斯·尤利乌斯·恺撒，Gaius Julius Caesar，前102年7月12日至前44年3月15日），史称恺撒大帝，罗马共和国（今地中海沿岸等地区）末期杰出的军事统帅、政治家，凭借他卓越的才华而成为罗马帝国的奠基者，著有《高卢战记》和《内战记》。恺撒出身贵族，历任财务官、祭司长、大法官、执政官、监察官、独裁官等职。公元前60年与庞培（Gnaeus Pompey，前106年~前48年，古代罗马共和国末期著名的军事家和政治家，罗马三巨头之一）、克拉苏（Marcus Licinius Crassus，前115年~前53年，古罗马军事家、政治家、罗马共和国末期声名显赫的罗马首富，罗马三巨头之一）秘密结成三巨头同盟，随后出任高卢总督。在八年的时间里，不仅征服了高卢全境（今法国一带），还袭击了日耳曼和不列颠。公元前49年，他率军占领罗马，打败庞培，集大权于一身，实行独裁统治。公元前44年3月15日，恺撒遭到布鲁图斯（Marcus Brutus，前85年~前42年）所领导的元老院成员的暗杀而身亡，享年58岁。恺撒死后，其甥孙及养子屋大维击败安东尼开创罗马帝国并成为第一位帝国皇帝。

和<u>亚历山大</u>①，如果他们也拥有这两位英雄当年那样的机遇，说不定还能实现更伟大的壮举。然而另一方面，我们绝不会像过去所有时代和国家的人民赞叹和钦佩这两位英雄那样，去赞叹和钦佩当代那些才华出众的人。平心而论，我们也许应该对当代那些豪杰的才华赞赏有加，可是，他们毕竟缺少那种光芒四射而令我们赞叹不已的伟大壮举。也就是说，无论我们有多么赞赏一个人的崇高美德和杰出才华，但都不如实际的丰功伟绩那样会令我们赞叹和钦佩不已。

所以，在不知感恩者眼里，如果行善企图最终并没有产生实际善果，其功德就会减弱；同样地，如果作恶企图最终并没有造成实际伤害，其罪过也会减轻。通常情况下，无论一个人的犯罪图谋被证实得有多么清楚，他也很少会受到实际犯罪同等程度的严厉惩罚。不过，谋反罪也许是个唯一的例外，因为它会直接影响政权的存亡，同其他任何犯罪相比，当权者必然会极度小心地防范各种谋反。在惩治谋反罪时，君主所愤恨的是直接针对他本人的危害；而在惩治其他犯罪时，君主所愤恨的只是针对其他臣民的危害。在前一种场合，君主发泄的是自己心中的愤恨；而在后一场合，君主发泄的只是他同情臣民而产生的愤恨。所以，由于君主在前一种场合是出于自身利益考虑，以致他所判处的惩罚，往往要比公正旁观者所认为的程度更严厉也更残忍。甚至只是轻微的谋反念头，也会让君主怒不可遏，所以，君主绝不会像对待其他犯罪那样，总是等到谋反真正发生之后，或者等到出现谋反苗头时才进行惩处。在许多国家，任何谋反图谋，即使没有任何实际谋反行动，甚至只是有关谋反的闲谈，也会

04

---

① 译注：亚历山大（Alexander the Great，前356年7月20日至前323年6月10日），即亚历山大三世，菲利普二世的儿子。当菲利普二世在女儿的婚宴上被刺身亡后，亚历山大继承了王位。随后他开创了古希腊的马顿王国，并成为独裁统治者。他生于古马顿王国首都佩拉，不仅是世界古代史上著名的军事家和政治家，而且位居欧洲历史上最伟大的四大军事统帅之首（亚历山大大帝、汉尼拔·巴卡、恺撒大帝、拿破仑）。曾师从古希腊著名学者亚里士多德，以其雄才大略，先后统一希腊全境，进而横扫中东地区，不费一兵一卒而占领埃及全境，荡平波斯帝国，大军开到印度河流域，世界四大文明古国他占领了三个。征服全境约500万平方公里。公元前323年的亚历山大帝国是当时世界上领土面积最大的国家，超过东方战国时期七国领土总和。在短短的13年时间里，亚历山大大帝创下了前无古人的辉煌业绩。他不仅促进了古希腊文化的繁荣发展和东西方文化的交流，而且还鼓励不同民族之间通婚，倡导各民族地位平等，对人类社会文化的发展产生了重大影响。他的远征使得古希腊文明得到了广泛传播。亚历山大并未指定帝位的合法继承者，与他最亲近的是一位昏弱无能的异母兄弟。传说，当他的朋友在他临死前要求他指定一位继承人时，他含糊说："让最强者继承。"于是他死后，他的将领们企图瓜分整个帝国，引发一些年轻军官对这种安排的不满，继而发生了一连串的战争，在这场斗争中，亚历山大的母亲、妻子和孩子都横遭杀身之祸。最后在公元前301年的一场决定性战役后，由三位胜利者（即托勒密、塞琉古、安提柯一世）瓜分了亚历山大帝国的版图，开启了希腊化时代。马顿本土由安提柯一世继承。除了印度最偏远部分以外的亚洲部分，由部将塞琉古继承，这就是后来与罗马的庞培、克拉苏等征战不休的塞琉古帝国。埃及由部将托勒密继承，这就是埃及的托勒密王朝，其统治一直到埃及艳后克莉奥佩特拉同恺撒结婚为止。

受到与实际谋反罪同等的惩罚。但是其他所有犯罪，如果仅有图谋而没有付诸任何实际行动，根本就不会受到任何惩罚，更谈不上处以重刑。因为我们并不会把犯罪图谋看作与实际犯罪相同的罪行，因此它们也就不应遭受同等的惩罚。当然，对后者我们还可以这样解释：许多涉及犯罪的事情，即使我们有胆量制订计划甚至下定决心去做，可真到了要实施犯罪的那一刻，我们却发现自己根本不敢动手。但是，如果犯罪图谋已经到了马上就要实施的地步，这个解释显然就不再成立。比如，如果一个人对他的仇敌开了一枪却并没有射中，按理说，几乎没有哪个国家的法律会判处他死刑；如果那个仇敌只是被射伤了，那么，即使按照古老的苏格兰法律，开枪者也不会被判处死刑，除非被射伤者几天之后就死了。然而实际上，人们对杀人罪行是如此的深恶痛绝，任何有可能杀人的行为表现都会令人无比恐惧，以致在所有国家，只要产生了实际的杀人行为，即使没有致死也会被判处死刑。而其他轻微犯罪的尝试，几乎总是只会受到很轻的惩罚，如果犯罪尝试最终并没有造成实际的不良后果，根本就不会受到任何处罚。比如，当小偷将手伸进别人的口袋准备行窃之时，如果被当场抓住时并没有偷得任何东西，那对他的惩罚顶多就是进行羞辱。但是，如果他偷得了哪怕只是一块手帕，也会被处以死刑。一个入室窃贼，如果只是被发现在别人家的窗前架了一把梯子，只要尚未进入屋内，那他就不会被处以死刑①。再比如，如果只是凌辱妇女，就不会被作为强奸罪来惩罚，虽然诱奸会受到严厉惩罚，但与已婚妇女通奸就不会受到任何惩罚。如果一个人只是有伤害我们的企图，那么，不管我们对他有多么恨之入骨，都不会给予他实际犯罪同等的惩罚。在前一种情况下，我们会因为没有遭到实际伤害而感到庆幸，进而会减弱对他的罪恶感；在后一种情况下，我们会因为遭受了实际不幸而感到痛苦，进而会增强对他的罪恶感。然而，他这两种罪过的性质无疑完全相同，因为其犯罪动机完全相同。可见，我们对上述种种犯罪行为罪恶程度的评判，总是会受到实际后果的影响，进而产生相应的功过感觉变化。所以我相信，所有国家的法律，无论是最文明国家还是最野蛮国家，都会基于这种功过感觉的变化而制定一套有关从轻处罚的规定。比如在文明国家，只要犯罪行为没有造成实际伤害，就不太会激起人们心中的愤慨，人们就会出于仁慈而倾向于减轻甚至免于惩罚。即使在野蛮国家，只要犯罪行为没有造成实际伤害，人们通常也不太会去深究其犯罪动机。

---

　　① 译注：请读者注意，按照古老的苏格兰法律规定，小偷和入室盗窃，都会被处以死刑。当然，如果以现代法律看，这种惩戒力度显然太过严厉。

不管一个人是出于本意还是受到不良同伴的唆使，如果就在他决意犯罪而且已经开始付诸行动之时，却又幸运地被某个他无法左右的意外事件阻止了，那他只要还有一点儿良知，就必定会在余生中把那个意外事件看作是对他一次重大而非凡的救赎。他只要回想起这次意外救赎，就会对上帝满怀感激，就会感谢上帝如此仁慈地将自己从正要陷入的罪恶深渊中拯救出来。否则，自己就将在恐惧、自责和悔恨中度过余生。一方面，尽管他的双手无罪，但他还是觉得自己的良心有罪，好像他真的犯下了那个曾经决意要实施的罪行。另一方面，尽管他知道自己当时停止犯罪并非出于心中的良知，但想到自己最终并未实施犯罪，还是会让他在良心上获得很大安慰。虽然，这种意外事件所带来的好运会减弱甚至完全消除他心中的所有罪恶感，进而让他觉得自己不应该遭受任何惩罚和愤恨，但是，他只要回想起自己当初是多么坚决地要去犯罪，还是会庆幸自己当初没有去实施犯罪，而且这对他来说，已经是再好不过的结果和最不可思议的奇迹。这是因为，尽管他并没有实施犯罪，但回想起自己差点陷入犯罪深渊，内心依然会感到那种恐惧而失去平静，这就如同一个现在安全无虞的人，当他回想起某次差点坠落悬崖的危险经历时，依然会害怕得发抖。

　　（2）会增强功过感的情形。我认为，如果一个行为产生了超出预期的快乐或痛苦，那我们对那个行为的功过评价，就会超过激发那个行为的动机或情感原本应该受到的赞许或谴责。也就是说，即使行为人的动机或企图不值得赞许或不应受谴责，或者没有达到那种我们通常会赞许或谴责的最低程度，但是，如果其行为实际后果是值得赞许或应当谴责的，那往往也意味着行为人有功或有过。比如，信使会由于他带来的坏消息而令我们讨厌，反之，带来好消息的人会让我们心怀感激。在听到消息的那一瞬间，我们会把这两个报信人分别看成自己好运的带来者或不幸的始作俑者，进而在某种程度上认为，是他们导致了那个结果，可他们只是那个结果的报告者而已。因此，最先为我们带来好消息的人，自然就会成为我们暂时感激的对象，我们会热烈而深情地拥抱他，我们甚至会在得知胜利的瞬间，因一时高兴而奖赏他，仿佛信使也为胜利作出了突出贡献。所有宫廷都有一个不成文的惯例，带来胜利消息的军官通常都会获得额外擢升的机会，因此，在外征战的将军，总是会挑选自己最喜欢的人去完成这个美差。反之，最先报告不幸消息的人，通常也会成为我们暂时愤恨的对象，因此，我们难免会对他恼羞成怒，而且蛮横粗暴者往往会对报告坏消息的人直接发泄心中的愤怒。比如，亚美尼亚国王提格兰①就砍掉了那个倒霉信差的脑袋，可那个倒霉的信差，不过只是那个最先向国王报告敌军正在逼近的消息的人而已。采用这种极端方式来惩罚报告坏消息的人，似乎太过野蛮而毫无人性。然而，额外奖赏报告好消息的人却不会遭到我们的谴责，我们甚至还会认为，国王理所当然应该给予他赏赐。同样都是信使，既然前者没有丝毫罪过，而后者也没有丁点儿功劳，可我们为什么会如此区别对待他们呢？这其实是因为，我们通常不需要任何理由，就可以接受那些友善和仁慈的情感，但要让我们接受那些令人不快和带有恶意的情感，就需要有充分而可信的理由。

07　　　通常情况下，我们都不太情愿接受那种令人反感或带有恶意的情感，而且在原则上也会坚决反对任何恶毒情感的不当宣泄，除非其宣泄对象本身就怀有邪恶或不义的明显意图，从而理所当然应该成为被直接宣泄的对象。然而在某些特定情况下，我们也会放松这个严格原则并宽容愤怒的过度宣泄。比如，当一个人因过失而无意伤害了他人时，我们通常会倾向于同情受害者，倾向于理解体谅他心中的愤恨，进而就会赞同他为了泄恨而严惩那个过失者，而且惩罚力度也可以远远超过没有造成不幸后果的过失行为。按照危害程度的不同，过失行为可以分为以下三种：

08　　　第一种程度的过失，即使不会对任何人造成实际危害，似乎也应当受到适当的惩戒。比如，一个人在没有事先警告的情况下，就把一块大石头扔向墙外的大街上，根本不管那块石头会落在什么地方，也不担心是否会砸伤可能正在路过的行人，那么，这个人无疑应当受到一定惩戒。即使这种荒唐行为没有造成任何实际危害，执法严格的警察也会进行惩处。做出这种冒失行为的人，简直就是极度无视他人的幸福和安全。这种冒失行为确实有违正义：一方面，他无所顾忌地将别人置于危险之中，但凡心智正常者，绝没有人愿意置身于这种危险之中；另一方面，他明显缺少应该如何正确对待同胞的基本意识，而这种基本意识，正是公平正义与社会存续的基础。因此，如果纯粹从法律角度看，这种严重过失无异于

----

① 译注：提格兰（Tigranes Ⅱ Magnus，约前 140 年~约前 55 年），亚美尼亚（Armenia）前国王阿尔塔瓦兹德一世之子。从大约公元前 100 年开始，他以亚美尼亚地区的"七个河谷"作为交换得到帕提亚国王米特拉达梯二世（Mithridates Ⅱ）的不断支持，从而在公元前 95 年登上亚美尼亚的王位。他随后开始扩张帝国，让亚美尼亚迅速崛起并达到鼎盛时期，一度成为实力足以与罗马相抗衡的国家。地中海的世界霸主——罗马，决定彻底摧毁这个阻碍它构建统一帝国的国家。当提格兰二世准备与米特拉达梯六世联手征服卡帕多细亚时，罗马元老院派出了大统帅苏拉进行干涉。公元前 70 年，提格兰被罗马悍将卢库鲁斯大败。前 69 年，提格兰二世在以他的名字命名的城市提格兰诺凯尔德被罗马将领卢库鲁斯击败（提格兰诺凯尔德战役），接着他失去了在对抗罗马的战争中最有实力的同盟者米特拉达梯六世（后者被罗马军队逼入绝境后自杀）。前 66 年，罗马统帅庞培最后摧毁了亚美尼亚军队。提格兰二世丧失了信心和斗志，宣布自己为罗马同盟者，从此事实上臣服于罗马。

恶意的伤害图谋①。如果某个人因粗心大意而碰巧酿成了大祸，那么这种无心之过，往往也会让他受到与蓄意伤害同等程度的惩罚。这种仅仅出于鲁莽和轻狂的行为，本来只应给予适当的惩戒，但通常会因为后果严重而被视为残暴行为，从而认为应该给予最严厉的惩罚。比如，上面那个往大街上乱扔石头的鲁莽行为，如果意外砸死了一个路人，那么，根据许多国家的法律——尤其是古老的苏格兰法律，乱扔石头者就应当被处死。尽管这种惩罚无疑太过严厉，但也并非完全有悖于我们内心的自然感受。因为我们对这种没有人性的愚蠢行为所产生的正当愤慨，会由于我们同情那个不幸的受害者而更加强烈。不过，一个人往大街上乱扔石头，如果在没有伤及任何人的情况下也把他送上断头台，那就再没有任何事情，还比这种做法更冲击我们内心的公平正义观念了。这两种乱扔石头行为，尽管同样愚蠢而没有人性，却由于行为后果的不同——前者砸死了人而后者没有伤到人，其所带给我们的实际感受就完全相反。只要分析一下这种感觉差异，我们就会让自己相信，旁观者和我们的愤慨，其实有多么容易受到行为实际后果的影响。如果我没有弄错的话，几乎所有国家的法律，不仅会对前一种行为后果制定一套从严惩罚的规定，而且正如我前面（译按：本节第 5 段）所指出的那样，通常也会对后一种行为后果制定一套从轻处罚的规定。

第二种程度的过失，就是那些不包含任何不义图谋的行为。出现这种无心之过的人，通常待人如待己，他既无意伤害任何人，也不会鲁莽轻狂到无视他人的安全和幸福。他通常只是没有尽到自己职责所要求的那种小心与谨慎而已，尽管这种过失应该受到适当的责备和谴责，但却不至于受到什么惩罚。不过，如果他的这种过失②对他人造成了一定损失，我相信所有国家的法律都会责罚他作出相应赔偿。尽管赔偿无疑也是一种实际惩罚，但所有人的内心自然感受，都会赞同法律对这种过失损失的赔偿规定。如果不是由于他的过失行为而不幸造成了意外损失，就绝不会有人想要对他追加赔偿。每个人都不应该因他人的粗心大意而受到伤害，这是我们再正当不过的要求，因此，过失所造成的损失，理所当然应该由过失者赔偿。

第三种程度的过失③，就是我们对自身行为可能产生的不良后果仅仅缺乏那种最必要的小心与谨慎的行为。这种粗心大意所导致的过失，如果没有实际造成不良后果，那就不足以遭到什么责备。反之，如果凡事都太过谨小慎微，反而会受到指责。因为，如果什么事都前怕狼后怕虎，那么，这种谨小慎微就变成了胆小怕事，这不仅不会被认为是一种美德，反而会被看作是那种最不利于建功立业

09

10

---

① 原注：Lata, culpa prope dolum est（Gross negligence is nearly a trap，严重过失无异于阴谋得逞）。
② 原注：Culpa levis（trivial negligence，轻微过失）。
③ 原注：Culpa levissima（very trivial negligence，非常轻微的过失）。

的性格缺陷。不过，如果一个人由于缺乏这种必要的小心而碰巧给他人造成了一定损失，这个人往往也会被法律强制要求作出相应赔偿。比如，按照《阿奎利安法》①，当某个人所骑的马受到意外惊吓而狂奔不止时，如果碰巧踩伤了邻居家的奴隶，那他就必须赔偿邻居的损失。如果意外导致了实际伤害，往往就容易让我们这样认为：他本来就不应该骑这样的烈马，甚至觉得骑烈马的尝试也是一种不能原谅的鲁莽行为。然而，如果意外没有导致实际伤害，我们不但不会觉得他轻率冒失，反而会认为拒绝骑烈马的行为是一种胆怯懦弱的表现，进而觉得他对那些只是有可能发生而不必太担心的事情太过谨小慎微。那个因意外而对别人造成无心伤害者，他本人似乎也会觉得自己的过失应该受到一定责罚。这时，他通常会急忙跑到受害者面前，向对方表达自己对所发生意外的关切，并努力向受害者赔礼道歉。如果他还明白点儿事理，必定会主动提出赔偿损失，以便尽可能平息受害者心中极易爆发的狂野怒火。因为他心里清楚，如果不赔礼道歉，如果不作出赔偿，就会被认为是一种极度野蛮的行径。为什么是他最应该去为烈马受惊而意外伤人事件道歉而不是其他任何人呢？既然他同所有旁观者一样无辜，那为什么偏要从众人当中挑选他来负责赔偿邻居的意外损失呢？如果公正的旁观者不偏向于更加同情受害者心中那也许不太恰当的愤怒，这种赔偿责任就绝不会强加给他。

第三节　论赋予我们"功过感觉变化"的终极目的②

01　　　行为的后果究竟有益还是有害，就这样影响着我们对行为功过的评价。而主宰世界的命运女神，就以这样的方式在我们最不愿意看到她发挥作用的地方施加着各种影响，进而在一定程度上指导我们如何评价自己和他人的品行。尽管各个时代的人，都在抱怨这个世界总是根据行为后果是否有益而不是根据行为意图的善恶来评价一个人的品行，抱怨这样的评价方式是多么不利于培养世人的美德；

---

① 译注：《阿奎利安法》（*Aquilian Law*），是古罗马有关侵权行为的基本法，大约颁布于公元前 3 世纪。它增加了对奴隶身体伤害的赔偿范围，比如，主人需要对明知有可能伤害奴隶的过失行为承担责任，但在此之前，他们只需要交出奴隶。《阿奎利安法》是继古罗马第一部成文法典《十二铜表法》（颁布于约公元前 450 年）之后的一部重要法典。

② 译注：本节旨在阐明：造物主之所以让人们产生这种不同于"抽象道德原则"的功过感觉变化，其终极目的（原因）就是为了维护社会正义、维持人类的生存繁衍；就是为了让人们更加注重对社会的实际贡献，而仅凭善良的意愿是无法获得奖赏的；就是为了让人们减少对他人和社会的侵害，即使是无心之过也会受到惩罚。

尽管每个人都会赞同"既然行为的最终后果并不完全取决于行为人的意图，那我们就不应该只根据行为的后果来评价行为的功过或合宜性"这条一般准则。然而，每当我们在现实生活中遇到各种具体情况，就会发现自己对行为功过的评价其实很少会完全遵循这条公平的一般准则。可见，行为的后果究竟有益还是有害，不仅决定着我们对一个审慎行为究竟会产生"善"还是"恶"的印象，而且几乎总是会激起我们相应程度的感激或愤恨，进而反过来影响我们对行为意图善恶的评价。

然而，当造物主将这种功过感觉变化的种子根植于人类的心中之时，其实她的终极目的就像其他所有场合那样，似乎也是为了人类的幸福和完美。否则，如果仅仅根据不良动机或恶意念头，就作为我们愤恨的理由，那么，只要我们怀疑或认为某个人怀有不良动机或念头，即使他从未将其付诸任何实际行动，我们也会对他满腔怒火。从此，不良的看法、想法和打算，都将变成惩罚的对象。如果人们对一个恶意念头的憎恨也如同对一个实际恶行的憎恨那样强烈；如果在世人眼里，一个没有付诸实际行动的卑鄙念头也应该遭到一个实际卑鄙恶行相同的报复。那么，不仅我们每个人都将随时面临道德审判，而且每个人也将变成道德法官；那么，哪怕是最清白无辜而小心谨慎的行为，也无法求得心安。如果一个人总是被怀疑心怀不良意图、邪恶念头或不轨图谋，如果不良想法也如同实际恶行一样会激起愤慨，如果恶意图谋也如同实际恶行一样会遭到愤恨。那么，我们每个人随时都会仅仅由于不良意图而遭到愤恨和惩罚。倘若真是这样，人类社会就将不复存在。因此，造物主只是将那些造成了实际罪恶的行为、将那些会造成罪恶的犯罪尝试、将那些会立即令人恐惧的行为，作为我们应该或可以愤恨与惩罚的对象。一方面，当我们进行那种冷静而理性的哲学思考时，确实会把行为人的情感、动机和意图作为评判某个人行为功过的依据。另一方面，当我们在现实生活中面对具体情况时，似乎就不再受理性的约束，进而会根据行为后果带给我们内心的直观感受来评判行为的功过，而把行为意图的善恶留给永远公正无偏的上帝来评判。也就是说，每个人在今世，只应为其行为最终的实际恶果受到惩罚，而绝不应该为其不良意图受到惩罚，这条必不可少的正义准则，其实正是建立在我们评价行为功过时的这种普遍而有益的功过感觉变化之上。尽管这种说法乍看起来似乎非常荒谬可笑而难以理解，但只要仔细考察，我们可能就会赞叹，其实人类的每一种天性，同样都出于造物主的这种精心安排，甚至人类被赋予的那些弱点和愚蠢，可能也是出于上帝的智慧和仁慈。

我们在评价行为功过时的这种感觉变化，其实也并非毫无用处。正是这种功过感觉变化让一个未能如愿的助人意图——更别说一个纯粹的善念或祝福了，显得功德不太圆满。只有这样，才会促使我们每个人都要有所作为，都必须发挥自己的才干，都去努力改善自己和他人生活的外部环境，都乐意为人类的整体幸福去添砖增瓦。只有这样，才会让我们每个人不只是仅仅满足于那种没有实际贡献的仁慈，更不会仅凭心中对世界繁荣的美好祝愿，就把自己幻想成人类的朋友。只有这样，才会让我们每个人都为了造物主赋予人类的终极目的——种族繁衍和社会繁荣，满怀热情而倾心尽力。造物主也告诫我们每个人：除非真正作出有利于人类终极目的的实际贡献，否则，包括自己在内的任何人都不会对我们的所作所为感到完全满意，更不会给予那种高度赞扬。造物主还让每个人心里明白：如果善行没有结出善果，即使是再值得称道的善良愿望，也不太可能赢得包括自己在内的任何人的高度赞扬或喝彩。如果一个人从来没为社会作出过一次重大的实际贡献，那么，即使他的所有言谈和行动都展现出那种最正直、最高尚和最慷慨的情怀，即使他仅仅只是由于缺少建功立业机会而尚未作出实际贡献，他也没有资格得到很高的奖赏。这种对社会没有实际贡献的人，即使我们拒绝给予他任何奖赏，也不会遭到什么非议，因为我们可以反问他："你都做过什么呢？你都作出过什么实际贡献让你觉得有资格要求如此大的报偿呢？我们可以尊敬你、爱戴你，但并不亏欠你什么。"对于那种确实有潜力作出贡献而只是缺少建功立业机会的人，即使他值得一定程度的奖赏，但若真的想要奖赏他并给他加官晋爵，我们也找不到必须这么做的正当理由，除非上帝要给予他额外恩赐。反之，对一个并没有实际犯罪的人，如果仅凭他心中的恶念就惩罚他，那将是最荒诞最野蛮的暴行。所以，如果想要让你的善意赢得高度赞扬，那就要尽早付诸实际行动，千万不要犹豫等待，以免留下遗憾甚至变成罪过；反之，如果想要让你的恶意不遭到严厉惩罚，那就要三思而后行，千万不要冲动鲁莽。

04　　无心之过所造成的伤害，通常不仅仅只是受害者的不幸，同样也是过失者本人的不幸；人们对待无心之过的这种观念，其实也发挥着相当重要的作用。造物主也告诫人们：要尊重自己同胞的幸福；要保持谨慎，以免做出可能伤害同胞的任何事情，哪怕纯粹只是无意的；要时刻当心，千万不要让自己一不留神就不幸成为伤害同胞的帮凶，否则随时都有可能遭受对方所爆发的狂野怒火。远古某些未开化宗教，通常都设有供奉某位神明的圣地，除了在举行神圣的特殊仪式时，绝不允许任何人擅自闯入。如果有人亵渎了圣地，即使完全是出于无知，那他不仅立刻会变得罪孽深重，而且还会遭到那位无处不在的强大神明的报复，直到他彻底完成赎罪为止。同样地，造物主也用她的智慧，为每个纯洁无辜者的幸福划定了一块神圣的圣地，并且将它保护起来防止任何人接近，绝不允许遭到随意践踏。如有任何侵犯，即使是出于无知或无意，都会被要求进行与蓄意伤害同等程度的赎罪或赔偿。所以心地仁慈的人，即使是出于意外过失而导致了他人死亡，即使他的过失不应受到丝毫责备，即使他没有任何罪过，但他还是会觉得自己罪孽深重。以致他在自己的整个余生中，都会一直把这个因意外而酿成的无心之过视为自己所遭遇的最大不幸。如果死者的家境贫寒，而他自己的境遇尚可，那他不仅会主动承担起赡养死者家属的责任，而且还觉得，即使死者家属什么都不要求，他们也有资格得到自己的各种关照和善待。如果死者的家境较好，他也会尽可能地向死者家属表达歉意和哀悼，并且想方设法为死者家属提供他们所需要的一切帮助，以弥补他们所遭受的不幸，并尽量平息他们心中的愤怒。可见，一方面，尽管这种过失伤害只是出于无心的意外，但它对死者家属来说却是巨大的；另一方面，尽管死者家属的愤怒也许是人之常情，但它对一个无心之过者来说，又无疑是极其不公平的。

这种因某种意外而造成的无心之过，常常会让一个纯洁无辜者的内心饱受折磨，如果他是事先知情而蓄意为之，那他宁可堂堂正正地接受那种最严厉的谴责或惩罚。在古代和当代戏剧中，许多最精彩最感人的情节，其实就是通过表现这种无心之过对主人公的痛苦折磨来实现的。正是这种虚构出来的罪恶感——如果我可以这样直白的话，构成了古希腊剧中<u>欧狄浦斯</u>和<u>乔卡斯塔</u>的所有不幸，构成了现代英国剧中<u>莫尼米亚</u>和<u>伊莎贝拉</u>的所有不幸①。这四位主人公当中，尽管并没有一个人故意犯下任何最轻微的罪行，但他们每个人却都感到罪孽深重。 05

一个人无论是由于无心之过而不幸对他人造成了意外伤害，还是由于意外而不幸导致自己的善愿没能结出善果，我们在评价其行为的功过时，都会产生这种感觉变化——增强前者的罪过而减弱后者的功德。尽管如此，造物主既不会让前者的无辜得不到丁点儿安慰，也不会让后者的美德得不到丁点儿报答。每当遇到这种情况，造物主就会让当事人求助于"谋事在人、成事在天，是非自有曲直、公道自在人心"这样公正的格言。这样的念头，就会让他集中自己的全部恢宏气概和坚强意志，进而让他不再像当初那样为自己的善愿未能结出善果而沮丧苦恼，而是尽量表现出宛如自己的善愿成功如愿时的那种得意样子。这样的念头就会让他觉得，尽管自己的善愿未能结出善果，但人们迟早会完全理解他的善良意图，从而对他作出完全公正的评价。大多数心存正义与仁慈的人，都会完全赞同他这种为寻求内心的自我解脱而付出的努力，以致他们在评价一个善愿未果者的功过时，也会尽量以自己的宽宏大度去矫正天性让他们在心中所产生的那种功过感觉的异常变化，进而尽量以那种在看到一个人善意成功如愿时无须刻意的平常眼光，来正常看待一个人善愿的不幸失败。 06

---

① 译注：这四位主人公，全都在不知情的情况下违反了神圣的婚姻法律。在 Sophoclee 的 *Oedipus Rex* 剧中，欧狄浦斯（Oedipus）在不知道俩人血缘关系的情况下，娶了他母亲乔卡斯塔（Jocasta）为妻。在 Otway 的 *The OrPhan* 剧中，莫尼米亚（Monimia）把她的小叔子误作自己的丈夫而发生了肉体关系。在 Thomas Southerne 的 *The Fatal Marriage* 剧中，伊莎贝拉（Isabella）误以为她的丈夫死了而与他人再婚。

第三卷

论我们评判自身情感与行为的依据，并论责任感

　　还有什么巨大的幸福，能够胜过我们被人爱戴并且知道自己值得爱戴呢？还有什么巨大的不幸，能够胜过我们被人憎恨并且知道自己令人可憎呢？

第一章　论自许与自责的心理根源

在本书前两卷，我主要考察了我们在评判他人情感与行为时的心理根源和依据。接下来，我要详细地专门考察我们在评判自身情感与行为时的心理根源和依据。

通常情况下，我们在赞许或谴责自身行为时所遵循的原则，似乎与我们评判他人行为时所遵循的原则完全相同。既然我们赞许或谴责他人行为时的评判依据，其实就是当我们把自己置身于对方的处境时，看自己能否完全理解认同激发对方行为的情感与动机。那么同样的道理，我们赞许或谴责自身行为时的评判依据，也是当我们把自己置身于旁观者的处境并以旁观者的眼光和立场来审视自己的行为时，看自己能否完全理解并认同激发自己行为的情感与动机。换句话说，除非我们改变自己原本的视角与立场，并且尽量以旁观者的眼光从远处来审视自己的情感与动机。否则，我们绝不可能真正观察到自身的情感与动机，从而也不可能对自身的情感和动机作出任何客观评价。因此，如果我们想要客观评价自己，唯一的办法，就是尽量以旁观者的眼光或者按旁观者可能持有的看法，来审视自己的情感与动机。也就是说，不管我们如何评价自己的情感与动机，必定总是会暗中参照他人的看法：要么暗中参照他人所作出的实际评价，要么暗中参照他人在某种特定条件下可能会作出的评价，或者暗中参照我们推想他人应当会作出的评价。总之，如果想要客观评价自己，我们必须尽量像心中假想的那个公正旁观者那样来客观地审视我们自己的行为。或者说，如果我们能将自己置身旁观者的立场，那我们就能非常客观地看待那些激发自己行为的情感与动机，就会认同并采纳自己心中假想的那个公正法官的评价，进而就能像一个公正旁观者那样客观公正地赞许或谴责自己的行为。

假设真有这样一个人，在某个完全与世隔绝的地方长大，并且从未与人类有过任何接触或交流，那他不仅不可能知道自己容貌的美与丑，而且更不可能意识到自己品行的善与恶、自己情感和行为的合宜性与功过、自己心灵的美与丑。他之所以很难理解"美与丑、善与恶、功与过"这些观念，其实只是因为他从来

01

02

03

·107·

就没有觉察到或留意过这些念头，而且根本就没有参照比较它们的镜子。但是，只要把这个人带到人类社会，他立即就会得到以前缺少的那面镜子。而这面镜子，其实就存在于那些与他一起生活的同胞的表情与态度之中。无论人们是赞同还是反对他的情感或行为，这面镜子总是会流露出相应的表情或态度。因此，他将在这里第一次感受到自己的情感是否合宜得当，第一次观察到自己心灵的美与丑。对一个出生后便与社会隔绝的人来说，尽管激发他情感的那些事物以及让他感到快乐或痛苦的各种外在事物，将会占据他的全部注意力，尽管那些情感本身以及那些客观事物所激发的渴望与憎恶、快乐与悲伤，全都是他最直接的切身感受。然而，它们都不太可能成为他的思考对象，都不足以吸引他或引起他的关注和深思。众所周知，当我们回想起产生快乐或悲伤的那个原因时，往往还会再次激起新的快乐或悲伤。然而一个与世隔绝的人，即使他会去回想自己快乐的原因，也不会激起新的快乐；即使他会去回想自己悲伤的原因，也不会激起新的悲伤。不过，只要把他带到人类社会，他自身的所有感受，就会立即变成激起他新感受的原因。因为在人类社会，他立即就会感受到人们会对他的某些情感表示赞许，而对他的另一些情感表示厌恶。并且在前一种情况下，他将因受到赞许而眉开眼笑；在后一种情况下，他将因遭到厌恶而垂头丧气。从此，他的渴望与憎恶、他的快乐与悲伤，就会经常激发出新的渴望与憎恶、新的快乐与悲伤；从此，他最初的那些感受，就会深深地吸引他，进而经常引起他的高度关注和深度思考。

04　　我们在身体方面的美丑观，最初其实并不是源于我们对自己，而是对别人容貌和外表的看法。同时，我们很快还会觉察到，其实别人同样也会对我们评头论足。如果他们赞美我们的外表，就会让我们感到高兴；如果他们稍微流露出厌恶之意，就会让我们感到不快。我们每个人都急于知道，自己的外表将会受到别人何种程度的赞美或嘲笑。因此，我们会仔细检查自己身体的各个部位，并且会通过照镜子或者其他类似办法，来让自己尽量以别人的眼光从远处观察自己。经过如此这般的一番审视之后，如果我们对自己的外表感到满意，那我们就比较容易承受别人最恶毒的贬损；反之，如果我们觉得自己的外表令人厌恶，别人哪怕只是流露出一丝不屑的表情，都会让我们羞愧难当。相貌非常英俊的人，通常会容许你拿他身体的某个小缺陷开玩笑，但长相非常丑陋的人却无法容忍这种小玩笑。显然，我们之所以非常在意自己外貌的美丑，其实完全只是因为外貌会影响别人的感受。倘若我们完全与世隔绝，根本就不会在乎自己外表的美丑。

05　　同样的道理，我们的道德观，最初其实也是源于我们对别人品行的评价，并且我们每个人都急于指出别人品行对自己的影响。但与此同时，我们很快就会发现，别人对我们品行的评价同样也会直言不讳。因此我们也急于知道，自己的品行会受到别人何种程度的指责或称赞，急于知道自己是否就是别人眼中喜欢或讨厌的那种人。正是这个缘故，让我们开始审视自己的情感和行为，开始在意别人会如何看待自己的情感和行为，开始思考我们应该如何像要求别人那样来要求自己。于是，我们就会把自己假想为自身行为的旁观者，并且尽量以旁观者的眼光来审视自己的行为究竟会对别人产生什么样的影响。只有透过"心中假想的旁观者"这面"镜子"，我们才能够用几分别人的眼光来审视自身行为的合宜性。如果审视结果让我们感到高兴，那我们就会对自己非常满意，也就不会太在意别人的赞许，进而在某种程度上也会无视他人的指责。因为我们相信，无论被人如何误会或歪曲，自己始终都是值得赞许的自然对象和真正对象。反之，如果审视结果让我们感到怀疑，那我们往往就会因为这种怀疑，反而更加渴望得到别人的赞许；而且就会像人们常说的那样，只要我们还有点儿廉耻之心，别人的丁点儿指责，甚至只要想到别人的指责，都会让我们心烦意乱而痛苦不堪。

当我们试图审视自己的行为时，当我们试图评判自己的行为时，无论是赞许还是指责，显然，我们似乎都会让自己同时扮演两个角色：一个是作为审视者和评判者的那个"我"，另一个是作为被审视者和被评判者的那个"我"，而且这两个角色的作用各不相同。第一个"我"是旁观者，正是通过将自己假想成旁观者，并尽量以旁观者的特定视角去审视自己的行为，我们才得以体会旁观者可能会对自己的行为产生什么样的感受。第二个"我"是行为当事人，是真正可以被称为"我自己"的那个人，也就是正在被旁观者的"我"试图作出某些评价的那个人。第一个"我"是评判者，第二个"我"是被评判者。不过，正如"原因和结果在任何情况下都不可能是同一回事"那样，评判者与被评判者在任何时候都不可能是同一个人①。

亲切友善与值得赞赏、令人喜爱与值得报答，这些都是美德的主要特征；而令人憎恶与该受惩罚，则是恶行的主要特征。而且所有这些特征，都会立即让他人产生与之相对应的感受。美德之所以会招人喜欢或值得赞赏，并不是因为它本身就令人喜爱或值得感激，而是因为美德会令别人产生"亲切友善和值得赞赏"的感受。当我们意识到自己就是那种令人喜爱并值得赞许的对象时，必然就会感到内心安宁和自我满足；反之，当我们怀疑自己就是那种令人可憎而应该谴责的对象时，必然就会感到痛苦不堪。还有什么巨大的幸福，能够胜过我们被人爱戴并且知道自己值得爱戴呢？还有什么巨大的不幸，能够胜过我们被人憎恨并且知道自己令人可憎呢？

06

07

① 译注：原因和结果之间是一种辩证关系，它们之间既相对应，又相互依赖、相互转化、相互作用。这里更多是类比这种辩证关系。

第二章　论喜欢赞美与喜欢值得赞美、害怕谴责与害怕令人可鄙

01　　人，不仅生来就渴望被爱，而且还希望自己值得被爱，或者说，生来就希望自己成为众人爱慕的真正对象。人，不仅生来就害怕被人憎恨，而且还害怕自己令人可憎，或者说，生来就害怕自己成为众人憎恶的真正对象。人，不仅生来渴望被赞美，而且还希望自己值得赞美，或者说，生来就希望自己成为众人赞美的真正对象——即使没有实际得到任何赞美。人，不仅生来就害怕遭到谴责，而且还害怕自己令人可鄙，或者说，生来就害怕自己成为千夫所指的真正对象——即使没有实际遭到任何鄙薄。

02　　我们追求自己值得赞美，其实并非完全源于喜欢自己受到赞美。尽管产生这两种情感的心理机制彼此相似又密切相关，而且经常被人混为一谈，但它们在许多方面彼此独立而区别明显。

03　　如果我们赞赏某个人的品行，自然就会对他产生喜爱和敬佩之情，这必然就会促使我们渴望自己也成为那种被人喜爱和被人敬佩的对象，希望自己也像我们喜爱和敬佩的人那样受人喜爱和敬佩。争强好胜之心——那种想要胜过别人的迫切愿望，其实就源于我们对别人高高在上的羡慕。我们不会仅仅满足于像别人那样受到敬佩，而且还渴望自己也像别人那样值得敬佩。如果想要让自己受到尊敬而且值得敬佩，那我们首先得变成自身品行的公正旁观者，首先得尽量用旁观者的眼光或者首先像旁观者那样去审视自己的品行。经过如此这般的一番审视之后，如果我们觉得自己的品行跟我们所期望的一样，那我们就会感到高兴和满足。并且，如果我们同时还发现，旁人对我们品行的看法正好与我们心中假想的那个公正旁观者的看法完全相同，那就会进一步增强我们的高兴与满足。因为，旁人的赞许必然会增强我们的自我赞许，旁人的赞美必然会让我们坚信自己值得赞美。此时，我们追求自己"值得赞美"，并非完全源于我们喜欢自己"受到赞美"，但我们喜欢自己"受到赞美"，却在很大程度上源于我们追求自己"值得赞美"。

如果我们本身并不值得赞美，即使别人的赞美是发自内心的，几乎也不会带 04
给我们多少愉悦。因为我们并不会满足于别人因误会或不明实情而给予自己的尊
敬和赞许。如果我们觉得自己并不值得那样的尊敬与赞许，如果我们担心一旦真
相大白，自己就会受到截然不同的评价与对待，那我们的内心就得不到充分的满
足。如果我们压根儿就没有做过旁人所称赞的那种行为，或者压根儿就没有产生
过旁人所称赞的那种动机，那旁人一定是在称赞别人而不是在称赞我们，此时，
我们就不可能从这种不实称赞中获得任何满足。在我们看来，这种不实称赞甚至
比一个责难还更令我们羞愧，因为它总是会让我们想起那些我们本应该去做的事
情，自己却没有去做，进而感到羞愧难当。一个浓妆艳抹的女人，确实能够在别
人恭维她肤色漂亮时让自己的虚荣心获得一点儿满足。但是，如果不出我预料，
这些恭维大概同样也会让这个女人想象到，人们在见到她素颜真容时的表情，而
这种心理反差，必然会让她感到非常羞愧。如果有人因这种不实称赞而感到高
兴，那将是他轻浮、浅薄和虚荣的最好证明。这种所谓的虚荣心，正是产生荒
唐、卑鄙、虚情假意、招摇撞骗等败德恶行的根源。尽管很多人认为，只要稍微
具备一点儿基本判断力，我们便可远离那些败德恶行，但生活现实却告诉我们，
这些败德恶行其实非常普遍。比如，那些愚蠢的大言不惭者，总是试图通过杜撰
一些子虚乌有的冒险经历来骗得同伴的钦佩；那些狂妄的纨绔子弟，尽管明知自
己是在虚张声势，却总是摆出一副高贵显赫的架子。这两种人无疑总是自以为这
样就能够赢得别人的称赞，并暗自为之感到高兴，而他们在虚荣心上的这种满
足，其实只是源于一种非常严重的心理错觉。尽管我们很难想象，一个理智的人
怎么会陶醉于这种错觉所带来的心里满足，然而他们却总以为自己能够骗过人们
的眼睛，进而可以骗得人们的高度钦佩。尽管明知自己在装模作样，但他们还是
以为总有人会被他们迷惑，进而误以为那些人必定会钦佩自己。正是他们的浅
薄、虚荣、轻浮和愚蠢，一直妨碍他们正视自己并蒙蔽他们的道德良知，进而让
他们无法意识到，一旦真相大白，他们在人们眼里将有多么卑鄙无耻。

可见，那种名不副实或并非真心的赞美，绝不可能带给我们那种真正的愉悦 05
和那种经得起严格考验的满足。反之，只要我们觉得自己的行为值得赞美，而且
在各方面都符合人们赞美的通常要求，那么，即使我们没有实际得到任何赞美，
我们往往也会觉得问心无愧。因为，不只是得到了实际的赞美，才会让我们开心
愉悦；只要做了值得赞美的事情，我们就会非常开心。只要我们觉得自己已经成
为人们必然会赞许的那种人，即使从来没有得到一句赞美，我们也会觉得开心不
已。反之，当我们觉得自己确实令人可鄙可憎时，即使从来没有遭到一句指责，
我们也会感到羞愧难当。如果一个人心里觉得他已经严格遵守了他以为的那种普
遍公认的行为准则，那他在审视自己的行为是否合宜得当时，就会感到非常满

意。即使他以旁观者的公正眼光来审视自己的行为，他也会完全赞同自己的所有行为动机。即使人们永远不知道他具体做过什么，但他在回顾自己行为的每个细节时，还是会觉得心满意足。此时，他评价自己行为的依据不再是人们当时对他的实际看法，而是假设人们在充分了解自己的行为真相后的看法。因为他预料人们会赞赏并钦佩自己的行为，进而以他料想的那种评价来赞许自己，因为他觉得，人们的赞赏与钦佩之所以还没有实际发生，只是人们还不了解真相而已。他相信自己的行为必然会像往常那样赢得人们的赞赏与钦佩，这种信念在他脑海里已经根深蒂固，所以他总是会习惯性地认为，自己这样的行为受到赞赏和钦佩是再理所当然不过的事情了。这也是为什么有些人情愿抛弃生命，也要追求那种死后才会得到的荣誉，尽管在生前什么也无法享受到，但他们当时就已经料定，人们将来必定会给予自己那些荣誉。正是这样的信念，让那些他们永远无法实际听到的赞美声，当时就会在他们耳边萦绕；让那些他们永远无法实际感受到的钦佩，当时就会让他们心潮澎湃；正是这样的信念，让他们得以赶走心中对死亡的极度恐惧，进而鼓舞自己做出那种人性无法企及的壮举。无论是那种只有在我们死后才会得到的荣誉和赞美，还是那种只有在人们充分了解我们行为真相后才会给予我们的赞许，其实它们在本质上并没有太大区别。如果连这种死后的荣誉和赞许，常常也会对一个人的行为产生如此强烈的影响，那我们就不难理解，人们为什么总是如此看重自己的行为是否值得赞许了。

06　　　　造物主在为社会塑造人时，就已经赋予了每个人取悦同胞的原始渴望，并且让他们生来就讨厌去触犯同胞。因此，造物主就让每个人在受到赞美时感到愉悦，而在受到指责时感到痛苦；同时，她还让赞美成为最招人喜欢和最令人愉悦的事，而把指责变成最招人厌恶和最令人屈辱的事。

07　　　　然而，仅凭渴望同胞的赞许和厌恶同胞的谴责，并不足以让一个人适应他所在社会的要求。因此，造物主不仅让每个人都渴望"被人们赞许"，而且还让每个人都渴望"成为值得赞许的那种人"或者"成为自己所赞许的那种人"。第一种渴望，只能让一个人勉强适应社会；第二种渴望，则是一个人想要真正适应社会所必需的。第一种渴望，只会让一个人变得假仁假义，进而让他隐匿败德恶行；第二种渴望，必然会激发一个人发自内心地追求美德，进而让他痛恨败德恶行。每个善良的心灵，似乎对第二种渴望更强烈。只有那些极其浅薄轻浮的人，才会为那种自知完全名不副实的称赞而洋洋得意。浅薄者常常为这种不实称赞而开心不已，但智者①在任何时候都会拒绝接受那种不实称赞。一方面，智者在自知不值得称赞时，几乎不会为那种不实称赞而感到高兴；另一方面，当智者在做

---

　　① 译注：智者（wise man）这个词在本书中多次出现，通常译作"智者"，在本书中泛指那些有智慧、有理智、贤明或明智的人。

一件自认为值得称赞的事情时，即使明知自己可能永远得不到一句称赞，他往往也会感到非常开心。可见，智者绝不会去追求那种名不副实的赞许，因为那在他看来毫无意义，即使是他有时所追求的那种实至名归的赞许，在他眼里也不太重要。因此，让自己成为那种值得赞许的人，才是智者毕生追求的最高目标。

如果一个人在明知不值得称赞的情况下，却渴望获得甚至欣然接受那种不实称赞，那纯粹就是那种最卑鄙的虚荣心。不过，如果他在确实值得称赞的情况下渴望得到称赞，那他只是渴望自己得到那种最起码的公正对待。如果一个人只是为了正当的名望和真正的荣誉而去追求名望和荣誉，而不是为了从中获得什么好处，那他就无可厚非，哪怕是一位智者有这种渴望也无可厚非。但是，智者有时并不会渴求得到名望和荣誉，甚至会蔑视这种渴望，除非他确信自己行为的每个细节都完全合宜得当，否则他绝不会产生这种渴望。此时，智者的自我赞许就不再需要通过别人的赞许来佐证。这种基于行为完全合宜的自我赞许，足以让他感到心满意足。这样的自我赞许，即使不是智者追求的唯一目标，至少在他眼里，也是应当去追求的主要目标。因为追求这样的自我赞许，就是在追求美德。

正如我们对高尚品行所自然产生的那种喜爱与钦佩之情，会让我们希望自己也成为那种令人喜爱与钦佩的对象，所以，我们对败德恶行所自然产生的憎恶与鄙视之情，同样会让我们愈发害怕自己也被人认为做了任何类似的败德恶行。这种情况下，我们不仅害怕自己被人憎恶或鄙视，而且更加害怕自己成为那种可憎或可鄙之人。我们之所以害怕做坏事，其实就是因为我们害怕成为人们憎恶或鄙视的真正对象。所以，即使我们有十足的把握确保自己永远不会遭到憎恶或鄙视，但我们也不敢做任何坏事。唯有时时处处都遵守行为准则的人，才会赢得人们的欢迎和喜爱；否则，即使一个人有十足的把握确保自己的败德恶行永不败露，那他也是在枉费心机。因为，只要他回顾自己的所作所为，并以公正旁观者的眼光来审视自己的行为时，他就会突然发现，连他自己也无法理解他当初的行为动机；只要想到自己过去的所作所为，他就会感到羞愧难当而惶恐不安；只要想到自己的败德恶行一旦人尽皆知，他必然就会感受到那种即将遭受的奇耻大辱。正如时时处处都恪守行为合宜性要求的人，会预料到自己必然会受到赞赏和钦佩，做出败德恶行的人，同样也会预料到自己必将不可避免地遭到鄙视和奚落，除非人们对他的败德恶行全然无知。由于他觉得自己必定会成为人们鄙视和奚落的对象，以致他只要想到自己将要遭受的那些鄙视和奚落，就会不寒而栗。但是，如果他所犯下的恶行不是那种仅仅会受到轻微指责的失当行为，而是那种令人深恶痛绝的滔天大罪，那么，当他想到自己的深重罪孽和人们的痛恨之时，只要他还尚存一丝良知，他就会饱受恐惧与悔恨的痛苦折磨。即使他确信自己的罪行永不败露，甚至觉得这世上根本就

08

09

没有"上帝的惩罚"这回事，但他还是会感受到人们痛恨他的眼神，并终生为之悔恨和痛苦。因为他心里仍然非常清楚，自己必然会成为众人憎恨和愤慨的对象。并且，只要他的良心还没有因为作恶多端而变得冷酷无情，那么，当他想到自己的可怕罪行一旦真相大白、想到人们对待他的态度、想到人们的脸色和眼神，他就不可能不感到害怕而惶恐不安。这种良心不安所带来的痛苦折磨，往往就像魔鬼和复仇女神①那样，会终生纠缠并折磨作恶者，让他时刻不得安宁而永远无法释怀，以致常常感到绝望而寝食难安。即使作恶者确信自己的罪行不会败露，也无法让他摆脱痛苦，因为非宗教信仰的任何力量，都无法让他从痛苦中彻底解脱。只有那些卑鄙无耻到了极点的人，只有那些对荣辱和善恶全都毫不在乎的人，才有可能免受这种良心不安的折磨。那些品行极其可憎的人，当他们在实施那种最恐怖罪行时，即使已经极度小心，即使没有留下任何可疑的蛛丝马迹，但他们有时候还是会迫于内心的恐惧而主动承认自己那些尚未败露的罪行。因为他们觉得，只有主动承认自己的罪行，只有主动让自己遭受被侵犯者的愤恨，只有主动让自己遭受罪有应得的报复，才有可能平息人们心中的愤恨。如果平静地死去能够获得所有人的宽恕，那他们甚至希望以死求得解脱。至少在他们的想象中，自己的死可以缓解人们的愤恨，进而觉得自己不再那么令人深恶痛绝。他们以为这样就可以在一定程度上为自己赎罪，进而让自己变成人们同情而不是痛恨的对象。总之，当他们主动认罪之后，就不会再像之前那样饱受良心不安的折磨；甚至只需这样想，似乎也会让他们觉得不再那么痛苦。

10　　　在诸如此类的情况下，即使是那些情感不太细腻敏感的人，同他们害怕遭到谴责相比，他们似乎更加害怕自己成为那种令人可鄙之人。所以，为了减轻这种内心的恐惧，为了求得几分良心上的安慰，他们情愿主动接受那些自知罪有应得的谴责和惩罚，尽管他们原本也可轻易选择躲避惩罚。

11　　　通常只有那些极其轻浮浅薄的人，才会为那种自知完全名不副实的称赞而洋洋得意。然而，如果一个人受到了不实指责，即使是那些意志比较坚定的人，往往也会羞愧难当。虽然，即使是那些意志力极其普通的人，通常也容易学会选择鄙视社会上频传的各种流言蜚语，因为流言蜚语本来就非常荒唐而站不住脚，这就注定了它们经不起时间考验，进而在几天或数周之内就会逐渐消失。然而实际

---

　　① 译注：复仇女神（Furies），原为希腊神话中的复仇女神三姐妹厄里倪厄斯（Erinyes），后来在罗马神话中，她们被称为孚里厄斯（Furies）。由天神乌拉诺斯（Uranus）的血落在地神盖亚（Gaea）身上所生，其形象为三个身材高大的女人，头上长着蛇发，眼中流出血泪，双肩生有翅膀，手执火把和蝮蛇鞭。她们在人世间追逐杀人凶手（特别是血亲相弑者），使作恶者的良心受到煎熬，发疯发狂。在冥界，她们亦负责对罪孽的亡灵执行惩罚。在俄瑞斯忒斯（Orestes）弑母一案的审判中，复仇女神厄里倪厄斯败诉。在智慧女神雅典娜（Athena）的劝说下，她们放弃了复仇的权力，转而成为繁荣的保护者。从此，三姐妹被人们称为"善心"三女神欧墨尼得斯（Eumenides）。

上，如果一个清白无辜者真的遭到那种严重的不实诋毁，即使他的意志非常坚定，往往也会大感震惊而备受屈辱；如果他在受到诋毁的同时，又不幸地碰巧发生了某些貌似可以作为佐证的事情，那就更是如此。当他发现居然有人认为自己品行卑劣到会犯下那种严重罪行，他就会倍感冤枉和屈辱。尽管他清楚自己完全是清白无辜的，但那种严重的不实诋毁，往往还是会让他的品行蒙上耻辱和不光彩的阴影，甚至在他自己看来也是如此。面对如此严重的名誉伤害，即使意志再坚定的人，也会感到义愤填膺而痛苦不堪，尽管蒙冤者常常会显得极度愤慨，但这在大多时候却无助于申冤雪耻。再也没有什么比这种无处申冤的屈辱，更让人痛心疾首了。对于一个清白无辜者而言，最痛苦的不幸莫过于受到不实诋毁而被送上断头台，从而永远背负邪恶可耻的罪名。一个即将含冤而死的清白无辜者，他的内心往往要比一个实际犯了类似罪行的人更痛苦。但那些故意犯罪的惯犯，比如偷盗惯犯和拦路劫匪，他们不仅很少会觉得自己行为卑鄙，而且从来也不会因作恶多端而感到懊悔。因为他们知道自己迟早有一天会被送上断头台，所以既不会担心受到任何冤枉，也不会关心惩罚是否公正。因此，当惩罚真的到来时，他们也只是觉得自己不如某些同伙那么走运，所以就只好自认倒霉。他们除了害怕死亡之外，心里可能不会再有任何其他不安。我们甚至还可以发现，这些卑鄙的恶棍居然也能如此轻松地完全克服死亡恐惧。反之，无辜蒙冤者除了因恐惧死亡而深感不安之外，他还会为自己即将含冤而死感到愤愤不平和痛苦不堪。当他想到这种不公惩罚可能让自己在死后声名狼藉，他就厌恶至极；当他想到亲朋好友今后在怀念自己时，不是为他感到惋惜悲伤而是感到羞愧耻辱，想到自己甚至还有可能因为被冤枉的可耻行为而遭到亲朋好友的厌恶，他就痛苦不堪。当他想到上面这些，那些笼罩在他周围的死亡阴影，似乎就比通常情况下更加令他悲伤和绝望。为了人民的安宁，尽管我们希望任何国家都尽量不要发生这种死刑冤案，但在许多国家，甚至在那些司法体系普遍非常完善的国家，冤假错案还是时有发生。比如，那个坚强不屈而不幸的卡拉斯①就由于被怀疑杀害了自己的儿子而在图卢兹②被判处车刑后烧死，但他本身却是完全清白无辜的。然而，卡拉斯拼尽最后一口气所抗争的，似乎并不只是对他的刑罚太残忍，而更多是那个冤枉

---

① 译注：卡拉斯（Jean Calas，1698 年至 1762 年 3 月 10 日），生活在法国图卢兹的一名商人。他自己是卡尔文教徒，但他的儿子为了取得律师执照却放弃了自己家庭所信奉的卡尔文教并改信罗马天主教（卡尔文教和罗马天主教都属于当时的新教），后来反悟并因愧疚而自杀。卡拉斯却因此被控谋杀了自己的儿子，并在毫无证据的情况下被处死。后来由于伏尔泰（Voltaire）的不断请愿，卡拉斯才得以在 1765 年 3 月 9 日获得平反。此外，Jean-François de la Barre 和 Pierre-Paul Sirven 也由于信奉新教而遭到迫害，并且也都受到不公正审判而被处以车刑后烧死。他们三人的冤死也被视为基督教不宽容的象征。

② 译注：图卢兹（Tholouse），位于法国南部的第四大城市，作者于 1764～1765 年曾在此居留，对"卡拉斯"这个当时非常轰动的冤案应该非常熟悉，于是后来在新版修订时增加了这个例子。

的罪名会玷污他死后的名声。当他四肢被轧断，即将被投进火堆之时，那位祷告牧师劝他向上帝忏悔自己的罪行，<u>卡拉斯</u>却反问道："我的神父，难道您本人真的相信我有罪吗？"

12　　对于那些不幸蒙冤而死的人来说，那种局限于尘世的粗浅哲理，也许无法再为他们提供任何慰藉。因为任何说法，都不可能让他们的生或死变得令人敬佩；因为他们已经被判死刑，并且将留下永远的骂名。这时，唯有宗教信仰才能为他们提供某种有效的安慰。因为，只有宗教信仰才可以这样对他们说："如果全知全能的上帝赞赏你的行为，世人的看法也就无关紧要。"因为，唯有宗教信仰才能够向他们揭示一个不同于尘世的新世界，一个更坦诚、更仁慈、更公平的世界。在那里，他们的蒙冤终将得到昭雪，他们的美德也终将得到奖赏；也只有在那里，"善恶终有报"的神圣法则，才会让那些侥幸得逞的罪犯感到恐惧，才会让那些蒙冤受屈的无辜者获得有效慰藉。

13　　对于那些情感敏感的人来说，无论是那种轻微的罪过，还是那种严重的犯罪，往往都会让他们在蒙受冤屈时遭受的伤害反而比实际犯罪时更严重。比如，一个风流成性的女子，对那些有关她风流韵事的传闻，即使有真凭实据，她也只会一笑了之。但对一个纯洁少女来说，类似的无端传闻就是一种致命的中伤。我认为，我们也许可以得出这样一条一般结论：蓄意违犯可耻罪行的人，很少会觉得自己非常可耻；而一个可耻罪行的惯犯，则几乎从来不会觉得自己有什么可耻之处。

14　　尽管我们每个人——甚至是那些理解能力一般的普通人，都很容易做到不去在意那种不实称赞。然而，为什么那种不实指责，却让那些最明智、最有判断力的人，常常感到如此严重的屈辱呢？这个问题也许值得我们接下来进行深入分析。

15　　我曾经指出，与对应程度的快乐相比，痛苦几乎总是一种更为强烈的感受。并且，与平常状态相比，或者与那种可以视为幸福的自然状态相比，痛苦让我们沮丧的程度几乎总是会远远超过快乐让我们振奋的程度。比如，一个情感敏感的人，他在受到正当指责时所感到的羞耻，在程度上就会超过他在受到正当称赞时所感到的得意。尽管智者可以做到不屑于接受任何不实称赞，但他在遭受不公指责时，往往也会感到愤愤不平。如果智者对自己根本没有做过的事情接受称赞，如果智者冒领了不属于自己的功劳，那他就会觉得，自己无异于一个卑鄙的骗子，不但不应该受到称赞，反而应该遭到那些因不明实情而错误称赞自己的人的鄙视。因为，当智者发现有人误以为他做了一件好事时，即使他也有可能会为这种不实称赞而真的感到高兴，并且对朋友们的好评表示感激，但他心里还是会觉得，如果不立即向朋友们道明实情，那自己就是那种十分卑鄙之徒。可见，智者既不会把那种不实称赞当真，也不会为之感到有多高兴，因为他心里清楚，如果人们一旦知道真相，他们就会用另一种非常异样的眼光来看待自己。但一个浅薄虚荣的人，却常常会陶醉于这种虚假的错觉之中，他不仅会冒领那些错归于他的各种功劳，甚至还会把许多与他毫不相干的功劳也吹嘘成自己的。他会把从未做过的事情吹嘘成自己的功劳，比如，把别人的作品吹嘘成是自己写的，把别人的发明吹嘘成是自己发明的，进而形成剽窃和欺骗这类卑鄙恶习。通常，一个人即使只具备普通常识或基本判断力，他也不会从那种不实称赞中获得多少快乐，因为他本来就没有做过那种值得称赞的好事。然而，即使是一位智者，也会因蒙冤获罪而痛苦不堪，因为他并未干过那种坏事。在这种情况下，造物主让蒙冤受屈者所感到的痛苦，不仅在程度上要比同等程度的不实称赞所感到的快乐更为强烈；而且，她还让蒙冤受屈者所承受的痛苦，在程度上远远超过他实际犯罪时的痛苦。尽管理性克制可以让人轻松拒绝那种愚蠢可笑的不实称赞所带来的快乐，但它却未必总能让人摆脱冤屈所带来的痛苦。当一个人拒绝那种错归于他的功劳时，绝没有人会怀疑他的真诚；可当他否认被不实指控的罪行时，他的真诚就会遭到人们的质疑。一个人会被那种不实诋毁立刻激怒，并且当他发现居然有人信以为真时，就会觉得更加屈辱。因为这时，他感到自己的真诚并不足以保护他免受不实诋毁，以致人们不但不以他渴望的那种同情眼神来看待自己，反而认为他可能犯了被指控的罪行。尽管他完全清楚自己根本没有犯罪，尽管他完全清楚自己的所作所为，可就是没有人能够充分了解他的真实作为。每个人特定的认知或心灵构造，究竟能够让他承受多大程度的质疑也许各不相同。朋友或旁人的信任与好评，比任何事情都更有助于减轻一个人在遭受质疑时的屈辱；反之，朋友或旁人的无端猜疑与不实恶评，当然也比任何事情都更容易增加一个人在遭受质疑时的屈辱。他也许会一直坚信，人们对自己的恶评是不公正的，但他这种信念，几乎不会强大到足以让他的心情免受不实恶评的影响。可见，一个人越是情感敏感、越是情感细腻、越是自信不足，他受到这种不实恶评的影响似乎就会越强烈。

还有一点必须指出，就是在所有情况下，我们究竟有多么在意"他人是否也如同我们那样看待和评价自己"，这其实完全取决于我们对自身情感的合宜性以及对自我评价的准确性的自信程度。我们越是不自信，就会越在意。 16

所以，一个情感敏感的人，有时候甚至还会由于担心自己太过放任那些原本高尚的情感而烦恼不安。比如，当他本人或朋友受到伤害时，他也许就会担心自己的愤慨过于激烈而忐忑不安，唯恐自己只顾伸张正义，却由于情绪过于激动而给对方造成实际伤害。尽管那些人并非清白无辜，但其罪行也许并不完全像他当初认为的那样恶劣。这种情况下，其他人的看法对他来说就变得极其重要。他人 17

的赞同就是最有效的安慰剂，而他人的反对，则是令他内心更加痛苦不安的最苦涩的剧烈毒药。反之，如果一个人对他自己行为的每个细节都感到完全满意，那么其他人的评价，在他眼里往往就不太重要了。

18　　　有些非常高雅优美的艺术，若要鉴别其卓越的程度，就必须具备相当细腻而高超的鉴赏力，不过鉴赏结论似乎总是会出现几分不确定性。而有些科学理论，其成功与卓越之处，就在于它们总是可以进行明确的验证或者找到令人信服的证据。因此，当人们在这两个不同领域角逐成为杰出大师时，前者就远比后者更加渴望得到公众的认可。

19　　　比如鉴别诗歌是否优美，就需要细腻而高超的鉴赏力，以致年轻的初学者，几乎总是很难确信自己的诗歌是否优美。所以，对年轻的初学者而言，最让他开心得意的，莫过于朋友和公众对其作品的赞美；反之，最让他羞愧难过的，也莫过于朋友和公众对其作品的嘲讽。通常，每个人都会对自己的作品感觉良好而自信满满，并且渴望得到人们的认可。因此，公众的赞美就会增强他的自信，而公众的嘲讽则会动摇他的自信。尽管一个人的经验和成就，可以逐渐增加他对自己作品的信心，但他还是会非常在意公众的负面评价，并为之感到羞愧难当。比如<u>拉辛</u>就曾因他的剧作《菲德拉》①——这部非常出色的悲剧也许已被译成多种语言——遭到冷遇而极为不满，从而让他在风华正茂并且正值创作巅峰时，就断然决定封笔而不再创作任何剧本。这位伟大的诗人曾经常常向他的儿子抱怨说：那种极不恰当的轻微批评，总是会让他感到非常痛苦，并且在程度上远远超过那些最恰当的崇高赞美所带给他的快乐。<u>伏尔泰</u>②对这种极其轻微的指责也非常敏感，这是人尽皆知的事情。<u>蒲柏</u>先生③的《群愚史诗》尽管韵律极其优美而又不失庄严，而且完全可以称得上英国诗歌的不朽佳作，却由于受到那些极其卑鄙低

---

　　① 译注：拉辛（Jean Baptiste Racine，1639～1699），17 世纪法国诗人与悲剧作家。《菲德拉》（Phaedra）为其在 1677 年发表的剧作，剧中的女主角 Phèdre 虽为人继母，却爱上了她的继子。

　　② 译注：伏尔泰（Voltaire，1694～1778），法国启蒙思想家、文学家、剧作家、哲学家，其真名为弗朗索瓦·马利·阿鲁埃（François-Marie Arouet）。他在 1717 年被关押在巴士底狱期间以家乡一座城堡的名字"伏尔泰"作为笔名发表了第一部剧作《俄狄浦斯王》，在巴黎上演后引起了轰动。伏尔泰是 18 世纪法国资产阶级启蒙运动的泰斗，被誉为"法兰西思想之王""法兰西最优秀的诗人""欧洲的良心"。他主张开明的君主政治，强调自由和平等。主要代表作有《哲学通信》《路易十四时代》《老实人》《彼得大帝治下的俄罗斯》，以及剧本《俄狄浦斯王》《穆罕默德》《中国孤儿》《拉·亨利亚德》等。伏尔泰将在本书中多次出现，均请读者参阅本条译注。

　　③ 译注：蒲柏（Alexander Pope，1688～1744），英国诗人，以讽刺性的史诗《群愚史诗》（The Dunciad）闻名于世。The Dunciad 不仅嘲讽充斥于当时的学究式文人与打油诗人（特别是嘲讽那个发表 Shakespeare Restored 来影射蒲柏编著的《莎士比亚文集》不够精确的 Lewis Theobald），而且也嘲讽所有时代各种常见的德性与知性痴态（Dulness），例如爱慕虚荣、善妒、野心与铜臭味。

劣的作家们的无端批评而遭到冷遇。尽管诗人格雷①兼具米尔顿②的庄严和蒲柏的优美韵律，但他若能再多出一些作品，也许就会成为英国的顶尖诗人。据说有人愚蠢而无礼地模仿格雷的写作风格，改编了一首打油诗来讥讽他那两篇最优美的颂歌集，这让格雷极为伤心难过，以致他此后再也没有创作出任何有影响力的作品。那些自诩文笔优美的散文作家，他们几乎全都跟诗人们一样，也非常在意别人对自己作品的评价。

数学家则相反，他们对自己所发现理论的真实性与重要性极其自信，因此往往就不会太在意公众对自己的议论。我曾经有幸结识的两位最伟大的数学家——我认为他们两位是当代最伟大的数学家——格拉斯哥（Glasgow）大学的罗伯特·辛普森博士（Dr. Robert Simpson）和爱丁堡（Edinburgh）大学的马修·斯图尔特博士（Dr. Matthew Stewart），他们似乎就从未因自己那些最有价值的研究成果遭到无知公众的轻视而感到丝毫不安。有人告诉我，艾萨克·牛顿爵士（Sir Isaac Newton）的伟大著作《自然科学的数学原理》③，曾经也被公众冷落了好几年。但这位伟人内心的宁静，也许从来没有为之受到片刻搅扰。自然科学家几乎也像数学家那样，不仅不会太在意公众的议论，而且对自己的发现和研究结果的价值，也同样具有几分自信和淡定从容。 20

不同领域的文人或学者，他们在公众心目中的这种巨大地位差异，有时候甚至还会影响其道德品行。 21

比如，数学家和自然科学家，由于他们不会太在意公众的议论，所以他们很少会为了抬高自己的声望或者为了打压对手而形成各种派别或团体。他们几乎总是为人亲切友善而行事坦荡，彼此不仅会和睦相处，而且还会维护对方的声誉，因此也就不会为了博取公众的喝彩而玩弄阴谋诡计。所以，他们在自己的研究成果得到认可时会感到高兴，而在遭到冷遇时也能做到不愠不火。 22

然而那些诗人或自诩文笔优美的作家，却未必总是如此。他们很容易分化形成各种文艺派别或团体。每个团体不仅常常公开诋毁其他团体，而且几乎总是暗地里把其他派别视为不共戴天的仇敌。他们甚至还采用各种卑鄙的阴谋诡计和圈套来迷惑并引导公众舆论，以博得公众对本派成员作品的支持，同时借机攻击仇 23

① 译注：格雷（Thomas Gray，1716～1771），英国诗人，著有《墓畔哀歌》。
② 译注：米尔顿（John Milton，1608～1674），英国诗人，著有《失乐园》。
③ 译注：牛顿这本 *Mathematical Principles of Natural Philosophy* 巨著，通常被直译为《自然哲学的数学原理》。然而在 18 世纪之前所谓的"自然哲学"（natural philosophy），其实就是我们现在所说的"自然科学"，只需浏览一下该书的目录，或许就很容易理解译作《自然科学的数学原理》似乎更准确。请读者注意，本章中共有 4 处"natural philosophy"，将全都译作"自然科学"而不是"自然哲学"。

敌或对手的作品。比如在法国，德士普雷奥斯①和拉辛②为了诋毁打压对手的声誉，就带头成立了一个文艺帮派。他们最初只是针对奎诺特③和佩罗特④，后来又针对冯特奈尔⑤和拉莫特⑥，最后甚至以那种极度无礼的假仁假义来对待善良的拉封丹⑦。然而，德士普雷奥斯和拉辛却并不觉得，他们这些做法会有损自己的品行。再比如在英国，亲切友善的艾迪生⑧先生为了打压蒲柏先生与日俱增的名气，就带头成立一个类似的文艺小帮派。然而艾迪生并不认为他这样做会有损自己儒雅与谦逊的品格。冯特奈尔先生在撰写法国科学院院士们的生平与品格时，他就经常有机会赞扬这个由数学家和自然科学家所组成的学术团体，赞颂他们为人亲切友善而行事坦荡。他曾经就此感慨道：整个文人圈——而不仅仅只是某几个人——都应该普遍像这些院士们那样，做到为人亲切友善而行事坦荡。然而，达朗贝特⑨先生在撰写法兰西学会成员们的生平与品格时，他似乎就没有那么多机会，去赞扬这个由诗人和优秀作家或者说由那些号称的文学大师所组成的团体。因为达朗贝特根本就找不到任何理由，来把他所称颂的这帮文人描写成那种为人亲切友善而行事坦荡的人。

24　　　当我们对自己的优点或功德感到怀疑时，反而更加渴望得到正面好评。在这两种心理因素的共同作用下，必然足以促使我们，渴望知道他人对我们优点或功

---

① 译注：德士普雷奥斯（Nicolas Boileau Despreaux, 1636~1711），法国诗人与文学评论家。1666 年发表一组讽刺诗，针砭教士、妇女及巴黎的生活，成为莫里哀、拉辛等文豪的朋友。1674 年发表《诗的艺术》，阐明了文学的古典主义原则，对当时法国和英国的文坛影响很大。还撰有叙事打油诗《读经台》，并且翻译了朗吉努斯的《论崇高》。在 17 世纪后叶与 18 世纪初法国文坛的古典派与现代派的论战中，他是古典阵营的主将。

② 译注：拉辛（Jean Baptiste Racine, 1639~1699），17 世纪法国诗人与悲剧作家，《菲德拉》（Phaedra）为其 1677 年发表的剧作，剧中的女主角 Phèdre 虽为人继母，却爱上了她的继子。

③ 译注：奎诺特（Philippe Quinault, 1635~1688），法国剧作家。在 17 世纪下半叶与 18 世纪初期法国文坛古典派与现代派的论战中，他是现代阵营的一名主将。

④ 译注：佩罗特（Charles Perrault, 1628~1703），法国诗人及童话收集编写者。在 17 世纪下半叶与 18 世纪初期法国文坛的古典派与现代派争论中，他是现代阵营的另一名主将。

⑤ 译注：冯特奈尔（Bernard le Bovier de Fontenelle, 1657~1757），法国诗人与剧作家，后来致力于推广科学，并于 1699~1740 年担任法国科学院的秘书，为科学院院士的葬礼写过 69 篇追悼文，并成集为 Egloges des Academiciens。

⑥ 译注：拉莫特（Houdar de La Motte, 1672~1731），法国诗人及剧作家。

⑦ 译注：拉封丹（Jean de La Fontaine, 1621~1695），法国诗人。Louis Racine 在他所写的有关他父亲 Jean Racine 的传记中，提到莫里哀（Moliere, 1622~1673，法国演员与喜剧作家）曾经抗议拉辛等人嘲弄拉封丹，并且提到拉辛等人习惯称拉封丹为"滥好人"（lebonhomme），因为拉封丹个性天真率直。

⑧ 译注：艾迪生（Addison, 1672~1719），英国散文家和诗人。

⑨ 译注：达朗贝特（Jean le Rond D'Alembert, 1717~1783），法国教育家、物理学家与天文学家，于 1772 年起担任法兰西学院的常任秘书，著有《法兰西学院的历史与成员》（Historie des members de Il' Francise）一书，其中有关于 1700 年至 1772 年逝世的法兰西学院院士的追悼文。

德的看法。当我们得到正面好评时，就会比平常更振奋；当我们遭到负面差评时，就会比平常更沮丧。但这些感受，绝不应该成为我们为了博得正面好评或者避免负面差评，而可以玩弄阴谋诡计和拉帮结派的借口。因为这样做，无异于一个人为了让法庭作出完全一致的判决而去贿赂所有法官。尽管他这么做有可能赢得诉讼，却并不能让他相信自己有理；或者反过来说，如果他纯粹只是为了证明自己有理而进行诉讼，那他就绝不应该贿赂法官。因此，即使他急于证明自己有理，并且急于赢得诉讼，也绝不能为此而贿赂法官。同样的道理，如果"赞美"本身在我们眼里并不重要，而只是我们"值得赞美"的一个证据，那我们就绝不能试图以不正当手段去博取"赞美"。尽管在那些智者眼里——至少在他们受到怀疑的情况下，"赞美"不过只是他们"值得赞美"的一个证据。然而，正是"赞美"本身所具有的这种证明作用，驱使那些品行比普通水准高出很多的人——这里确实不能把他们称为智者，有时候也会为了博得赞美或避免谴责而采用那种极不正当的手段。

受到赞美或遭到谴责，就是他人对我们品行的实际评价；值得赞美或令人可鄙，就是他人对我们品行通常会给出的评价。因此，喜欢赞美，就是渴望自己得到人们的正面好评；而追求值得赞美，就是渴望自己成为人们赞美的真正对象。可见，这两种心理因素，彼此相似又密切相关。同时，在害怕"谴责"与害怕"令人可鄙"这两种心理因素之间，同样也存在这种相似性和密切联系。 25

无论一个人想要去做，还是已经实际做出了一个值得赞美的美德行为，其实都会渴望获得那个美德行为应得的赞美，有时也许还会渴望得到超过其行为本身应得的更多赞美。这时，上述那两种心理因素也会交织在一起。然而一个人的行为，究竟在多大程度上会受到前一种"喜欢赞美"心理因素的影响，又在多大程度上会受到后一种"追求值得赞美"心理因素的影响，往往连他自己也搞不清楚。旁观者当然更加搞不清楚。比如，那些看重行为道德价值的人，就倾向于贬低美德行为的实际价值。因此，他们通常会这样认为：那个人的主要或根本目的，其实就是为了"得到赞美"，甚至纯粹只是为了追求那种所谓的虚荣。而那些看重行为实际价值的人，就倾向于对美德行为给予正面好评。因此，他们通常会这样认为：那个人的主要或根本目的，其实是追求"值得赞美"，是在追求那种真正高尚尊贵的行为；那个人不只是渴望得到人们的赞美和称道，而且更渴望人们认为他值得赞美和称道。旁观者心里究竟会倾向于贬低还是赞扬一个人的美德行为，就取决于旁观者对行为价值的偏好，或者取决于他心中对行为当事人行为的好恶。 26

某些粗心的哲学家在评价一个人的行为时，往往也像那些脾气粗暴的人那样，把那些原本是追求"值得赞美"的行为，全都笼统地看作追求"得到赞美" 27

的行为，甚至看作追求虚荣的行为，进而让他们在分析评判人性时也会出现片面理解。对于他们的道德哲学理论，我将在后面的章节（译按：即第七卷）作出详细说明，而不在这里展开讨论。

28　　很少有人会自信满满地以为，自己所具备的品质或者所做出的行为已经达到了自己钦佩而且人们公认值得赞美的程度。除非人们也普遍认为，他们已经具备了那种品质或者已经做到了那种行为，或者说，除非他们确实已经获得了自以为应该获得的那种赞美。然而，人们在这方面的看法却彼此各异。比如有些人，只要心里坚信自己是"值得赞美"的，似乎就不会太在意自己是否得到实际的"赞美"；而另一些人，似乎更在意得到实际的"赞美"，而不会太关心自己是否"值得赞美"。

29　　同样，绝没有人会因为自己只是避免做出了那种令人可鄙的行为就对自己感到完全满意或基本满意，除非他确实没有遭到任何谴责或非议。比如智者，尽管他通常都不会太在意别人的赞美，甚至在他最值得赞美的时候也是如此，但他在非常重要的事情上，还是会极其谨慎地行事。他会尽量约束自己的行为，既要避免出现那种令人可鄙的过失，还要尽量避免遭到各种可能的不实指责。如果一个人做出了那种连他自己都觉得可鄙的事，无论是没有尽到自己的某个职责，还是错过了一个连他自己都觉得真正值得高度赞美的行善机会，那他确实难免会遭到谴责。正是出于这些顾忌，才会让一个人极其谨小慎微地行事，以免出现那种令人可鄙的过失。即使一个人已经做出了那种值得赞美的行为，如果他表现得急切渴望得到赞美，那他的这种表现不但没有大智慧，反而会暴露出他的几分肤浅。反之，如果一个人为了避免遭到谴责或非议而时时处处都谨小慎微地行事，那他这种行为就不再是什么缺点，反而常常会被视为那种最值得赞赏的审慎。

30　　关于这一点，西塞罗①曾经就指出："尽管很多人都不在乎荣誉，可他们在遭到不公指责时，却会感到莫大的耻辱；这是多么的矛盾啊。"然而，综观上述一系列深入分析，我们就可以发现，其实这种内心矛盾似乎也源于那条不变的人性原则——喜欢赞美而害怕谴责。

---

　　① 译注：马库斯·图留斯·西塞罗（Marcus Tullius Cicero，前106年1月3日至前43年12月7日），古罗马著名政治家、演说家、雄辩家、法学家和斯多葛学派哲学家。出生于古罗马 Arpinum 的奴隶主骑士家庭，以善于雄辩而成为罗马政治舞台的显要人物。早期从事律师工作，后进入政界。西塞罗最初倾向支持平民，后来转而支持贵族。公元前63年当选为执政官，在三巨头同盟成立后，被三巨头之一的政敌马库斯·安东尼（Marcus Antonius，前82年～前30年）派人杀害于福尔米亚。他一生著述颇丰，涉及政治、法律、哲学和教育，主要包括《论共和国》《论官吏》《论法律》《论善与恶的界限》《论神性》《论演说家》等。由于他口才非凡，被人称为无与伦比的演说家、罗马最伟大的辩护者。

一方面，全知全能的造物主，就以这样的方式告诫我们每个人，要顾忌同胞对自己的评价和看法；告诫我们每个人在受到同胞赞美之时，要清楚自己应该表现出多大程度的高兴，而在受到同胞谴责之时，要清楚自己应该表现出多大程度的难过。另一方面，造物主同时又把我们每个人塑造成自己同胞的直接判官——如果我可以这样比喻的话。造物主在这个方面，如同在其他许多方面那样，也按照她的旨意来塑造人，并且把每个人都指定为她在人世间的代理者，进而让每个人都可以监督自己同胞的行为。因此，造物主一方面让我们谨记，每个人都被她赋予了赞美或谴责他人的权力；另一方面她又让我们在遭到他人谴责时，或多或少也会感到几分羞愧与耻辱，而在获得他人赞美时，或多或少也会感到几分洋洋得意。

尽管我们每个人，都被造物主以这种方式塑造成了自己同胞的直接判官，然而同胞对我们的赞美或谴责，其实只是初审而已。因为"终审判决"还得求助于那个更高级法庭——每个人自己的道德良知、每个人心中假想的那个掌握实情的公正旁观者、每个人心中那个大法官和行为判官。初审和终审所依据的两类评判原则虽然在某些方面彼此相似而又密切相关，但它们在本质上又有着明显的区别。"直接判官"的初审判决，完全基于我们对"实际赞美"的渴望或者对"实际谴责"的厌恶，而"心中那个大法官"的终审判决，则完全基于我们对"值得赞美"的渴望或者对"令人可鄙"的厌恶。也就是说，终审判决是完全基于追求并渴望自己也成为我们所喜爱与钦佩的那种人，追求并渴望自己也具有他们那样的高贵品质，也做出他们那样的仁善之举；或者是完全基于害怕自己也成为我们憎恶和鄙视的那种人，害怕自己也具有他们那样的卑劣品质，也做出他们那样的可耻行为。无论是我们并没有做过别人——那个负责初审的直接判官——所赞美的善行，还是我们并没有产生过别人所赞美的善愿，我们心中那个负责终审的大法官就会立即警告我们，如果接受这种自知名不副实的赞美，就会让自己变成一个卑鄙之徒，从而抑制这种不实称赞可能带给自己的自满与得意。反之，无论是我们并没有做过别人——那个负责初审的直接判官——所谴责的恶行，还是我们并没有产生过别人所谴责的恶意，我们心中那个负责终审的大法官也会立即纠正别人的这种错误评判，从而让我们坚信，自己绝不是那种令人可鄙的真正对象，那些针对我们的谴责也是极不公正的。不过，在许多上述类似情况下，心中那个负责终审的大法官有时候似乎也会被别人——那个负责初审的直接判官的疾言厉色吓得惊慌失措。比如，那种铺天盖地的强烈谴责如果瞬间倾泻到我们身上，我们也会被吓得目瞪口呆，以致让我们仿佛失去了"什么是值得赞美"或"什么是令人可鄙"的那种基本判断力。这时，尽管我们心中那个负责终审的大法官所作出的判断，也许还不至于发生彻底改变或严重歪曲，但其判断的可靠性

31

32

与一贯性却会受到严重干扰，以致她原本在保持我们内心平静方面所发挥的作用也常常因此而遭到严重破坏。再比如，如果所有同胞似乎都在高声斥责自己，那我们就很难再宽恕自己。因为，如果周围的所有旁观者全都一致地强烈反对我们，那我们就不得不顾忌这些来自不同眼睛的看法和立场。这时，我们心中假想的那个公正旁观者在准备对自己给出正面好评时，似乎也会感到担忧而犹豫不决。这时，我们心中那个半神半人的终审大法官，似乎变得如同某些诗人所描写的那样，既有一部分神的血统，又有一部分人的血统。如果他的判断不会受到别人初审判决的影响，并且始终都是基于"什么是值得赞美"和"什么是令人可鄙"的这个评判原则而作出的，那他这时的行为表现，似乎就符合其神性的那一面。但是，如果他被那些无知而浅薄的初审判决吓得惊慌失措，进而甘心接受他们的评判结果，那他这时的行为表现，不仅暴露出其人性的那一面，而且似乎更多是表现出他作为人的本来那一面，而很少会涉及其神性的那一面。

33　　　在遭到上述那种强烈无端谴责的情况下，那个因遭到诋毁而饱受折磨的人，如果他想要获得有效安慰，此时的唯一办法就是求助于那个最高法庭——那个洞察世间一切的上帝。因为这位最高法官的眼睛绝不会受到蒙骗，其判决也绝不会出现歪曲。每个蒙冤受屈者都会坚信，这个最高法庭不仅终将作出绝对公正的判决、终将为他申冤雪耻并还他清白，而且他的美德也终将得到奖赏。唯有这种坚定信念，才能支撑他那脆弱而沮丧的内心，才能消除他内心深处的不安与惊恐。造物主也通过赋予我们以这种信念，来作为每个人在尘世的伟大守护者，这样不仅可以保护我们每个人的清白，而且还可以维持我们每个人的内心宁静。就这样，得以让我们在大多数情况下把自己在尘世的幸福，寄托于我们对来世的渺茫希望与期待之上。但这种对来世的希望与期待，却被造物主深深地根植于人类的天性之中；也正是这种对来世的希望和期待，才得以支撑人类去坚守人性尊严的崇高理想，才得以照亮人类一直被死亡笼罩的暗淡前途，才得以让人类在面临尘世混乱所带来的各种沉重灾难时也能够保持乐观。在来世里，每个人都将受到绝对公正的评价和对待，每个人都会享有同自己德行和智慧完全对等的地位。在来世里，每一个在尘世中被埋没了才华和美德的人，无论是那些由于生不逢时或命运不济而没有机会施展自己的才华和美德的人，还是那些由于自己的才华与美德不为公众所知的人；无论是那些由于常常怀疑自己的才华与美德的人，还是那些由于心中那个负责终审的大法官也不敢冒险为自己提供任何清晰明确证词的人，全都将得到公平对待。在来世里，他们那些不起眼的、被埋没的、不为人知的功绩，不仅都将得到公正评价，而且来世的评价，有时候甚至会超过他们在尘世中所能享有的最高荣誉，超过原本只有凭借自身地位优势才能取得的那种令人瞩目的辉煌功绩。正是上述这种关于来世的信条在各方面所发挥的宝贵作用，才得以让那些脆弱的心灵获得抚慰，让崇高的人性变得令人喜爱，让那些贤良有德之人即使在屡遭不幸而怀疑来世时，也会非常真切地渴望来世的那种公平。然而，某些鼓吹来世的狂热分子所宣扬的那种在来世中的赏罚分明，如果不是如此频繁而明显地与我们在尘世中的实际道德感受背道而驰，那么，这个有关来世的信条，就绝不会遭到那些玩世不恭者的嘲笑①。

所以我们常常会听到，许多德高望重但又心怀不满的老臣抱怨说：殷勤谄媚的宠臣往往要比忠诚勤勉的忠臣更受青睐，阿谀奉承往往是一条比建功立业更可靠的快速晋升捷径，在<u>凡尔赛宫</u>②或<u>圣·詹姆士宫</u>③献媚一次往往抵得上赴德国或<u>法兰德斯</u>④征战两次。然而，这种赏罚不明的做法，即使是一个昏庸的尘世君主也会为之感到奇耻大辱，但在圣明完美的上帝眼里却被视为一种公平合理的行为。可那些鼓吹来世者，甚至还把忠心敬奉上帝、时时处处敬仰上帝也宣扬成一种功德，并且宣称这是在来世获得奖赏或赦免的唯一资格；更有甚者，那些有实际功德和才华的人，他们自己居然也会赞同这些说法。敬奉并敬仰上帝，这种德行也许最适合宗教信徒，并且也是他们自己应该践行的首要美德，可人们总是容易高估这种德行的实际价值。比如富有哲思而善于雄辩的<u>马西隆</u>⑤牧师，就特别

34

---

① 译注：尽管亚当·斯密肯定"来世"这种信条在慰藉蒙冤受屈者时所发挥的积极作用，但从接下来两段的论述可以看出，他不仅极力反对那种对"上帝"的愚忠，而且强烈批判用"来世"这类东西来蒙骗忠良甚至为作恶者辩护。亚当·斯密主张：每个人和所有社会团体（宗教或政党）都要尽力为人类文明和进步作实际贡献，而不要过度宣扬那些形而上学的道德理想和价值观，否则，无论是宗教信条还是政治学说，都必将遭到世人的鄙视和嘲笑。

② 译注：凡尔赛宫（Versailles），法国宫廷，也是世界五大宫殿之一。凡尔赛宫所在地区原来是一片森林和沼泽荒地，1624 年，法国国王路易十三以 1 万里弗尔的价格买下了 117 法亩荒地（请读者注意，即使是国王建皇宫，也需要购买土地），在这里修建了一座二层的红砖楼房，用作狩猎行宫。行宫共有 26 个房间，一楼为家具储藏室和兵器库，二楼为国王办公室、寝室、接见室、藏衣室、随从人员卧室等。它作为法兰西宫庭长达 107 年，直到 1789 年法国大革命时期，它作为王宫的历史才终结，随后遭到民众多次洗掠。

③ 译注：圣·詹姆士宫（St. James's），英国宫廷，伦敦区内最古老的宫殿之一，由亨利八世于 1532 年建造。从 1678 年开始成为王室所在地，直至 1837 年搬到白金汉宫之前，英王一直在此宫居住。虽然英国君主已经有近两个世纪没有在这里居住，但它至今仍然是皇室拥有的法定官邸，属于英国本土地位最高的王宫。

④ 译注：法兰德斯（Flanders），古西欧地名，泛指古代尼德兰南部地区，位于西欧低地西南部、北海沿岸，包括今比利时的东佛兰德省和西佛兰德省、法国的加来海峡省和北方省、荷兰的泽兰省。最初居住在这里的是克尔特部落，公元前 1 世纪罗马人占领这一地区，自 3 世纪起弗里斯人和法兰克人移居此地，5 世纪这个地区被称为佛兰德（意为平原），9 世纪（870 年）佛兰德属于西法兰克王国，并在卡佩王朝时期（987～1328）成为佛兰德尔伯爵统治的领地（佛兰德尔伯爵是法兰西最重要的六大贵族之一）。中世纪以来成为法国和英国经常相互征战夺取之地，也是第二次世界大战欧洲的主要战场之一，"二战"后佛兰德成为比利时的工业中心。

⑤ 译注：马西隆（Jean Baptiste Massillon，1663 年 6 月 24 日至 1742 年 9 月 28 日），著名法国宫廷牧师，1717 年开始担任 Clermont Ferrand 大主教直至去世。

推崇敬奉上帝并且鼓吹修道院苦修的价值。他在为卡提纳①兵团的军旗赐福时，就曾对军官们发表过这样一段演讲："先生们，你们最悲惨的处境是什么？那就是，尽管你们一生都在艰难困苦地恪尽职守，有时候甚至比那种最痛苦的苦修生活还更艰辛，但你们所遭受的全部痛苦，却根本无济于来世，甚至往往于今世的幸福也徒劳无益。这是多么可悲啊！可那些深居庵室的苦修僧，尽管他们不得不通过折磨肉体来迫使自己专注于精神修养，但他们坚持这种苦修不仅有希望得到一种明确的回报，而且还有希望在临终前的涂油礼②上得到上帝的恩赐而被赦免惩罚③。可是你们，当躺在自己临终的卧榻上时，胆敢向上帝诉说自己的困苦和每日工作的艰辛吗？胆敢恳求上帝赐予你们奖赏吗？更何况，你们所付出的一切努力，以及你们让自己所承受的一切痛苦，究竟又有多少会得到上帝的认可呢？不管怎样，你们已经把一生中的最好年华，献给了军人这份职业，而且十年的军旅生涯对你们身体的磨砺，也许会远远超过很多人一辈子的忏悔与苦修，这是多么令人赞叹啊！所以，我的弟兄们！即使你们所做的一切，在今世都得不到任何奖赏，但我要请你们记住，在你们即将遭受苦难的那些日子里，只要有一天是献给上帝的，也许就会让你们获得永世的幸福；在你们即将进行的那些残酷战斗中，只要有一次是献给上帝的，也许就会让你们有幸成为圣徒。"

35　　　像马西隆牧师这样，不仅鼓吹修道院那种徒劳苦修的价值，而且还将它与战争中那些令人崇敬的艰辛和危险相提并论，甚至还认为，在主宰世界的上帝眼中，在修道院里一天或一小时的苦修远比战场上光荣地浴血奋斗一生的功德还要大。毫无疑问，这不仅有悖于我们的一切道德情感，而且也有悖于造物主告诫我们的那个用以指导我们"应该鄙视什么"以及"应该赞赏什么"的普遍原则。然而，正是这种高估甚至鼓吹苦修价值的思想，把天堂留给了僧侣和修士，甚至留给了那些只是在言谈举止上效仿僧侣和修士的人。可是，这种鼓吹苦修价值的思想，却把地狱留给了所有英雄、所有政治家、所有立法者、所有诗人和所有哲

---

① 译注：卡提纳（Nicolas de Catinat，1637～1712），路易十四时期的法国元帅，参加了当时法国的四次主要战争，在大同盟战争期间是意大利战场的主帅。他出生于巴黎的中产阶级，最初是个律师，23 岁时由于在一场有理的官司中败诉，决定投身军旅并担任掌旗官，后来在 1667 年的里昂围城战（遗产战争）中脱颖而出。他以善待俘虏闻名，是一位有思想和献身精神的军人，所获得的荣誉皆是源于他自己奋斗的结果。

② 译注：涂油礼（Unction），是基督教中极为神圣的一种仪式，天主教神父往往给临终的人或病人施行涂油礼（有时又称"终傅"），油代表圣灵。在涂油之前，先为临终的人或病人祷告，求主赦免其罪，接受临终者的灵魂进入天堂或医治病人之疾病。然后，用油涂其前额，口念："我用油涂你，因圣父、圣子及圣神之名，阿门。"涂油礼曾被作为信徒入教的基本宗教礼仪，后来演变为一种赋予少数人以特殊政治身份和权利的典礼。比如在宗教界，它就变成了教皇、主教的圣职就任加冕礼，以显示上帝对其宗教神权的授予。

③ 译注：上帝的惩罚（the yoke of the Lord），最初仅指上帝对人类愚蠢的惩罚。

学家，留给了所有那些有过实际发明创造与改进创新的人，留给了所有那些在改善人类生存条件、增加生活便利、提高生活品位的技术进步方面有实际贡献的人，留给了所有那些保护、指引和惠泽人类的伟人，留给了所有那些被"值得赞美"天性原则断定为功勋卓著而美德崇高的人。所以，当那种原本最值得推崇的来世信条，由于<u>马西隆</u>牧师这样的鼓吹滥用而遭到世人的蔑视和嘲笑时——至少会遭到那些对宗教缺乏虔诚与潜心思考的玩世不恭者的蔑视和嘲笑，那我们还会对此感到惊讶吗？①

---

①　原注：See Voltaire. Vous y grillez sage et docte Platon, Divin Homere, eloquent Ciceron, etc. 见伏尔泰：为什么你要折磨聪明博学的柏拉图、神圣的荷马、雄辩的西塞罗他们这些人。

第三章　论道德良知的影响力与威慑力[①]

01　　尽管一个人仅凭自己的道德良知，在某些特定情况下，很难让他克服自爱的人性弱点；尽管一个人仅凭心中假想的那个公正旁观者或者心中那个大法官的赞同，未必总能支撑他做到自我克制。然而这些心理因素，其实在所有情况下都发挥着非常重大的影响力和威慑力，而且，我们也只有依照心中那个大法官的看法，才能正确看待那些与自己切身相关的利害得失，才能在自己与他人的利益之间作出恰当的评判或选择。

02　　正如我们的肉眼对某个物体所感觉到的大小，并非完全取决于那个物体本身的实际尺寸，而是取决于我们观察位置的远近。所以，我们的内心在观察评判事物时，不仅也会像肉眼那样受到"远近亲疏"的影响，而且我们在校正这两种感官的感知缺陷与偏差时，所采用的方法也完全相同。从我此刻写作的位置往窗外看，无边无际的草地、树林和远山所共同构成的曼妙风景，似乎也只能布满我面前的这扇小窗户，以致比例完全失调而且比我所在的房子还要小。想要让我对那些远处的大物体与我身旁的小物体作出正确的比较与判断，其实只有一种办法，那就是把自己移到——至少在想象中移到另一个不同位置，以便让自己能够以差不多相同的距离来进行观察，进而对它们的实际大小形成一种正确判断。不过实际上，我仅凭习惯和经验就可以非常轻松地对此作出迅速判断，以致我几乎感受不到自己究竟是如何作出这种下意识判断的。如果一个人对远处的物体不能

---

　　① 译注：本章英文标题为"Of the Influence and Authority of Conscience"，有人将其直接译作"论良心的影响与权威"，但通观本章正文内容，"conscience"这个词仅在第1段和第4段各出现了一次。同时，我们不难发现，作者本章其实旨在阐明：某种力量究竟如何促使我们克服自私自利，促使我们正确看待自己和他人的不幸与利害得失，进而让我们做出适当取舍（第1~20段）；以及在这种力量的威慑作用下，又是如何促使我们发挥自我克制的（第21~45段）。显然，这种力量并不仅仅只是良心。正如作者在第4段中所指出的那样，本章标题译作"道德良知"（Conscience）的这个词，其实是泛指理智、道义、良心、正义、心中那个公正旁观者、心中那个伟大判官与仲裁者。此外，综观本章内容还可以发现，本章的论述并未涉及"道德良知"（Conscience）的权威或支配地位方面的问题。所以，如果在本章中将"Authority"直接译作"权威"（而不是译作"威慑力"），就会出现严重的"文不对题"。

通过想象来将其放大还原到它们本来的实际大小，那么，若想让他完全相信远处的物体在自己眼里会显得非常渺小，就必须先让他了解视觉成像原理。

　　同样的道理，人性中与生俱来的自私也如同眼睛总是觉得近处物体更大而远处物体更小那样，总是会让我们更看重自己的分毫得失，而不太关心别人的重大得失。自己的分毫得或失，都远比别人的重大得或失还让我们感到更高兴或更难过。以致我们总会优先满足自己的利益，而不太关心别人的重大利益；我们甚至会为了避免自己的利益遭受丁点儿损失，而宁可牺牲别人的重大利益。只要我们从利己的角度去看待别人的利益，即使是别人眼里最重大的利益，也绝不及我们自己的微小利益那么重要。这就意味着，不仅任何事情都无法阻止我们去做有利于自己的事，而且我们甚至会为了自己的微小利益而毫不顾忌是否会给别人造成多大伤害。如果想要让我们能够对这两种相对立的利益作出恰当的评判或选择，那我们就必须像"先移动眼睛的观察位置"那样，先改变自己看待它们的立场。也就是说，我们既不能从自身的立场或视角来看，也不能从对方的立场或视角来看，而必须从第三方的立场和视角出发。因为第三方与我们双方都没有任何特定关系，进而可以在我们之间作出公正的评判。否则，偏见和经验就会让我们非常轻易地立即作出那种有利于自己的评判和选择，而且我们同样也几乎感受不到自己究竟是如何作出这种下意识的评判和选择的。所以，在这种情况下，就需要我们进行一定的理性思考，甚至需要借助于某些道德哲理来说服自己放下那种过度的自私。如果我们不借助合宜感和正义感来纠正我们与生俱来的这种自私之心，那我们不仅会对别人极度关切的事情漠不关心，而且对事不关己的一切事情也会无动于衷。

　　假设中国这个伟大的帝国，连同她的亿万臣民突然全都被一场地震吞噬，那我们试想一下，一个富有人道精神的欧洲人，即使他与中国没有任何关系，当他获悉这个可怕的不幸灾难时会有什么感受？我觉得，他首先会为那些不幸遇难者感到极度悲痛，然后会发出许多悲切的感慨：人的生命是多么的脆弱啊！人类的所有劳动成果又是多么的不堪一击啊！竟然全都在顷刻间化为乌有！如果他是一个投机商人的话，也许还会理性地分析这个灾难可能会对欧洲商业、对世界商业与贸易产生哪些普遍影响。然而，当他充分表达了各种人道主义精神，并且完成了所有那些详细的理性分析之后，他很快就会恢复往常的轻松与平静，从而若无其事地继续从事他的生意或追求开心的事情，安枕无忧地寻求各种消遣娱乐，仿佛什么灾难都没有发生过一样。不过，如果灾难是落在他自己身上，哪怕是最轻微的不幸，也会让他寝食难安。如果他明天将会失去一根小指，那他今晚就会睡不着；然而，即使有亿万中国同胞遭到毁灭，只要从未见过他们，他仍然会非常安稳地呼呼大睡。虽然亿万同胞的毁灭，似乎明显不

03

04

如他自身微不足道的不幸那样令他关切，但是，只要一个人还没有泯灭人性，难道他会为了防止自己遭到那种微不足道的不幸，就不惜牺牲那些自己没有见过的亿万同胞的生命吗？绝对不会，因为人性会极度恐惧这种想法，即使这个世界腐朽堕落到了极点，它也绝不容许怀有这种想法的坏蛋存在。可是，究竟是什么导致了这种反差呢？既然我们人性中的阴暗面①，几乎总是如此的卑劣与自私，那我们人性中的阳光面②，为什么却又如此的高尚与慷慨呢？既然我们总是会深切关注那些涉及自身利益的事情，而往往对那些涉及他人利益的事情无动于衷。那究竟又是什么原因，促使高尚而慷慨者在所有场合，以及普通而平凡者在多数场合，都愿意为了别人的更大集体利益而牺牲自身利益呢？其实能够同自爱这种最强烈的内心欲望对抗的，既不是微弱的人道主义力量，也不是造物主在人心中所燃起的那点微弱的仁爱火花。在这种情况下，真正能够与自爱之心发挥对抗作用的，必定是一种更强大的力量或一种更强烈的动机。这种力量就是理智、道义、良心，就是我们心中的正义，就是我们心中假想的那个公正旁观者，就是我们行为的伟大判官和仲裁者③。正是它们，在我们即将实施有可能影响别人幸福的行动时，会向我们大声呼喊："我们自己只是芸芸众生中的一员，而绝对不比其他任何人更重要。如果我们不知羞耻地只看重自己而毫不顾及别人，那我们就会成为人们愤恨、讨厌和诅咒的真正对象。"进而得以震慑住我们那太过强烈的自私心。只有它们，能够让我们认识到自己其实很渺小，让我们明白那些涉及自身利益的事情其实微不足道，也只有借助公正旁观者的眼睛，才能够纠正自爱之心常常会引起的那些曲解。正是它们，为我们指明慷慨正义的合宜之处与不仁不义的丑恶之处，进而告诉我们，即使为了别人的更大利益而放弃了自己的最大利益，我们的做法也是合宜得当的；反之，如果为了谋求自己的最大利益，即使对别人造成那种最微小的侵害，我们的做法也是丑恶的。可见，促使我们去践行高尚与慷慨这种神圣美德的，既不是我们对他人的爱，也不是我们对人类的爱。而真正促使我们践行美德的，通常是一种更强烈的爱或一种更高层次的情感，即我们对荣誉和高贵的追求与喜爱，对那种高尚、尊贵而卓越的人格的追求与喜爱。

05　　　　一方面，当他人的幸福或痛苦在某方面取决于我们的行为时，那我们就不能按照自爱之心的指引而把自己的个人利益置于众人的集体利益之上。每当遇到这

---

　　① 译注：阴暗面，即消极面，指人性中"自私自利、不同情他人、不怜悯他人、不体谅他人、憎恨、愤怒、欺骗"的那一面。

　　② 译注：阳光面，即积极面，指人性中"利他、无私、同情他人、理解他人、怜悯他人、体谅他人、友善、助人、仁慈"的那一面。

　　③ 译注：这些力量和动机，就是本章标题"道德良知"（Conscience）所泛指的内容。

种情况，心中那个公正旁观者就会立即警告我们，如果我们过于看重自己而无视他人，自己就会变成同胞鄙视和愤慨的真正对象。这种要求，其实并不仅仅限于那些非常慷慨正义或品德高尚的人。比如，每一个合格的普通士兵都会牢记这种要求，因为士兵会觉得，如果自己遇到危险就害怕退缩，或者在需要自己冲锋陷阵甚至牺牲生命时却犹豫不前，那自己就会被大家认为有辱军人使命，进而成为战友们鄙视的对象。

并且，个人利益绝不能凌驾于他人之上，更不能为了个人利益而去侵犯或伤害他人。即使自己获得的利益会远远超过他人所遭受的伤害或损失，也不能这么做。比如，穷人绝不应该骗取和偷盗富人的财物，即使所骗得或偷窃的财物带给前者的好处要远远超过后者所遭受的损失。每当遇到这种情况，心中那个公正旁观者就会立即警告他：自己并不比别人更重要，而这种不正当的自私行为，不仅会让自己成为人们鄙视和愤慨的真正对象，而且必然还会让自己遭到相应的惩罚，因为这么做，就会违背"绝不能损害侵犯他人"这条人人都必须遵守的神圣正义准则，进而破坏赖以建立社会安定与和平的基础。诚实正直的人，不仅害怕遭受那种无缘无故的严重飞来横祸，而且往往更害怕损人利己行为所带来的那种内心耻辱——那种将永远烙刻在他心头而挥之不去的污点。诚实正直的人，内心深处必定会理解斯多葛学派所倡导的这条伟大格言的真谛："无论一个人是不顾正义而去侵占他人的任何东西，还是为了自身利益而去侵犯或损害他人的利益，那他这种不义行为，要比死亡、贫穷、疼痛等各种可能对他人身体或处境造成的不幸，还更加有悖天理。"

另一方面，如果他人的幸福或痛苦，确实在任何方面都不会受到我们行为的影响，如果我们的利益与他人的利益彼此完全独立而且毫不相关，以致彼此既不会相互影响也不会发生冲突，那我们未尝不可以认为，既没有太多必要再去抑制我们天性中对自身利益的那种也许有点不太恰当的欲望，也没有太多必要再去抑制我们天性中对他人利益的那种也许同样有点不太恰当的漠不关心。通常情况下，哪怕是最普通的教育也会告诫我们：当我们需要在自己和他人的利害得失之间做出抉择时，在所有重要情况下，都要秉持公平正义的行事原则。比如，即使是那种普通的世界贸易活动，也可以不断调整我们的行为，并激发我们人性中阳光的那一面①，进而逐步形成一种相对公平的贸易规则。然而有人却认为，只有那种最高雅的严格教育，才可以纠正我们人性中阴暗的那一面②可能激发出的各

06

07

---

① 译注：阳光面，即积极面，指人性中"利他、无私、同情他人、理解他人、体谅他人、怜悯他人、友善、助人、仁慈"的那一面。

② 译注：阴暗面，即消极面，指人性中"自私自利、不同情他人、不怜悯他人、不体谅他人、憎恨、愤怒、欺骗"的那一面。

种自私行为；甚至还有人声称，如果想要克服自私自利，必须经过那种最严格最深厚的哲学修炼。

08　　　于是，那些试图教导我们克服自私自利——这门最难学的道德课程的道德哲学家，也相应地出现了两个不同派别：一派道德哲学家主张尽量增加我们对他人利益的关切，而另一派道德哲学家则主张尽量减少我们对自身利益的关切。前者要求我们，要像本能地关切自身利益那样去关切他人利益；后者则要求我们，要像本能地关切他人利益那样去关切自身利益。不过，这两派主张的良好愿望，也许都远远超过了人性和合宜性的合理标准。

09　　　第一派道德学家通常喜欢抱怨和哀叹，因此，他们总是不停地指责我们，在那么多同胞仍然生活悲惨时，我们却心安理得地过着自己的幸福生活①。他们认为，在这个人世间，时时刻刻都有很多人在各种苦难中挣扎、在贫困中煎熬、在遭受病痛的折磨、在担心死亡的到来、在遭受敌人的凌辱和欺压，如果我们一点儿都不考虑这些可怜人的死活，依然只顾追求个人的成功与享乐，那就是对上帝的不敬。他们还认为，既然时时刻刻还有无数我们从未见过的、从未听说过的悲惨遭遇，在侵扰着我们的众多同胞，所以，那些获得成功的幸运儿，即使仅仅出于对那些悲惨遭遇的怜悯，也应该收敛一下自己的欣喜之情，从而在他们面前经常表现出一副悲伤沮丧的样子。可我并不完全赞同这些说法，理由有三：其一，如果我们在毫不知情的情况下，就对他人的不幸表示过多同情，似乎会显得非常唐突而不合常理。从整个世界平均来看，如果有一个人在遭受痛苦或不幸，你就会发现有二十个人生活得顺遂又快乐，至少境况还算过得去。所以，我们当然找不到任何理由来说服自己应该陪那一个不幸者哭泣，而不应该同那二十个幸运者一起开心。其二，这种刻意的怜悯不仅荒唐可笑，似乎也很少有人能够真正做到。即使那些故作深沉的人，也不过只是装出一副忧伤难过的样子，而且通常没有任何实际意义。因为这样的悲伤根本不是发自内心的，无非只是刻意让他的脸色显得阴沉、谈话变得生硬沉闷而已。其三，即使有人真的发自内心地感到悲伤，那么，除了让他忧伤难过之外，不仅对他本人没有任何有益作用，而且对那个不幸者也毫无益处。可见，无论是那些我们素不相识者与毫不相关者，还是那些我们根本无暇顾及的人，不管我们如何关心他们的命运，除了会给我们自己徒增烦恼之外，并不能带给他们丝毫帮助。那我们为什么要为那些遥不可及的事情而自寻烦恼呢？尽管任何人——即使距离我们极其遥远——毫无疑问都有资格得到我们的美好祝福，并且我们通常也会为他们送上自己的美好祝福，但那些遥不可及的人如果遭遇了不幸，我们似乎就没有义务为其烦恼不安。因此，对那些我

---

①　原注：*See Thomson's Seasons*, *Winter*："Ah! Little think the gay licentious pround", etc. See also Pascal. 见汤姆森的《四季》之《冬季》：啊！少来些轻浮放荡的洋洋得意…… 亦见《帕斯卡》（*Pascal*）。

们既无法帮助也无法伤害的人，以及那些在各个方面都与我们无关的人，我们只会对他们的命运略表关心，这似乎也是造物主出于保护个体生存的一种睿智安排。在这一点上，即使我们有可能改变自己天性的原始构造，我们也不可能从这种天性改变中获得任何益处。

然而，如果我们对他人取得成功时的喜悦表现得漠不关心，却不会遭到什么指责，并且，只要没有嫉妒心作祟，我们通常更容易对成功者表现出非常强烈的好感。可是，上述第一派道德学家，在指责我们常常对遭遇不幸者缺乏足够同情的同时，却又指责我们总是趋之若鹜地仰慕成功者、权贵和富人，甚至到了膜拜的程度。

第二派道德学家，则主张通过减弱我们对涉及自身利益的关切，来纠正我们人性中的阴暗面①可能激发出的各种自私行为。所有古代道德哲学家，尤其是古代<u>斯多葛学派</u>，都可以归入这一派。斯多葛学派认为：每个人都不应该把自己看作那种离群索居的孤立个体，而应该把自己视为世界公民当中的一分子，视为这个巨大的人类共同体中的一员。因此，每个人都应该随时准备为这个伟大共同体的利益而牺牲个人的微小利益；每个人对自身利害得失的关切程度都不应该超过其他任何人，因为这个伟大共同体中的每个成员都同等重要；每个人在看待自身利益时，都不应该从自私自利的角度出发，而应该从他人利益的角度出发；每个人都应该把自己的利害得失视同他人的利害得失，或者说，把他人的利害得失也视同自己的利害得失。然而，就连<u>斯多葛学派哲学家爱比克泰德</u>②，也不完全赞同这些说法，他曾经就指出："当我们的邻居失去了妻子或儿子时，没有人不会觉得，这种人间灾祸不过只是一件极其平常而司空见惯的事情。可是，如果相同的不幸落到自己头上，我们就会如同遭受了最可怕灾难那样号啕大哭。然而我们不应该忘记，当他人遭受这种意外不幸时，我们自己是如何看待的。所以，我们如何看待别人的不幸，别人就会如何看待我们的不幸。"

关于那些与自己切身相关的个人不幸，也就是那些会让我们的情绪反应容易超出合宜性范围的不幸，其实可以分为两类：第一类，就是那些会对我们产生间接影响的不幸，也就是那些立即会对我们至亲至近者产生直接影响的不幸，比如那些会直接影响我们的父母、孩子、兄弟姐妹或挚友的不幸。第二类，就是那些立即会直接影响我们自己的身体、命运或声誉的不幸，比如遭受疼痛、疾病或濒

10

11

12

① 译注：阴暗面，即消极面，指人性中"自私自利、不同情他人、不怜悯他人、不体谅他人、憎恨、愤怒、欺骗"的那一面。

② 译注：爱比克泰德（Epictetus，约55年~约135年），希腊斯多葛学派哲学家。他本人并没有著作，他的学生阿利安记录了他的许多谈话，并整理为《爱比克泰德论话集》（Arrian's Discourses of Epictetus）。

临死亡，沦落为贫穷或名誉受损等。

13　　　我们对第一类不幸——也就是对至亲好友所遭受不幸的情绪反应，尽管有时无疑会远远超过严格合宜性所能容许的程度，但有时又会低于那个合宜点，甚至经常如此。比如，尽管我们每个人无疑都会为失去亲人而悲痛欲绝，可是，有些人对自己父亲或儿子的死亡或不幸所感到的悲痛，有时还不如他对别人父亲或儿子的死亡或不幸的悲痛那么强烈。后面这样的人，显然不是一个好儿子或者好父亲。他这种有违人性的冷漠无情不但不会赢得人们的称赞，反而会招致最强烈的谴责。然而，我们的天伦亲情，既有一些会由于表现不足而极易招致谴责，也有一些会由于表现过度而极易招致反感。比如，子女对父母缺少孝顺，或者父母过度溺爱子女，同样都极易招致反感。造物主为了人类种族繁衍这个终极目的，已经让几乎所有人对自己子女的慈爱，都远远超过他们对父母的孝顺。因为，人类种族的延续与繁衍，完全有赖于父母对子女的慈爱而不是子女对父母的孝顺，而且通常情况下，子女的生存全靠父母的照料和保护，而父母的生存则很少依靠子女的照料和保护。可见，造物主已经让父母对子女的慈爱变得非常强烈，以致它通常不需要激发，而常常需要为了减少溺爱而节制。因此，道德学家很少会花精力劝导我们如何宠爱子女，而是常常努力劝诫我们要如何减少对子女的溺爱和过分关切，并且不要太偏爱自己的子女而对别人的子女不管不顾。同时，道德学家常常还努力劝诫我们要多爱戴孝顺自己的父母，尤其在他们年老时，要适当报答父母在我们幼小时的养育之恩。甚至在基督教的《十诫》（Decalogue）中，也只是告诫我们要孝敬父母，而根本没有提及如何宠爱子女。造物主对我们应该如何履行宠爱子女的责任，显然早已作出了充分安排，因此，很少有人会由于夸耀自己有多么宠爱子女而受到指责。反之，如果有人过分炫耀自己有多么孝顺父母，有时候就会遭到怀疑。如果寡妇对丈夫的离世表现出那种十分夸张的悲痛，那她也会出于同样的原因而被怀疑是否出于真心。当然，如果我们认为她的悲痛是真诚的，即使表现得有点夸张，我们也会给予尊重。这时，即使我们不会完全赞同，但也绝不至于会严厉谴责。总之，真挚的情感即使表现得有些过分或夸张，似乎也值得赞赏，至少他们本人会这么看。刚刚那个"丧夫之痛"的例子就是一个很好的证明。

14　　　上述那些天伦亲情，常常会由于表现过分或夸张而极易招致反感。不过，即使这种表现可能会受到指责，但也绝不至于令人憎恶。比如一方面，我们会责怪父母过度宠爱和迁就孩子，因为事实证明溺爱不仅对孩子有害，同时对父母也极为不利；而另一方面，我们同时又非常理解父母对孩子的这种溺爱，所以就不至于憎恨和厌恶这种溺爱。反之，如果有人对孩子缺少那种常见的宠爱，则总是会令人特别讨厌。如果一个人对自己的亲生孩子都漠不关心，并且在各种场合都极其严厉粗暴地对待亲生孩子，那他似乎就是最野蛮最可恨的人。当至亲至近者遭遇不幸时，我们必然会感同身受，因此，任何合宜感的要求，都无法完全阻断这种特殊亲情；反之，如果我们对至亲至近者的不幸都漠不关心，那就比过分宠爱他们还更令人厌恶。在这些自然亲情面前，斯多葛学派主张"我们要减弱对涉及自身利益的关切"，就显得十分冷漠而让人无法接受。更何况，试图用来支持这种观点的各种诡辩，其实都是形而上学的，这些诡辩不但不会产生任何积极作用，反而只会让那些原本放荡不羁的纨绔子弟变得更加肆无忌惮，以致他们在对待自己的亲人时也像对待陌生人那样冷酷无情。有些诗人和爱情剧作家，比如拉辛[①]和伏尔泰[②]，以及理查森[③]、毛利沃克斯[④]和尼科波利[⑤]，他们尤其擅长刻画描写爱情、友情、亲情，并且很好地揭示了这些个人情感和天伦亲情中所蕴含的种种珍贵与美好，这就足以有力地驳斥芝诺[⑥]、克利西波斯[⑦]、爱比克泰德等斯多葛学派哲学家在这方面的各种诡辩。

总之，尽管我们常常会像第一派道德学家所指责的那样，缺少对他人不幸的同情，但这并不会阻断我们心中对至亲好友遭遇不幸时的格外关切，不会阻断我们经常悲伤而深情地怀念那些逝去的好友。这种内心深处的痛楚，正如诗人格雷[⑧]描写的那样，其实是"对至亲至爱的暗自悲伤"，而绝非那种令人讨厌的感觉。也就是说，至亲好友所遭遇的不幸，尽管会间接地让我们感到悲伤难过，但我们的内心却充满了珍贵的亲情与友情，美好而惬意。 15

第二类不幸——也就是那些立即会直接影响我们的身体、命运或声誉的不 16

---

① 译注：拉辛（Jean Baptiste Racine，1639～1699），17 世纪法国诗人与悲剧作家，《菲德拉》（Phaedra）为其在 1677 年发表的剧作，剧中的女主角 Phèdre 虽为人继母，却爱上了她的继子。

② 译注：伏尔泰（Voltaire），请参阅本卷第二章第 19 段注。

③ 译注：理查森（Samuel Richardson，1689～1761），保守派作家，作品有《克拉丽莎》《帕米拉》等。他关注婚姻道德问题，多以女仆或中产阶级女性为主人公，善于描写人物情感和心理，开创了此后英国家庭小说的一种模式。其中，作品《帕米拉》开创了英国感伤主义文学的先河。他的写作风格影响了后世许多著名作家，例如卢梭的《新爱洛绮斯》。

④ 译注：毛利沃克斯（Pierre Maurivaux，1688～1763），法国喜剧和小说家。

⑤ 译注：尼科波利（Marie Jeanne Riccoboni，1713～1192），法国著名小说家。

⑥ 译注：芝诺（指 Zeno of Citium，约前336 年～约前264 年），出生于塞浦路斯的季蒂昂，古希腊哲学家，斯多葛学派的创始人。芝诺第一个明确地将哲学分为逻辑、物理学和伦理学。他对赫拉克利特的"火"加以改进，认为火是世界的始基，而神则是原始的火，万物的形成是火的作用。芝诺主张顺其自然、服从命运，认为这就是"善"；著有《共和国》《论依照自然生活》等，他被认为是自然法理学的真正奠基者。

⑦ 译注：克利西波斯（Chrysippus，前280 年～前207 年），古希腊哲学家，在公元前232 年成为斯多葛学派的第三代领袖。

⑧ 译注：格雷（Thomas Gray，1716～1771），英国诗人。

幸，情况就不尽相同了①。这时，如果我们的情绪反应过度，通常就远比情绪反应不足更容易显得不合时宜而招致反感。更何况，只有在极少数情况下，我们对自身情绪的克制，才有可能非常接近斯多葛学派所说的那种淡定与泰然的程度。下面就来分析一下第二类不幸。

17　　　首先，是那些直接影响我们身体的不幸。我在前面已经指出②，对于那些源于身体的疼痛，尽管我们自己的反应通常会非常强烈，但旁观者却极少能够感同身受。然而，因意外而导致的身体外部伤痛，比如肌肉割伤或划伤，往往还是会激起旁观者的强烈同情。比如一个濒临死亡的邻居，就很少不让人为之感到深切的悲伤。可见，当事人对这两种剧烈痛苦的反应通常都会非常强烈，尽管旁观者极少能够感同身受，但还是会产生强烈同情。反之，当事人对自己身体所遭受的这种剧烈痛苦如果表现得非常轻松，这不但不会引起旁观者的反感，反而会赢得钦佩。

18　　　其次，是那些直接影响我们命运的不幸。一个人仅仅因为缺少财富，或者仅仅因为贫穷，并不会引起多少同情。如果他对此抱怨不休，不但得不到什么同情，反而更容易让他成为鄙视的对象。比如，我们会瞧不起乞丐，尽管他可以通过死皮赖脸的哀求来从我们身上索要一些施舍，但他却无法成为我们真正同情的对象。然而，如果一个人从富裕沦落为贫穷，当事人通常会感到极度痛苦，这反而常常会引起我们最深切的同情。在当前社会状况下，只要当事人不存在那种非常严重的不端行为，就很少会发生这种不幸；更何况，即使有人遭遇了这种不幸，他也几乎总能得到很多同情和帮助，从而很少会陷入那种极度贫困的境地。因为他除了可以得到朋友资助之外，往往还会得到那些之前一直抱怨他行事鲁莽的债主的宽容，进而得以维持那种虽然简朴平淡，但还算有几分体面的生活。对那些从富贵沦落为贫穷的人，我们也许容易理解他们落魄之后的那种内心脆弱。不过，这些遭遇坎坷而落魄潦倒的人，如果他们仍然能够表现得神色坚定，如果他们能够轻松适应新处境，如果他们并未因失去财富而觉得丢脸，而且还能凭借自己的品行而不是过去的财富来继续维持其社会威望，那他们所表现出的这种淡然，不但不会令人反感，反而会令我们肃然起敬而由衷赞赏。

19　　　最后，是那些直接影响我们声誉的不幸。所有那些能够直接让一个清白无辜

---

　　① 译注：主要不同在于：我们对第一类个人不幸（即至亲好友的不幸），通常会反应过度或表现夸张，然而，即使这些过度表现有违合宜性，人们也会表示理解而不至于受到指责。反之，如果对亲人的不幸冷漠无情，就会遭到谴责。而我们对第二类不幸，通常也会反应过度或表现夸张，并且往往也会有违合宜性，然而这些过度表现有些会得到人们的理解甚至深切同情，但有些却会遭到指责。反之，如果对自己遭受的不幸表现出那种"淡然"，这不但不会遭到指责，反而会令人钦佩。

　　② 译注：请参阅第一卷第二章第一节。

者立即深陷痛苦的外在不幸，其中最令人痛苦的，当然莫过于他因蒙冤而名誉受损。因此，如果一个人对那些有可能导致这种巨大不幸的一切事情总是保持高度警觉，那他并不会显得有失风度或招人反感。当一个年轻人面对那些有损自己品行或名誉的不公指责时，即使他所表现出的愤慨有些太过激烈，我们往往也会更多倾向于理解尊重他。比如一位纯洁少女，必然会为那种有损她贞洁的无端流言蜚语而深受折磨，因此，她这样的痛苦和愤慨往往就会得到充分的理解体谅。人世间的种种荒唐与不公，在那些年长者眼里已经见怪不怪，因为他们已经磨砺得不太在意世人的指责或称赞。年长者不仅会无视或鄙视各种针对自己的诽谤，甚至还会不屑于对那些荒诞无稽的造谣者表示任何强烈的愤慨，以免有辱自己的名声。他们的这份淡然，完全得益于他们在长年的生活磨砺中所牢固树立的那种坚定信念。不过，这种淡然并不适合出现在年轻人身上，更何况，年轻人既不可能也不应该具有这样的淡定。如果年轻人过早表现出这种淡定，就意味着他们在后续的成长岁月中，可能会对真正的荣誉和耻辱表现出一种无所谓的态度，以致无法建立正确的荣辱观。

其他所有立即会直接影响自己的第二类不幸，其实都同上述三种不幸一样，即使我们表现得满不在乎，也很少会显得不合时宜而招致反感。这是因为，当我们在回想起自己对他人不幸的深切同情时，往往会感到愉快和满足；而我们在回想起对自身不幸的过度关切时，往往会感到几分羞愧和可耻①。正是这种力量，激发我们每个人在遭遇不幸时尽力"自我克制"。接下来，就让我们考察一下"自我克制"究竟是如何发挥作用的②：　　　　　　　　　　　　　　　　　20

在日常生活中，我们常常会碰到各种程度不同的自爱表现与自我克制，只要我们对它们稍作考察，就很容易搞清楚：我们之所以常常能够克制人性中的阴暗面，其实并不是从那些深奥难懂的诡辩式三段论③推理当中练就的，而必定是从　　　21

---

① 译注：这两句话的意思是说，我们对自己遭遇的不幸（即第二类会直接影响我们的不幸），如果表现太强就会得失宜不得体，事后回想起来就会觉得羞愧；如果表现不足甚至对自己冷漠无情，别人可能也不会说什么，甚至在抑制剧烈痛苦后还会赢得旁人的敬佩。然而，对他人或至亲好友的不幸（即第一类会间接影响我们的不幸），如果我们表现得"无动于衷"，必定会遭到指责。所以，合宜性通常会要求我们对他人的不幸表现出深切的同情，从而在事后回忆起来时觉得自己的"同情"表现是满意而合宜得当的。

② 译注：请读者注意，最后这句"正是这种力量……发挥作用的"在英文原文中并没有，是译者为了上下文转折过渡而添加的。此外，本章第12～20段，英文原文的逻辑条理其实并不太清晰，以致这些段落第二稿的校译，译者就花了十几天时间，希望能够接近作者原意。有兴趣的读者，可以参阅英文版或其他译本。

③ 译注：三段论（Syllogisms）是演绎推理中的一种简单推理判断方法。它的推理过程通常以一个一般性原则开始（大前提），接着进行一个附属于一般性原则的特殊化陈述（小前提），最后引申出一个符合一般性原则的特殊化陈述（结论）。三段论是人们进行数学证明、办案、科学研究等推理时，能够得到正确结论的科学思维方法之一，是演绎推理中的一种正确思维形式。

"我们每个人都要顾忌真实旁观者和心中那个假想的旁观者对我们行为的感受或看法"这条造物主为了培养我们具有自我克制和其他美德而确立的伟大戒律当中练就的。

22　　　非常年幼的小孩，尚不具备任何自我克制力。无论他的感受是害怕、伤心还是愤怒，他都会大声哭闹，以借此尽量吸引保姆或父母的关注。当一个小孩仍需接受宠爱他的人的特殊照料时，愤怒也许就是他需要首先学会克制的情绪。看护人为了自己的耳根清净，常常不得不通过大声呵斥来恐吓小孩子停止哭闹。正是这种恐吓，教会小孩子开始关注自己的安全，进而让他的哭闹得到收敛。当小孩子到了能够上学或者能够跟同龄小伙伴一起玩耍的年龄，他很快就会发现，同学或小伙伴们根本不会像父母那样袒护宠爱自己。这必然就会促使他想要去赢得小伙伴们的好感，从而避免遭到他们的讨厌或轻视。甚至只是出于自身安全的考虑，他也会迫使自己顾忌同伴的感受。他很快就会发现，想要做到这一点，就必须把诸如愤怒这样的所有情绪，全都抑制降低到玩伴或同伴乐意接受的程度。于是，他就踏进了自我克制这所伟大学校，开始练习如何更好地克制约束自己，进而开始践行那条约束自身情感的戒律。然而，一个人即使历经毕生修炼，也很难让"自我克制"完全运用自如。

23　　　当一个人深陷疼痛、疾病、悲伤等各种个人不幸之时，如果有朋友前来探望，即使是意志最薄弱的人，也会立刻浮现出朋友对自己不幸遭遇可能持有的看法；如果前来探望者是陌生人，则更是如此。正是出于对前来探望者看法的顾忌，立刻让他转移了对自己不幸遭遇的关注，进而在朋友来到自己面前的瞬间，让自己的心情得到几分平复。尽管这种平复作用就像机器的自动运转那样，仿佛是在瞬间发生的，但它在意志薄弱者身上的作用并不会持续太久。意志薄弱者对自己不幸遭遇的感受，很快又会重上心头，进而让他像之前那样继续沉溺于哀叹、哭泣和悲痛之中。可他的这种表现，却无异于一个学龄前的小孩子那样试图通过无休止的哭闹来索求旁观者的更多同情，而不是通过克制并降低自己的悲痛来接近旁观者能够体谅同情的程度。

24　　　在意志稍微坚定者的身上，这种平复作用则会更持久。这是因为，他会尽量把注意力集中在朋友可能对自己处境持有的看法上。因此，为了赢得朋友的敬佩与赞赏，他不仅会继续保持内心平静，而且同时还会觉得，尽管他承受着眼前这个巨大不幸的痛苦和压力，但自己只要保持情绪平静，只要自己的悲伤没有超过朋友实际所能接受的程度，朋友必然就会敬佩和赞赏自己。正是凭借想象中来自朋友的那种赞许，让他赞同并欣赏自己的克制行为，并为之感到高兴，进而得以支撑他更加从容地坚持这种恢宏而高尚的努力。大多数情况下，他都会避免提及自己的不幸遭遇；如果他的朋友教养良好，也会尽量避免提及可能会让他回想起那些不幸遭遇的话题。他自己会尽量像平常那样，用一些无关紧要的话题来同大家愉快地交谈，或者，即使他觉得自己足够坚强而且敢于谈论自己的不幸，他也会尽量按照他觉得大家可能乐意接受的方式来谈论自己的那些不幸，并且确保自己的情绪反应不会超过朋友所能接受的程度。然而，如果他尚未很好掌握"自我克制"这条严苛戒律，那他很快就会对这种自我克制心生厌恶。探望他的朋友待得越久，就越是让他疲于"自我克制"，他就越是急切希望客人尽快离开；因为他随时都有可能像没有朋友在场时那样，再次放任自己悲伤痛哭，进而暴露自己的薄弱意志。当今流行一种很好的方式，可以最大限度地体谅那些意志薄弱的人，就是当他们遭遇重大家庭变故时，在一定时间内，除了至亲好友之外，不允许陌生人前去探望。人们通常会认为，同陌生人在场相比，亲朋好友在场所造成的拘束更少；更何况，遭遇不幸的当事人，也有理由期待从亲朋好友那里得到更多的宽慰和同情，所以会更喜欢亲朋好友在场的那种感觉。但有些城府很深的仇敌，自以为别人不知道他们心怀鬼胎，往往也喜欢像最亲密朋友那样，假仁假义地抢在第一时间前来探望。在这种情况下，即使当事人是这个世界上意志最薄弱的人，他也会出于对仇敌不良意图的愤慨和鄙视，而尽量表现出那种男子汉气概，从而让自己表现得尽可能轻松自如一些。

只有那些在"自我克制"这所伟大学校接受过充分训练的人，才会真正变得坚定而刚毅、明智又正直，进而让他得以在人世间的熙熙攘攘和名利角逐中，无论是面对派系斗争中的诽谤与不公，还是面对战争中的艰难困苦与重重危险等诸如此类的任何不利处境，都能够对自己的消极情绪反应保持那种应有的克制。并且，无论是独处还是在社交场合，他几乎都能保持同样的神情自若，心情也几乎都能保持同样的平静；无论是成功还是失败，无论是身处顺境还是逆境，无论是在朋友面前还是在仇敌面前，他往往都会表现出那种必要的男子汉气概。因为他片刻也不敢忘记，公正旁观者会一直关注和评判他的情感和行为表现，片刻也不敢让自己心中那个公正旁观者放松警惕。他已经练就了总是用心中那个大法官的眼光来审视涉及自己的所有事情。即使这种自我克制能力对他来说已经驾轻就熟，但他仍然需要持续不断地练习和实践。实际上，他时时刻刻都必须按照心中那个令人敬畏的大法官的要求，来尽力塑造自己的外在言行举止和内在道德情操。因此，他不仅会顾忌公正旁观者的评价，而且还会真心接受那些评价；他几乎将自己视同或者完全变成了一个公正旁观者，从而几乎完全按照心中那个行为大法官的指引去看待和应对周围的一切。

在那种需要"自我克制"的场合，每个人对自身行为"自我赞许"的程度究竟是高还是低，其实完全与那个行为本身所要求的"自我克制力"的大小成正比。如果某个行为本身就不太需要太高的自我克制力，那它就不太值得自

25

26

我赞许。比如，当一个人仅仅擦伤了自己的手指，即使他立刻忘掉了这种不足挂齿的不幸，他也不会称赞自己的这种行为。但是，当一个人被炮弹炸掉了一条腿，如果他的言谈举止在片刻之后就恢复到往常的那种平静与镇定，那他就做到了更高程度的自我克制，他必然也会为此感到更高程度的自我赞许。然而对于大多数普通人来说，如果遭受"被炸掉一条腿"这种突发伤害，他们对自身不幸的本能反应，会让他们很难抑制这种剧烈痛苦，以致再也无法顾忌旁观者的看法。此时，除了自身的痛苦和恐惧之外，他们既不会在意其他任何人的感受和看法，也不会再顾忌其他任何事情。此时，无论是他们心中假想的那个公正旁观者的看法，还是那些碰巧在场的真实旁观者的看法，在他们眼里仿佛完全视而不见。

27　　当一个人遭遇不幸时，造物主对他合宜得当表现所给予的奖赏，完全同他行为表现的得体程度成正比。也就是说，当一个人在遭遇痛苦或不幸时，造物主对他承受苦难所给予的唯一补偿，不仅与他行为得体的程度相同，而且还与他所遭受痛苦和不幸的程度成正比。如果战胜痛苦的本能反应所要求的"自我克制力"越高，那么，这种征服所带来的愉悦感与自豪感就越强；而这种愉悦感与自豪感又是如此美妙，因此没有人不乐于陶醉其中。痛苦和不幸，此时再也无法侵入那个完全被自豪与得意占据的心房。斯多葛学派甚至认为，在意志坚定的智者眼里，战胜"被炸掉一条腿"这种突发不幸时所感到的幸福，在各方面都可以与其他任何幸福媲美。尽管这种说法也许有点言过其实，但至少有一点必须承认，那就是"自我克制"所带来的这种满足感和自豪感，即使无法完全消除一个人所遭受的痛苦，也必定会大大缓解他的痛苦。

28　　当一个人遭遇"被炸掉一条腿"这样的飞来横祸时——如果允许我这样形容的话，如果他想要让自己保持镇定，即使是最理智最坚定的人，我认为他也不得不付出巨大而痛苦的努力。因为，他对自身痛苦的本能反应，对自身处境的内心感受，必定让他深受折磨；因为，如果他不付出巨大努力，就不可能把注意力全部集中在公正旁观者的看法上。自己的感受和旁观者的看法，往往会不自觉地同时出现在他脑海里。一方面，荣誉感和自尊心，会促使他尽量关注旁观者的看法；而另一方面，那些不受驾驭而难以克制的本能反应，又会不断呼唤他更多关注自己的感受。所以，当一个人遭受"被炸掉一条腿"这种突发不幸时，就很难再把自己视同心中假想的那个旁观者，很难再成为自己行为的公正旁观者。他脑海里所存在的这两种不同声音，彼此独立而差异明显，所激发的行为表现也不相同。如果他听从荣誉和尊严的呼唤，造物主当然不会让他得不到丝毫报偿；至少，不仅会让他感受到那种十足的自豪与得意，而且还可以让他陶醉于每个公正旁观者的由衷赞美中。不过，根据造物主那亘古不变的法则，仍然需要他自己去承受那些剧烈痛苦；尽管造物主所给予的奖赏非常可观，但却不足以完全补偿他所承受的痛苦，甚至同他所承受的痛苦极不相符。如果"战胜巨大痛苦"时的那种自豪与得意，真的能够完全弥补一个人所承受的剧烈痛苦，那么，即使出于自利的本能，他也毫无必要费心尽力地提防遭受意外不幸。每个人之所以会竭力避免遭受意外不幸，是因为它会削弱一个人对自己和社会的有益贡献。更何况，造物主出于她对人类社会与每个人父母般的关怀，本来就告诫每个人都要警惕遭到任何意外伤害。总之，当一个人在承受那种飞来横祸的剧烈痛苦时，尽管可以在神情上保持那种男子汉气概，甚至在判断上还能保持那种镇定与冷静，但他要做到这些，却需要付出无比痛苦的艰辛努力。

　　然而人类的天性，绝不会让一个人的痛苦一直持续。因此，如果一个人挺过了"被炸掉一条腿"这种飞来横祸的痛苦，那他很快就会在无须付出任何努力的情况下，继续享受往日的平静。尽管那个装着木头假腿的人毫无疑问可以预见到，自己必将在余生中一直遭受各种痛苦和极大不便，但他很快就会变得完全像每个公正旁观者那样，只会把木头假腿仅仅看作一种不便而已，因此，也就不会再影响他享受平常独处或社会交往时的各种乐趣。很快，他就把自己视同心中假想的那个公正旁观者；很快，他就变成了自身处境的公正旁观者。随后，他再也不会像当初那样，如同一个懦夫般为自己的木头假腿哭泣、哀叹和悲伤。最终，他就会完全习惯于用公正旁观者的眼光来看待自己的不幸，从而无须再付出任何努力或意志力，就可以坦然面对和正视自己的不幸。 29

　　通常情况下，无论一个人遭遇了什么变故，他迟早都会适应自己所必须面对的长期处境。尽管这种说法可能会误导我们，进而让我们赞同斯多葛学派的某些观点；不过，至少他们下述这些观点，几乎都是非常正确的。斯多葛学派认为：就真正的幸福而言，一种长期处境与另一种长期处境相比，其实并没有本质差别，即使它们之间存在某些差别，那点差别也不过只是一种处境顶多会成为某些人选择或偏爱的对象，而不足以成为人们热切渴求的对象；或者说，那点差别也不过只是另一种处境顶多容易遭到某些人的厌弃或逃避，进而成为他们排斥的对象，而不足以成为人们极度嫌恶的那种对象。因为真正的幸福，就在于内心宁静与怡然自得。没有内心的宁静，就不会有真正的快乐；而且只要做到内心的真正宁静，就几乎没有什么事情不会带来快乐。当一个人长期身处某种处境时，如果他并没有丝毫改变自身处境的愿望，那他的心境迟早都会回到往常那种自然的平静状态。也就是说，即使一个人取得了好运或成功，但经过相当一段时间之后，他那高兴劲儿也会慢慢回落到平常状态；反之，即使一个人遭遇了意外或不幸，但经过相当一段时间之后，他那沮丧的心情也会慢慢回升到平常状态。比如，那 30

个风流倜傥而放荡不羁的<u>洛赞伯爵</u>①，当他被囚禁在巴士底②监狱时，在经过一段时间的孤独寂寞之后，很快就恢复了内心的平静，甚至还以喂养蜘蛛为乐。内心越是强大的人，也许可以更快恢复内心平静，而且也能更快从自己的精神世界中找到更高雅的乐趣。

31　　　导致人类生活不幸与混乱的主要根源，似乎就是对一种长期处境与另一种长期处境之间的那点差别估计过高。比如，贪婪，其实就源于过高估计贫穷与富裕之间的差别；野心，其实就源于过高估计平民百姓与达官贵人之间的差别；虚荣，其实就源于过高估计籍籍无名与声名远扬之间的差别。如果一个人过于看重财富、权力和虚名，如果一个人总是脱离自己的现实处境而整天沉迷于各种痴心妄想，那他不仅会痛苦不堪，甚至还会为了达到个人目的而不择手段，进而破坏社会的安定。然而，只需略作观察，我们也许就会相信，一个人即使境遇普通而生活平凡，只要他时刻心怀善意，同样也可以过得安心、快乐和满足。某些优越的处境，确实更值得我们偏爱，但却没有一种值得我们不择手段去追求，更不值得我们为之违背审慎或正义。否则，就会破坏我们将来的内心宁静，以致每当我们回想起自己的愚蠢行径时，就会感到羞愧难当；每当回想起自己那令人恐惧的不义行为时，就会感到懊悔不已。任何想要改变自身处境的企图，绝不能违背审慎，更不能违背正义；否则，任何执意尝试这么做的人，无异于执意冒险去玩那种必输的赌博游戏，无异于把自己的全部家当全都押在一个毫无胜算的赌局上。

---

①　译注：洛赞伯爵（Counte de Lauzun，即 Antonin Nompar de Caumont，1633～1723），法国大臣，以追求显赫女人而出名，曾经获得国王路易十四的多次赦免。据说他最初由于追求路易十四的堂姐（年龄和地位都超过他很多）而触怒国王，并在 1665 年被关在巴士底监狱里长达 6 个月。他后来在 1670 年又追求公主蒙庞西耶（Montpensier），他向公主求婚并获得了国王的同意，但三天后国王又取消了这门婚事，并于 1671 年将他流放关押在今意大利皮德蒙（Piedmont）的皮内罗洛（Pinerolo）要塞（当时被法国占领）长达十年之久，直到 1681 年才获得释放。他出狱后和蒙庞西耶可能已经结婚，但在 1684 年由于出现矛盾而分居。1688 年英国光荣革命后，洛赞受命将被迫退位的英国国王詹姆斯二世及家人安全带到法国接受路易十四的庇护。从 1689 年 3 月开始，他率领军队在爱尔兰作战，试图帮助詹姆斯二世恢复王位，但最终在 1690 年 7 月失败。1692 年，他被封为公爵。
②　译注：巴士底（Bastille），指巴士底监狱或巴士底狱。Bastille 在法文中意为"城堡"，巴士底是一座非常坚固的要塞，所以它最初也被称为巴士底要塞。巴士底是根据法国国王查理五世的命令，按照 14 世纪著名的军事城堡的样式而建造的。18 世纪末，巴士底狱是控制巴黎的制高点，自亨利四世后，法国国王在巴士底狱驻扎了大量军队。这里同时也成了关押政治犯的监狱，凡是胆敢反对封建制度的著名人物，大都被监禁在这里。巴士底狱因此成了法国专制王朝的象征。1789 年 7 月 14 日，巴士底狱被奋起反对法国王室专制的巴黎市民摧毁，现原址已被巴黎市区东部巴士底广场的七月革命烈士碑取代。攻占巴士底狱（Storming of Bastille）成了全国革命的信号，各个城市纷纷仿效巴黎人民，武装起来夺取市政管理权，建立了国民自卫军。不久，由人民组织起来的制宪会议掌握了大权。

国王伊庇鲁斯①与宠臣之间的这段对话，也许可以很好地说明，平凡的普通生活也有其幸福与快乐之处。当国王逐个讲完他打算实施的全部征服计划后，宠臣问道："陛下，您接下来打算做什么呢？"国王回答说："我打算跟朋友们开心一下，同大家一起开怀畅饮。"那位宠臣接着问道："可现在究竟有什么事情，妨碍陛下同朋友们开怀畅饮呢？"可见，我们梦寐以求的那些高贵光鲜的处境，不仅无法随时带给我们那种真正的幸福和快乐，实际上反倒不如那些平凡的普通处境那样，可以让我们随时轻松享受那份安枕无忧的快乐。即使生活在那种最卑微的处境中，只要拥有个人自由，我们也可以从中找到生活的乐趣；而那些最高贵光鲜的境遇，也不过只是可以增加我们一点虚荣心和优越感而已。并且，虚荣心和优越感所能带来的愉悦，几乎很难与内心的宁静并存；然而，唯有内心宁静，才是真正让人获得满足与快乐的根本和基础。更何况，我们梦寐以求的那些光鲜处境，通常还不如我们急于脱离的那些卑微处境那样，可以让我们安心地获得那种真正的满足与快乐。如果你回顾一下历史，如果你回想一下自己人生过往中周围所发生的一切，如果你用心分析一下所有你读过的、听过的或记得的那些无论是平民百姓还是达官贵人所遭遇的巨大不幸，那你就会从中发现他们当中绝大多数人的不幸，其实都是源于他们对自己原本已经非常优越的处境仍不知足，源于他们不懂得应该坐下来安心享受当下的快乐。这就如同那位总是试图依靠补药来强健身体的人一样，他的早死，正是源于他对自己原本健康的身体仍不知足，以致他最后在自己的墓碑上写道："我身体原本不错，可我希望变得更好，但补药却让我躺在了这里。"这个例子也许极为恰当地诠释了，当贪婪与野心落空时，为什么普遍会带来巨大痛苦。

也许有人会觉得下面这些说法很奇怪，但我却觉得它非常有道理。对大多数人来说，如果他们所遭受的不幸根本无法补救，普遍要比还有补救机会时更容易恢复到往常那种自然的平静状态②。而且我们还可以发现，一方面，意志坚强者与意志薄弱者，无论他们是同样遭遇飞来横祸，还是同样遭受人生的第一次巨大打击，他们的情感与行为表现通常会有明显差别。但另一方面，不管怎样，时

32

---

① 译注：伊庇鲁斯（Epirus）是在亚历山大大帝死后处于分裂状态的希腊北部的一个小王国，这里的国王就是指皮洛士（King Pyrrhus，约前319年～前272年）。他年少时就崇拜亚历山大大帝并暗藏野心，12岁就继承王位但又被流放。后来跟随姐夫德米特里征战小亚细亚并参加易普斯河战役（公元前301年），他随后来到托勒密埃及，并且很快被托勒密招为婿。在托勒密国王支持下，他得以重返伊庇鲁斯复位。他醉心于马其顿亚历山大的功业，企图在地中海地区建立一个大帝国。他在意大利的征战中一度击败安提柯二世，并成为罗马称霸亚平宁半岛的主要敌人之一，后来在征战斯巴达（斯巴达之围）时遭遇强烈抵抗而不幸战死。

② 译注：比如，遭遇意外而截肢的人也许会尽快调整心态以面对那个无法改变的现实；如果一个人双腿严重骨折，漫长的等待康复的"痛苦"可能反而更持久。

间——这个无处不在的伟大安慰者——最终还是会让意志薄弱者逐渐恢复平静，迟早都会让他达到意志坚强者在开始时出于个人尊严和男子汉气概所应表现出的那种平静。前面提到的那个安装木制假腿的人就是这种观点非常有说服力的一个例子。当一个人遭遇孩子、朋友或亲人死亡这种无法挽回的不幸时，即使是意志坚强的智者，也会一度陷入几分悲痛之中。一个慈爱却内心脆弱的母亲，当她遭遇孩子或亲人死亡这种无法挽回的不幸时，常常会难过得几乎伤心欲绝。不过，哪怕是内心最脆弱的女人，时间——不论长短——最终也会让她的心情逐渐平复，进而最终达到与内心最坚强的男人相同的平静程度。当一个人遭遇那种立即会直接影响自己的而且无法补救的飞来横祸时，只有意志坚强的智者才会在开始时就努力尽快恢复平静，进而得以提前享受内心的平静。因为他已经预见到，无论是经过几个月还是几年，时间最终会让自己的内心恢复平静。

33　　　当一个人遭遇了那种通常可以补救或者他自以为可以补救的不幸，如果所要求的补救办法超出了他的能力范围，那他为恢复内心平静所做的尝试和努力就是徒劳无益的；因为他不仅会一直担心自己的努力是否能够成功，而且在补救失败后会感到更加失望。这两点，不仅会妨碍他恢复到那种自然的平静状态，甚至往往还会让他终身为之痛苦。然而，如果一个人遭遇了那种明显无法补救的更大不幸，那他的心烦意乱也许不会超过两个星期。比如，从备受国王恩宠到失宠下野，从大权在握到平头百姓，从富甲一方到一贫如洗，从自由自在到身陷囹圄，从身体健壮到病痛缠身——比如那种无法治愈而困扰不断的慢性顽症，等等诸如此类的种种巨大不幸，只有那些极少去做无谓抗争的人，只有那些极其从容而坦然地甘心接受自己遭遇的人，才能更快恢复自己往常那种自然的平静状态，才能用那种也许比最公正旁观者更为恰当的眼光，去看待他必须实际面对的那些最令人讨厌的处境。一个不幸失势的政治家，如果试图通过党同伐异、阴谋诡计和拉帮结派来东山再起，反而会扰乱他内心的平静。一个破产者，如果沉迷于再创宏图伟业或者沉迷于发现金矿，反而会令他日夜心神不宁。一个囚犯，如果总是在密谋如何越狱，那他反而无法体会到监狱生活所提供的那种安全无忧。医生的良药，在身患绝症者眼里往往反而会变成最大的痛苦。<u>卡斯蒂尔</u>王国^①曾经有位牧师，当国王<u>菲利普</u>（Philip）去世后，他为了安慰王后<u>乔安娜</u>（Joanna），于是就告诉王后说，从前有位国王死后，痛不欲生的王后每天都为国王祈祷，终于让国王在死后第十四年得以复活。然而，牧师的这个传奇故事，并没有帮助不幸的<u>乔安娜</u>王后那悲痛欲绝的内心恢复平静，反而让她也试图通过不停的祈祷来让国王成功复活，以致她很长时间都拒绝下葬国王；甚至在下葬后不久，她又把国王的

---

① 译注：卡斯蒂尔王国（Castile），古西班牙北部的一个小王国。

遗体从陵墓中挖出来，并且几乎天天守着国王的遗体，细心看护照料着国王，就好像着了魔似的，焦急而殷切地期待着她那心爱的<u>菲利普</u>国王复活的幸福时刻①。

我们对他人情感的那种深切的共情能力（译按：亦即同理心），不仅与"自我克制"这种男子汉气概并不矛盾，反而正是男子汉气概赖以产生的基础。正是天性或本能当中的这种同情体谅能力，一方面促使我们在别人遭遇不幸时去理解体谅他的悲伤；另一方面又促使我们在自己遭遇不幸时去克制自己的悲伤和痛苦，减少那种凄惨的哀哭。正是天性或本能当中的这种同情体谅能力，一方面促使我们在别人成功顺遂时去祝贺他并分享他的喜悦；另一方面又促使我们在自己成功顺遂时去克制心中的欣喜，以免高兴过头而得意忘形。可见，无论是面对别人的悲或喜，还是面对自己的悲或喜，我们所表现出的情感和情绪反应，其合宜程度似乎都完全取决于我们对他人情感和情绪反应的同情体谅的充分与有效程度②。 34

因此，如果一个人不仅能够充分克制自己天性中的自私，而且还能够充分理解体谅他人的自私心与同情心③，那他就具有高度完美的德行，从而必然就会深受我们的热爱和敬重。如果一个人时时处处都对他人表现得温和、友善而儒雅有礼，同时对自己的不幸又表现得恢宏有气概、镇定自若而令人钦佩，那他必定会成为我们最喜爱和敬佩的自然对象与真正对象。 35

一般说来，如果一个人天生就容易培养出"温和、友善和儒雅"这一组待人的美德，那他同样也容易培养出"恢宏、镇定和可敬"这一组克己的美德；如果一个人能够充分同情体会他人的悲或喜，那他同样也容易培养出如何充分克制自己的悲或喜；如果一个人极为宽厚仁慈，那他自然最有可能培养出那种极高的自我克制力。然而在现实生活中，一个人未必总能培养出自我克制这种美德，并且这种情况往往非常普遍。比如，如果一个人长期过着那种非常安逸而平静的生活；如果一个人从未经历过激烈的派系斗争，也从未切身体会过战争的艰难困苦和重重危险；如果一个人从未遭受过上司的蛮横无理、同僚的狐疑猜忌与恶意嫉妒，也从未遭受过下属的不义暗算。那么，这样的人根本就不可能培养出什么 36

---

① 原注：见威廉·罗伯森（William Robertson）著《国王查理五世的统治》第2卷（第1版）第14～15页。

② 译注：本段所说的"同情体谅"其实就是指"同理心"。我们对他人悲伤或喜悦所表现出的情感和情绪反应的合宜程度取决于我们对他人同情的充分与有效程度，这一点也许很好理解。然而，我们对自身悲伤或喜悦所表现出克制的合宜程度也取决于我们对他人同情的充分与有效程度，这一点也许就不太好理解。后一种同情其实指我们换位思考"他人会如何看待我们的悲伤或喜悦"；而我们的换位思考（即同情或同理心）越充分，那我们所表现出的自我克制越合宜得体。

③ 译注：这里的"同情心"（即"同理心"），其实指他人对我们悲伤或喜悦的同情理解程度。而这句话的意思是说，如果他人同情理解我们的程度不够，我们也要理解体谅对方这种不太充分的"同情心"。

自我克制力。以致在今后的岁月里，如果他由于命运突生变故而遭受上述种种不幸时，就会对他造成非常剧烈的冲击。其原因就在于，他也许具有培养出最完美自我克制力的禀赋，但却从未得到实际锻炼磨砺的机会。可见，磨砺和实践是必不可少的；否则，如果缺乏磨砺和实践，任何德性都无法很好地养成。唯有苦难、危险、伤害、灾祸，才是我们学习实践"自我克制"这种德性的最好老师。可是，既没有人乐意投身于"苦难"这所学校，也没有人乐意受教于"苦难"这位老师。

37　　　同样，那种最适于培养仁慈这种宜人美德的环境，也绝不适宜于培养形成"自我克制"这种严苛美德。只有生活安逸闲适的人，才最容易关切别人的痛苦；而一个身陷困苦的人，却不得不首先关切并克制自己的痛苦感受。如果一个人过着那种远离纷扰、简朴达观而与世无争的生活，那他就如同身处那种阳光和煦的恬静与安逸之中，这种环境不仅最有助于他培养出仁慈这种宜人的美德，而且还有可能达到那种高度完美的境界。然而，这种恬静安逸的环境，却很难让那种最恢宏最高贵的自我克制力得到锻炼实践的机会。只有经历战火的浴血洗礼与党派斗争的明枪暗箭，只有经历公众骚乱与社会动荡的惊涛骇浪，才最有助于成功培养形成那种坚韧而严苛的自我克制力。然而这些痛苦的磨砺，必然也会让最强烈的仁慈倾向常常遭到抑制或漠视；并且，每一次这样的抑制或漠视，都必将削弱一个人天性中的仁慈。比如，不求敌人饶命和不饶敌人性命，尽管都是一名士兵的本分，但这种出于职责要求而不得不经常执行杀人的暴行，就不可避免地会让一个人天性中的仁慈遭到明显削弱。士兵为了求得自己心安，不仅极易淡化他亲手制造的那些不幸，而且常常觉得自己是迫不得已而为之。虽然战争容易产生那种最高贵的自我克制力，但它同时又会经常迫使一个人去侵犯同胞的财产甚至剥夺同胞的性命，进而总是会削弱甚至常常会彻底泯灭一个人对他人财产权和生命权的神圣尊重。然而，对财产权和生命权的尊重，却是正义和人性的基础。正因为存在这种矛盾，我们才会在人世间如此频繁地发现，有些人宽厚仁慈却又缺乏自我克制力，以致他们在追求崇高美德的过程中一旦遭遇困难或危险，就容易变得消极懈怠、踌躇不前而灰心丧气；反之，有些人尽管具有最完美的自我克制力，以致任何困难都无法让他们气馁、任何危险都不能令他们害怕，并且随时都可以英勇无畏而奋不顾身地投入到各种事业中去，但他们同时又会变得冷酷无情，似乎完全忘记了正义与人性。

38　　　当我们独处时，就容易对那些与自己切身相关的事物产生更强烈的感受：不仅更容易过度高估自己所做的善行，或者更容易过度高估自己所遭受的伤害；而且更容易因交到好运而高兴过头，或者更容易因碰到厄运而垂头丧气。当我们遭遇不幸时，如果找个朋友聊一聊，心情就会变得好一点儿；如果找个陌生人聊一聊，心情甚至还会更舒畅。因为，我们心中假想的那个公正旁观者，常常需要一个真实旁观者来唤醒他，进而让他铭记自己的职责——时刻提醒我们要正确看待自己的不幸并保持情感和行为合宜得体。然而，我们从心中假想的那个旁观者那里通常只会得到极少的同情和宽慰，因此，我们就有必要真正掌握"自我克制"这门人生必修课。

你正身陷不幸或逆境吗？那你千万不要暗自悲伤，更不要仅仅依靠亲朋好友的无度怜悯来调节自己的悲伤，而是要尽快回到现实生活与社会中，去接受人们那阳光般的温暖。也就是说，你应该同那些陌生人待在一起，同那些对你的不幸毫不知情或毫不关心的人待在一起，甚至不要回避与仇敌为伴。并且，你要让他们所有人都觉得，那个不幸对你的影响是多么微弱，而你又是多么藐视那个不幸。这样，不仅会避免他们幸灾乐祸，而且还会让自己心情愉悦。 39

你正身处成功或顺遂之中吗？那你千万不要独自为好运而欣喜若狂，更不要仅仅把快乐分享给你身边的朋友，因为在你的朋友当中，不乏阿谀奉承者，不乏试图通过攀附你的成功来改善他们自身命运的人；而是要更多亲近那些不依附于你的人，更多亲近那些根据你的品行而不是你的幸运来评价你的人。至于那些地位曾经高于你的人，你同他们之间的交往，既不要主动寻求，也不要有意回避；既不要勉强自己，也不要刻意躲避。因为，当他们发现你现在的地位已经同他们平起平坐甚至高于他们时，他们的自尊心也许就会受到伤害。他们甚至还会表现得傲慢无礼，以致让你感到十分不快；倘若他们没有那种傲慢表现，那你就大可放心，他们一定是你最值得交往的朋友。当然，如果你凭借自己的淳朴和谦逊就能赢得他们的好感和善待，那你也大可放心，你不仅已经表现得足够谦逊，而且也没有被好运冲昏头脑。 40

我们在道德情感上的合宜性与良知，通常并不那么容易遭到破坏，除非近在咫尺的旁观者太过放任和偏袒自己，或者客观公正的旁观者又距离自己非常遥远。 41

比如，当一个独立主权国对另一个独立主权国发动战争时，只有那些保持中立的国家才是客观公正的旁观者。可那些中立国，通常都距离交战双方非常遥远，以致它们几乎很难了解真相。因此，当两个国家处于敌对状态时，双方的国民都很少会去关心其他国家可能会对自己国家的行动持什么看法。主战者的一切愿望就是赢得自己国民的支持。而且，国民也同主战者一样，容易受到同仇敌忾情绪的鼓舞，因此，主战者取悦自己国民的最好办法，就是挑衅并进攻他们的敌人。这时，近在咫尺的旁观者（译按：指交战双方的国民）只会偏袒自己，而客观公正的旁观者（译按：指保持中立的外国）却由于距离遥远而无法发挥作用。所以，无论在交战正酣时还是在停战媾和时，正义准则都极少得到遵守。这时，诚实守信和公平正义几乎完全被置若罔闻，各种条约常常遭到无端撕毁；而 42

且，只要撕毁条约能够获得一点点实际利益，条约撕毁者几乎不会感到丝毫羞耻。如果一位外交大使成功蒙骗了敌对国的外交大使，那他就会受到本国人民的敬佩和赞扬。正直的人，既不屑于索取利益也不愿意被别人索取，甚至宁愿自己吃亏也不愿无耻地向别人索求。正直的人，在各种私人事务中，都会深受喜爱而备受尊敬，但在各种公共事务中，却会被看作一个不识时务的傻瓜和白痴，从而常常会招致同僚的鄙视甚至憎恨。在战争状态时，不仅所谓的国际法经常遭到亵渎，而且践踏国际法的人，其声誉在自己同胞面前也不会明显受损——他也只会在意自己同胞的看法。更何况大部分国际法，其实在制定时就很少考虑那些最简单明确的正义准则①。比如那些清白无辜的民众，即使他们同有罪的主战者存在某种关联或依从关系——民众根本无法改变自己的那种关联或依从关系，但他们也绝不应该由于这种关联或依从关系，而成为那些有罪主战者罪行或惩罚的替罪羊。这条正义准则，再简单明确不过了。更何况，即使是最不义的战争，通常也只有君主或主战者才是有罪的，而民众几乎总是完全无辜的。然而，敌国为了满足自身利益，无论什么时候，都会在陆地上或海洋上肆无忌惮地劫掠那些爱好和平的老百姓的财物。以致民众的土地遭到践踏而荒芜，他们的房子被烧毁，而那些民众，如果胆敢做出任何反抗，就会立即遭到杀害或监禁。可笑的是，所有这些对无辜者的肆意劫掠与残害，却被认为完全符合那些所谓的国际法。

43　　　　再比如，敌对派系之间的仇恨，无论是在民间还是在教会，往往都比敌对国家之间的仇恨更强烈，而且彼此采用的手段往往也更残忍。那些被某些人一本正经制定出来的所谓党章或教规，往往比那些所谓的国际法还更少考虑正义要求。哪怕是最激进的爱国者，也绝不会提出"是否应该对敌国保持信任"这种严苛的问题。然而，无论是"是否应该对投诚者保持信任"还是"是否应该对异教徒保持信任"，在国家政要们之间或教会长老们之间，却是一个常常会引起激烈争论的问题。但我觉得，那些所谓的投诚者和异教徒，无疑都是一些不幸之人；因为，每当派系斗争恶化到暴力冲突那种程度之时，不幸与厄运总是属于劣势的那一方。当一个国家因派系斗争而动荡不安时，无疑总会有那么一些人——尽管通常只有极少数人——能够不受各方争辩喧闹的干扰而保持自己的清醒判断。但他们不过只是一些彼此分散、势单力薄又毫无影响力的个体，而且他们常常还由于自己的公正直率而遭到排挤，以致得不到任何党派的信任。尽管他们都是最有智慧的人，但却因遭到排挤和不受信任，反而在社会中成为那种最无足轻重的人。所有这些头脑清醒的人，往往会同时遭到敌对双方狂热党徒的蔑视、嘲笑甚

①　译注：在15~17世纪的地理大发现时期，国际法更多体现的是强权意志，甚至各党派、团体、宗教在参与制定国际法时，也更多是出于自身团体的利益而不是出于国家利益考虑，以致经常公然出现有违正义准则的条款。

至憎恨。那些狂热党徒，往往都会讨厌并鄙视公正直率的人。以致公正直率者即使没有丝毫罪过，却往往遭到排挤；而狂热党徒尽管作恶多端，却反而有资格继续从事各种勾当。因此，在充满暴力和愤恨的党派争斗中，不仅道德良知的威慑力荡然无存，就连那些原本受人敬重的公正旁观者（译按：指头脑清醒的智者），也由于没有机会发挥作用而全部远离。也许在争斗各方的眼里，这个世界上根本就不存在那种需要敬畏的公正旁观者。他们甚至把所有的自我偏袒，全都嫁祸于上帝这个负责宇宙万物评判的大法官；进而常常觉得，他们心中那种无法平息的仇恨与怒火，就连上帝也会鼓励自己去报仇雪恨。可见，在可能导致道德败坏和良心泯灭的所有因素当中，党派盲从和宗教狂热的破坏力总是最强。

关于自我克制这个话题，最后我还要指出一点：那就是我们对"突然身陷重大灾难却依然表现得坚韧顽强者"所产生的钦佩之情，其实通常总是以"灾难会让那个人感到非常痛苦，因此，他必须付出非常巨大的努力才能战胜或克制那些痛苦"这个假设为前提。然而，其实还存在不同于这个假设的两种例外情形。第一种例外就是：如果一个人对肉体疼痛天生就毫无知觉，那么，当他在遭受酷刑折磨时，即使表现出那种极度完美的坚韧和镇定，他也不值得任何称赞；或者，如果一个人天生就不怕死，那么，当他在面临最可怕危险时，即使仍能保持冷静与镇定，他也不会被认为具有什么过人之处。关于这一点，<u>塞内卡</u>①曾经就说过这样一段夸张的话：<u>斯多葛</u>学派的智者，在自我克制方面的表现甚至超过了神，因为神在内心上的宁静与泰然自若，完全源于造物主的恩赐——造物主已经让他免受烦恼之苦；而<u>斯多葛</u>智者的淡然与处变不惊，却完全源于自身的修炼和自我克制力。

第二种例外则相反，有些人对某些直接影响自己的不幸会非常敏感，以致他们的反应有时会过于强烈，进而让任何自我克制力都无法再发挥作用。比如，一个意志力极度脆弱的人，如果他面临正在逼近的危险时就已经吓得昏厥过去或者全身抽搐，那么此时，任何荣誉感都无法帮助他克服心中的恐惧。尽管这种神经器质上的缺陷是否可以像人们所说的那样有可能通过逐步锻炼和适当训练来得到一定程度的治愈，这也许还存在争议，不过有一点似乎可以肯定，这种有神经器质缺陷的人绝不应该受到信赖或委以重用。

44

45

---

① 译注：塞内卡（Lucius Annaeus Seneca，约前4年～公元65年），古罗马政治家、斯多葛派哲学家、悲剧作家、雄辩家。曾任帝国财政官和元老院元老，后任司法事务的执政官及尼禄皇帝的家庭教师兼顾问。他在古罗马帝国时代的克劳狄王朝的三位元首统治时期，多次与死神擦肩而过，最后在公元65年，因他的侄子卢坎（Marcus Annaeus Lucanus，英文称Lucan，39～65年，古罗马诗人）谋刺尼禄事件，多疑的尼禄逼迫他承认参与谋诛，赐以自尽。塞内卡一生著作颇丰，几乎涉及了可以作为研究对象的一切实际领域。现在流传下来的哲学著作，仅存12篇关于道德的谈话和论文，以及收录于《道德书简》和《自然问题》中的124篇随笔散文，另有包括《菲德拉》在内的9部悲剧文学作品。

第四章 论自我偏袒①的天性，并论一般道德准则的起源与作用

01 　　我们对自身行为合宜性评判的扭曲，未必只有当真实的公正旁观者远离时才会发生。旁观者即使近在咫尺或者就在眼前，如果我们的自私心过于强烈，而公正心又过度失衡，有时候也足以诱使我们心中那个公正旁观者向自己提出一种完全背离真相的看法。

02 　　我们通常会在两个不同时间点去考量自己的行为，从而尽量用公正旁观者的眼光去审视自身的行为。首先，是在我们打算付诸行动之时；其次，是在我们行动结束之后。然而在这两个时间点，我们都容易严重偏袒自己；并且，往往越是需要公正评价的关键时刻，我们反而越是容易偏袒自己。

03 　　首先，当我们即将付诸行动之时，由于心情急迫，因此很难容许自己有足够的时间，像一个中立的旁观者那样去公正地审视我们即将付诸实施的行动。此刻，强烈的情绪会激发我们内心的冲动，进而扭曲我们对事物的看法。一方面，我们会尽量让自己从旁观者的角度，并且尽量采用旁观者通常会采用的眼光，来审视我们当时特别在意的事物；另一方面，我们心中那股强烈的情绪，同时又会不停地呼唤我们回到自己的立场。此刻，在自爱之心的作用下，所有事情在我们眼里似乎都被夸大和歪曲了。至于我们的行为在他人眼里将是什么样子，以及他人又会对我们的行为抱以何种看法，如此种种我们原本会有所顾忌的东西，这时就只是一些片刻就会消失的闪念而已——恕我直言；并且，即使这些闪念能够持续，也很难做到完全公正。甚至只是在出现闪念的那一片刻，我们也无法完全摆脱当时特定情境所激发出的那种激烈而迫切的冲动，以致一刻也无法像一个公正法官那样，毫无偏见地考量自己即将付诸实施的行

---

　　① 译注：本章标题及正文中"self-deceit"这个词，若都按字面含义直接译作"自欺"而不是译作"自我偏袒"，就会出现严重的概念错误以致文不对题。

动。总之，正如马勒伯朗士①神父所指出的那样：不仅任何人都可以证明自己的激情或冲动是恰当的；而且，只要我们仍能感觉到那些激情或冲动，就会觉得它相对于当时的客观环境似乎就是合情合理而相宜相称的。

其次，确实只有在行动结束之后，也就是在激发冲动行为的那些激情得以平息之后，我们才会比较冷静地审视中立旁观者的看法。我们之前特别在意的东西，这时就如同它一直在中立旁观者眼里那样，在我们自己眼里也几乎变得无关紧要，进而让我们也能像中立旁观者那样公正而无偏见地审视自己的行为。那些令"昨日之我"心烦意乱的激情，再也不能让"今日之我"的心情受到侵扰。所以，那种突如其来的激情冲动，如同遭遇飞来横祸一样，似乎只有在完全恢复平静之后，我们才能把自己视同心中假想的那个公正旁观者，才能以最公正旁观者那种严苛的眼光去审视自己之前在激情爆发时的心情与处境，去看待自己之前在遭遇飞来横祸时的行为表现。然而，我们事后所作出的这种正确判断，于我们之前已经做出的鲁莽行动而言，往往于事无补而不再有什么意义；通常只是徒劳的惋惜和无用的懊悔，不仅不会产生任何益处，而且也无法确保我们将来不再犯类似错误。更何况，即使在心情完全恢复平静之后，我们对自身行为表现的评价也很难做到完全公正。因为，我们对自己品行所持的看法，完全取决于我们之前对自己行为所作出的是非判断。要让我们承认自己曾经的恶行总是令人非常讨厌，以致我们常常故意不去正视那些不利于自己的评价。如果一个人在给自己做手术时能够做到手不颤抖，人们就会把他视为一位勇敢的外科医生。同样的道理，如果一个人能够毫不犹豫地揭开自欺欺人的遮羞布，并且主动暴露自己的品行缺陷，人们就会认为他心胸坦荡。但是，极少有人愿意以这种令人如此讨厌的方式来主动暴露自己的品行缺陷，以致我们常常宁可继续做出各种愚蠢而无耻的事情，宁可再次燃起那些曾经误导过我们的不当激情；甚至宁愿设法唤起我们过去的敌意，从而再度激发那些我们几乎已经遗忘的愤恨。我们之所以会产生这些卑鄙的想法，甚至执迷不悟地实施某些不义行为，其实就在于我们一旦做出某种不义行为，就会羞于正视自己过去的恶行、害怕看到自己过去的丑恶嘴脸。

可见，无论是在即将付诸行动之时，还是在行动结束之后，我们对自身行为合宜性的评判往往都会严重偏袒自己。因为，要采用中立旁观者的那种眼光来审视自己的行为，对我们来说太难了。但是，当我们在评判自己的行为时，如果借助所谓"道德知觉"这样的特殊知觉能力，那我们就相当于被赋予了一种能够

---

① 译注：马勒伯朗士（Nicolas Malebranche, 1638～1715），法兰西科学院院士，天主教奥拉多利修会神甫，神学家和唯心主义哲学家，笛卡儿学派的代表人物。著有《真理的探索》《论自然和恩赐》《论道德》《关于宗教和形而上学的探讨》《论对上帝的爱》。他对光与色的性质、微积分和幻想心理也有研究。

区分各种爱恨情仇的美与丑的特殊官能。此时，我们的激情就会更加直接地暴露在"道德知觉"的视野之内，进而让我们像一个公正旁观者那样，可以对自己的行为作出更中肯的评判；除此之外的其他评判，都极易偏袒自己。

06　　人类生活的混乱，有一半是源于自我偏袒这个致命的人性弱点。如果我们在开始时就能以别人看待我们的那种眼光来看待自己，或者就能以别人在了解全部真相之后的那种眼光来看待自己，那么，自我偏袒这个人性弱点必定就会得到改善。否则，我们就无法接纳或忍受别人的批评。

07　　然而，对于这个如此严重的人性弱点，造物主绝不会忘记为它建立纠正机制，更不会任由我们深陷自爱的诱骗。通过不断观察他人的行为，我们就会思考"哪些事情适宜去做？而哪些事情又应当尽量避免？"，进而必然就会在不知不觉中引导自己形成一般行为准则。比如，当他人的某种行为让我们心里感到害怕时，我们自然就会觉得那种行为是丑恶的；而且，如果我们同时还发现周围所有人都厌恶那种行为，那就会进一步证实甚至强化我们之前的看法。一方面，当我们发现其他人对他那种行为的看法与自己相同时，我们就会觉得自己的看法是正确的，进而对自己的看法感到满意；另一方面，我们也不会让自己去触犯像他那样的恶行，因为无论如何，我们都不愿让自己由于触犯那种恶行而成为千夫所指的对象。于是，我们自然就会如此这般地，在不知不觉中为自己确立一条一般行为准则，以免让自己做出任何类似的丑恶行为，避免让自己变成一个令人讨厌、可鄙而应受惩罚的人，避免让自己成为我们最害怕最厌恶成为的那种千夫所指的对象。反之，如果他人的某种行为引起了我们的赞许，并且我们还发现周围所有人也都对他那种行为表示同样的赞许，那我们每个人都会发自内心地赞赏并崇尚那种行为。那种令人赞赏的行为，必将唤起我们天性中最强烈的渴望——赢得他人的爱、感激和赞美，进而促使我们雄心勃勃地去践行那样的行为。于是，我们自然就会如此这般地，在不知不觉中为自己确立另一条一般行为准则，进而让我们留心寻求能够做出这种令人赞赏行为的一切机会。

08　　各种一般道德准则，其实都是这样逐渐形成的。首先，我们对某种具体行为会先产生诸如"功过感、合宜感、赞许、谴责"这样的自然感受和道德认知，然后基于这些感受和认知的经验积累，我们就得以最终形成各种一般道德准则。其次，我们最初赞许或谴责某些具体行为，同样也不是观察它们是否符合某条早已确定的一般道德准则；恰恰相反，我们也是先观察到各种具体行为或各种具体情境，然后再看它们究竟会受到赞许还是遭到谴责，进而从这些观察中不断总结经验，最终才得以形成有关"赞许或谴责"的一般道德准则。再次，一般正义准则也是这样逐渐形成的。假设有人是第一次目睹那种残忍的谋杀，如果他发现谋杀完全是出于贪婪、嫉妒和不当的怨恨，甚至受害者还非常喜欢并信任那个谋杀犯；当他眼看着那个垂死的被害者在痛苦挣扎时，当他听到被害者拼尽最后一口气抱怨的并不是自己所遭受的残暴杀戮，而是他那个朋友的奸诈、背叛和忘恩负义时。那么，这个观察者无须任何思考，他首先会感受到这种谋杀行为有多么可怕，然后就会立刻想到"禁止剥夺无辜者的生命"应当作为一条最神圣的正义准则。最后，他就会认为这种谋杀行为，不仅明显违背了那条神圣的正义准则，而且应当受到强烈谴责。显然，一方面，即使在他尚未建立任何类似的一般正义准则之前，他也会立刻燃起对这种罪恶行径的憎恨。另一方面，当他后来在回想起这种残忍的谋杀行为或其他类似残忍行为时，正是他心中必然会再次燃起的那种憎恨，才得以让他最终形成"禁止剥夺无辜者的生命"这条一般正义准则。

当我们阅读历史记载或传奇故事时，会发现大量被描述为高尚或卑鄙的行为。而我们最初赞赏前者而鄙视后者，其实并不是根据某种早已存在的一般准则来宣称，类似前者的一切行为都应受到赞赏，而类似后者的一切行为都应遭到鄙视。事实正好相反，我们是先有了基于各种不同行为的实际感受和经验，才得以在后来形成各种一般准则。 09

亲切的行为、可敬的行为、可怕的行为，自然就会激发旁观者对行为当事人产生相应的喜爱、崇敬、憎恶之情。所以，除了通过"观察某个行为实际上是否会真的受人喜爱、崇敬、憎恶"这种方式之外，绝没有其他任何方式，可以形成那种据以决定"某个行为是否会成为令人喜爱、尊敬、憎恶的对象"的一般准则。 10

当然，如果上述那些一般准则确实已经形成，如果它们在情感上已经普遍获得人们的认可，那我们往往就会依据那些既有的一般准则，来评判那些性质复杂不明的行为究竟应该受到何种程度的赞许或谴责。因此，在行为的性质复杂不明的情况下，这些一般准则，通常就会作为评价人们行为是否正当合宜的最终依据。然而，似乎正是后面这种客观现象误导了几位非常知名的哲学家，以致让他们据此来构建自己的哲学理论。他们似乎认为，人们最初在判断某个行为的对错时，也像法庭审判时作出判决那样，会首先考虑采用哪条既有的一般准则，然后再分析那个具体行为是否符合那条准则的要求。 11

上述那些一般行为准则，如果已经作为一种思维定式固化在我们的脑海里，那它们就会在纠正自爱之心的偏见时发挥重要作用，进而让我们在面对某个特定处境时，考量清楚应该如何行事才能做到合宜得当。一个怒不可遏的人，一方面，如果听由愤怒的摆布，那他也许就会把仇敌的死亡仅仅视为对自己所受侵害的一点儿补偿；然而他所认为的侵害，也许只是一次极其轻微的冒犯而已。另一方面，如果他过往对别人行为的观察，已经让他意识到这种置人于死地的血腥报 12

复有多么可怕，那么，他就会为自己确立"在任何情况下都要避免采用这种血腥报复"这条不可违背的准则，除非他所接受的教育极不正常。从此，这条准则将会对他一直保持威慑力，进而让他不可能做出如此残暴的恶行。但是，如果他的性情极其暴戾，那么，当他第一次考虑采用这种血腥报复行动时，他无疑会坚信自己的血腥报复不仅是完全正确而适当的，而且必定会得到每个公正旁观者的赞同。只有过往的经验已经让他对"不能采用血腥报复"这条准则产生了深深的敬畏时，才能让他抑制心中的怒火与冲动，才能帮助他纠正自爱之心原本可能会提出的过于偏激的看法，进而让他考量清楚，此时此刻应该如何行事才是恰当的。这时，如果他还放任自己的怒火与冲动，就可能违背"不能采用血腥报复"这条准则。可见，即使在这种怒不可遏的情况下，他也无法让自己完全无视对这条准则早已根深蒂固的敬畏与尊重。因为，就在即将付诸行动的那一刻，就在怒火与冲动即将达到顶点的瞬间，当他想到自己将要付诸实施的血腥报复有多么可怕，他就会犹豫不决和胆战心惊。因为，他心里暗自意识到，他即将破坏自己定下的那条行为准则；因为，他在冷静时曾下决心永不违犯它，更何况，他也从未见过有人违犯了它而不遭受强烈谴责；因为，他心里同时也预感到，如果违背它而实施血腥报复，自己同样也会很快成为仇恨与报复对象。就在他最终痛下决心实施血腥报复之前，他会一直犹豫不决而深受折磨：一方面，当他想到自己即将违背那条神圣的准则时，他就会为之惊恐不安；另一方面，他心中那强烈的怒火，同时又会催促并驱使他去实施血腥报复。他心中这两种对立的念头，无时不在摇摆。他一会儿决心坚守自己的行为准则而绝不放任心中的怒火与冲动，以免自己余生都生活在羞耻与悔恨的悲惨之中。就在他决心不让自己做出那种冲动的冒险行为的片刻，他会展望自己将来可能享有的安宁与平静，进而让自己获得暂时的内心平静。然而在短暂平静之后，他心中的那股怒火与冲动，一会儿又迅速重新燃起，愤怒又再次驱使他去违犯片刻前还决心坚守的行事准则。反复的犹豫不决，搞得他身心交瘁而精神崩溃。最终，他还是由于绝望而冒险迈出了那无可挽回而致命的最后一步。但他心中依然会充满恐惧和惊慌，这种揪心的感觉，就仿佛他正遭到敌人追击而飞奔逃窜，最后迫不得已才冒险跳下悬崖；尽管他非常清楚，自己在跳下悬崖之后所遭受的那种毁灭将比任何敌人的追击还更严重。即使就在即将行动的那一瞬间，他的内心仍然在反复纠结。尽管他当时并不觉得自己的血腥报复有什么不当之处，但在血腥报复结束之后，在他的愤怒得以宣泄与平复之后，他就会开始以旁观者的平常心来审视自己之前的所作所为。这时，懊恼与悔恨所带来的阵阵刺痛，就会让他开始真切感受到那种苦恼与折磨，而且痛苦程度完全超出了他在实施血腥报复之前的预料。

第五章　论一般道德准则的影响力与权威地位，以及它为何应被奉为神旨

对一般行为准则的奉守，其实就是源于所谓的责任感。履行道德责任，不仅是人类生活中的一项最重要原则，而且也是大多数人据以指导自身行为的唯一原则。大多数人的行为之所以都能够表现得优雅得体，而且在一生中都能避免遭受任何重大指责，其实他们只是按照心中确立的那些行为准则行事而已；并且，他们也许从来都没有留意过，自己的行为是否合宜得当、是否会受到人们赞许。如果一个人天生就冷酷无情，那么，即使他得到了别人的巨大恩惠，也只会产生极少的感激之情。然而，如果一个人道德教养良好，那他就极易觉察到缺乏感激是多么可恶可憎，而懂得感恩又是多么亲切宜人。因此，即使他心中没有燃起丝毫感激之情，他也会尽量表现出那种满怀感激的样子，从而怀着那种尽可能最深切的感激去努力向恩人表示各种问候和关切①。他会经常去探望恩人，并且在恩人面前表现得毕恭毕敬。当他谈到恩人时，不是表达对恩人的崇高敬意，就是感激恩人所给予自己的种种恩惠。他还会千方百计地抓住能够适当报恩的每个机会；而且，他的所有报恩行为，既没有任何虚伪与可指责的矫揉造作成分，也没有任何谋取新恩惠的自私企图，更没有想要欺骗恩人或公众的图谋。可见，他的报恩行为不过只是出于心中对"有恩必报"这条既定道德准则的敬畏，只是真诚渴望在各方面都严格遵照"以德报德"的道德准则行事而已。同样的道理，在一位妻子的心里，也许偶尔对丈夫不会怀有作为妻子的那种柔情，但是，只要她的道德教养良好，那她在丈夫面前，仍然会尽量表现出作为妻子的那种柔情：悉心照料丈夫，殷勤、忠实而真诚地对待丈夫，从而在夫妻感情所要求的关爱方面也表现得无可挑剔。上面这样的朋友或妻子，无疑都算不上最完美的朋友或妻子。

---

① 译注：作者之所以说"人们会尽量表现出那种满怀感激的样子"，主要是强调感恩之心的重要性。这也许是人们在日常生活中为什么"谢谢"总不离口的原因。

尽管他们也许都怀有履行自身责任的最真切愿望，但却无法做到细致入微，因为他们会错过许多能够给予对方关心体贴的机会；如果他们不想错失这些机会，就必须心怀那种与自己身份相称的情感。不过，即使他们算不上最佳的朋友或妻子，但也许称得上次佳；并且，只要他们时刻铭记并遵从一般行为准则的要求，那他们在履行基本责任方面，就不会出现太多缺失。只有那些心性得到完美塑造的幸运儿，才有可能让他们的情感和行为十分恰当地适应最细微的情境变化，才有可能让自己的情感和行为在各种场合都可以表现得极度优雅得体。尽管绝大多数人都犹如粗糙的黏土而无法被塑造得如此完美，但是，通过训诫、教化和树立榜样，几乎可以让任何人都能时刻谨记并遵从一般道德准则，进而让他们在几乎所有场合都可以表现得相对优雅得体，从而在一生中都可以避免遭受任何重大指责。

02　　如果没有对一般道德准则神圣般的遵从与敬畏，任何人的行为都将不再值得信赖。守道重誉者与卑鄙无耻者之间的最本质区别，就在于是否敬畏一般道德准则。前者在各种场合都会始终如一地固守他的行事原则，并且终生奉守同一行事原则。但后者的行为总是变化无常而捉摸不定，完全取决于他当时的心情、意愿或兴趣。更何况，我们每个人的心情其实都难免发生起伏变化，所以，如果没有对一般道德准则这种神圣般的遵从与敬畏，一个人在冷静时，即使能够高度敏锐地关切自身行为的合宜性，但他在某些无关紧要的场合，也许经常会受到心情的影响而行事荒唐，甚至几乎无法找到任何严格意义的动机来解释他的荒唐行为。比如，当朋友来拜访你时，如果碰巧你心情不佳而不太乐意接待；那么，按你当时的心情，你就极易把朋友的到访看作一种无礼的打扰。即使你当时出于礼貌而故作热情地接待了他，但你的神情举止仍然会流露出对他的冷淡与怠慢。而你之所以没有粗鲁无礼地将朋友拒之门外，其实你无非只是恪守"热情礼貌"这条基本的待客之道，以免你落下待客不周的口实。可见，只有当你的过往经历已经教你懂得一如既往地奉守这些一般道德准则之后，才能让你在所有类似场合的行为表现，都可以做到几乎同样程度的合宜得体，才可以防止每个人都难免的那些心情起伏变化对你的行为产生任何明显影响。否则，如果没有对这些一般道德准则的遵从，那么，就连"礼貌待客"这种极易做到的并且几乎不值得蓄意违反的起码要求，都将频繁遭到违反，更别说坚守"正义、真理、贞节、忠诚"这些往往更难做到的要求，人们岂不是会有许多更强烈的违反动机？然而人类社会的存续，却有赖于人们较好地奉守这些道德准则的要求；如果人们不时刻铭记并奉守敬畏这些重要的行为准则，人类社会就将土崩瓦解。

03　　有一种观点认为，人们对一般道德准则的敬畏，最初其实是人性使然。后来的哲学理论研究不仅证实了这种观点，而且也进一步强化了人们对一般道德准则的敬畏。所以，我们也可以把那些重要的一般道德准则视作神的旨意和戒律——

因为神最终会奖赏那些忠实奉守者，同时惩罚那些亵渎违犯者。

我也认为，人们对一般道德准则的敬畏，最初似乎是人性使然。在任何国家，凡是宗教信徒所敬畏的神灵，不管它们具体是什么，人们通常会把自己的所有情感和激情全都赋予那些神灵。因为除了自身的情感和激情之外，人们最初既没有也想象不出其他任何东西可以赋予那些神灵。那些不可名状的各种神灵，既看不见也摸不着。因此人们就只能凭空想象，以致它们最初必然就会被人们塑造得有几分像人类自己。尤其是在没有宗教而迷信盛行的蒙昧时期，人们对神灵似乎仅仅形成了非常粗浅的认识，以致人们把人性中的所有激情不加甄别地全都赋予各种神灵，甚至连性欲、食欲、贪婪、嫉妒心和报复心等这些有损人性光辉的激情也不例外。所以，人们出于对卓越神性的无比崇敬，同样也会把心中对美德与仁慈的喜爱、对罪恶与不义的痛恨等诸如此类最能体现人性美好的情感和品行，也全都赋予那些神灵，人们仿佛要把人性的光辉也提升到近乎神性的完美程度。如果一个人受到了伤害，那他就会祈求朱庇特①为自己所蒙受的冤屈主持公道；因为他深信，当朱庇特看到不义行为发生时，也会像最普通的凡夫俗子那样感到义愤填膺。如果一个人伤害了别人，那他就会觉得自己会成为人们憎恶与愤恨的真正对象。同时，心中本能的恐惧还会让他觉得那些令人敬畏的神灵也会产生同样的憎恶与愤怒，进而担心自己既无法逃脱神的惩罚，也不能抗拒神的力量。就这样，人性中对公平正义的渴望、对惩罚的恐惧、对神灵的敬畏等诸如此类的共同感受，就变成了人们的普遍认知，并通过教化得到加强。众神不仅全都被普遍描述成仁慈与善良的奖赏者，而且还被描绘成不忠与不义的复仇者；而这些看法，已经普遍深入人心。综上可以认为：早在学术性的哲学理论研究兴起之前，甚至在未开化的蒙昧时期，宗教就已经赋予了道德准则一定的约束力。也就是说，对宗教信仰的敬畏，就足以迫使人们履行常见的道德责任。对于人类的幸福而言，履行道德责任也许太重要了。所以，造物主就把它直接塑造为人性中的道德良知，而没有把它寄托于那些发展缓慢而晦涩难懂的哲学研究。

不过，当各种哲学研究兴起之后，其结果也证实了造物主在人性方面的这种预先安排。不管认为我们的道德良知②是建立在什么基础之上，无论是建立在那

---

① 译注：朱庇特（Jupiter），罗马神话中统领神界和人间的众神之王，位居罗马十二主神之首，其地位和作用相当于希腊神话中的宙斯神（Zeus）。在罗马占领希腊之后，朱庇特的形象才得到逐步升华而形成之后的地位，甚至罗马帝国晚期的诗人也直接将宙斯神话改编套用到朱庇特身上。

② 译注：这里译作"道德良知"的"moral faculties"，其通常含义是"道德官能或道德能力"，尽管它在此处的含义与第七卷第三章第三节中的含义（即"道德知觉能力"）完全相同，但为了更好理解上下文，本章中的"moral faculties"均译作"道德良知"，因为道德良知其实就是道德知觉能力认知而形成的结果。

种有节制的理性之上，还是建立在那种被称为道德知觉①的原始本能之上，或者是建立在其他人性原则之上，但有一点是毋庸置疑的，那就是道德良知将指导我们一生的行为。显然，道德良知一直发挥着至高的威慑作用，或者说，道德良知在我们心中已经被树立成一切行为的最高法官，并一直监督着我们的一切感受、情感和欲望，进而评判我们究竟应该对自己的各种行为、感受、情感和欲望进行何种程度的纵情宣泄或克制收敛。我们的道德良知，绝不是某些哲学家所宣称的那样，与我们人性中的其他内心感受②和欲望③发挥着同等的威慑作用；以致他们错误地认为，既然其他内心感受没有被赋予约束道德良知的权限，那么道德良知同样也不具有约束其他内心感受的更高权限。确实，除了道德良知之外，任何一种内心感受或行为准则，都无权评判另一种内心感受或行为准则。比如，"爱"并不能评判"恨"，而"恨"也不能评判"爱"。尽管爱与恨是彼此对立的，但若由此认为它们有权反对或赞同对方，那就极不恰当。但我们此刻所讨论的道德良知，却对人性中的其他内心感受具有反对或赞同的评判特权。其实，道德良知就好比一种"感觉器官"，而人性中的其他内心感受，则好比道德良知的感觉对象或评判对象。众所周知，每一种感觉器官对于其感觉对象或评判对象而言，都具有至高无上的权威。比如，眼睛是色彩是否漂亮的最高法官，耳朵是韵律是否优美的最高法官，舌头是食物是否美味可口的最高法官。可见，唯有每一种感觉器官对其感觉对象具有作出最终判断的特权。因此，凡是好吃可口的就是美味的，凡是赏心悦目的就是漂亮的，凡是悦耳动听的就是优美的；而每一个被感觉对象的根本价值，就在于让那个感觉它的感觉器官觉得愉悦。同样的道理，唯有我们的道德良知有权决定：耳朵在什么情况下可以陶醉于悦耳动听的韵律，眼睛在什么情况下可以纵情欣赏美景，嘴巴在什么情况下可以大快朵颐地享用佳肴，以及人性中的其他内心感受究竟在哪些情况下可以进行何种程度的纵情宣泄，又在哪些情况下应当进行何种程度的克制收敛。因此，凡是符合我们道德良知的行为，都是得当、正确而合宜的；反之，都是失当、错误而失宜的。凡是我们道德良知赞同的情感，都是优雅而有礼的；反之，都是粗俗而无礼的。而所谓的正确与错误、得当与失当、合宜与失宜、优雅与粗俗、有礼与无礼，等等诸如

---

　　① 译注：这里译作"道德知觉"的"moral sense"，其通常含义是道德意识或道德观，但它在此处的含义其实与第七卷第三章第三节中完全相同，故译作"道德知觉"。

　　② 译注：这里译作"内心感受"的"faculties"，在心理学中意为"官能或感官"，这里是指基于各种欲望和外部知觉器官的感觉而产生的各种内心感受。包括基于欲望和外部感觉而产生的联想、直觉、记忆、印象、想象，以及爱与恨、喜与怒、思考、忧虑、理智等。当然，道德良知也是一种内心感受或认知。

　　③ 译注：这里的欲望（appetites）包括：生存、繁衍、食欲、性欲、求生欲、趋利避害、趋乐避苦等。

此类的字眼本身，全都只是用来描述某种行为或情感带给道德良知这种"感觉器官"的最终感受是否愉悦。

可见，道德良知相对于人性中的其他内心感受而言，处于明显的支配地位。因此，由道德良知所确立的道德准则，就应该被奉为神的旨意和戒律，并且应该由神在我们心中所安置的那些代理人①来颁布。众所周知，所有一般规律通常都被称为定律或法律。比如，物体运动所遵循的一般规律就叫"运动定律"。因此，我们的道德良知在审视评判某个情感或行为时，如果把那些据以决定"究竟应该赞许还是应当谴责"的一般道德准则称为"道德法律"，也许更符合其支配地位。道德准则与君主制定的法律其实有很多相似之处。比如，它们都是用来约束被统治对象的行为，用来规范人们的自由行动。而且，毫无疑问，它们都是由合法的最高统治者制定的，并且都具有奖赏与惩罚的裁决权。既然君主会奖赏或惩罚他的臣民，那么，神在人们心中所安置的那些代理人，必定也会以内疚与自责之苦来惩罚道德准则的违背者；反之，总是会用安心、知足与得意来奖赏道德准则的遵守者。

还有无数其他研究也都得出了"道德准则支配着我们的情感和行为"这个相同结论。因此，道德准则应该被奉为神旨。而且，让人类和一切有理性生灵的生活幸福，似乎才是造物主创造他们的初衷，除此之外的其他任何目的，都配不上我们赋予造物主的圣明与圣德。尽管这种观念是源于我们对无限完美的造物主所作的抽象思考，但它仍然可以在大量实际观察中得到进一步证实。通过观察我们不难发现，其实造物主的各种创造与巧妙安排似乎全都是为了增进幸福与防止不幸。只要遵照道德良知所确定的准则行事，必定就会促使我们去寻求那些能够增进人类幸福的最有效手段。因此在某种意义上，也可以认为我们是在与造物主合作，从而让我们竭尽所能地去推进造物主的计划。反之，如果我们不遵照道德准则行事，那我们似乎就在某种程度上阻碍了造物主为增进人类幸福与完美所确定的计划。这在某种意义上甚至无异于宣称自己与造物主为敌——恕我直言。因此，如果遵照道德准则行事，那我们自然就会受到鼓舞，并且有望得到造物主的额外恩赐与奖赏；否则，必然就会时刻担心遭到造物主的报复与惩罚。

此外，还有许多其他哲学理论和人性理论，同样也都倾向于强化或反复倡导"道德准则应被奉为神旨"这个有益的信条。其实只要考察一下人世间那些通常用来惩恶扬善的一般道德准则，我们就不难发现，尽管世间万物看似纷乱无序，但人世间的每一种美德依然会得到其应得的奖赏——那种最有利于鼓励和促进践

06

07

08

---

① 译注：这里的代理人，指心中假想的那个公正旁观者或行为大法官。下同。

行美德的报偿。这种报偿通常都是确信无疑的，只有在非常特殊的情况下，才会导致这种报偿完全落空。那么，究竟什么样的奖赏最适于鼓励我们勤奋、节俭和审慎呢？那就是让我们在每一项事业上取得成功。那么，我们践行这些美德是否终生都无法获得任何奖赏？绝对不会，因为荣誉同财富一样，也是对这些美德的恰当报偿，我们不可能一种也得不到。那么，究竟什么样的奖赏，最适于促使我们践行诚实守信、秉公正直和仁慈善良呢？那就是赢得我们周围同胞的信任、尊敬和爱戴。仁慈善良者并不追求地位显赫，而是渴望深受爱戴；让诚实守信者与秉公正直者高兴不已的，并不是荣华富贵，而是被信任与信赖。可见，各种美德通常总会获得自己相应的奖赏或报偿。只有出现那种非常不幸的特殊情况时，一个善良的好人才有可能被怀疑犯了他根本不可能犯的罪行，进而让他在余生中都会遭到人们极为不公的憎恨和厌恶；尽管他诚实又正直，但这种意外的无端怀疑，却让他失去了一切。一个审慎的人，即使他时时处处都谨小慎微，同样也有可能遭遇地震或洪水而意外死亡。尽管同后一种突发自然灾害相比，前一种无端怀疑也许更为少见而有悖常理，但我们仍然可以采取"诚实守信、秉公正直而仁慈善良"这种始终正确而且几乎绝对可靠的做法，来赢得人们的信任与爱戴。一个人的某次特定行为，也许容易被人误解；然而他总体上的行为品格，则几乎不可能被人误解。尽管一个清白的人也有可能被怀疑做了坏事，但这种情况毕竟还是很少发生。反之，如果我们对一个人的行为品格已经形成了纯真善良的好印象，那么，即使他某次真的犯了错而且证据确凿，我们往往也会主动为他开脱。同样的道理，尽管一个恶棍的某次具体恶行，也许会由于没有被人发现而让他侥幸逃脱谴责甚至反而受到称赞；然而，绝没有人能够长期为非作歹而不成为众人皆知的恶棍，以致他即使在某件事情上完全是清白无辜的，也往往难免不被怀疑有罪。综上可见，无论恶行还是美德，迟早都会得到人们的公正评价和对待，恶行无法逃脱惩罚，而美德终将获得奖赏。人世间这种"善恶终有报"的道德观念，其实已经超越了一般意义上的公平与正义。

09   如果仅以这种冷静的哲学眼光，来看待那些通常用来惩恶扬善的一般道德准则，它们似乎完全适用于尘世生活中的各种品行；然而一般道德准则，却并不适用于评判我们心中的某些天生好恶。比如，对那些我们生来就非常喜爱和赞赏的美德，我们总是想要给予它们各种荣誉和奖赏，甚至会把那些明知是其他某种品行才应得的报偿，也给予我们所喜爱和赞赏的那些美德。反之，对我们生来就痛恨的某些恶行，我们总是想要让它们遭受各种耻辱和不幸，甚至不惜对它们施加那种原本只是针对其他恶行的惩罚。诸如"宽宏大量、慷慨仁慈和秉公正直"这一类美德是如此深受我们的赞赏，以致我们总是希望看到它们被冠以财富、权力和各种荣誉；可这些奖赏，原本只属于"审慎、勤奋和刻苦"这一类美德。

而且这两类美德之间，并没有什么密切的内在联系。反之，诸如"奸诈、欺骗、野蛮和残暴"这一类恶行，总会激起每个人心中的鄙视和痛恨，以致我们见不得违犯这些恶行的人获得任何好处，即使在某种意义上，那些好处可以视为他们所付出的艰辛和努力理应获得的回报，我们的态度也是如此。如果勤劳的坏人精耕细作，而懒惰的好人却任由田地荒芜，那究竟谁会获得丰收？谁又应该挨饿？谁又应该生活富足？若按照事物自然发展的结果，必将有利于那个勤劳的坏蛋。可人们心中的天生好恶，却会偏向那个具有美德的懒人。因为人们总是觉得，虽然前者具有勤劳的好品质，但他由此所自然获得的好处，却已经远远超出了一个坏蛋应得的报偿；虽然后者有懈怠不足之处，但他由此所自然遭受的穷困，对于一个好人来说，惩罚也太过严厉了。人类的各种法律，作为人类情感的产物，可以剥夺叛国者的生命和财产，即使他们勤奋刻苦而且处事审慎；不过，对那些忠诚爱国的好公民，即使他们目光短浅而且行事草率，也可以给予他们超过其贡献的额外奖赏。就这样，在造物主的指引下，人类得以对造物主原本已经设定安排好的某些奖赏或惩罚，进行一定程度的适当调整。可见，造物主为了满足人类的天生好恶而促使人们所要遵循的评判准则，并不同于她通常所要求的那些一般道德准则。通常情况下，造物主给予每一种美德的适度奖赏，以及给予每一种恶行的适度惩罚，总是最适于惩恶扬善。也就是说，造物主只会考虑如何惩恶扬善，而很少考虑人们会由于心中的好恶与爱恨而产生程度不同的功过感受。然而人类则相反，人们只会关注心中的好恶与爱恨，以致总是会尽量按照心中对每一种美德的喜爱与赞赏程度，以及对每一种恶行的鄙视与痛恨程度，来给予它们相应程度的奖赏或惩罚。在整体上，造物主所要求的一般道德准则，在她看来是合理的；而人们在心中的天生好恶方面所遵循的那些评判准则，在每个人自己看来也是合理。其实这两种奖惩评判准则，都是造物主安排用来促进那个相同的伟大目的——维护世间秩序、促进人类幸福、提升人性完美。

　　虽然，每个人都可以根据心中的天生好恶来适度调整某些特殊情况的奖赏或惩罚，而不是任其自然发展①；虽然，每个人都像诗人笔下的诸神那样，不仅总是可以采用特殊手段来支持自己喜爱的美德或反对自己痛恨的恶行，而且还可以像诸神那样尽力拨开那些射向正义者的不义之箭而加速那些刺向邪恶者的毁灭之剑。然而我们每个人，都绝不可能让正义者或邪恶者的命运完全符合自己心中的天生好恶和愿望。因为个人的绵薄之力根本无法左右事物发展的自然进程；因为自然进程的洪流太迅猛、太强大，而远非个人力量所能阻挡。尽管引领事物自然

10

----

　　① 译注：这句话的意思是说，人们会根据心中的天生好恶来调整事物"自然发展规律"所带来的奖赏或惩罚。比如，对勤奋的恶人，人们会"剥夺"一部分他劳动的自然收成；而对懒惰的好人，人们所给予的"额外"奖赏，会超出他劳动的自然收成。

进程的那些准则，似乎都是为了最睿智最善良的目的而确立的，但它们有时产生的实际后果却会对人们心中的天生好恶造成巨大冲击。尽管通常情况下，群策群力必然会胜过单打独斗；尽管在谋求某项事业时，那些深谋远虑而准备充分的人，必然会胜过那些毫无谋划和准备的对手；尽管每一个目的，都必须采用造物主允许的那些手段来实现；尽管诸如上述这些事物的自然发展规律或进程，不仅是无法避免的必然结果，而且也有利于恰当激励人们的勤奋与专注。然而，事物自然发展进程所产生的结果，如果已经让狂热暴行与阴谋诡计践踏了公平正义与诚实守信，难道每一个旁观者不会为之义愤填膺吗？面对无辜者所遭受的伤害，人们难道不会感到悲伤和同情吗？面对得逞的压迫者，大家难道不会恨之入骨吗？当我们面对所发生的那些不义恶行时，尽管同样也会感到伤心和愤怒，但却常常发现自己根本无力加以纠正。于是，当我们在尘世中无法找到任何力量能够阻止不义之徒的狂妄行径时，我们就会感到绝望，自然就会转而祈求上苍，进而寄希望于伟大的造物主。因此，我们希望在来世中，造物主能够亲自用她所制定的、用来指导我们行为并促使我们在今世遵从的那些"惩恶扬善"法则，去惩罚那些作恶者；希望在来世中，造物主能够亲自完成她曾教导我们要去着手执行的那些计划；希望在来世中，造物主能够根据每个人今世的实际作为与贡献，给予他们应得的奖赏。于是，我们就这样产生了来世的信念。其实这种关于来世的信念，不仅仅只是源于人性中的弱点、希望和恐惧，而且还源于人性中那些最高贵最善良的本性，源于我们对美德的追求与热爱，源于我们对罪恶和不义的憎恶与痛恨。

11　　　　"这与上帝的伟大相称吗？"善于雄辩和富于哲思的<u>克莱蒙</u>①大主教以他那丰富而夸张的想象力，甚至有些失礼地指出："听任自己所创造的世界处于如此普遍的混乱不堪之中，这与上帝的伟大相称吗？难道伟大的上帝，会听任邪恶者几乎总是胜过正义者？会听任正统合法的君主被篡位者推翻？会听任父亲被野心勃勃的逆子杀害？会听任丈夫被残忍不忠的妻子暗算？难道上帝拥有至高无上的地位，就可以对那些悲惨的不幸事件袖手旁观，甚至把它们当作荒诞的消遣而无须为之承担任何责任吗？难道上帝因为高高在上，她就可以任由恃强凌弱、不公与残暴在人世间屡屡发生吗？难道人类因为渺小卑微，就可以容许有人为非作歹而不受惩罚吗？或者让正直善良者得不到报偿吗？啊，上帝！如果这些就是你至高无上之处，如果这就是我们所敬畏崇拜的你，那我就不再尊你为我父、为我的保护者、为我悲伤时的安慰者、为我怯弱时的支持者、为我尽忠职守的奖赏者。那你在我眼里，就不过只是一个昏庸无能的暴君，一个为了满足自己高傲的虚荣

---

　　① 译注：克莱蒙大主教（Jean Baptiste Massillon，1663～1742），即马西隆，法国著名的宫廷牧师，大主教。在本卷第二章结尾时，作者也引用过他的布道词。

心而牺牲人类幸福的暴君，一个创造了人类却又只让他们充当你在无聊透顶或心血来潮时玩物的暴君。"①

尽管上帝的公正会遭到克莱蒙大主教这样的无礼质疑②，但人们还是认为，那些评判功过是非的一般道德准则应该视为全能上帝的旨意。人们还是相信，上帝不仅会时刻监督我们的行为，而且还会在来世奖赏她旨意的顺从者，惩罚她旨意的违背者。这种观念，必将赋予道德准则某种新的神圣性。因此，遵从上帝的旨意，就应该作为我们一切行为的最高准则；凡是相信上帝存在的人，绝不会对此产生丝毫怀疑。任何有悖上帝旨意的念头，似乎都意味着大逆不道。如果有人试图违抗或无视上帝发出的那些无比圣明而威严的旨意，那他是多么的自负而荒谬啊！如果有人试图违反造物主出于无限仁慈而制定的那些戒律，即使在事后没有遭到应得的惩罚，那他的行为又是多么的有悖天理啊，而他对造物主又是多么的不虔诚和忘恩负义啊！此时，强烈的自利动机会再次激发我们的合宜感，进而让我们意识到，即使我们可以躲过世人的眼睛，即使我们身居高位而不至于遭到人世间的惩罚，但我们的一言一行都无法躲过上帝的眼睛，以致任何不义行为都必将遭到上帝这位伟大复仇者的惩罚。正是这种观念，得以让我们抑制那些最任性最顽固的激情，至少可以让那些经常反躬自省的人能够做到这一点，因为他们深知，上帝的眼睛与惩罚无处不在。

其实，宗教信仰也是通过这种方式来强化我们心中的道德责任感的。因此，人们普遍倾向于更多相信那些虔诚的宗教信徒的诚实正直。人们认为，宗教信徒的行为除了会像普通世人那样受到一般道德准则的约束之外，还会受到宗教教义的额外约束。也就是说，尽管宗教信徒和普通世人一样，也会顾忌行为合宜性和声誉，也会在意自我赞许和他人的赞许。然而，宗教信徒还会受到宗教教义的约束，从而时时处处都会谨慎行事，仿佛那个伟大监督者——那个将按照每个人的实际作为给予相应报偿的上帝——总是在他面前似的。于是，人们就会基于他这种一贯得体的行为表现，而对他产生更大信任。只要宗教信仰的基本教义没有遭到某些狂热的教派冲突和派系斗争的阴谋破坏；只要履行各种道德责任仍然是宗教信仰所要求的首要义务；只要人们没有被告诫必须把烦琐无聊的宗教礼仪看作比恪守正义和施仁行善还紧要的宗教义务；只要没有把献祭、宗教仪式和徒劳的

12

13

----

① 译注：古今中外那些曾经高高在上的独裁统治者，尽管他们完全无视人民的疾苦，尽管他们任由各种荒唐事层出不穷地接连上演，但他们却反而把自己标榜吹嘘得无比高尚，甚至还能成功赢得众多无知民众的爱戴和崇拜。

② 译注：请读者注意，"尽管上帝……无礼的质疑"这句话在英文原文中并没有，只是译者为了上下文的转折过渡而添加的。

祈祷看作是与上帝的一种交易①，进而觉得上帝可以容许自己欺诈、背叛和侵犯他人。那么，世人的上述那些判断，毫无疑问都是正确的，而且人们也有充分理由倍加信任宗教信徒的诚实正直。

---

① 译注：关于"把献祭看作与上帝的交易"，李宗吾先生（1879～1943）在他1912年首次出版的那本充满调侃与反讽的人性哲学书《厚黑学》中也指出，那些给观音菩萨或关公供奉"猪头肉"的人，其实在本质上都是对"各路神明"的一种贿赂。人们试图通过这种供奉（无论是许愿时还是还愿时的供奉，本质上都是一种"贿赂"或交易）来换得"各路神明"保佑自己平安顺遂或者宽恕自己的罪过，甚至帮助自己实现所祈求的愿望（比如求子、求姻缘、求升学、求消灾避祸、求升官发财）。当然，心地善良者通过这种"交易"确实可以获得信心和希望、求得几分心安和宽慰；然而，作恶者通过这种"贿赂"似乎也可以让他们觉得自己获得了"宽恕或赦免"。这种心理作用，其实在某种意义上不仅与西方教堂和东方寺庙里"捐功德"的感受都有点类似，甚至与西方宗教向神父"告解或忏悔"也有几分异曲同工之妙。当然，译者并不否定这种心理作用的积极意义，尽管它有时候会为"作恶者"提供"庇护"，甚至为其罪恶"开脱"。

第六章　论责任感

在哪些情况下，责任感会成为我们行为的唯一动机？又在哪些情况下，其他
动机会与责任感共同发挥作用?① 宗教信仰确实可以激发践行美德的强烈动机，
从而有效约束我们的行为，保护我们免受恶行的诱惑。但这种观念也会导致许多
人误以为，只有宗教信仰激发的行为动机才值得赞赏。以致他们认为，我们既不
应该因感激而奖赏好人，也不应该因愤恨而惩罚坏人；我们既不应该出于亲情而
去保护自己年幼无助的孩子，也不应该出于亲情而去赡养自己体弱多病的父母。
诸如此类针对各种特定对象的一切情感，全都应该从我们心中彻底清除，并全部
取而代之以一种大爱。这种大爱，就是对上帝的爱，就是渴望自己得到上帝的认
同，就是渴望自己的行为在各方面都符合上帝的意志。他们甚至还认为，我们既
不应该因感恩而图报，也不应该因乐善而好施；我们既不应该因热爱祖国而为国
捐躯，也不应该因关爱同胞而慷慨仁慈或秉持正义。总之，在履行诸如此类的所
有责任时，我们行为的唯一出发点和动机，就是为了完成上帝赋予我们的责任。
在这里，我不打算花时间专门讨论这些观点的片面之处；我只想指出，任何教派
的信众，无论他们的宗教信条要求"我们要用自己的全部心意、全部灵魂和全部
力量去爱我们的主和上帝"，还是要求"我们要像爱自己那样去爱别人"，那都
不要指望这些信众会接受上述片面观点。一方面，我们之所以会关爱自己，其实
是出于我们自身利益的考虑，而不是仅仅出于某种道德责任或者上帝的要求。即
便是基督教的教义，也从未主张把责任感视为我们行为的唯一动机。然而另一方
面，正如许多哲学理论甚至常识判断所认为的那样，责任感确实又应当作为一种
具有绝对支配地位的行为动机。于是，这个矛盾就引出了新问题：究竟在哪些情
况下，我们行为的动机主要甚至完全是出于某种责任感的要求或者出于对一般道
德准则的遵从？又在哪些情况下，其他情感或内心感受会与责任感同时发挥作用
并对行为产生主要影响？

---

① 译注：本句为英文版标题移入，译者根据正文内容对本章标题进行了节略。

·165·

02　　针对上述问题，也许很难给出非常准确的答案，因为它主要取决于两个不同方面。首先，取决于那些促使我们不顾忌一般道德准则而贸然采取某种行动的情感或内心感受，其性质究竟是善良而招人喜欢的，还是丑恶而令人讨厌的。其次，取决于那些一般道德准则本身的要求究竟是严格而明确的，还是宽泛而模糊的。

03　　（1）我认为，究竟我们的行为会在多大程度上遵从我们内心的情感，还是会不折不扣地遵从一般道德准则的要求，首先要看我们情感本身的性质究竟是善良而招人喜欢的，还是丑恶而令人讨厌的。

04　　比如那些亲切友善的一切情感，它们之所以会促使我们做出那些值得赞赏的优雅行为，既有源于那些情感本身方面的因素，也有源于我们遵从一般行为准则方面的因素。一方面，如果受恩者对施恩者的报答只是出于冷冰冰的责任感而没有丝毫感激之情，那就无法让施恩者感受到那种真正的报答。如果丈夫觉得妻子的行为举动仅仅是出于她作为妻子的应尽责任而缺乏柔情，那么，即使妻子非常顺从，这位丈夫也会对她有所不满。作为儿子，即使竭尽孝道而且在责任上没有任何闪失，但他若缺乏作为儿子应有的深情与敬意，那他父母也有理由抱怨他冷漠无情。同样，作为父亲，即使履行了作为父亲的全部责任，但他若没有表现出父亲应有的慈爱，那他儿子也会对这样的父亲感到十分不满。而另一方面，如果所有这些亲切友好的情感表现过度，那我们又乐于见到责任感所发挥的作用更多是抑制而不是激发它们，或者更多是防止人们做得过分而不是促使人们做得更多。比如，我们更乐于见到：一位父亲为了防止溺爱，而不得不抑制心中的父爱；一个朋友为了避免大手大脚，而不得不为其慷慨大方设定限度；一个受恩者为了避免感动过度，而不得不克制内心的感激，诸如此类的行为表现都会让我们为之感到高兴和满意。

05　　不过，对于那些怀有恶意的不友好情感，责任感的作用就完全相反。一方面，当我们心怀感激与慷慨去报答自己的恩人时，既不会有丝毫犹豫，也不必担心报答行为是否过度。然而另一方面，当我们想要惩罚他人时，却总是心存犹豫；而对惩罚是否过度的这种担心，总是会超过那种野蛮的报复心。因此，当一个人遭到最严重伤害时，如果他心中所感到的愤恨更多是出于自己所受伤害本来就应该产生的愤恨，而不是仅仅出于心中燃起的那种令人讨厌的怒火；如果他能像一个公正法官那样，完全根据一般道德准则来判定每个具体侵犯究竟应该进行什么样的报复；如果他在执行一般准则时，较少考虑自己所遭受的伤害，而是更多同情侵犯者即将遭受的惩罚之苦；如果他在怒火中烧的情况下仍不忘宽容，在理解执行一般道德准则时常常心怀温情与善念，在对待侵犯者时总是心怀理智与公正，并报以坦诚与仁慈所能容许的极度宽容；那么，就再也没有什么行为表现，比上述这些做法更为恰当得体了。

至于那些涉及个人利益的激情，正如前面（译按：第一卷第二章第五节）
所指出的那样，它们也是一种介于宜人与讨厌之间的内心情感。因此，我们在追
求个人利益时也要注意把握尺度，要同时兼顾自爱之心的需要和道德准则的要
求。一方面，在所有普通而平常的小事情上，我们对个人利益的追求应该更多考
虑对相关行为准则的遵从，而不是只考虑那些个人利益本身。然而另一方面，在
那些比较重要和特殊的情况下，如果我们对自身利益不表现出相当程度的热情，
那我们就会显得麻木迟钝、乏味无趣甚至不可理喻。一方面，如果一个人为了赚
取或节省一个<u>先令</u>①而焦虑不安或终日盘算，那他在所有邻居眼中就会变成一个
极其庸俗的商人。即使他的境遇非常一般，他也应该表现出那种无意为钱财本身
而锱铢必较的样子。即使他的处境要求他必须极度勤俭节约和极度勤奋刻苦，但
他的每次节约与刻苦努力也不应太过看重每次具体的节省或收益，而应更多考虑
对相关一般行为准则的遵从，进而让自己养成那种极度勤俭刻苦的行为品格。也
就是说，他每天的勤俭节约，必须不是出于他渴望由此可省得的那三个<u>便士</u>②；
他每天精心料理生意，也不应该出于他渴望由此可挣得的那十个<u>便士</u>。这两种行
为，都应该只是出于对相关一般行为准则的遵从；只有这样，才会让每个人在自
己的人生旅途中永远严格奉守这种行事原则。而这一点正是吝啬鬼与勤俭节约者
之间的本质区别：前者对一锱一铢的计较只是出于钱财本身，后者对一分一厘的
在意只是缘于他给自己定下的处世原则。

然而另一方面，对于那种比较重要而特殊的个人利益，情形就截然不同。如
果一个人连自己的重大利益都不表现出几分认真追求的热情，那他似乎就显得缺
乏勇气。比如，如果一位君主不在意征服或保护领土，那我们就会瞧不起他。如
果一位自视清高的绅士③，原本在无须采用任何卑鄙或不义手段的情况下就可以
正当获得一份财产或者谋得一个重要官职时，他却根本不去努力争取，那我们就
不会对他有太多敬意。如果一名议员对自己的竞选都毫不热心，那他就会被朋友

06

07

---

① 译注：先令（Shilling），为英国当时的辅币单位，在 1971 年被废除。

② 译注：便士（Penny，复数为 Pence），为英国当时的辅币单位。在 1971 年以前，辅币单位为先令
（Shilling）和便士（Penny），1 英镑等于 20 先令，1 先令等于 12 便士。1971 年 2 月 15 日，英国实行新的
货币进位制，停止使用先令，辅币单位改为新便士（New Penny），1 英镑等于 100 新便士。

③ 译注：亲爱的读者朋友，我禁不住要在这里与你分享"自视清高的绅士"（private gentleman）的
翻译过程。private 作形容词时，有"私人的、个人的、私下的、私有的"之意，作名词时，有"列兵、二
等兵"之意。在第一稿时，由于没有找到合适的词而只有暂且译作"谦逊的绅士"，但总觉得别扭。到第
二稿修订时，译者仍未找到满意的词，并且一直对此"耿耿于怀"。2019 年 6 月 7 日端午节下午，译者在
家观看一部大学时代的老电影《阿甘正传》，当看到台词"private Gump"（列兵阿甘）时，我就开始不停
念叨"private gentleman"，突然由"二等兵"想到"不合格的、假的"，进而想到"故作清高"这个词。
后来在跟儿子分享探讨这个词的翻译时，采用了他建议的"自视清高的绅士"这个译法。

们抛弃，因为他根本就不值得大家拥戴。如果一位商人在面对一笔大买卖或者一桩罕见大生意时，却不去尽力争取，那他就会被大家看成一个懦弱的胆小鬼。积极进取者与固执守旧者之间的本质区别，就在于是否具有勇气和热情。面对那些无论成败都将极大改变自身地位的重大目标，每个人在追求它们时所表现出来的那种激情，就是所谓的雄心壮志。这种雄心壮志只要不超越审慎与正义的界限，那它总是会受到世人的钦佩；然而它又是如此令人着迷，以致总是有人会超越审慎与正义的界限，甚至不惜为之违背正义而恣意妄为。人们之所以会普遍仰慕英雄、崇敬征服者、钦佩政治家，就是因为他们所追求的目标，极其大胆而宏伟——尽管有时毫无正义可言。比如红衣主教①黎塞留②和雷兹③的那些宏图伟略就是这样。贪婪与雄心之间的本质区别，就在于其追求的目标是否宏伟远大。尽管一个吝啬鬼对半个便士的痴迷程度，并不亚于一个野心勃勃想要征服一个王国的人，但只有后者的宏伟目标，才称得上雄心壮志。

08　　（2）我认为，究竟我们的行为在多大程度上会不折不扣地遵从一般道德准则，在一定程度上就取决于，一般道德准则本身的要求究竟是严格而明确的，还是宽泛而模糊的。

09　　几乎所有美德的一般要求，不仅在许多情况下都是宽泛而不明确的，而且还存在许多例外情况，甚至很多时候还需要进行修正。比如，我们其实很难搞清楚，某个行为究竟应该做到何种程度，才能算得上审慎、仁慈、慷慨、感激和友善。因此，如果仅凭不折不扣地遵从这些美德的相关道德准则，那就几乎不足以很好地规范约束我们的行为。那些广为流传的有关审慎的常见格言警句，尽管有普遍经验作为基础，而且也许还可以为"如何保持审慎"提供一些极佳的一般要求。然而，如果一字不差地生搬硬套这些格言警句，显然就会变成那种最荒唐可笑的迂腐行为。上面刚刚提到的那些美德当中，也许只有感激的要求最为明确，而且也极少出现例外情况。通常，我们对自己所受到的帮助，不仅应该力所能及地给予同等回报，而且还要尽可能回报更多。尽管这条有关感激的准则要求貌似非常清晰明确，而且几乎不容许任何例外，但是，只需进行最粗浅的考察便

　　① 译注：红衣主教（Cardinals），即枢机主教，因礼服（长衫、披肩、方帽等）都是鲜红色而得名，是天主教教宗治理普世教会的职务上最得力的助手和顾问。

　　② 译注：黎塞留（Armand Jean du Plessis de Richelieu，1585 年 9 月 9 日至 1642 年 12 月 4 日），路易十三的首相及宠臣，波旁王朝第一任黎塞留公爵。法国红衣主教，著名的政治活动家、外交家，1624～1642 年担任法国首相，法国海军之父。他对内恢复和强化遭到削弱的封建专制王权，对外（三十年战争期间）则致力于谋求法国在欧洲的霸主地位。他在法国政务决策中具有极大影响力，是法国专制制度的奠基人，同时他也是将法国改造成现代国家的伟大改革家，他更是现代实用唯利主义外交的开创者，被西方誉为现代外交学之父。

　　③ 译注：雷兹（Cardinal de Retz，1613～1679），即 Jean Francois Paul de Gondi，红衣主教、法国神学家、传记作家。雷兹在他弟弟去世后不得不投身于教会事业，后来接替他的叔叔成为巴黎大主教。

可发现，这条准则似乎又显得极其宽泛而不明确，并且可能出现成千上万种例外。比如，在你生病时曾经照顾你的恩人，你是否应当在他生病时去照顾他？或者能否用其他回报方式来偿还你所欠下的人情？如果你应当去照顾他，那么你又应该照顾他多长时间？与他照顾你的时间相同？如果更长些，那又应该长多久呢？再如，你的朋友在你穷困潦倒时借钱给你，你是否应当在他穷困潦倒时借钱给他？你又应该借给他多少？你又应该在什么时候借给他？现在，明天，还是下个月？又该借给他多长时间？显然，绝没有一种一般道德准则，能够对所有这些问题都分别给出清晰明确的答案。如果你的个人地位和处境远不如他，那么，即使你心中充满感激，但你可能也有充分理由拒绝借给他半个便士。反之，如果你的处境远比他优渥，那么，即使你愿意借钱给他，甚至比他借给你的还多十倍，但你还是有可能被人指责为最邪恶的忘恩负义之徒，觉得你所做的还不及你应尽报答的百分之一。尽管如此，所有仁慈美德的那些要求，也许只有"知恩图报"的感激要求最为神圣，因此，那些有关感激的一般要求，正如我前面所说的那样，仍然最为清晰明确。相对而言，那些有关友善、仁慈、热情、慷慨的行为要求，就显得比较含混不清而不太明确了。

不过，除了感激之外，还有一种美德的一般要求也对各种外在行为提出了非常清晰明确的要求。这种美德，就是应该不折不扣遵守的正义。正义准则的要求极其清晰明确，并且绝不容许任何例外或更改，除非那些例外或更改也像正义准则本身的要求那样清晰而明确，并且通常也是基于完全相同的正义原则。假设我欠某个人十英镑，正义准则就会要求我按照约定日期或在他需要这笔钱时毫不差地如数归还。我具体应该如何做，比如，应该归还多少，应该在什么时间归还，应该在什么地点归还等，正义准则会对"借钱还钱"相关的所有行为要素和细节，全都给予清晰而明确的规定。可见，尽管过于呆板地奉行有关审慎或慷慨的常见准则，也许会显得愚笨又迂腐，但是严格奉守正义准则，绝不会有丝毫迂腐的成分。正义准则反而应当给予最神圣的遵从和敬畏。并且，只有当我们行为的主要动机是源于我们对正义准则宗教般的虔诚遵从时，正义这种美德所要求的那些行为才会得到最恰当最有效的履行。当践行其他美德时，我们的行为就会更多受到合宜性的影响，或者就会更多受到对某种特定行事方式喜好的影响，而不太在意某种要求明确的格言或准则；而且，我们会更多考虑行为准则的目的和初衷，而不太考虑格言或准则本身的要求。但在践行正义准则时就截然不同，只有那些不折不扣、坚定不移地恪守正义准则要求的人，才是最值得赞赏与信赖的人。尽管正义准则的初衷是为了防止我们伤害他人，而且任何有违正义准则的行为往往都会被视为犯罪，可是，却仍然有人试图以某种貌似合理的借口，辩称某个违反正义的行为不会造成任何伤害。一个人一旦开始为违反正义而狡辩，哪怕只是心中有了这种念头，那他就已经变成一个恶棍了。一个人一旦想要背离那些神圣而不可亵渎的正义准则，一个人一旦不再忠实而积极地恪守正义准则的要求，那他不仅不再值得信赖，而且再也没有人敢肯定地说他绝不会做出什么严重的恶行。比如，一个窃贼就会认为，如果自己从富人那里偷点东西，根本就算不上什么罪恶。因为他觉得，富人根本不会在意那点东西，甚至他们可能永远也不会发现自己有东西被人偷走了。再比如，一个奸夫就会认为，若与朋友的妻子偷情，只要奸情没有败露，只要没有引起她丈夫的怀疑，只要没有破坏她家庭的和睦，那他就算不上犯了什么罪孽。一旦我们开始听任自己进行这种文过饰非的狡辩，那就没有什么我们做不出来的恶劣罪行了。

11　　　如果把正义准则比作语法规则，那么其他美德的要求，就好比文学评论家用来衡量文章是否庄严优美的标准。前者的要求，是严格、明确而必不可少的；而后者的要求，则是宽泛、含混而不明确的。因此，后者只能较好地为我们所追求的那种完美境界指明一般的概念性要求，而不太可能为我们如何达到那种完美境界提供明确而可靠的指引。既然一个人可以学会语法规则并写出符合语法要求的文章，并且可以做到绝对不出现任何语法错误，那么，他似乎也可以学会如何恪守正义。然而，尽管有些文学评判标准，在某种程度上可以帮助我们纠正或弄清自己原先在文章完美方面可能持有的一些模糊看法，但绝没有任何评判标准或范文，能够教会我们准确无误地写出庄严优美的文章。同样的道理，尽管某些道德准则，在许多方面可以让我们纠正或弄清自己原先对某些美德可能持有的一些不完善看法，但除了正义准则之外，绝对没有任何其他准则，只要我们理解了它们的要求，就能够教会我们在所有场合都准确无误地做到合理的审慎、适度的慷慨与恰当的仁慈。

12　　　还有一种情况会偶尔发生，就是当我们渴望自己的行为获得认可时，尽管我们极其严格而真诚地按照某个指导我们行为的准则行事，却由于被原本就不正确的行为准则误导，而最终酿成大错。在这种情况下，如果我们还指望别人能够完全接受自己的行为，那就是徒劳的妄想。一方面，人们既不会认同那个激发我们行为的荒谬道德责任观念，也不会接受荒谬责任观念所引发的任何行为。然而另一方面，如果一个人的恶行确实是由于受到错误的责任感或者所谓错误的道德认知的蒙蔽，那他的品行仍有几分可敬之处。尤其是在宽厚仁慈者眼里，不管他因受蒙蔽而造成的危害有多么致命，他仍然更易成为同情的对象，而不易成为憎恶或愤恨的对象。对我们人性中的这种弱点，宽厚仁慈者会深感痛惜；尽管我们非常真诚地力求品行完美，并且竭尽所能地按照最高准则的要求行事，但最终还是可能遭受蒙蔽而不幸误入歧途。错误的宗教观念，几乎是导致我们内心认知产生这种严重错乱的唯一原因。如果把宗教义务作为最高行为准则，那唯一可能的结果就是严重扭曲我们对责任感的看法。在宗教以外的其他所有场合，仅凭常识就足以指导我们的行为，即使品行达不到那种最优雅得体的程度，但也不会相差太远；并且，只要我们真心做好事，那我们的行为大体上总是值得称赞。尽管所有人都会赞同，遵从神的旨意是我们的首要义务，可是，神的旨意究竟要求我们遵守哪些具体戒律，人们的看法却彼此迥异。因此，在错误宗教观念这个问题上，人们应该最大限度地彼此克制和相互包容。一方面，为了维护社会安定，无论出于何种犯罪动机，所有罪行都应受到惩罚。但另一方面，如果所犯罪行明显是由于错误的宗教义务观念而导致的，那在惩罚他们时，心地善良者总是会有些于心不忍。因为心地善良者绝不会像对待其他罪犯那样，也对那些因受蒙蔽而作恶者感到义愤填膺；他反而会在即将对他们实施惩罚的那一刻，为他们的执迷不悟与恢宏气度深感惋惜，有时甚至还会产生几分钦佩。对于这种因错误宗教观念误导而犯下的罪行，那我们究竟应该持什么样的看法，才能同时兼顾上述两个方面呢？伏尔泰[①]先生在他最好的一部悲剧《穆罕默德》中，给出了很好的启发和建议。在这部悲剧中，有一对深受我们喜爱的青年男女，他们天真又善良，除了彼此爱得太深之外几乎没有任何缺点。可他们两人却因受到那种极端错误宗教动机的唆使，而犯下了那种丧尽天良的谋杀罪。有位德高望重的老人曾经对他们两人都非常慈爱，但却被他们两人亲手杀害。尽管这位老人是他们所信奉宗教的公开敌人，但他们却深深地敬重和爱戴着这位老人。而且他们俩并不知道这位老人实际上还是他们的父亲，他们俩只是被告知，这位老人是上帝特意要求从他们手中收到的祭品，而他们俩只是受命去杀死他而已。在他们即将实施谋杀之际，两人饱受两股情感力量斗争的痛苦折磨：一方面是义不容辞的宗教责任要求；另一方面是面对这位即将被自己杀死的老人，对他心生的怜悯、感激和敬意，以及对他的仁慈与美德所心生的敬爱之情。然而，错误的宗教责任感，最终却战胜了人性中的一切善良与仁慈，并让他们受到蒙蔽而杀死了这位老人。但他们两人很快就意识到了自己的错误，并识破了那个蒙骗他们的把戏。他们伤心欲绝，并为自己的愚蠢罪行感到恐惧、懊悔和愤怒。在所有舞台戏剧中，这段剧情最感人也最有教育意义。因此，我们在看待剧中不幸的赛伊德[②]和帕尔米拉[③]时，就应该同时兼顾上述两个方面。也就是说，如果我们确信，一个人确实是由于受到错误宗教观念的蒙蔽，而不是把它作为掩盖某些最

---

① 译注：伏尔泰（Voltaire, 1694 ~ 1778），法国哲学家、剧作家，著有悲剧《穆罕默德》（Mahomet）、《拉·亨利亚德》（La Henriad）、《中国孤儿》（Orphan of China）等，请参阅本卷第二章第 19 段译注。

② 译注：赛伊德（Seid），《穆罕默德》剧中的那个青年男子。

③ 译注：帕尔米拉（Palmira），《穆罕默德》剧中的那个青年女子。

卑鄙想法或罪行的借口，那我们对每一个被错误宗教观念引入歧途的人都应该心生这样的同情①。

13　　　尽管一个人可能由于某个错误宗教责任感的误导而酿成大错，然而人性中的仁慈有时候也会战胜错误宗教观念，进而引导他做出正确举动。在这种情况下，没有人不乐于看到仁慈战胜错误宗教观念。我们通常都认为，仁慈会占据上风，除非当事人太过优柔寡断，以致他无法做到这一点。不过，即使他作出了正确选择，也是他内心犹豫的结果，而不是他遵从道德准则的结果，因此，我们对他的行为表现，并不会表示完全赞赏。比如在圣·巴塞洛缪大屠杀②中，有位罗马天主教的忠实信徒，他本来是被派去消灭那些异教徒的，但他的同情心最终却战胜了他要履行的宗教义务，从而放过了那些不幸的新教徒。可他这种豁达的仁慈举动并非完全出于自己内心认同的道德准则，因此，他就没有资格获得我们的高度赞赏。一方面，我们也许会对他的慈悲心肠感到欣慰。但另一方面，我们仍会对他感到某种遗憾，因为他的行为完全不同于那种至善美德，因此也就不值得赞赏。对于那些能够阻止恶行发生的其他一切情感，我们在看待它们时，都应该同时兼顾这两个方面。然而，当我们看到那些能够阻止恶行的情感得到适当发挥时，我们总是会为之感到高兴，甚至受到另一种错误观念的驱使也无所谓。比如，一个非常虔诚的贵格会③教徒，当他的左脸被人扇了一耳光时，如果他并没有再把右脸伸过去，而是反过来对那个侮辱他的狂人一顿痛揍，那么，他这种做法就不至于令我们反感，尽管他当时把救世主训诫中的那些条条框框全都抛诸脑后。一方面，我们不仅会对他这种犯戒行为一笑了之，而且还会赞赏他的

---

①　译注：除了错误的宗教观念会蒙蔽我们之外，在日常生活中，其实很多人心中都有许多自以为正确的认知或执念，并长期受到它们的蒙蔽。而这种自我蒙蔽，会严重影响我们的判断，进而让我们做出各种"固执"的行为。只有当我们的"智慧"随着年龄和阅历增长而增加之后，才会逐渐明白自己当年的"英明"有多么的愚蠢无知。这或许也是人性中的一个普遍弱点。

②　译注：圣·巴塞洛缪大屠杀（St. Bartholomew，又称圣·巴塞洛缪之夜），是法国天主教对胡格诺派（Huguenots）新教徒的恐怖暴行，于1572年8月24日从巴黎开始（这一天也是《圣经》中耶稣的十二圣徒之一巴塞洛缪的纪念日），后来蔓延到法国全境并持续了几个月。由于胡格诺派的不妥协的强硬态度，使该事件成为法国宗教战争的转折点。这次屠杀由皇太后凯瑟琳（Catherine de Medicis）谋划，天主教派贵族及市民执行。1572年8月24日凌晨，巴黎数万天主教徒伙同警察和士兵，根据事先标记在胡格诺教徒家门前的白色十字记号，直接闯进屋把熟睡中的新教徒杀死并抛尸塞纳河中。包括海军上将科利尼（Gaspard de Coligny，1519~1572）在内的许多高官和贵族都被处死，就连孔德亲王及查理九世的妹夫亨利都被迫改信天主教。

③　译注：贵格会（Quaker），基督教的一个教派，宣扬并信奉绝对平等主义。又名教友派、公谊会（The Religious Society of Friends），兴起于17世纪中期的英国及其美洲殖民地，创立者为乔治·福克斯。"贵格"为英语Quaker一词之音译，意为颤抖者，贵格会的特点是没有成文的教义，最初也没有专职的牧师，并且反对外在权威和烦琐的形式，无圣餐和圣洗，无圣礼和节日，而是直接依靠圣灵的启示指导信徒的宗教活动与社会生活，但总是会带有神秘主义色彩。

勇气，甚至更喜欢他这种以恶制恶的举动。但另一方面，我们绝不会敬佩他，因为在遇到类似情况时，只有遵照行为合宜性要求而行事得当的人，才真正值得敬佩。因为任何行为，只要不是发自内心的真情实感，都不能真正称为善良有德的品行。

第四卷

论效用对行为和赞许的影响

在痛苦和悲伤时，我们的欲望似乎容易收敛并沉寂在自己心里；但在安逸和顺遂时，它就会膨胀并扩展到各种身外之物上。

第一章 论物品的效用^①及其对行为的广泛影响

一个构造精巧的物品^②所呈现出的实际功用，会赋予这个物品一种美感，而这种美感或实际功用，又会对我们的行为产生广泛影响^③。凡是对美的性质有一定研究的人，也许都已经注意到，一个物品所呈现出的实际功用是让它产生美感的主要原因之一。比如一座房子，无论是使用方便还是布局合理，都会令居住者感到舒适愉悦；反之，如果居住者发现使用不便或者布局凌乱，比如，位置对称的窗户却形状不同，或者大门没有开在正中间，就会让主人感到非常别扭而总是不快。其实，任何制度、理论或机器，只要能够有效发挥其预期目的或作用，那它的这种有效性，在总体上就会让它呈现出某种合宜性与美感，进而让人在想到它或看到它时觉得开心。绝不会没有人注意到这个如此显而易见的事实。

最近，有一位见解独到而受人欢迎的哲学家^④也指出，物品的实际功用是令

---

① 译注：这里译作"效用"的"Utility"，当它作名词时，意为"效用、功用、实用"等；作形容词时，意为"实用的、有效用的、通用的"等。"Utility"在本卷中，通常会译为效用、功用或作用。由于我们通常会基于物品或品行的实际效用或功用（亦即"益处或危害"）来判断它们的优劣、美丑或善恶，因此，"效用"不仅会影响我们的行为和情感，而且还会影响我们对品行的评价（亦即影响赞许或好恶）。值得一提的是，"效用"也是现代经济学中最常用的概念之一。

② 译注：这里译作"构造精巧的物品"的英文原文为"productions of art"。在本章中，若像某个所谓权威译本那样，把"productions of art"按字面含义直接译作"艺术品"，就会出现严重的文不对题。因为"art"除了"艺术"这个常见含义之外，还有"技巧（甚至伎俩）"之意。如果查一下"artful"的含义，也许有助于理解这一点。本章的主要内容，就是举例分析物品的效用或功用对我们行为或情感的影响，而根本不涉及"艺术品"方面的话题。

③ 译注：本句为英文版标题移入，译者根据正文内容对本章标题进行了节略。此句作为标题时应译作"论构造精巧的物品呈现出的效用所赋予它的美，以及这种美的广泛影响"。

④ 译注：指大卫·休谟（David Hume，1711年4月26日至1776年8月25日），哲学家、经济学家、历史学家，被视为苏格兰启蒙运动以及西方哲学历史中最重要的人物之一，著有《人性论》《道德原则研究》《人类理解研究》《宗教的自然史》等。虽然现代学者对于休谟的著作研究仅聚焦于其哲学思想上，但他最初却是以历史学家的身份成名，他所著的《英格兰史》在当时成为英格兰历史学界的基础著作长达60～70年。休谟的哲学受到经验主义者约翰·洛克和乔治·贝克莱的深刻影响，也受到一些法国作家的影响，同时他还吸收了各种英格兰知识分子如艾萨克·牛顿、弗兰西斯·哈奇森、亚当·斯密等的理论。

人感到开心愉悦的原因。这位哲学家才华横溢而手法巧妙，善于用最简练的语言来阐述最深邃的思想。他不仅观点十分鲜明，而且还能以极富感染力的雄辩口才来探讨深奥的课题。按照他的观点，任何物品的实用价值，都是不断通过它给物品主人所增进的那些快乐或便利来让主人感到愉悦而得以体现的。每当主人看到某个物品时，如果心中总是感到开心愉悦，那么，这个物品就会成为能够不断带给主人满足和快乐的源泉。旁人透过同情（译按：即同理心）的作用，也可以体会这位主人的愉悦感受，进而必然也会让旁人，以同样愉快的心情来看待或欣赏这个物品。比如，当我们参观大人物的豪华府邸时，往往就会不由自主地设想，如果我们就是这儿的主人，如果我们自己也拥有如此精心建造的华丽住所，那将是多么的惬意和幸福。反之，凡是看起来使用不便的物品，总是会令它的主人和旁人感到厌恶。对于这种厌恶之情的产生原因，这位哲学家也给出了相同解释。

03　　然而据我所知，与一个物品的预期目的或功用本身相比，其实人们往往更加看重一个物品的精巧构造与巧妙设计，更加在意它是否能够有效发挥其预期目的或功用。也就是说，人们往往更看重一个物品在设计或构造方法上的那些巧妙之处，而不太在意使用它时所带来的那种便利或愉悦本身，仿佛构造方法或手段上的那些巧妙，才是物品的真正价值所在。尽管目前还没有人注意到这一点，但这种看法其实非常普遍。只要稍加观察，无论是在日常生活中那些最无足轻重的琐事当中，还是在那些至关重要的大事当中，我们都可以发现成百上千的实例。

04　　比如，当一个人走进自己的屋子，如果发现椅子全都乱七八糟地摆在屋子中间，他就会对仆人发火；并且，如果他无法继续忍受那种乱糟糟的样子，他甚至宁愿劳烦自己动手，把椅子全都重新靠墙摆好。重新布置后的房间，进出都会更加方便，必然就会让人感到非常舒适。尽管他所付出的劳动会超过所获得的方便，但为了获得这种进出上的方便，他甘愿自找麻烦。因为在他眼里，没有什么比一番劳顿之后一屁股坐在椅子上更惬意的事了。可见，他心里真正想要的，似乎并非只是这种方便本身，而是更多地追求能够带来这种便利的那种整齐布置。当然，最终促使他去重新整理房间并赋予那种整齐舒适的布置以和谐与美感的，还是这种便利或实用价值本身。

05　　同样的道理，如果一个人非常在意手表走时的精准，那么，一只手表即使每天只慢两分钟，也会遭到他的嫌弃。他也许会几个<u>基尼</u>①把它卖掉，然后再花五十个<u>基尼</u>买一只两个星期误差不超过一分钟的新手表。然而，钟表的基本用途是告诉我们现在几点钟，以免我们错过约会时间，或者避免不清楚具体时刻而产生

---

①　译注：基尼（Guinea），英国旧金币，相当于一英镑又一便士。

诸多不便。但那个特别在意钟表走时精准的人，并不见得总是比其他人会更严格守时，或者他会出于其他目的而比别人更渴望准确掌握每天的各个具体时刻。可见，吸引他如此挑剔钟表的，同样也不是为了准确掌握时间，而是为了追求那个能够提供精准时间的钟表本身的完美。

有多少人由于把金钱耗费在这些没啥用的小玩意儿上而玩物丧志？然而，让 06
这些爱好者开心愉悦的，其实并不是这些小玩意儿的那些功能本身，而是能够提升那些功能的各种巧妙设计或精巧构造。他们的每个口袋都塞满了各种小玩意儿，为了能携带更多小玩意儿，他们甚至还特意设计了别人衣服上没有的新口袋。他们在外出时，经常会随身背着各式各样的小玩意儿，甚至在重量或价值上，毫不亚于犹太人常用的百宝箱。尽管有些小玩意儿偶尔也有点儿用处，但所有这些小玩意儿，也许在任何时候都会显得非常多余，更何况它们的作用全部加起来也不值得每天辛苦地负重携带。

不仅仅只是在这些无足轻重的小玩意儿上，我们的行为才会受到"追求方法 07
巧妙而忽视实际功用"这种心理的影响，而且在我们追求个人地位与公共事业时，这种心理往往也是最重要的内在动机。

穷人家的儿子本来安于现状，当他因触怒了上苍而一旦被赋予野心之后，他 08
就会开始同周围的人攀比，进而开始羡慕富人的那种优越生活。于是，他就会觉得，父亲的茅草屋太小而不再适合他栖身，进而幻想自己如果住在豪宅里，那将会多么的舒适惬意。他为自己不得不步行或忍受骑马的颠簸而感到不快，当他看到富人权贵进出都是各种豪华马车，就幻想着自己要是也有一辆，那在旅行时就会减少很多不便。他幻想着自己要是也有一群侍从，生活自然就不再艰辛痛苦，就不再有太多劳烦他亲自动手的事情了，因为他觉得，侍从们会帮他代劳大量麻烦事。他以为，只要自己拥有了这一切，那就可以心满意足地坐下来，安心地尽情享受那份幸福与宁静。他沉浸在这种遥不可及的幸福幻想之中，正是幻想拥有那种高人一等的幸福生活，才让他从此永远投身于追逐财富和地位。殊不知，为了获得富贵所带来的那些幸福与荣耀，仅在他努力奋斗的第一年甚至第一个月，他所遭受的身体痛苦和精神折磨就比他在那种平淡生活中一辈子全部遭受的还要多。因为他首先必须刻苦学习，才有可能在某些艰苦事业中脱颖而出。为了掌握更多可以超越所有对手的本领，他必须夜以继日地勤学苦练，片刻也不敢有丝毫松懈。接下来，为了能够让人们知道自己的本领，他同样必须不遗余力地寻求展现身手的每个机会。而为了寻求这种机会，他在所有人面前不得不极尽殷勤，他既不得不为自己痛恨的人效劳，也不得不在自己鄙视的人面前卑躬屈膝。可他穷尽一生去追求的那种精致高雅的理想生活，也许永远都无法实现。然而，他却已经为之牺牲了原本随时唾手可得的真正安宁生活。更何况，即使他在垂暮之年最终拥有了那种理想生活，他也将很快发现，所谓的理想生活，其实没有哪一点比得上他为之放弃的那份平淡、安定与满足。于是，在他风烛残年而且疾病缠身之际，劳碌与艰辛早已掏空他的身体，每当回想起自己所遭受的成百上千次伤害和失望，他就会伤心难过甚至恼羞成怒，因为他觉得那些伤害，全都来自敌人的不义、来自朋友的背信弃义与忘恩负义。终于，他开始恍然大悟：那些财富和地位本身，其实跟那些没啥用处的小玩意儿一样，只是实现幸福生活的手段而已。可见，财富和地位，其实也像玩具爱好者的随身宝盒那样，不仅不太有益于主人的身体自在和内心宁静，而且带给主人的麻烦和苦恼反而远远超过了它们所能提供的全部方便和益处。财富和地位，除了可以比较明显地带来几分便利之外，其实同那些小玩意儿并无本质区别。然而，富人和权贵所拥有的那些府邸、花园、成套马车和扈从，它们所能带来的那种明显的便利与优越之处，确实要比那些小玩意儿更吸引我们每个人的眼球。因为无须它们的主人向我们解释，我们就会下意识地轻易领略到其实际作用和益处。我们只需透过同情（译按：即同理心）的作用，就可以体会到它们为主人所带来的那种满足，并为之赞叹不已。但是，牙签、挖耳勺、指甲刀等诸如此类的任何小玩意儿，它们的机巧玄妙之处，就不那么显而易见。它们所能提供的便利与益处，也许同样重要，但却不那么引人注目，更何况我们不太容易体会到它们主人所获得的那种满足。因此，各种小玩意儿，就不太可能像财富和地位那样，会成为虚荣心追逐的天生对象；因为唯有后者，才可以更有效地满足人们对优越感的天生钟爱，这也是财富和地位的唯一优势。对于在荒岛上独自生活的人而言，究竟是一座豪宅，还是百宝箱里平常收集的那些能提供各种方便的小工具，更有助于提升他的幸福和享受，这也许还是一个疑问。但是，如果他生活在社会群体中，小工具确实就不再与豪宅有任何可比性。因为在这种情况下，我们也跟其他所有场合一样，总是会更在意旁观者的看法，而不太关心当事人的感受，总是更在意旁人会如何看待他的处境，而不太关心他本人会如何看待自己的处境。然而，我们只需稍作观察就可以发现，旁人之所以会如此羡慕富人和权贵的生活状态，其实很少是因为渴望拥有那种所谓的高人一等的舒适与享乐（译按：很少是渴望那个目的本身），而更多是因为渴望拥有那些能够提升舒适与享乐的精致高雅的设施或物品（译按：更多是渴望拥有能够达成那个目的之手段）。甚至那些羡慕的旁人自己也认为，富人和权贵其实并不比其他人更幸福，他们只是拥有获得幸福的更多手段而已。可见，真正引起旁人羡慕富人和权贵的那些设施或物品的，其实是因为那些设施或物品能够独特而巧妙地带来各种预期的幸福。但是，等他到了年迈体弱而疾病缠身之时，曾经追求的那些缥缈的虚荣和快乐，就变得不再有任何意义。到了风烛残年之际，那些名利在他眼里，根本不值得自己像当年那样豪情壮志地投身于各种艰苦奋斗。于是，他就开始在心里诅咒自己当年的野心，开始怀念年轻时的那种自在与悠闲。然而那些快乐，却一去而永不复返了。他开始后悔当年愚蠢地放弃了原本拥有的安闲与快乐，反而去追求那些即使得到也无法带来真正满足的东西。权贵们只有等到遭受废黜失势或疾病缠身之际，从而不得不这样凄惨地出现在众人面前之时，才会开始认真审视自身的处境，思考什么才是自己真正想要的幸福。权力和财富，这时就会露出其庐山真面目，它们其实就像是一座费力运转的大钟那样，其内部那些极其精密而灵敏的发条和齿轮，必须精心维护才能保持正常运转，可它们最终却只能为身体带来微小的便利。更何况，不管我们如何尽心费力，它们随时都有可能爆成碎片，进而让它们那不幸的主人遭到毁灭性的打击。可见，权力和财富就好比一座庞大的建筑，不仅需要付出毕生努力去不停建造；而且在大厦没有崩塌之前，尽管它可以为主人提供某些小小的便利，可以让主人免受恶劣"天气"的侵袭，但住在里面的人，随时都有崩塌之虞而遭到灭顶之灾。权力和财富这座大厦，即使能够挡得住夏天的阵雨，但最终也挡不住冬天的暴风雪，它们让权贵们跟之前一样，也会感到焦虑、恐惧和悲伤，也会面临疾病、危险和死亡，甚至有过之而无不及。

尽管在生病或情绪低落时，每个人都会想起这些悲观的哲理，进而彻底看淡心中渴望的那些宏伟目标，但我们在身体健康而且心情高兴时，却总是对它们持非常欢迎的态度。可见，在痛苦和悲伤时，我们的欲望似乎容易收敛并沉寂在自己心里；但在安逸和顺遂时，它就会膨胀并扩展到各种身外之物上。于是，我们就会开始着迷于富人权贵的豪华府邸与马车、精美陈设与器具，开始羡慕他们的生活，赞叹每件物品都是那么有助于他们增进舒适、减少缺憾、满足需要，并在他们百无聊赖时为他们提供消遣娱乐。如果我们将豪宅、马车、陈设、器具等物品所能发挥的实际作用与它们的奢华精美分开来看，那它们所发挥的实际作用，就会显得极其微不足道。不过，我们很少会采用这种抽象的哲学眼光，来看待这些物品的实际作用。因为在我们的脑海里，通常会混淆手段与目的，进而把制度、机器或器具本身，同它们那种井然有序而有条不紊的和谐运转混淆在一起，然而前者，其实只是产生后者的手段而已。因此，如果我们混淆了手段与目的，并以此看待财富和地位所带来的快乐，那我们就会产生错觉，进而把财富和地位视作一种重要、美好而崇高的东西，以致为了得到它们，我们甘愿终生为之付出辛劳和心血。

值得庆幸的是，造物主之所以会"蒙骗"我们混淆手段与目的，其实是为了激发人类奋发向上，是为了让人类在追求各种手段或方法的进步上永不懈怠。正是这种"蒙骗"，在人类社会早期，促使人类开垦田地、建造房屋、建立城市和国家，再后来，又促进人类在各个科学和艺术领域，不断取得新发现和新进步，从而提升人性光辉、润泽人类生活。正是这种"蒙骗"，彻底改变了世界的整个面貌；让原始森林变成了肥沃宜耕的平原；让人迹罕至的海洋变成了人类生存发展的新资源，变成了不同国家之间交流往来的康庄大道。正是人类的辛勤劳动，让土地的自然产出成倍增加，进而得以维持更多人口的生存。当一位得意而无情的大地主在眺望自己那广袤无垠的庄稼时，即使他毫不顾及同胞的饥饿而想独自吃掉土地上产出的所有粮食，那也是根本不可能的事情。这时，"眼睛大肚子小"这句朴实而通俗的谚语，用在他身上就再恰当不过了。他肚子的容量，不仅与他那难填的欲壑完全不成比例，而且他能吃下的粮食，绝不可能超过任何一位最卑微的农夫。因此，他不得不将多余的粮食分给其他人：分给那些为自己精心烹制美味佳肴的人，尽管他每次只能享用那么一点点；分给那些为自己修建府邸的人，以便他在里面享用他那点美食；分给那些为他制作维护各种装饰品和小玩意儿的人，以显示他的奢华与气派。于是，上述这些普通人，就通过服务于富人随心所欲的奢华生活，而分得属于自己的一份生活必需品；如果他们寄希望于富人的仁慈或公平，那将是痴人说梦。土地的产出，通常可以基本维持其所供养人口的必需。富人只是从中挑选一些最珍贵和最喜欢的而已。他们的消耗，其实比穷人多不了多少；尽管他们生性贪婪而自私，尽管他们只图自己方便，尽管他们雇用成百上千人来为自己劳作，而所有这些的唯一目的，只是满足他们的虚荣和贪得无厌的欲望；富人经营改善所带来的一切成果，最终都将分给穷人共享。一只看不见的手①，引导他们对各种生活必需品作出合理分配，其实这种分配方式的结果，几乎接近把土地平均分给所有居民耕种的分配结果。就这样，人们各司其职，在不经意间和不知不觉中，就增进了社会福祉，并为人类的繁衍生息提供各种必需。当上帝把土地分给少数地主时，她似乎并没有忘记或抛弃那些在土地分配中被遗漏的人。在土地的全部产出中，后者也享用着属于他们的那一份。单就那些决定人类生活幸福的真正要素而言，那些没有分得土地的人，其实在哪方面都毫不逊色于那些显得高高在上的富人和权贵。比如，在身体的轻松自在与内心的宁静方面，不同阶层的所有人，几乎都处于同一水平；而国王们时刻都在为之努力奋斗的那种安枕无忧，一个躺在路边晒太阳的乞丐却可以轻松享有。

11　　此外，正如人们会更看重秩序之美、巧妙设计之美与精巧构造之美那样，人们也会基于相同的心理而追求制度体系的完美。这也是为什么那些有利于促进社会福祉的各种制度，常常会受到欢迎的真正原因。比如，当一位爱国政治家致力于各种公共政策的改善时，他所做的这种努力，未必纯粹源于他心系那些能够从

---

　　① 译注：看不见的手（An Invisible Hand），亚当·斯密最为著名的说法，主要指在社会分工、资源分配与调节、促进社会进步等方面发挥作用的那股无形力量。《国富论》第4卷第2章中也会提及"看不见的手"，它们其实是一脉相承的。

中获益者的幸福；当一位热心的慈善家赞助修缮道路时，通常也并非只是源于他心系邮递员与马车夫的便捷通行；当立法机关通过设立奖金或采取其他鼓励措施，来促进亚麻布或羊毛呢的生产时，也很少纯粹只是为了让人民获得更价廉物美的布料，更不可能只是源于心系布匹生产商和贸易商的发展。其实他们更多是在追求，诸如公共政策的完善、生产的扩大和贸易的增长等这些崇高而宏伟的目标。当我们想到后面这些宏伟目标时，就会感到开心愉悦，进而致力于寻求任何有助于实现这些目标的手段或措施。这些公共政策或激励措施，会成为政府主要制度体系的一部分；似乎正是得益于良好的制度体系，才得以让国家机器的各个轮子，运转得更加协调顺畅。我们乐于看到一套如此美好而宏伟的制度体系日趋完美，而任何可能干扰或妨碍它正常运行的丁点儿障碍，我们都会努力进行清除，否则就会一直耿耿于怀。尽管政府的一切制度或法律，其价值大小完全取决于它们能够在多大程度上增进所管辖人民的福祉；尽管它们的唯一作用和目的，就是增进人民的福祉。然而，正如我们会更看重并热衷于某个物品的巧妙设计与精美构造那样，我们也会热衷于追求制度体系的完美，以致我们在很多时候，似乎会更看重手段而不是目的①。因此可以认为，我们之所以热心于增进同胞的幸福，可能更多是为了让某种良好而有序运行的制度体系得到进一步的完善和改进，而非纯粹只是源于心系他们的痛苦或快乐。比如有些人，虽然具有最强烈的爱国精神，但在其他方面却又明显缺乏仁慈和同情心。反之，另外一些人，虽然极为仁慈，但似乎根本就没有爱国精神。我们每个人都可以在自己熟悉的朋友当中，找到这两种人的例子。在缺乏仁慈却又非常爱国这一点上，同那个颇负盛名的俄国统治者②相比，还有谁能表现得更甚呢？反之，尽管大不列颠国王<u>詹姆斯一世</u>生性友善而仁慈，但他对国家的荣誉和利益却几乎毫无兴趣。你想唤起一个失去斗志的人去努力奋斗吗？如果你向他描绘富人和权贵的幸福生活，比如告诉他富人和权贵通常都不会遭受日晒雨淋、很少挨饿受冻、几乎不受劳乏之苦也不缺少任何东西，那你就是在白费功夫。即使你具有极佳的口才和说服力，但你这样的劝说方式，几乎不会对他起丁点儿作用。如果你真想让他动心，那你必须向

---

①　译注：这种过分看重并追求制度体系完美的做法，作者在第六卷第二章第二节第 15 段中也有论述，并且指明了过度追求某一种政治理论或所谓主义的巨大危害。

②　译注：指沙皇俄国的彼得大帝（Peter the Great, 1672～1725），沙皇米哈伊洛维奇之子，俄罗斯帝国首位皇帝，俄罗斯历史上仅有的两位"大帝"之一。彼得一世 1682 年继位后，初期与伊凡五世共治，后于 1689 年掌握实权，1697 年派遣使团前往西欧学习先进技术，本人则化名彼得·米哈伊洛夫下士随团出访，先后在荷兰的萨尔丹、阿姆斯特丹和英国伦敦等地学习造船和航海技术。回国后积极兴办工厂，聘请大批科技人员到俄罗斯工作；发展贸易、文化、教育和科研，改革军事，建立正规的陆军和海军，加强封建专制的中央集权。随后发动战争并夺取了波罗的海出海口，为俄罗斯帝国的发展打下坚实基础，并使俄罗斯成为欧洲大国之一。近代俄罗斯的政治、经济、文化、教育、科技等方面的发展，无不源于彼得一世时代。

他描绘富人和权贵的豪华府邸以及不同房间里的各种便利设施与陈设装饰；你必须向他解释豪华马车的舒适与高贵之处；你必须告诉他富人和权贵扈从的数量、等级以及各种职责。没有什么比这些描绘更可能让他动心了。然而所有这些东西，其实也仅仅只是有助于让富人和权贵免遭日晒雨淋、不挨饿受冻、不短缺匮乏和不受劳乏之苦而已。同样的道理，当你想要激发那些不太关心国家与公众利益的人，并在他们心中树立爱国心与公益精神时，如果你告诉他，在一个治理良好的国家，那里的臣民可以享有哪些更好的福祉，他们住得有多好、穿得有多好、吃得有多好，那你也将是白费口舌。因为这些说辞，通常都不太可能引起他什么深切感触。如果想要更好地说服他，那你就必须向他说明，那些能够产生上述种种好处的制度体系与公共政策；你就必须向他解释，在那些制度体系与公共政策当中，各个部分之间的关联与依存关系、彼此的从属关系以及它们又是如何增进社会福祉的；你就必须向他说明，如何才能把这种良好的制度体系与公共政策引入他的国家，如果现在推行它们，可能会遇到哪些障碍，又该如何清除那些障碍；你就必须向他说明，如何让国家机器的各种轮子协调而顺畅地运转，如何让它们彼此间不发生摩擦而且不妨碍对方的运转。当一个人听到这样的谈论，他心中几乎不可能不燃起几分爱国热情或公益心。至少在谈论的那会儿，他会产生那种试图去消除那些障碍并推动国家机器更加良好有序运转的愿望。没有什么比谈论或研究政治，更容易激发一个人的公益心与爱国热情了。因为人们总是乐于谈论公民政府的各种制度体系及其长短利弊；乐于谈论本国的政治体制及其所面临的形势、本国同各外国之间的利害关系、本国的商业贸易与国防安全；乐于谈论本国所面临的各种不利条件、可能遭遇的各种危险，以及又应该如何消除那些不利条件、如何防范那些危险。因此可以说，有关政治的各种讨论与研究，如果正确、合理又切实可行，那将是所有理论工作中最有用的研究了。甚至是那些最粗浅、最糟糕的政策研究，也并非毫无用处，因为它们至少有助于激发人们的公益心与爱国热情，有助于激励大家去寻求增进社会福祉的各种办法①。

---

　　① 译注：本章所指出的在"效用、目的、手段"方面的这些微妙反差，其实随处可见。皇帝的冠冕和车鸾，并不在于其"功能"，而在于其"至高无上"的象征意义；五星级酒店和高级餐厅的富丽堂皇，很少有助于提高睡眠的质量和菜品的美味，而更多在于其豪华与气派；大公司办公室和卫生间的豪华装修，不只是为了让员工更舒适，而更多是为了员工感觉更高档更自豪；家里的装修与陈设，其具体使用功能，其实远不如朋友的赞美与羡慕重要。

第二章　论品行的效用及其对
赞许的影响

一个人的品行所发挥的实际作用或益处，也会赋予其品行一种美或善；可品行的这种美或善，究竟在多大程度上会成为激发我们赞许之情的一种最初心理因素呢①？其实一个人的品行，也如同一个物品的精巧构造或公民政府的制度体系一样，既可以增进个人幸福和社会福祉，也可能会产生阻碍。比如，审慎、正直、积极、坚定果敢和朴素节俭等品行，必然会为他本人和每个同他相关的人都带来成功和满足；反之，鲁莽、蛮横、懒惰、优柔寡断和骄奢淫逸等品行，则预示着他自己前途的毁灭、预示着所有同他共事者的不幸。前一类品行，由于总是有利于提升那种最宜人的目的，从而也像一部精巧构造的完美机器那样，至少会呈现出许多美善与益处。但后一类品行，却像那种最笨拙烦琐的设计或构造那样，总是具有许多丑恶与危害。然而，究竟什么样的政府制度，才能像人民普遍具有的智慧与美德那样有助于增进人类的幸福呢？其实任何政府制度，都只是在智慧与美德不足时的一种不得已的补救。因此，人民的幸福和善良，无论在多大程度上源于公民政府制度的有益作用，其实它必定更多源于人民的智慧与美德。反之，究竟什么样的公共政策，会像民众的愚昧与恶行那样具有巨大的毁灭性与破坏性呢？软弱无能的政府，其最致命的影响，无非就在于它无法有效防范民众的愚昧与恶行可能造成的各种危害。

由此看来，各种品行的善恶或美丑，似乎就在于它对个人或社会而言究竟是有益的还是有害的。然而这种观点，往往容易让那些以抽象的哲学眼光来研究人类活动与行为的个别哲学家产生某种误解。以致某些哲学家在研究为什么仁慈行为会受到赞许而残忍行为会遭到谴责时，他未必总能让自己对每一个具体的仁慈或残忍行为都形成非常清晰明确的概念，而常常只是满足于根据那些品行的一般名称的字面含义来形成一些模糊不清的概念。但是，各种行为究竟是否合宜、究竟有功

01

02

---

① 译注：本句为英文版标题移入，译者根据正文内容对本章标题进行了节略。此句作为标题时应译作"论品行发挥的效用所赋予它的美，以及这种美究竟在多大程度上会成为激发我们赞许之情的一种心理根源"。

还是有过，只有在某些特定情况下，才会非常明显而易于分辨。并且，只有针对那些给定的具体事例，我们才能清楚地察觉出自己的情感是否与行为当事人相一致，进而让我们对行为有功者心生喜爱与感激，而对行为有过者心生厌恶与愤恨。也就是说，如果我们以"合宜性"这种抽象的一般标准来考察美德与恶行，那么，诸如品行的善恶或美丑这些会引起我们喜爱或厌恶的因素，就会在很大程度上消失，进而让我们心中的喜爱或厌恶之情也变得模糊不清而难以分辨。反之，如果基于"是否有益"来考察美德与恶行，那我们的脑海里就会浮现出"美德会带来幸福、恶行会产生致命灾难"的念头；而这种"有益或有害"念头，好像是自个儿跳出来似的，以便凸显它们与美德或恶行的其他所有性质之间的区别。

03　　　　前面提到的那位见解独到而受人欢迎的哲学家①，他最初在解释为什么人们会更加看重品行的实际作用时，就深受上述观点的影响，以致他把我们对美德的赞许，全部归结于美德所产生的这种美善与益处。他认为，在一个人的心中，除了那些他自己和别人都觉得有益或喜欢的品行之外，没有任何品行可以称得上值得赞许的高尚美德；同时，除了那些他自己和别人都觉得有害或厌恶的品行之外，没有任何品行可以被视为应受谴责的卑鄙恶行。确实，造物主为了个人幸福和社会福祉，似乎也在我们对品行的喜爱或厌恶的判断上进行了非常巧妙的适当调整。尽管我也承认，即使经过最严格的考察，我们仍然可以发现，这种"基于是否有益来判断品行的善恶或美丑"的情况其实非常普遍；然而我仍敢断言，美德的有益作用或恶行的危害作用，绝不是我们喜爱或厌恶某种品行的最初原因或主要原因。尽管这种"有益性"或"危害性"会立即产生行为善恶或美丑的直觉，而且这种直觉无疑也会增强我们的喜爱或厌恶之情。然而基于以下两点理由，我仍然坚持认为，我们最初对某种品行的喜爱或厌恶之情，在本质上并不同于这种有益或有害性直觉。

04　　　　其一，我们对美德的那种赞许之情，与我们对一座方便实用而精心建造的建筑的那种赞美，在性质上似乎不可能相同；否则，那就无异于把称赞一个五斗柜的理由用来称赞一个人。

05　　　　其二，经过考察就会发现，我们最初赞许某种品行，很少是因为心里觉得它有益；因为赞许之情总是源于合宜感，而这明显有别于那种有益性直觉。无论是那些被我们作为高尚美德来赞许的一切品行，还是那些按照有益性直觉的说法，最初由于我们觉得对自己有益而备受珍视的品行，以及那些最初由于我们觉得对他人有益而备受推崇的品行，我们都可以从中发现这一点——我们最初赞许它们是出于合宜感而非有益性直觉。

---

① 译注：同本卷第一章第 2 段所指的大卫·休谟（David Hume）。

让我们先来具体考察一下那些对我们自己最有益的两种品行，看看它们最初　06
受到赞许是否源于有益性直觉。第一种，就是卓越的理性认知能力。只有凭借理
性认知，我们才能觉察到自身行为的长远影响，进而得以预见自身行为的利害得
失。第二种，就是自我克制力。只有凭借自我克制，我们才能放弃眼前的快乐或
忍受眼前的痛苦，以便将来某个时候可以获得更大快乐或避免更大痛苦。这两种
品性结合起来，就构成了"审慎"这种对我们个人最有益的德性。

关于理性认知这种品性，我在前面已经指出（译按：第一卷第一章第四节第　07
2~4段），它最初受到赞许，其实是由于它合理、正确、准确，而并非仅仅因为
它有用或有益。比如，尽管在那些非常深奥的科学中，尤其是在高等数学中，人
类理性得到了最令人赞叹的极致发挥和展现，但那些深奥科学的实际作用或益
处，对个人或公众来说就很难理解，而要证实它们的实际作用或益处，则总是需
要进行某种非常晦涩难懂的详细阐述。可见，最初让科学受到公众赞许的，并非
它们的实际作用或益处。而且也很少有人会去强调科学的实际作用或益处；除非
有人由于对科学发现一无所知而极力贬低它们毫无用处之时，才有必要去强调科
学的实际作用或益处以回应这些非议。

关于自我克制，我们同样也是借助它来抑制自己的当前欲望，以便在将来某　08
个时候获得更充分的满足；我们对它的赞许，既出于其合宜性，又出于其实际作
用或益处本身。如果我们的行为不被自己的欲望左右，那影响我们行为的情感似
乎就完全吻合旁观者的看法。这时，旁观者就不会认为我们受到了当前欲望的诱
惑；因为在旁观者眼里，我们在一个星期或一年之后所能享受到的快乐，其吸引
力与我们眼前所能享受到的快乐完全相同。可见，如果我们不顾将来的更大快乐
而贪图眼前的快乐，那在旁观者眼里，我们的做法就显得极其荒唐而肆无忌惮；
因此，旁观者也就无法理解我们这么做的原因或动机。反之，如果我们为了将来
的更大快乐而放弃眼前的快乐，如果我们现在的行为表现得如同将来的快乐就发
生在此刻那样，那我们此时的情感就完全吻合旁观者的看法；因此，旁观者必然
就会赞许我们的行为表现。并且，旁观者从自己的经验中得知，很少有人能够做
到这种程度的自我克制，以致他对我们的行为表现必然会感到非常惊讶而赞叹不
已。因此，一个持之以恒地践行节俭、勤奋与专注的人，即使他只是为了得到财
富而无其他任何高尚目的，必然也会让所有人对他心生高度敬意。如果一个人能
够始终如一地约束自己的行为，如果他为了获得虽然更大但却遥远的利益，不仅
可以放弃眼前的一切享乐，而且还能承受肉体和精神上的那种极度艰辛与困苦，
那么，他所表现出的这种持之以恒的坚毅，必然会赢得我们的赞许。因为，对于
那些看似支配着他行为的利益与命运，他的看法与我们作为旁观者的普遍看法完
全吻合；因为，他的情感不仅与我们有着最完美的一致，而且，基于我们对人性

弱点的了解，这种程度的一致已经超越了我们的合理预期。因此，我们不仅会赞许他的行为表现，而且还会表示某种程度的钦佩，进而觉得他的行为值得高度赞扬。唯有行为当事人意识到他的行为是值得赞许和崇敬的，才有可能支撑他坚持自我克制的行事方式。因为，十年之后才会享有的快乐同今天就可以享有的快乐相比，其吸引力就显得极其微弱。而且前者所能激发出的热情，必然也远不如后者那样容易让人充满激情；以致前一种热情，根本无法抗衡后一种诱惑力，除非得到合宜感的支撑。换句话说，除非当事人意识到自己只有像前者那样自我克制，他才会赢得人们的崇敬与赞许；否则，如果自己表现得像后者那样不顾忌合宜性的要求，那他就会变成人们鄙视和嘲笑的真正对象。

09　　　让我们再来具体考察一下那些对他人最有益的四种品行，看看它们最初受到赞许是否源于有益性直觉。诸如仁慈、正义、慷慨大义、爱国精神等品行，它们最初赢得赞许其实都是出于合宜性。首先，我们最初对仁慈与正义的赞许是出于合宜性，这一点我在前面①已经作过阐述，而且已经解释清楚，我们对仁慈和正义的崇敬与赞许，究竟在多大程度上取决于行为当事人和旁观者之间的情感一致。

10　　　其次，我们最初对慷慨大义和爱国精神的赞许，其实同我们最初赞许正义的心理一样，也都出于合宜性。不过，慷慨大义与仁慈在性质上又有所不同，而且一个人未必总能同时具有这两种品行，尽管它们乍看起来貌似相同。仁慈通常属于女人的美德，而慷慨大义则属于男人的美德。女人通常比男人更仁慈善良，但却远不如男人慷慨大义。"女人鲜有重大捐赠"，这是民法文献中的一条调查报告②。仁慈仅仅只是旁观者对当事人情感的一种强烈同情，进而让旁观者为当事人所遭遇的痛苦感到悲伤、为当事人所遭受的伤害感到愤慨，或者为他们的幸运感到高兴。即使是最仁慈的行为，也不要求自我牺牲与自我克制，也不需要为顾忌合宜感而付出巨大努力。因为，仁慈仅仅需要我们按照自己心中那种强烈同情的指引行事即可。但慷慨大义就截然不同。我们从来不会说自己慷慨大义，除非我们能够做到舍己为人，除非我们能够为了朋友或上级的重大利益而牺牲自己同样重大的利益。一个人之所以会放弃他曾经孜孜追求的官职，那是因为他觉得另一个人的贡献更大也更有资格；一个人之所以会为了保全朋友而牺牲自己的生命，那是因为他认为朋友的生命更重要。这两种慷慨大义行为，既不是出于仁慈，也不是因为他们关切别人甚于自己；而是因为，他们通常不是从自身利益出发，而是以旁观者的眼光来看待那些利害冲突。尽管他们自己的成功或生命，在每一个旁观者的眼里，当然不如上级长官的重要，可在他们自己眼里却并非如此。因此，当他们为了别人的利益而牺牲自己的利益时，通常都是为了满足旁观

① 译注：请读者参阅第一卷第一章第三、第四节，以及第二卷第二章第二节。
② 原注：Raro mulierres donare solent（Women rarely make donations，女人鲜有捐赠）。

者的看法和心理预期而付出恢宏努力去调整自己的行为；同时他们还觉得，任何人遇到这种情况，必然也会那么做。比如，一名士兵在保护长官时，只要他表现得奋不顾身，只要他没有任何过失，那么，即使长官不幸身亡，他也许只会遭到很小的责备；并且，如果他在保护长官的过程中，哪怕只是遭受了极小的伤害，也会激起人们对他的深切同情。但这名士兵本人，当他竭尽全力去保护长官时，其实更多是为了赢得赞扬、为了让公正旁观者赞赏他的行事原则。因为他觉得，在他之外的每一个人眼里，自己的生命相对于长官的安危而言是微不足道的；因为他觉得，如果他是为了保护长官的安危而牺牲自己的生命，那他的这种做法不仅十分合宜得当，而且也符合每一位公正旁观者的心理预期。

　　最后，爱国精神同样也需要作出更大的努力和牺牲。当一位年轻军官为了国王的领土得到微不足道的扩张而英勇牺牲自己的生命时，其实并不是因为他觉得为国王夺取新领土比自己的生命更有价值。尽管他的生命在自己眼里要远比他为祖国所征服的一个王国还重要，但是，当他对这两者的价值进行比较和取舍时，并不是从自身利益出发，而是考虑他为之奋斗的祖国的利益。战争的胜利，于整个国家而言至关重要，这时，个人的生命就无足轻重了。当一个军官把自己放在整个国家利益的高度时，他就会立即觉得，如果流血牺牲能够为国家作出有价值的贡献，那么，即使牺牲自己的生命也在所不惜。正是这种使命感与合宜感，得以让他战胜死亡恐惧这种最强烈的天性，进而表现出那种无畏生死的英雄气概。有许多直率而正义的英格兰人就是这样：尽管从个人利益的角度看，一个<u>基尼</u>金币的损失也远比国家失去<u>米诺卡岛</u>①更让他心烦意乱，但是，如果他有能力保卫<u>米诺卡岛</u>这个要塞，那他宁愿牺牲自己的生命一千次，也不愿意看到它由于自己的过失而落入敌人手中。当<u>布鲁图斯一世</u>②发现自己的两个儿子参与阴谋反对正在蓬勃发展的<u>罗马</u>共和政体而不得不将他们处死时，如果仅从一个父亲的自然情感来看，那他似乎是为了较弱的国家大义而牺牲了较强的个人亲情。尽管<u>布鲁图</u>

---

　　①　译注：米诺卡（Minorca），西班牙东部的一个小岛，是当时西班牙、法国、英国相互频繁争夺的要地。

　　②　译注：布鲁图斯（Lucius Junius Brutus，约前539年～约前？年），罗马共和国的主要缔造者，首任执政官。他是公元前6世纪罗马统治者塞尔维乌斯·图利乌斯（Servius Tullius，前578年～前534年在位）的小儿子。公元前535年，布鲁图斯的姐夫卢修斯·塔克文·苏佩布（Lucius Tarquinius Superbus，？～前496年）密谋杀害岳父图利乌斯后，成功篡位并实施独裁统治。布鲁图斯忍辱负重，在公元前509年将姐夫逐出罗马，他废除独裁统治并缔造了罗马共和国，随后被元老院选为首任执政官。但塔克文并不甘心，不断暗中联络和煽动罗马贵族青年，试图夺回权力，但这一阴谋遭到了挫败。参与叛乱的贵族青年全被抓了起来，其中包括布鲁图斯的两个儿子和另一个执政官的两个外甥。于是，如何处罚两位执政官的亲属，就成了罗马民众关注的大事。审判叛乱者的地点设在罗马的中心广场，罗马城的所有民众都参加了这次审判。为了捍卫罗马的共和制，布鲁图斯亲自审判，并坚决处死了他的两个儿子和另一个执政官的两个外甥。值得一提的是，在465年之后的罗马共和国晚期，即公元前44年，他的后裔马库斯·布鲁图斯策划刺杀了独裁者恺撒大帝。

斯心中当然也会觉得，即使不处死参与叛乱的两个儿子，这对罗马民主可能造成的严重破坏也远不如自己失去亲骨肉那样更令他深感痛惜，但是，他并不是以一位父亲的眼光，而是以一位罗马共和国公民的眼光来看待两个儿子的死。因为，布鲁图斯是如此深切地在意罗马公民的情感，以致他全然不顾自己和儿子的血缘亲情。更何况，在每一位罗马公民眼里，即使是执政官布鲁图斯儿子的高贵生命，同罗马共和国的最微小利益相比，似乎也微不足惜。可见，诸如此类的各种英勇行为或牺牲精神，它们之所以会让我们为之赞叹，其实很少是出于这些行为的实际作用或益处本身，而是更多出于它们那超乎寻常的表现。正因为它们的超乎寻常，才让这些英勇行为显得伟大、高贵而崇高。当然，如果认真审视一下这种爱国行为，我们毫无疑问也会发现其真正的作用和价值所在，进而让我们更加赞许这些壮举。然而，通常只有那些善于冷静深思的人，才容易觉察到这种爱国行为的真正作用与价值。因此，绝大多数人最初赞许这些爱国行为，其主要因素并非出于其作用与价值，而是出于合宜性和大义。

12　　　　还有一点需要注意的是，基于"是否有益"这种有益性直觉而产生的那种赞许之情，并不涉及对别人的看法或感受的任何顾忌。如果真有一个人在与世隔绝的环境中长大，那么，有益性直觉也会让他喜欢那些对自己有利的行为，而讨厌那些对自己有害的行为。他的直觉感受也会让他发现，审慎、节制、善行的美善与益处，以及相反行为的丑恶与危害。因为，他在前一种情况的直觉感受，就如同看到一部构造精巧的机器时那样，会让他的心情感到愉悦和满足；他在后一种情况的直觉感受，就如同看到一部非常笨拙烦琐的机器时那样，会让他心生厌恶和不满。然而，由于诸如此类的直觉感受大多仅仅基于我们的个人喜好，因此，它既具有直觉的那种敏锐性，又具有直觉的各种缺陷。可见，这种基于所谓个人喜好的直觉感受而产生的那种赞许之情，就如同一个不幸与世隔绝的人那样，根本不太可能在意他人的看法和感受，也就很难做到公正合理。即使一个不幸与世隔绝的人会产生赞许之情，但在他与社会发生联系之前，他的直觉感受对他心情的影响也绝不可能与他进入社会之后相同。因为一个人进入了社会之后，就意味着他会顾忌他人的看法和感受。在与世隔绝的情况下，当一个人想到自己行为的丑恶与危害时，既不会内心羞愧而垂头丧气，也不会担心遭受惩罚而惶恐不安；反之，当他意识到自己行为的美善与益处时，既不会暗自高兴而欢欣鼓舞，也不会觉得应受奖赏而欣喜若狂。而一个身处社会的人，他之所以会产生诸如羞愧、害怕、高兴与欣喜等情感，其实是因为他心中存在一位假想的法官；并且，他只需透过同情（译按：即同理心）的作用，就能想象出心中那位法官会对自己的行为作出何种评判，进而让他在觉得自己的行为值得赞许时感到高兴，或者在觉得自己的行为应受谴责时感到羞愧。

第五卷

~~~~~~

论习惯与风气对审美观和道德观的影响

　　不管一个事物的外形有多么荒诞怪异，长期耳濡目染的习惯，通常都会让它渐渐被我们接受，甚至还会因某股风气而大受欢迎。

第一章　论习惯与风气对审美观的影响

除了上述各卷已经讨论过的那些因素之外，还有一些重要因素，会对人们的道德情感产生重要影响，而且这些因素，也是导致不同时代或不同国家，在褒贬与好恶方面的评价标准会普遍产生变化和不一致的主要原因。这些因素就是习惯（custom）和风气（fashion）①，它们在我们的审美方面，也广泛地发挥着决定性影响。

如果某两个事物经常同时出现在我们面前，就会让我们在脑海里形成一个习惯，进而让我们在见到其中一个时，就很容易联想到另一个。如果其中一个出现，我们就会以为另一个也会跟着出现。正是这种关联习惯，让我们由此及彼，让我们的注意力可以在它们之间轻松地来回转移。如果撇开习惯的影响，这两个事物的关联绝不存在任何意义或价值，但是，如果习惯已经在脑海里把两者关联在一起，若再把它们分开，我们就会觉得别扭或失调②。比如，当其中一个出现时，如果另一个并没有像平常那样随之出现，那我们就会不适应。如果预期的东西没有出现，我们就会感到失望，原来习惯的印象就会被扰乱。比如一套衣服，如果遗漏了那种通常应该有的小饰件，即使无关紧要，也会让人觉得似乎缺少点什么，哪怕只是缺了一颗腰扣，我们也会觉得难看或别扭。一方面，如果某种关联原本就显得非常自然而合宜得体，那么，长期耳濡目染的习惯，就会让我们增强对它的那种合宜得体的感觉，以致任何形式的变化所引起的厌恶，似乎都会大大超过那点变化本身。比如那些已经养成高雅品位的人，就比普通人更加讨厌一切低俗或粗陋的东西。另一方面，即使某种关联原本就失宜不雅，但是，长期耳濡目染的习惯，也会让我们减弱甚至完全消除对它的那种失宜不雅的感觉。比如那些已经习惯了邋遢脏乱的人，对整洁或优雅就不会再有任何要求。再比如，家

01

02

① 译注：在本卷中，custom 通常译作习惯，有时也会译作风俗、习俗、惯例等；fashion 通常译作风气，有时也会译作风格、时尚、时髦、潮流、风尚。

② 译注：很多物品（比如钻石、玫瑰花、商标或国旗）的意义，其实都是通过这种关联来建立或赋予的。真正优秀的产品广告，几乎都不会描述产品的具体功能，而是通过不断重复地渲染其产品与高贵、高雅、精致、品位、愉悦、情境、安全、质量等有着某种关联，进而提升产品或品牌的公众认知度、接受度与美誉度。

具或服饰的某种款式，在那些第一次见到它们的人眼里，也许会觉得滑稽可笑；但在那些已经习惯它们的人眼里，绝不会产生丝毫反感。

03　　　风气或时尚，其实又有别于习惯，或者更确切地说，它是一种特定的习惯。比如，并非每个人的穿戴都能代表时尚，而只有那些有地位或有名望者的穿戴，才能够引领时尚。权贵人士那种优雅从容而威风凛凛的仪态举止，通常意味着他们的服饰贵重而华丽，以致他们偶然穿上的某种款式，也会让人觉得优雅华丽。只要他们继续穿戴那种款式，就会让我们在脑海里联想到那种优雅与华丽；因为我们之前对权贵人士的那种既定印象就会让那种原本极其普通的款式似乎也变得优雅华丽。然而，那个款式一旦被权贵们摈弃，它立刻就会失去此前具有的一切魅力；并且，如果那个款式从今往后只有平民百姓穿戴，那它似乎一下子就意味着平民百姓的平庸与粗劣①。

04　　　尽管所有人都会承认，服饰和家具的款式会完全受到习惯和风气的影响，但这两个因素的影响，绝不仅限于如此狭窄的范围，它通常还会自然延伸到音乐、诗歌和建筑等涉及审美或鉴赏的领域。服饰和家具的款式，其实总是在不断变化，五年前非常时尚的款式，在今天看来可能会显得滑稽可笑。经验告诉我们，流行元素之所以会发生这种变化，几乎都是受到习惯和风气的影响。这也是为什么服饰和家具的制作，通常都不会采用非常耐用的材料。一件精心设计的外套，如果过了十二个月才缝制好，那它就不可能像当初设计时那样，再成为一种时尚款式而得以流行。尽管家具由于比较耐用而在款式变化上没有服饰那么快，但通常五六年也会发生一次全新变化，以致我们每个人都会在自己的一生中见到许多流行的不同家具款式。艺术作品的生命力则更持久，如果按乐观估计，它们的样式或风格可能就会持续引领潮流更长时间。比如，一座精心建造的建筑，可以傲然屹立几个世纪；一首优美的曲子，可以成为广为传唱的经典并流传好几代；一首绝妙的诗词，甚至可以流芳百世。诸如此类的所有艺术作品，不仅可以持续流行几个时代，而且它们所具有的独特风格、特定品位或独创手法，也会随之流行并得到传承。在一个人的一生中，很少有人有机会见到某种艺术作品的风格发生什么重大变化。同样，也很少有人会非常熟悉了解遥远年代或遥远国家所流行的不同风格样式；以致不仅很少有人会完全接受它们，而且在本国当前流行的风格样式与遥远年代或遥远国家所流行的风格样式之间，也很少有人能够作出公正的评判和

---

　　① 译注：译者在2016年夏天的一次聚会上，闲谈中有位朋友说："前不久跟一对非常富有的夫妇一起吃饭，那对夫妇在餐后把一次性毛巾全部收起来，说要带回家洗干净后做抹布用。"这位朋友进而感慨道："真是越富有的人，越是具有'不浪费'自然资源的高贵品质。"然而，如果同样的"不浪费"行为发生在普通人身上，那它立刻就有可能被视为一种过度的"吝啬或节俭"，甚至会遭到嘲笑或鄙视。所以，就有人指出："朴素，其实只是富人专属的品质。"

比较。因此，也很少有人愿意承认，在各种艺术作品的审美与鉴赏方面，习惯或风气会对自己产生重大影响；大部分人反而自以为，他们在品鉴不同时代或不同国家的各种艺术作品时所采用的评判原则都会基于理性和作品的品质，而不会基于既有习惯或偏好。不过，只要稍加解释就可以让他们改变这种看法，从而让他们相信，习惯与风气对建筑、诗歌和音乐的影响绝不亚于它们对服饰和家具款式的影响。

例如，有什么样的理由可以解释清楚，为何<u>多立克式（Doric）</u>柱头的高度是其直径的八倍才显得合适？为何<u>爱奥尼式（Ionic）</u>柱头的蜗卷大小是其直径的九分之一才显得恰当？为何<u>科林斯式（Corinthian）</u>柱头的毛茛叶纹大小是其直径的十分之一才显得适宜？其实这些柱头的比例或形式，无非就是出于一种习惯或风俗。当眼睛已经习惯于将某个特定比例同某种装饰物形成关联之后，如果实际看到的比例不符合之前的习惯，那我们就会觉得别扭而不协调。英国当今流行的五种柱式[1]，每一种都有自己特有的柱头装饰，所以彼此间的样式绝不能相互替换，否则，就会招致那些对柱头形制稍有研究者的不满。确实也有一些建筑师认为，这些比例就是古人给每种柱式所确定的恰当样式，除此之外再也找不到更合适的了。尽管这些样式非常漂亮宜人，但似乎也很难据此断定，唯有这些样式和比例才恰到好处；或者很难据此认为，在某种形制尚未形成之前，不可能再找到另外五百种看起来同样非常合适的比例。然而，当某些特定的建筑形制一旦确立并形成习惯，只要它们不是完全有悖常理，那么，无论是试图替换成某种同样漂亮的其他样式，还是试图替换成某种本来就更高雅漂亮的其他样式，都会显得荒唐可笑。比如，一个人穿了一套新衣服，如果与他平常的穿戴风格迥然不同，那么，即使新衣服本身非常漂亮又合身，但在众人眼里也会显得滑稽可笑。再比如，如果一座房子的装修风格迥异，那么，即使新装饰在某些方面本来就比既有习惯和风格更漂亮舒适，似乎同样也会显得荒唐可笑。

古代某些修辞学家认为，诗歌的某种独特韵律，它本身就散发着诗歌的魅力、情感与豪情，因此天生就必然适宜于某类诗歌的创作。他们还由此认为，那

05

06

---

① 译注：所谓五种柱式，就是指 18 世纪在英国流行的柱式，其中，多立克柱式（Doric Order）、爱奥尼柱式（Ionic Order）和科林斯柱式（Corinthian Order）是源于古希腊的古典建筑柱式，突斯坎式（Tuscan）和混合式（Composite）则源于古罗马。在希腊，多立克柱式出现最早（公元前 7 世纪），倒圆锥台柱头是它的主要特点，它的柱身有 20 条凹槽，没有柱础也没有柱头装饰；它体现的是男性的形体美，所以又被称为男性柱；它一般都建在阶座之上，如雅典卫城（Athen Acropolis）著名的帕提农神庙（Parthenon）就是采用的多立克柱式。爱奥尼柱式的特点是比较纤细秀美，柱身有 24 条凹槽，柱头有一对向下的蜗卷装饰（代表盘卷的女人长发），它体现的是女性的形体美，所以又被称为女性柱；爱奥尼柱由于其优雅高贵的气质而广泛出现在古希腊的大量建筑中，如雅典卫城的胜利女神神庙和俄瑞克忒翁神庙。科林斯柱式实际上是爱奥尼亚柱式的一个变种，除了柱头不再采用蜗卷纹而替之以毛茛叶纹装饰外，其他部分完全相同；而茛苕是欧洲地中海沿岸生长的一种植物，也是古欧洲人崇拜的一种植物。

种适宜于庄严诗体的韵律，根本就不可能同另一种适宜于明快诗体的韵律进行互换；否则，就会显得极其突兀而毫无优美可言。尽管诗歌方面的这个创作原则本身显得非常合理，但当代诗坛的实际情况似乎又同这个说法相矛盾。比如英国讽刺诗的韵律，在法国就变成了英雄赞美诗的韵律。再比如拉辛的爱情悲剧①和伏尔泰歌颂亨利四世的《亨利亚德》②，它们所采用的韵律其实都与下面这句讽刺诗的韵律近乎相同：

07
08
　　在重大事务上让我听听你的建议（Let me have your advice in a weighty affair）③。
　　法国讽刺诗的韵律，在英国反而如同十音节英雄赞美诗的韵律那样优美。可见，约定俗成的习惯，让那些在一个国家用来表达庄重、崇高和严肃的韵律，在另一个国家却被用来表达轻快、轻率和滑稽。在英国，如果采用法国的亚历山大（Alexandrine）诗体来创作悲剧；或者在法国，如果采用英国的十音节（syllables）诗体来创作悲剧，那似乎再也没有比这种做法更加荒唐可笑了。

09
　　在文学、音乐或建筑等艺术领域，只有杰出的艺术家，才有可能为传统艺术形式带来重大变化并开创一股新风气。这就如同一位受欢迎的上流社会人士那样，他所穿戴的服饰自然可以凭借主人的地位而受到欢迎；并且，不管他的服饰有多么稀奇古怪，很快就会受到称赞并被人竞相模仿。因此，一位杰出的大师自然也可以凭借他的卓越地位，来让自己的独特风格受到欢迎，进而让他的艺术风格得以在那个艺术领域中流行。前者比如，意大利人在音乐和建筑方面的审美观，最近五十年正是通过模仿某些杰出大师的独特风格才得以产生了显著变化。后者比如，尽管塞内卡④所开创的写作风格曾经遭到昆体良⑤的指责，说他破坏了罗马人在戏剧方面的审美情趣，让轻佻与浮华取代了庄严的理性和男子汉气

　　① 译注：指拉辛的著名爱情悲剧《菲德拉》（Phaedra）。
　　② 译注：《亨利亚德》（The Henriad）是伏尔泰早期最重要的一部作品，他以模仿希腊神话的浪漫主义手法描写了波旁王朝缔造者伟人亨利四世的传奇与伟大。作为业余历史学者的伏尔泰一直崇拜亨利四世，在他眼中，这位开国君王的宽容、乐观、亲民、善良是任何一位君王都无法比拟的。为了歌颂这位自己心中的大英雄，伏尔泰可谓呕心沥血，花了近两年时间不断创作修改，终于写就了这部流传千古的史诗。
　　③ 译注：这句英文诗，取自英国讽刺作家乔纳森·斯威夫特（Jonathan Swift, 1667～1745）的《格列佛游记》（Gulliver's Travels）当中的一首讽刺诗，原诗每行都有 12 个音节。所以读者完全可以忽略这句诗的内容本身，因为作者这里只是在谈"韵律"。
　　④ 译注：塞内卡（Lucius Annaeus Seneca，约公元前 4 年～公元 65 年），古罗马政治家、斯多葛派哲学家、悲剧作家、雄辩家。具体请参阅第三卷第三章第 44 段之译注。
　　⑤ 译注：昆体良（Quintilian，约 35 年～约 100 年），古罗马修辞学家、律师、教育家。他是教育史上发展完善教育方法和思想的先驱，他主张对儿童的教育应是鼓励并激发他们的兴趣。著有《演说术原理》，即《论演说家的教育》，共 12 卷约合中文六十五万字，后失落。这部著作既是他自己约二十年教育教学工作经验的总结，又汇集了古代希腊、罗马教育经验。昆体良的教育理论和实践都以培养雄辩家为宗旨。文艺复兴时期，1416 年，失传已久的《演说术原理》从积尘中被重新发现，立即光彩夺目，使人文主义者为之倾倒。

概；尽管<u>塞勒斯特</u>①和<u>塔西佗</u>②也都遭到过别人的同样指责——只是说他们的破坏形式不同而已，有人就曾指责他们两人所开创的写作风格貌似非常简洁明快而高雅优美，似乎还富有表现力而且充满诗情画意，实际上却不够流畅、不够质朴、不够自然，而明显只是一种极尽装腔作势与矫揉造作的产物。然而，<u>塞内卡</u>、<u>塞勒斯特</u>和<u>塔西佗</u>的卓越地位，还是让他们所开创的写作风格得以流传。那么，究竟一位作家必须具备多少重要特质，才足以让他那看似不足的新风格反而能够受到欢迎呢？当人们赞扬一个民族审美情趣的提高正是得益于某位作家打破了既有的审美情趣时，这也许是对那位作家的最高赞誉。比如在我们英国文坛，<u>斯威夫特</u>博士③和<u>蒲柏</u>先生④就在他们的所有韵文作品中，分别开创了一种不同于以往的写作风格，从而前者的风格在短诗中流行，后者的风格则在长诗中流行。前者导致<u>巴特勒</u>⑤的离奇有趣风格，后来不得不让位于<u>斯威夫特</u>的简洁明快；而后者也让<u>德莱顿</u>⑥的自由奔放风格以及<u>艾迪生</u>⑦虽然合律押韵但往往冗长乏味而平淡无奇风格，后来都不再是众人争相模仿的对象，以致所有现代长诗都

---

①　译注：塞勒斯特（Gaius Sallust Crispus，前86年～前34年），古罗马政治家、历史学家。是一个活跃于政界的显赫人物，曾当选为公元前52年的保民官。在当时罗马激烈的党争中，他因追随恺撒而与西塞罗积怨很深。恺撒与庞培进行大决战时，他随恺撒前往北非，直接参加了消灭庞培余党的战斗。之后，他被恺撒任命为努米底亚总督。著有《罗马史》《喀提林叛乱记》《朱古达战争》。

②　译注：塔西佗（Publius Cornelius Tacitus，约55～117），古罗马历史学家，发展了李维的史学传统和成就，代表作品有《演说家对话录》《阿格里可拉传》《日耳曼尼亚志》《历史》《编年史》。

③　译注：乔纳森·斯威夫特（Jonathan Swift，1667年11月30日至1745年10月15日），18世纪英国著名文学家、讽刺作家、政论家，被高尔基誉为"世界伟大文学创造者"。代表作为寓言小说《格列佛游记》，另著有《一只桶的故事》《书的战争》以及大量抨击英国殖民主义政策的政论和讽刺诗，广受读者欢迎。

④　译注：蒲柏（Alexander Pope，1688～1744），英国18世纪最伟大的诗人，以讽刺性的史诗《群愚史诗》（The Dunciad）闻名于世。The Dunciad不仅嘲弄充斥于当时的学究式文人与打油诗人，把批评他的人描写成"沉闷女神"的宠儿；也嘲弄所有时代各种常见的德性与知性痴态（Dulness），例如，爱慕虚荣、善妒、野心与铜臭味。其他代表作是讽刺长诗《鬈发遇劫记》（The Rape Of The Lock，1714），哲理诗《道德论》（Moral Essays，1731～1735）、《人论》（An Essay On Man，1734）和《与阿布斯诺姆士书》（Epistle To Dr. Arbuthnot，1735）。1713年起，他着手翻译荷马的史诗《伊利亚特》和《奥德赛》，他并没有完全按照原著进行翻译，而是根据当时英国时代精神进行了再创作，他认为，如果荷马生活在18世纪的英国，也一定会像他这样写作这两部史诗。他的这两种译本在英国大受欢迎，从而使他迈入英国顶尖诗人之列。第一部英语词典的编纂者约翰逊博士称赞其为"世界诗歌领域前所未见的高雅译作"。

⑤　译注：巴特勒（Samuel Butler，1612～1680），英国诗人及讽刺作家，以讽刺清教徒诗歌的《胡迪布拉斯》（Hudibras）闻名于世。

⑥　译注：约翰·德莱顿（John Dryden，1631～1700），英国诗人、剧作家、文学评论家、翻译家，代表作有《一切为了爱情》《论戏剧诗》等。

⑦　译注：约瑟夫·艾迪生（Joseph Addison，1672～1719），英国散文家、诗人、辉格党政治家。曾在牛津大学求学和任教，游历欧洲多年。担任过南方事务部次官、下院议员、爱尔兰总督沃顿伯爵的秘书等职。为英国散文大师之一，著有诗篇《远征》、悲剧《卡托》以及文学评论文章等。

在追求<u>蒲柏</u>先生那种极致的简明精练风格。

10　　习惯和风气，不仅仅只是在艺术创作领域发挥着决定性的影响，它们同样也影响着我们在动物或植物外形方面的审美观。在千姿百态的动植物外形当中，在一个物种上显得十分丑陋的外形，在另一个物种上却会被认为是漂亮优美的，而这样的反差究竟有多少呢？比如，某种动物所谓的优美体形或比例，就完全不同于另一种动物的优美体形或比例。每一个物种，都有值得赞美的独特构造，因此在外形上，都有那种用以区别其他物种而凸显自身特点的优美之处。正是基于这一点，博学的耶稣会教士<u>巴菲尔</u>①神父曾经就明确指出，每一个物种的外形是否优美，就在于它是否具有那个物种当中最常见的形态与颜色。因此，就人体外形而言，每一种漂亮的特征必然都处于那种适中形态；无论偏离中间形态多少，同样都会显得丑陋。比如，漂亮的鼻子必然是所有极端样子当中那些适中的样子，既不会太长也不会太短，既不会太直也不会太弯；并且，它与任何一个极端样子之间的差异，必然要比各种极端样子本身之间的差异更小。尽管那种适中的外形似乎就是造物主想要塑造的漂亮形态，然而，她却总是会产生无数的各种偏差，以致极少全都做到精准的适中。尽管如此，在那些有差异的所有外形之间，仍然具有众多的相似之处。当按照某个图样临摹多张图画时，尽管每一张临摹画与原画相比都会存在某些遗漏，但每一张临摹画跟原画的相似度都会高于所有临摹画之间的相似度。原画的一般特征，将在每一张临摹画中得到体现；而那些与原画差异最大的临摹画，看起来就会显得非常奇异古怪。尽管临摹画极少能够做到与原画精确一致，但最精准与最粗略临摹画之间的相似度，必定高于那些最粗略临摹画彼此间的相似度。同样的道理，在每一个物种当中，那些最漂亮的个体都具有该物种一般形态的最显著特征，并且同绝大部分个体相比，也都具有最高的相似度。反之，那些长相奇怪或完全畸形的个体，总是会显得极度怪异和丑陋，并且同该物种的大部分个体相比，也只具有极低的相似度。由此可见，每一个物种当中那些最漂亮的个体，一方面看，它在该物种当中极为罕见，因为很少有个体能够精准地达到那种适中的形态；然而从另一方面看，它又最为普通，因为最漂亮个体与其他所有个体的相似度，都高于其他个体彼此间的相似度。可见，正是基于这一点，每一个物种当中最常见的形态，才会在<u>巴菲尔</u>神父眼里被认为是最美的形态。因此可以说，在我们能够对每个物种的外形作出美丑判断之前，或者在我们能够搞清楚究竟什么样的外形才是最常见的适中形态之前，我们必须对该物种具有一定的实际观察经验。正如那种在人的形体美方面的最佳鉴赏能力，也将无助于我们去鉴赏花、马或其他任何物种的美。同样的道理，正如在不同的气

---

　　① 译注：巴菲尔（Claude Buffier，1661～1737），出生于波兰，法国哲学家、历史学家、神学家、教育家，著有代表作《第一次公演》（*Paris*，1724）。

候地带，任何物种都会普遍受到所在环境的影响，从而呈现出某种不同形态那样。因此，不同地区的人，也会普遍受到风土人情和生活方式的影响，从而形成不同的审美观。比如，摩尔人评判骏马的审美标准就跟英国人不尽相同。不同民族在人的体形与容貌方面的审美标准，究竟会产生多大差异呢？在几内亚（Guinea）海岸，白皙的肤色绝对奇丑无比；而那种厚嘴唇与塌鼻子，才是当地人认为的美。在某些民族，那种长垂至肩的耳朵，才是令人们普遍羡慕的对象。在中国，如果一位女士的脚没有裹成小脚，那她就会被人们视为大脚怪，尽管她脚的大小原本正好适合行走。北美的某些野蛮民族，在小孩子头颅骨柔软且尚未定型之前，父母会用四块木板绑在自己孩子的头上，强行把头颅挤压成几乎接近正四方形的样子。欧洲人对这种荒诞残忍的习俗无不感到瞠目结舌，以致某些欧洲传教士把这种不良习俗的盛行归咎于那些民族的极度愚昧无知。然而，当欧洲人谴责北美野蛮民族的那些残忍习俗时，他们似乎忘记了，其实在过去的近一个世纪中，欧洲女人也曾竭力把她们原本漂亮的圆腰挤压成那种相同的四方形。尽管人们都清楚，诸如此类的这些做法会导致身体的严重变形和大量病痛，但社会习俗的力量还是让这些做法随处可见，甚至在那些最文明的国家也大受欢迎。

上述这些，就是博学睿智的巴菲尔神父关于审美观本质的看法。按照他的观点，每一种特定事物的全部魅力与美，似乎就在于它的形象是否与风俗习惯在我们脑海里所刻画的既有印象相符。不过，我还是无法由此轻易相信，我们在外形方面的审美标准完全建立在风俗习惯之上。因为，任何事物的外在形态只要适宜于有效实现其预期目的或作用①，那它显然就会受到我们欢迎和喜爱，而不会受到风俗习惯的影响。比如，当第一眼看到某种色彩时，如果就觉得它比其他色彩更加赏心悦目，那它必然就比其他色彩更加招人喜爱。比如，优雅的外表总是比粗陋的外表更招人喜欢。比如，千姿百态总是比那种单调乏味的千篇一律更令人心旷神怡；彼此关联的系列变化，总比那些杂乱无序而毫无关联的事物更受人欢迎，因为每一次新变化，似乎都是在前一次变化的基础上演变而来，而且所有彼此关联的各个部分之间似乎也存在某种内在必然联系。尽管我不完全认同"风俗习惯是审美的唯一依据"这个说法，但我还是承认这个新颖的见解有它的正确之处。因此我也认为，任何事物的外在形态，即使它本身非常漂亮，如果它十分反常，或者完全不同于我们已经习以为常的那种样子，那它也很难招人喜欢；反之，任何事物的外在形态，即使它本身非常丑陋，如果在习惯的持续作用下，就会让我们对其中的每一种样子都见怪不怪，因此也就不至于令人厌恶②。

① 译注：关于这种"适宜性和有益作用"，请参阅第四卷第一章第1段。

② 译注：当今被视为前卫、时尚、漂亮或性感的超短裙、透视装、破洞裤和露脐装，仅仅在二十多年前的中国，也必定会成为普遍谴责的伤风败俗行为而不是时尚。

第二章　论习惯与风气对道德观的影响

01　　既然我们评价每一种事物美丑的审美观，都会受到习惯和风气如此严重的影响，那就不要指望我们对行为善恶的评价，完全不受这两个因素的影响。不过，习惯和风气对我们评价行为善恶的影响，似乎要比它们在其他方面的影响更微弱。虽然，一个事物的外形无论有多么荒诞怪异，长期耳濡目染的习惯，通常都会让它渐渐被我们接受，甚至还会因某股风气而大受欢迎。但是，诸如尼禄①或克劳狄乌斯②那样的品性与作为，绝非习惯的作用就可以让我们接受它们，而且任何风气的影响都不会让我们赞同它们。因为尼禄始终是我们畏惧与憎恨的对象，而克劳狄乌斯始终是我们鄙视与嘲笑的对象。在我们的脑海中，那些赖以评价事物美丑的各种审美标准，本来就非常微妙而易于变化，因此，也就极易受到社会风气和宣传教育的影响而产生变化。可那些赞同或谴责品行的各种道德观，全都建立在人性当中那些最牢固最热诚的情感之上，因此，尽管它们也会发生某种程度的偏差，但绝不可能遭到彻底扭曲。

---

① 译注：尼禄（全名尼禄·克劳狄乌斯·恺撒·奥古斯都·日耳曼尼库斯，Nero Claudius Caesar Augustus Germanicus，公元37 年12 月15 日至公元68 年6 月9 日），罗马帝国朱里亚·克劳狄王朝第五位亦是最后一位皇帝。公元54 年，先皇克劳狄乌斯驾崩，尼禄凭借其母小阿格里皮娜此前的诸多谋划，顺利即位为帝。尼禄是古罗马乃至欧洲历史上著名的暴君，以残忍腐败和迫害基督徒而闻名。他在位时期，行事残暴，杀死了自己的母亲及几任妻子，处死了诸多元老院议员。同时，他亦奢侈荒淫，沉湎于艺术、建筑等。然而，尼禄并未完全荒废政务，对内推行了诸多利民政策；对外成功化解帕提亚与亚美尼亚危机，创造了辉煌的政绩。后世对他的史料与创作相当多，普遍对他的形象描述不佳。世人称之为"嗜血的尼禄"。公元68 年，高卢、西班牙诸行省先后爆发了反对尼禄的叛乱，尼禄在不明战况的状态下，以为深陷穷途末路的境地，遂仓皇逃离首都罗马。元老院获悉后当即宣判尼禄为"国家公敌"，并承认率军起义的西班牙行省总督加尔巴为皇帝。同年6 月9 日，尼禄被迫自尽。

② 译注：克劳狄乌斯（Tiberius Claudius Caesar Augustus Germanicus，公元前10 年~公元54 年），古罗马第四位皇帝，他是尼禄的父亲，公元41 年即位。尽管他被认为是一个性格软弱的皇帝，但他还是在罗马建造了许多纪念碑和公共工程，对罗马的法律和行政制度进行了一系列改革，并重建了健全的税收体系，他还成功击退了日耳曼人的入侵，征服了英国并扩大了帝国的疆界。但他与元老院关系一直不和，他的第一位妻子因密谋造反而被他处死，后来在继位者争斗中，据说他被自己的第二位妻子用有毒的蘑菇汤毒死。

风气和习惯对道德观的影响，尽管没有它们对审美观的影响那么大，但它们产生影响的心理机制却十分相似。如果风气和习惯已经变得等同于心中的某些是非观，那它们就会让人的爱憎好恶变得更敏感，进而让人更加憎恶一切看似邪恶的行为。比如那些受过良好教育的人，他们在成长过程中所接触的，必然都是那种真正的良师益友而不是那种普通的狐朋狗友，他们从周围所崇敬的那些人当中所耳濡目染的，必然都是正义、谦逊、仁慈和尊节守礼等美德。因此，任何有违这些美德要求的行为，必然都会令他们非常震惊。反之，那些不幸在暴戾、狂妄、虚伪和不义环境中长大的人，即使他们不会对这些恶行完全丧失是非判断力，也会对这些恶行彻底丧失罪恶感，甚至根本不觉得这些恶行应当受到报复和惩罚。如果一个人从小就耳濡目染某些恶行，那么，习惯就会让他对那些恶行变得熟视无睹，以致他们极易把那些恶行当作所谓的处世之道，进而觉得自己也可以那么做甚至必须那么做，以免被自身的"忠厚老实"所蒙蔽。[①]

风气和习惯，有时不仅会让某种有点失当的行为得到好评，有时还会让某些原本值得尊敬的品行反而受到冷遇。比如在<u>查理二世</u>[②]统治时代，那种有几分放荡不羁的行为，曾经就被视为自由主义的象征。按照当时流行的看法，放荡不羁就意味着慷慨、真诚、宽宏和忠诚，甚至只有表现出几分放荡不羁，才有资格称得上一名绅士，进而证明自己不是清教徒。行事严谨而举止端庄，在那个时代反而不受欢迎。因为严谨与端庄，当时在人们的脑海里，就意味着装腔作势、狡诈、伪善和低俗。比如在浅薄者眼里，上层权贵的各种恶习似乎在各个时代都大受欢迎。因为在他们眼里，上层权贵的那些恶习不仅意味着荣华富贵，而且还代表着自由精神、独立精神、坦率、慷慨、仁慈和优雅等崇高美德。反之，下层民众那种近乎吝啬的节俭、不辞辛劳的勤勉和近乎呆板的循规蹈矩等美德，在浅薄者眼里，似乎反而意味着卑微而令人讨厌。因为在他们眼里，下层民众的那些美德，不仅通常意味着穷困潦倒，而且他们低下卑微的地位通常就意味着卑鄙、怯懦、暴躁、欺骗和小偷小摸等严重恶习。

不同职业与阶层，人们所熟知的事物各不相同，习惯所培养出来的情感偏好也

---

① 译注：每个人都有时代局限和认知局限，所以，我们千万不要把社会的文明和进步总是寄托或固守于某些圣贤或伟人的思想，而应该从历史的、发展的、辩证的理性视角看待它们。因为，几千年前（甚至50年前）的社会环境所形成的所谓圣贤思想或伟大思想，必然无法完全用来指导现代社会的发展。读书、学习、自我否定、独立而理性的思考，也许是能够减少这些局限和蒙蔽的正确途径。

② 译注：查理二世（Charles Ⅱ，1630～1685）：查理一世与亨莉雅妲·玛利亚王后的长子，詹姆斯二世之兄，英国国王，其统治时期为1660～1685年。父亲查理一世在与国会的英国内战中失败，于1649年被克伦威尔以叛国罪处死，查理二世被迫流亡国外。1658年克伦威尔去世，由其子理查·克伦威尔继任护国公。但理查无力镇压反叛的民众与军官，英国政坛陷入混乱，国会遂声明由君主制复辟，查理二世因此得以返回英国。他生前获得多数英国人的喜爱，以"欢乐王"、"快活王"（Merrie Monarch）而著称。

大相径庭。因此，人们必然就会形成千差万别的品性和行为方式。所以在每种职业与阶层当中，我们所期望看到的行为表现，其实都跟自己经验所认为的某种职业或阶层的要求相同。正如我们之所以特别喜欢每个物种的那种适中形态，其实是因为它们的每个部分和主要特征，全都高度符合造物主为那个物种所确立的一般标准。因此，在每个阶层当中，甚至在每个种族当中——恕我直言，如果某个人的品行表现得恰如其分、表现得非常符合其自身的特定境遇和阶层，那我们就会特别喜欢他。因为我们觉得，一个人的行为举止看起来就应当符合他的行业或职业，故意卖弄或太过拘泥，反而会令人反感。同样的道理，一个人在不同的年龄阶段，也应该具有与年龄相符的行为表现。比如在老年人身上，我们就期望看到那种严肃而沉稳的样子。因为这样的表现，才符合他们的体弱多病、历经沧桑与饱经磨砺，才会显得自然得体而令人可敬。但在年轻人身上，我们就期望发现那种感情丰富、欢天喜地而朝气蓬勃的样子。因为经验让我们已经对年轻人形成了这种活泼印象，进而觉得一切有趣的事物都容易吸引那些幼稚而涉世未深的年轻人。尽管这两个年龄阶段的人，也许都容易表现出过多的年龄特征，但是，无论是年轻人太过轻率善变，还是老年人太过固执愚钝，同样都会令人反感。尽管俗话说，如果年轻人的行为具有几分老年人的成熟稳重，或者，如果老年人能够保持几分年轻人的轻松活泼，那他们就最讨人喜欢了。不过，无论年轻人还是老年人，都不宜过多表现出那种与自身年龄不相符的行为。比如，极度冷静和呆板拘谨出现在老年人身上当然会得到原谅，但若出现在年轻人身上就会显得滑稽可笑；同样，年轻人身上的那种轻浮草率、漫不经心和傲慢自负，如果出现在老年人身上就会遭到鄙视。

05   某些特殊品性和行为方式，只要符合各自的身份地位与职业习惯，即使不符合社会习俗，有时也具有一种合宜性；而且，只要能够考虑到不同处境对不同阶层所产生的必然影响，那我们就会由衷地赞赏那些品性和行为方式。因为，一个人的行为是否合宜得体，其实并不取决于其行为是否符合其处境当中的某个具体情形，而是取决于其行为是否符合我们心里所认为的当时处境中总体情形的通常要求。也就是说，如果一个人的行为表现太过关切某一个特定对象而完全忽略了当时其他方面的要求，那我们就会讨厌他的行为，因为我们根本无法理解他这种不顾大局的做法；不过，如果当时无须他关切其他任何事物，那他对当时主要关切对象的过度情感表达，就不会超过我们可以完全理解接受的程度。比如，对于平民百姓而言，如果一位父亲失去了独生儿子，即使他表现出那种极度的悲痛与脆弱也无可指责。倘若失去独生儿子的是一位将军，那作为军事统帅，就会要求他倾心尽力于个人荣誉和国家安全；因此，人们反而不会容许那位将军因丧子之痛而表现出过度的悲伤与脆弱。正因为不同职业所要求专注的事情通常各不相同；因此，不同职业的人所形成的情感偏好当然也各不相同。只要我们设身处地地想象一下一个人的特定职业处境，那我们必然就会明白，其实每一件事情所激起的实际情绪反应同那个人的固有职业习惯及职业态度相一致或不一致的程度，通常或多或少都会对他的情感产生影响。因此，我们就不要指望一位牧师，在世俗生活的娱乐消遣方面会跟一位军官产生相同的感受或看法。因为牧师这个特定职业会要求他倾心尽力地去劝诫世人时刻谨记那个一直等着他们的可怕来世，要求他不断去告诫世人每一种违背宗教义务的行为都将分别招致什么样的致命后果。同时，牧师还必须把自己树立成严格尊奉这些宗教信条的榜样。因为只有做好表率，他才能成为上帝福音的使者，而一个轻率鲁莽或冷漠无情的人显然不适合传递上帝的福音。因此，人们就会普遍认为，牧师心里应该一直充满许多庄严而神圣的东西，而不应该花任何心思去关注那些轻浮的无聊琐事；只有那些放荡不羁与享乐主义者，才会经常纵情于那些轻浮的无聊琐事之中。因此我们不难发现，牧师由于职业习惯而形成的那些特定行为方式，通常不会受到社会习俗的影响而具有其自身的某种合宜性。因此，再也没有什么能比庄重肃穆、简朴苦修与超凡脱俗更符合一位牧师的形象了，而且这些形象，也正是我们对一位牧师行为举止的一贯期待。牧师的这些既定形象和行为已经为人们普遍认可，以致再轻率冒失的人，有时候也会效法这些品行，并把它们视为那种值得赞赏的有益品行。

　　同牧师相比，其他职业所形成的某些特质，其合宜性基础就不太为人们普遍认可了。这时，我们对这些职业特质的认可，就会完全基于社会习惯，而不再受限于或拘泥于其职业本身的要求。比如，我们会出于社会习惯而把诸如寻欢作乐、轻浮狂妄、豪爽奔放甚至一定程度的放荡不羁等特质，同军人这种职业联系在一起，并且会认同军人的这些特质。但是，如果我们认真思考一下，究竟什么样的性情或特质最适合军人职业本身的要求，那我们就不难发现，也许严肃认真和思虑周全才是他们最应具备的特质。因为军人的生命长期处于极度危险之中，他们必然要比普通人更频繁地面临死亡的恐惧与威胁。然而，也许正是军人的那种极度危险的处境，反而让放荡不羁这种与思虑周全完全相反的行为在军人中得以普遍流行。众所周知，一个人想要战胜死亡恐惧，就需要他付出非常巨大的努力。因此，只要冷静地用心观察，我们就会发现，那些经常面临死亡威胁的人，为了让自己更轻易地将死亡恐惧完全置之度外，他们只有故意表现出那种无视安危而漫不经心的样子，从而用这种假象来包裹麻痹自己。为此，军人就只好不断让自己纵情于各种娱乐消遣和放荡不羁之中。可见，军营绝对不适合那些喜欢沉思或郁郁寡欢的人。这些性格的人，确实也会经常表现得坚决果敢，并且也可以通过付出某种巨大的努力，进而以毫不动摇的决心去勇敢面对那种无法避免的死亡。但是，如果他们持续面临危险，即使并不会马上遭遇实际危险，他们也不得不长期付出巨大努力，并为之耗尽心力而倍感压抑，以致他们的内心根本无法感

06

受到任何幸福和快乐。而那些军人，正是通过寻欢作乐和放任自流让他们得以暂时忘却即将面临的危险，进而在无须付出任何努力的情况下，就能够轻松克服死亡恐惧；正是通过流连沉溺于各种消遣娱乐得以缓解他们在战场上的那些焦虑或恐惧，进而得以更容易承受那种不断征战的生活。无论出于何种缘故，一旦一位军官不必再像之前那样一直身处那种异常的危险之中，那他就非常容易改掉寻欢作乐和放荡不羁的职业特质。比如城市安全卫队的将领，由于很少面临危险，就会渐渐变得像一个普通市民那样，成为一个从不酗酒、谨小慎微而吝啬俭省的家伙。同样，长期的太平日子也非常容易缩小军人与普通市民之间的特质差异。然而，军人职业所普遍面临的危险，就让寻欢作乐和一定程度的放荡不羁成为他们常见的鲜明特征；并且习惯已经让我们在脑海里把这些特征或特质紧密地同军人联系在一起，以致那些由于个人性格或特殊原因而没能表现出这些特质的军人，反而会遭到我们的鄙视。比如，我们会嘲笑城市卫兵的严肃拘谨与谨小慎微，因为那太不符合军人在我们心中的职业形象。他们本人似乎也常常为自己的循规蹈矩而感到丢人现眼，以致他们为了不偏离自己职业的传统形象，甚至喜欢故作那种轻佻放荡的样子，但那绝非他们的自然表现。在某种令人尊敬的职业当中，不管我们所习惯看到的行为方式具体是什么样子，它在我们的脑海里总是会同那个职业形成紧密关联，以致只要我们看到这种职业的人，就会习惯性地期待他表现出那样的行为。反之，如果没有看到自己期待的那种行为表现，我们就会感到失望；进而感到尴尬难堪而无所适从，以致我们不知道应该如何去区分评价那种行为，因为它似乎明显不同于我们早已习惯的那种样子。

07　　同样的道理，在不同时代或不同国家，由于生活环境各不相同，那些生活在某个时代或某个国家的大多数人，都会受到当时自身生活环境的影响而被赋予不同的品性或特质。同时，究竟应该如何评价或看待每一种品行，以及它们究竟应该受到何种程度的指责或赞扬，也会由于所在国家和时代的不同而发生变化。比如，那种通常应该高度推崇的礼节，在俄罗斯也许就会被认为是缺乏男子汉气概的谄媚奉承，但在法国宫廷却会被视为一种粗陋鄙俗的繁文缛节。再比如，那种普通程度的勤俭节约，放在波兰贵族身上，就会被认为是极度吝啬；但放在阿姆斯特丹老百姓身上，却会被视为一种铺张浪费。每一个时代和国家，都会把他们崇敬对象所普遍具有的每一种品行，视为那种最适宜得体的杰出才华或崇高美德。因为不同的生活环境，或多或少都会影响人们的习惯，进而使人们形成不同的习俗或品性。正是生活环境所导致的这种变化，让人们心中对品行评价的严格标准也会随之产生相应变化。

08　　在开化的文明民族，那些基于仁慈的美德，就要比那些基于自我牺牲与自我克制的美德更容易培养形成。但在未开化的野蛮民族，情况就截然相反；那些基于自我牺牲的美德，反而要比那些基于仁慈的美德更容易培养形成。在尊礼重节的各个时代，人们普遍享有安宁和幸福，以致很少有机会磨炼出藐视危险、吃苦耐劳、忍饥挨饿、不畏艰辛等意志品质。如果穷困潦倒可以轻易避免，那么，甘受清贫就很难成为一种美德，以致对贪图享乐的节制也会变得不再有丝毫必要。因此，人们就可以更加自由地放飞自己的心灵，进而可以在各种独特的享乐中，尽情满足自己内心的各种喜好。

在未开化的野蛮民族，情况就截然相反。每一个野蛮人都会接受斯巴达①式 **09** 的训练，以便在情势需要时能够承受各种艰难困苦。因为野蛮人总是会面临各种危险，不得不经常忍受极度饥饿，甚至经常由于缺乏食物而死亡。野蛮人的处境，不仅让他对各种艰难困苦习以为常，而且还教会他在遇到这些艰难困苦时能够不露丝毫为难之色。野蛮人也不可能指望他的同胞会对自己的怯懦表现给予丝毫同情和体谅。因为，在我们能给予他人更多同情或体谅之前，我们自身必须处于某种程度的舒适安逸状态；如果我们自己正饱受痛苦的折磨，那也就无暇顾及他人的痛苦。然而，所有野蛮人都在疲于应付如何让自己果腹，因此也就很难再去关心别人是否能够吃饱。所以，无论一个野蛮人遭遇什么样的苦难，他都不能指望从周围同胞那里得到丝毫怜悯或同情，正是基于这个原因，让他反而不屑于在别人面前暴露自己的痛苦和流露出丝毫怯懦。无论内心的情感有多么惊涛骇浪与汹涌澎湃，他也绝不允许扰乱自己脸色的平静或者破坏他行为举动的镇定。据说在任何情况下，北美野蛮人都可以故作一副极度冷漠的样子，因为他们觉得，如果自己为爱、悲伤或愤怒而产生任何动容，那都将是一件非常丢脸的事情。他们在这方面所表现出的恢宏气度与自我克制，完全超出了欧洲人的想象。人们通常都会觉得，在地位和财富人人平等的国家，男女之间的相互倾慕就应该作为婚姻的唯一考量，并且应该受到充分尊重而不应受到任何干涉。然而在北美这个地方，所有婚姻都无一例外地由父母包办；并且，这里的青年男子如果对某个女子流露出比另一个女子多一点儿喜欢，或者他在"什么时候结婚，将要跟谁结婚"这些事情上如果不表现出一副满不在乎的样子，那就会被认为是令自己一辈子丢脸的事情。在崇德尚善与尊节守礼的文明社会，男子对爱情的内心向往会得到普遍尊重，可在北美野蛮人眼里，却被视为是缺乏男子汉气概的爱情俘虏而完全无法原谅。甚至在结婚后，男女双方似乎都仍然觉得那种必要的性爱也是污秽不洁

---

① 译注：斯巴达（Spartan），是古希腊的著名城邦。Spartan 的本意为"可以耕种的平原"，是一批叫作多利亚人的希腊部落，大约在公元前 11 世纪南下侵入拉哥尼亚而建立的强大城邦。斯巴达城位于希腊半岛南部的拉哥尼亚（Laconian）平原，分布于欧罗塔斯河（The Eurotas River）的西岸。拉哥尼亚平原三面环山，扼守着泰格特斯山脉（Taygetus）。斯巴达政体是寡头政治，以其严酷纪律、独裁统治和军国主义而闻名。在第二次伯罗奔尼撒战争期间（前 415 年～前 404 年），斯巴达及其同盟战胜雅典军队并占领整个希腊，但在称霸不久后便被新兴的底比斯打败，在北方的马其顿崛起后，斯巴达彻底失去了在希腊的影响力。

的，因此，他们会羞于两性亲密，以致他们不会住在一起而只是偷偷幽会，并且继续住在各自父亲的家里。在其他任何国家，夫妻公开的同居生活都是被普遍认同而无可厚非的事情，但在北美野蛮人眼里，却被认为是最下流、最无男子汉气概的淫荡行为。不只是在这种令人神往的男欢女爱方面，北美野蛮人能够发挥出如此超凡的自我克制，而且他们常常还能在众目睽睽之下，忍受各种伤害、斥责和最粗暴的侮辱，并且表现出那种满不在乎的样子而不露丝毫惧色。当一个北美野蛮人不幸沦为战俘时，通常都会被他的征服者处死，但他在听到处决宣判时，却能做到面不改色，并且能承受那种最可怕的酷刑折磨而绝不哀号恸哭，除了表达对敌人的蔑视之外，他绝不会流露出害怕等其他任何情绪。当他被双手反绑吊在火刑架上慢慢炙烤时，他会嘲笑蔑视那些凌虐者，并且警告他们，如果有人落在他的手里，他将采用何种更加别出心裁的手段来折磨他们。在他被炙烤灼伤之后，全身所有最脆弱敏感的部位通常还会被慢慢活剐几小时。敌人经常会为了延长他的痛苦而短暂停止酷刑折磨，并把他暂时从火刑架上放下来。即使在这个痛苦的间歇里，他所谈论的也全是一些无关紧要的事情，比如只是询问家乡来了什么消息，而绝不会谈及自己正在遭受的痛苦折磨。围观的其他野蛮人，同样也全都显得麻木不仁，如此可怕的景象似乎对他们毫无影响；除非施虐者要求他们去帮忙折磨那个俘虏，他们几乎都懒得看那个受难同胞一眼。事情过后，他们照常抽烟和聊天，任何不起眼的琐事都会成为他们取乐的谈资，而之前那可怕的血腥折磨仿佛从未发生过一样。据说每个北美野蛮人，从年少时就会开始为这种可怕的死亡做准备。每个人都会为之编唱一首他们所谓的死亡之歌，将来一旦落入敌手，在遭受敌人酷刑折磨而行将死去之时，他就会高唱这首死亡之歌。这些歌词的内容，就是侮辱那些凌虐他的敌人，以显示他对死亡和痛苦的极度蔑视。他在所有重要场合，比如准备出征打仗时，在战场上遭遇敌人时，在他想要表明自己对那种最可怕的死亡已经做好心理准备时，在他想要表明人世间的任何折磨都无法动摇他的决心或改变他的意志时，都会高唱这首死亡之歌。这种对死亡和酷刑折磨的蔑视，在其他所有野蛮民族也同样盛行。比如那些来自非洲海岸的黑奴，在承受痛苦折磨方面全都具备一定程度的忍耐力，这一点常常也是他那利欲熏心的主人的肮脏灵魂难以想象的。命运女神对人类最残酷的捉弄，莫过于让那些民族英雄不得不屈从于那些从欧洲监狱里放出来的人渣的统治；这群卑鄙的人渣，既不具有自己祖国人民的任何美德，也没有被征服国人民的任何美德，因此，他们的轻浮、残忍和卑鄙理所当然会让他们遭到被征服者的鄙视。①

---

① 译注：澳大利亚被欧洲人征服，最早就是由一群被流放到这里的欧洲罪犯开始的。他们在开始时确实遭到了被征服原住民的极度鄙视和仇视，后来沿袭欧洲的文明、自由与法制精神，把澳大利亚建设成为一个发达国家。

其实这种英勇不屈的精神只是北美蛮族当地的习俗和训诫对每个野蛮人的要求，因此，它并不要求那些生活在文明社会里的人必须具备。因为那些生活在文明社会的人，即使他们在遭遇痛苦时抱怨不休，即使他们在遭遇不幸时哀叹不已，即使他们因爱情而眉飞色舞或因生气而怒不可遏，诸如此类的行为表现，他们都容易得到人们的理解体谅。因为人们会觉得，这些意志薄弱的表现，并不会影响他们的根本品质。即使他们本应平静的面容变得气恼而不安，即使他们本应从容的言谈举止变得激动而失常，只要他们没有因冲动过头而做出任何有违正义或人性的事，那他们顶多只会遭受一点儿声誉损失。一个仁慈而有教养的人，他对别人的情感就会有更敏锐的觉察能力，因此也更容易体谅那种热情奔放或慷慨激昂的行为、更容易原谅那种有点儿偏激的行为。行为当事人心里也清楚这一点，并且相信旁观者会对他的行为作出公正评判，进而就会放任自己尽情表露心中的情绪，而不太会担心自己的情绪反应过激而遭到旁观者的鄙薄。我们之所以敢于在朋友面前而不是在陌生人面前表露更多内心情感，其实就是因为我们有望从朋友那里得到更多的体谅与包容。同样的道理，文明民族由于注重礼仪礼节，因此相对野蛮民族而言，就可以容许更加热情奔放的行为。文明人在一起，彼此会像朋友那样坦诚交流；而野蛮人在一起，就如同陌生人那样缄默不语。比如法国人和意大利人，作为欧洲大陆最文明的两个民族，他们在各种有趣的场合都会尽情表达自己的喜悦和欢乐。那些第一次到这两个国家旅行的游客，如果碰巧来自比较呆板无趣的民族，那他们也许会对这种热情奔放感到惊讶；因为他们所接受的教育，让他们无法理解这种热情奔放行为，因为他们在自己国家从未见过任何类似的热情奔放的行为。在法国，如果国王拒绝一个年轻贵族领军作战，那后者可能就会在全体朝臣面前失声大哭。男修道院院长杜·波斯[①]曾经指出：一个意大利人被判罚款二十先令时的情绪反应，要比一个英国人得知自己被判处死刑时还要激动。即使在罗马最崇尚礼仪的时代，西塞罗[②]也会在全体元老院面前哭诉他的凄苦与悲痛，他不仅丝毫不觉得有失身份或体面，而且在每次演说结束时必定都会这么做。但在未开化的罗马早期，按照当时的礼仪要求，演说者绝不可

---

① 译注：杜·波斯（Jean Baptiste Du Bos，1670～1742），法国外交家、历史学家、评论作家，法国资产阶级启蒙思想家的先驱，怀疑论哲学家皮埃尔·贝勒（Pierre Bayle，1647～1706）的好友。1722 年担任法国科学院院长直至去世。

② 译注：西塞罗（Marcus Tullius Cicero，前 106 年 1 月 3 日至前 43 年 12 月 7 日），古罗马著名政治家、演说家、雄辩家、法学家和斯多葛学派哲学家。出身于古罗马奴隶主骑士家庭，以善于雄辩而成为罗马政治舞台的显要人物。他最初从事律师工作，后进入政界。开始时期倾向支持平民，后来又支持贵族。公元前 63 年当选为执政官，在三巨头同盟成立后，被三巨头之一的政敌马库斯·安东尼（Marcus Antonius，前 82～前 30 年）派人杀害于福尔米亚。他一生著述颇丰，涉及政治、法律、哲学和教育，主要包括《论共和国》《论官吏》《论法律》《论至善和至恶》《论神性》《论演说家》等。由于他口才非凡，被人称为无与伦比的演说家、罗马最伟大的雄辩家。

能允许自己的情绪表现得如此强烈。我想，罗马早期的<u>西庇阿爷孙二人</u>①、<u>莱纽斯父子二人</u>②和<u>老加图</u>③，如果他们在公众面前表现得如此脆弱，那他们一定会被认为有违常情而体面尽失。古代那些好战的英雄，尽管他们原本对这种高超的演讲术非常生疏，却善于把自己的远见卓识非常有条理、有感染力地准确表达出来。据说，早在<u>西塞罗</u>出生之前很多年，这种充满激情的演讲术就已经由<u>格拉古兄弟</u>④、<u>克拉苏</u>⑤和<u>苏尔皮堤乌斯</u>⑥等率先引入罗马政坛。而这种令人心振奋的演讲术，无论成功与否，都已经在法国和意大利盛行多年了，但直到最近才开始引入英国。综上可见，在自我克制方面，文明民族与野蛮民族的要求有着巨大差

---

①　译注：大西庇阿（Marcus Tullius Scipio Africanus，前235年～前183年），古罗马军事统帅和政治家。他是第二次布匿战争中罗马方面的主要将领之一，以在扎马战役中打败迦太基统帅汉尼拔而著称于世。由于西庇阿的胜利，罗马人以绝对有利的条件结束了第二次布匿战争。大西庇阿因此获得"非洲征服者"的称号。小西庇阿（Publius Cornelius Scipio Aemilianus Africanus，前185年～前129年，大西庇阿领养的孙子），罗马共和国将领，两次出任执政官，曾率军攻陷迦太基城并结束了罗马与迦太基的百年争霸。小西庇阿是他继祖父之后，第二个获得"非洲征服者"称号的人；另一个称号"努曼提亚的征服者"则源于他对西班牙努曼提亚的征服。他崇拜希腊文化，擅长演说，广交文人学士，大量罗马名人和希腊作家聚集在他周围，共同研讨艺术、哲学及科学等问题。但囿于传统偏见，对社会变革常持保守态度。

②　译注：莱纽斯父子，父亲是Gaius Lelius（前235年～前160年），罗马海军将领、政治家、执政官，与大西庇阿关系密切，在罗马和迦太基之间的第二次布匿战争（前218年～前201年）中，为罗马的胜利作出了贡献。儿子是Gaius Lelius Sapiens（约前188年～前129年），罗马将领和执政官，小西庇阿的好友。

③　译注：老加图（The elder Marcus Porcius Cato，前234年～前149年），罗马政治家和斯多葛学派哲学家，在公元前184年担任罗马监察官，以要求严苛而闻名。老加图在拉丁文学的发展方面有重大影响。他是第一个使用拉丁语撰写历史著作的罗马人，也是第一个值得一提的拉丁语散文作家。在他之前，罗马文学主要采用希腊语。他著有历史著作《创始记》，讲述罗马自建城以来到第二次布匿战争结束的历史，也包括意大利其他城邦和部落的历史。该书分为7卷，全书已佚，仅存一些被其他古典作家引用的片断。以及论述奴隶制大庄园经济的《农业志》，全文尚存，是加图最受赞誉的作品，大约完成于公元前160年。他还有约150篇演说词，大部分已经散失，仅存80多个片断。除以上之外，还有许多百科全书性质的著作，是加图为了教育自己的儿子小加图而写。

④　译注：格拉古兄弟（The two Gracchi），古罗马平民派领袖、护民官。他们的父亲老提比略从格拉古（The Old Tiberius Gracchus，约前212年～约前143年，大西庇阿的小女婿），曾于公元前177年和公元前163年两度出任罗马执政官。他们的母亲则是大西庇阿的小女儿。其中，哥哥（Tiberius Gracchu，前168年～前133年）在死前的公元前133年当选为罗马护民官，弟弟（Gaius Gracchus，约前154年～前121年）在公元前123年和公元前122年两次当选罗马护民官。兄弟俩试图通过立法来重新分配贵族土地，以安抚城市贫民和老兵。他们的早期改革取得了一定成功，后来因触动贵族利益，两人先后被贵族保守派对手——他们的表兄Scipio Nasica Serapio（约前183年～前132年，于前138年担任罗马执政官，大西庇阿长女婿西庇阿·纳西卡的儿子）暗杀。

⑤　译注：克拉苏（Lucius Licinius Crassus，前140年～前91年），古罗马政治家、执政官，被誉为当时最伟大的雄辩家，深受他学生西塞罗的推崇，并且他在去世前就成为西塞罗的著作《论演说家》（The De Oratore）的主要人物。

⑥　译注：苏尔皮堤乌斯（Publius Sulpicius Sulpitius，前121年～前88年），古罗马共和国政治家、演说家，在公元前88年当选为最著名的护民官。

异，以致他们评判行为合宜性的标准也不尽相同。

这种在自我克制方面的差异，还会对许多其他品性产生不小影响。文明社会 11
的人由于已经习惯于适度地直抒胸臆或表达真情实感，因此就会变得诚实、坦率
而真诚。野蛮人则相反，由于不得不克制并隐藏各种情绪，必然就会养成说谎和
欺瞒的习惯。凡是对野蛮民族有所了解的人，也许已经注意到，无论亚洲、非
洲还是美洲的野蛮人，同样全都顽固不化。如果他们有意隐瞒真相，任何审问都
无法让他们透露一句实话；哪怕是最巧妙的盘问，也无法从他们口中套出丝毫真
相；只要他们决意不说，即使酷刑拷问也无法迫使他们供出半句实情。野蛮人在
遭到伤害时，尽管他们从来不让自己的愤怒表露出来，尽管他们总是把愤怒隐藏
在心中，但他们的愤怒情绪还是会不断累积上升到极点。野蛮人很少会流露出太
多的愤怒征兆，然而一旦怒火爆发，他们的报复总是血腥而恐怖。这时，哪怕是
最轻微的冒犯，也会激起他绝望般的复仇怒火。这时，尽管他的表情和言谈依然
平静自若，尽管他内心依然极度镇静而不会流露出丝毫愤怒迹象，但他往往会采
取那种最暴戾的复仇行动。在北美野蛮民族，有些非常温顺但内心脆弱的女孩可
能仅仅由于母亲的轻微斥责而投河自尽。像她这种事先不表露任何怒气或征兆，
除了丢下一句"你将不会再有一个女儿"之外，半句多余的话也没有就直接采
取极端行动的人，在北美野蛮民族并不少见。但在文明民族，人们的情绪或愤怒
通常不会如此暴戾或极端。尽管人们之间也会经常争论或吵闹，但很少会造成严
重伤害。因为他们的争吵，往往只是为了让旁观者觉得他们有理由如此激动，似
乎只是借此赢得旁观者的同情与认可，而没有任何其他目的。

然而，风俗和习惯对道德观所产生的上述种种影响，同它们在审美观等其他 12
方面的影响相比还是微不足道的。上述种种影响，通常不会触及我们行为的一般
表现与基本品质，只有那种是非颠倒的特殊陋习才会导致道德观发生严重扭曲。

不同职业与阶层，都会形成不同的行为方式；只要不涉及那种至关重要的事 13
情，习惯总是会让我们逐渐认同并最终接受它们。无论老年人还是年轻人，无论
牧师还是军官，我们都期望他们诚实守信又公平正直；只有在那些无关紧要的小
事上，我们才会容许他们表现出自己的鲜明职业特征。关于职业特征的合宜性，
还有一点往往会被我们忽略，只要稍加留意我们就会发现这一点：其实在习惯的
作用下，让我们早已对每一种职业的特征赋予了一种合宜性，以致这种合宜性会
脱离习惯而自行发挥作用。所以，在诸如职业特征这类不重要的事情上，我们就
不要再抱怨原有的道德观发生了严重扭曲。即使不同民族的人们全都一致认为某
个品行值得尊敬，但由于风俗习惯的影响，他们对同一个品行要求的程度也有差
异。不过可以肯定的是，这种差异可能产生的最坏影响，顶多只会导致某一种美
德的要求过多或表现过分，以致有时候会对其他某种美德产生一定的侵蚀或破

坏。比如，在波兰人当中盛行的那种殷勤好客的乡俗，也许就不利于节俭持家而破坏社会良俗；而在荷兰人当中广受推崇的那种节俭，也许就有损于慷慨大方和友善好客。再比如，野蛮人的那种坚强意志力，就会泯灭他们的仁慈之心；而文明民族的那种多愁善感，有时候也许就会破坏他们刚毅坚韧的品质。总之，不同民族所形成的不同行为方式，在总体上看，通常都可以认为最适宜于各民族的人文环境。比如，刚毅坚韧这种品质，就最适宜于野蛮人的生存环境；情感丰富而细腻，就最适宜于那些生活在文明社会的人。因此，即使遇到上述这些变化，我们也不能抱怨人们的道德观发生了严重扭曲。

14　　　可见，有些行为方式或态度，即使完全背离了其原有的合宜性要求，仍然会得到社会习俗的认同。尽管如此，社会习俗的力量还是不足以对我们行为方式的一般表现产生重大影响。只有那些特殊陋习的影响，才会经常对社会良德产生严重破坏；从而让某些特殊陋习，即使已经明显颠覆了是非观，也有可能被认为合乎情理而无可指责。

15　　　比如，还有什么样的行为比伤害一个婴儿更野蛮呢？婴儿的无助、天真与可爱，甚至会引起敌人的怜悯；如果征服者连一个婴儿也不放过，那他就会被认为是最暴戾、最残忍与最狠毒的人。如果听到有父母伤害自己弱小无助的婴儿，那我们对这种即使是凶残敌人也没有胆量做的事情，将会作何感想呢？然而，尽管遗弃新生婴儿其实无异于谋杀，可是实际上，在几乎所有希腊人眼里，甚至在最优雅文明的雅典人眼里，遗弃婴儿仍然是习俗所容许的行为[1]。只要父母的境况难以养大自己的孩子，那么，即使父母将婴儿遗弃并任其饿死或被野兽吃掉，既不会被视为有罪也不会招致谴责。这种残忍的陋习，可能起源于未开化的极度野蛮时期。在人类社会早期，遗弃婴儿的做法非常普遍，以致这种做法就在人们的脑海里留下了印象。然而这种陋习，却被一直沿袭下来，以致后世的人们无法觉察到遗弃婴儿的罪恶。即使在今天，我们仍然可以发现，遗弃婴儿的做法在所有野蛮民族当中依然盛行。并且，越是原始的低级社会，无疑都比其他任何社会更容易接受这种残忍做法。野蛮人的极度贫困，常常导致他自己也处于极度饥饿状态，他自己也经常由于食物短缺而面临死亡，以致他往往无法同时维持本人和孩子的生存。因此，在这种自身难保的情况下，如果野蛮人抛弃婴儿，那我们就不会感到惊讶。当一个人无法抵御敌人而不得不逃避追击时，如果他因小孩妨碍自己逃命而将其丢下，那他当然会被人们原谅；如果他试图同时保护孩子，那他最终唯一有望得到的安慰，就是可以和孩子死在一起。因此，在那种原始社会状况下，如果允许父母自行决定是否把孩子养大，还不会令我们大感惊讶。然而，到

---

①　译注：这里均指古希腊和古雅典的早期。

了古希腊晚期，如果仍然打着"大局所需或情势所迫"这种风马牛不相及的幌子，继续容许弃婴行为的发生，那就绝对无法原谅了。可这种一直沿袭下来的弃婴陋习，即使到了古希腊晚期，仍然被人们广泛接受。这不仅导致民间那些要求宽泛不明的处世格言，仍然容许父母有这种残忍的弃婴权力，甚至还导致那些原本应该更合乎情理、更清晰明确的道德哲学，也被这种食古不化的陋习引入歧途。进而导致某些哲学家，如同他们对待其他许多事情的态度那样，不但不对这种弃婴陋习加以谴责，反而打着所谓公众利益的幌子来牵强附会地支持这种可怕的陋习。比如，亚里士多德①就认为，地方法官应该容许父母在某些特殊情况下的弃婴行为。而仁慈的柏拉图也持有类似看法，尽管他的所有著作似乎无处不洋溢着对人类全部的爱，但却没有一处曾对弃婴陋习进行过谴责。如果对如此可怕的反人性行为，社会习俗都能给予宽容，那我们就不难想象，即使再恶劣的特殊陋习也不难得到人们的认可。如果我们当中有人总是用"这种事情不是每天都在普遍发生吗"来为这种陋习辩解，那他们似乎就无异于认为，那种本来最不义最不合理的行为，如果普遍发生，就足以说明它是可以容许或接受的。

还有一个显而易见的事实，可以很好地解释为什么社会习俗永远不足以扭曲我们行为方式的一般表现和基本品质，而只有那些特殊陋习，才会严重破坏是非观或道德观。这个事实就是，在人类社会中，绝对不可能存在那种颠倒一般行为准则的陋习。因为，如果连人们的一般行为方式都已经普遍扭曲到我刚刚谈及的弃婴陋习那种可怕程度，那么，这样的社会绝不可能存续片刻。

16

---

① 译注：亚里士多德（Aristotle，前384年~前322年），古希腊哲学家，世界古代史上伟大的哲学家、科学家和教育家之一，堪称希腊哲学的集大成者。他是柏拉图的学生，亚历山大大帝的老师。公元前335年，他在雅典办了一所叫吕克昂的学校，后称为逍遥学派。马克思曾称赞亚里士多德是古希腊哲学家中最博学的人，恩格斯称赞他是"古代的黑格尔"。作为一位百科全书式的科学家，他几乎对每个学科都作出了贡献。他的著述涉及伦理学、形而上学、心理学、经济学、神学、政治学、修辞学、自然科学、教育学、诗歌、风俗和雅典法律。亚里士多德的著作构建了西方哲学的第一个广泛系统，包含道德、美学、逻辑和科学、政治和玄学，主要有《工具论》《物理学》《形而上学》《伦理学》《政治学》等。

第六卷

论德性①

对自身幸福的关心，就要求我们具有审慎的德性；而对他人幸福的关心，则要求我们具有正义与仁爱的德性。审慎，会防止我们自己受到伤害；而正义与仁爱，则会促使我们增进他人的幸福。

---

① 译注：本卷英文标题"Of the Character of Virtue"，是在交稿后又经过数十遍的反复琢磨，才得以最终找到"论德性"这个自认为最准确精练的译法（这里，唯有取 Virtue 为"德"、Character 为"性"，才能做到概念的准确与翻译的信、达、雅；否则，就很难跳出"美德的性质"这样的翻译定式）。通常情况下，德性是指道德品性，是内在的修养；而德行是指道德品行，是外在行为的操守。但请读者注意，在本卷某些段落（如本卷引言、第一章标题、第二章标题、第二章引言第1段）中，"德性"亦有几分"德行"之意。此外，本卷个别段落中译作"美德"的"virtue"这个词，亦有几分"德性"之意，而且个别地方的"virtue"会直接译作"德性"。

引　言

我们通常会从两个不同方面来考察一个人的德性①。首先，会考察它对自身　01
幸福可能产生的影响；其次，会考察它对他人幸福可能产生的影响。

---

① 译注：柏拉图和亚里士多德认为，人性（或心灵）具有四项重要德性，即智慧（包括知识、理性
和审慎）、勇敢、节制（包括克制）和正义。作者将在第一章中讨论审慎方面的德性，在第二章中讨论仁
爱（包括博爱）方面的德性，在第三章中讨论自我克制（包括自我评价）方面的德性。正如第二章引言
中指出的那样，作者在本卷中，没有再赘述正义方面的德性。

第一章 论个人德性对自身幸福的影响，或论审慎

01 爱护身体并保持健康状态，似乎是造物主告诫每个人都应该首先关切的事情。诸如饥饿与口渴所引起的食欲，以及快乐与痛苦、热与冷等所引起的愉快或讨厌的感觉，全都可以视为造物主对人类的亲口告诫，进而得以指引人类为了生存和身体健康，明白哪些应该选择、哪些又应该规避。一个人年幼时从自己抚育者那里所得到的训诫，大多也是出于这些相同目的。造物主和抚育者的首要目的，就是要教会他如何避免身体伤害。

02 随着一个人的逐渐长大，他很快就会知道，如果想要满足那些本能欲望，比如，获得快乐而避免痛苦，确保冷热适宜而避免挨冻被烫，那他自己就必须时刻保持几分审慎和远见。一个人能否保持并增加所谓身外之物的个人财富，其实就在于能否恰当地运用审慎与深谋远虑这门处世之道。

03 尽管我们钟爱外在的物质财富，最初其实只是因为它们能够为我们的身体提供各种日常必需与便利。然而，只要我们在人世间生活得久一点，那我们就不可能不会意识到，同胞对我们的尊重和我们在社会中的名望与地位，其实在很大程度上都取决于我们实际拥有的或者人们以为我们拥有的物质财富的多少。我们心中最强烈的愿望，也许就是渴望自己成为那种受人尊敬的真正对象，渴望自己在同胞当中赢得名望并享有地位。可见，我们之所以会渴望拥有物质财富，其实更多是由这两种强烈愿望所引起和激发的，而很少只是为了满足身体的各种日常必需与便利，因为后者总是非常容易获得满足。

04 我们在同胞中的地位和名望，其实也在很大程度上——品德高尚者甚至希望完全——取决于自身的良好德性，或者取决于人们心中对我们的德性通常所产生的信任、尊敬与善意。

05 一个人之所以会关切并追求个人的健康、财富、地位和名誉，那是因为他觉得，这些都是他今生赖以获得舒适与幸福的主要基础。这些关切与追求，通常就是审慎这种德性的应有职责。

我曾经指出（译按：第一卷第三章第一节），当我们从富贵沦落到贫贱时所遭受的痛苦，同我们从贫贱上升到富贵时所感到的快乐相比，在程度上总是更加强烈。因此，审慎追求的首要目标，就是安全无虞。绝没有人愿意把自己的健康、财产、地位或名誉，用来作为任何冒险游戏的赌注。因此，我们宁可谨慎行事而不愿轻易冒进，以致我们通常会更关切如何保护自己的既有利益，而不太情愿冒险去继续获取更多新利益。也就是说，当我们在增进财富时，会出于审慎考虑而要求自己首先考虑如何避免遭遇任何损失或风险。比如，在自己的行业或职业领域里，审慎会要求我们不仅要拥有真才实学，而且还要在实际工作中勤奋刻苦地运用所掌握的知识和技能；再比如，在一切开支花销方面，审慎会要求我们不仅要厉行节约，甚至还要有几分吝啬。

审慎的人，对自己想要了解的一切东西，总是会如饥似渴地认真学习以求真正掌握；而他之所以会这么做，并非只是为了让别人相信自己已经掌握了它。因此，尽管他的才华未必总是非常出众，但他所掌握的绝对都是真才实学。审慎的人，既不会像一个狡猾的骗子那样企图用阴谋诡计来欺骗你，也不会假装博学多才或故作傲慢来愚弄你，更不会像一个浅薄而又自命清高的冒牌学者那样信口雌黄地糊弄你。审慎的人，甚至都不愿显露自己真正掌握的那些本领，以致他的言谈，简单明了又谦虚谨慎，因为他讨厌一切招摇撞骗伎俩，尽管常常有人通过招摇撞骗来博得公众眼球和个人名望。审慎的人，必然都倾向于借助他那些扎实的知识和技能来为自己赢得职业声誉，而绝不会为了博得人们的好感而去迎合那些小团体和小帮派。但那些拉帮结派的人，却常常在那些更高等级的艺术领域或科学领域，自诩为艺术价值或科学价值的最高裁判。而且，他们最擅长和乐此不疲的，就是一方面相互吹捧彼此的才华与德行，而另一方面又共同诋毁任何有可能给他们带来威胁的竞争对手。审慎的人，即使偶尔同这些团体或帮派打交道，那他也只是为了自我保护而不是为了欺骗公众，或者只是为了防止公众由于轻信各种小团体或类似小帮派的那些不实诋毁、流言蜚语与阴谋诡计而对他作出不利评价。

审慎的人总是非常真诚，因为只要想到谎言被识破之后的那种耻辱，他就会感到惶恐不安。尽管他总是非常坦诚，但这未必就意味着他总是会直言不讳；尽管他只会说实话，但这未必就意味着他在不正当要求下会毫无保留地全盘托出实情。正因为他行事谨小慎微，所以说话就会有所保留，而且在不必要的情况下，绝不会贸然对任何事情或任何个人发表自己的看法。

审慎的人，未必总是以感情细致入微著称，但却总是非常擅长交朋友。不过，他的友情并不会非常炽热浓烈，而常常只是当时的喜爱或好感，似乎远不及涉世未深的年轻人之间的情感那样热烈而甜蜜。虽然他的友情看似平淡如水，但

06

07

08

09

在那些久经磨砺而择友谨慎的少数人眼里，却是那种坚如磐石而至真至诚的深情厚谊。审慎的人，在选择朋友时并不会盲从于对方那些光彩夺目的成就，而是发自内心地出于对其谦逊、审慎和端正品行等高贵品质的景仰。审慎的人，即使擅长交朋友，但他未必总是喜欢置身于那种普通的日常社交活动。他很少会去光顾那些以饮酒作乐著称的社交场合，甚至几乎从不在那些地方露面。因为那种灯红酒绿的生活方式常常会严重妨碍他一贯的节制自律、中断他一贯的勤奋努力、破坏他一贯的厉行节约。

10　　审慎的人，尽管谈吐未必总是生动风趣，但也绝不会冒犯他人或招人讨厌。他讨厌自己被人指责为脾气暴躁或粗鲁失礼的那种感觉。因此，他在任何人面前都不会傲慢失礼，以致他在所有场合，通常都宁愿放低姿态而不愿让同僚们觉得自己盛气凌人。无论言谈还是举止，他都会严格做到有礼有节，并且以近乎宗教般的虔诚去笃守一切既有的社交礼节与社会礼仪。审慎的人，会在尊节守礼方面树立更好榜样，而且其表率作用，会远远超过那些拥有更耀眼才华和德行者的惯常表现。然而，那些在各个时代都拥有耀眼光环的人，从苏格拉底①和阿里斯提波②，到斯威夫特博士③和伏尔泰④，从马其顿国王菲利普二

　　① 译注：苏格拉底（Socrates，前 469 年～前 399 年），古希腊著名的思想家、哲学家、教育家、公民陪审员。苏格拉底和他的学生柏拉图，以及柏拉图的学生亚里士多德并称"古希腊三贤"，被后人广泛认为是西方哲学的奠基者。身为雅典的公民，据记载苏格拉底最后被雅典法庭以侮辱雅典神、引进新神论和腐蚀雅典青年思想之罪名判处死刑。尽管苏格拉底曾获得逃亡的机会，但他仍选择饮下毒槿汁而死，因为他认为逃亡只会进一步破坏雅典法律的权威。

　　② 译注：亚里斯提卜（Aristippus，约前 435 年～约前 360 年），希腊哲学家苏格拉底的追随者，后来建立昔兰尼（Cyrene）门派，他所鼓吹的享乐主义（Hedonism）一直备受争议，受到了柏拉图、色诺芬、亚里士多德、塞奥多洛等古代哲学家的攻击。

　　③ 译注：乔纳森·斯威夫特（Jonathan Swift，1667 年 11 月 30 日至 1745 年 10 月 15 日），18 世纪英国著名文学家、讽刺作家、政治家，被高尔基誉为"世界伟大文学创造者"。代表作寓言小说《格列佛游记》，其他作品有《一只桶的故事》《书的战争》，另有大量抨击英国殖民主义政策的政论和讽刺诗，受到读者热烈欢迎。

　　④ 译注：伏尔泰（Voltaire，1694～1778），法国启蒙思想家、文学家、剧作家、哲学家，其真名为弗朗索瓦·马利·阿鲁埃（Francois-Marie Arouet）。他在 1717 年被关押在巴士底狱狱期间，以家乡一座城堡的名字"伏尔泰"作为笔名发表了第一部剧作《俄狄浦斯王》，在巴黎上演后引起了轰动。伏尔泰是 18 世纪法国资产阶级启蒙运动的泰斗，被誉为"法兰西思想之王""法兰西最优秀的诗人""欧洲的良心"。他主张开明的君主政治，强调自由与平等。主要代表作有《哲学通信》《路易十四时代》《老实人》《彼得大帝治下的俄罗斯》，以及剧本《俄狄浦斯王》《穆罕默德》《中国孤儿》《拉·亨利亚德》等。伏尔泰在本书中会多次出现，均请读者参阅本条译注。

世①和亚历山大大帝②，到俄罗斯沙皇彼得大帝③，他们在日常的生活与交谈中，无一例外都经常会表现出那种极度的粗鲁无礼甚至狂妄自大，从而借此彰显自己的伟大或高贵。同时，他们还为自己的追随者树立了极坏榜样，以致那些追随者往往更乐于效仿他们的荒唐行为，而根本不打算努力学习他们身上的那些优点。

审慎的人，当他坚持自己一贯的勤劳与节俭时，当他为了将来那种虽然遥远但更持久的闲适与享受而毅然牺牲眼前的闲适与享受时；公正的旁观者以及心中假想的那个旁观者——这位公正旁观者的代表，总会给予他十足的赞许，进而得以支撑并激励他继续坚持和努力。然而，那个公正旁观者本人，既不会由于他所看到的当事人的那些实际辛劳而疲惫不堪，也不会由于当事人的那些急切欲望而蠢蠢欲动。在旁观者眼里，当事人眼前的那些实际境遇与他们将来可能获得的境遇几乎没什么不同，因为这两种处境对旁观者的影响程度和影响方式都近乎相

11

①　译注：菲利普二世（又称腓力二世，Philip Ⅱ，前382年~前336年），马其顿国王（前359年~前336年在位），是阿敏塔斯三世和欧律狄克最小的儿子，出生于佩拉。他是马其顿帝国建立者亚历山大大帝和腓力三世（Arrhidaeus）的父亲。公元前336年夏天，菲利普二世在女儿的婚宴上被刺身亡，亚历山大继承了王位。

②　译注：亚历山大大帝（Alexander the Great，前356年7月20日至前323年6月10日），菲利普二世的儿子。当菲利普二世在女儿的婚宴上被刺身亡后，亚历山大继承了王位。随后开创了古希腊的马其顿王国，并成为独裁统治者。他生于古马其顿王国首都佩拉，世界古代史上著名的军事家和政治家。是欧洲历史上最伟大的四大军事统帅之首（亚历山大大帝，汉尼拔·巴卡，恺撒大帝，拿破仑）。曾师从古希腊著名学者亚里士多德，以其雄才大略先后统一希腊全境，进而横扫中东地区，不费一兵一卒而占领埃及全境，荡平波斯帝国，大军开到印度河流域，世界四大文明古国他占领了三个。征服全境约500万平方公里。公元前323年的亚历山大帝国，是当时世界上领土面积最大的国家，超过东方战国时期七国领土总和。亚历山大大帝在短短的13年时间里，创下了前无古人的辉煌业绩，促进了古希腊文化的繁荣发展和东西方文化的交流与经济发展，融合东西文化，鼓励不同民族之间通婚，倡导民族之间地位平等，对人类社会文化的进展产生了重大的影响。他的远征使得古希腊文明得到了广泛传播。亚历山大并未明确指定合法继承者，与他最亲近的是一位昏弱无能的异母兄弟。传说，当他的朋友在他临死前要求他指定一位继承人时，他含糊说："让最强者继承。"于是他死后，他的将领们企图瓜分这个帝国，引发一些年轻军官对这种安排的不满，继而发生一连串的战争，在这场斗争中，亚历山大的母亲、妻子和孩子都横遭杀身之祸。在公元前301年的一场决定性战役后，最终由三位胜利者（即托勒密、塞琉古、安提柯一世）瓜分了亚历山大帝国的版图，开启了希腊化时代。除了马其顿本土和最远的印度以外，亚洲部分由部将塞琉古继承，也就是后来与罗马的庞培、克拉苏等征战不休的塞琉古帝国。埃及由部将托勒密继承，也就是埃及的托勒密王朝，一直传到恺撒与埃及艳后克莉奥佩特拉结婚为止。

③　译注：彼得大帝（Czar Peter the Great，1672年6月9日至1725年2月8日），沙皇阿列克谢·米哈伊洛维奇之子，俄罗斯帝国首位皇帝（1721年11月2日称帝），俄罗斯历史上仅有的两位"大帝"之一。彼得一世1682年即位后与伊凡五世共治，并于1689年掌握实权，1697年派遣使团前往西欧学习先进技术，本人则化名彼得·米哈伊洛夫下士随团出访，先后在荷兰的萨尔丹、阿姆斯特丹和英国的伦敦等地学习造船和航海技术，并聘请大批科技人员到俄罗斯工作。回国后积极兴办工厂，发展贸易、文化、教育和科研事业，同时改革军事，建立正规的陆海军，加强封建专制的中央集权。随后发动战争并夺取了波罗的海出海口，为俄罗斯帝国的发展打下坚实基础，并使俄罗斯成为欧洲大国之一。可以说，近代俄罗斯的政治、经济、文化、教育、科技等方面的发展史无不源于彼得一世时代。

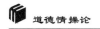

同。当然，旁观者心里也清楚，将来可能获得的境遇与眼前的实际境遇，两者在当事人眼里其实大相径庭，以致它们对当事人的影响方式必定会截然不同。所以，当旁观者发现，那些当事人居然能够如此得当而自如地运用自我克制力，而且他们的行为也表现得宛如旁观者那样丝毫不受眼前利益的诱惑，那么，旁观者当然就会禁不住对当事人的行为表现大加赞赏甚至高声喝彩。

12　　　审慎的人，通常会量入为出，因此他对自己的处境自然就会感到满意，因为他相信，通过这种聚沙成塔的持续财富积累，境遇就会一天天变得更好。等境遇变好之后，他就可以渐渐放松节俭与勤勉的程度；而过往的那些艰辛与俭省，愈发让他对现在逐步增加的闲适与享受感到倍加知足。审慎的人，既不会渴望再去改变或提升眼前已经非常舒适自在的处境，更不会去谋求新事业机会或进行新冒险。因为他如果那么做，就有可能危害而不是增进自己当下正在切实享有的安稳宁静生活。即使他真的想要着手开启一个新目标或一项新事业，那他一定会事先做好充分谋划和十足准备。他从来不会为了某种需要而匆忙或被迫投身一个新目标或一项新事业，而是会花足够的时间和精力去认真而冷静地反复斟酌，开展一项新事业究竟会带来什么样的后果。

13　　　审慎的人，既不乐于参与派系斗争，也不愿意让自己卷入个人职责以外的任何事情。他既不会热衷于那些与自己无关的事务，也不会干预他人的事务；他既不会自以为是地把自己当作顾问或导师，也不会在无人向自己征询意见时把自己的想法强加于他人。他不仅会将自己的事务限定在个人职责所允许的范围之内，而且对那种"通过影响别人的事务来借机显示个人威风"的愚蠢想法也毫无兴趣。他讨厌参加任何派系斗争，憎恨一切拉帮结派的行为，并且从来不会太热心于那种崇高的远大抱负。当然，如果情势需要，他也不会拒绝为自己的国家服务，但他绝不会为了进入政界而加入阴谋团伙；他甚至更乐于看到政府事务得到他人的良好管理，而不愿让自己去承担管理不善的风险与责任。在他的内心深处，既不太喜欢野心抱负获得成功时所带来的那种虚幻光环，也不太喜欢恢宏壮举所带来的那种切实荣耀，而是更喜欢安稳宁静的生活所带来的那份快乐与无忧无虑。

14　　　然而，当审慎与精明仅仅被用来引导人们关心并追求个人的健康、财富、地位和名誉时，尽管它也可以被视为一种极其可敬的品质，甚至在某种程度上还可以视为一种亲切宜人的品质，但它绝不会被视为那种最令人喜爱或最高贵的美德。这必然就会导致审慎这种美德遭到各种冷遇，从而让审慎这种美德似乎没有资格得到那种由衷的喜爱或赞赏。

15　　　也就是说，英明而富有远见的行为，只有当它们所追求的目标要比个人健康、财富、地位和名誉还更伟大更高尚之时，审慎才真正可以被称为美德。比如，我们经常谈到的那些伟大将领、伟大政治家和伟大立法者所表现出的各种审慎，全都蕴含着英勇、博爱与仁慈等许多非常伟大而崇高的美德，他们的那些审慎，无不体现对正义准则的神圣尊重，而且全都得益于那种适度的自我克制。这种更高层次的审慎，如果发挥到那种高度完美的境界，那就必然意味着，一个人在任何情形和处境下都具备做到行为完美合宜的那种本领、才华、习惯或品性；那就必然意味着，一个人的理性、智慧与道德情操几乎达到了至真至善的程度。这简直就是最聪明大脑与最善良心灵的完美结合，简直就是最高智慧与至善美德的完美结合。这种高层次的审慎，几乎接近于学园学派①或逍遥学派②哲人所具有的那种德性，而那种低层次的审慎则比较接近于<u>伊壁鸠鲁学派</u>③哲人所具有的那种德性。

如果一个人纯粹只是由于缺乏审慎而行事轻率鲁莽，或者纯粹只是缺乏关心自己的能力，那他在宽厚仁慈者眼里就是怜悯的对象，但在缺乏同情心的人眼里就会变成轻蔑的对象。不过，最坏也顶多成为后者鄙视的对象，而不至于成为他们憎恶或愤恨的对象。然而，如果一个人将审慎与精明用于处心积虑地作恶，那他就会变得声名狼藉而极不光彩。一个狡猾精明的恶棍，尽管他的阴险狡诈和巧舌如簧无法让他免遭重大嫌疑，但却可以让他的罪行不至于败露而逃脱惩罚。这种绝不应该出现的纵容，往往会让恶棍大行其道。一个笨拙愚钝的恶棍，由于缺少那种狡诈与诡辩，通常就更容易被定罪并遭到惩罚，进而更容易成为人们普遍憎恨、鄙视与嘲笑的对象。在一个国家里，如果严重犯罪经常逃脱惩罚，那么，

16

----

① 译注：学园学派（Academical），它是柏拉图学派另一称呼。柏拉图年轻时曾跟随希腊哲学家苏格拉底学习哲学，受到数理逻辑思想影响，后来成为雅典举世瞩目的大哲学家。柏拉图从毕达哥拉斯学派吸收了许多数学观点，并运用到自己的学说中，因此，柏拉图的哲学提高了对数学科学的兴趣。他充分认识到数学对研究哲学和宇宙的重要作用，并积极鼓励自己的学生与朋友去学习和研究数学。柏拉图在雅典建立了自己的学派和学园，在教学中非常重视数学的严谨性，坚持准确地定义数学概念，强调清晰地阐述逻辑证明，系统地运用分析方法和推理方法，并把这种方法运用到几何学上。据说他的学园门口写着"不懂几何者不得入内"。

② 译注：逍遥学派（Peripatetic），是由亚里士多德及其学生所建立的古希腊哲学学派，又称亚里士多德学派。在古希腊语中，περιπατητικός 意为"漫步的艺术"，相传亚里士多德在生前经常一边散步一边教授学生，形同一位漫步的哲学家，故又称逍遥学派。

③ 译注：伊壁鸠鲁学派（Epicureanism），它是由古希腊哲学家 Epicurus（前 342 年～前 270 年，西方第一个无神论哲学家）所创立的学派。伊壁鸠鲁学派是原子论唯物主义者，拥护德谟克利特的理论，反对迷信，否认神的干预。他们认为人死魂灭，这是人类思想史上的一大进步。伊壁鸠鲁延续了昔兰尼（Cyrene）学派的亚里斯提卜（Aristippus，约前 435 年～约前 360 年，苏格拉底的学生之一但不太出名）的观点，认为最大的善是驱逐恐惧、追求快乐，以达到一种宁静（ataraxia）而自由的状态。但他们所主张的快乐绝非肉欲或物质享受之乐，而是排除情感困扰后的内心宁静之乐。伊壁鸠鲁学派主张简朴而节制的生活，目的就是要抵制奢侈生活对一个人身心的侵袭。罗马共和时期，伊壁鸠鲁学派的著名代表有菲拉德谟和卢克莱修。卢克莱修所写的哲学长诗《物性论》，系统地宣传和保存了伊壁鸠鲁的学说。

即使最残暴的恶行也将变得熟视无睹，进而让那些在严格维护正义的国家里会普遍遭到极度厌恶的暴行，在人们眼里也将变得不再那么恐怖。在这两种国家，尽管人们对不义行为的看法相同，但他们对那种处心积虑的暴行的看法往往又大不相同。在严格维护正义的国家，重大罪行无疑都会被视为愚蠢的恶行，但在前一种国家，却未必总是会被同样视为愚蠢的恶行。比如在 16 世纪的意大利，暗杀与谋杀，甚至那种出于背叛的谋杀，即使在上层人士当中似乎也屡见不鲜。比如，恺撒·博尔吉亚①曾经就以"邀请四个小邻国君主到塞尼加利亚②共同召开一个友好会议"为名，而在那四个国王到达之后，立即把他们全部杀死，尽管他们原本都统治着自己的小王国并拥有独立的小军队。恺撒·博尔吉亚这种无耻的谋杀行为，即使在那个充满罪恶的年代也绝没有人会赞成，但最后似乎也仅仅让他的名誉稍微受损，而且丝毫没有危及他的统治地位。尽管几年后他不幸垮台，但原因也与他这次谋杀完全无关。当时，马基亚维利③——即使按那个时代的标准他也算不上一个道德高尚的人——正好担任佛罗伦萨大公国常驻恺撒·博尔吉亚宫廷的公使，因此他就有机会详细记载这次无耻的谋杀事件。他对这次事件的描述，就像他的所有作品那样也采用了那种简单直白而毫不掩饰的语言。马基亚维利十分平淡地看待这次谋杀事件：他不仅不加掩饰地对恺撒·博尔吉亚的阴谋得逞大加赞赏，而且全然不顾四位受害者的上当受骗与弱小无助；他不仅对四位国王的惨遭不幸与死于非命没有丝毫同情，而且对阴谋凶手的残忍与虚伪也没有丝毫愤慨。那些伟大征服者的残暴与不义行为，往往反而被人们愚蠢地视为令人

---

① 译注：恺撒·博尔吉亚（Cesare Borgia，1475 年 9 月 13 日至 1507 年 3 月 12 日），意大利军事家、政治家，西班牙裔的意大利贵族，教皇亚历山大六世（罗德里格·博尔吉亚）的私生子，瓦伦蒂诺公爵，罗马尼阿的主人，伊莫拉、弗利、佩鲁贾、皮奥姆比诺、比萨、卢卡、锡耶纳等无数属地的征服者。他曾经担任瓦伦西亚大主教和枢机主教，但他却以自己的邪恶、残忍和军事天赋，将一个教皇国的梦想献给他的家族。整个博尔吉亚家族一直被财富、阴谋、毒杀、乱伦的阴影笼罩着，他是博尔吉亚家族中最恶名昭著的人，同时也是最具魅力的一个。在十四五世纪的欧洲历史上，再没有第二个像他那样背负如此之多恶名却又为同时代人所同情并毫不吝惜地给予赞美的统治者。甚至达·芬奇也形容他拥有"宁静的面孔和天使般清澈的双眼"，尽管他残酷而贪婪，为了权力和财富不择手段，但在欧洲追随他的大有人在，认为他是一个勇敢、果断、坚强、才华横溢的完美统治者。尼可罗·马基亚维利（Machiavelli，1469～1527）以他为原型写下了传世名作《君主论》，而希特勒、墨索里尼等更是对他顶礼膜拜。他曾经呼风唤雨，权倾一时，令人谈之色变，但自从与父亲一同中毒之后，命运急转直下，在一次可疑的战斗中被长矛穿胸而死。

② 译注：塞尼加利亚（Senigaglia），位于亚得里亚海边的意大利的城镇，今属于意大利安科纳省管辖。

③ 译注：马基亚维利（Niccolo Machiavelli，1469～1527），意大利政治思想家和历史学家，其思想常被概括为马基亚维利主义。在中世纪后期政治思想家中，他第一个明显地摆脱了神学和伦理学的束缚，为政治学和法学开辟了走向独立学科的道路。他主张国家至上，将国家权力作为法的基础。代表作《君主论》主要论述为君之道、君主应具备哪些条件和本领、应该如何夺取和巩固政权等。他是名副其实的近代政治思想的主要奠基人之一，主张权谋霸术，为达目的可以不择手段。他还著有《论李维》《论战争艺术》《佛罗伦萨史》。

惊叹和钦佩的壮举；可那些不起眼的小偷、强盗和杀人犯的恶行，在任何情况下都会遭到人们的鄙视、憎恨甚至极度厌恶。尽管前者的罪恶会造成百倍于后者的危害与破坏，但前者一旦得逞，其罪恶行径往往反而会被视为最英勇壮烈的丰功伟绩。可后者的行为，则总会遭到人们的憎恨和厌恶，从而总是会被视为那种最低贱、最卑鄙无耻的愚蠢恶行。尽管前者罪行的不义程度，无疑几乎与后者相同，但前者却总是比后者更为狡诈精明。总之，一个邪恶卑鄙但狡诈精明的坏蛋，往往会在人世间获得远远超过其应得的声誉。而一个邪恶卑鄙但轻率鲁莽的笨蛋，似乎在所有人眼中，总是那种最可恨、最卑鄙的无耻之徒。可见，如果审慎与精明伴随着各种美德，那它就是一种最高尚的德性；反之，如果轻率鲁莽伴随着各种恶行，那它就是一种最卑劣的德性。

第二章　论个人德性对他人幸福的影响

引　言

01　　每个人的德性对他人幸福可能产生的影响，必然取决于它的倾向对他人究竟是有害的还是有益的。

02　　在公正旁观者看来，只有对那种企图违背或已经违背正义的行为，我们才可以正当地表达适当愤恨，并且只有这种正当愤恨，才能成为我们损害或破坏不义者幸福的唯一正当动机。出于其他任何动机而去损害或破坏他人幸福的行为，它本身就有违正义，因此也可以采用强制力来进行遏制或惩罚。每一个国家或联邦，都会尽可能高明而巧妙地努力运用社会强制力来威慑约束其治下的人民，以免他们相互损害或破坏对方的幸福。那些为这个正义目的而建立起来的各种行为准则，就构成了每个国家或联邦的民法和刑法。在建立民法和刑法准则时所依据的或应该依据的那些原则，就是那门被称为"自然法理学"的学科所研究的对象。在目前的所有学科中，自然法理学不仅是一门最重要的学科，同时也许是迄今研究最缺乏和发展最不足的一门学科。由于自然法理学已经超出了本书主题，因此就不在这里进行任何深入讨论。众所周知，在任何情况下，不管是否有明确的法律规定，我们都不应该损害或破坏自己同胞的任何幸福，因此，虔诚地遵守这条神圣正义准则，这本身就意味着那种最纯洁最正直的品质与德性。这种不损害他人幸福的品质与德性，如果发展到对他人表现出那种非常细致的关切，它本身就变成了一种极其高尚而可敬的行为。因为伴随这种品质与德性，必定会产生诸如对他人富有同情之心、仁爱之心、乐善好施之心等诸多美德。众所周知，秉持正义这种德性的要求已经深入人心，因此也就无须对它再作任何进一步的解释。所以在本章中，我将尽量重点说明，天性究竟是依据什么原则来确定我们善行的分配顺序的；或者说，天性究竟是依据什么原则来帮助我们分配自己那点本来非常有限的行善能力的。首先，我将在第一节中讨论我们在选择个体关爱对象时的优先顺序；然后，在第二节中讨论我们在选择团体关爱对象时的优先顺序。

我们将会发现，造物主那完美无瑕的智慧不仅让天性引导着我们的各种行为，同样也让天性引导我们如何选择行善的优先顺序；而我们行善的先后顺序，总是取决于我们行善的必要程度或者善行作用的大小。　03

第一节　论天性在我们选择个体关爱
对象时所要求的顺序

第一，天性要求每个人首要关爱的，正如斯多葛学派学者常说的那样，必定　01
是他自己；而且每个人在各个方面，无疑要比其他任何人都更适合也更能照顾好他自己。因为每个人都比别人更容易清晰地感知自身的快乐与痛苦。每个人都会对自身快乐或痛苦产生一种原始感受，而旁观者对别人快乐或痛苦的感受，则只是基于那些原始感受而产生的一种映像或同情想象。当事人的感受可以视为"本体"，而旁观者的感受则可以视为本体的"影子"。

第二，排在一个人自己之后的，则是他的家庭成员，也就是那些经常和他一　02
起共同生活的人，比如他的父母、孩子、兄弟姐妹①，必然都是他最深切关爱的对象。一方面，自己家人的幸福或痛苦，必然经常受到他个人行为的极大影响；另一方面，他也更懂得如何理解体谅家人，更了解每件事情可能会带给家人何种感受。因此，他对自己家人的同情体谅，当然就比大多数其他人都更精心、更知心。总之，一个人对自己家人的关爱，更接近于他对自己的关爱。

这种对家人的关爱以及由此产生的亲情，天性也会要求优先次序，以致相对　03
于孝敬父母而言，每个人通常会更关爱孩子。因此，一个人对自己孩子的温情呵护，同他对父母的孝敬与感激相比，似乎总是一种更积极主动的本能。我在前面（译按：第三卷第三章第13段）已经指出，自然状态下，孩子在出生后的一段时间里，其生存完全依赖父母的悉心照料，但年老父母的生存，往往未必需要依靠子女的照顾。在造物主眼里，孩子比老人更重要也更需要照料；孩子总是会激起更深切更普遍的同情，这也是理所当然的人之常情。因为，孩子至少有很多期待

---

① 译注：作者在这里所列举的家人，似乎遗漏了"妻子"，这或许是因为亚当·斯密先生终身未婚的缘故。

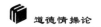

和希望，然而从老人身上，通常很少能再期许点什么。即使最残忍的铁石心肠，稚弱的小孩也会触动其恻隐之心，而体弱多病的老人，只有在那些善良仁慈者的眼里，才不至于成为他们轻视与讨厌的对象。通常情况下，一个老人的离世并不会让多少人深感惋惜，但一个孩子的夭折，几乎没有人不会感到伤心欲绝。

04　　兄弟姐妹之间那种最原始的亲情，其实就是当他们的内心感受到彼此的深切关爱时所自然形成的一种情谊。在同一个家庭里共同生活，彼此和睦相处是家庭幸福安宁所必不可少的；因为每个人可能带给对方的快乐或痛苦①，要比带给大多数外人的加起来还多。这种共同生活的环境，就会让彼此间的体贴关爱成为他们共同幸福的最重要基础；因此在造物主的睿智安排下，这种必须共同面对的生活处境也让他们不得不彼此体谅包容，进而让他们彼此间的体贴关爱更牢固、更深切、更特别、更知心。

05　　当兄弟姐妹分别组建自己的家庭之后，他们之间的亲情仍然会持续，而且他们的孩子也会因为亲情而自然联结在一起。如果下一辈之间情投意合，就会增进父辈之间的亲情享受；倘若下一辈之间争执不和，则会破坏父辈之间的亲情。然而，由于下一辈很少在一起共同生活，以致下一辈之间的这种堂亲或表亲关系，虽然比大多数外人的情谊更重要，但却远不及父辈之间那种亲兄弟姐妹的亲情。由于他们彼此间的体贴关爱不再那么必要，因此也就不太牢固而相应地变得更微弱。

06　　再往下一代，亦即堂表兄弟姐妹的孩子们之间，由于彼此联系更少，以致相互之间也就变得不再那么重要；亲情也随着血缘关系的不断疏远而逐渐淡薄。

07　　所谓亲情，其实无非就是一种牢固的体贴关爱习惯。我们之所以会关切那些被我们称为亲人者的幸福或痛苦，并且总是渴望增进他们的幸福而防止他们遭受痛苦，其实就是出于那种牢固的体贴关爱习惯的真切感受，或者说是出于这种真切关爱的必然结果。亲人们经常在一起共同生活，自然就容易培养形成这种牢固的体贴关爱习惯，因此，也可以期待在他们之间培养出那种适宜的亲情。我们通常可以发现这种普遍存在的真切亲情，因此，我们必然就会期待见到这种亲情。正是出于这个缘故，在任何情况下，只要我们发现亲情缺失就会觉得十分震惊。于是，我们就形成了一条一般准则：有一定亲缘关系的人，就应该相互关爱并有一定的感情，否则，如果亲人之间的感情出现异常，就会显得极不合情理，有时甚至会被认为是对亲情的一种亵渎。无论是父母对子女缺乏慈爱，还是子女对父母缺少应有的孝敬，似乎都会显得离奇古怪，进而成为人们憎恨和极度厌恶的对象。

---

　　① 译注：请读者特别留意并仔细品味"每个人可能带给对方的快乐或痛苦"这句话所指的"痛苦"。也就是说，家人通常会带给彼此很多快乐，同时也有可能给彼此带来很多不会发生在其他人（朋友、同事、陌生人）身上的痛苦或伤害。

即使是由于某种特殊情况或意外原因而没有出现那种所谓通常能够据以产生自然亲情的环境，但只要秉持上述那条"亲人之间应当相互关爱而绝不能形同陌路"的一般准则，往往也会感受到几分亲情，进而产生一种虽然不尽相同，但也许与自然亲情极为相似的关爱之情。一方面，如果一个孩子由于某种意外而自幼与父亲分开，并且直到成年之后才回到父亲身边，那就容易造成他的父亲不太喜欢他。因此，不仅父亲给孩子的慈爱容易减少，而且孩子也容易不太孝敬父亲。如果兄弟姐妹分别在距离遥远的不同国家接受教育并长大成人，那他们彼此间的感情也同样容易变得淡薄。另一方面，那些看重亲情而善良有德的人，只要他们秉持"亲人之间应当相互关爱而绝不能形同陌路"这条一般准则，那他们往往也会产生一种虽然不尽相同，但也许与自然亲情极为相似的关爱之情。比如，即使父子之间或兄弟姐妹之间天各一方，他们彼此之间也绝对不会漠不关心。他们都会觉得对方值得自己付出关爱，而且自己也有资格从对方那里获得关爱，从而每天都在盼望着有朝一日能够朝夕相处，能够早日享受那种亲密无间与天伦之乐。在他们团聚之前，原先不在身边共同生活的儿子往往会成为心底里最疼爱的儿子，而原先不在身边共同生活的兄弟往往会成为心底里最喜爱的兄弟。因为在他们团聚之前，彼此间从没发生过不愉快，即使发生过什么不快，那也是很久以前的一些根本不值得放在心上的幼稚恶作剧，更何况早已被他们忘得一干二净。因为他们在团聚之前，所听到的有关对方的每一件事情，只要是经由那些本性还算善良的人转述而来的，那将都是一些极其讨人喜欢而且有利于形成好印象的事情。他们在团聚之前，同那些平常总在一起共同生活的儿子或兄弟相比，那些不在一起共同生活的儿子或兄弟在彼此心目中反而更加完美。因此，他们就会怀着最幸福的希望，幻想着能够享受一起共同生活的那种亲密无间与欢声笑语。当他们刚刚团聚时，往往都会心怀一股表现家人之间那种常见亲情关爱的强烈愿望，因此他们极易觉得自己心里确实怀有那种亲情关爱，进而像亲人般对待彼此。然而随着时间的推移，共同生活的实际感受恐怕很快就会让他们清醒。随着彼此了解的加深，他们往往就会发现，对方的习惯、性情和爱好，其实都与自己曾经预想的不同。由于缺乏那种牢固的体贴关爱习惯，由于缺乏那种所谓家庭亲情的真正心理基础，以致他们在一起共同生活一段时间之后，就很难再和睦相处了。由于他们之前从来没有在一起共同生活过，所以几乎没有那种能够促使他们和睦相处的根本基础。这时，即使他们仍然真心渴望和睦相处，但实际上再也无法做到了。他们之前原本亲密无间的谈笑与交流，很快就变得乏味无趣，进而也不再那么频繁了。他们可能会继续在一起共同生活，彼此仍然会给予对方一切必要的关照，并且在表面上会尽量做到客气有礼。但是，那种由衷的满足与惬意、那种甜蜜的体贴与关爱、那种亲密无间的坦诚与轻松自在等诸如此类只有那些长期在一起亲密生活的

家人之间才会自然产生的亲情与交融，他们却很少能够充分享受到。

09　　　不过，"亲人之间应当相互关爱而绝不能形同陌路"这条一般准则，只有对那些看重亲情而善良有德的人，才会产生这种微弱的约束力与威慑力。而那些放荡不羁、奢靡挥霍、傲慢自负的人，如果没有共同生活基础，他们就会对亲情完全置若罔闻。他们根本无视亲情，以致除了极不像话的嘲讽之外，他们很少会谈及亲情；亲人们之间这种过早的长期分离，必然会导致他们彼此十分疏远。即使他们因顾及亲情而相互关爱，顶多也只是一种冷淡而虚伪的客套——那种并非出于真心的表面上的客气而已。更有甚者，最鸡毛蒜皮的争吵不和或者最微不足道的利益冲突，通常也会让这点仅存的客套荡然无存。

10　　　在法国和英国，小男孩通常在离家很远的名校接受教育，青年男子也会在远方的大学接受教育，而青年女子则在遥远的女修道院或寄宿学校接受教育，但这些做法似乎从根本上破坏了上层社会的家庭伦常，从而有损家庭幸福。你希望把儿女们都培养教育成孝顺父母、友爱兄弟姐妹的人吗？那你必须把他们放在那种必然会变得孝顺父母、必然会变得友爱兄弟姐妹的环境中——你自己的家庭中——接受教育和培养。在合理而有益的前提下，孩子们可以每天离开父母到公共学校去接受教育，但一定要让他们与父母住在一起共同生活。这样，孩子们必然会出于对你的尊敬而有效约束他们自身的行为，而你也会出于对孩子们的关爱而有效约束你自身的行为。毫无疑问，孩子们从所谓公共教育当中所能获得的一切知识，并不足以弥补这种纯粹的公共教育所必然会引起的种种缺失。家庭教育是造物主的睿智安排，公共教育则是一种人为的安排，两者互为补充又各有侧重。因此根本就没有必要讨论，究竟哪一种教育最明智。

11　　　在某些悲剧或爱情故事中，我们所看到的许多感人肺腑或温馨浪漫的情节，无非都是以所谓的血缘关系或近亲关系作为情感基础。这些故事通常都假定，在血亲或近亲之间，即使在不知道彼此有亲缘关系之前，他们也会自然怀有那种奇妙的亲情或好感。然而，血缘关系的这种力量恐怕仅仅存在于各种悲剧和爱情故事当中。即使在悲剧和爱情故事当中，那种奇妙的亲情或好感也绝不会出现在所有的亲属之间，而通常只存在于那些在同一个家庭当中共同生活的亲人之间。也就是说，只会存在于父母与子女之间、兄弟与姐妹之间。如果有人认为堂表兄弟姐妹之间，甚至叔伯姑舅或姨婶之间、侄子侄女或外甥子外甥女之间也存在任何类似的神秘亲情，那就太荒谬可笑了。

12　　　在农耕时代，以及在那些仅靠法律的威慑作用还不足以让所有国民都得到充分安全保障的国家里，同一氏族的所有不同支系，通常都会选择毗邻而居。他们这种社群生活形式对于共同安全防御来说往往非常必要。这样，他们中的每一个人，无论地位高低，都可以或多或少地相互照应。他们彼此间的和睦友好，会强化彼此间的必要联系；否则，就会削弱甚至可能破坏他们的这种社群联合。本氏族内部各支系之间的交往通常要比他们与其他氏族任何支系的交往都更为密切。同一氏族中，即使亲缘关系最远的成员，也会宣称彼此间存在某种关联，进而得以让他们在其他一切条件都相同的情况下，也有望从对方得到那种有别于那些没有亲缘关系者的更多特殊关照。在不太久远之前的苏格兰高地地区，酋长经常会把本部族中最贫穷可怜的人当成自己的堂表兄弟和亲属看待。据说，在鞑靼人、阿拉伯人和土库曼人的部族内部，彼此之间也普遍存在这种对族人的特殊关照。因此我相信，那些社会状态类似本世纪初①苏格兰高地部族的其他所有民族，他们中间也存在这种对族人特殊关照的类似情形。

然而在商业贸易国家，即使是地位最卑微的公民，也总能得到法律力量的充分保护；以致同一家族的后代，就不会再出于共同防御的需要而毗邻而居，他们自然就会为了追随个人的利益或爱好而散居各地。他们在彼此眼里很快都不再那么重要，以致在几代人之后，他们彼此间的关爱不仅会完全消失，甚至连他们的共同血缘关系以及祖先之间的复杂亲缘关系全都会被忘得一干二净。在每一个国家，如果所建立的商业文明越长久、越完善，人们对远亲的关心就会越来越少。比如苏格兰，就由于它的商业文明没有英格兰那么长久和完善，而相应地就比英格兰更重视对远亲的关照；当然，这两个国家在这方面的差异正在日益减少。然而每一个国家的显赫贵族，不管亲缘关系有多么遥远，他们都会以记得并承认彼此的亲缘关系为荣。他们之所以会如此清楚地牢记那些显赫的亲戚，其实既不是为了彰显整个家族的那点儿荣耀，也不是出于亲情或任何类似情感的需要，而只是出于那种最浅薄幼稚的虚荣。倘若某个身份很卑微的亲戚胆敢向这些显赫贵族提及彼此间的亲缘关系，即使彼此的亲缘关系很近，对方大概也会告诉这位穷亲戚，他们不熟悉家谱而且对家族历史知之甚少。所以，我们恐怕不要指望那种所谓的自然亲情会在那些显贵们身上表现得更热诚、更浓厚。

我认为，所谓的自然亲情其实更多是基于父母与子女之间情感联系的结果，而很少纯粹只是基于所谓血缘关系的产物。一个疑神疑鬼的丈夫如果总是怀疑他的孩子是妻子不忠而生下的，那他必然就会经常带着憎恨和厌恶情绪去对待那个不幸的孩子。即使他跟孩子存在血缘关系，即使这个孩子一直在自己家中接受教育；然而在他眼里，这个孩子却永远象征着他妻子的不忠，甚至象征着他个人与家族的耻辱。

第三，排在亲人之后的，是那些品德高尚的亲密朋友②。相互包容与和睦共

13

14

15

----

① 译按：指作者亚当·斯密所在的18世纪初。

② 译注：请读者注意"第三，排在亲人……亲密朋友"这句话，在英文原文中并没有，只是译者为了上下文的转折过渡而添加的。

处这种共同的需要与益处，必然也会在心地善良的人们之间产生一种友情；而这种亲密朋友之间的情谊同那些在同一家庭中出生并一起长大的人们之间所产生的亲情相比，其实在本质上并无不同。办公室的同事、生意上的伙伴彼此常常称兄道弟，甚至往往像亲兄弟般对待彼此。他们之间的这种情投意合其实对彼此都有好处；因此，只要他们尚存一点儿理智，自然都会倾向于这样善待彼此。我们也期待同事之间或者生意伙伴之间，彼此都能友好和睦相处，如果他们之间出现龃龉不合，就会成为一种丑事而引起流言蜚语。古罗马人用"必要性"（necessitudo）这个词来表示朋友之间的这种依存关系；从词源学的观点看，这个词似乎就表明，友情是人们生活环境作用的必然结果。

16   甚至只是"毗邻而居"这种微不足道的环境因素，也会产生几分类似于友谊的情感。我们天天碰面的邻居，只要他未曾冒犯过自己，那我们总是会顾及他的面子。邻居之间，总会为对方带来很多方便，尽管也可能带来一些麻烦。只要他们性情温和，自然就容易和睦相处。我们也期望邻居之间友好和睦相处，而彼此争强好胜的邻居，也会被我们视为那种德行卑劣之人。所以人们会普遍认为，各种小小的帮助或善意，就应该优先给予邻居而不是给予其他任何没有近邻关系的人。

17   对于那些我们不得不在一起生活或频繁来往的人，我们在看法、行事原则、情感等方面，自然就会尽量顾及并迁就他们根深蒂固的习惯与认知，以便尽可能同他们保持一致。这种"迁就他人"的自然倾向，就是产生"近朱者赤，近墨者黑"这种效应的原因。如果一个人所交往接触的人，大多都贤明而有德，即使他自己不会变得贤明有德，那也至少有助于促使他对智慧或美德产生一定的敬意。如果一个人经常与放荡堕落者为伍，即使他自己不会变得放荡堕落，必然也很快会让他至少不再像当初那样对放荡堕落行为深恶痛绝。正如常常看到的那样，一个家族的家风之所以能够延续并传承好多代，也许可以部分归因于"近朱者赤，近墨者黑"这种自然效应；或者说，归因于我们每个人都会尽量让自己同那些不得不在一起共同生活或频繁来往的人保持融洽一致。不过，家族成员品性的这种相似性并非完全源于亲人之间的情感联系，而且也同他们的相貌那样，部分源于纯粹的血缘关系。当然，相貌完全取决于血缘遗传。

18   但是，如果我们对某个人的深情厚谊完全出于对他高尚行为与崇高品德的钦佩和赞赏，而且他的品行在长期交往中得到了许多实际印证，那我们和他之间的情谊，必然就是那种最高尚的友情。这种崇高的友谊，既不是源于某种勉强的同情或关爱，也不是为了获得某种好处或求得彼此和睦而刻意表现出来的那种常见的宽容体谅，而是源于内心的一种自然情感，源于我们下意识地将某个人作为自己心中崇敬与赞许的自然对象和真正对象。这种崇高的友谊，只可能存在于品德高尚的人之间。也只有那些品德高尚的人，彼此才会完全信赖对方的行为与品质，正是这种充分信赖，在任何时候都可以让他们确保自己既不会冒犯对方，也不会被对方冒犯。恶习总是会导致行为反复无常，只有美德才会保持行为的安分守己。那种基于追求美德而建立起来的深情厚谊，毫无疑问是一种最为高尚有德的情感，因此也最幸福、最持久和最牢固。所以，我们不必将自己的友情仅仅局限在某一个人身上；对所有贤明有德的人，无论是那些我们长期密切交往的人，还是那些我们可以完全信赖他们智慧与德行的人，我们都可以放心拥抱与他们之间的那份情谊。如果有人仍然将这种纯洁的友情仅仅局限于两个人之间，那他似乎就把友情当中的纯洁和信赖，同男女情爱当中的纵情和妒忌混为一谈了。年轻人之间的那种草率、多情而暧昧的亲密行为，一方面通常都源于他们举止轻浮或品行不端，另一方面也许还源于他们彼此有着相同的嗜好、娱乐与消遣，或者源于他们彼此都一致赞同的某种反常而普遍不被人接受的行为方式或价值观。那种仅凭一时兴起而朝三暮四的亲密行为，无论在他们关系持续期间有多么令人愉悦，也绝没有资格被冠以那个神圣而珍贵的友谊之名。

第四，排在亲密朋友之后的，就是那些有恩于自己的人[1]。当我们要将自己那点儿有限的仁慈施予别人时，按照天性所要求的顺序，接下来，似乎再也没有谁比那些曾经有恩于自己的人更适合得到我们的恩惠。彼此之间的仁慈友爱是人类幸福所必不可少的。为此，造物主在塑造人类时，就让每一个曾经向别人施予过善行的人，都变成对方行善报德的特别对象。尽管受恩者的感激在程度上未必与施恩者的善行相符，但是公正旁观者对施恩者功德的评价以及旁观者因感动而心生的感激，总是会同他的善行相吻合。旁观者对忘恩负义的卑鄙行为的那种普遍愤慨，有时甚至还会普遍提升对施恩者功德的评价。可见，乐善好施者绝不会永远得不到一点儿善报。即使他未必总是能够从那些理应报答他的受恩者那里获得善报，但他几乎总是可以成倍地从旁观者那里获得更多善报。善生善、恶生恶，如果我们所追求的主要目标是让自己成为同胞的爱戴对象，那么，实现这个目标最切实可靠的方法，就是用我们的实际行动来证明自己真心热爱同胞。

第五，除了上述那些亲密的家人、品德高尚的朋友、有恩于己者之外，天性要求我们要去关爱的其他个体对象，其实就不再是出于那种所谓的亲情或友情，而仅仅出于我们心中的仁慈善良与乐善好施。那些因境遇突变而引起我们关切的人，有的非常幸运而有的却极为不幸，有的有钱有势而有的却穷困可怜。无论是等级与地位差别的建立，还是社会安定与秩序的建立，其实在很大程度上都是基于我们对那些幸运的成功者和权贵人士所自然心生的崇敬之情。而我们对人世间

19

20

---

① 译注：请读者注意，"第四，排在……有恩于自己的人"这句话，在英文原文中并没有，只是译者为了上下文的转折过渡而添加的。

不幸和穷苦的救助与慰藉，则完全是基于我们对那些穷苦人和不幸者的怜悯与同情。尽管维持社会的安定与秩序要比救助穷困与不幸更重要，但是，无论是我们对富人和权贵的崇敬过度，还是我们对穷苦人和不幸者的同情不足，同样都极易引起反感。尽管道德家们经常劝诫我们要多施仁行善并常怀慈悲之心，而且还常常告诫我们不要迷恋金钱和权力。然而，金钱和权力的诱惑是如此的强烈，以致有钱有势者往往总是要比贤明有德者更受欢迎和尊重。这似乎也是造物主做出的圣明安排，因为她认为，无论是等级与地位，还是社会的安定与秩序，把它们建立在门第与财富这种显而易见的差别之上，要比建立在智慧与美德——这种看不见摸不着而且常常说不清道不明的差别——之上更为可靠。因为，绝大多数普通民众的眼睛无须什么分辨能力就足以察觉出前一种差别，但要分辨后一种差别，即使是那些对智慧与美德有良好洞察力的人，有时候也存在困难。可见，天性在我们选择关爱的个体对象时所要求的那些顺序，显然也是出于造物主的仁慈与智慧。①

21   还有一点也许不必赘述，那就是当两个或多个激发善意的因素共同发生作用时，就会增强善意。一方面，如果权贵同时又具有智慧与美德，只要没有嫉妒心作祟，那我们对权贵所怀有的好感与偏爱，自然就会因其智慧和美德而大大加深。另一方面，如果两个权贵陷入了相同的不幸、危险或困境，即使他们具有相同的智慧与美德，但地位最高者所受到的影响往往也最大。这时，我们对地位较高者命运的关心，也会超过对地位较低者的关心，而很少会考虑智慧与美德。在悲剧和爱情故事中，最具吸引力的主题，永远都是那些仁慈善良而宽厚有德的国王或王子所遭遇的各种不幸。如果国王或王子能够运用他们的智慧和英勇，让自己从所遭遇的不幸之中解脱出来，并且完全恢复他们之前的崇高地位与安全无虞，那我们就会禁不住对他们大加赞赏甚至钦佩不已。我们不仅会为他们的不幸感到难过，而且也会为他们的成功感到高兴，这两种情感似乎总是交织在一起；而这两种情感的共同作用，就会强化我们对富贵和美德的自然偏爱与崇敬。

22   上述各种不同的仁爱之情，当我们在选择关爱的个体对象时，如果碰巧又面临多种选择，那我们也许根本就不再可能依据某条明确的准则来做出取舍，从而也无法决定在哪些情况下我们应该遵循一种情感，又在哪些情况下我们应该遵循另一种情感。比如，究竟在哪些情况下，友情应该让位于感激，或者感激应该让

---

① 译注：亚当·斯密承认社会差别，并且认为它是建立社会良序、激发进取心、促进人类进步与文明的重要因素之一。同时，李宗吾先生（1879～1943）在他1912年首次出版的那本充满调侃与反讽的人性哲学书《厚黑学》中，也对个人的亲疏关系次序提出了类似看法。他认为，我们每个人都会以自己为中心（圆心）而根据重要程度把其他人依次置于不同半径的圆圈上：第1圈是子女，第2圈是父母，随后依次是亲戚、朋友等，共9圈。

位于友情；究竟在哪些情况下，即使是那种最强烈的亲情，也应该出于整个社会安全的考虑而让位于那些上级长官的生命安全；究竟在哪些情况下，即使将亲情置于上级长官的生命安全之上，也不会有丝毫不妥。所以，当我们面临如此种种的复杂情况时，必须全都交给心中那个假想的公正旁观者——我们行为的伟大法官和仲裁者——来决定。因为，只要我们完全站在公正旁观者的立场，只要我们真正以公正旁观者的眼光来审视自己，只要我们认真而虔诚地听取公正旁观者的建议，那我们就绝不会受到任何声音的误导。这时，我们就不再需要任何教条式的是非准则来指导我们的行为。因为那些教条式的是非准则，常常无法适应不同情形、不同角色和不同处境的所有不同影响，无法适应这些因素之间的细微区别与微小变化；即使可以区分那些微小差异，往往也由于太过微妙而根本无法明确界定。比如，当我们在<u>伏尔泰</u>那部精彩而感人的悲剧《<u>中国孤儿</u>》① 中看到<u>扎姆蓥</u>（Zamti）为了效忠皇室、为了保护旧主那幼弱无助的唯一遗孤而甘愿牺牲自己孩子的生命时，我们一方面会赞赏并钦佩他的高尚行为；但另一方面，我们同时又会体谅并敬佩他妻子艾达梅（Idame）的母爱。剧中的<u>艾达梅</u>冒着丈夫重大机密被暴露的危险，从<u>鞑靼人</u>（Tartars）的魔掌中夺回了被丈夫送入虎口的亲生婴儿。可见，其实我们很难明确界定这两种交织在一起的情感究竟孰是孰非。

第二节　论天性在我们选择团体关爱
对象时所要求的顺序

　　那些指导我们如何选择个体关爱对象顺序的天性原则，也以同样的方式指导着我们如何选择团体关爱对象的顺序。诸如我们的祖国以及自己所在的阶层、团体或政党等这些至关重要的或者可能变得至关重要的社会团体，都会成为我们首要关爱的团体对象。　01

　　首先，祖国通常是我们心中最重要的社会团体。因为祖国是我们出生和接受教育的地方，并且只有在她的庇佑下，我们才得以安居乐业。同时，无论我们为善还是作恶，通常都会严重影响祖国的福或祸。因此，祖国就成为天性极力要求　02

---

　　① 译注：《中国孤儿》（*Orphan of China*）是伏尔泰（Voltaire）根据中国元代纪君祥的杂剧《赵氏孤儿》改编的戏剧。后者主要根据春秋时代的传说讲述了春秋时的晋国上卿赵盾遭到大将军屠岸贾的诬陷，全家三百余口被杀。为斩草除根，屠岸贾下令在全国范围内搜捕赵氏孤儿赵武。赵家门客程婴与老臣公孙杵臼定计，救出赵武。为救护赵武，先后有晋公主、韩厥、公孙杵臼献出生命。二十年后，赵武由程婴抚养长大，尽知冤情，禀明国君，亲自捉拿屠岸贾并处以极刑，终于为全家报仇。

我们关爱的团体对象。不仅仅只是我们自己，而且我们的孩子、父母、亲戚、朋友和恩人等所有这些我们最关心的个体对象，以及那些我们最爱戴最崇敬的人，通常全都生活在祖国这个大家庭中。他们的幸福与安宁在某种程度上全都有赖于祖国的繁荣与安定。可见，天性让我们热爱祖国，不仅仅只是出于我们对自己的关爱，而且还出于我们对他人的关爱。正因为我们自身的利益与祖国息息相关，因此，祖国的繁荣与荣耀似乎也会让我们觉得非常自豪。当我们将自己的祖国与其他国家作比较时，就会因为祖国的卓越领先而感到骄傲；反之，也会因为祖国落后于人而感到屈辱。祖国历史上所涌现出的那些杰出人物（他们不同于当代那些杰出人物，因为，妒忌有时候会让我们对某些当代杰出人物产生一些偏见），包括那些军事家、政治家、诗人、哲学家，以及林林总总的文学家，我们都倾向于极度偏爱和赞赏他们，并且总是会——有时甚至极不公正地——把他们排在其他国家的杰出人物之上。当一位爱国者献出自己的生命时，无论他是为了祖国的安全，还是仅仅为了祖国的荣誉，似乎都会成为极其正确而恰当的壮举。爱国者在审视自己的行为时，似乎都会采用公正旁观者通常必定会审视他的那种眼光。因此，他就会把自己仅仅视为国民当中的一分子，就会认为自己绝不比其他任何人更重要，就会认为自己有义务为了国民的安全、利益与荣誉而随时牺牲和献出自己的生命。尽管这种牺牲显得完全正确而恰当，然而我们心里也清楚要作出这种自我牺牲有多么艰难，而能作出这种自我牺牲的人又是多么微乎其微。因此，爱国者的壮举不仅会赢得我们的十足赞赏，而且还会令我们惊叹和钦佩不已；进而让我们觉得，对这种最英勇无畏的爱国行为给予再多赞美也不为过。一个卖国贼的表现就完全相反，在某些特定情况下，他会幻想通过向敌人出卖祖国利益而获得个人的蝇头小利，以致他对心中那个公正旁观者的呼喊置若罔闻，进而让他为了个人私利而如此卑鄙无耻地全然不顾同胞的生死。在所有叛徒当中，那种卑鄙无耻的卖国贼似乎最为可恨。

03　　对祖国的热爱，往往还会让我们对任何其他邻国的繁荣和强大产生那种最恶毒的妒忌与戒备心理。相邻的独立国家，如果任何一方都没有足以处置彼此间争端的绝对优势，那双方时刻都会处于那种相互猜忌与戒备的状态。因此，每个国家的君主，都很难指望从邻国得到什么公正对待，以致他同样也不会公正地对待邻国。无论是提倡遵守国际法，还是提倡遵守某些独立国家所宣称的那些在处理邻国事务时应该严格遵守的准则，通常都不过只是道貌岸然地自我标榜而已。因为我们每天都可以看到，哪怕只是为了争夺丁点儿利益，或者仅仅由于那种最轻微的挑衅，这些国际准则都会遭到无情亵渎或肆意践踏，而且绝不会有人为之感到丝毫羞愧或自责。面对一个实力不断增强并不断对外扩张的邻国，每个国家都可以预见到自己迟早会遭受被对方征服的命运。然而，民族偏见这种不良心理，往往就建立在那种高尚的爱国情怀之上。据说<u>老加图</u>①每次在元老院演讲时，不管主题是什么，最后总是会以"我始终认为，<u>迦太基</u>②应当被消灭"这句话作为结束。这其实是他那强烈却狭隘的狂热爱国心的一种自然流露，进而让他近乎疯狂地反对<u>迦太基</u>这个给他祖国造成深重灾难的邻国。据说<u>西庇阿·纳西卡</u>③的各种演讲，最后总是会以"我始终认为，<u>迦太基</u>不应该被消灭"这句比较仁慈的话作为结束。这其实是他胸怀非常宽广大度的一种自然表现，甚至让他对宿敌的繁荣强大也没有丝毫反感；通常，只有当宿敌衰落到无法再对<u>罗马</u>产生威胁时，才会让一个人表现出这种气度。法国和英国双方也许都有某种理由为对方海军和陆军实力的增强而担心或戒备；然而，如果嫉妒对方的幸福繁荣与土地物产丰富、嫉妒对方制造业发达与商业兴盛、嫉妒对方港口和码头安全而众多、嫉妒对方在各种文化艺术和自然科学领域的蓬勃发展，那无疑都将有损这两个伟大民族的尊严。因为所有这些都是对我们所生活的这个世界的切实改善，不仅人类将因这些改善而受益，而且人性也将因之而更加高贵。每一个国家在努力让自己卓越超群的同时，还要基于对全人类的爱去看待邻国在上述各方面的那些改善和进步，因此，就应该去促进而不是阻碍邻国的发展与进步。所有这些发展和进步，全都应该作为各国相互竞争与效仿的目标，而不应该成为彼此嫉妒或戒备的借口。

---

① 译注：老加图（The Elder Marcus Porcius Cato，前234年~前149年），罗马政治家和斯多葛学派哲学家，在公元前184年担任罗马监察官，以要求严苛而闻名。老加图在拉丁文学的发展方面有重大影响，他是第一个使用拉丁语撰写历史著作的罗马人，也是第一个值得一提的拉丁语散文作家。在他之前，罗马文学主要采用希腊语。他著有历史著作《创始记》，不仅讲述了罗马自建城以来到第二次布匿战争结束期间的历史，还记录了意大利其他城邦和部落的历史。该书分为7卷，全书已佚，仅存一些被其他古典作家引用的片断。老加图最受赞誉的作品，是论述奴隶制大庄园经济的《农业志》，全文尚存，大约完成于公元前160年。他还有约150篇演说词，大部分已经散失，仅存80多个片断。除以上之外，还有许多百科全书性质的著作，是老加图为了培养教育自己的儿子小加图而写的。

② 译注：迦太基（Carthage），由腓尼基人所建立的古国，存在于公元前8世纪至公元前146年，位于今北非突尼斯北部，临突尼斯湾，是地中海地区东西两个方向的要冲。公元前9世纪末，腓尼基人在此建立殖民城邦。公元前7世纪，发展成为强大的奴隶制国家，首都迦太基城（今突尼斯城），疆域包括北非西部沿海，西班牙南部，西西里岛大部以及科西嘉岛、撒丁岛和巴利阿里群岛，垄断西地中海的海运贸易。公元前3世纪70年代，罗马对外扩张，并成为迦太基的劲敌，爆发了古代史上著名的三次"布匿战争"。在公元前146年，迦太基城最终为罗马所灭。

③ 译注：西庇阿·纳西卡（Scipio Nasica Corculum，约前206年~前141年），公元前155年出任罗马执政官。作为老加图的主要政敌，一直反对讨伐迦太基。他是大西庇阿（Scipio Africanus，前235年~前183年）的长女婿，曾经当选公元前162年的罗马执政官，但遭到妹夫老提比略·格拉古（The Old Tiberius Gracchus，约前212年~约前143年，大西庇阿的小女婿，曾于公元前177年和前163年两度出任罗马执政官）的诬陷而被迫放弃第一个执政官任期，从此与妹夫结下仇恨。后来，他的儿子Scipio Nasica Serapio（约前183年~前132年，于公元前138年担任罗马执政官）作为贵族保守派的代表，分别于公元前133年和公元前121年先后阴谋杀害了主张土地改革的罗马护民官格拉古兄弟（即老格拉古的两个儿子）。

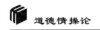

04　　对祖国的热爱，似乎并不是出于那种对全人类的爱。前一种情感，不仅完全不受后者的支配，有时甚至还会让我们做出有损后者利益的行为。比如，法国的人口接近大不列颠的三倍，若从人类社会整体的角度看，法国的繁荣似乎就比英国的繁荣更重要。然而，倘若哪位英国人胆敢据此认为法国的繁荣发展比英国更重要，那他绝不会被认为是大不列颠的好公民。可见，我们热爱祖国，其实并非纯粹因为她是人类社会的一部分，而是因为她是自己的祖国而根本无关对全人类的爱。如同造物主在塑造人类的其他各种天性时那样，她在塑造人类的情感时，也运用同样的智慧作出了圣明安排：造物主似乎把每个个体的主要精力都引向了人类社会整体当中的某个特定团体，进而让每个人在增进人类社会的整体利益时，一方面可以更好地发挥作用，另一方面又避免超出自身能力与理解力的范围。

05　　然而，民族偏见和民族仇恨，几乎很难不让我们对邻国产生戒备与敌意。因此，英国人也许会非常肤浅而愚蠢地把法国视为自己不共戴天的仇敌；而法国人同样也会肤浅而愚蠢地把英国视为他们不共戴天的仇敌。尽管法国人和英国人都不会对中国或日本的繁荣富强产生任何戒备或嫉妒，但他们对遥远国家的这种善意，却极少能给中国或日本带去什么有益作用。

06　　不过，政治家们的政治智慧通常可以在民族争端方面发挥巨大作用，而且这种政治智慧也是那种最能普遍惠泽公众民生的大仁大善。因为，他们能够筹划并实现邻国之间或周边国家之间结成同盟，进而得以保持所谓的力量平衡，并普遍维持各同盟协议国之间的和平安定。然而政治家们在筹划和签订这些条约时，除了会更多考虑他们各自国家的利益之外，眼里几乎不会再有其他任何东西。不过，政治家们有时候确实也会着眼于更长远的整体利益。比如在《蒙斯特条约》①谈判时，阿沃伯爵②——雷兹红衣主教③认为他不太相信道德的约束力——作为法国的全权代表，为促成这个可以普遍恢复欧洲安定的和平条约能够通过，

---

　　① 译注：蒙斯特（Munster）条约，指 1648 年结束欧洲多国长达 30 年（1618 ~ 1648）战争的《威斯特伐利亚和约》（*The Peace of Westphalia*）。1648 年 5 月至 10 月，在威斯特伐利亚地区的奥斯纳布吕克和明斯特，欧洲多国签订了一系列条约，结束了哈布斯堡及其天主教派盟友同新教势力（瑞典、丹麦、荷兰和神圣罗马帝国各邦）及其盟友法国（尽管信仰天主教但反对哈布斯堡）之间长达三十年的宗教战争，并且结束了西班牙与荷兰共和国之间长达八十年（1568 ~ 1648）的战争，前者正式承认后者的独立地位。学者普遍认为，威斯特伐利亚和约的签订，让欧洲结束了历史上近八百万人丧生的动荡时期，标志着基于威斯特伐利亚主权概念的现代国际体系的开始。它承认了神圣罗马帝国统治下的许多邦国是独立的主权国家。于是，在欧洲出现了为数众多的独立主权国家。确定了国际关系中应遵守的国家主权、国家领土与国家独立等原则，对近代国际法的发展具有重要促进作用，被誉为"影响世界的 100 件大事"之一。

　　② 译注：阿沃伯爵（Claude de Mesmes, Comte d'Avaux, 1595 ~ 1650），法国外交家和遗产管理人，在 1649 年担任过法国财政长官，是法国 17 世纪上半叶外交界的领袖人物。

　　③ 译注：雷兹（Cardinal de Retz, 1613 ~ 1679），即 Jean Francois Paul de Gondi，红衣主教、法国神学家、传记作家。雷兹在他弟弟去世后不得不投身于教会事业，后来接替他的叔叔成为巴黎大主教。

他甘愿牺牲自己的生命。在威廉国王①的心中，似乎也曾怀有一股"希望欧洲大部分主权国家都能够维持自由和独立"的热忱，可他的这种热忱也许多半是由于他特别讨厌法国而激发的，因为当时的法国是欧洲各国自由与独立的主要威胁。威廉国王对法国的这种仇视，甚至一直延续到他的继任者安妮女王②统治初期。

其次，排在祖国之后的，是自己所在的阶层和团体。即使在每个独立的主权国家，其内部也会分化成许多不同的阶层和团体，而且每个阶层或团体都有各自的特定权利、自由权与豁免权。同其他任何阶层或团体相比，每个人必然就会更加关切自己所在的阶层或团体。因为每个人自己的利益和荣誉以及自己朋友与同伴的利益和荣誉，通常都跟他所在的阶层或团体密切相关。这就导致每个人都会热衷于扩大自己所在阶层或团体的自由特权与豁免权，都会衷心维护他们自身的权利，以防受到其他阶层或团体的侵犯。

任何国家所谓的政治体制，其本质就在于构成国家的不同阶层和团体究竟是采用什么方式进行划分的，以及各个阶层和团体的特定权利、自由权与豁免权在其内部又是如何进行分配的。

政治体制的稳定性，其实就取决于每个阶层或团体在维护自身特定权利、自由权与豁免权方面的能力，以及防止免遭其他阶层或团体侵犯方面的能力。一个国家当中的任何阶层或团体，只要其地位与状况较之前有变化，无论是有所上升还是有所下降，国家的政治体制必然会或多或少地被改变。

所有阶层和团体，都只有依托于国家才能获得自身的安全与保护。每一个阶层或团体，不仅全都依附于自己的国家，而且全都只有凭借国家的繁荣与发展才可能拥有自身的立足之地，即使是那些最偏爱自己所在阶层或团体的每一个成员，也都不得不承认这个不争的事实。尽管如此，往往却难以说服一个人为了国家的整体繁荣与发展而减少他所在阶层或团体的特定权利、自由权和豁免权。这种阶层利益的固化，尽管有时会有损公平，但也不见得一无是处。比如，尽管它会抑制改革创新，但却有利于维持一个国家各阶层或团体之间的既有平衡；尽管它有时会阻碍当时也许普遍流行而广受欢迎的政治体制变革，但实际上又有助于

07

08

09

10

① 译注：威廉国王（King William，1650～1702），即威廉三世，他同时还是苏格兰的威廉二世、奥兰治的威廉亲王、荷兰的执政和英国的国王。他是荷兰执政威廉二世之子，母亲玛丽公主是英国国王查理一世之女，而被废黜的詹姆斯二世则是他的岳父。1688年11月英国发生光荣革命，次年1月，英国议会宣布詹姆斯二世逊位，并由长女玛丽二世（1662～1694，与妹妹安妮不合，后来死于天花）和女婿威廉三世为英国的共治王。

② 译注：安妮女王（Queen Anne，1665年2月6日至1714年8月1日），詹姆斯二世的次女，玛丽二世的妹妹。1702年，她的姐夫威廉三世去世，她以斯图亚特家族的身份继承王位，也是斯图亚特王朝的最后一位英国国王。她在位初期，对法国发动了西班牙王位继承战争，英国1704年占领了法国的盟国西班牙的直布罗陀，控制了地中海到大西洋的贸易。

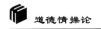

整个现有政治体制的稳定与延续。

11　　我们对祖国的热爱似乎通常都会涉及两种不同的情感因素。首先，是出于我们对已经实际确立的政治体制或统治形式的一种敬畏与拥护；其次，是出于我们"想让所有同胞都尽可能拥有安全、体面和幸福的生活环境"的那种殷切希望。因此，一方面，如若有人不愿尊重法律或者不愿服从行政长官，那他显然不是一个合格的公民；另一方面，如若有人在增进全社会同胞福祉方面，不愿想尽各种力所能及的办法，那他当然也不是一个好公民。

12　　在和平安定时期，这两种情感因素通常会共同发挥作用，进而激发出方向一致的行为。如果我们发现在维护同胞安全、体面与幸福生活方面，现有政治体制确实发挥着有效作用，那么，支持现有政治体制显然就是维持同胞继续拥有这种生活状态的最佳办法。然而在民众发生不满、内讧和骚乱时，这两种不同的情感因素就会激发出方向相反的行为。因为现有的政治体制或统治形式显然已经无法满足现实发展的要求、无法维持社会安定。这时，凡是识大体和明事理的人，都会倾向于对现有政治体制或统治形式进行某些必要的改革。然而在内部动荡的情况下，往往更需要一位真正爱国的政治家通过发挥他高超的政治智慧来决定在什么情况下应该支持并努力恢复旧体制的权威，又在什么情况下应该顺应时代要求而敢于冒险进行大胆的政治体制改革。①

13　　对外战争和国内党争，也为展现爱国精神提供了两种绝佳机会。在对外战争中报效祖国并取得胜利的英雄，由于满足了全国人民对胜利的渴望，就会成为民众普遍感激和赞美的对象。当发生国内党争时，尽管斗争各派领袖都会得到半数同胞的赞赏，但往往也会同时遭到另一半同胞的诅咒。因为，他们品行的优劣和所作出贡献的真实价值似乎通常都更易令人质疑而难以明确界定。也正因为这一点，让对外战争时所赢得的荣誉几乎总是比国内党争中所获得的荣誉显得更纯洁高尚、更光辉灿烂。

14　　然而，赢得政权的政党领袖，如果他有足够的威望来驾驭自己的党派并主导实施稳健而适度的改革——他往往并不具备这种稳健与拿捏能力，那他对国家的贡献有时候可能比那种最伟大的征战胜利和领土扩张还更加重要、更具实际价值。于是，他就可以重塑并改进现有政治体制，甚至有可能借此从一个备受质疑和富有争议的政党领袖一跃变成一个最伟大最崇高的改革者与立法者，进而成就一个伟大国家。甚至随后的几个世代，都可以凭借他所建立的政治体制当中所蕴

---

①　译注：本节第8～12段，很好地揭示了政府统治的本质。当社会发展到需要进行改革时，古今中外的大多数独裁统治者及其既得利益集团，似乎都不情愿放弃手中的一丝既有权力或既得利益，从而拒绝进行一些最必要的改革。他们不但不顺势而为，反而极力阻碍各种有益的必要变革，最终导致各阶层、各团体等多方不利的悲剧不断上演，令后世唏嘘哀叹。

含的智慧来确保国内安定和国民幸福。

在党派斗争的争辩与倾轧过程中，某个党派对某种政治理论或主义的热衷（spirit of system）① 就很容易同爱国精神混淆在一起。爱国精神通常以仁爱作为基础，亦即建立在那种出于对某些同胞可能遭受的侵犯和不幸的真正同情与关切之上。如果某个党派过分鼓吹它所主张的政治理论或所谓主义，通常就会误导原本比较温和的爱国精神，进而总是利用爱国精神来煽动民众情绪，甚至常常把爱国精神蛊惑到狂热的程度。反对党的领袖们，常常会不遗余力地提出某种貌似合理可行的改革计划；他们鼓吹自己的改革计划不仅可以立刻消除当前的发展障碍、减轻民众抱怨的困难，而且还可以防止将来任何时候都不再出现类似障碍和困难。因此，即使在现有政治体制的统治下，这个伟大帝国的臣民已经连续好几个世纪都一直享受着和平、安定甚至荣耀的生活，但反对党往往也会主张重塑现有政治体制，并且试图在某些方面进行彻底变革。反对党的大部分成员对那种理想的政治体制通常都毫无经验。因此，那种所谓的理想政治体制就很容易被他们的党派领袖巧舌如簧地描绘得天花乱坠，以致他们常常会沉迷于那种不切实际的理想政治体制所构想的完美之中。反对党的那些领袖们，尽管他们最初无非只是为了鼓吹其政治主张，但他们当中的许多人最终也成为自己诡辩的愚弄对象，最终也像那些极度浅薄又极度愚昧的追随者一样，渴望进行那种宏伟的政治体制改革。以致反对党的那些政党领袖，即使能够像平常那样保持头脑清醒而不至于狂热，但他们常常也会为了不让追随者失望，而不得不违背自己的行事原则和良知，进而也会变得如同那些追随者一样狂热，仿佛他们全都处于同样的迷惑之中。反对党的这种狂热理想会让他们拒绝一切缓和、一切折中、一切合理的妥协，最终却往往由于要求过多而一事无成。民众所抱怨的那些障碍与困难，本来稍加变通就可以基本清除或减轻，却因这种狂热理想而被彻底贻误，甚至失去了补救的希望。

真正爱国的政党领袖，他的爱国精神就会完全出于仁爱和善良，因此，他不仅会尊重那些既定的个人权利和自由权，而且也会更加尊重各个主要社会阶层和团体的既定权利和自由权。即使他觉得某些权利和自由权被不同程度地滥用了，他也不会使用暴力去改变那些滥权行为，而是会尽量去调和并减少各种难以取消的特权或自由权。如果他无法凭借理性和信念去说服并改变臣民已经根深蒂固的

15

16

---

① 译注：在第四卷第一章第11段，作者也提到了"spirit of system"（"system"在那里译作"制度体系"），并且批判了"忽略制度本身的实际作用而过度追求制度体系完美"的做法。这里，作者同样也指出了对某种政治理论或主义的过度热衷的危害性。

阶层利益，他也不会试图使用暴力使之屈服；因为他会严格奉行那句被<u>西塞罗</u>①恰当地称为神圣的<u>柏拉图</u>②箴言："正如不能对你的父母使用暴力，因此永远不要对你国家的人民使用暴力。"真正爱国的政党领袖，一方面，他会尽量调整自己的治国理政计划，以适应臣民已经根深蒂固的习惯与阶层利益；另一方面，他又会尽量改进完善那些给臣民造成诸多不便而不愿遵守的法规。如果他无法建立更完善的新政治体制，他也不会放弃改良旧政治体制中的弊端。比如<u>梭伦</u>③，当年在无法建立那种最理想的法律体系时，就转而尽力建立臣民最能接受的那种最完善的法律体系。

17　　反之，热衷某种政治理论或主义的政党领袖往往容易自命不凡，进而常常沉迷于他那不切实际的政治理想所构想的完美之中，以致他根本无法容忍社会现实同自己的政治理想出现了丁点儿偏差。他会致力于全面建立他那一整套理想的政治体制，而毫不顾忌主要既得利益者或强大利益阶层可能形成的对抗力量。他似乎觉得，自己能够像一名棋手随意摆布棋盘上的每颗棋子那样，得心应手地摆布一个庞大社会当中每一个形形色色的人。可他并没有想到，棋盘上每颗棋子的移动只需遵从棋手的意志而绝不受制于其他任何规则；然而在人类社会这个巨大的棋盘上，每一个人都有各自的行事原则，根本不可能仅仅依靠立法就可以做到统一控制。如果个人意愿与政府法律的要求相同而且目标一致，那人类社会这盘大棋就可以顺畅和谐地运转，从而极有可能变得幸福美满而万事亨通。反之，如果个

---

①　译注：马库斯·图留斯·西塞罗（Marcus Tullius Cicero，前106年1月3日至前43年12月7日），古罗马著名政治家、演说家、雄辩家、法学家和斯多葛学派哲学家。出身于古罗马 Arpinum 的奴隶主骑士家庭，以善于雄辩而成为罗马政治舞台的显要人物。从事律师工作，后进入政界。早期倾向支持平民，后来又支持贵族。公元前63年当选为执政官，在三巨头同盟成立后，被三巨头之一的政敌马库斯·安东尼（Marcus Antonius，前82年～前30年）派人杀害于福尔米亚。他一生著述颇丰，涉及政治、法律、哲学和教育，主要包括《论共和国》《论官吏》《论法律》《论至善和至恶》《论神性》《论演说家》等。由于他口才非凡，被人称为无与伦比的演说家、罗马最伟大的辩护者。

②　译注：柏拉图（Plato，前427年～前347年），古希腊伟大的哲学家，雅典唯心主义者，他是整个西方文化最伟大的哲学家和思想家之一。柏拉图和老师苏格拉底、学生亚里士多德并称为希腊三贤。他创造或发展的概念包括：柏拉图思想、柏拉图主义、柏拉图式爱情等。柏拉图的主要作品为对话录《理想国》（The Republic），其中绝大部分都有苏格拉底出场。但学术界普遍认为，书中的苏格拉底形象并非完全是历史上真实的苏格拉底。全书主要论述了柏拉图心理想国的构建、治理和正义，主题是关于国家的管理。涉及政治学、教育学、伦理学、哲学等多个领域，思想博大精深，几乎代表了整个古希腊文化。他热爱祖国、酷爱哲学。他的最高理想是"哲学家应为政治家，政治家应为哲学家"。哲学家不是躲在象牙塔里的书呆子，应该学以致用，求诸实践。有哲学头脑的人，要有政权；有政权的人，要有哲学头脑。

③　译注：梭伦（Solon，前638年～前559年），生于雅典，古希腊时期雅典城邦著名的改革家、政治家。他出身于没落贵族，年轻时一面经商，一面游历，到过许多地方，漫游名胜古迹，考察社会风土人情。公元前594年，他出任雅典城邦的第一任执政官，制定法律并推行改革，史称"梭伦改革"。他在诗歌方面也很有成就，诗作主要是赞颂雅典城邦及法律的。他是古希腊最杰出的政治家之一，也是一位多才多艺的诗人，古代雅典政治改革家、立法者和诗人，是古"希腊七贤"之一。

人意愿与政府法律的要求彼此对立或目标不一致，那人类社会这盘大棋就会变得悲惨不幸，从而必然随时都会深陷那种极度的混乱之中。①

　　在政治体制与法律体系方面，那种整体的甚至系统化的完美构想，对于启发一个政治家的见解而言无疑是必不可少的。但是，如果一个政治家坚持全面实现，甚至立即全面实现那种完美构想所提出的每一项要求，并且毫不顾忌社会现实中的各种对抗力量，那他一定是狂妄自大到了极点。他这种求全责备而刚愎自用的做法无异于将他的个人判断与认知作为是非对错的最高标准；无异于把他自己幻想成整个联邦中唯一明智和值得信任的人；无异于幻想所有国民都应该调整他们的行事原则来适应自己的政令要求，而不是他应该调整自己的政令以适应国民的行事原则。在迄今所有政治理想主义者当中，那些掌握最高权力的君主们，往往会因为这种狂妄自大而变成最危险的人。狂妄自大与刚愎自用完全成了他们的家常便饭，进而让他们毫不怀疑自己判断的无比正确与高瞻远瞩。因此，这些帝国和皇权的最高统治者，如果他们自诩为改革家并且以一种高高在上的态度来看待自己所统治国家的政治体制，那他们就很难发现自己政治理想当中有什么严重错误，有时甚至反而把人们指出的错误视为妨碍贯彻他们个人意志的障碍。他们根本无视上述那条神圣的柏拉图箴言而不惜对人民动用暴力，从而认为国家是为他们而设，却完全忘记了人民赋予他们的公权力原本是用来为国家服务的。因此，他们改革的主要目的，往往只是为了清除那些妨碍贯彻其个人意志的障碍，或者为了削弱贵族的权力、剥夺各城邦与行省的自由权；他们只是想要让举国上下——无论是那些极具威望的个人还是那些最有影响力的阶层或团体，全都变得极度软弱而无足轻重，进而再也无力反抗他们的统治。②

第三节　论博爱

　　尽管我们善行的实际作用，几乎很少能够惠及自己国家以外的范围，但我们的善意，不仅不会受到任何国界的限制，而且还可以遍及世界的每个角落。我们无不衷心希望一切纯洁善良而有理智的生灵全都幸福快乐；而且当他们遭遇不幸

---

　　①　译注：比如那些乌托邦和空想社会主义者，当他们掌握政权之后，总是试图建立那种绝对平等的理想社会，最终却反而造成大量惨绝人寰的人间悲剧。

　　②　译注：本节第15~18段，主要分析了过度追求理想政治体制的弊端和危害，剖析了独裁统治者的狂妄自大与刚愎自用，以及他们又是如何打着改革旗号来实现独裁统治的。古今中外诸如希特勒、墨索里尼、斯大林、萨达姆、卡扎菲这样的独裁统治者不胜枚举，无一不是采用这样的伎俩。

道德情操论　　　　　　　　　　　　　　　　　　　　　　　　　第六卷　论德性

时，我们只要设身处地地认真想象一下，就无不感到几分憎恶。只要想到那些为非作歹的恶棍，即使他们有理智，也必然会激起我们的憎恨；然而，此时我们心里之所以会产生憎恶之情，其实是"博爱"在发挥作用。此时，我们心中的那股憎恶之情，其实也是一种同情，也就是我们在自己心中，因那些纯洁善良而有理智者所遭遇的不幸和所心怀的愤恨而产生的一种同情。因为我们担心他们的幸福会遭到那些坏蛋的恶意破坏。

02　　这种博爱之心，不管有多么恢宏高尚，对那些怀疑上帝存在的人来说，反而会成为他们无法得到真正幸福的束缚。因为他们根本就不相信，这个世界上的所有居民全都不分高低贵贱而同样会得到上帝的直接关爱和庇佑；因为在他们心中既不存在那个伟大、仁慈而全能全知的上帝，也不存在那个塑造人类所有天性、指导人类行为的上帝；因为他们更不相信是上帝时时刻刻用她那永恒不变的完美技艺在为这个世界带来尽可能多的福祉。反之，那些相信上帝存在并且真正具有博爱之心的人则会认为，如果怀疑上帝的存在，如果这个世界没有天父的关爱，那人世间必定就会变得极度悲惨凄凉。因为他们觉得，如果没有上帝的关爱与庇佑，在浩瀚无边的宇宙中那些不为人知的地方，无非就只会充满无穷无尽的悲惨与不幸。可见，即使是那种高度繁荣的社会，其所能产生的一切光芒，也绝不可能照亮那些不相信上帝存在的人那幽暗的心，因为如此可怕的想法必然会蒙蔽他们的心智。反之，那些高尚的智者，即使他们遭遇了那种最痛苦的厄运灾难，其所能带来的一切悲伤也绝不可能让他们心中的快乐彻底干涸；因为他们始终坚信，上帝的关爱与庇佑无时无处不在，这就必然会让他们的心里不断涌现出各种快乐。

03　　高尚的智者，不仅可以为了他所在阶层或团体的利益，而随时牺牲自己的个人利益，而且也可以为了国家或君主的更大利益，而随时牺牲自己所在阶层或团体的局部利益。因此，他同样也可以为了整个世界的更大利益、为了那个由有理性有智慧生灵组成的宏伟社会的更大利益，而随时牺牲上述那些次要利益，因为上帝才是整个世界和人类社会的直接统治者和主宰者。如果一个人始终坚信，那个仁慈而全能全知的上帝绝不会容许在她所主宰的世间万物中出现那种为了满足局部利益而损害整个世界利益的罪恶行为，那他必定就会把那些可能降临到他自己身上、他朋友身上、他所在阶层或团体身上、他国家身上的种种灾难与不幸，全都看作是为了整个世界的繁荣兴盛而作出的必要牺牲，进而就会甘心顺应整个世界的利益要求。而且，一个人只要心里清楚世间万物之间的关联与依存关系，他就会由衷地希望并甘心承受那些灾难与不幸。

04　　我们对上帝这位伟大宇宙主宰的意志的这种绝对顺从，从任何方面看，似乎都没有超出人性所能承受的范围。比如那些优秀的士兵，由于他们爱戴并信赖自

· 242 ·

己的将军，所以，当他们奔赴那种令人绝望的战场时，尽管他们从未指望自己能够生还，但往往比他们奔赴没什么困难或危险的战场时反而会显得更加兴奋而轻松。当奔赴后一种没有什么危险的战场时，他们所能感受到的只是执行普通任务时的那种平淡无奇；当奔赴前一种令人绝望的战场时，他们反而会觉得自己正在做一件需要付出极高恢宏努力的事情。他们心里清楚，如果不是为了部队安全或者夺取战争胜利的需要，他们的将军就不会命令他们奔赴那个令人绝望的战场。因此，他们甘愿为更大的集体胜利而牺牲自己那微不足道的个人身躯。他们与战友们深情道别，祝愿彼此都幸运而成功；他们的出征往往并非仅仅是出于服从军令，而且常常还伴随着那种气宇轩昂的欢呼去奔赴那个九死一生却光荣壮烈的战斗地点。尽管如此，任何军队的指挥官，绝不会像上帝这位伟大宇宙主宰那样能够赢得无限的信赖和炽热的爱戴。因此，无论集体还是个人在遭遇巨大灾难时，高尚的智者都会认为，他本人、自己的朋友与同胞全都只是奉上帝之命而被置身于那种悲惨绝望的境地；如果这么做对人类社会的整体福祉不是必须的，那他们就不会接到那个要求自己作出牺牲的命令；进而觉得他们不仅应该心甘情愿地顺从这种命运安排，而且还应该尽量轻松而欣然地接受它，因为这是他们的应尽责任。可见，高尚的智者必然也会像一位优秀士兵那样时刻准备奉上帝之命而作出牺牲。

如果我们相信，自开天辟地以来，始终都是那位超凡的上帝在用她的仁慈与智慧塑造并主宰着宇宙这架巨大无比的机器，以便时时刻刻都能够为人类产生尽可能最多的福祉，那么，这种"上帝主宰着世间万物"的信念，无疑就是人类所有哲思当中最崇高的信念，以致其他所有信念在它面前必然都会显得平庸而肤浅。一个坚守这种崇高信念的人，不可能不成为我们最崇敬的对象；并且，即使他一生都只是在思索这种崇高信念而未作出实际贡献，我们对他所怀的那种诚挚敬意往往也会超过一个最勤勉最有功绩的政府官员。比如<u>马库斯·安东尼纳斯</u>①，他那本主要讨论上帝信念的著作《沉思录》，也许就比他在自己公正、宽容而仁慈统治期间的一切丰功伟绩，还更有助于让他的德行赢得普遍赞誉。

然而，管理宇宙这个巨大机器，关怀照料一切有理性有智慧的生灵并让他们普遍获得幸福，这是上帝的职责而不是人类的职责。造物主安排每个人只负责管

05
06

---

① 译注：马库斯·奥勒留·安东尼纳斯（全名 Marcus Aurelius Antoninus Augustus，121 年 4 月 26 日至180 年 3 月 17 日），161 年 3 月 8 日称帝，又称恺撒大帝（Imperator Caesar），罗马帝国五贤帝时代最后一个皇帝，他有 14 个孩子，包括后来与他共治的儿子康茂德（Commodus）和女儿卢西拉（Lucilla）。他不但是一个很有智慧的君主，同时也是非常有成就的著名斯多葛派哲学家，他以希腊文写成的《沉思录》（Meditations）在死后发表，影响深远。在整个西方文明之中，他算是一个少见的贤君。更值得一提的是，虽然他向往和平并富有哲思，却又具有非凡的军事领导才干，并进行过无数次成功的征战讨伐。

理其中非常低微的一小部分，也只有这样安排，才更加符合每个个体那微弱的力量与狭隘的理解能力。这样，每个人就只需要关心他自己、他家人、他朋友和他国家的幸福。因此，如果有人还以忙于思索那种更崇高的信念来作为疏忽怠慢自己那一小部分职责的借口，那他必定就会遭到"忙于理想而毫无作为"的指责。据说，阿维迪乌斯·卡西乌斯①为了反对马库斯·安东尼纳斯，就曾指责他整天忙于哲学思考而沉迷于如何让全世界繁荣兴盛，却忽略了罗马帝国自身的繁荣兴盛。可见，一个静观冥想哲学家思索的即使是那种最崇高的理想，也很难抵偿他对最微末现实责任的疏忽怠慢②。

---

①　译注：阿维迪乌斯·卡西乌斯（Gaius Avidius Cassius，约130～175），奥古斯都的直系后裔，罗马帝国东部驻军的大将和指挥官，曾煽动叛乱并自立为罗马皇帝，在公元175年被刺杀身亡。他早年在安东尼·皮厄斯（Antoninus Pius）的领导下开始了自己的军事生涯，由于在帕提亚战争（Parthian War）中战功卓著而进入参议院，后来成为罗马帝国公使。在毕科尼克战争（Bucolic War）中，他由于战功卓著而被授予"东部教区长（Rector Orientis）"的特别称号，这让他成为罗马帝国东部所有行省的实际最高统治者。公元175年，他从当时罗马皇后那里得到消息，皇帝马库斯·奥勒留即将死去，于是，他宣布自己为罗马皇帝，并得到了埃及、叙利亚、帕雷斯提纳和阿拉伯彼得雷亚等东部行省的广泛支持，尤其是他家乡叙利亚行省的支持。尽管他控制了埃及重要的粮食生产，并组织指挥七路大军进攻马库斯·奥勒留，但最后还是遭到了马库斯·奥勒留的重创。眼看大势已去，他手下的一员大将将其斩首后献给马库斯·奥勒留作为投降证据。

②　译注：本节意在阐明，一方面，我们既要相信上帝，也要有理想、有哲思、有博爱；另一方面，我们还要履行自己的应尽责任和义务，而绝不能把博爱和哲思作为逃避责任和没有实际作为的借口。

第三章　论自我克制与自我评价[①]

(1) 自我克制方面的德性。如果一个人能够严格按照审慎、正义和仁爱的
要求行事，那他就可以称得上德行完美的人。然而，即使一个人对这些行为准则
记得滚瓜烂熟，也无法让他按照这些准则所要求的方式去行事。因为每个人的行
为都极易受到情绪或激情的影响与误导，以致有时候就会驱使或诱使他，去违背
那些他在清醒冷静时会完全恪守的行为准则。可见，如果一个人不具备高度完美
的自我克制力，而仅凭对行为准则的熟练掌握，未必总能让他安分守己并保持行
为合宜得体。

古代某些杰出的道德学家似乎认为，那些激发我们做出有失本分的不当行为
的情绪或激情，其实可以分为不同的两类来进行研究：第一类，就是那些需要付
出极大自我克制力才能得到抑制的情绪或激情，而且，哪怕只是做到片刻的抑
制，也需要付出极大的自我克制力。第二类，就是那些能够在片刻间或者短期内
容易得到抑制的情绪或激情，而且这类情绪或激情总是会持续不断而几乎永无休止
地诱惑我们，以致我们在一生中都极易受到它们的误导而产生严重的行为偏差。

第一类包括恐惧和愤怒以及同它们混杂交织在一起的其他相关情绪或激情。
第二类包括喜欢舒适、享乐、赞美，以及其他许多让人感到自我满足的情绪或激
情。过度的恐惧和强烈的愤怒往往难以得到哪怕只是片刻的抑制。但对舒适、享

01

02

03

---

① 译注：本章英文标题 "Of self-command"，译作"论克己"也许更精练达意。但为统一全书 "self-
command" 这个术语的译法，这里姑且也译作"自我克制"，而标题中的"与自我评价"是译者根据正文
内容添加的。同时，本章正文原本只显示为一部分，但为便于理解，译者窃将本章分为两部分。第一部分
（第 1 ~ 21 段）主要论述自我克制方面的德性（第三卷第三章后半部分，已阐释了"自我克制"是如何形
成的），阐释需要付出自我克制的两类激情有哪些，以及它们的合宜点又有哪些不同。亦即，哪些激情会
由于表现过度或反应不足而显得不合时宜，哪些激情又可以适当表现过度或者应该适度克制。第二部分
（第 22 ~ 53 段）主要论述自我评价方面的德性，解释人们在自我评价时所采用的两种不同标准，以及在高
看高估自己（妄自尊大）时所产生的自负、狂妄、高傲和虚荣等，而在低看低估自己（妄自菲薄）时所
产生的谦逊、审慎和自卑等。并指明了高傲自大与爱慕虚荣之间，究竟有哪些区别与相似之处，以及哪些
是有益的而哪些又是有害的。然而，无论是得当的自我克制还是恰当的自我评价，其实都是"克己复礼"
方面的德性。

乐、赞美的喜爱，以及对其他许多让人感到自我满足的激情的喜爱，却总是能够在片刻间甚至短期内容易得到抑制。而且，这类让人感到自我满足的激情总是会永无休止地诱惑我们，以致常常误导我们做出许多卑劣行为，但在事后每每又感到羞愧难当。第一类通常可以看作那种驱使我们偏离本分或行为准则的激情，第二类通常可以看作那种诱使我们偏离本分或行为准则的激情。前面提到过的那些古代杰出道德学家，就把人们对第一类激情的克制称为坚韧与勇敢、阳刚与隐忍等品质；而把人们对第二类激情的克制称为节制有度、端庄正派、谦虚谨慎与适宜得体等品质。

04　　我们对上述两类情绪或激情的克制，其实并不是为了从中获得好处或为了赢得赞美，而是为了在各种情况下都能确保自己按照审慎、正义和仁爱的要求行事。因为这种自我克制本身就是一种美德，本来就值得一定程度的崇敬与赞赏。而且，无论是我们在努力克制第一类激情时所展现出的那种坚韧意志与恢宏气概，还是我们在努力克制第二类激情时所展现出的那种一贯的节制与公正、审慎与沉稳，必然都会激起人们几分崇敬与赞赏。

05　　当一个人身陷危险、遭受酷刑折磨或者面临死亡威胁时，如果仍能保持面不改色而镇定自若，并且丝毫不流露出那种可能超出最公正旁观者心理预期的言行或神情，那他必然就会赢得人们的高度赞赏与钦佩。他所承受的痛苦如果是为了自由与公平正义、如果是为了人民的利益、如果是出于对祖国的热爱，那我们对他所遭受苦难的最深切同情、对迫害者不义行为的最强烈愤慨、对他仁慈意图的最深切最由衷感激、对他功德的最高度赞赏等诸如此类的情感全都会交织融合在一起，进而让我们对他的坚韧意志与恢宏气概产生赞许与钦佩之情。这种钦佩之情往往还会强化演变成那种最狂热的崇拜。古今历史上的那些英雄之所以总是让人特别喜爱并深切怀念，其实就在于他们当中的许多人都是为了追求真理、自由与公平正义才被送上断头台的，就在于他们在被斩首的过程中总是表现出那种一贯的从容镇定而不失尊严。如果苏格拉底不是选择为真理献身，而是选择在敌人的监牢中寿终正寝，那么，这位伟大哲学家在后世的名望就绝不可能像现在这样光芒四射，也绝不会一直受到世人的景仰。当我们观赏弗图和豪布拉肯所雕刻的英国历史上那些杰出英雄的头像版画时，我认为很少有人不会觉得每个头像下方象征砍下英雄们脑袋的那些斧头，尤其是托马斯·莫尔爵士、雷利、罗素、西德尼①等最杰出英雄头像下方的斧头，其实远比他们曾

────────────

①　译注：《托马斯·伯奇，大不列颠杰出人物头像，以及他们的生平和品行》（*Thomas Birch, The Heads of Illustrious Persons of Great Britain, with Their Lives and Characters*）是由弗图（Vertue）和豪布拉肯（Houbraken）于 1743 年雕刻的版画书。所雕刻那些人物全都遭到处决。托马斯·莫尔（Sir Thomas More）在 1535 年因叛国罪被处决，雷利（Rhaleigh）在 1618 年因谋反英王詹姆斯一世被处决，罗素（Russel）和西德尼（Sydney）两人在 1683 年因"麦屋密谋案"被同时处决。

经偶尔佩带的那些毫无用处的绶带勋章还更能体现他们真正高贵的人格尊严和魅力。

这种不畏生死的恢宏气概，不仅会为那些纯洁善良而品德高尚者的德行增添光辉，甚至还会让我们对某些罪大恶极的罪犯也产生几分好感。比如，当一个强盗或劫匪被送上断头台时，即使我们完全赞成对他的惩罚，但他若表现出一副坚强而无所畏惧的样子，那我们往往也会禁不住对他感到惋惜：一个具有如此恢宏而高尚气概的人，怎么会犯下如此卑鄙的滔天大罪呢？ 06

战争，无疑是锻炼与获得这种恢宏气概的最佳学校。众所周知，死亡是最可怕的事情。所以，那些能够克服死亡恐惧的人，在任何普通灾难面前都不会惊慌失色。在战争的厮杀中，人们对死亡就会逐渐变得熟视无睹，进而必然就会让那些意志薄弱而没有战争经历的人，其内心对死亡的恐惧得到治愈。他们慢慢就会觉得生死不过一命，从而就不会再把死亡看作讨厌与害怕的事情，甚至就连活命也不再是他们的渴望。战争的洗礼，让军士们逐渐认识到，许多貌似巨大的危险其实并没有想象中那么危险；并且，只要积极、勇敢、沉着地应对，即使身陷当初认为毫无生还希望的绝境，往往也会出现许多让自己光荣脱身的好机会。就这样，军士们对死亡的恐惧就得以大大减轻，而从死里逃生的信心或希望也会增强。进而让他们在遭遇危险时就不再那么被动勉强，在身陷危险时就不再那么急于逃离、不再那么容易惊慌失措。正是这种对危险和死亡的一贯藐视，让军人成为一种崇高的职业。因此，人们赋予军人的地位和尊严，自然就会高于其他任何职业。在任何时代，如果一位军人在为国家服役期间能够得心应手而成功地履行职责，那似乎就意味着他已经具备了受人爱戴的英雄品质与突出功绩。 07

在战场上取得的丰功伟绩，即使有悖公平正义，即使全都建立在惨无人道之上，但它往往还是会吸引我们去赢得赫赫战功；即使是一个卑鄙之徒，只要他指挥并取得了战争胜利，有时也能赢得几分崇敬。比如，我们甚至会被海盗的大胆冒险所吸引。再比如，当我们阅读到历史上某些极度卑鄙人物的故事时，甚至也会产生某种崇敬与钦佩之情；因为在追逐那种极其罪恶的个人目标的过程中，他们所承受的巨大艰辛、所克服的巨大困难、所遭遇的巨大危险，其程度或许远远超过了那种平淡无奇的历史课本中所讲述的任何故事。 08

抑制愤怒，似乎在许多场合都不需要克服恐惧那样恢宏高尚的气概。古往今来，只有那些能够恰当表达正义愤慨的演讲，才会成为令人赞叹的壮丽篇章。比 09

如，雅典的迪摩斯尼斯①批判马其顿国王菲利普二世②的演说《斥菲利普》，西塞罗指控卡塔林党徒的演说《斥卡塔林党徒》③，它们之所以全都气势磅礴而宏壮华美，就在于它们所表达的愤慨全都出于高尚的正义目的。但这种所谓的正义愤慨，其实无非就是那种得到适当抑制并且调整到公正旁观者恰好能够接受的愤怒。因为那种狂躁的愤怒与叫嚣如果超出了旁观者所能接受的程度，总是会令人讨厌和反感；以致我们不但不再同情那个怒火冲天的人，甚至反而更加同情那个遭受狂怒的人。相对于那种得到最完美抑制的愤怒而言，宽恕在大多数情况下都是一种更为高贵的品质。比如，无论是曾经冒犯我们的仇敌已经适当认罪，还是不共戴天的仇敌即使没有认罪，当我们出于公共利益的需要而不得不联合他一起去完成某项重大任务时，如果我们能够对这个曾经令我们极度痛苦的仇敌尽释前嫌，并且能够给予他最真诚的信任，那我们似乎理所当然就值得人们的高度赞赏和钦佩。

10　　然而抑制愤怒，就未必总是像克服恐惧那样能够为一个人的德行增光添彩。恐惧不仅是愤怒的对立面，而且往往也是促使我们抑制愤怒的原因。一方面，因恐惧而表现出的那种怯弱，会让我们对愤怒的抑制失去高尚成分；另一方面，愤怒会激发攻击行为，以致我们有时候似乎会为了克服恐惧或激发勇气而故意激起愤怒，有时候似乎又会出于虚张声势而故作一副怒气冲天的样子。但恐惧绝不可能给人壮胆助威或虚张声势。比如，那些胆怯心虚却又喜欢逞强的人，往往就会在他们的下级面前，或者在那些不敢反对他们的人面前，故意摆出一副盛气凌人的样子，并且自以为这样就可以展现出那种所谓的威严气魄。再比如，一个爱逞威风的恶霸，则总是喜欢编造许多虚假故事来吹嘘自己有多么蛮横凶残，尽管这样的吹嘘会让他们显得更凶横更卑鄙，但他们却以为这样至少可以吓唬别人，进而让人们更加害怕自己。当今支持用决斗来解决纠纷的风气，在某种意义上也可以被认为是在鼓励那种无视法律的私人复仇。而这无异于是在助长通过让对方感到恐惧来迫使其抑制愤怒，进而让当前流行的这种决斗，仍然比其他任何抑制愤怒的方式更为可鄙。不管克服恐惧是出于什么动机，它总会具有几分可敬之处。

---

① 译注：迪摩斯尼斯（Demosthenes，前384年～前322年），古希腊演说家和政治家。对公元前4世纪古希腊的政治和文化产生了重大影响。在公元前354年，他首次发表政治演说《斥菲利普》（The Philippics），反对马其顿的扩张，并始终致力于恢复雅典的主权，激励民众反对马其顿国王菲利普二世。

② 译注：菲利普二世（又称腓力二世，Philip Ⅱ，前382年～前336年），为马其顿国王（前359年～前336年），是阿敏塔斯三世和欧律狄克最小的儿子，出生于佩拉。他是马其顿帝国建立者亚历山大大帝和腓力三世（Arrhidaeus）的父亲。公元前336年夏天，菲利普二世在女儿的婚宴上被刺身亡后，亚历山大继承了王位。

③ 译注：卡塔林党派，是由Lucius Sergius Cataline（前106年～前62年）所领导的一个试图阴谋颠覆罗马共和政体的党派。《斥卡塔林党徒》（The Catalinarians）就是当时的执政官西塞罗在元老院所发表的一系列驳斥元老院议员卡塔林阴谋的演说。

然而，抑制愤怒却未必总是如此，除非抑制愤怒是完全出于保持体面、尊严与合宜的考虑，否则，就绝不可能得到人们的真正认同。

如果不是在克服某种诱惑的情况下而做到行为符合审慎、正义和仁爱的要求，似乎也不值得什么赞赏。反之，当我们处于极度的危险与困难之中，如果依然能够淡定从容地行事；当我们面临那种可能诱惑自己的巨大利益时，或者当我们遭遇那种可能激怒自己的严重伤害时，如果依然能够严格奉守神圣的正义准则；当那些受过我们恩惠的人反而阴险歹毒而忘恩负义地对待我们时，如果我们永远都不会为之而让自己那份仁爱之心受到挫折或感到沮丧。那么，上述种种需要努力发挥自我克制的行为，就是真正具有最崇高智慧与美德的德行。自我克制，不仅它本身就是一种崇高的美德，而且其他所有美德的主要光辉似乎也都源于它。

克服恐惧与抑制愤怒，总是蕴含着那种伟大而高贵的力量。如果它们是受到正义和仁爱的驱使，那它们不仅会成为那种崇高的美德，而且还会为那些与它们相关的美德增添光辉。然而，它们有时也会受到那种性质截然相反的动机的驱使。在这种情况下，即使它们仍然崇高而可敬，但它们也可能会变成那种极度危险的力量。比如无畏的勇气，就有可能被用于从事那种最不义的勾当。当一个人遭到严重挑衅时，在那种看似平静的表情和友好的态度背后，有时候可能就隐藏着极度坚定而残忍的复仇决心。掩饰隐忍仇恨所需要的那种精神力量，尽管总是由于含有卑鄙虚伪成分而必然让它的高贵性遭到玷污，但它往往在很多人眼里仍然备受推崇而不觉得有任何卑鄙之处。比如，凯瑟琳·梅第奇①在掩饰隐忍仇恨方面的能力，就经常得到学识渊博的历史学家达维拉②的称道；迪格比勋爵③——后来又被封为布里斯托尔伯爵的掩饰隐忍能力，就得到了严肃而有良知的克拉兰敦勋

11

12

---

① 译注：凯瑟琳·梅第奇（Catharine of Medicis，1519～1589），法国国王亨利二世（1519～1559）的王后。她在亨利二世死后，先后担任三位儿子弗朗索瓦二世（1544～1560，于1559年继位）、查理九世（1550～1574，于1560年继位）、亨利三世（1951～1589，于1574年继位）的摄政王与首席顾问，主政法国长达三十年之久（仅比亨利三世早离世7个月），致力于维护皇室统治且不择手段。

② 译注：达维拉（Enrico Caterino Davila，1576～1631），意大利17世纪著名历史学家和外交官，于1630年出版了所著的《法国战争史》。

③ 译注：迪格比勋爵（Lord Digby，1580～1653），即约翰·迪格比（John Digby），英国外交家，英国内战（1642～1651）期间的保皇派，后来又被封为伯爵布里斯托尔伯爵（Earl of Bristol）。约翰·迪格比生于沃里克郡，1595年进入牛津大学马格达伦学院。1611年、1614年先后两次出使西班牙，分别商定威尔士亲王亨利与安妮公主、查理亲王与玛丽亚公主的婚约。1616年任枢密院顾问，1618年被封为迪格比勋爵。查理一世继位后，他一度被囚禁，1628年被释放后重入议会，但在《权利请愿书》的争论中持骑墙态度。1641年投票反对剥夺斯特拉福公权法案。在保王党战败后于1646年移居法国，次年在卡昂出版了《布里斯托尔伯爵约翰的辩护》为他在内战中支持国王的行为进行辩解。

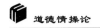

爵①的称道；沙夫茨伯里伯爵阿什利一世②的掩饰隐忍能力，就得到了审慎而明智的洛克③先生的称道。甚至西塞罗似乎也认为，尽管这种狡猾与世故确实算不上什么高尚行为，但也不失为一种灵活的处事方式。因为他觉得，尽管这种做法不太光明磊落，但总体来说还是一种可以接受并值得尊重的行为。西塞罗也曾以《荷马史诗》中的英雄尤利西斯④、雅典将军笛米斯托克利⑤、斯巴达将军吕山德⑥、罗马将军马库斯·克拉苏⑦等人的品行和事迹为例，来为这种狡猾与世故进行辩白。无论是在严重的社会动乱或政治动荡时期，还是在激烈的党派斗争或内战中，这种深藏不露与掩饰隐忍的做法都会变得极为普遍。当法律变得几乎毫无约束力，当最清白无辜者再也无法确保生命安全，绝大多数人都会出于自我保护而不得不在当时处于优势地位的党派面前，采取那种见机行事、巧言令色甚至曲意逢迎的处事态度。但在这种掩饰隐忍当中，往往也伴随着那种最冷静、最坚定的勇气。因为，想要真正运用好这种掩饰隐忍，就必须具备那种冷静而坚定的勇气；否则，事情一旦败露，通常必死无疑。因此，敌对派系之间，必然都会采取的这种掩饰隐忍的做法，其结果当然有好也有坏，它既有可能增强，也有可能减轻彼此之间的强烈仇恨，以致它有时候可能会带来益处，有时候同样也可能导致非常致命的后果。

---

①　译注：克拉兰敦勋爵（Lord Clarendon, 1609~1674），即 Edward Hyde，英国保皇派政治家和历史学家，著有《英国内战史》（*English Civil War*）。

②　译注：沙夫茨伯里伯爵（Earl Shaftesbury, 1621~1683），即 Anthony Ashley Cooper，英国政治家，在英王查理复辟期间（1660~1688）的辉格党领袖，他非常喜欢约翰·洛克（John Locke），并为其提供庇佑。

③　译注：约翰·洛克（John Locke, 1632 年 8 月 29 日至 1704 年 10 月 28 日），英国哲学家、作家。在知识论上，洛克与乔治·贝克莱、大卫·休谟三人被视为英国经验主义（British Empiricism）的代表人物，但在社会契约理论方面，他也作出了重要贡献。洛克的思想对于后代政治哲学的发展产生巨大影响，并且被广泛视为是启蒙时代最具影响力的思想家和自由主义者。他的著作也影响了伏尔泰、卢梭以及许多苏格兰启蒙运动的思想家和美国开国元勋。他的理论被反映在美国的独立宣言上。洛克的精神哲学理论通常被视为是现代主义中"本体"以及自我理论的奠基者，也影响了后来大卫·休谟、让·雅各·卢梭、伊曼努尔·康德等的著作。洛克是第一个以连续的"意识"来定义自我概念的哲学家，他也提出了心灵是一块"白板"的假设。与笛卡儿或基督教哲学不同的是，洛克认为人天生并不带有任何记忆和思想。

④　译注：尤利西斯（Ulysses），希腊传说中的伊萨卡之王，据传是特洛伊战争中智勇双全的英雄，荷马（Homer）史诗《奥德赛》（*Odyssey*）中的主角。

⑤　译注：笛米斯托克利（Themistocles，前 524 年~前 460 年），斯巴达将军及古希腊杰出的政治家，公元前 493 年担任雅典的执政官，并为雅典缔造了海洋霸权。

⑥　译注：吕山德（Lysander, ?~前 395 年），古希腊军事家和政治家，斯巴达海军将领。出生在斯巴达一个没落的贵族家庭。青少年时代，虽家境贫寒，但雄心勃勃地总想出人头地。公元前 407 年，吕山德就任斯巴达海军统帅之职，终于得到了施展军事才能的机会，并在最后战胜雅典并结束伯罗奔尼撒战争中成为举足轻重的人物。公元前 395 年，他在斯巴达入侵底比斯的战斗中败北被杀。

⑦　译注：马库斯·克拉苏（Marcus Crassus，前 115 年~前 53 年），古罗马共和国的将军、政治家，罗马共和国的首任"三执政"之一。

对那种不太激烈而相对平和的情绪或激情的克制，似乎就不太容易滥用于什 13
么险恶目的。诸如节制有度、端庄正派、谦虚谨慎与适宜得体这类总是宜人可亲
的美德，就很少会被用于任何不良目的。正是基于那种一贯而得体的自我克制，
才得以让贞洁与忠贞这种宜人可亲的美德以及勤劳与俭朴这种可敬的美德散发出
"自我克制"的缕缕光辉。同样也是基于那种适度得体的自我克制，才得以让所
有那些甘于平凡而满足于平静生活的人，赢得了属于自己的美好而从容的大部分
人生；尽管他们这种美好而从容的人生，远不如英雄、政治家和立法官的辉煌壮
举那样光辉灿烂，但其开心惬意的程度却毫不逊色。

关于自我克制的性质，本书已在多处进行过说明，因此我觉得就不必再对那 14
些涉及自我克制的美德进行赘述。这里我只打算强调，各种不同激情的具体合宜
点，亦即公正旁观者所能体谅认同的具体程度，其实也各不相同。有些激情，表
现不足就比表现过度更令人反感；因此，其合宜点似乎也比较高，或者说其合宜
点更靠近"表现过度"的那一端。但另一些激情表现过度就比表现不足更令人
反感；因此，其合宜点似乎也比较低，或者说其合宜点更靠近"表现不足"的
那一端。前一类合宜点较高的激情，极易得到旁观者的理解体谅，后一类合宜点
较低的激情，很难得到旁观者的理解体谅。因此，前一类激情会立即让当事人感
到开心愉悦，而后一类激情会立即让当事人感到厌恶不快。由此可以得出一个一
般结论：那些总是会立即让当事人感到开心愉悦的激情，最易得到旁观者的理解
体谅，因此也可以认为它们的合宜点比较高；反之，那些总是会立即让当事人感
到厌恶不快的激情，很难得到旁观者的理解体谅，因此也可以认为它们的合宜点
比较低。根据我目前为止所做的观察，尚未发现有悖于这条一般准则的任何例
外。只需要几个例子，立刻就可以充分解释并证明它确实如此。

诸如仁慈、善良、亲情、友谊、尊敬等有利于让人们变得团结友好的情感， 15
全都可以尽情表现。即使这类情感表现得有些过度，仍然会让一个人备受欢迎；
即使我们会责怪他的表现有点儿过度，但我们仍然会理解体谅他，从而对他报以
善意而绝不至于讨厌他。对于这种过度表现，我们更多是感到遗憾而不至于愤
懑。在许多情况下，放任这类情感的尽情表达都会令当事人感到愉悦又惬意。不
过，也存在另外某些情况，尤其是碰到那种不知感恩者时——好像经常遇到这种
人，往往就会让当事人感到切实的伤心难过。然而，即使在这种情况下，心地善
良者也会对当事人的伤心难过报以极大同情，并对那些误以为他脆弱冒失而鄙视
他的人感到极度愤慨。反之，如果有人在这类宜人可亲的情感上表现不足，那他
就会被视为铁石心肠，这不仅会让他对别人的感受和痛苦漠不关心，而且还会让
别人对他的感受和痛苦同样也漠不关心。这种铁石心肠的人，无法得到人世间的
任何友情，因此，他也无法享受到那种最美好、最舒心惬意的社会交往乐趣。

16 诸如愤怒、仇恨、嫉妒、恶意、报复等容易让人们产生隔阂的情感，似乎也容易割裂人与人之间的社会纽带；如果这类情感表现过度，反而远比表现不足更容易招致反感。因为，如果这类情感表现过度，不仅会让一个人心里痛苦不堪，而且还会让他成为人们讨厌，有时甚至极度憎恶的对象。尽管这类情感表现不足极少会遭到什么指责，但也可能产生缺憾。一方面，如果缺乏适当的愤慨，在本质上就意味着缺乏那种最基本的男子汉气概，而且在许多情况下，这种缺憾都会导致一个男人无法保护自己或朋友免受侮辱与不义伤害。另一方面，如果愤慨表现过度或者动机不端，往往就暗藏着那种令人极度憎恶的嫉妒心，进而产生另一种缺憾。比如，对于别人凭借卓越才华而取得的那种当之无愧的优越地位，如果一个人总是心怀恶意，那他就会对别人的成功心生嫉妒。反之，如果一个人在重要事业上自甘平庸，而任由那些没有卓越才华的人窃取原本属于自己的优越地位，并且乖乖地任由他们凌驾于自己之上，那他就是那种缺乏斗志和骨气而且理所当然应该遭到鄙视的人。后面这种性格软弱的缺陷通常都是源于一个人的懒惰与懈怠。然而这种软弱有时也许源于一个人的善良本性或者源于他厌恶争斗、讨厌奔忙而无欲无求；有时甚至还会源于那种自以为是的心高气傲，以致让一个人误以为他自己永远都不在乎那种优越地位，进而让他不屑于甚至轻易放弃对优越地位的追求。这种性格上的软弱常常会造成大量的遗憾与懊悔，进而让一个人当初的那点儿心高气傲到最后往往就演变成那种对取得优越地位者最恶毒的嫉妒和仇视。然而，那些一旦取得某种优越地位的人，往往就会认为自己所拥有的地位不仅名副其实、当之无愧，而且也不容他人侵犯。所以，为了舒适惬意地生活在这个世界上，在任何情况下，我们都必须像保护自己的生命和财产那样去维护自己的尊严和地位。

17 无论是遭遇危险和痛苦时，还是遭到挑衅时，反应过度总是远比表现不足更容易招致反感。因为，再也没有什么行为比一个懦夫的表现更加令人可鄙了；反之，再也没有什么行为比一个人在面临死亡时所表现出的那种英勇无畏、比一个人身陷最可怕危险时依然能够保持镇定自若与沉着冷静更令人钦佩了。那些能够忍受痛苦和酷刑折磨并能表现出那种男子汉气概与坚韧的人，自然会赢得我们的崇敬；而那些在痛苦或酷刑折磨中丧失意志并且放任自己像妇人般无谓哭喊哀号的人，自然很难赢得我们的尊重。一个脾气暴躁的人，哪怕是遭遇那种极小的意外不幸，也会极度敏感而反应过度，这不仅会让他自己痛苦难过，而且还会招致他人的反感。但一个镇定沉稳的人，就不会容许自己内心的宁静受到日常生活中那些轻微伤害或微小不幸的搅扰。当一个人遭遇各种在人世间肆虐的天灾人祸时，如果能够做到泰然自若并且甘心承受痛苦，这不仅对他本人来说是件幸事，而且还会让他的所有朋友也感到轻松自在而安心无忧。

当我们遭受不幸与伤害时，尽管自身的感受通常都会十分敏感而强烈，但有 18
时同样也可能非常迟钝而微弱。一方面，如果一个人连自己遭遇的不幸都不太在
乎，那他对别人的不幸必然会更加麻木不仁，进而也就不太愿意去减轻别人的痛
苦。如果一个人连自身所遭受的伤害都很少感到愤怒，那他对别人所遭受的伤害
必然更加不会感到什么愤慨，进而也就不太愿意去保护别人或为别人报仇。这种
对世事麻木不仁的生活态度，必然会浇灭我们对自身行为合宜性的那种热诚关
切，这同时也意味着我们失去了建立美德的坚实基础。如果我们毫不在乎自己行
为的后果，那就意味着我们几乎不会顾忌自己的行为是否合宜得体。另一方面，
当一个人在遭受不幸时，如果能够充分感受到它所造成的痛苦；当一个人在遭受
不义伤害时，如果能够充分意识到那种不义伤害的卑鄙之处，如果他心里仍然非
常清楚自己可以采取何种程度的报复来维护人格尊严；当一个人在遭遇那种必然
会被激起的狂野愤怒时，如果他绝不让自己听任愤怒的摆布。在诸如上述种种情
况下，如果一个人仍然能够完全按照自己心中那个公正旁观者和半神半人的大法
官所要求与赞同的程度，去调整自己的情绪、去控制自己的态度和行为。那么，
他就是一个真正具有美德的人，就是一个真正值得人们喜爱、崇敬和钦佩的对
象。尽管上述两种表现都是对痛苦的反应不足，但彼此却有着本质的区别。前面
那些表现是对世事的麻木不仁，而后面那些表现则是建立在自尊与合宜感之上的
高贵意志力和恢宏克制力；而且在许多情况下，如果后面那些表现是出于麻木不
仁而做到的，它就不再具有丝毫"自我克制"的高贵成分。

如果一个人对自己所遭遇的伤害、危险和不幸完全缺乏敏感，尽管这会导致 19
他所表现出的"自我克制"失去全部价值，然而实际上，我们对自己所遭遇的
伤害、危险和不幸，经常会因反应强烈而表现过度。如果合宜感与心中那个大法
官的威慑力能够控制住这种过激反应，那自我克制的威慑力无疑就会显得非常高
贵而伟大。发挥自我克制，尽管总是让人心力交瘁而且很难做到，但在遭遇痛苦
时，唯有凭借恢宏的自我克制力，我们才能做到行为完全合宜得体。冲动和克制
这两个对立因素，如果在心中所引发的冲突过于激烈，它们就会让一个人的内心
总是不得安宁而幸福尽失。如果一个人已经被造物主塑造得对痛苦极度敏感，而
且他这种天生敏感，又尚未通过早期教育或刻意训练而变得足够迟钝坚韧，那
么，若他想作出明智的职业选择，就应该充分考虑职业特点与合宜性要求，进而
应该尽量避免选择那种完全不适合自己的职业环境。比如，敏感而脆弱的体质，
由于会导致一个人对伤痛、艰辛以及各种肉体痛苦特别敏感，所以这种体质的人
就不应该贸然选择军人这个职业。而那种内心对伤害极度敏感的人同样也不应该
贸然卷入派系斗争。即使合宜感的威慑力强大到足以抑制那些过激反应，但在冲
动与克制的来回较量中，内心的宁静总是会遭到破坏。一个人在内心凌乱的情况

下，就无法一直保持平常那样敏锐精准的判断力，这时，即使他想要保持行为合宜得体，但实际上却常常会鲁莽行事，进而让他在余生中总是为自己的冲动鲁莽感到懊悔羞愧。当然，一定程度的英勇无畏、意志坚韧、性格顽强，不管是天生的还是后天习得的，对发挥自我克制这种恢宏努力而言无疑是最有利的先决条件。

20　　战争和党派斗争，毫无疑问，不仅是后天塑造这种坚韧意志与顽强性格的最佳学校，而且也是治愈懦弱胆怯的最佳良方。但是，如果考验他的日子碰巧发生在他尚未完成训练之前，或者那个良方还没来得及发挥其应有作用，那考验结果就不会令人满意。

21　　同样的道理，日常生活中的种种快乐、娱乐与享乐，无论表现过度还是表现不足，都有可能招人反感。当然，表现不足似乎要比表现过度更加令人讨厌。比如在娱乐消遣时，无论旁观者还是当事人，尽情欢笑当然要比面无表情更招人喜欢。年轻人的那种快乐与朝气，甚至孩童时代的各种嬉戏，总是令我们向往和着迷。但老年人常有的那种古板、乏味和严肃，很快就会让我们感到厌倦。当然，这种对快乐的强烈偏爱，如果没有按照合宜感的要求进行适当收敛，如果表现得不合时宜，如果跟当事人的年龄或地位不相称，如果忽视了同伴的感受或自己的职守而纵情享乐。那么，这种过度享乐的倾向，理所当然就应该受到谴责，因为它对个人和社会都有危害。然而，大多数过度追求享乐的行为之所以都会遭到指责，其主要原因并不是它那过于强烈的享乐倾向，而是它有违合宜感并缺乏责任感。反之，对于那些原本就与年龄相称的一切消遣娱乐，如果一个年轻人全都毫无兴趣，并且张口闭口就只谈论自己的学业或事业，那他就会显得呆板迂腐而令人讨厌。可见，即使一个年轻人清心寡欲而从不纵情享乐，即使他对一切消遣娱乐全都毫无兴趣，我们也绝不会因此而称赞他。

22　　（2）自我评价方面的德性。正如行为或情绪反应既会过度也会不足那样，人们心里对自己功德与品行的评价其实既会出现妄自尊大也会出现妄自菲薄。被人高看会令自己非常愉悦，而被人贬低则会令自己非常不快。因此，当事人无疑总是更喜欢高看自己几分，而更讨厌任何程度的低看自己。但公正旁观者的看法也许会截然相反，别人的自我高估必定总是比自我贬低更令旁观者讨厌。毫无疑问，我们对朋友的抱怨，往往更多的是因为他过于高傲而很少会是因为他太过谦虚。一方面，如果朋友在我们面前故作那种盛气凌人的样子，或者摆出一副臭架子，那他们这种高傲自大的做法就会伤害我们的自尊。这时，我们自己的自尊与高傲就会促使我们去指责他们的高傲自大，进而再也无法像公正旁观者那样去看待他们的行为。另一方面，如果这些朋友任由一个原本平庸的人在他们面前摆出一副高人一等的样子，那我们不仅会指责他们窝囊，往往还会鄙视他们没有骨气。反之，如果这些朋友能够在另一群人当中崭露头角，并且爬到那种在我们看来超过其功德的更高地位，那么，即使我们不会真心赞赏他们的做法，但总的说来，我们通常还是会为朋友的成功感到高兴。也就是说，只要没有嫉妒心作祟，那我们几乎总是更乐意看到他们能够争取到超出其功德的更高地位，而不太愿意看到他们容许自己沉沦到低于他们的应得地位。

当我们在评价自己的功德或品行时，通常会采用两种不同标准来进行衡量。23一种是严格合宜而完美的理想标准，也就是我们每个人通常认为的那种理想标准。另一种则是那种有几分接近理想的标准，不仅普通世人通常都可以达到这样的标准，而且我们的朋友、同伴、对手和竞争者当中的大多数人，也许都已经达到这样的标准。尽管当我们试图评价自己时，我们几乎——我倾向于认为我们总是——会同时采用这两种评价标准。但不同的人，甚至同一个人在不同的时间对这两种标准的倾向程度往往也极易波动，以致有时候更多倾向于采用前一种标准，而有时候又更多倾向于采用后一种标准。

当我们在评价自己的德行时，如果倾向于更多采用前一种标准，那么，即使24是我们当中那些最贤明有德的人，无非也只能发现自己身上的缺点和不足，以致我们除了可以发现大量让自己感到惭愧、遗憾和懊悔的缺点之外，根本找不到任何可以骄傲自豪的优点。如果我们倾向于更多采用后一种标准，那我们就会产生两种感受：要么会觉得自己的德行确实高于所采用的评价标准，进而感到骄傲和自豪；要么会觉得自己的德行确实低于所采用的评价标准，进而感到惭愧和遗憾。

高尚的智者会追求那种严格合宜而完美的理想，所以会更多倾向于采用前一25种标准。每个人在观察自己和他人德行的过程中，都会在自己心中逐渐形成前一种理想标准。这种理想标准，其实也是心中那个半神半人的大法官——那个伟大的行为判官与仲裁者——经年累月雕琢的结果。但是，每个人心中的那个理想标准，究竟描绘得有多么准确、着色有多么恰当、轮廓刻画有多么精细，不仅取决于我们在观察德行时的细腻与敏锐程度，而且还取决于我们在描绘理想标准时的细致与专注程度。高尚的智者具备极其细腻而敏锐的观察感受能力，因此就能非常细心而专注地描绘那些理想标准。在智者心中，每天都有细节得到改进，每天都有瑕疵得到修正。高尚的智者会比其他人更潜心地探索践行这种理想标准，因此他的理解就会更深刻，进而不仅会形成一种更正确的认识，而且还会更加沉迷于那种极致而超凡的完美标准。所以，智者会尽量按照那个完美标准来塑造自己的德行。但他这么做无异于在"临摹"一位顶级画家的作品，因此，他永远也无法完全达到那个完美标准。在他倾尽全力之后，仍然会发现自己存在许多不足之处，进而就会像一个临摹者那样，当他发现自己那个平庸的复制品在许多地方都不如那个不朽原作时，就会感到沮丧和难过。因为，当他想到自己在言谈与举止上、在行为与交际上仍然由于缺乏高度专注、理智判断和冷静思考而常常无法达到那种完全合宜的严格要求时；当他发现自己的言行远远偏离了原本希望用来塑造自身德行的那个理想标准时，他必然就会感到揪心不已而羞愧难当。如果高尚的智者更多倾向于采用第二种标准，也就是说，如果他只是追求朋友与常人普遍都能达到的那种标准，那他就会发现自己的优秀卓越之处。然而，高尚的智者通常更倾向于追求前一种完美标准。于是，一方面，他采用前一种完美标准来评价自己时所感到的惭愧，必然就会多于他采用后一种普通标准时所感到的卓越；而另一方面，即使当他发现有人真的不如自己时，也不至于洋洋得意而傲慢无礼地看不起他们。他不仅非常清楚自身的不足之处，而且也非常清楚达到那种理想标准有多难。因此，他就不会用那种鄙夷的眼光去看待别人的更大不足。所以，高尚的智者绝不会轻视侮辱那些比自己卑微的人，反而总是以最宽厚的同情心去看待他们，并且时时处处都乐意以自己作为榜样来劝诫并促使那些人进一步提高德行。如果有人在某个方面恰好超越了智者本人——谁的德行又能如此完美而在任何方面都不会被人超越呢？他也不会对他们的卓越之处心生嫉妒。因为他心里清楚，一个人的德行要达到如此卓越有多艰难，因此，他不仅会敬佩和崇尚那些人的卓越德行，而且还会给予他们应得的充分赞美。总之，那种真正谦逊而审慎的品质不仅已经深入智者的整个内心，而且无不体现在他的一切行为与态度上。因此，他既能非常中肯地评价自己的功德与品行，同时又能充分认识到他人的功德与品行。

26　　在诸如绘画、诗歌、音乐、辩论、哲学等所有文学与艺术创作领域，越是伟大的一流艺术家，即使对自己最得意的作品，往往越是觉得存在真正的不足之处。因为他心里比任何人都更清楚，同完美的理想标准相比，自己那些作品还存在多大差距。并且，任凭自己如何倾尽全力，也永远无法达到那个理想标准。反而只有那些二流艺术家，总是会对自己的作品非常满意。因为他对那个理想标准几乎没有什么概念，也很少花精力去思考那个理想标准；他在评价比较自己的作品时，更倾向于参照那些成就也许比他更低的艺术家的作品。法国伟大诗人布瓦洛①，尽管他的某些作品也许并不逊色于古往今来最伟大诗人的同类诗歌，但他却常常说："真正伟大的艺术家，总是觉得自己的作品不完美。"然而他的老朋友桑特伊②，这位拉丁韵文作家也许只达到初学者水平，但他却特别喜欢自诩为诗人，并且经常自信满满地对布瓦洛说："我对自己的作品总是非常满意。"布

---

①　译注：布瓦洛（Nicolas Boileau Despreaux, 1636~1711），法国诗人与文学评论家。1666 年发表一组讽刺诗，针砭教士、妇女及巴黎的生活，成为莫里哀、拉辛等文豪的朋友。1674 年发表《诗的艺术》，阐明了文学的古典主义原则，对当时法国和英国的文坛影响很大。还撰有叙事打油诗《读经台》，并且翻译了朗吉努斯的《论崇高》。在 17 世纪后叶与 18 世纪初法国文坛的古典派与现代派的论战中，他是古典阵营的主要代表。

②　译注：桑特伊（Jean de Santeuil, 1630~1697），采用拉丁文写作的法国诗人。

瓦洛则用那种略带调侃的含糊口吻回答他说："你当然是有史以来唯一有这种成就的伟大艺术家。"布瓦洛在评价自己的作品时，我相信他是在与那种理想的完美标准进行比较。因为他对诗歌艺术领域中那种理想的完美标准已经进行过最深入的思考，而且也形成了最清晰的概念。而桑特伊在评价自己的作品时，我觉得他更多是在与自己同时代其他拉丁诗人的作品进行比较。这样，桑特伊确实就会显得并不逊色于他们当中的大多数人。然而，一个人想要让自己的言谈举止毕生都坚持做到——恕我直言——那种近乎理想的完美标准，毫无疑问，这其实远比艺术家慢慢完成任何一件近乎精美绝伦的艺术品还更困难。因为，艺术家可以在不受任何干扰的情况下坐下来从容不迫地进行创作，进而可以充分运用和发挥他的所有才华、经验和知识。然而，若有人想要做一个高尚的智者，那么，无论他在健康时还是生病时，无论他在成功顺遂时还是挫折失意时，无论他在疲惫不堪时还是意志消沉时，都必须像最清醒时那样时刻关注并保持行为的合宜性。也就是说，即使遭遇最出乎意料的突发灾难或不幸，也绝不容许他表现出惊恐害怕；即使遭到别人的不义伤害，也绝不容许他因为愤怒而采取同样的不义报复；即使陷入激烈的党派斗争，也绝不容许他表现出惶恐不安；即使在战争中遭遇千难万险，也绝不容许他泄气或丧胆。

在评价自己的功德与品行时，那些更多倾向于采用第二种标准的人当中，尽管某些人确实有理由认为自己的功德和品行远远超过了其他人通常所能做到的那种普通程度的卓越；尽管每一个理智的公正旁观者也会承认他们的德行高于普通标准；然而，这些人通常更多的是参照普通标准而不是理想标准，以致他们很难意识到自己的缺点与不足。这种人一点儿也不谦虚，甚至常常表现得狂妄自大甚至专横跋扈，他们不仅会过度夸赞自己，而且还会极度貌视他人。尽管这种人的品行通常都不太端正，尽管他们的功德远远逊色于那些真正具有谦逊与审慎美德的人；然而，他们的狂妄自大与极度自负却往往能迷惑住普通民众，甚至是那些比普通民众高明很多的人也经常受到他们的蒙蔽。无论是在民间还是宗教界，那些不学无术的骗子和不懂装懂的冒牌货，不仅经常受到普通民众的盲目追捧，往往还经常取得那种令人赞叹的成功。这种现象足以说明，普通民众是多么容易被那些最肆意而莫须有的吹嘘所蒙骗。然而，当那些肆意吹嘘又有非常真实可靠的功德作为支撑时，当他们凭借卖弄浮夸而变得光芒四射时，当他们获得那些位高权重者的青睐与夸奖时，当他们经常取得成功并因此赢得普通民众的喝彩与追捧时，那么，即使是一个头脑清醒的人，在面对上述种种普遍的溢美之词时，往往也会受到误导而失去判断力。正是这种普遍的盲目追捧，常常会蒙蔽一个人的理智，以致在疏于了解那些头面人物的情况下，往往极易受到蒙骗，进而发自内心地对他们顶礼膜拜，甚至在程度上还会超过那些头面人物的自我吹捧。只要没有嫉妒心作祟，人们通常都乐于对他们表示赞赏和钦佩。因此，人们自然就容易仅凭他们仅有的几点值得赞赏之处而想当然地以为他们在每个方面都完美无瑕。不过，头面人物的极度自负与肆意吹嘘，却容易被智者看穿，甚至常常会被轻易揭穿而沦为某种笑柄。智者们不仅非常清楚头面人物的那些伎俩，而且在心里总是对那些肆意吹嘘而暗自冷笑；往往只有那些不了解他们伎俩的普通民众，才容易对他们心生仰慕甚至盲目崇拜。然而在任何时代，那些凭借自吹自擂而让自己名噪一时和声名远播的人，其中大多数人的名誉和声望往往在不久的后世很快就变得一文不值。

28　　那些在世上取得伟大成就的人，那些能够对民众的情感和思想产生巨大影响的人，很少有人不会表现出几分极度自负。尽管那些最杰出的伟人确实做出过那种最辉煌的壮举，也为人类的生存环境和思想文化带来过最伟大的变革。然而，那些功勋最卓著的军事家、那些最伟大的政治家与立法者以及某个宗教或政党当中的那些能言善辩的创始人和领袖——他们因获得巨大成功而追随者众多，等等诸如此类的伟人当中的许多人，他们之所以全都声名显赫，其实并非全凭他们所取得的那些丰功伟绩本身，而更多缘于他们对自己功绩的无度自我吹嘘和妄自尊大。不过，这种狂妄与自负对他们取得成功来说也许是必不可少的。因为它不仅会鼓舞他们去投身于头脑冷静者绝不愿意去冒险的那种事业，而且还能让他们的追随者服从并忠于自己的领导、支持自己所追求的事业。可他们一旦成功登上权力巅峰，这种妄自尊大往往就会让他们慢慢露出贪图虚荣的本性，甚至膨胀到近乎精神错乱和极度荒唐的地步①。比如<u>亚历山大</u>大帝②，他不仅希望人们把他奉

①　译按：古今中外那些伟大而多疑的独裁统治者，诸如希特勒、斯大林、朱元璋等，他们所做出的各种荒唐行为，无不到了精神错乱的地步。

②　译注：亚历山大大帝（Alexander the Great，前356年7月20日至前323年6月10日），菲利普二世的儿子。当菲利普二世在女儿的婚宴上被刺身亡后，亚历山大继承了王位。随后开创了古希腊的马其顿王国，并成为独裁统治者。他生于古马其顿王国首都佩拉，世界古代史上著名的军事家和政治家。是欧洲历史上最伟大的四大军事统帅之首（亚历山大大帝，汉尼拔·巴卡，恺撒大帝，拿破仑）。曾师从古希腊著名学者亚里士多德，以其雄才大略，先后统一希腊全境，进而横扫中东地区，不费一兵一卒而占领埃及全境，荡平波斯帝国，大军开到印度河流域，世界四大文明古国他占领了三个。征服全境约500万平方公里。公元前323年的亚历山大帝国，是当时世界上领土面积最大的国家，超过东方战国时期七国领土总和。亚历山大大帝在短短的13年时间里，创下了前无古人的辉煌业绩，促进了古希腊文化的繁荣发展和东西方文化的交流与经济发展，融合东西文化，鼓励不同民族之间通婚，倡导民族之间地位平等，对人类社会文化的进展产生了重大的影响。他的远征使得古希腊文明得到了广泛传播。亚历山大并未明确指定合法继承者，与他最亲近的是一位昏弱无能的异母兄弟。传说，当他的朋友在他临死前要求他指定一位继承人时，他含糊说："让最强者继承。"于是他死后，他的将领们企图瓜分这个帝国，引发一些年轻军官对这种安排的不满，继而引发一连串的战争，在这场斗争中，亚历山大的母亲、妻子和孩子都横遭杀身之祸。在公元前301年的一场决定性战役后，最终由三位胜利者（即托勒密、塞琉古、安提柯一世）瓜分了亚历山大帝国的版图，开启了希腊化时代。除了马其顿本土和最远的印度以外，亚洲部分由部将塞琉古继承，也就是后来与罗马的庞培、克拉苏等征战不休的塞琉古帝国。埃及由部将托勒密继承，也就是埃及的托勒密王朝，一直传到恺撒与埃及艳后克莉奥佩特拉结婚为止。

为神，而且他本人也非常乐意把自己当作一个神。甚至当他躺在临终的卧榻时——这是对神的大不敬①，还在要求他的朋友把自己年迈的母亲奥林匹娅也列入那份受众人敬仰的神的名单中。虽然他自己早已被列入那份神的名单之中，但他觉得自己的母亲同样也应该享有被列入其中的荣誉。于是，在他的追随者与门徒充满敬意的赞美声中，在广大民众的普遍赞扬声中，在各种溢美之词与附和声中，人们就仿照神谕宣告亚历山大大帝为最有智慧的人、为苏格拉底般的伟大圣贤。尽管这些称号不至于让亚历山大自命为神，但还是会让他幻想自己总能从那些无形的神明那里得到神秘启示。再比如，尽管恺撒②的头脑非常清醒，但也不足以阻止他一直自鸣得意地认为自己那超凡的高贵血统是源于维纳斯女神。尽管恺撒妄称维纳斯女神为自己的曾祖母，可就在罗马元老院的政要们准备按照神谕在维纳斯神殿前授予他最高荣誉时，恺撒连屁股也没有抬一下，而是一直坐着领受神誉。曾经如此审慎精明的恺撒为何会变得如此狂妄自大？又为何会做出那些极度幼稚的其他举动？这似乎让人难以理解，进而加剧了元老院对他的猜忌，增加了那些密谋暗杀者的胆量，继而让他们加快实施了对他的暗杀。尽管近代的宗教信仰和社会习俗很少再鼓励那些伟人自命为神或先知，然而，巨大的成功加上民众的普遍爱戴通常还是容易让他们当中那些居功至伟者迷失自我，进而让他们误以为自己具有那种远超自身实际的权势和能力。正是这种狂妄自负，让那些取得巨大成就的伟人变得草率鲁莽，有时甚至不计后果地投身于那种会招致杀身之祸的冒险。伟大的马尔堡公爵③，他非同寻常的德行就在于，尽管他在连续十年的征战中所取得的赫赫战功几乎让其他所有将军都望尘莫及，但他却从未迷失自己，他不仅从未做过一次草率举动，也几乎从未说过一句轻率的话。因此我觉得，在节制、冷静与自我克制等德性方面，后世其他所有伟大军事家，包括尤金

---

① 译注：在神的面前躺着或者坐着，都会被认为是大不敬的行为。本段即将提到的"恺撒在维纳斯神殿前……连屁股也没有抬一下"也是一种大不敬。

② 译注：恺撒（Gaius Julius Caesar，前100年7月12日至公元前44年3月15日），史称恺撒大帝，罗马共和国（今地中海沿岸等地区）末期杰出的军事统帅、政治家，并且以其卓越的军事天赋成为了罗马帝国的奠基者。恺撒出身贵族，历任财务官、祭司长、大法官、执政官、监察官、独裁官等职。公元前60年与庞培、克拉苏秘密结成三巨头同盟，随后出任高卢总督，在八年时间里征服了高卢全境（今法国一带），还袭击了日耳曼和不列颠。公元前49年，他率军占领罗马，打败庞培，集大权于一身，实行独裁统治。制定了《儒略历》。公元前44年3月15日，恺撒遭到了由布鲁图斯（Marcus Brutus，前85年~前42年）所领导的元老院成员的暗杀而身亡，享年56岁。恺撒死后，其甥孙及养子屋大维击败安东尼开创罗马帝国并成为第一位帝国皇帝。

③ 译注：马尔堡公爵（Duke of Marlborough，1650年5月26日至1722年6月16日），即John Churchill，第一任马尔堡公爵，英国最伟大的将军之一。在英国与法国之间的西班牙战争期间（1702~1711），他率领英军和联军同法国路易十四的战争中，取得布伦海姆（Blenheim，1704）、拉米伊（Ramillies，1706）和奥德纳尔德（Oudenaarde，1708）等多次重大胜利。

王子①、故世不久的<u>普鲁士国王</u>②、伟大的<u>孔德王子</u>③，甚至是<u>古斯塔夫斯·阿道弗斯</u>④，全都无法同<u>马尔堡公爵</u>媲美。<u>特伦</u>⑤的德行似乎最为接近<u>马尔堡公爵</u>，但从他生前所处理的几起事件来看，足以证明他的德行远不及伟大的<u>马尔堡公爵</u>那样完美。

29　　无论是平民百姓心里那些生活小目标，还是上层人士那些雄心勃勃而引以为傲的事业追求，他们那非凡的才华和必胜的进取心，在开始时往往都会激励他们投身于一些冒险活动，但到头来却全是一场空——不是落得个倾家荡产，就是赔上身家性命。

30　　对那些真正英勇无畏、宽宏大度而品格高尚的人，每一个公正旁观者所表现出的那种崇敬与钦佩之情，由于都有充分根据而合情合理，因此也是一种稳固持久的情感，并且完全不受当事人命运好坏的影响。但那些凭借肆意吹嘘与妄自尊大来让旁观者所产生的那种钦佩之情就截然不同了，它通常容易受到当事人命运好坏的影响。当他们取得成功时，旁观者往往都会真心地钦佩和信服他们。因为成功的光环总是会蒙蔽众人的眼睛，以致人们根本无法看到，其实他们在追求冒险事业的过程中，不仅行事非常草率鲁莽，往往还会做出许多不义行为，进而让人们不但不谴责他们德行中的这些缺陷，反而常常产生那种狂热的钦佩之情。然而，如果他们不幸失败，那他们原先的光环和美名立刻就会发生变化。之前所谓的英雄壮举，立刻就会恢复为原来所谓的鲁莽和愚蠢；之前隐藏在成功光环背后的那些贪婪、阴险与不义，现在全都暴露无遗，进而让他们之前所追求事业的光

---

　　① 译注：尤金王子（Prince Eugene of Savoy，1663 年 10 月 18 日至 1736 年 4 月 21 日），神圣罗马帝国和奥地利大公国的政治家，西班牙战争期间帝国军队的将军，近代欧洲军事史上最成功的军事指挥家。

　　② 译注：普鲁士国王（King of Prussia，1712 年 1 月 24 日至 1786 年 8 月 17 日），指腓特烈二世（Friedrich Ⅱ），后世尊为腓特烈大帝（Frederick the Great），1740 年 5 月 31 日即位。普鲁士王国位于德意志北部，最早为波兰的一个公国，并没有世袭统治的君主。在 1701 年的西班牙王位继承战争中，腓特烈一世协助神圣罗马帝国皇帝利奥波德一世取得胜利，从而获得了自己的世袭称号。需要说明的是，《道德情操论》第一版于 1759 年出版，直到 1781 年第五版时，腓特烈二世仍然在位，他于 1786 年去世，所以亚当·斯密在 1790 年修订第六版时，才说"故世不久的普鲁士国王"。

　　③ 译注：孔德王子（Prince of Conde，1668 年 11 月 10 日至 1710 年 3 月 4 日），即 Louis Ⅲ de Bourbon，法国将军。

　　④ 译注：古斯塔夫斯·阿道弗斯（Gustavus Adolphus，1594 ~ 1632），即 Gustavus Ⅱ，瑞典国王（1611 ~1632）。在欧洲三十年宗教战争（Thirty Years' War，1618 ~ 1648）期间担任新教徒方面的联军统帅。

　　⑤ 译注：特伦（La Vicomte de Turrenne，1555 ~ 1623），即 Henri de La Tour d'Auvergne，塞丹王子和法国元帅。

彩尽失。在<u>法萨罗</u>①战役中，如果<u>恺撒</u>当时是被打败而不是获胜，那他现在的光辉形象顶多略高于后来政变失败的<u>喀提林</u>②；如果<u>恺撒</u>战败，即使一个最没有判断力的人，也会认为<u>恺撒</u>对<u>庞培</u>的讨伐征战是大逆不道的谋反行为③，那人们对他的仇视甚至会超过当时<u>小加图</u>④在长期党派斗争中对<u>恺撒</u>的全部敌意。但在<u>恺撒</u>取得巨大胜利之后，他那些讨伐征战就摇身变成了真正的丰功伟绩；他那些正当的爱好、明快优雅的文笔、有理有节的演讲、卓越的军事才能，他在面临艰难困苦时的足智多谋以及在面临危险时的冷静判断，他对朋友的忠诚与情义以及对敌人的无比宽容与优待，等等诸如此类的高贵品质，也就相应地得到了世人的普遍赞许。可是政变失败的<u>喀提林</u>，命运就截然相反。他所具有的大量高贵品质以及所建立的实际功勋，尽管如今已经得到世人的承认，但他那些丰功伟绩原有的一切光辉，却由于政变失败而全都变得黯然失色甚至消失殆尽，从而变成了欲壑难填的贪婪与野心，变成了狂妄自大与屡行不义。这种"胜者王，败者寇"的心理，其实如同我在前面（译按：第二卷第三章）所指出的那样："命运女神总是会对人类的道德情感产生巨大影响，进而让人们在评价行为的功过时，更多是

---

① 译注：法萨罗战役（Pharsalia），指在罗马内战期间，恺撒于公元前48年7月在法萨罗打败庞培并最终赢得内战。尽管当时的贵族派领袖小加图一直对恺撒怀有敌意，并处处与他作对，但取得战争胜利的恺撒最终并没有因破坏罗马共和政体而被元老院认定为阴谋谋反，进而得以以胜利者的姿态书写自己的历史。获胜的恺撒就不可能像后来政变失败的喀提林被西塞罗定为谋反罪那样被小加图定为谋反罪。公元前49年1月，庞培联合罗马共和国元老院的势力，把斗争的目标对准了高卢总督恺撒，恺撒被逼无奈，只好率兵反抗，两大奴隶主正式决裂，罗马再一次陷入内战之中。由于庞培低估了恺撒的进军速度，致使他在战争初期连连失利，他本人也不得不逃亡希腊。恺撒迅速控制了意大利本土，随后又占领西班牙，消灭了那里的庞培余党。为了彻底打垮庞培，公元前48年初，恺撒集结了所有主力兵团前往庞培的老巢希腊，准备与之决一死战。庞培得到消息以后，也作了精密的部署，恺撒一连几次进攻都未能取胜。为了引狼出山，恺撒把军队开到帖萨利亚地区法萨罗附近的平原，庞培的军队不知是计，也尾随而来。7月，双方在法萨罗展开激战，著名的法萨罗之战拉开序幕。不久，庞培在逃亡埃及的途中被部下杀死，两巨头之争以恺撒的胜利而结束，这场战争为恺撒在罗马建立自己的独裁统治铺平了道路。

② 译注：喀提林（Catiline，约前108年～前62年），古罗马贵族，政治家和阴谋反叛者。出生于没落贵族，是苏拉（Lucius Cornelius Sulla，前138年～前78年，古罗马著名的统帅，奴隶主贵族政治家）的追随者。曾任大法官、非洲总督等职。公元前66年返罗马。公元前64年和公元前63年两度竞选执政官，但均以失败告终。于是，他纠集同党，准备组织没落贵族和苏拉旧部发动武装政变。公元前63年，执政官西塞罗在元老院发表演说，谴责喀提林的阴谋并予以镇压。公元前62年，喀提林在伊特鲁利亚境内发生的战斗中失败而被杀。因此，政变失败的喀提林，就不可能像获胜的恺撒那样不仅可以让自己的征战讨伐无罪，反而变成丰功伟绩。

③ 译注：这里之所以说"谋反"，是因为如果恺撒在法萨罗战役中败北，作为内战中的失败方，那他必然会被元老院和民众判定为谋反罪。

④ 译注：小加图（Marcus Porcius Cato Uticensis，前95年～前46年），罗马共和国末期的政治家和演说家，同时也是斯多葛学派哲学家。他因为其传奇般的坚韧和固执而闻名，他不受贿、诚实、厌恶当时普遍的政治腐败。他同盖乌斯·尤利乌斯·恺撒（Caesar）长期不和，在他与恺撒的多年斗争中，虽然一直坚持抵抗，但最终落败，为了让恺撒失去宽恕自己的权力，小加图最后选择了自杀。

根据行为结果是否有益而不是仅仅根据行为动机的善恶来进行评判。"在这里，命运女神同样也会让人们更多根据趋利避害的本能，而不是仅仅根据一个人的德行来评价其功过。以致某个完全相同的德行，由于结果的不同，而既有可能成为人们普遍喜爱与敬佩的对象，也有可能成为人们普遍憎恶与鄙视的对象。然而，人类道德情感的这种颠倒错乱也并非毫无用处。在这里，我们也应该像其他许多情况那样钦佩上帝的这种巧妙而睿智的安排，甚至人类被赋予的某些弱点和愚蠢，也是出于上帝的这种睿智安排。我们钦佩并仰慕成功如同我们会崇尚财富与权贵一样，其实都基于相同的心理根源，而且这也是建立地位差别与社会秩序的必要条件。这种钦佩并仰慕成功的心理，有利于引导我们更好地服从命运在人类历史进程中安排给我们的那些强者或胜利者；有利于引导我们在无力再进行任何反抗的情况下，对那些侥幸得逞的暴力统治者心怀一种敬畏，有时甚至拥护爱戴他们。那些成功赢得这种暴力统治的杰出人物，不仅包括<u>恺撒</u>和<u>亚历山大</u>大帝他们这样的人，而且常常还包括诸如<u>阿提拉</u>①、<u>成吉思汗</u>②和<u>帖木儿</u>③他们这样极度残忍暴戾的蛮族人。绝大多数普通民众在面对这些强大的征服者时，自然就容易感到害怕并仰视他们。尽管这毫无疑问是一种懦弱和愚昧的表现，但正是这种崇敬，有助于引导普通民众更加甘心地顺从那种根本无力反抗的强权统治，因为任何反抗都无济于事。

31 　　尽管在成功的光环下，那些妄自尊大者有时似乎反而比那些品行端正而谦逊的审慎者获益更多；尽管普通民众和那些对这两类人都疏于了解的人，偏爱支持前者的赞扬声通常要比支持后者的赞扬声更加响亮。然而，如果全面而公正地看待这一切，其实幸福的天平，也许在所有情况下都会更多偏向后者而不是前者。因为，只要一个人从来不把那些并非真正属于他的功绩归功于自己，而且从来也

---

　　① 译注：阿提拉（Attila，406～453），古代亚欧大陆匈人的领袖和皇帝，公元433年称帝，被欧洲人称为"上帝之鞭"。他曾率领军队两次入侵巴尔干半岛，包围君士坦丁堡。他还曾远征至高卢（今法国）的奥尔良地区，最后因沙隆之战失利而停止向西进军。阿提拉随后转攻意大利，并于公元452年把当时西罗马帝国首都拉文纳攻陷，赶走皇帝瓦伦丁尼安三世，使西罗马帝国名存实亡。

　　② 译注：成吉思汗（Gengis Khan，1162～1227），蒙古族乞颜部人。大蒙古国可汗，世界史上杰出的政治家、军事家，在1206年建立大蒙古国，尊号"成吉思汗"（Genghis Khan），颁布了《成吉思汗法典》。多次发动对外战争，征服西达中亚、东欧的黑海海滨地区。宝庆三年（1227年），兴兵征伐西夏，途中去世，秘密安葬。元世祖忽必烈在至元二年（1265年）十月，追尊他为元太祖。

　　③ 译注：帖木儿（Tamer lane，1336～1405），蒙古将领。1362年，帖木儿率兵起义，反抗察合台蒙古贵族，时年26岁。帖木儿由于被打伤了腿留下残疾而被敌人称为跛子帖木儿。后为巩固政权，他采取联姻的办法，将西察合台汗国后王的公主纳为妻妾，成了察合台汗国的驸马，所以又被称为驸马帖木儿。1360年，河中地区大势底定，帖木儿控制了大部分地区，并成为河中族的实际统治者。1364年，帖木儿扶持侯赛因成为可汗。1369年，他杀死情同手足的西察合台汗国侯赛因，建立了帖木儿帝国。他的孙子乌鲁伯格在1411～1449年统治中亚，曾孙巴卑尔创建了莫卧儿帝国，此帝国在1562～1857年统治南亚约有四个世纪的时间。

不希望别人这么做，那他永远就不用担心丢脸蒙羞或者害怕真相败露。也只有凭借真实可靠的德行，才会让一个人感到心安理得而自在无忧。尽管仰慕钦佩他的人可能不会太多，尽管人们对他的赞扬声也许不太响亮，但那些最明智的人、最熟悉他的人、真正了解他的人，都会高度钦佩和赞扬他。在一位真正的智者眼里，另外某个智者对他所做出的那种审慎而恰如其分的称赞，就远比成千上万个狂热而盲目的吹捧还让他感到更由衷的满足。巴门尼德①就是这样的智者，据说他在雅典的一次群众集会上进行一场哲学演讲时，尽管亲眼目睹除了柏拉图之外的所有听众全都离他而去，但他仍然继续自己的演讲，并且说道："只要有柏拉图这一个听众，我就心满意足了。"

但妄自尊大者就与谦逊审慎者截然不同。那些明智的人、那些最熟悉了解他的人，通常极少会钦佩和赞扬他。当他陶醉于自己的所谓成就时，人们对他所表现出的那点儿冷静而客观的尊重，根本无法满足他的狂妄与自负，以致他把人们对自己的尊重不足视为对他的一种恶意嫉妒。于是，他开始猜忌身边最忠实的朋友，开始讨厌同他们在一起共事。接着，他就会清理并赶走身边最忠实的朋友，对朋友们过去的贡献和恩情，他不但不感恩图报，反而常常忘恩负义地报之以残忍和不义。反倒是那些马屁精和奸臣逆贼，只需曲意迎合他的自负与狂妄，就能轻易获得他的信任和重用；当初那些虽然有些缺点但总体上还算友善可敬的人，最终全都变成了他鄙视与憎恶的对象。当亚历山大大帝陶醉于自己的辉煌成就时，他的弟弟克莱特斯②，只是因为提出"父亲菲利普③在开疆拓土方面的功绩要远远超过哥哥亚历山大"，就被亚历山大处死；而卡利斯提尼斯④也只是因为拒绝按照波斯人的方式把亚历山大作为神来膜拜，就被投入大牢并被酷刑折磨而死。亚历山大甚至仅仅出于无端的猜疑，就陷害并谋杀了自己父亲的挚友——德

32

---

① 译注：巴门尼德（Parmenides of Elea，约前515年～约前450年），是出生在爱利亚的一位古希腊哲学家，他是色诺芬尼的学生，爱利亚学派的实际创始人和主要代表者，他同时还受到毕达哥拉斯派成员的影响，并且也是在苏格拉底之前的哲学家中最有代表性的人物之一。主要著作是用韵文写成的《论自然》，如今只剩下残篇，他认为真实变动不居，世间的一切变化都是幻象，因此人不可凭感官来认识真实。

② 译注：克莱特斯（Clytus，约前355年～前328年），亚历山大大帝同父异母的弟弟，曾经救过他的命，但在公元前328年的一次宴会中，两人在醉酒的情况下发生争执，克莱特斯被亚历山大杀死。

③ 译注：菲利普二世（又称腓力二世，Philip Ⅱ，前382年～前336年），为马其顿国王（前359年～前336年），是阿敏塔斯三世和欧律狄克最小的儿子，出生于佩拉。他是马其顿帝国建立者亚历山大大帝和腓力三世（Arrhidaeus）的父亲。公元前336年夏天，菲利普二世在女儿的婚宴上被刺身亡后，亚历山大继承王位。

④ 译注：卡利斯提尼斯（Calisthenes，前360年～约前328年），希腊哲学家、历史学家、史官，亚历山大大帝的老师亚里士多德的好友，担任亚历山大言行记录的史官，由于拒绝按波斯人的方式把亚历山大记录和描写为神，被诬陷谋反而处死。

高望重的<u>帕曼尼奥</u>①，随后又把这位老臣仅存的儿子②——其他儿子全都已经为<u>亚历山大</u>战死沙场——先进行百般酷刑折磨，再将他送上断头台处死。<u>亚历山大</u>的父亲<u>菲利普</u>，生前在谈到<u>帕曼尼奥</u>时经常会说："雅典人非常幸运，因为他们每年都能发现十位将军，但我终其一生，却只发现了<u>帕曼尼奥</u>这一位得力的将军。"正是<u>帕曼尼奥</u>对敌人的高度警觉与细心防范，才得以让<u>亚历山大</u>的父亲<u>菲利普</u>在任何时候都觉得安全无虞。并且，以前在欢庆胜利的宴会上，<u>菲利普</u>经常会高兴地说："让我们干杯吧，朋友们！我们可以开怀畅饮，因为<u>帕曼尼奥</u>从不醉酒。"据说，<u>亚历山大</u>也是得益于<u>帕曼尼奥</u>的辅佐与谋划，才赢得了一场又一场的胜利。而且，他在失去<u>帕曼尼奥</u>的辅佐与谋划之后，再也没有取得一场胜利。可那些对<u>亚历山大</u>恭敬顺从、赞声不绝和阿谀奉承的所谓朋友，他们的命运却与忠诚的<u>帕曼尼奥</u>相反，他们不仅得到了重用，并且还被<u>亚历山大</u>赋予了仅次于他本人的权势和地位。然而，他们却在<u>亚历山大</u>死后瓜分了他的帝国，并在抢走了他家人和亲属的财产之后，不分男女老幼将他们全部杀害。

33　　如果我们发现，那些杰出伟人的德行确实明显高于普通人，那我们往往就会宽容甚至完全理解赞同他们的妄自尊大，进而把诸如英勇无畏、宽宏大度、品格高尚这些意味着高度赞美与钦佩的词语全都用在他们身上。但是，如果我们看不出他有什么明显的卓越德行，那我们就无法理解赞同他的妄自尊大。他这种行为就会令我们反感和憎恶，从而很难得到我们的宽容或容忍；以致我们就会把爱慕虚荣、高傲自大这些意味着谴责的词语全都用在他们身上。在后面这两个词语当中，"爱慕虚荣"通常总是含有严厉谴责的意味，而"高傲自大"在大多数情况下也含有严厉谴责的意味。

34　　然而，高傲自大和爱慕虚荣这两种德性缺失，其实只是妄自尊大的不同表现形式而已。尽管它们看起来有些相似，但彼此之间又有诸如以下七个方面的许多不同之处：

35　　第一，在自信上有区别。高傲自大者，会打心底里觉得自己真的比别人优秀，尽管有时很难搞清他这种自信究竟源于何处。他总是希望你也真心地像他本人那样高看他，甚至觉得这并不是对你的无理要求。因此，如果你没有对他表现出他所期望的那种尊重，那他就会觉得他的自尊心受到了你的严重冒犯，进而像真的受到了伤害那样对你恼羞成怒。即便此时，他也不会屈尊向你解释自己高傲

---

　　① 译注：帕曼尼奥（Parmenio，前400年~前330年），亚历山大父亲菲利普二世的副司令官，在菲利普二世死后，仍然得到亚历山大的重用，并辅佐他取得多次胜利。但在公元前330年，由于他仅存的儿子被怀疑谋反而被判下狱处死，亚历山大出于预防的考虑，也将帕曼尼奥一同处死。
　　② 译注：指菲洛塔斯（Philotas，约前362年~前330年），亚历山大大帝的名将，因被怀疑谋反，被亚历山大大帝处死。

自大的理由，因为他不屑于通过讨好你来求得尊敬。他甚至会假装不在意你的尊敬。他之所以这么做，其实并不是试图让你意识到他的高贵，而是更想让你意识到自己的卑微，并借此保持他那貌似高贵的身份地位。换句话说，他并不希望激起你对他本人的尊敬，而是更希望通过摧毁你的自尊来抬高他自己。

但爱慕虚荣者，就不是从心底里觉得自己真的比别人优秀，尽管他也希望你认为他比别人优秀。他总是希望你高看他并觉得他光彩耀人，而不希望看到你在洞悉他实情之后所露出的那种鄙夷之色。因此，如果你认为他并没有那么光鲜，这种对他也许恰当的评价反而会让他觉得自尊心受到了你的严重冒犯。他会抓住每个机会向你展示各种可以让你高看他的证据。他不仅会以那种极度夸张而多余的方式来展示他具有的那些还算不错的优秀品质和才华，有时甚至还会刻意吹嘘自己具备某种他根本不具备或者少得可怜的优秀品质或才能。他非常在意你对他的尊敬，并且会急切地想方设法博取你的尊敬。他之所以不会去伤害而是情愿去维护你的自尊，其实只是期望借此让你也维护他的自尊。他之所以夸奖你奉承你，其实只是为了得到你的夸奖和奉承。他之所以对你彬彬有礼而殷勤有加，有时甚至还经常大张旗鼓地为你提供那种切实而必要的帮助，其实只是试图借机刻意取悦你、收买你，以博得你对他有个好印象。

第二，在挥霍摆阔上有区别。爱慕虚荣者，除了喜欢沽名钓誉之外，当他发现地位与财富可以赢得尊敬时，也想冒充富贵来博得这种尊敬。因此，他的服饰、马车、随从和生活方式，其实全都是用来装阔的，以便让他显得比实际上更尊贵更富有。为了在人生开始的几年维持这种自欺欺人的愚蠢假象，却往往让他在余生中不得不长期陷于穷困。然而，只要还能继续进行片刻这样的挥霍与装阔，他的虚荣心就仍可得到一时的满足。因为他总以为，人们不可能像他本人那样了解自己的一切真相，进而觉得可以借助那些光鲜的外在表象来影响并误导人们对他的看法。在虚荣心所引起的所有错觉当中，这也许是最为常见的一种。很多籍籍无名之辈，无论是在难得的一次出国旅行时，还是从偏远省份到自己国家首都的短暂旅行中，几乎都会通过这种挥霍与装阔的方式来满足自己的虚荣心。他们这种非常愚蠢的做法，尽管根本不值得有理智者去这么做，但很多时候也并非毫无用处。因为，如果他们在外旅行的时间较短，当地人就很难了解他们的真实处境，这样就可以避免丢人现眼的虚荣心被人看穿。并且，当他们的虚荣心在短短数月或几年①之内得到充分满足之后，他们就可以心满意足地回到家里，并

---

① 译注：当时的欧洲，在出游时间上与现在大不相同，出国旅行几个月甚至几年，都是比较常见的事情，因此作者才说"短短数月或几年"。

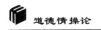

用往后的极度节俭来弥补之前的大肆挥霍①。

38　　但高傲自大者，却极少由于这种愚蠢的挥霍与装阔而受到指责。他心里清楚，若想维护自己的尊严，就必须小心谨慎地保证自己不受金钱困扰。倘若他的物质财富正好不太充裕，即使他希望生活得光鲜体面，但他也会尽力在各种花销中注意节省。他极度讨厌那种为了面子和排场而大肆挥霍的人。这种挥霍浪费或许超出了他的经济能力，并且也是一种不符合自己身份地位的逾矩行为，所以会激起他的愤慨。甚至只要谈到这种挥霍浪费，就会立即激起他最尖刻最严厉的谴责。

39　　第三，在人际交往上有区别。高傲自大者，当他同那些地位相近者相处时，未必总是会觉得自在；如果同那些地位高于自己者相处，他就愈发觉得不自在。因为他根本无法放下心中那高傲的架子，而这些同伴的高傲神态与优雅谈吐又让他不得不产生深深的敬畏，以致他根本不敢在同伴面前再表现出自己那副高傲的样子。所以，高傲自大者会转而寻求同下属、奉承者、侍从等地位低微者为伍；可他实际上又不太尊重他们，也不太情愿与他们为伴，因为他压根儿就不喜欢他们。他很少会去拜访那些地位较高者，即使去了，他也只是为了证明自己有资格与这些人来往，而不是想从交往中获得什么真正的满足。对这种矛盾心理的最准确刻画，莫过于克拉兰敦勋爵②的这段评述：阿伦德尔伯爵③有时之所以喜欢到宫里去，是因为只有在那里，他才能发现比自己高贵的人；他有时之所以又不太喜欢到宫里去，是因为在那里，他总会碰到比自己高贵的人。

40　　但爱慕虚荣者，在人际交往上就截然不同了。他不但不会像高傲自大者那样尽量避开地位高于自己者，反而还会设法争取同那些地位较高者来往。爱慕虚荣者似乎觉得，如果经常混迹于高贵人士当中，就会让自己也显得高贵。因此，他会经常出没于君王的宫廷与权臣的朝会，并且总是表现出一副马上就要升官发财的样子。其实，如果他懂得享受没有升官发财时的那份平淡，就会让他真正拥有更珍贵的幸福。然而，他还是喜欢能够成为权贵的座上宾，并且乐于向别人炫耀吹嘘自己在权贵那里受到了多么热情有礼的接待。为此，他会想方设法寻求结识那些上流社会的人，结识那些能够影响公众舆论的人，结识那些聪明机智、学识

---

　　①　译注：这也许很好地解释了为什么如今有些并不富裕的人特别喜欢炫耀自己出国旅游时购买的奢侈品。当然，我们似乎也应该对这种虚荣心表示一定的理解。

　　②　译注：克拉兰敦勋爵（Lord Clarendon, 1609～1674），即 Edward Hyde，英国保皇派政治家和历史学家，著有《英国内战史》（English Civil War）。

　　③　译注：阿伦德尔伯爵（Earl of Arundel, 1585～1646），即霍华德二世（Thomas Howard），英国贵族，Philip Howard 之子，兼任阿伦德尔二十一世伯爵。他曾在剑桥大学求学，命运多舛，在詹姆斯一世和查理一世宫廷多次担任职务，又曾被投入狱。在 1641 年，他作为最高法官审判了斯特拉福德伯爵（Earl of Strafford, 1593～1641，17 世纪英国资产阶级革命时期君主立宪派代表人物，是反对国王特权的首领之一，后被以叛国罪处死）之后，再次遭到皇室疏远，后来一直旅居在意大利的 Padua，于 1644 年准备返回英国之前去世。

渊博而深得民心的人。不过，如果变幻莫测的民意一旦出现不利于那些人的任何风吹草动，即便是他最要好的朋友，他也会立刻避之不及。尽管他在讨好自己想巴结的那些人时，未必总是需要采用什么高明手段——不外乎都是那种不必要的炫耀卖弄、莫须有的浮夸吹嘘、不断的盲从附和、频繁的溜须拍马，尽管阿谀奉承在多数情况下都会让对方开心又得意，然而，他总也免不了像一个门客那样卑劣露骨而令人作呕地曲意逢迎。高傲自大者则相反，他绝不会去巴结讨好任何人，对人常常也不太客气。

第四，在危害上有区别。爱慕虚荣者的浮夸吹嘘尽管全都毫无根据，然而虚荣心的满足几乎总是让人开心又得意，所以往往也是一种并无恶意的情感。而高傲自大者，则总是会让人感到一种严肃、阴沉和苛刻。爱慕虚荣者的那种虚伪，其实并无大碍，因为他只是旨在抬高自己而不是为了贬低他人。说句公道话，高傲自大者极少会自甘堕落到卑鄙无耻地浮夸欺骗；然而，如果他刻意浮夸欺骗，那就绝不会毫无危害。因为，那种刻意的浮夸欺骗总是怀有恶意，并且总是试图通过贬低他人来抬高自己。高傲自大者如果认为某些人是通过不正当手段而取得了高于自己的地位，那他就会满腔愤慨。他不仅会对他们心生敌意与嫉妒，而且在谈及他们时，凡是有利于证明他们是正当取得其优越地位的证据，他往往都会想方设法地否定或极力贬低。反之，凡是对他们不利的流言蜚语，他往往都乐于去相信它们。尽管他自己很少会去凭空捏造，但他并不会拒绝散布传播，有时甚至还会进行不同程度的添油加醋。总之，即使是爱慕虚荣者那种最无耻的浮夸吹嘘，在我们看来也都是没有恶意的谎言，但高傲自大者一旦自甘堕落到刻意浮夸欺骗，性质就截然相反并且危害更大。

第五，在德行性质上有区别。人们心里对高傲自大者和爱慕虚荣者的那种厌恶，通常容易让人们觉得，凡是有这两种德性缺失的人，他们的德行都会低于而很少会高于普通水准。但我认为，这种看法往往是错误的。因为，尽管高傲自大者的德行实际上不如他自以为的那么高，而且爱慕虚荣者的德行也不如他期望得到的评价那么高，但这两种人的德行往往——也许在绝大多数情况下——都会高出普通水准很多。如果我们将他们的德行总是同自负浮夸关联在一起，那他们似乎就是应受鄙视的真正对象。但是，如果我们将他们的品行同他们的主要竞争对手的实际德行相比，那他们的德行反而会显得远高于普通水准。只要一个人具有真正卓越的德性，心高气傲往往就会促使他产生诸如真诚、正直、高度的荣誉感、诚挚而稳固的友谊、坚强的毅力、坚定的决心等令人敬佩的美德与德性。同样，虚荣心往往也会促使他产生诸如仁慈善良、优雅有礼、小事上乐善好施、大事上慷慨相助等亲切宜人的美德与德性。因为虚荣心常常会促使一个人尽可能地去展现出那种最引人注目的慷慨解囊。比如在上世纪（译按：指17世纪），尽管

41

42

法国人被他们的对手和仇敌指责为爱慕虚荣，而西班牙人也被他们的仇敌指责为高傲自大；然而，除了这两国的仇敌之外，其他国家的人都更倾向于认为法国人通常都非常亲切友善，而西班牙人通常都非常顽强可敬。

43　　第六，在褒贬性质上有区别。"虚荣的"（vain）和"虚荣"（vanity）这两个词，绝不会被视为表示赞美的褒义词。当我们在谈论某个人时，如果正好心情不错，那我们偶尔也会觉得正是虚荣心促使他努力变得更好，或者觉得他的虚荣表现只是让人觉得可笑而不至于厌恶。然而，我们心里还是会把这种虚荣心，视为他德行中的一个小缺点和笑柄。

44　　但"高傲的"（proud）和"高傲"（pride）这两个词，它们有时也会被视为表示赞美的褒义词。当我们在谈论某个人时，无论认为他是一个非常"高傲的"人，还是认为他具有"高傲"这种非常高贵的品质，那往往都意味着他绝不容许自己做出卑鄙无耻之事。此时，"高傲"就含有恢宏气概的高尚成分。亚里士多德这位无愧于洞悉世事的哲学家，当他在刻画描写一个人具有恢宏气概时，通常就会赋予他"高傲"这个特质。而且"高傲"也正是过去两个世纪里（译按：指 16 世纪和 17 世纪）西班牙人通常具有的特质。亚里士多德认为，心高气傲的人，他的所有决断都会经过深思熟虑，他的一切行动都会镇定自若，他的声音会庄重威严、演讲会滴水不漏、步态会从容不迫。在那些凡务琐事上，他会显得漠不关心甚至不屑一顾，因此也绝不会为之奔忙。倘若遇到那种出人头地的重大机会，他就会坚决果敢地全力以赴。也就是说，一方面，他既不会投身于那种无谓的冒险，也不会主动去挑战那些没意义的小危险；而另一方面，他却敢于挑战那些有意义的大危险，以致他即使遭遇了这种重大危险，往往也会奋不顾身。

45　　第七，在自满方面有区别。高傲自大者，通常容易过分自满，进而觉得自己的德行不再需要任何提高。如果一个人认为自己十全十美，那他通常就不怎么重视任何进一步的提高，进而让他从年轻时就开始对自己的德行过度自满，以致这种可笑的自负几乎会伴随他一生。这种极度自满而不知悔过自新的人，最终就会像《哈姆雷特》①剧中所说的那样：在他临终前，不仅没有圣油、没有涂油

---

① 译注：《哈姆雷特》（Hamlet）是莎士比亚在 1603 年出版的一部戏剧。剧中，哈姆雷特王子死去的父亲托梦给他说"是我弟弟的一只手，一下子就把我的生命、我的王冠、我的王后全夺走了。他甚至把我临终忏悔的机会也给剥夺了，我还没有领圣餐，没有接受临终的涂油礼，我所犯罪恶的账也还没有了结，只好到上帝面前去清算了"。在剧中，哈姆雷特是一位丹麦王子，前任国王之子，现任国王的侄子。他出身高贵，从小受人尊敬而且接受了良好的教育，无忧无虑的生活使哈姆雷特成为一个单纯善良的理想主义和完美主义者。在他眼里一切都是美好的，他不知道世界的黑暗与丑陋，他相信生活的真善美而且向往这种生活。然而当他的父亲死亡后，母亲又马上嫁给叔父，再加上父亲托梦告诉哈姆雷特是叔父克劳狄斯害死了父亲时，他迷茫了。哈姆雷特是一个悲情式的英雄，他始终坚持自己的原则，即使充满了复仇的怒火，他也不滥用暴力。他对生活由充满信心到迷茫到再次坚定，在磨炼的过程中，他通过亲身的经历和

礼①，而且他身上的所有罪孽，也无法得到上帝的赦免。

但爱慕虚荣者，在自满方面的表现往往就大不相同。尽管每个人都渴望得到人们的崇敬和赞赏，但只有凭借美德和才华，才会让一个人真正成为人们由衷崇敬与赞赏的对象。而且只有这样的渴望，才称得上对真正荣誉的追求。即使它算不上人性中唯一最美好的渴望，必定也算得上人性中最美好的渴望之一。而且虚荣心往往也不过只是一个人为了沽名钓誉而企图提前获得他当时还不配享有的荣誉而已。所以，即使你的儿子在二十五岁时还是一个爱慕虚荣的纨绔子弟，但你绝不要因此而对他的未来丧失信心；尽管他目前也许只是一个招摇撞骗而徒有其表的冒牌货，但说不定在四十岁之前，他会成为一个非常贤明而值得尊敬的人、一个真正具有才华与美德的人。教育的真谛，就在于能够把这种虚荣心引向正确的目标。既不容许一个人为他那点儿微小成就而沾沾自喜，也不要总是对他那些自命不凡的重要成就泼冷水。如果一个人的内心没有追求成功的欲望，那他根本不可能取得任何成就。所以，要鼓励一个人追求成功的欲望，并为他提供一切有助于他取得成功的手段；而且在他快要取得成功之前，即使偶尔表现出那种志在必得的样子，也不要给予过多指责。

我认为，如果单从高傲自大与爱慕虚荣各自的性质看，那么上述七个方面的区别就是它们所表现出来的明显特征。但高傲自大与爱慕虚荣，有时又会同时出现而难以区分。比如，高傲自大的人，常常也爱慕虚荣；而爱慕虚荣的人，往往也高傲自大。如果一个高傲的人过于高估自己，那他就会希望别人在评价他时给予更多虚荣；反之，如果一个虚荣的人希望别人给予他超过自己心理预期的评价，那同样也意味着他因高傲而过于高估自己了。然而这两种心理，其实都非常普遍而再也自然不过了。因此，高傲与虚荣这两种缺点，经常会出现在同一个人身上，以致它们的那些特征必然就会混杂在一起。比如，我们有时候就会发现，源于虚荣心的那种浅薄无礼的卖弄浮夸，其实也夹杂着源于高傲的那种最伤人自尊而荒唐可笑的傲慢无礼。因此，我们有时候就不太容易区分某种德行的某个具体特征究竟源于高傲还是源于虚荣。

自己的思考来提升自己。在磨炼中他变得坚强，变得不再犹豫，做事果断，他要通过自己的奋斗来改变命运。最终他虽然为父亲报了仇，但还是为了正义而被奸人所害，他的愿望也就落空了。他是为正义而死，死得伟大，但是也让人感到遗憾和惋惜。

①译注：涂油礼，是基督教中极为神圣的一种仪式，天主教神父往往给临终的人或病人施行涂油礼（有时称终傅），油代表圣灵。在涂油之前，先为临终的人或病人祷告，求主赦免其罪，接受临终者的灵魂进入天堂或医治病人之疾病。然后，用油涂其前额，口念："我用油涂你，因圣父、圣子及圣神之名，阿门。"涂油礼曾被作为信徒入教的基本宗教礼仪，后来演变为一种赋予少数人以特殊政治身份和权利的典礼。比如在宗教界，它就变成了教皇、主教的圣职就任加冕礼，以显示上帝对其宗教神权的授予。

48　　然而在自我评价方面，那些才华与功德远高于一般水平的人，当他们采用第二种标准时，除了有人会妄自尊大而表现出上述各种狂妄、自负、高傲与自大之外，同样也有人会妄自菲薄而表现得过分谦逊、谨小慎微甚至自卑。谦卑的人，尽管显得不太威严，但在个人交往中，往往却非常受欢迎。同一个十分谦逊而不摆架子的人交往相处，他的所有同伴都会感到非常轻松自在。然而，倘若他这些朋友并没有高出常人的分辨能力和仁厚善良，那么，即使他们会善待这种谦卑之人，但也很少会给予他足够的尊重，更何况他们的友好与热情也不足以弥补他们的尊重不足和态度冷淡①。因为，那些分辨能力不太高者对某个人的评价从来都不会超过那个人的自我评价。他们甚至还觉得那个人自己似乎也在怀疑他是否配得上自己所拥有的地位或官职。于是，他们就会转而讨好那些狂妄自大而厚颜无耻的蠢货。然而，即使他们具有一定的分辨能力，如果不够仁厚善良，那他们也会利用谦卑者的淳厚朴实，并在他面前摆出一副傲慢无礼而盛气凌人的样子，尽管他们绝没有任何傲慢和摆架子的资格。一个秉性善良的人，即使可以在短时间内忍受这种傲慢无礼，但他还是会逐渐心生厌恶，等到他最终爆发不满时，往往为时已晚。这时，原本属于他的身份地位，已经由于自己的畏缩不前而被那些并没有什么成就，但却善于钻营的同僚所窃取，并且已经永远失去而无法挽回。这种有才华却过分谦卑的人，倘若他早年所结交的那些朋友，尤其是那些他曾经真心帮助过而且有理由视为知己的朋友，如果能够一直公平地对待他，那就算他非常幸运。否则，一个有才华的年轻人，如果不爱抛头露面而过于谦卑，如果与世无争而没有丝毫进取心，等他到了年老时往往就会变得无足轻重、满腹牢骚而心怀不满。

49　　更有甚者在自我评价方面，除了那些有才华者会妄自菲薄之外，似乎那些能力被造物主塑造得远低于一般水平的不幸之人，有时也会严重低估自己而自卑。这种自卑心理，有时会把他们贬低得看起来像个呆子。但只要花点心思对这些看似呆子的人稍作观察，任何人都不难发现，他们当中许多人的理解能力其实丝毫都不逊色于某些公认愚笨却从未被看作呆子的人。许多看似呆子的人其实并不愚笨，他们只需接受普通教育，就能勉强学会读书、写字和算账。然而，许多真正愚笨却从未被看作呆子的人，尽管他们接受过最良好的教育，甚至在年老时仍然以十足的热情，试图学会那些他们在早年教育中没有掌握的东西，但始终也无法有效掌握"读书、写字和算账"当中的任何一项基本技能。然而这些真正愚笨的呆子，却凭借他们内心的高傲而总是将自己置于那些年龄与地位同他们相当的

————————

①　译注：作者的这个说法，多少有点"马善被人骑，人善被人欺"以及"人怕恶人"的意味。在日常生活中，那些过于谦卑、懦弱或愚忠的人，其实总是会吃亏。所以，亚当·斯密和中国的孔子一样，也主张"以德报德，以直报怨"。

人之上，并且总有一股勇气和决心去维持自己在同伴与朋友当中的适当地位。反之，那种因自卑而显得像个呆子的人，却由于内心的自卑而总是觉得自己不如你所介绍给他认识的每个朋友。他极易因显得愚笨而受到不公对待，而这种不公对待又会让他陷入极度愤怒与仇恨之中。以致任何热情的对待、任何友好的举动、任何有兴趣的话题都不能激发他大胆地同你平等交谈。然而，只要你一旦引导他打开话匣子，那你通常就会发现，其实他的谈吐十分得当甚至还很有见识。不过，他在言谈之中总是会流露出内心严重自卑的明显痕迹。他似乎有点儿畏缩胆怯，并且好像不敢与你直视和说话。因为，他只要用你的身份地位来审视自己，那他就会觉得，尽管你表面上看起来谦和又客气，但你心里还是会认为他远不如你。可见，有些——也许大多数——呆子，他们之所以被认为是呆子，其主要或根本原因确实是他们的理解能力本来就鲁钝。但还有一些所谓的呆子，其实只是由于内心自卑而显得像个呆子而已，而他们的理解力其实并不见得逊色于许多真正愚笨却从未被看作呆子的人。尽管高傲的本性，是确保一个人与同胞平等相处所必不可少的。然而，过分自卑者，其内心似乎完全缺乏这种高傲，可真正愚笨的呆子，其内心似乎压根儿就不缺乏这种高傲。

可见，在自我评价时既不要妄自尊大也不要妄自菲薄，这不仅最有利于当事人获得幸福与满足，而且似乎也是公正旁观者最乐于接受和见到的。如果一个人能够不偏不倚地评价自己而绝不吹嘘夸大，那他很少不会赢得别人对自己应有的一切尊重。因为，他只是想要获得自己应得的尊重，而且他对自己所受到的尊重也会感到心满意足。 50

但高傲自大者与爱慕虚荣者往往总不知足。高傲自大者，总以为别人的优越地位名不副实，进而总是感到愤愤不平而苦恼不堪。而爱慕虚荣者，则总是感到担惊害怕，因为他心里清楚，自己那些毫无根据的自我标榜一旦被人识破，他将多么的丢人现眼。哪怕是一个派头十足的人，即使他拥有卓越的才华和耀眼的功勋，即使他得到了命运女神的特别眷顾，但他的过度自我标榜也只骗得了一般民众，而绝对骗不了那些智者。尽管他不太在意一般民众的称赞，而只在意和渴望赢得智者的赞赏与崇敬。然而，他总是担心自己的伎俩会被智者识破，担心自己的狂妄自大会遭到他们鄙视，担心将来被他们揭穿而遭受巨大不幸。因此，他不得不暗中提防这些智者。在开始时，他只是暗中提防他们，到最后就会把那些智者当作公开仇视和怀恨在心的敌人①。可在之前，他正是得益于那些智者的辅佐与友谊才享有那种安枕无忧的最大幸福。 51

---

① 译注：这就是为什么独裁统治者一方面广泛实施愚民宣传、教育和统治，另一方面又极力打压遏制那些有良知的学者和有真知灼见者的声音。

52 　　高傲自大者与爱慕虚荣者，尽管总是会令我们心生厌恶，以致我们常常会低看而不是高看他们。然而，除非受到了针对自己的人身侮辱而被激怒，我们却极少有胆量去招惹他们。为了自身的轻松自在，我们通常宁可选择尽量默默忍受，进而迁就他们的荒唐行为。可是谦卑低调之人却总是会遭到我们极不公正的对待，以致我们至少也会像他本人那样低看他，有时往往有过之而无不及，除非我们比大多数人具有更高的分辨能力而且更仁厚善良。过分谦卑低调之人，其内心感受不仅远不如那些高傲自大者或爱慕虚荣者那样快乐，而且也更容易遭到别人的各种轻视与不公对待。所以，在几乎所有场合，最好保持一点儿高傲而不要事事太过谦卑。更何况在自我评价方面，无论是当事人还是公正旁观者，似乎都喜欢高看自己几分而讨厌任何程度的自我贬低。

53 　　总之，在自我评价方面，就像其他各种情绪、激情和习气都要表现得合宜得体那样，只有做到既不妄自尊大又不妄自菲薄，才会让公正旁观者最乐于接受，而且当事人自己也会感到最愉悦。反之，无论是妄自尊大还是妄自菲薄，最起码的危害不仅会让公正旁观者产生相应的反感，同样也会让当事人感到同等程度的不快。

本卷总结

对自身幸福的关心，要求我们具有审慎的德性；而对他人幸福的关心，则要01
求我们具有正义与仁爱的德性。审慎，会防止我们自己受到伤害；而正义与仁
爱，则会促使我们增进他人的幸福。其实这三种德性，最初并不关乎我们对他人
"实际有什么感受，或者应该有什么感受，或者在某种境况下将会有什么感受"
等方面的关切与顾忌。因为，审慎最初只是源于自爱，而正义与仁爱最初则是源
于心中的仁慈。后来，仅仅出于对他人感受的关切，也会促使并引导我们去践行
审慎、正义与仁爱这三种美德与德性。一个人在他的一生中或者任何重要阶段，
之所以始终能够坚定不移地奉守审慎、正义与仁爱这三种德性的要求，其实无一
不是遵循对心中那个假想的公正旁观者、心中那个大法官、心中那个行为判官的
看法行事。如果我们白天的行为有任何偏离心中那个大法官的要求，比如，如果
我们节俭过度或放松了节俭，如果我们勤劳过度或放松了勤劳，如果我们由于冲
动或疏忽而损害了邻居的利益或幸福，如果我们错过了一个本来可以增进他人利
益和幸福的明显机会。那么到了晚上，心中那个大法官就会追究所有这些疏忽与
缺失，他不仅会斥责我们对自身幸福的愚蠢举动和掉以轻心，而且还会斥责我们
对他人幸福的袖手旁观和漫不经心，进而让我们常常感到羞愧难当。

尽管在不同情况下，自爱和仁爱这两个不同心理因素几乎都会激发我们践行02
"审慎、正义与仁爱"这一类美德与德性。然而激发我们践行"自我克制"这一
类美德与德性的，在大多数情况下几乎全都出于合宜性要求这一个心理因素，或
者说，几乎全都出于对心中假想的那个公正旁观者的看法的遵从。如果没有合宜
性要求的约束，那在大多数情况下，每一种激情都会为了图一时痛快而肆意宣
泄——恕我直言。比如，如果任由怒气滋长，就会变得暴跳如雷；如果担心过
度，就会产生恐惧。唯有时时处处都顾忌行为合宜性的要求，才得以警告人们收
敛自己的虚荣心，而不至于肆无忌惮而傲慢无礼地卖弄吹嘘；才得以劝诫人们减
少骄奢淫逸，而不至于明目张胆、卑鄙下流而恬不知耻地纵情声色。或者说，唯
有时时处处关切顾忌他人"实际有什么感受，或者应该有什么感受，或者在某种

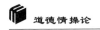
情况下将会有什么感受"，才是确保行为合宜得体的唯一准则；才能够让人们在大多数情况下都可以震慑住一切难以驾驭的狂躁激情，进而把它们收敛抑制到公正旁观者能够体谅接受的程度。

03　　我们在某些情况下之所以会去抑制那些难以驾驭的狂躁激情，其实并非因为我们觉得这些激情本身失宜不当，而更多只是出于我们对激情宣泄之后可能出现的不良后果的审慎考虑。虽然，这种审慎考虑也能让那些狂躁激情得到抑制，但是，引起狂躁的最初根源往往会继续潜藏在心底而一直无法根除。比如，如果一个人只是出于恐惧而抑制心中的愤怒，那他其实并未真正放下心中的怒火，而是在等待一个更安全的宣泄机会。不过，当一个人在向别人诉说自己曾经遭受的伤害时，如果能够得到朋友的更多理解与同情，那他很快就会平静下来，心中的怒火也会随之平息。这样，很快就会让他表现得比较温和，进而让他不再以原先那种恶毒凶狠的眼光去看待自己所遭受的伤害，而是以朋友们通常会采取的那种比较温和而公正的眼光去看待它。这样，他不仅可以抑制住心中的愤怒，而且还能在某种程度上征服甚至根除心中的怒火。这样，他心中的怒火才会真正变得不再像之前那样强烈，从而也不太可能再次刺激他去实施当初也许急欲采取的那种残忍血腥的报复。

04　　可见，那些难以驾驭的狂躁激情如果是出于合宜性的要求而得到抑制，其激情根源也能得到某种程度的抑制甚至根除。但是，如果狂躁的激情仅仅出于对其不良后果的审慎考虑而得到抑制，反而会因为受到压抑而加剧，以致有时候——比如在引发激情的原因消失很久以后而且也没有人再想起它的情况下——会莫名其妙地突然再次爆发，甚至比之前还要狂躁激烈十倍。

05　　诸如愤怒这样难以驾驭的各种狂躁激情，尽管在许多情况下，都可以仅仅出于对其不良后果的审慎考虑而得到非常有效的抑制，尽管对愤怒这类激情的抑制也必须发挥一定的坚强意志与自我克制力，但公正旁观者对这样的抑制有时只会报以一种淡淡的敬意。因为旁观者觉得，那只不过是一种出于精明与审慎的普通行为。只有出于合宜性要求而将愤怒这类激情收敛并抑制到公正旁观者能够理解接受程度的那种自我克制，才会让旁观者感到由衷的钦佩。尽管旁观者往往也可以在前一种抑制方式当中看出几分合宜性甚至几分美德，但此时的这种合宜性与美德却远远逊色于后一种抑制方式当中所蕴含的那种总是会让旁观者深感钦佩的合宜性与美德。

06　　审慎、正义与仁爱这一类美德与德性，通常只会倾向于产生那种最宜人的后果。其实最初激发行为当事人去践行这些美德与德性，后来又得以激发公正旁观者去赞赏这些美德与德性的，正是那些宜人的后果。我们之所以会赞赏审慎者的德行，其实是因为我们觉得，在沉着冷静与深思熟虑这种德性的保护下，审慎者必然会享有那种特别称心如意而安宁平静的生活。我们之所以会赞赏正义者的德行，其实是因为我们觉得，所有那些与正义者有关联的人——无论是邻居、朋友还是生意伙伴，都会因他审慎周全的考虑而绝不会受到伤害或冒犯，从而也能享有同样称心如意而安宁平静的生活。我们之所以会赞赏仁爱者的德行，其实是因为我们能够体会到，所有受恩者心中的那种感激之情以及他们心中对恩人功德的那种高度钦佩。总之，当我们在赞赏诸如此类的所有德行时，这些德行所产生的那些宜人后果和所发挥的那些有益作用，以及这些德行践行者本人或旁观者心中的那种合宜性，总是会成为我们产生赞赏之情的重要因素，往往也是主要因素。

然而，当我们在赞赏自我克制这一类美德与德性时，它们所产生的那些后果就不足以成为我们产生赞赏之情的主要因素，而往往只是其中的一个微小因素。因为那些后果，有时可能是令人愉悦的，而有时可能又是令人讨厌的。我们的赞赏之情，尽管在前一种善果情况下无疑会很强烈，但在后一种恶果情况下也绝不会彻底消失。比如英勇无畏的勇气，就有可能产生性质截然不同的后果，它既可用于伸张正义，也可用于助纣为虐。前一种英勇无畏，无疑会赢得更多喜爱与钦佩；不过后一种英勇无畏，似乎仍然含有那种高尚可敬的成分。因为，当我们在赞赏诸如英勇无畏这种与自我克制有关的所有美德与德性时，让我们觉得最光彩夺目的品质，似乎总是当事人在发挥自我克制过程中所表现出来的那种恢宏气概与坚定意志以及他为了做到并维持自我克制而必需的那种强烈合宜感。这时，通常很少有人会再去关心英勇无畏或自我克制所产生的那些后果是否有益。

第七卷

论各种道德哲学体系

　　在我们的心灵深处，究竟有一种什么力量或判断能力让我们觉得某种品行——不管它的本质是什么——是值得赞许的？或者说，我们的心灵究竟是如何做到以及通过何种方式让我们喜欢一种行为而讨厌另一种行为？让我们认为一种行为是正确的而另一种行为是错误的？进而让我们把一种行为视为应受赞许、推崇与奖赏的对象，而把另一种行为视为应受谴责、鄙弃与惩罚的对象？

第一章　道德理论所探究的问题

关于道德情感的本质与起源，历代学者提出过许多不同理论，只要对那些最著名最有影响的道德理论稍作考察，我们就会发现几乎所有理论，其实都与我前面一直在努力阐述的理论当中的某个观点完全吻合。并且，如果读者已经充分理解我在前面所作的各种论述，也就不难搞清楚，各种道德理论的学者们究竟是基于何种人性观点或者是基于人性的哪一面，来构建他们的那些道德理论体系的。曾经名满天下的各种道德理论，其实从本质上看，也许都源于我前面一直在努力阐明的那些人性原则当中的某一种。由于这些道德理论全都以人性原则为基础，所以，单就理论基础这一点而言，它们都具有几分正确性。然而很多道德理论却仅仅基于某种片面而不完整的人性观察，所以它们同时也都存在某些方面的错误。

道德哲学理论的各种研究，通常会考察两方面的问题：首先会考察美德的本质究竟取决于什么？或者说，究竟什么样的心性品质和行为品格决定着某种品行是卓越而值得称道的，决定着某种品行会成为人们尊重、崇尚和赞许的自然对象？其次会考察在我们的心灵深处究竟有一种什么力量或判断能力让我们觉得某种品行——不管它的本质是什么——是值得赞许的？或者说，我们的心灵究竟是如何做到以及通过何种方式让我们喜欢一种行为而讨厌另一种行为？让我们认为一种行为是正确的而另一种行为是错误的？进而让我们把一种行为视为应受赞许、推崇与奖赏的对象，而把另一种行为视为应受谴责、鄙弃与惩罚的对象？

当我们探究第一方面的问题时，就会考察美德的本质是否如同哈奇森博士①

01

02

03

---

① 译注：弗兰西斯·哈奇森（Francis Hutcheson, 1694～1746），亚当·斯密大学时期的哲学老师，1730 年开始任格拉斯哥大学的道德哲学教授，18 世纪苏格兰启蒙运动的奠基人，苏格兰哲学之父，其著作涉及伦理学、形而上学、逻辑学、美学，他于 1722 年发表了《逻辑学纲要》与《形而上学概要》，在他去世后，由他儿子在 1755 整理发表了三卷本《道德哲学体系》。他特别强调的是"道德知觉"，他的伦理观深刻地影响了休谟与亚当·斯密。

所认为的那样取决于仁爱；或者是否如同<u>克拉克</u>博士①所认为的那样取决于我们时时处处都保持行为合宜；或者是否如同其他学者所认为的那样取决于我们追求真正而安稳的幸福时的睿智与审慎。

04　　　当我们探究第二方面的问题时，不管某种美德行为的本质取决于什么，我们就会考察我们崇尚或赞许某种品行——包括自己和他人的品行——是否出于自爱之心，是否在于它最有利于增进我们的个人利益；或者就会考察我们的赞许是否出于理性，以及这种理性是否如同它为我们指明真理与谬误之间的区别那样，也会为我们指明一种品行与另一种品行之间的区别；或者就会考察我们的赞许之情是否出于那种所谓"道德知觉"的特殊官能，以及这种"道德知觉"是否如同它让邪恶品行令人感到厌恶和不快那样，也会让美德行为令人感到满意和愉悦；最后还会考察我们崇尚或赞许某种品行是否出于人性中诸如"同情感"（译按：即同理心）这类心理因素的作用。

05　　　接下来，我将在第二章中对历代探究第一方面问题的各种道德哲学理论进行讨论说明，然后在第三章中对历代探究第二方面问题的各种道德哲学理论进行讨论说明。

---

① 译注：塞缪尔·克拉克（Samuel Clarke，1675 年 10 月 11 日至 1729 年 5 月 17 日），英国哲学家和神学家。他在 22 岁（1697 年）时就将雅克·罗奥（Jacques Rohault，约 1617 ~ 1672）的《论物理学》（*Traité de Physique*）翻译成拉丁文出版并进行了注释，著有《上帝的存在与神性》（*A Demonstration of the Being and Attributes of God*，1705 年）。他被认为是在约翰·洛克（John Locke，1632 ~ 1704）与乔治·柏克莱（George Berkeley，1685 ~ 1753）时代之间英国哲学界的主要代表人物。

第二章　各种关于美德^①本质的学说

引　言

各种有关"美德的本质究竟取决于什么"的学说，或者各种关于"究竟什么样的心性品质，决定着某种品行是否卓越而值得称道"的学说，其实可以分为三类。第一类学说的学者认为，高尚的心性品质，其本质并不在于情感本身的性质如何，而是取决于我们的情感是否受到自己心性的适当控制和引导。因为，我们不仅需要根据那些情感所追求的目标是什么，而且还要根据它们在追求目标时所表现的激烈程度，来确定那些情感本身究竟是善良有德的还是邪恶无德的。因此，在这些学者看来，美德的本质就在于合宜性。　01

第二类学说的学者认为，美德的本质在于我们追求个人利益与幸福时的那种审慎，或者取决于那些以自爱为唯一目标的个人情感是否得到了恰当的控制和引导。因此，在这些学者看来，美德的本质就在于审慎。　02

第三类学说的学者认为，美德的本质取决于我们的个人情感是否以他人的幸福为目标，而那些以自身幸福为目标的个人情感则毫无美德可言。因此，在这些学者看来，唯有无私的仁爱行为才配称得上真正的美德。　03

显然，凡是得到了恰当控制与引导的所有情感，我们通常会笼统地认为它们全都具有美德成分；或者至少会认为，其中某一类或某一部分情感具有美德成分。由于我们的情感主要分为自爱和仁爱两大类，因此也可以认为，凡是得到了恰当控制与引导的情感，即使我们不会笼统地认为它们全都具有美德成分，那我们必定也会认为，那些以自身幸福为直接目标的自爱之情和那些以他人的幸福为　04

---

① 译注：这里译作"美德"的"virtue"这个词，在本章及随后章节的个别段落中，亦有几分"德性"之意，而且个别地方的"virtue"会直接译作"德性"。

直接目标的仁爱之情至少具有美德成分。可见，如果美德的本质不在于合宜性，那它必定就在于审慎或者在于仁爱。除此三者之外，我们几乎很难想象还能再对美德的本质给出其他任何解释。接下来，我将尽力阐明那些表面上看似不同于上述三种观点的学说，其实在本质上都与这三者当中的某一种观点不谋而合。

第一节　主张美德以合宜为本的学说

01　　　柏拉图①、亚里士多德②和芝诺③等学者认为，美德的本质就在于行为的合宜性，或者说，就在于我们的情感与行为是否同激发它们的客观对象相宜相称。下面就来讨论一下这几位学者的观点和学说。

02　　　（1）柏拉图的学说认为④，人性⑤其实就如同一个小国家或小城邦那样，也

---

① 译注：柏拉图（Plato，前427年~前347年），古希腊伟大的哲学家，雅典唯心主义者，他是整个西方文化最伟大的哲学家和思想家之一。柏拉图和老师苏格拉底及学生亚里士多德并称为希腊三贤。他创造或发展的概念包括：柏拉图思想、柏拉图主义、柏拉图式爱情等。柏拉图的主要作品为对话录《理想国》（The Republic），其中绝大部分都有苏格拉底出场。但学术界普遍认为，其中的苏格拉底形象并不完全是历史上真实存在的苏格拉底。全书主要论述了柏拉图心中理想国的构建、治理和正义，主题是关于国家的管理。涉及了政治学、教育学、伦理学、哲学等多个领域，思想博大精深，几乎代表了整个古希腊的文化。他酷爱哲学和几何学，他在雅典开设的"柏拉图学院"门口挂有"不懂几何学者勿入此门"的牌子。他的最高理想是"哲学家应为政治家，政治家应为哲学家"。哲学家不是躲在象牙塔里的书呆子，应该学以致用并求诸实践。有哲学头脑的人要有政权，有政权的人要有哲学头脑。

② 译注：亚里士多德（Aristotle，前384年~前322年），古代先哲，古希腊哲学家，世界古代史上伟大的哲学家、科学家和教育家之一，堪称古希腊哲学的集大成者。他是柏拉图的学生，亚历山大的老师。公元前335年，他在雅典办了一所叫吕克昂的学校，被称为逍遥派。马克思曾称亚里士多德是古希腊哲学家中最博学的人，恩格斯称他是"古代的黑格尔"。作为一位百科全书式的科学家，他几乎对每个学科都作出了贡献。他的著作涉及伦理学、形而上学、心理学、经济学、神学、政治学、修辞学、自然科学、教育学、诗歌、风俗以及雅典法律，从而构建了包含道德、美学、逻辑和科学、政治和玄学在内的西方哲学系统。他的著述主要有《工具论》《物理学》《形而上学》《伦理学》《政治学》等。

③ 译注：芝诺（Zeno of Citium，约前336年~约前264年），生于塞浦路斯的季蒂昂，古希腊哲学家，斯多葛学派创始人。他是把哲学分为逻辑学、物理学和伦理学的第一人，是自然法理论的真正奠基者。他改进了赫拉克利特的"火"理论，认为火是世界的始基，而神则是原始的火，万物的形成皆是火的作用。芝诺主张"顺其自然、服从命运"，认为这就是"善"。主要著作有《共和国》《论依照自然生活》等。

④ 原注：See Plato de Rep. lib iv.（见柏拉图《理想国》第4卷）。

⑤ 译注：这里译作"人性"的英文词"soul"，有"灵魂、心性、内心、心灵、道德品质"等义。如果在这里（以及在本节中）把"soul"译作"心性"，也同本卷第一章和本章引言最为契合。但为了便于对本节的理解并与本节第5、第7、第8段的"nature"（人性）保持名词统一，在本章中除了第8段的"soul"以外，均译作"人性"而不译作"心性"或"灵魂"。

由不同层级的三个部分组成①。

人性的第一部分，就是判断能力。它不仅决定什么才是我们用来实现某个目标 03 的正当手段，而且还决定什么才是适合我们追求的目标，以及我们究竟应该赋予每个目标多大的相对价值。柏拉图十分恰当地将这种判断能力称为"理性"，并且认为理性处于能够驾驭所有情感的支配地位。按照他的观点，显然，理性不仅会指导我们如何区分真理与谬误，而且还会指导我们判断各种欲望和情感是否合宜。

尽管各种不同的激情和欲望天生都是理性支配和驾驭的对象，但它们又很容 04 易与理性这个主人对抗。因此，柏拉图又把它们分为不同层级的两类。第一类——也就是人性的第二部分，包括那些源于自尊心与愤恨的激情或欲望，以及后来的经院学派②所认为的那些源于人性中"易怒部分"的激情或欲望，比如野心、憎恨、追求荣誉、害怕丢脸、渴望成功、追逐权势、报复心等。简而言之，所有那些通常被我们委婉地比喻为"用来展现勇气或表达怒火"的激情，都可以归属于第一类。第二类——也就是人性的第三部分，包括那些源于贪图享乐的激情或欲望，以及后来的经院学派所认为的那些源于身体的相关激情或欲望，比如口渴、食欲、性欲等各种源自身体的欲望，以及贪图舒适自在、渴望安全无虞、追求一切感官满足等激情或欲望。

我们的行事原则如果是出于理性判断，如果是我们在冷静时作出的那种最有 05 利于实现既定目标的决定，那我们都很少会打破自己的行事原则。但是，如果我们受到上述两类激情或欲望当中某一个的驱使，无论是受到难以驾驭的野心与愤怒的驱使，还是受到眼前的舒适与逸乐的不断诱惑，那我们都有可能打破自己的行事原则。尽管这两类激情或欲望极易把我们引入歧途，但它们仍然是人性当中必不可少的组成部分。正因为有第一类激情或欲望的存在，才得以让我们保护自

---

① 译注：柏拉图认为，既然国家是由人组成的，那它其实就是放大了的"人"。他在《理想国》中提出，人性（即心灵）是由理性、激情和欲望三个部分组成，并且分别对应着"智慧""勇敢""节制"三种德性。理性在心灵中处于支配地位并且也是最优秀的部分，它的德性是"智慧"；激情是根据理性的命令来激发行为的部分，它的德性是"勇敢"；欲望则是心灵中最普通低劣的部分，它的德性是"节制"。而与之相对应地，国家或城邦也由三部分组成，即统治者（圣贤：代表智慧）、护卫者（军人：代表勇敢）和劳动者（民众：代表节制）。在理性的驾驭下，各种德性就会和谐一致，进而让智慧、勇敢、节制、正义这四种美德变得完美。

② 译注：经院学派（Schoolmen），是中世纪西欧教会哲学家所组成的思想流派，它的理论依据主要来自《圣经》、教父著作、希腊哲学、罗马法、教会法，其中罗马法和希腊哲学尤其是亚里士多德的哲学，则是他们经济学说的主要来源。这个学派建立的经院哲学用哲学形式为宗教神学作论证，是一种理论化、系统化的神学。经院学派最著名的哲学家是13世纪的托马斯·阿奎那，他在自己的名著《神学大全》当中也讨论了大量有关经济学的问题。经院学派通常分为两派：一派是以传统的"学究式的"研究方法来探索自然；另一派是以科学的实验方法来探索研究自然，这派代表人物是牛津大学第一位校长格罗斯泰特，被称为"科学的实验方法之父"。

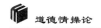

己免受伤害、维护我们在人世间的地位与尊严、促使我们追求高尚与荣耀，让我们崇尚那些追求高尚与荣誉的人。正因为有第二类激情或欲望的存在，才得以促使我们为自己的身体提供各种给养和必需品。

06　　　在理性的支配驾驭下，我们所表现出的那种坚强、敏锐与圆融，其实也蕴含着审慎这种美德的成分。柏拉图也认为，审慎就在于我们总能基于整体和审慎去考量"哪些才是适合我们追求的目标，以及哪些才是我们实现目标的正当手段"，从而总能作出正确而清晰的识别与判断。

07　　　那些源于"易怒部分"的第一类激情或欲望，如果在理性的支配约束下能够表现出如同在追求荣华富贵时的那种藐视一切危险的坚强与毅力，那它们就变成了刚毅坚韧与恢宏气概之类的美德。柏拉图的学说认为，源于"易怒部分"的第一类激情或欲望，要比那些源于"身体欲望"的第二类激情或欲望更有气概也更高贵。在许多情况下，第一类激情或欲望都被视为理性的一种补充，以便更好地阻止和约束那些低级粗野的第二类激情或欲望。正如众所周知的那样，如果我们由于贪图享乐而被诱使去做了自己讨厌的事，我们往往也会对自己感到愤怒，进而遭到自己的厌恶和愤恨。所以，人性当中的那个"易怒部分"正是以这样的方式来唤起第一类激情或欲望，进而帮助"理性"去阻止或约束那些由"身体欲望"引起的第二类激情或欲望。

08　　　人性当中这三个不同的组成部分，如果彼此能够完全和谐共处，一方面，无论是源于"易怒部分"的第一类激情，还是源于"身体欲望"的第二类激情，都不再去追求理性不允许的任何满足；另一方面，理性也不再要求这两类激情去做任何有违它们自身意愿的事情。那么，这种内心深处的幸福与宁静、完美与和谐，就达到了希腊语当中那个通常被我们翻译为"节制"[1] 的美德。当然，如果把这个词翻译为"性情平和"或"内心的冷静与克制"[2] 也许更为恰当。

09　　　在四项基本德性[3]中，除了理性、勇敢和节制之外，最后一种也是最重要的一种就是正义。柏拉图的学说认为，如果人性中这三个部分当中的每个部分都能各司其职而互不干扰；如果理性占据支配地位而各种激情居于从属地位；如果每一种激情都能恪守本分、都能顺其自然而毫不勉强地去追求它的正当目标，并且所付出的力量和精力也恰好同所追求目标的价值相符相称；那么这样的行为，就

---

[1]　译注：原著对应英文词为 temperance。

[2]　译注：原著对应英文词为 good temper, or sobriety and moderation of mind。

[3]　译注：柏拉图及亚里士多德认为，心灵（即人性）中具有四项重要德性，即智慧（包括知识、理性和审慎）、勇敢、节制（包括克制）和正义，并且，这几种德性是密不可分的，如果一种德性在心灵中出现，其他所有德性必然会一起出现。这与中国孟子认为"人天生就具有仁、义、礼、智四个善端"相似。

做到了正义，就达到了那种至真至善的美德和高度的合宜性。其实这样的正义就是继古代**毕达哥拉斯**学派①某些哲学家之后**柏拉图**所认为的那种正义。

值得注意的是，在**希腊**语中表示"正义"的那个词，其实有几层不同含义。并且据我所知，在其他所有语言中用来表示"正义"的那个词，同样也有几层不同含义。所以，"正义"的各层不同含义之间必然存在某些密切的内在联系。"正义"的第一层含义就是，只要我们没有对某个人造成任何实际伤害，比如既没有直接伤害他的身体，也没有侵犯他的财产或损害他的名誉，那就可以认为我们对那个人做到了正义。这层意义上的正义，就是我之前阐述过的那种可以强制人们遵守的并且一旦违反就会遭到惩罚的正义。"正义"的第二层含义就是，当某个人的德行、地位以及我们对他的从属关系都要求我们对他表示适当的爱戴、恭敬与尊重时，如果我们心中实际上对他并不怀有这些敬意，并且也没有相应的实际行为表现，那就可以认为我们没有对那个人做到正义。这层意义上的正义就是说，假设某个人有恩于我们并且理应受到报答，如果我们既没有尽力报答他，也没有像一个公正旁观者乐于看到的那样去尽力善待他，即使我们没有对他造成任何直接伤害，那也可以认为我们并没有对那个人做到正义。第一层意义上的正义其实就是**亚里士多德**及经院学派所说的"交换正义"（commutative justice）②和**格劳秀斯**③所说的"补偿正义"（justitia expletrix）。这层意义上的正义就在于我们不侵犯他人的一切，就在于无须强制我们也会自愿遵守。第二层意义上的正义其实就是某些学者所说的"分配正义"（distributive justice）④和**格劳秀斯**所说

10

---

① 译注：毕达哥拉斯学派（Pythagoreans），亦称"南意大利学派"，由古希腊哲学家和数学家毕达哥拉斯（前580年~约前500年）及其信徒组成的学派。他们多是自然科学家，把美学视为自然科学的一个组成部分。认为宇宙完全可以只用一个主要原理来进行解释，它就是数，科学的世界和美的世界都是通过数组来体现的。美表现于数量比例上的对称与和谐，而和谐起于差异的对立，美的本质就在于和谐。

② 译注：柏拉图及亚里士多德将正义分为交换正义、补偿正义、分配正义。交换正义主要涉及处理公平交易的问题。按照现代法理学的解释，交换正义是指交易行为主体在进行交换活动时应遵循合理性标准和正义的价值原则，是对主体的交易行为、交易过程、交易的内容等所进行的正义与否的价值评判和追问；交换正义是社会正义的一个重要方面。补偿正义涉及对被侵害者的财富、荣誉和权利的恢复和补偿，在该领域，不管谁是伤害者，也不管谁是受害者，伤害者补偿受害者，受害者从伤害者处得到补偿。分配正义涉及财富、荣誉、权利等有价值的东西的分配；在该领域，对不同的人给予不同对待，对相同的人给予相同对待，也就是给每个人应得的。

③ 译注：格劳秀斯（Hugo Grotius，1583~1645），荷兰著名政治家、法学家，现代国际法学的奠基人。格劳秀斯14岁就进入大学，16岁随荷兰大使赴法兰西，20岁任官修《荷西战史》总编辑，25岁担任荷兰省检察长，这一切让人觉得格劳秀斯是一位天才，然而格劳秀斯的成功并不限于此，他的著作《战争与和平法》《捕获法》和《论海上自由》都是以自然法为基础，全面系统地论述了近代国际法的基本原理，使他成为近代国际法学的奠基人，进而被世人誉为"国际法始祖"。

④ 原注：这里所说的"分配正义"与亚里士多德所说的分配正义的含义略有不同。亚里士多德所说的分配正义更多的是指合理地分配社会公共财产与报酬。参见亚里士多德的《伦理学》（Ethic）第1卷第5册第2章。

的"归属正义"（justitia attributrix）。这层意义上的正义，就在于适当的仁慈善良，就在于合理分配和利用自己的精力与财物，从而把它们恰当地用在那些在我们看来最需要的慈善事业或慷慨大义上。因此，所有社会美德似乎都可以视为做到了第二层意义上的正义。然而在希腊语中，"正义"这个词其实还含有第三层含义，尽管它与第二层含义非常相似，但它有时又比前两层含义的外延更广。并且据我所知，在各种语言中，"正义"这个词都具有这层外延更广的含义。而"正义"的第三层含义就是，如果我们没有按照公正旁观者通常所认为的那样对某个特定对象给予足够的尊重或敬意，或者没有以足够的热情去追求某个特定目标，那就可以认为我们有违公平或正义。比如说，如果我们对一首诗或一幅画的赞美不够充分，那就可以认为我们没有公正地对待它们；反之，如果我们对它们的赞美言过其实，那就可以认为我们对它们的评价超出了一般的公平。再比如说，如果我们对涉及自身利益的某个特定目标显得不够在乎，那同样也可以认为我们对待自己不公。总之，所谓第三层意义上的正义，其实就是指在行为举止上的那种严格而完美的合宜性。也就是说，我们不仅要做到"交换正义"和"分配正义"的各种要求，而且还要做到诸如审慎、刚毅、克制等美德的各种要求。柏拉图所说的正义，显然就是第三层意义上的正义，所以他才会认为，只要各种美德做到尽善尽美，就可以视为做到了正义。

11　　以上就是柏拉图关于"美德的本质究竟取决于什么"的观点，或者说，就是他关于"究竟什么样的心性品质才会成为人们真正称道和赞赏的对象"所提出的看法。总之他认为，美德的本质就在于人性中的那三个部分都能安守本分而互不干扰，就在于每个部分都能严格按照符合自身能力和程度的要求去各司其职。显然，柏拉图的这些看法其实在各个方面都与我们前面有关"行为合宜性"方面的论述相吻合。

12　　（2）亚里士多德的学说认为①，美德的本质就在于那种真正受到理性约束而合宜得体的一贯行为表现。在他看来，每一种具体美德对行为的要求，通常都介于两个极端表现之间的某种中间状态。一个极端，就是在受到某种特定事物的影响时那令人反感的过激表现；而另一个极端，则是那种令人讨厌的无动于衷。比如，刚毅或勇敢这种美德，其实就介于"懦弱胆怯与草率鲁莽"这两个对立的极端表现之间的某种中间状态，前者对恐惧反应过度而令人反感，而后者对恐惧估计不足而令人反感。又比如，节俭这种美德，其实就介于"抠门吝啬与铺张浪费"这两个极端表现之间的某种中间状态，前者对自身利益太过在乎，而后者则对自身利益缺乏应有的关切。又比如，不卑不亢这种美德，其实同样也介于

---

①　原注：参见亚里士多德《伦理学》（*Ethic*）第 1 卷第 2 册第 5 章等，以及第 1 卷第 3 册第 5 章等。

"妄自尊大与妄自菲薄"之间的某种中间状态，前者在自我评价与自尊方面表现得太过浮夸放肆，而后者则表现得太过拘谨谦卑。毋庸置疑，亚里士多德的这些看法其实也同我们前面有关"行为合宜性"方面的论述完全吻合。

在亚里士多德看来①，美德的本质其实更多在于那种适度而得体的一贯行为表现，而不在于那些合理而正当的情感或动机。若要理解他这个观点，那就必须注意一点，美德既可以指某种行为的品质，也可以指某个人的品行。如果美德是指某种行为的品质，那么，即使按照亚里士多德的说法，美德其实也取决于激发行为的那个情感是否得到恰当的理性克制，而不关乎这种理性克制是否已经成为某个人惯有的品行。如果美德是指某个人的品行，那么美德就取决于他是否做到一贯的理性克制，取决于理性克制是否已经成为他惯有的心性品质。比如偶然因素所引发的慷慨行为，尽管它本身无疑是一种高尚行为，但出于偶然因素而慷慨解囊的那个人，他本人未必就是一个高尚的人。因为，那也许是他唯一的一次慷慨之举。尽管激发他做出那个慷慨行为的内在动机与意图也许非常正当和恰当，但他这种好心肠其实只是源于他一时兴起而不是源于那种稳定或惯有的品性，因此也就不会给他带来什么高尚的荣誉。然而，当我们赋予某些品性以慷慨、仁慈或正直等名称时，其实每一个名称都是指某个人所惯有的品行而不是指某种行为本身的品质。因为任何形式的单次行为，无论其行为本身有多么合宜得当，都很难表明行为当事人也具有相应的品行。如果仅凭一次行为就足以证明行为当事人具有某种美德，那么，即使一个最卑鄙无耻的人，也可以声称自己具有所有美德，因为任何人都可以在某种情况下做出一次审慎、正义、节制或坚韧的行为。无论某个单次行为有多么值得称赞，其实都很难让行为当事人赢得什么称赞；然而，一个平常循规蹈矩者的一次偶然邪恶行为，却会让他原有的美德大打折扣甚至毁于一旦。因为这种邪恶行为只需一次就足以表明他的品行不够完美，进而让我们容易觉得他不再像之前的一贯表现那样值得信赖。

亚里士多德之所以主张美德在于一贯保持行为的合宜得当，还有可能因为他一直反对柏拉图的观点②。柏拉图似乎认为，只要对"哪些事情适合做而哪些事情又应该避免"这个问题有正确的认知与合理的判断，就足以让一个人表现出那种最完美的美德。在柏拉图眼里，美德似乎可以视为一门学问。因此他认为，绝没有人会在明知"是非对错"原则的情况下故意背道而驰。柏拉图还认为，即使激情和欲望③有可能诱使我们去违背那些似是而非的要求，但我们还不至于去

13

14

---

① 原注：见亚里士多德《伦理学》(*Ethic*) 第 1 卷第 2 册第 1、第 2、第 3、第 4 章。
② 原注：见亚里士多德《大伦理学》(*Mag. Mor.*) 第 1 卷第 1 章。
③ 译注：这里的"激情和欲望"是指在本节第 4 段提及的那些源于人性中"易怒部分"的第一类激情以及源于"身体欲望"的第二类激情。

违抗那些清晰明确的判断。<u>亚里士多德</u>的观点则相反，他认为，绝不可能仅凭"是非对错"原则的理解就可以培养出那种良好的内在品性，因为良好的道德品质并不在于理论上的认知，而在于付诸实际行动。

15　　　（3）<u>斯多葛学派</u>①创始人<u>芝诺</u>的学说认为②，天性让每一个动物都优先关爱自己并赋予它自爱之心。因此，自爱之心不仅会极力促使每个人去维护自己的生命，而且还会极力促使每个人将自己天性构造中的每个部分——身体的每个部分和内心的每种感受，都尽可能地维持在那种最完美的状态。

16　　　　正是人类的自爱之心——恕我直言，促使我们每个人都乐于保护自己的身体以及所有器官、乐于保护自己的内心以及内心的一切感受，进而渴望把自己的身体与内心都保持在最完美的极佳状态。因此，天性会引导并告诉我们，凡是有助于保持这种完美状态的事物，都是适合我们选择的；凡是有可能破坏这种完美状态的事物，都是我们应当拒绝的。比如，凡是能够增进健康、强壮、轻松、舒服等有利于身体便捷的外在事物，凡是能够增进财富、权势、名誉、他人的尊重与

---

① 译注：斯多葛学派（Stoical），即斯多葛哲学学派，又称斯多亚学派，是塞浦路斯岛人芝诺（Zeno，约前336年～约前264年）于公元前300年左右在雅典创立的学派。由于创始人芝诺经常是在雅典集会广场的画廊（古希腊语为：Stoa Poikile）聚众讲学，故该学派称为画廊学派（英文 stoic 来自希腊文 stoa，原指门廊或画廊，后专指斯多葛学派）。

斯多葛学派是希腊化时代影响极大的一个重要哲学派别，与柏拉图的学园派、亚里士多德的逍遥学派和伊壁鸠鲁学派共同被称为古希腊的四大哲学学派，也是古希腊流行时间最长的哲学学派之一，前后绵延500年之久，一直到公元2世纪的罗马时期。斯多葛学派认为，"世界理性"决定事物的发展变化。所谓"世界理性"其实就是神性，它是世界的主宰，个人只不过是神的整体中的一分子。所以，斯多葛学派是唯心主义的。在社会生活中，斯多葛派强调顺从天命，要安于自己在社会中所处的地位，要恬淡寡欲，只有这样才能得到幸福。他们自称是世界主义者，打破了希腊人和野蛮人之间的传统界限，宣扬人类是一个整体，只应有一个国家，一种公民，即世界公民。而这个国家也应由智慧的君主来统治（但这种理论其实只是为马其顿统治希腊服务的）。在国家观方面，斯多葛派认为，国家不是人们的意志达成协议的结果，而是自然的创造物。

斯多葛学派一直受到苏格拉底和犬儒主义的双重影响，主要经历了三个发展阶段。早期，从唯物主义到辩证法，带有宿命论和禁欲主义，代表人物除了芝诺以外，还有克里安西斯（Cleanthes）、克利西波斯（Chrysippus）等。中期，抛弃斯多葛派的唯物辩证主张，倾向宗教和神秘主义，代表人物有潘尼提乌、波昔东尼、西塞罗等。晚期，主张宿命论和禁欲主义，代表人物有塞内卡（Senica）、爱比克泰德（Epictetus）和马库斯·奥勒留（Marcus Aurelius，罗马帝国皇帝，斯多葛学派晚期最著名的哲学家，著有《沉思录》）。

斯多亚主义提出的自然法思想、个人主义、世界主义和平等观念是西方政治文化的主要源泉之一，对后世政治思想的发展有着深远影响，是我们不得不认真对待的重要思想遗产。斯多亚主义起源于希腊城邦制度解体后的希腊化时代，它同当时的怀疑主义、犬儒主义和伊壁鸠鲁主义一样，都是对后城邦社会的一种反思和回应。

正是希腊哲学中的斯多亚主义、犹太教中关于唯一上帝的信仰、希腊哲学中的柏拉图主义以及罗马的法律精神，共同构成了基督教的基础。

② 原注：见西塞罗《论道德目的》（De Finibus）第3卷或蒂欧根尼·拉尔修所著的《芝诺传》（Zeno）第7卷第84段。

敬意等有利于内心愉悦的外在事物，自然都会成为我们乐于选择的事物，自然就会让我们更乐于拥有它们而讨厌缺少它们。反之，凡是有可能导致疾病、瘦弱、笨重与疼痛等有损于身体便捷的外在事物，凡是有可能导致穷困、无权无势、他人的轻视与憎恨等有损于内心愉悦的外在事物，同样也都自然会成为我们厌恶而避之不及的事物。即使在这两类相对立的每一类事物本身，其中也总有一些事物相比同类事物当中的另外一些事物，会显得更为可取或更应避免。比如在第一类事物中，身体健康显然就比身体强壮更重要，身体强壮又比身体轻松更重要；而名誉显然就比权势更重要，权势又比财富更重要。比如在第二类事物中，身体疾病比身体笨重更应避免，耻辱比穷困更应避免，穷困比失去权势更应避免。所以，芝诺据此认为，美德的本质与行为的合宜性就在于当我们面对各种不同的选择时，是否总能根据"趋利避害"的天性做出正确取舍；就在于当我们面对多个选择却又无法全部得到时，是否总能做到"两利相权取其重"；就在于当我们面临多个应该规避的事物却又无力全部规避时，是否总能做到"两害相权取其轻"。也就是说，当我们面临各种抉择时，如果总能根据每一个事物在世间万物中所注定的地位与重要性来作出准确判断和正确取舍，从而能够给予每一个事物恰如其分的应有关切，那在斯多葛学派看来，我们就做到了那种具有真正美德而完美合宜的行为。这样，我们的行为就符合天性的要求，就遵从了造物主的旨意和她为我们确立的行为准则；这样，我们就达到了斯多葛学派所宣称的那种"安守本分而顺从天命"的幸福状态①。

斯多葛学派所主张的"美德的本质在于行为合宜性"的观点，其实与亚里士多德及古代逍遥学派②的看法并无太大差异。　17

斯多葛学派认为，既然按照天性的要求，那些适合我们关切的主要对象不仅包括我们家人、亲戚和朋友的幸福与成功，而且还包括我们国家、整个人类和全世界的繁荣与兴盛；既然造物主已经告诫我们，两个人的幸福比一个人的幸福更重要，而多数人或者人类整体的幸福必然就更加重要无比；既然我们自己只是人类整体当中的一分子；那么我们的个人幸福，无论是与人类整体的幸福发生了冲突，还是与多数人的幸福发生了冲突，即使我们可以自由选择，我们的个人幸福也应该让位于更重要的整体幸福。斯多葛学派认为，既然世间万事万物都遵循那位圣明、万能而仁慈的上帝的旨意，那我们就应该完全相信，不管发生什么事　18

① 译注：请读者注意，亚当·斯密并不赞同斯多葛学派所主张的这种"宿命论"。作者对本节第17～42段中所提及的各种"宿命论"观点，只是肯定其中少部分有积极意义的说法，而对其他大多数观点都持批判态度。在本节第43～47段中，亚当·斯密对斯多葛学派的"宿命论"与人的天性进行了对比分析。

② 译注：逍遥学派（The Peripatetics），是由亚里士多德及其学生所建立的古希腊哲学学派，又称亚里士多德学派。在古希腊语中，περιπατητικ6意为"漫步的艺术"，相传亚里士多德在生前经常一边散步一边教授学生，形同一位漫步的哲学家，故称逍遥学派。

情——无论结果好坏，其实都有助于人类整体的繁荣、幸福和圆满。因此，如果我们自己陷入了穷困、疾病或其他任何不幸之中，那么，只要在不违背正义与道德准则的前提下，我们首先应该尽自己的最大努力从这种讨厌的处境当中解脱出来。但是，在我们竭尽所能之后，如果仍然无法改变处境，那我们这时就应该安于现状。因为在此期间继续处于那种境况，其实是出于社会整体的和谐运转与幸福圆满的一种需要。甚至我们自己也会觉得，社会整体的繁荣与幸福要比微不足道的个人幸福更重要。因此，如果我们想要在情感和行为上保持完全合宜得体与公平正义——也只有这样才会成就我们人性的完美，那我们对于此时的个人处境，无论好坏都要乐于接受。如果真的出现了能够让我们解脱的机会，那么，抓住这个机会就变成了我们的个人责任。因为这时，社会整体的和谐运转显然不再需要我们继续处于那种境况，而且那个伟大的世界主宰，显然已经号召我们脱离那种处境，并为我们指明了应该选取的道路。因此，当我们的亲人、朋友和国家遭遇不幸时，我们同样也应该采取这种态度。如果我们有能力去防止或结束他们的不幸，只要不违背神的旨意，这么做无疑就是我们义不容辞的责任。更何况，行为合宜性这条朱庇特①为我们确立的行为准则，显然也会要求我们这么做。不过，如果防止或结束他们的不幸完全超出了我们的自身能力，那么这时，我们就应该将他们的不幸视为不幸之中的万幸。因为我们这时应该相信，他们的不幸其实最有利于社会整体的和谐运转与繁荣兴盛。只要我们没有失去理智和公心，就应该把社会整体的和谐运转与繁荣兴盛作为我们最渴望的目标。总之，正因为我们的个人利益只是人类整体利益的一部分，所以，我们不仅应该把人类整体利益作为我们追求的主要目标，而且还应当作为唯一的终极目标。

19　　斯多葛学派哲学家爱比克泰德②曾经指出："无论我们是基于什么判断来认定一些事情符合而另一些事情有违我们的天性，其实都是以'我们自己与其他一切事物都毫不相关'这个假设作为前提。比如说，如果你把脚看作纯粹的一只脚而与身体无关，那就可以认为，脚保持干净符合它的天性。但是，如果你把脚看

---

　　① 译注：朱庇特（Jupiter），罗马神话中诸神的主神，也是天界的主宰，相当于希腊神话中的宙斯（Zeus）。

　　② 译注：爱比克泰德（Epictetus，约55～约135），古罗马最著名的斯多葛学派哲学家之一。出生于古罗马东部弗里吉亚（Phrygia）的一个奴隶家庭，童年时被卖到罗马为奴，后又被转卖给罗马权臣爱帕夫雷狄德（Epaphriditus，即爱帕夫罗迪德 Epaphroditos，约25～约95，早年也是尼禄的奴隶，后来被主人解放并成为罗马皇帝尼禄的私人秘书）为奴。尽管爱比克泰德自幼一腿残疾而且身体羸弱，但却展现出极高的哲学天赋，并对斯多葛哲学产生了浓厚的兴趣，所幸主人非常器重他，让他获得自由并师从斯多葛哲学家鲁佛斯（Rufus）。他后来在罗马建立了自己的斯多葛哲学的讲学堂，从事斯多葛哲学的教学。因罗马皇帝图密善（Domitian，51～96）害怕哲学家日益强大的影响力对皇权构成威胁，便将爱比克泰德等驱逐出罗马。他移居希腊尼科波里斯后，以教书终其一生。他一生甘守清贫，本人并没有著作，他的学生阿利安记录了他的许多谈话，并整理为《爱比克泰德演讲录》。

作身体的一部分而不是一只纯粹的脚，那理所当然，脚有时就会去踩污泥，有时会去踩荆棘，有时甚至会为了整个身体的需要而被锯掉。如果它拒绝这么做，那它就不再成其为身体的一只脚。所以，我们也应该这样来看待自己。你究竟如何定位你这个人？如果你把自己视为与社会毫无关联的独立个体，那么，长寿、富有和健康就符合你的天性。但是，如果你把自己视为一个与社会有密切关联的人，视为整个人类当中的一分子，那么，出于人类整体利益的需要，你理所当然有时就会生病、有时会遭遇航海麻烦、有时会陷入穷困，甚至也许会在你天年未尽之前死去。既然如此，那你又何必抱怨不休呢？难道你不知道，如果你像一只只求自个儿干净的'脚'那样，为个人的各种不幸或麻烦而抱怨不休，那你就也不再成为社会中的一个人。"[1]

　　爱比克泰德认为，智者[2]从不抱怨上天注定的个人命运，即使时运不济，他 20 也不会认为命运对自己不公。因为智者既不会认为自己与社会中的其他人毫无关联，或者自己就是社会的全部，也不会认为他只是为了自己而存在，或者只有他自己才会关心自己。因为智者会从心中那个人类与世界的伟大守护神的视角来看待自己。智者似乎领会到了神的旨意——如果我可以这么形容的话，并把自己视为浩瀚宇宙中的一个原子或一颗微粒，进而觉得个体必须而且应该服从整体利益的安排。智者坚信，上帝会用她的智慧来主宰人世间的一切，因此，那些降临到自己身上的命运，无论好坏他都会欣然接受；只要他清楚宇宙万物之间的关联与依存关系，那他就会心满意足地接受上帝对自己命运的安排。如果他的命运是生，那他就应该好好地活下去；如果他的命运是死，那就意味着人世间肯定不再有他的容身之处，他就应该坦然地前往命运为他安排的另一个世界。有位愤世嫉俗的哲学家同样也主张斯多葛学派这种"顺从天命"的人生态度，他曾经就这样说道："无论降临到个人头上的命运如何，我同样都会乐于接受并感到满意。无论富裕还是贫穷、开心还是痛苦、健康还是疾病，在我看来全都一样。因此，我绝不会祈求众神改变我某个方面的命运。即使允许我在众神已经赐予我的恩惠之外再向众神请求点儿什么，那我也只是希望她们最好事先告诉我，究竟我应该如何做才会令她们感到高兴和满意，以便让我可以主动按照她们为我所安排的命运行事，从而表明我是多么乐于接受自己的命运安排。"爱比克泰德也有类似论述："如果我准备航海，那我就会选择最好的船只和舵手，并且会等待最好的天气。因为，这不仅是我的职责所在和即将面临环境的要求，也是上帝为我确立的诸如审慎与合宜性等行为准则的要求。除了这些之外，众神并不会对我的航海提

────────────

　　① 原注：这段话见《阿利安》（Arrian）第 2 册第 5 章，即爱比克泰德的学生阿利安所编撰的《爱比克泰德演讲录》。

　　② 译注：智者（wise man）这个词在本书中多次出现，通指那些有大智慧、有理智或明智的人。

出更多详细要求。即使我在航海时遭遇风暴，即使风暴强度超过了船只坚固与舵手本领的抵御能力，我也绝不会自寻烦恼而去担心各种可怕后果。因为，要求我必须做的所有事情，我全都已经尽力去做了。并且，指引我们行为的众神，也从未要求我表现出痛苦、焦虑、沮丧或害怕。至于我们最终会被淹死，还是会在某个港口安全靠岸，<u>朱庇特</u>早已做好安排而绝非我自己所能左右。我会完全接受<u>朱庇特</u>的命运安排，因此，我绝不会心神不安地去忧虑<u>朱庇特</u>究竟会做出什么样的决定，而是平静而坦然地接受任何可能的结果。"

21　　　　<u>斯多葛学派</u>之所以会主张"顺从天命"，是因为他们认为，智者始终应该坚信，是上帝用她的仁慈和智慧主宰着这个世界的一切，所以他会完全服从命运的一切安排，因为无论好坏，都是上帝圣明而恰当的安排。这种信念，必然会让智者非常淡然地去看待自己人生中的一切际遇。智者的全部幸福快乐，首先，在于思索如何促进这个伟大的人类社会的繁荣兴盛与幸福完美，在于思索如何促进这个由众神、人类以及一切有理性有智慧的生灵组成的伟大共和国的和谐运转；其次，在于能够尽忠职守，在于能够事无巨细而恰当地履行那些由圣明上帝指派给他在这个伟大共和国中所承担的种种事务。在智者眼里，至关重要的是自己的种种努力是否合宜；至于他这些努力的结果，无论成败都无足挂齿，既不会让他更高兴或更悲伤，也不会让他的渴望或厌恶更强烈。即使他喜好某些事情而讨厌另一些事情，即使他选择了某些境遇而拒绝了另一些境遇，那既不是因为他认为前者在各方面本来就优于后者，也不是因为他觉得所谓的幸运与顺遂会比所谓的不幸与逆境带给自己更完美的幸福，而是因为行为合宜性——这条众神为他确立的行为准则——要求他作出那样的抉择与取舍。因此，他的所有情感和精力，就会全部倾注于两个主要方面：思索如何让自己尽忠职守、思索如何为一切有理性有智慧的生灵谋求尽可能最大的幸福。他之所以会满足于全身心地投入到为众生谋求最大的幸福之中，是因为他心中坚信那个伟大宇宙主宰的智慧与力量。他唯一担心顾虑的是如何让自己做到尽忠职守，然而他这种担心，并不是因为他在乎自己努力的结果，而是因为他在意自己的种种努力是否合宜得体。无论结果如何，他都坚信伟大的宇宙主宰总是会用她那超凡的力量与智慧，确保自己努力的结果最终都有利于增进自己最渴望增进的那个伟大目标——人类的整体繁荣与幸福。

22　　　　不过我认为，我们之所以会作出这种恰当的抉择或取舍，最初似乎并非出于合宜性的考虑，而是基于我们对那些事物本身的了解与认知、基于那些事物本身的有利或危害程度，进而出于趋利避害的考虑而作出的抉择或取舍。到后来，当我们充分认识到这种恰当的抉择或取舍所产生的良好秩序、优雅风度和美好品质之时，当我们感受到这种做法所带来的幸福快乐之时，才让这种抉择或取舍，在我们眼中的价值不仅远远大于我们在选择那些有利事物时所实际获得的价值，而且也远远大于我们在放弃那些有害事物时所实际避免的损失。一个人的幸福与荣誉，其实就缘于时时处处都恪守行为合宜性的要求；而一个人的不幸与耻辱，其实就缘于他不够重视行为合宜性的要求。

　　然而斯多葛学派却认为，如果智者的激情和欲望①已经完全服从理性这个支配原则的控制，那他在任何情况下都可以同样轻松地严格奉守行为合宜性的要求。如果他诸事顺遂，那他就会感谢朱庇特为自己安排了那种易于掌控的环境，以致他很少会受到什么诱惑而做错事情。如果他诸事不顺，他同样也会感谢朱庇特这位人类生活的主宰为自己安排了一位强劲对手。尽管这会让自己与对手的竞争更激烈，但所取得的胜利也会带来更高荣誉，而且他确信自己必将赢得最终胜利。请问，当我们在遭遇不幸或困顿时，如果做到了行为合宜而且毫无过错，难道我们会感到遗憾或羞愧吗？所以，只要做到行为合宜，我们就不但不会感到羞愧有罪，反而会获得最大的好处和利益。勇敢者在面对命运安排的那些危险时，只要不是自己草率鲁莽所致，他就会欣然迎接挑战。因为他觉得，那些危险为自己提供了锤炼英勇无畏精神的机会，而挑战那些危险就意味着更高的合宜性和更高的钦佩，进而让他满怀激情地欣然接受危险挑战。这就好比一个人只要得到了充分体格训练并掌握了所有格斗技巧，那他就绝不会害怕同最强劲对手比试身体力量或身手敏捷。同样的道理，一个人只要能够驾驭自己的一切激情和欲望，那他就绝不会害怕面对宇宙主宰认为本该由他承受的任何处境。上帝赐予智者的各种德性，足以让他轻松应对各种处境。比如，如果拥有了快乐，他有"节制"这种德性去约束它；如果遭遇了痛苦，他有"坚韧"这种德性去承受它；如果遭遇了危险或死亡，他有"刚毅和英勇"这种德性去藐视它。总之，人生中的任何变故都不会让智者惊慌失措或束手无策，也不至于让他不知道应该如何保持情感与行为的合宜性。因此在智者心里，只有保持行为合宜，才会真正成就自己的幸福与荣誉。

　　可见，斯多葛学派似乎仅仅把人生片面地看作一场需要高超技巧的比赛，而且比赛结果还存在偶然因素或者俗称的运气成分。因此，这场比赛的赌注或结局通常都无所谓，而比赛的全部乐趣就在于"玩得漂亮、玩得公正和玩得巧妙"。也就是说，即使一个品德高尚者发扬了自己的全部美德，如果由于机遇不佳而碰巧失败，那他也应该把这种失败看作一件令人高兴而不是令人真正伤心的事情。因为在斯多葛学派看来，只要品德高尚者没有做出任何失宜不当的错误举动，只要他没有做出任何令自己羞愧的事情，即使失败，他也应该充分享受这场人生比

23

24

① 译注：本段中两处"激情和欲望"，均指在本节第4段提及的那些源于人性中"易怒部分"的第一类激情以及源于"身体欲望"的第二类激情。

赛过程中的各种乐趣。反之，如果一个劣迹斑斑的卑鄙之徒，即使由于走了好运
而碰巧获胜，那他也只应对这种成功感到极小的满足。因为在斯多葛学派看来，
只要他一想到自己曾经犯下的错误，就会感到羞愧难当，即使成功，他也无法感
受到这场人生比赛过程中的丝毫乐趣。因为他没有掌握人生比赛的规律，以致他
在每一次行动之前，都会产生害怕、疑惑、犹豫等令人不快的感觉；如果他在每
一次行动结束之后，发现自己酿成了大错，那他通常就会懊恼不已而浑身不快。
可见在斯多葛学派眼里，人的生命以及生命可能带来的种种益处，不过只是两个
便士的赌注、一种微不足道而不值得什么忧虑的东西。斯多葛学派进而认为，在
人生的竞逐过程中，唯一值得我们挂虑的，并非那两个"便士"的赌注，而是
我们情感与行为的合宜性。如果我们将自己的幸福寄托于赢得那两个"便士"
的赌注上，那就无异于将我们的幸福寄托于那些超出自己能力范围而不受控制的
偶然因素之上。这必然就会让我们长期处于惶恐与不安之中，从而常常感到悲伤
和绝望。如果我们将自己的幸福寄托在"玩得漂亮、玩得公正和玩得机智与巧
妙"之上，总之就是寄托在自己行为的合宜性之上，那我们就是将自己的幸福寄
托在那种完全在自己能力范围之内而且完全可以自己掌控的东西之上，因为我们
有严格的准则、良好的教育和正当的志趣作为基础。于是，我们的幸福就会绝对
安全无虞而不受运气好坏的影响。如果我们行为的结果超出了自身能力所能左右
的范围，那我们就不至于去忧心那些结果，进而既不会感到惶恐与不安，也不会
感到悲伤和绝望。

25　　　斯多葛学派还极端地认为，人的生命本身就如同人生中可能遇到的各种有利
或有害事物那样，也可以根据不同处境的需要来作为我们抉择或取舍的对象。如
果在我们的实际处境中，令人内心愉悦的情况多于令人内心不快的情况，而且应
该选择的情况也多于应该放弃的情况，那出于整体考虑，这时的生命就是我们应
当选择的对象，而且行为合宜性也会要求我们继续生活下去。反之，如果我们的
实际处境没有丝毫改善希望，令人内心不快的情况多于令人内心愉悦的情况，而
且应该放弃的情况也多于适合选择的情况，那在智者眼里，这时的生命就已经成
为应当舍弃的对象，他不仅有权决定舍弃自己的生命，而且行为的合宜性——这
条众神为他确立的行为准则——也会要求他舍弃生命。爱比克泰德就曾对他的学
生说："当我被逐出尼科波利斯，我就不住在那里；当我被逐出雅典，我就不住
在雅典；当我被逐出罗马，我就不住在罗马；最后，当我被流放到狭小而乱石成
堆的盖雷岛①，我就住在那里。可盖雷岛上的房子'烟雾'弥漫。如果'烟雾'
不那么大，我就会忍受着继续住下去。如果'烟雾'太大，我就会走进那间再

---

①　译注：盖雷（Gyarae）岛，位于爱琴海中的一个岛屿，是罗马帝国早期用于流放罪犯的地方。

也没有任何暴君能把我赶走的安身之所。我心中那间舒适的安身之所，总是大门敞开，并且时时刻刻都向世人张开着怀抱，因此，我随时都可以放下一切而奔向它的怀抱。在那里，除了我的贴身衣服之外，除了我的身躯之外，再也没有任何世人有权凌驾于我之上。"这位斯多葛学派哲学家继续说道："如果你的处境总体上已经令人厌恶，如果你房子里的'烟雾'太大，那你无论如何都要从那里走出来。而且走出来的时候，千万不要愤愤不平、怨声载道、满腹牢骚，而要保持心平气和、心满意足、满怀欣喜。同时，我们还要感谢众神。因为正是这些众神，用她们那无限慈悲为我们建立了'死亡'这个安全宁静的避风港，并且时刻准备迎接我们脱离那个惊涛骇浪的人生汪洋；正是这些众神，为我们准备了这个神圣而不受侵犯的巨大庇护所，并且让它总是敞开怀抱以便我们随时可以进入。在这个庇护所，我们将彻底远离人世间的各种暴戾与仇恨、不公与不义；这个巨大的庇护所，足以容纳那些愿意和不愿意投入它怀抱的所有人；在这个庇护所，每个人再也没有任何可以抱怨的借口，或者说，每个人都不用再担心自己的人生会遭遇什么不幸，除非他愚蠢又软弱。"

斯多葛学派流传下来的那些为数不多的哲学残篇断章，有时就会采用上述那种轻松甚至草率的口吻去谈论放弃生命的话题。如果我们只考虑那些残篇断章的片面论述，就可能误导自己相信那些哲学家的观点，从而让我们误以为，只要心里觉得不痛快，哪怕只是最轻微的厌倦或不如意，每个人随时都可以理所当然地肆意放弃自己的生命。比如，爱比克泰德就有这样一段论述："当你同某个人共进晚餐时，如果他不停地讲'我的朋友，刚刚跟你说的，是我如何占领这个战略高地的，现在我要再跟你讲一讲，我在另一个地方是如何被陷入包围的'，如果他以这样的方式跟你讲述他在米西亚战争①的冗长经历，那你当然会抱怨他喋喋不休。但是，如果你不愿忍受他的喋喋不休，那你就不应该接受他的晚餐；如果你接受了他的晚餐，那你就不再有什么借口抱怨他的喋喋不休。然而，你所说的人生中的那些不幸，其实也是如此。所以，你永远不要抱怨那些你随时都有能力主动规避的事情。"尽管爱比克泰德嘴上说起来简单又轻松，但真要在放弃生命与继续活着之间作出抉择，即使在斯多葛学派眼里，也是一件需要极其慎重考虑的事情。所以我觉得，我们绝不应该轻言放弃生命，除非那个最初赐予我们生命的主宰已经明确要求我们这么做。但这并不是说，只有当命中注定的天年将尽而

---

① 译注：爱比克泰德所说的"米西亚战争"（Mysian Wars），是指罗马帝国建立初期，发生在米西亚地区的战争。米西亚（Mysian）是古希腊位于小亚细亚西北部的一个小城邦，北邻马尔马拉海，西邻爱琴海。由于荷马（Homer，约前 9 世纪～约前 8 世纪的古希腊诗人）在他的《荷马史诗》中，将特洛伊人在这个地区的原始盟友称为"米西安人"（Mysians）而得名。从公元前 12 世纪以来，它一直是兵家必争之地，战争频发。它先后由吕底亚（lydia）、波斯（Persia）和珀加蒙（Pergamum）统治，在公元前 129 年，被并入罗马的亚细亚行省。

且死亡已经无法避免之时，才认为我们可以被要求放弃生命。无论任何时候，只要那个主宰生命的上帝的旨意让我们的生活处境总体上显得放弃生命比继续活下去更有利，只要她为我们所确立的"行为合宜性"这条伟大准则也要求我们放弃生命，那就可以认为，我们听到了"上帝明确要求我们放弃生命"的那个庄严而仁慈的召唤。

27　　　斯多葛学派正是基于"听从上帝召唤"这种说法而认为：一位智者即使本来可以生活得很幸福，然而放弃生命也许是他的使命；反之，一个弱者即使必定生活得很不幸，然而继续活下去也许是他的责任。① 比如，在一位智者的实际处境当中，如果本该舍弃的东西多于可以保留的东西，那他的整个处境就已经变得应该舍弃；而且众神为他确立的行为合宜性要求，也会要求他尽早放弃自己的生命——只要死能得到升华。然而，他却完全是幸福快乐的，尽管他也可以选择继续苟活。因为智者既不会把他的幸福寄托于拥有那些自己选择的东西本身，也不会寄托于避开那些自己放弃的东西本身，而总是寄托于自己的抉择取舍是否完全合宜之上。比如，不是寄托于成功本身，而是寄托于他在追求成功的过程中所做的各种努力是否合宜之上。反之，在一个弱者的实际处境当中，如果本该保留的东西多于可以放弃的东西，那他的整个处境就应当继续维系，而且继续活下去也是他的责任。然而他却是不幸的，因为他不知道如何应对那些处境。这如同他拿到了一手好牌，却并不知道如何出牌，以致无论是在玩牌的过程中还是在牌局结束时，也不管牌局碰巧出现什么样的结果，他都无法感受到玩牌的真正乐趣或满足。②

28　　　关于"在某些情况下应当主动放弃生命"这个观点，尽管斯多葛学派相比其他古代哲学学派也许显得更为坚持。然而，这个观点却是他们的共同看法，甚至是追求内心平静、主张生活简朴的伊壁鸠鲁学派③也支持这种看法。这种观点

---

　　① 译注：前者比如说，有些人为了追求真理、正义或忠义，可以拒绝"荣华富贵"的生活而选择"舍生取义或杀身成仁"；后者比如说，有些人虽然生活穷困或不幸，也会为了抚养孩子或尽忠尽孝等责任而不得不选择继续活下去。

　　② 原注：见西塞罗（Cicero）《论道德目的》（De Finibus）第3册第18章，奥利弗特（Olivet）出版社。

　　③ 译注：伊壁鸠鲁学派（Epicureans），由古希腊哲学家 Epicurus（前342年~前270年，西方第一个无神论哲学家）所创立的学派。伊壁鸠鲁学派是原子论唯物主义者，拥护德谟克利特的理论，反对迷信，否认神的干预。他们认为人死魂灭，这是人类思想史上的一大进步。伊壁鸠鲁延续了昔兰尼（Cyrene）学派的亚里斯提卜（Aristippus，约前435年~约前360年，苏格拉底的学生之一但不太出名）的观点，认为最大的善是驱逐恐惧、追求快乐，以达到一种宁静（ataraxia）而自由的状态。但他们所主张的快乐，绝非肉欲与物质享受之乐，而是排除情感困扰后的内心宁静之乐。伊壁鸠鲁学派主张简朴而节制的生活，目的就是要防止奢侈生活对一个人身心的侵袭。罗马共和时期，伊壁鸠鲁学派的著名代表有菲拉德谟和卢克莱修。后者所著哲学长诗《物性论》，系统地宣传和保存了伊壁鸠鲁的学说。

之所以会成为他们的共同看法，其实是因为，在古代各主要哲学流派创始人不断涌现的哲学大发展时期，在<u>伯罗奔尼撒</u>战争①期间及其战后多年，当时<u>希腊</u>的所有城邦，其内部因激烈的派系斗争而几乎一直处于动荡之中，其外部则纷纷卷入血腥的残酷战争之中。当时的每一个城邦，不仅都试图通过战争来赢得霸权统治，而且还想把所有敌人都赶尽杀绝，或者将战败者全都贬为最劣等民族——但这并不比赶尽杀绝显得更仁慈，要么把战败者贬为自己的奴隶，要么不分男女老幼地把他们全都当作牲口一样在奴隶市场上卖给出价最高的买者。由于大多数城邦的规模都非常小，这就极易导致他们相互频繁征战，进而让彼此都经常陷入同样的战争灾难之中。其实每一个城邦所遭受过的灾难，也许正是他们在讨伐报复某些邻国时实际施加或试图施加给对方的灾难。在这种内忧外患的动荡之中，即使是一个最光明磊落的人，即使他拥有崇高地位而且身居要职，他也无法确保家人、亲属和同胞等任何人的安全，甚至连他自己也说不定在哪一天会由于某个曾经强烈敌对党派的突然得势而遭到对方最残忍最卑鄙的报复与惩治。如果他在战争中被俘入狱，如果他所在的城邦被敌人攻占，那他可能就会遭受更大的伤害和侮辱。因此在每一个人心中，通常甚至必定都可以清楚地预见到自己的处境可能会经常面临哪<u>些</u>灾难。这就如同一个水手，他不可能不经常担忧航海过程中会遇到风暴或发生船难，甚至会葬身大海；他也不可能不清楚，当遭遇这些灾难时自己将会有什么感受又应该如何应对。同样的道理，那个动荡战乱时代的<u>希腊</u>爱国者或英雄，他们心里不可能不会清楚地意识到，自己的处境必然经常甚至总是会让自己受尽各种磨难。他们也如同那<u>些</u>美洲野蛮人那样，不仅会事先为自己准备好死亡之歌，而且还会事先想好，如果自己一旦落入敌手，当自己即将被敌人酷刑折磨至死之时，当自己面对围观者的凌辱与嘲笑之时应当如何应对。所以，那个动荡战乱时代的<u>希腊</u>爱国者或英雄们，同样也不可避免地会经常绞尽脑汁地考虑，如果自己被流放、被监禁、被沦为奴隶、被酷刑折磨、被送上断头台，那他将会遭受什么样的痛苦又该如何应对，又在哪<u>些</u>情况下应该自行了断。于是，古代各流派哲学家就这样逐渐形成并提出了"在某些情况下应当主动放弃生命"这个主张。尽管各个流派的哲学家都在非常理直气壮地提倡美德；尽管他们宣称，如果想要追求今生的幸福，那就只有按照理性、勇敢、节制和正义这四项德性的要求行事，因为这不仅是一条最有可能的坦途，而且也是一条最

---

① 译注：伯罗奔尼撒（Peloponnesian）战争，这里指发生在公元前431元～前404年的第二次伯罗奔尼撒战争。是发生在以雅典为首的提洛同盟与以斯巴达为首的伯罗奔尼撒联盟之间的一场长期战争。期间双方曾几度停战，最终雅典战败而斯巴达获得胜利。这场战争结束了雅典的古典时代，也结束了希腊的民主时代，从根本上改变了希腊国家制度。战争给繁荣的古希腊带来了前所未有的破坏，导致战后希腊奴隶制城邦的危机，整个希腊开始由盛转衰。几乎所有希腊城邦都参加了这场战争，其战场几乎涉及了当时的整个希腊语世界。因此在现代研究中，也有人称这场战争为"古代世界大战"。

可靠的必由之路。然而实际上，那些遵照美德要求行事的人，却未必总能避免遭受各种灾难，甚至由于国家动荡所引发的突然变故，有时反而让一个人由于坚守正义等美德而招来灾祸。因此，为了鼓励人们坚守正义和美德，各个哲学学派都在极力阐明那种通过追求美德而获得的幸福极少甚至完全不会受到命运变化的影响。比如斯多葛学派就认为，这样的幸福完全不会受到命运变化的影响；而学园学派①和逍遥学派②的哲学家则认为，这样的幸福只会受到命运变化的极少影响。不过他们都一致认为，那种出于理性、审慎和善良的行为，首先，最有可能确保各项事业取得成功；其次，即使遭遇挫折或失败，至少在良心上可以问心无愧。一个人只要按照美德的要求行事，那他仍然可以享受到心中的那份自我赞许，无论外在结果有多么出乎意料，他的内心感受仍然总是平静、安宁而和谐。因为，他相信自己会赢得每个明智而公正的旁观者的喜爱与崇敬，即使自己受挫或失败，旁观者也会赞赏他的品行，并为他的运气不佳感到遗憾。这样，通常就可以让他求得安慰。

29　　　古代各派哲学家同时还试图阐明，人生中可能遭受的那些最大不幸也许比通常想象的更容易忍受。以致他们想方设法地想要证明，即使一个人陷入穷困、被流放或遭到舆论的不公指责，即使一个人在眼瞎耳聋或垂暮将死之际而不得不继续劳作，但他仍然可以获得某种慰藉。他们还认为，这种"一个人总能获得某种慰藉"的观念，也许有助于支撑一个人在极度痛苦或遭受酷刑折磨时，在遭受病魔困扰之时，在失去孩子、亲人或好友而悲痛时，总能表现出那种一贯的坚强。在流传至今的那些为数不多的古代哲学残篇断章当中，有关"一个人总能获得某种慰藉"方面的论述，也许是最有价值和教益的古代文化遗产。他们的论述所表现出来的那种精神和气概，同近代某些哲学理论所表现出来的那种消沉、悲观、哀怨的论调形成了鲜明的对比和反差。

30　　　然而古代各派哲学家，一方面试图通过以上这种论述来让人们相信自己"总

---

　　　① 译注：学园学派（Academic），它是柏拉图学派另一称呼。柏拉图年轻时曾跟随希腊哲学家苏格拉底学习哲学，受到逻辑思想影响，后来成为雅典举世瞩目的大哲学家。柏拉图从毕达哥拉斯学派吸收了许多数学观点，并运用到自己的学说中，因此，柏拉图的哲学提高了对数学科学的兴趣。他充分认识到数学对研究哲学和宇宙的重要作用，并积极鼓励自己的朋友、学生学习和研究数学。柏拉图在雅典建立了自己的学派和学园，在教学中非常重视数学的严谨性，坚持准确地定义数学概念，强调清晰地阐述逻辑证明，系统地运用分析方法和推理方法，并把这种方法运用到作几何图形上。据说在他的学园门口写着"不懂几何者不得入内"。

　　　② 译注：逍遥学派（Peripatetic），是由亚里士多德及其学生所建立的古希腊哲学学派，又称亚里士多德学派。在古希腊语中，περιπατητικ&意为"漫步的艺术"，相传亚里士多德在生前经常一边散步一边教授学生，形同一位漫步的哲学家，故又称逍遥学派。

能获得某种慰藉"，进而让人们的内心变得像米尔顿①所说的那样宛如三层钢铁般顽强；而另一方面，他们同时又挖空心思地试图说服他们的门徒和追随者相信，其实死亡本身并没有也不可能有什么可怕的。因此无论任何时候，只要他们的处境变得过于艰难而无法继续忍受，解脱办法其实唾手可得，死亡之门一直敞开着，只要他们愿意，随时都可以欣然无畏地奔向它的怀抱。他们还宣称，如果尘世之外不存在另一个世界，那么，人在死后就不会再有任何罪恶；如果尘世之外存在另一个世界，那么，众神必定也会同样存在于那个世界，有了众神的保护，光明磊落的人也就不必担心死后会有什么罪恶。总之，古代各派哲学家这种"坦然赴死"的主张，就如同为人们准备的一首"死亡之歌"——如果我可以这样比喻的话，以便让那个时代的希腊爱国者与英雄们可以在需要之时吟唱它。而且我觉得还有一点是人们所公认的：那就是在古代所有哲学学派当中，斯多葛学派所准备的那首"死亡之歌"，最为激昂也最为鼓舞人心。

然而自杀现象，其实在那个时代的希腊人当中，似乎并不多见。除了克莱奥梅尼②之外，我确实想不起在古希腊时代还有哪位非常著名的爱国者或英雄是自杀而死的。阿里斯托梅尼斯③之死与阿贾克斯④之死一样，由于都发生在还没有真实历史记载的遥远年代，因此，也就很难考证他们是否真的自杀而死。广为流

31

---

① 译注：约翰·米尔顿（John Milton，1608 年 12 月 9 日至 1674 年 11 月 8 日），英国诗人、政论家、民主斗士，是英国文学史上伟大的六大诗人之一。代表作品有长诗《失乐园》（*Paradise Lost*）、《复乐园》和《力士参孙》《论出版自由》。他在 17 岁时（1625 年）就进入剑桥大学并开始写诗，大学毕业后又攻读文学 6 年。1638 年，米尔顿到欧洲游历。1640 年英国革命爆发，米尔顿毅然投身于革命运动之中，并发表了 5 本有关宗教自由的小册子，1644 年，米尔顿为争取言论自由又发表了《论出版自由》。1649 年，革命胜利后的英国成立共和国，米尔顿发表了《论国王与官吏的职权》等文，以巩固革命政权。1660 年，英国封建王朝复辟，米尔顿被捕入狱，不久又被释放，此后他专心写诗。

② 译注：克莱奥梅尼（Cleomenes，约前 265 年～前 219 年），指古代希腊城邦斯巴达国王克莱奥梅尼三世，公元前 235 年，他在父亲列奥尼达斯二世死后继承王位。由于他在对外战争赢得胜利而博得威望，然后用暴力废除了监察官，流放了反对派，彻底废除了斯巴达的"二王制"（一个国王留守，一个国王对外作战），并取得大权独揽的地位。随后继承亚基斯四世的改革，重新分配了土地，并且从"边民"中选出一些优秀者补充公民兵，建立 4000 人的公民兵，引起了周边城邦的恐慌。阿哈伊亚同盟勾结马其顿人攻打斯巴达，最后在公元前 222 年的塞拉亚战役中，由于寡不敌众，克莱奥梅尼三世战败并逃往埃及，并于公元前 219 年自杀。

③ 译注：阿里斯托梅尼斯（Aristomenes），美塞尼亚（Messenia）国王，他在第二次美塞尼亚战争（前 685 年～前 668 年）期间，率军反抗斯巴达人的侵略，在埃拉（Eira）山抵抗斯巴达人十一年之后，最终因失败而逃走。传说他是被众神带走了，实际上，他最后死在罗兹岛（Rhodes）并非"自杀而死"。

④ 译注：阿贾克斯（Ajax），即《荷马史诗》中的重要英雄人物埃阿斯，他不仅是一位令人生畏的勇士，也是埃亚希德王朝的末代国王，参加了著名的特洛伊战役，他的勇猛仅次于阿喀琉斯，在诸英雄中名列第二。与其他英雄不同，他并不是为援助神或超自然力量而战斗。阿喀琉斯（《伊利亚特》中的头号英雄）临死前，嘱咐要把他的盔甲送给最勇猛的战士，奥德修斯（Odysseus）与埃阿斯（Ajax）成为最具竞争力的人选。Odysseus 最终凭智慧取胜并得到盔甲。Ajax 悲伤至极，无法自拔，最终以自杀的方式结束了自己的生命。

传的蒂米斯托克利①之死，虽然有真实的历史记载，但却明显充满了浪漫的神话故事色彩。在普鲁塔克②所记述的所有希腊英雄当中，克莱奥梅尼似乎是唯一以自杀方式结束自己生命的人。而塞拉门尼斯、苏格拉底和福基翁③，其实都是被秘密毒死而非自杀；当然，他们都不缺乏勇气，即使蒙冤入狱，他们也能够平静地面对同胞不公正的死刑判决。然而，曾经英勇的欧迈尼斯④却任由反叛的士兵把自己交给敌人安提柯⑤，最后宁愿被活活饿死也没有试图自杀。同样，曾经勇敢的菲洛波门⑥，也任由自己成为美塞尼亚人⑦的俘虏并被投入地牢，据说他最终也是被秘密毒死而非自杀。据说有几位古希腊哲学家，确实是用自杀方式来结束生命的，但有关他们生平的记述，却非常荒诞可笑。所以，有关他们死因的各种传说，也大多不太可信。比如，有关斯多葛学派创始人芝诺之死，就有三种不同的记载。第一种记载，说他非常健康快乐地活到了九十八岁，有一次他从自己讲学的学园外出时，由于忽然跌倒而导致一根手指骨折或脱臼，尽管无甚大碍，

---

① 译注：蒂米斯托克利（Thenistocles，前 525 年～前 460 年），古希腊雅典杰出的政治家、军事家。公元前 493 年～公元前 492 年任执政官，为民主派重要人物。力主扩建海军，以（在希波战争中）抵御波斯的侵略。公元前 480 年，率领海军在萨拉米斯海战中大败波斯舰队。后被贵族派流放，辗转逃亡，终死于小亚细亚，并非传说的"自杀而死"。

② 译注：普鲁塔克（Plutarch，约 46～120），罗马帝国时期柏拉图学派哲学家、希腊传记作家、历史学家。他家世显赫、著作颇丰，并以代表作《掌故清谈录》（*Moralia*）和《希腊罗马名人传》（*Parallel lives*）（又译《希腊罗马英豪列传》）闻名后世。尤以前者更为脍炙人口，对后世之影响最大，莎士比亚的三出戏剧，很多情节均出自其列传的内容。英国传记家鲍威尔将普鲁塔克尊为"传记之王"。如果我们把《希腊罗马名人传》与司马迁的《史记》进行对比，会发现两者有异曲同工之妙，各领东西方历史传记的风骚。

③ 译注：塞拉门尼斯（Theramines，前 455 年～前 404 年），雅典独裁统治者之一。福基翁（Phocion，前 402 年～前 318 年），雅典政治家和将军，公元前 322 年成为雅典的实际领导人，早年曾在柏拉图门下学习，因主张与马其顿媾和而被处死。这两人跟苏格拉底一样，都是被判决秘密毒死，而不是传说的"自杀而死"。

④ 译注：欧迈尼斯（Eumenes，前 362 年～前 316 年），亚历山大麾下的大将之一，在亚历山大大帝死后，成为众多争夺其帝国的各路大将之一。

⑤ 译注：安提柯（Antigonus，前 382 年～前 301 年），亚历山大麾下的大将之一，在亚历山大大帝死后，成为众多争夺其帝国的各路大将之一，在公元前 306 年～公元前 301 年成为马其顿国王。

⑥ 译注：菲洛波门（Philopoemen，前 250 年～前 182 年），伯罗奔尼撒半岛的希腊联军主帅，在征讨反叛的城邦美塞尼亚（Messenia）时被俘。

⑦ 译注：美塞尼亚（Messenia），是希腊伯罗奔尼撒大区的一个城邦，当时人口最多的地区之一。在历史上，也是无数惨烈战争上演的舞台。前 736 年斯巴达人入侵，经约二十年战争征服美塞尼亚人（第一次美塞尼亚战争），将其沦为奴隶（即希洛人）。后来，美塞尼亚人发动两次大规模反抗斯巴达统治的起义（即第二、第三次美塞尼亚战争），失败后，许多人逃居西西里岛。

但他还是气得捶胸顿足，并以欧里庇德斯①笔下那个尼俄柏②的语气说道："我来了，你为什么还催我？"然后就立刻回家上吊自杀了。支持这种说法的人可能认为，芝诺在年迈垂暮之时，也许应该再多一点继续活下去的耐心。第二种记载，也说他在九十八岁高龄时，由于遭遇类似意外事故而最终绝食而死。第三种记载，说他享尽七十二岁天年之后寿终正寝。在这三种记载当中，也许只有最后一种最可信，而且也有权威证据表明这段记述出自珀耳塞斯③之手，他最初是芝诺的奴隶，后来成为芝诺的朋友兼门徒，因此，他必定有机会了解当时详情。第一种记述，出自泰尔国王阿波罗尼尤斯④，他大约活跃于芝诺死后二百到三百年之间的奥古斯都·恺撒⑤统治时期。至于第二种记述的作者，我也不清楚是谁。第一种记述的作者阿波罗尼尤斯，由于他本人也是一位斯多葛学派哲学家，所以他也许觉得，通过大谈特谈芝诺是用自杀这种方式来结束自己生命的，就可以为这位斯多葛学派创始人增光添彩。很多文人墨客在去世之后，往往要比他们同时代的那些最伟大君主或政治家还会引起更多谈论；可在他们活着的时候，却通常鲜为人知而微不足道，以致他们的生平轶事似乎很少会受到同时代历史学家的青睐。而后世某些历史学家为了满足人们的好奇心，似乎经常根据自己的想象来塑造那些文人墨客。因此，他们几乎总是会掺杂大量不可思议的奇闻轶事，反正也没有什么真实可信的文献可以证实或推翻他们的记载。而这一点，也许正是上述

---

① 译注：欧里庇德斯（Euripides，前480年～前406年），希腊悲剧作家、诗人，与埃斯库罗斯和索福克勒斯并称希腊三大悲剧大师，共创作了90多部作品，现存《独目巨人》《特洛伊妇女》等18部作品，《尼俄柏》（Niobe）已遗失。

② 译注：尼俄柏（Niobe），在希腊神话传说中，她是忒拜国的王后、底比斯王安菲翁的妻子，是一个狂妄自大的人。她的丈夫安菲翁从缪斯女神那里得到一架精美的竖琴，弹奏它时条石便自动组合成了忒拜的城墙。她的父亲坦塔罗斯是众神的上宾。她是一个强大王国的统治者，本人也气质不凡，端庄美丽。但最使她得意的，却是她那十四个朝气蓬勃的子女，其中一半是儿子，一半是女儿。人们都说尼俄柏是人间最幸福的母亲，但她却因此傲慢地嘲笑女神勒托只生了一儿一女，还阻止底比斯人向勒托奉献祭品。最终由于自己的狂妄自大而导致她的十四个孩子全都被 Artemis 和 Apollo 杀死，她悲伤恸哭不已，后被宙斯化为石头，直到今天仍然泪流不止。

③ 译注：珀耳塞斯（Persaeus，约前307年～前243年），希腊斯多葛派哲学家，其著作全部遗失。他是芝诺的朋友和最喜欢的学生，后世有人杜撰他是芝诺家的一个奴隶，其实他可能就是马其顿国王安提柯二世（Antigonus Ⅱ Gonatas，约前319年～前219年）送给芝诺的一个抄写员。据说，大约在公元前276年，安提柯二世邀请芝诺到他宫廷任职，但芝诺以年老为由拒绝了，并推荐了自己的学生珀耳塞斯和底比斯（Philonides of Thebes）。大约在公元前244年，安提柯二世吞并了科林斯（Corinth），并任命珀耳塞斯为科林斯的执政官。公元前243年，锡西昂（Sicyon）的亚拉图（Aratus）发起了对科林斯的侵略，珀耳塞斯在城市保卫战中牺牲。

④ 译注：泰尔（Tyre），古希腊位于古地中海东南（今黎巴嫩境内）的一个重要城邦，国王阿波罗尼尤斯（Apollonius）也是一位斯多葛学派哲学家。

⑤ 译注：奥古斯都·恺撒（Augustus Caesar，前63年～14年），Julius Caesar 的侄孙，在公元前27年～公元14年间担任首位罗马皇帝，在位41年。

有关芝诺的各种奇闻逸事尽管没有任何权威证据作为支撑，却反而比那些有最可靠证据的真实记述流传更广的原因。蒂欧根尼·拉尔修①明显更偏爱阿波罗尼尤斯的第一种记述；而卢西恩②和拉克坦提乌斯③两人，似乎都相信芝诺享尽天年之后绝食而死的第二种说法。

32　　　尽管在高傲的罗马人中，自杀风气似乎要比在那些活泼开朗、聪明理智而懂得变通的希腊人中更为盛行，但是，即使在所谓崇尚美德的罗马共和时代早期，在罗马人中似乎也尚未形成这种自杀风气。广为流传的雷古勒斯④被酷刑折磨而死的故事就是一个最好的证明，尽管这个故事可能只是一种传说，但也并非完全虚构。如果当时的罗马人认为，雷古勒斯甘心忍受迦太基人酷刑折磨的行为是这位英雄的奇耻大辱，那他们就不会编造这种会有损他英名的传说。因此我觉得，到了罗马共和时代晚期，人们才逐渐认为，如果甘心忍受敌人的酷刑折磨而不选择勇敢自杀，那将是一种奇耻大辱。所以，在罗马共和国衰亡之前发生的多次内战中，各敌对党派中的许多杰出人物，当自己所在党派落败时，他们都宁愿选择自行了断而不愿落入敌人之手遭受折磨。比如，小加图⑤在最后落败时，就选择了舍身成仁，他这种勇敢的自杀行为，尽管得到了西塞罗的称颂，但却遭到了恺撒的指责。究竟应该舍身成仁还是甘心受辱，后来就成为这两位也许是当时世界上最著名雄辩家之间的一个最严肃的论战主题。小加图的自杀，为舍身成仁这种勇敢行为赋予了一种光辉品质，从而在随后几代一直受到推崇和效仿。最终，西塞罗的雄辩胜过了恺撒，而人们对小加图的赞扬也远远超过了对他的指责，以致随后许多个时代里，那些追求自由的人们都把小加图视为罗马共和派最值得崇敬

---

　　① 译注：蒂欧根尼·拉尔修（Diogenes Laertius），公元前 3 世纪的古希腊传记作家，著有传记《芝诺传》（Zeno）。

　　② 译注：卢西恩（Lucian，115～180），希腊讽刺作家和雄辩家。

　　③ 译注：拉克坦提乌斯（Lactantus，240～320），古罗马基督教作家之一，曾于古罗马高层中供职。他著有大量解释基督教的作品，博采众长，富于变化。其作品在文艺复兴时期仍具有广泛影响力，并被后人多次再版发行。

　　④ 译注：雷古勒斯（指 Marcus Atilius Regulus，约前 307 年～前 250 年），罗马政治家和将军，分别在公元前 267 年和公元前 256 年两次出任罗马执政官。在公元前 255 年，即第一次布匿战争（the Punic War，前 264 年～前 241 年）期间，被迦太基的斯巴达雇佣兵头领克桑提普斯所俘，后被迦太基人派回罗马进行和谈，但他却主张继续征讨迦太基。最后，他信守对敌人的承诺并返回迦太基，传说他被迦太基人酷刑折磨而死。有关他的这段事迹，古罗马诗人贺拉西（Horatius，前 65 年～前 8 年）和哲学家兼政治家西塞罗（Cicero，前 106 年～前 43 年）都有提及。

　　⑤ 译注：小加图（Marcus Porcius Cato Uticensis，前 95 年～前 46 年），老加图的孙子，罗马共和国末期的政治家和演说家，也是斯多葛学派的哲学家。他因为其传奇般的坚韧和固执而闻名，他不受贿、诚实、厌恶当时普遍的政治腐败。他同恺撒（Caesar）长期不和，在他与恺撒的多年斗争中，虽然一直坚持抵抗，但最终落败，为了让恺撒失去宽恕自己的权力，小加图最后选择了自杀。恺撒在听到加图自杀后说："加图，我怨恨你死掉，你却怨恨我保全你的性命。"

的殉道者。雷兹红衣主教①曾经这样评价小加图："人们常说，一个党派的领袖也许可以随心所欲，并且只要能够保持党内朋友对自己的信任，他就不会出什么大差错。然而，尽管小加图身居高位，并且在许多情况下都可以恣意妄为，可他却从来没有那样做过。"塞内卡曾经这样评价小加图："虽然小加图除了具有诸多美德之外，似乎也是一个贪杯之徒，甚至连敌人也指责他是个酒鬼。但若有人试图把贪杯作为反对小加图的理由，那他就会发现，即使证明贪杯酗酒是一种美德，也要比证明小加图会恣意妄为地做出邪恶行为还更容易。"②

到了罗马帝国时期③，这种自杀风气似乎在很长一段时期非常流行。在小普林尼④的《书信集》中，我们就可以发现一段有关几个人自杀的记载。但那些人选择自杀而死，似乎更多是出于虚荣和博人眼球，而不是出于什么必要或正当的理由。即使在一个冷静而明智的斯多葛派学者眼里，自杀也需要某种必要或正当的理由；然而有些守节的妇女，似乎仍然很难摆脱封建陋习而经常在毫无必要的情况下选择自杀。比如孟加拉国的妇女，就会在某些情况下为了守节而为丈夫殉葬。这种妇女陪葬风气的盛行，无疑会导致许多原本不该发生的死亡悲剧。自杀也许是人类的虚荣心与草率鲁莽的一种最极端表现。因为，无论在什么情况下，虚荣心所造成的危害即使全部加起来，也不可能有自杀的危害那么严重。

但是，如果自杀有某种必要或正当的理由，有时就会让我们把这种极端举动视为一种值得称道和赞许的行为。不过我觉得，这种对自杀的赞许心理，似乎纯粹只是出于对这种人生态度的一种美化。因为，只要心智正常而且身心健康，天性就绝不会促使我们产生自杀念头。不过，人类的心灵除了会遭受其他各种不幸之外，确实还易产生一种不幸的疾病——抑郁症，这种疾病似乎会让病人心生一股无法抑制的自我毁灭欲望。众所周知，抑郁症这种心理疾病常常会把那些饱受其精神折磨的人逼入自杀绝境，尽管那些人的境遇往往表面上看起来非常幸运顺遂，有的人甚至还有着极其虔诚的宗教信仰。因此，那些因抑郁症而采用自杀这种悲惨方式来结束生命的不幸之人，不但不应该遭受指责，反而应该得到人们的同情。既然人世间的一切惩罚对抑郁自杀者而言已经毫无意义，那么，如果这时

33

34

---

① 译注：雷兹红衣主教（Cardinal de Retz, 1614～1679），指 Jean Francois Paul de Gondi，法国神学家、传记作家。作者在本书中多次提到他。

② 译注：塞内卡这段话的意思是说：小加图虽然位高权重，有机会做出一些恣意妄为之事，但是他具有许多非常崇高的美德，除了喜欢酗酒之外，并没有滥用权力而胡作非为。

③ 译注：公元前 27 年，罗马元老院授予盖乌斯·屋大维"奥古斯都"称号，罗马共和政体结束，并进入帝国统治时代。西罗马帝国于 476 年灭亡，东罗马帝国于 1453 年灭亡，前后延绵近 1500 年。

④ 译注：这里指小普林尼（Pliny the Younger, 61～113），古罗马政治家、雄辩家、作家，有两卷本《普林尼书信集》（*Pliny's Epistles Book*）。他是老普林尼的侄子和养子，而老普林尼 Pliny the Elder（23～79）是古罗马贵族、科学家、历史学家，著有《普林尼博物史》（*Pliny's Natural History*）。

还试图去指责他们，不仅非常不公而且还无比荒唐可笑。其实真正的惩罚，最终只会落到自杀者那些仍然活着的亲人和朋友身上，对他们来说，自己的亲友以自杀这种不光彩的方式死去，这本来就已经是一场重大灾难，可他们还要因此而一直遭受世人的各种无端指责。通常情况下，只要心智正常而且身心健康，天性就会促使我们时时处处都要避免遭受不幸伤害。尽管我们在保护自己免受不幸伤害的过程中，很多时候都有可能遭遇危险甚至死亡，但是，即使无法避免遭受伤害，只要不至于丧命，那就绝没有哪条人性原则会要求我们选择自杀。无论是出于顾忌心中假想的那个公正旁观者是否赞同，还是出于顾忌心中那个行为大法官的看法，似乎都不足以促使我们选择自杀来逃避那种不幸伤害。只有当我们觉得自己意志薄弱时，只有当我们觉得自己没有足够的勇气和毅力去承受那种不幸伤害时，才会驱使我们决意以自杀来寻求解脱。我记不清是读到的还是听说的，有些意志薄弱的美洲野蛮人就会在即将被敌对部落俘获之前选择自杀，以免被俘后遭受敌人的侮辱、嘲笑与酷刑折磨而死。但那些意志坚强的美洲野蛮人就有足够的勇气和毅力去承受那些酷刑折磨，并以十倍的蔑视与嘲笑来回敬敌人的那些凌辱，进而为之感到光荣和自豪。

35　　然而，这种一方面提倡"无畏生死"，而另一方面同时又提倡"完全顺从天命"或者"完全安于现状并甘心接受世事变幻所带来的一切结果"的主张，也许就是斯多葛学派构建其整个道德哲学体系的两个基本人生信条。那个特立独行、意志坚定但常常又严厉苛刻的爱比克泰德，就极力主张第一种人生态度；而那个温和、仁慈、善良的安东尼努斯①，则极力主张第二种人生态度。

36　　爱比克泰德之所以极力主张上述第一种人生态度，主要是因为这位被爱帕夫雷狄德②解放的奴隶，不仅在他年幼为奴时曾经遭受过残暴主人的虐待和羞辱，

　　① 译注：马库斯·安东尼努斯（全名 Marcus Aurelius Antoninus Augustus，121 年 4 月 26 日至 180 年 3 月 17 日），161 年 3 月 8 日称帝，又称恺撒大帝（Imperator Caesar），罗马帝国五贤帝时代最后一个皇帝，他有 14 个孩子，包括后来与他共治的儿子康茂德（Commodus）和女儿卢西拉（Lucilla）。他不但是一个很有智慧的君主，同时也是非常有成就的著名斯多葛派哲学家，他以希腊文写成的《沉思录》在死后发表，影响深远。在整个西方文明之中，他算是一个少见的贤君。更值得一提的是，虽然他向往和平并富有哲思，却又具有非凡的军事领导才干，并进行过无数次成功的征战讨伐。

　　② 译注：爱帕夫雷狄德（Epaphriditus，即 Epaphroditos，约 25～约 95），他早年也是罗马皇帝尼禄（Nero，54～68 年在位）的一名奴隶，后被主人解放并成为尼禄的私人秘书，权倾一时。在公元 68 年，高卢和西班牙等行省先后爆发了反对尼禄的叛乱，尼禄在不明战况的状态下，误以为深陷穷途末路的境地，由爱帕夫雷狄德协助并陪同遂仓皇逃离首都罗马，并于 6 月 9 日被迫自尽。后来，罗马皇帝图密善（Domitian，81～96 年在位）指控他在尼禄企图自杀时没有保护好尼禄而被驱逐，然后他又被下令处死。爱帕夫雷狄德还做了一件伟大的事情，就是解放他自己的奴隶爱比克泰德（约 55～约 135），并让他师从鲁佛斯（Rufus），从而成就了爱比克泰德这位斯多葛学派哲学大师。

・ 304 ・

而且在他年老传播哲学思想时，又由于<u>图密善</u>①的无端猜忌与反复无常而先后被
逐出<u>罗马和雅典</u>，最后被迫栖身于<u>尼科波利斯</u>②，并且随时都有可能再次被<u>图密</u>
<u>善</u>这个暴君流放到<u>盖雷岛</u>，甚至随时还有可能被处死。当他面对这些艰难处境
时，就唯有抱着那种"无畏生死"的人生态度，才能保持自己内心的平静。在
<u>爱比克泰德</u>心中，人生的一切快乐与痛苦，全都已经变得虚无空幻而毫无意义。
因此，他从来都不会表现出那种非常亢奋的样子，而且他的哲学演讲也相应地不
会那么慷慨激昂。

<u>安东尼努斯</u>之所以极力主张上述第二种人生态度，主要是因为这位秉性善良
的<u>罗马皇帝</u>，作为整个文明世界绝对至高无上的统治者，他当然再也没有任何奇
怪理由去抱怨命运为自己安排的崇高地位。因此，他就会乐于接受事物发展的自
然进程，不仅对一切都会感到心满意足，而且也乐于从中发现一些即使是市井小
民也不太在意的美好之处。他曾经在自己的著述中指出："人在年老时的状态，
其实与年轻时的状态一样，不仅合乎时宜，甚至还有一股迷人的魅力。年老时的
衰弱多病与老态龙钟，其实与年轻时的年富力强与朝气蓬勃一样，都符合自然规
律。正如青年是幼年结束的标志，而壮年又是青年结束的标志，那么，死亡其实
也只是老年结束的标志而已。"③ 这位善良的<u>罗马皇帝</u>，在他著述中另一处还有
这样一段论述："既然我们通常都会认为，医生为了一个人的身体健康，可以
要求他去练习骑马、去洗冷水澡或者赤脚走路；那我们同样可以认为，造物主
这位宇宙万物的伟大主宰与医生，也可以为了人类的整体幸福，而让一个人生
病、被截去部分肢体或者失去一个孩子。病人之所以会普遍遵照医生的治疗要
求去吞服许多苦涩的药剂甚至接受多次痛苦的手术，那是因为他抱着可能康复
的希望，即使希望极其渺茫，病人还是会乐意承受服药或手术的痛苦。同样的
道理，人类作为造物主这位宇宙万物的伟大医生的病人，每个人也希望造物主
提出的那些最严苛要求有助于自己的健康、有助于自己的最终成功与幸福；并
且也应当坚信，无论是对于人类整体的健康、繁荣与幸福来说，还是对于促进
和提升<u>朱庇特</u>的那个伟大计划来说，造物主对人类的这些要求，不仅有益而且

① 译注：图密善（Titus Flavius Caesar Domitianus Augustus，51～96，又译多米提安），公元81年9月
14日，继承哥哥提图斯（Titus）成为罗马帝国弗拉维王朝第三位也是最后一位皇帝（即罗马帝国第11位
皇帝）。在位期间，图密善改革罗马货币，并发起了大规模的建筑计划以重建被破坏的罗马城市，从而让
宗教、军事和文化都得到进一步发展，图密善因此受到人民和军队的欢迎与尊敬，但却被罗马元老院视
为专横独裁的暴君，最后被元老院密谋刺杀。

② 译注：尼科波利斯（Nicopolis），位于古希腊北部的伊庇鲁斯（Epirus）王国的一个重要城市，今
希腊西部城市普雷韦扎（Preveza）。公元前29年，屋大维（即罗马帝国的开创者恺撒·奥古斯都）为纪念
他在公元前31年在附近的阿克提姆战役（Battle of Actium）中战胜安东尼（Antony）与埃及艳后（Cleopa-
tra）而建立的一座城市。"Nicopolis"在古希腊语中意为"胜利之城"（City of Victory）。

③ 译注：作者所引用的这段话，改编自《沉思录》卷9第21段。

绝对必不可少。如果不是出于人类整体的那些伟大计划，人世间就绝不会发生那么多的不幸或痛苦，而且那个全知全能的造物主和宇宙主宰，也绝不会容许那些不幸或痛苦发生。世间的万事万物，甚至包括其中那些最微不足道的部分，彼此全都唇齿相依地紧密结合在一起，并且也只有这样才有助于形成一个巨大无比而又互相关联的宇宙体系。所以，正是宇宙中所有那些前后相继而连续不断的种种事件，甚至包括那些表面上看似极其微不足道的事件，构成了那条无比巨大的因果循环链中必不可少的每一环，而所有这些因与果，既无始也无终。一方面，所有这些因果事件，全都是出于宇宙最初的整体安排与设计的一种必然结果；而另一方面，所有这些因果事件，无论对宇宙整体的繁荣兴盛来说，还是对人类整体的生存与延续来说，又是绝对必不可少的。无论任何人，如果他不真心接受自己所遭遇的一切，如果他还为自己的不幸遭遇感到遗憾，如果他希望自己不要遭遇任何不幸，那他的这些希望就无异于试图仅凭一己之力去阻止整个宇宙的运转，去破坏那条环环相扣的巨大因果循环链（唯有凭借这条巨大因果链的有效循环，整个宇宙才能一直存续下去），那他就无异于为了个人的某些蝇头小利而试图去破坏干扰整个世界机器的运转。"① 这位善良的罗马皇帝，在他著述中另一处继续论述道："啊！宇宙！凡是适合你的，也全都适合我。凡是对你是合乎时宜的，对我来说就绝不会太早也绝不会太迟。你四季更替所带来的一切，对我来说全是大自然的馈赠。万事万物皆源于你，万事万物皆属于你，万事万物皆为了你。当诗人赞美你'啊！心爱的刻克洛普斯②城！'时，我不是也赞美你'啊！心爱的上帝之城！'吗？"③

38　　　斯多葛学派——至少他们当中的某些学者，就试图通过类似爱比克泰德和安东尼努斯他们这种庄严而令人崇敬的哲学论述来演绎推论出下面这两种似是而非的怪论：

39　　　怪论一：某些斯多葛学派学者认为，智者就应该充分理解伟大宇宙主宰对世间万事万物的看法，并且应该尽量以宇宙主宰的眼光去看待世间的万事万物。他们还认为，按照宇宙主宰的旨意和安排而在人世间出现的一切不同进程或结果，

---

① 译注：作者所引用的这段话，改编自《沉思录》卷5第8段。

② 译注：刻克洛普斯（Cecrops），希腊神话传说中雅典城的创建者，也是阿提卡（Attica）的第一位国王，拥有人的身体、蛇的尾巴。关于他的传说在维吉尔的《埃涅伊德》第5卷、荷马的《奥德赛》第11卷以及赫西奥德的《神谱》中均有记载。人们为了纪念他，也称雅典城为"刻克洛普斯城"（City of Cecrops）。

③ 译注：这段话引自《沉思录》卷4第25段。请读者（尤其是读过本书英文版的读者）注意，为了便于理解，译者在翻译最后这句"当诗人赞美你……吗"时，并未完全按照本书英文原文翻译，而是参照了当前流行的英文版《沉思录》。

在世人眼里，有的无足轻重而有的却极其重要。正如蒲柏先生①所比喻的那样，有的犹如一个肥皂泡的破灭，而有的却堪比整个世界的毁灭。然而在宇宙主宰眼里，这些不同结果却完全相同而绝无轻重大小之分，它们同样都是她早已注定的那个亘古不变的巨大因果循环当中的某一环，同样都是出自她无比圣明安排的结果，同样都是出自她那恩泽万物的无限仁慈。因此，这部分斯多葛学派学者进而认为，真正的智者也应该像宇宙主宰那样完全同等地去看待人世间的一切不同事件或结果。当然，在这些事件的进程中，确实有一小部分会分配给智者并让他享有一点儿自主管控权。即使在这小部分自主管控的事件或进程中，智者也应该按照他所理解的那些行为准则要求竭尽所能地努力做到行为合宜得体、约束控制好自己的言行举止。至于他潜心努力的结果究竟会成功还是会失败，真正的智者绝不应该为之忧心忡忡或急切期待结果。也就是说，那一小部分他有几分自主管控权的事件和进程，无论最终结果是大获全胜还是彻底失败，他都应该表现得毫不在乎。如果这些事件全由他自己决定，那他就应该在权衡利弊之后做出恰当取舍。如果这些事件不由他自己决定，那他就应该相信宇宙主宰的圣明安排。并且，只要他知道宇宙万事万物之间的各种关联与相互依存关系，那么，无论事件如何发展或最终结果如何，他都应该完全心满意足，甚至把那些进程或结果视为他为了人类整体幸福而一直热切期待去承担的。在这部分斯多葛学派学者看来，只要严格遵照上述原则的要求与指引行事，无论结果如何，真正的智者都应该完全同等看待。比如，当一个人伸出自己的手指并以此示范手指所具有的一般功能时，那他"伸手指"这个微小动作，不仅在每个方面都与他为报效祖国而献出自己生命的壮举具有同等价值，而且也值得同等的称道和赞赏。总之，这部分斯多葛学派学者认为，正如竭尽全力与伸个指头、缔造与毁灭一个世界、形成与破灭一个肥皂泡，在伟大宇宙主宰眼里不仅全都同样轻而易举、同样值得称赞，而且也全都源于她非凡智慧与无限仁慈的结果并且性质相同。所以在真正的智者眼里，那种所谓的高尚行为，相比那种微小举动，也无须付出更多努力，不仅同样轻而易举，而且也都源于完全相同的行为准则作用的结果并且性质相同，因此，不仅在任何方面都不具有更高价值，而且也不值得更高程度的称赞和赞赏。

怪论二：另外某些斯多葛学派学者认为，所有那些品行达到完美境界的人，全都同样幸福；反之，所有那些品行哪怕只有分毫不足的人——不管有多么接近那个完美境界，全都同样不幸。他们在提出这个观点时，曾经有过一段这样的论述："众所周知，那个在水面下仅仅一英寸的人，他绝不可能比另一个在水面下一百码的人呼吸到更多空气。同样的道理，如果一个人尚未完全驯服自私自利与

①　译注：蒲柏（Alexander Pope，1688～1744），英国诗人，以讽刺史诗《群愚史诗》（*The Dunciad*）闻名于世。

偏爱自我的激情或欲望，如果一个人除了追求人类整体幸福之外还有其他渴求，如果一个人仍然渴望自私自利与偏爱自我的激情或欲望得到满足而无法彻底摆脱这个不幸深渊与混乱，那么，同他深陷这些不幸深渊时相比，他同样也绝不可能感受到更多怡然自得的自由气息，同样也绝不可能享受到智者般的安宁与幸福。"甚至有些斯多葛学派学者还宣称，智者的一切言行，不仅全都合宜完美，而且完美程度也相同；反之，所有那些尚未达到这种大智慧境界的人，不仅全都存在缺陷和不足，而且缺陷和不足的程度也相同。他们曾经这样来阐述这个观点："既然某条真理绝不会比另一条真理更真，而某条谬论也绝不会比另一条谬论更荒谬；那同样的道理，某种光彩行为绝不会比另一种光彩行为更光彩，而某种可耻行为也绝不会比另一种可耻行为更可耻。既然在打靶比赛时，那个偏靶一英寸的人同那个偏靶一百码的人一样，都没有命中目标；那同样的道理，在那种最无关紧要事情上的不经意的失当行为，也同他在那种至关重要事情上的失当行为一样，所犯的错误在程度上也完全相同。比如，一个人失手杀死一只公鸡的行为同他蓄意杀害自己父亲的行为相比，其罪责程度也相同。"

41　　　　在上述两种似是而非的怪论当中，如果说第一种宣扬"凡事皆无轻重缓急与价值大小之分"的怪论似乎只是一种牵强附会的诡辩，那第二种宣扬"任何功过是非，不仅性质相同而且程度无异"的怪论则明显太过荒谬而不值得花时间进行任何认真批驳。第二种怪论确实太过荒谬，以致让人禁不住怀疑它可能是源于某种曲解或误传。无论如何我都无法让自己相信，上述这两种怪论以及斯多葛学派其他类似大多数怪论会出自芝诺或克里安西斯①他们这样据说观点鲜明而极富雄辩的哲学家之手。因为这些怪论通常只是一些偷换概念的诡辩，而且也不太可能为他们两人的哲学理论增添什么光彩。因此我不打算为这两位哲学家作任何进一步的辩解。我更倾向于认为这些怪论是出自克利西波斯②之手。尽管他确实是芝诺和克里安西斯的门徒与追随者，但根据流传下来的那些有关他的所有文史资料，似乎就可以发现，他其实只是一个卖弄辩论技巧的学究而毫无品位与高雅可言。克利西波斯也许是第一个采用那种刻意的定义、分类、再分类，来把斯多葛学派的历代学说归纳简化成一套学术型或教条式哲学体系的人。如果想要让各种

①　译注：克里安西斯（Cleanthes，前331年~前232年），斯多葛学派哲学家。师从斯多葛学派创始人芝诺（Zeno），并在芝诺死后于前262年开始，成为斯多葛学派的第二代领袖。

②　译注：克利西波斯（Chrysippus，约前280年~前207年），斯多葛学派哲学家。索利第阿波罗尼乌斯之子，于公元前260年移居雅典，后师从克里安西斯并信奉斯多葛哲学，在克里安西斯死后，他从公元前232年开始成为斯多葛学派第三代领袖。他是斯多葛学派之集大成者，并创立了斯多葛派的系统哲学，希腊传记学家普鲁塔克（Plutarch）在 *De Communibus Notitiis* 记录过他说的一段话："诗人们把荒谬的笑话写进他们的喜剧里，那些笑话本身虽然荒谬而微不足道，但却会让整部作品更加精彩美妙；同样的道理，罪恶本身固然令人讨厌憎恶，但是，一个人行为当中没有罪恶的那部分，仍然具有益处。"

道德学说或形而上学当中那点仅存的道理消失殆尽，那克利西波斯的这种归纳简化也许就是最有效的办法。他之所以会得出这样的怪论，极有可能是因为他过多地仅从字面意义上去解读他的老师们在"美德至臻者的幸福与美德缺失者的不幸"方面的那些生动阐述。

尽管在斯多葛学派当中存在上述两种怪论，但这个学派似乎也普遍承认，一个人的品行和幸福即使尚未达到完美境界，他也会拥有几分美德和幸福。斯多葛学派通常会根据各种品行的完美程度来将它们分为不同层级。比如，对于那些不太完美但人们能够实际做到的各种品行，他们通常并不是把它们全都笼统地称为"善良正直"，而是分别称之为"有礼有节、合宜相称、公平正派、相宜得体"等。还有个别斯多葛学派哲学家，也曾给那些不太完美的品行赋予过一个看似或可能更合理的统称。比如，西塞罗就用拉丁文称之为"officia"①，而塞内卡则用拉丁文称之为"convenientia"②，不过我觉得塞内卡的说法更准确。这种提倡"美德不在于完美无瑕而在于能够实际做到"的主张，似乎就是那种被我们称为斯多葛"实用派"的道德学说。这种主张，不仅是西塞罗《论责任》（*De Office*）一书的论述主题，而且也是另外一本据说由马库斯·布鲁图斯③所著但现已失传著作的论述主题。

然而，造物主为我们确立的行事方式和行为观念，似乎完全不同于斯多葛学派所主张的人生态度。这些不同，主要体现在以下四个方面：

其一，对于那些会直接影响我们自主管控权的事件，以及那些会直接影响到我们自己、朋友或国家的事件，一方面，造物主不仅会让它们成为我们最关切的事件，而且还会让它们成为激起我们欲望与厌恶、希望与恐惧、高兴与悲伤等激

42

43

44

---

① 译注：拉丁文"officia"是英文 office 的词源，有职务、服务、帮助、善行之意。

② 译注：拉丁文"convenientia"是英文 convenience 和 convene 的词源，有适当而贴切的服务或帮助之意。

③ 译注：马库斯·布鲁图斯（Marcus Brutus，前85年~前42年），是罗马共和国晚期的一名元老院议员，他是罗马共和国缔造者及首任执政官 Lucius Junius Brutus 的后裔。作为一名坚定的共和派，他联合部分元老参与了刺杀恺撒的行动。他进入元老院后便与共和派结成了同盟，并极力反对克拉苏、庞培和恺撒的三巨头同盟。在前49年恺撒与庞培的内战中，布鲁图斯选择支持庞培，尽管庞培在28年前杀死了他的父亲。次年8月，恺撒彻底打败庞培。战败的庞培逃往埃及后自杀，布鲁图斯转而投靠恺撒，并获得了后者的宽恕与信任。恺撒抛弃了摇摇欲坠的共和体制，开始实行独裁统治。尽管恺撒偏爱布鲁图斯，并且尊重他的意见，但是布鲁图斯和其他元老都对独裁者恺撒不满。于是，在公元前44年，在布鲁图斯的策划下，一群元老院议员将恺撒刺杀于庞贝城剧院的台阶上。恺撒这位著名的独裁者以一句"还有你吗，布鲁图斯？"结束了自己的生命。布鲁图斯在杀死恺撒后发布了一次著名的演讲《我爱恺撒，但我更爱罗马》。后来，恺撒的养子屋大维继承了恺撒的政治遗产，在他当选执政官后宣布布鲁图斯为叛国公敌，布鲁图斯等人只能逃离罗马。布鲁图斯在雅典筹集资金征募士兵并组建罗马军团。于公元前42年春天，布鲁图斯率军打回罗马但最终失败。最后，布鲁图斯在留下那句著名的名言"我是要逃跑，但这次是用手而不是用脚"之后，选择了自杀。

情的主要原因。但另一方面，如果这些激情表现得太过激烈——它们本来就极易变得激烈，造物主又会给予适当的补救和矫正。她就会让现实中或心中假想的那个公正旁观者、让我们心中那个大法官，一直伴随着我们左右，以便威慑抑制住这些激情，从而让它们都表现得合宜得体而节制有度。

45　　　　其二，在那些有部分自主管控权的所有事件上，即使我们已经付出了潜心努力，倘若最终结果却十分不幸而且极其悲惨。这时，造物主也不会让我们得不到任何宽慰。我们不仅可以从心中那个公正旁观者的十足赞许中获得宽慰，而且还有可能从一种更崇高更恢宏的信念中获得宽慰。比如，我们会坚信，是造物主用她的仁慈与智慧在主宰着人世间的万事万物，进而让我们恭敬地顺从造物主的一切安排。再比如，我们会相信，若不是人类整体利益所绝对必需的，造物主就不会容许那些让我们遭受不幸的事件发生。诸如此类的崇高信念，都可以让我们在遭遇不幸时获得宽慰。

46　　　　其三，造物主并没有要求我们把上述那些庄严崇高的静观冥想作为我们人生的主要事务和职责，而只是告诉我们，当我们遭遇不幸时，可以从那些崇高信念中获得宽慰。而斯多葛学派却主张把这种静观冥想作为人生的主要事务和职责。以致他们的道德哲学只是一味地说教并要求我们要关切自己的内心是否安宁平静，要关切自己的抉择取舍是否适宜得当；除此之外，绝不要再因任何事件而让自己感到热情高涨或焦急不安，除非那些事件并不涉及我们的个人利益，而是关乎那些由伟大宇宙主宰管控的人类整体利益。斯多葛学派的这种主张，无异于要求我们保持那种绝对的冷漠，要求我们努力抑制甚至彻底根绝一切自私自利与偏爱自我的情感；无异于让我们对任何可能降临到我们自己、朋友与国家身上的不幸都不要产生同情，甚至连一个公正旁观者都会产生的那点怜悯与轻微同情都不容许我们产生；无异于试图让我们对一切事关自己的成功与失败都变得毫不在乎而漠不关心。然而，造物主却早已要求我们要把那些与自己切身相关的事情作为我们人生的主要事务和职责。

47　　　　其四，或许可以这样认为，尽管斯多葛学派的那些哲学推理与论断会导致我们理解上的混淆与困惑，但它们绝不可能切断造物主在各种因果之间所确立的必然联系。也就是说，那些通常会激起我们欲望与厌恶、希望与恐惧、高兴与悲伤的原因，毫无疑问，绝不会受到斯多葛学派任何哲学论断的影响。因此，我们每个人都会根据自己程度不一的实际感受，而相应地在自己身上产生适当而必要的情感反应。然而，斯多葛学派的那些哲学论断却会在很大程度上影响我们心中那个旁观者的判断，进而告诫我们心中那个大法官去努力抑制各种自私自利与偏爱自我的激情或欲望，以便让我们的内心或多或少可以接近那种绝对安宁与平静的程度。所有道德学说的主要目的本来就是引导我们心中那个大法官作出恰当判断。所以斯多葛学派的道德哲学理论，毋庸置疑也会对其门徒和追随者的德行产生巨大的影响。尽管它有时可能会煽动其追随者做出自杀这种不必要的极端行为，但它通常更多倾向于鼓励其追随者去做出那种最英勇无畏、最博爱仁慈的行为。

（4）除了上述各派古代道德学说主张"美德以合宜为本"之外，还有一些 48 近代道德学说也认为，美德的本质在于行为的合宜性，或者在于我们的情感与行为是否同激发它们的客观原因或对象相宜相称。比如，克拉克博士①的学说就认为，美德的本质在于我们的行为能够遵循事物之间的因果关系，在于我们能够根据合宜性要求来调整约束自己的行为，在于让我们特定行为的实际表现符合特定情境或特定因果关系的要求。沃拉斯顿先生②的学说则认为，美德的本质在于我们的行为能够遵循事物的内在规律、能够符合事物的固有特性与内在本质，或者在于我们能够按照事物的真实内在而不是虚假表象来对待它们。沙夫茨伯里勋爵③的学说则认为，美德的本质在于我们能够让各种情感保持一种适度的平衡，在于绝不容许自己的激情表现超出它的合理范围。诸如此类的所有近代道德学说，尽管都在试图阐明"美德以合宜为本"这个基本观点，但所有这些论述或多或少也都存在以下两方面的不完善之处：

其一，究竟应该如何判断我们的情感或行为是否合宜相称，这些近代道德学 49 说都没有提出——甚至也没有尝试提出——任何严格而明确的评判标准。其实我认为，那种严格而明确的合宜性评判标准只存在于充分了解实情的公正旁观者的合宜感之中。④

其二，这些近代道德学说关于美德本质的各种论述，无论是其中明确提出的 50 观点，还是其中暗含的观点，就它们本身而言无疑都是十分正确的，但非常遗憾的是，某些近代学者的论述并不太严谨。一方面，他们所提出的"美德离开合宜性就不复存在，凡是合宜得体的行为都值得几分赞许"这种说法仍然不够严谨。因为，尽管"合宜性"是每一种美德行为的基本要素，但未必就是唯一要素。

① 译注：塞缪尔·克拉克（Samuel Clarke，1675 年 10 月 11 日至 1729 年 5 月 17 日），英国哲学家和神学家。他在 22 岁（1697 年）时，就将雅克·罗奥（Jacques Rohault，约 1617～1672）的《论物理学》（Traité de Physique）翻译成拉丁文出版并进行了注释，著有《上帝的存在与神性》（A Demonstration of the Being and Attributes of God，1705）。他被认为是在约翰·洛克（John Locke，1632～1704）与乔治·柏克莱（George Berkeley，1685～1753）时代之间英国哲学界的主要代表人物。

② 译注：沃拉斯顿先生（Mr. Willian Woollaston，1659 年 3 月 26 日至 1724 年 10 月 29 日），教育家、哲学家，以其去世前完成的著作 Religion of Nature Dlineated 一书而闻名，与洛克、柏克莱和休谟等哲学家齐名。

③ 译注：沙夫茨伯里勋爵（Lord Shaftesbury，1671 年 2 月 26 日至 1713 年 2 月 4 日），指 Anthony Ashley Cooper，英国哲学家和政治家，他在 1699 年出版了《关于美德的调查》（Inquiry Concerning Virtue）。

④ 译注：亚当·斯密关于合宜性的评判标准，请读者参阅第一卷的第一章（尤其是第三、第四节）和第二章。

比如善行除了含有合宜性这个性质之外，还含有"不仅值得赞许，而且应该得到报偿"的另一种性质。但善行究竟应当受到何种程度的崇敬，或者通常会激发何种程度的感激之情，却没有一种近代道德学说给出过明确而充分的解释。另一方面，他们关于恶行的各种论述也不太严谨。这同样也是因为，尽管"失宜性"是每一种罪恶行为的基本要素，但未必就是唯一要素。比如，即使是那些危害极小而且无关紧要的恶行往往也存在极度荒唐与失宜不当之处。再比如，那些危害我们同胞的蓄意犯罪行为除了含有"失宜性"这个性质之外，它们本身似乎还含有"不仅应当受到谴责，而且还应受到惩罚"的另一种特殊性质，也就是说，"罪恶行为不仅应该成为讨厌的对象，而且还应该成为愤恨与报复的对象"。但这些罪恶行为究竟应当遭到何种程度的憎恶与痛恨，也没有一种近代道德学说给出过明确而充分的解释。①

第二节　主张美德以审慎为本的学说

01　　　那些主张美德的本质在于审慎的学说，流传至今的还真不少，其中最古老的就是伊壁鸠鲁②的学说。不过，据说他的主要观点都是从某些前辈学者那里尤其是从亚里斯提卜③那里抄袭来的。尽管他抄袭的可能性很大，尽管他的敌手也指责他抄袭，但他在阐述那些哲学观点时所采用的论述手法至少完全是他自己的。

02　　　伊壁鸠鲁认为，身体上的快乐或痛苦是我们天生就渴望或厌恶的唯一根本对象。因此在他看来，身体上的快乐或痛苦自然总是会成为我们渴望或厌恶的对象，而且这一点也是不证自明的。④虽然我们似乎也会出于"审慎"考虑而在某些时候放弃眼前的快乐，但我们之所以会放弃眼前的快乐，其实并不是因为快乐本身不适合我们，而是因为，如果我们享受了眼前的快乐，我们就会因此而失去获得某种更大快乐的机会，甚至将因此而遭受某些痛苦，更何况，与获得那点快乐相比，我们更应避免遭受痛苦。同样，虽然我们似乎也会出于"审慎"考虑而在某些情况下选择痛苦，但我们之所以会选择痛苦，其实并不是因为痛苦本身适合我们，而是因为，如果我们忍受了眼前的痛苦，我们就会因此而避免某种更

---

①　译注：亚当·斯密在这两方面的解释或观点，请读者参阅第二卷第一章。

②　译注：伊壁鸠鲁学派（Epicurus），是由古希腊哲学家 Epicurus（前342年～前270年）所创立的学派，主张即时享乐主义（Hedonisom）。

③　译注：亚里斯提卜（Aristippus of Cyrene，约前435年～约前360年），古希腊哲学家、苏格拉底的门徒，后来创建了自己的昔兰尼（Cyrenaic）学派，鼓吹享乐主义（Hedonisom）。

④　原注：见西塞罗《论善与恶的界限》第1卷。

大的痛苦，甚至会因此而获得某种更有意义的快乐。因此，伊壁鸠鲁认为，身体
上的快乐或痛苦，自然总是会成为我们渴望或厌恶的对象，并且有大量事实可以
证明这一点。此外，它们甚至也是我们渴望或厌恶的唯一根本对象。在他看来，
我们之所以会渴望得到或设法规避身体之外的其他事物，其实也是因为它们有助
于让身体产生快乐或避免痛苦。比如，我们之所以会渴望权力和财富，是因为它
们倾向于让人产生愉悦；反之，我们之所以讨厌贫穷和卑微，是因为它们倾向于
让人感到痛苦。再比如，我们之所以会看重荣誉和名望，是因为同胞对我们的尊
敬与爱戴不仅非常有助于让我们感到愉悦，而且还可以保护我们的身心免遭痛
苦；反之，我们之所以会讨厌耻辱和骂名，是因为同胞的憎恶、轻蔑与愤恨不仅
会破坏我们内心的安宁，而且必定还会让我们的身心遭受极大痛苦。

　　伊壁鸠鲁认为，内心的快乐或痛苦本质上都是源自身体的快乐或痛苦。只要
回想身体上过去的快乐或者展望身体上未来的快乐，就会让人心情愉悦。反之，
只要回想身体曾经遭受过的痛苦，或者担心身体今后可能遭受同样的痛苦或更大
的痛苦，就会让人心情痛苦。　　　　　　　　　　　　　　　　　　　　　03

　　伊壁鸠鲁认为，尽管内心的快乐或痛苦在本质上都是源自身体上的快乐或痛
苦，但内心的感受却比身体上的原始感觉更深切、更久远。因为，身体感受只是
当时的片刻感觉，而内心的感受不仅可以通过回忆来再次感受到过去的快乐或痛
苦，而且还可以通过想象来感受到未来的快乐或痛苦，这两点必然就会导致内心
将遭受更多的痛苦或享受更多的快乐。伊壁鸠鲁还指出，当我们遭受某种极度的
身体痛苦时，只要稍加留意我们就会发现，其实主要令我们饱受折磨的，并非我
们当时所遭受的痛苦本身，而是我们对过往经历的痛苦回忆，或者是对更可怕未
来的极度恐惧。如果只考虑每一种片刻痛苦本身，并且把它与过往的一切痛苦经
历和将来可能的一切痛苦完全独立开来看，那它不过只是小事一桩而不足挂齿。
可见，身体所承受的痛苦其实全都只是当时的那种片刻痛苦。同样的道理，当我
们享受某种极度的身体快乐时，只要稍加留意我们就会发现，这种身体上的一时
感受，其实也只是我们感到快乐的一小部分原因。因为我们内心的愉悦感受主要
源于我们对过往经历的愉快回忆，或者源于对更美好未来的热情期待，而我们内
心的这种愉悦正是快乐的最主要源泉。　　　　　　　　　　　　　　　04

　　伊壁鸠鲁认为，正因为我们的快乐和痛苦主要取决于我们的内心感受，所
以，如果我们生来就心智健康，如果我们的意识和认知也像它们原本那样正常，
那么，无论我们的身体受到何种影响，都是无关紧要的事情。如果我们的理性和
判断力能够保持其绝对支配地位，那么，即使身体遭受着巨大痛苦，我们的内心
仍然可以从中感受到几分快乐。因为，我们不仅可以通过回忆过去的快乐或者展
望未来的快乐来让自己产生愉悦，甚至还可以凭借"我们所遭受的巨大痛苦，其　05

实正是自己此时必须承受的"这种信念来缓减我们身体上的痛苦。并且也只有这样想，才能让身体上的那种一时痛苦不至于像它原本那样过分强烈。其实让我们真正痛苦不堪的，是担心痛苦会持续下去以及这种担心所造成的心理负担。但这种担心所带来的痛苦，也可以通过某些比较恰当的信念来进行适当纠正和缓减。比如，我们可以这么想，如果我们的痛苦很剧烈，那它们的持续时间可能会很短；如果痛苦的持续时间很长，那它们可能就不会太剧烈而且还有很多缓解的机会。伊壁鸠鲁甚至还极端地认为，无论遭遇多么巨大的痛苦，我们随时都可以通过死亡来解脱自己。而且在他看来，如果可以用死亡结束一切感受——无论是结束痛苦还是结束快乐，那么死亡本身就不应该被视为一种不幸。他还宣称，如果我们活着，死亡也就没有发生；如果我们死了，我们也就不再活着。因此，死亡对我们来说，压根儿就没什么好怕的。

06　　伊壁鸠鲁认为，如果说痛苦所带来的切身感受本身微不足道而无须害怕，那么，快乐所带来的切身感受就更微不足道而不值得追求。因为快乐感受所产生的刺激，必然远不及痛苦感受的刺激那么强烈。可见，如果说身体的痛苦，可能只会导致愉悦的心情被减少一点儿快乐，那么身体的快乐，几乎不会让愉悦的心情再增加多少快乐。也就是说，如果身体从未遭受过痛苦，心里也从未有过害怕和担心，那么，身体上增加再多的快乐感受，对增加心情愉悦而言，就不会有太多重要意义，尽管它会引起一点儿心情变化，但若把那点儿变化视为当时所增加的快乐，则是不恰当的。

07　　所以，根据伊壁鸠鲁上述这些说法，一个人所能享有的最完美人生和最美满幸福，就在于身体上的轻松与自在，就在于内心的安宁与平静。而我们追求各种美德的唯一目的，就是要达到"身体自在与内心宁静"这个内心渴望的主要目的。并且在他看来，我们之所以崇尚诸如"审慎、节制、坚强勇敢、正义"等美德，其实并不是为了追求这些美德本身，而是因为它们有助于我们达到那种完美境界。

08　　首先，就拿"审慎"来说，按照伊壁鸠鲁学说的观点，虽然"审慎"是产生一切美德的根源和基础，但它并不是因为这一点而受人推崇。因为，审慎要求我们的内心不仅要时刻保持那种专注、劳神而谨慎的状态，而且对每一个行为可能产生的最深远影响也要始终保持警惕，这本身就是一件难以令人开心或乐于接受的事情。但我们之所以仍然会这样做，其实是因为"审慎"这种美德不仅有助于我们获得巨大好处，而且还有助于我们免遭巨大痛苦。

09　　其次，"节制"的职责本身就要求我们放弃享乐，要求我们抑制甚至阻止自己对享乐的天生渴望，因此，它同样也不可能因为这一点而受人推崇。"节制"这种美德的真正价值，其实就在于它所发挥的有益作用，在于它能让我们为了将来的更大享乐而放弃眼前的享乐，在于它能让我们避免因贪图眼前的享乐而在将来遭受更大痛苦。简而言之，"节制"这种美德无非就是在权衡取舍眼前与将来快乐时的一种"审慎"。

再次，"坚强勇敢"这种美德经常会要求我们吃苦耐劳、忍受痛苦、面临危险或死亡等，但这些处境，无疑都不是我们天生渴望的东西。我们之所以仍然选择这么做，其实只是为了避免更大的不幸。比如，我们之所以会任劳任怨地工作，其实是为了避免贫穷给自己带来更大的耻辱和痛苦。而我们之所以会勇敢面对危险和死亡，其实要么是为了保护自己的自由和财产，因为自由和财产是确保幸福与快乐的方法和手段；要么是为了保卫自己的国家，因为国家安全是确保我们自身安全所必需的。可见，"坚强勇敢"这种美德之所以会让我们心甘情愿地去完成一切艰难困苦的事情，是因为它能够让我们在当时的处境下选择最有利于自己的方式行事。而我们这么做，其实不过只是运用审慎、镇定和良好判断力来恰当地权衡可能遇到的痛苦、辛劳和危险，进而总是可以做到"两害相权取其轻"。

最后，"正义"也同样如此。一方面，你之所以不去侵占别人的东西，其实并不是因为你不想占有别人的东西，毕竟你把我的东西据为己有，于你而言无疑更有好处。也就是说，你之所以不敢这么做，真正原因是你不应该侵占属于我的任何东西，否则，你的侵占行为将会激起人们的憎恨和愤慨，进而让你内心的安宁与平静也遭到彻底破坏。否则，你就会一直担心自己随时将遭到人们的惩罚；而且你自己心里也清楚，任何力量、任何花招伎俩、任何掩饰隐藏，都不足以让你逃脱那些惩罚；进而让你只要一想到可能遭受的那些惩罚，就会感到害怕而惶恐不安。另一方面，"正义"还要求我们按照亲疏关系的不同来为我们的邻居、亲属、朋友、恩人、上司和同僚等人提供相应的必要帮助。同样的道理，我们之所以愿意这么做，其实也不是我们乐于帮助他们，而是因为，如果我们为亲疏关系不同的人提供了必要的帮助，就会让我们赢得人们的崇敬和爱戴；反之，如果我们不这么做，则会激起人们的鄙视和愤恨。也就是说，如果我们为他们提供了必要的帮助，理所当然就会获得内心的安宁与平静；反之，如果我们不这么做，内心的自在与平静——这个我们所追求的伟大终极目标——必然就会遭到破坏。可见，尽管正义是所有德性当中最重要的美德，但在伊壁鸠鲁看来，它的真正价值，也不过只是我们在对待周围的同胞时要始终保持审慎而周全得体。

以上就是伊壁鸠鲁关于美德本质的观点和论述。但有点离奇的是，这位公认非常亲切友善的哲学家似乎并没有注意到，无论那些美德或恶行会对我们身心的自在与安宁产生何种倾向的影响，必然都会让我们对它们产生赞许或厌恶之情。并且，同美德或恶行对我们身体所产生的一切实际影响相比，其实我们更热切渴

10

11

12

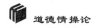

望赢得人们的喜爱，而极其讨厌遭到人们的憎恶。众所周知，同人们的"喜爱、尊重和崇敬"给我们的身心所带来的一切自在和安宁相比，每一个秉性善良的心灵都会更看重让自己成为一个令人喜爱的人、成为一个可敬的人、成为人们崇敬的真正对象。反之，同人们的"讨厌、鄙视和愤恨"给我们的身心所带来的一切痛苦相比，每一个秉性善良的心灵都更害怕自己成为一个令人讨厌的人、成为一个可鄙的人、成为人们愤恨的真正对象。因此我认为，无论我们追求美德还是厌弃恶行，其实都不是因为我们在乎它们可能会给我们的身心带来的实际后果，而是因为我们渴望自己成为有德之人而害怕自己成为邪恶之徒。

13　　　恕我直言，伊壁鸠鲁的学说无疑同我一直在努力建立的道德理论完全相悖。然而也不难发现他的道德理论究竟是基于人性的哪一面而建立的，或者说，他究竟是从哪个特定观点或视角来观察人性并建立他的道德理论的。我认为，根据造物主的圣明安排，在所有一般情况下，甚至在人的一生中，美德都是一种真正的智慧，都是获得安宁和裨益的最简单、最可靠手段。比如，我们在事业上的成功或失败，其实在很大程度上都取决于人们平常对我们评价的好坏，取决于周围的人通常是倾向于支持还是反对我们。若想获得人们的有利评价而避免不利评价，最佳、最可靠、最容易、最快捷的办法，毫无疑问，就是让我们成为人们真正支持的对象而不是反对的对象。苏格拉底曾有这样一段论述："你渴望获得优秀音乐家的名声吗？那唯一可靠的办法，就是让自己成为一名优秀的音乐家。你渴望人们认为你有能力像一位将军或一名政治家那样去报效国家吗？那此时的最佳办法，同样也只有让你自己真正具备指挥战争和治理国家的才干与经验，进而成为一位真正合格的将军或政治家。同样的道理，如果你渴望人们认为你是一个冷静、节制、正义而公正的人，那么获得这些名声的最佳办法，就是让你自己成为一个冷静、节制、正义而公正的人。如果你确实能够让自己成为一个令人喜爱的人、成为一个可敬的人、成为人们崇敬的真正对象，那你就不用担心自己不会很快赢得周围同胞的喜爱、尊重和崇敬。"可见，践行美德通常会为我们带来如此多的益处，而为非作歹却如此有损于我们的利益，所以，人们才会明显倾向于追求前者而厌弃后者。这种心理倾向，无疑会额外为美德冠以"仁慈善良而合宜得当"这样的美名，而额外为恶行扣上"丑陋邪恶而失宜不当"这样的骂名。诸如节制有度、宽宏大量、公平正义和仁慈善良这样的美德，它们之所以会受到人们赞许，其实都不只是因为这些美德本身，而且还因为它们所蕴含的那种最高智慧和最可靠审慎。反之，诸如放纵无度、胆怯迟疑、不公不义、心狠手辣和卑鄙自私等背离美德的恶行，它们之所以会遭到人们谴责，同样也不只是因为这些恶行本身，而且还因为它们所附带的那种鼠目寸光的愚蠢与卑劣。但伊壁鸠鲁的道德学说似乎只注意到"每种美德所蕴含的那种额外合宜性"，而忽略了"恶行所附带的那种额外的失宜性"。当道德学家竭力劝诫人们约束自身行为时，他们最容易想到的说辞通常也是美德的那些合宜性。然而，无论人们在践行美德的过程中，还是在践行处世格言的过程中，如果明显觉得美德本身的那些合宜性要求并不会对自己产生什么约束力，那么这时，除了指出他们的行为有多么愚蠢之外，除了告诉他们终将因自己的愚蠢而遭受多么大的痛苦之外，还有什么更好的办法能够打动他们去追求美德而厌弃恶行呢？

伊壁鸠鲁之所以把各种美德的本质笼统地归结于合宜性当中"审慎"这一个因素，他似乎还想借此来满足自己的一项嗜好。虽然每个人通常都会有这种嗜好，但哲学家尤其容易养成这种特殊嗜好。因为他们总是试图采用尽可能最少的原理来解释所有现象，进而借此作为显示自己见解独到的主要手段。当伊壁鸠鲁把我们天生主要渴望或厌恶的一切事物全都归结于身体上的快乐或痛苦时，那他无疑已经深深地沉溺于这种嗜好。这位原子论哲学①的主要追随者，总是非常乐于通过某种事物的形状、运动和排列等最显而易见且众所周知的小部分因素，来归纳推论出某种物体的所有力量与性质。所以，当他以同样的方式，通过那些最显而易见且众所周知的小部分内心感受来解释内心的所有情感与激情时，他无疑也会获得这种嗜好的类似满足。 14

尽管伊壁鸠鲁的学说也同柏拉图、亚里士多德和芝诺的学说一样，都认为美德的本质就在于是否以那种最合宜得当的行为方式去满足各种主要的天生欲望②，但他与另三位的学说又有着两方面的区别：首先，他在"究竟哪些是我们主要的天生欲望"方面的解释不同；其次，他在"究竟什么因素会赋予美德以卓越品质，或者究竟是什么原因会让美德受到推崇"方面的解释也不同。 15

第一方面的区别在于，伊壁鸠鲁认为，我们天生渴望或厌恶的，主要是身体上的快乐或痛苦，除此之外再没有任何渴望或厌恶的东西。但另三位哲学家却认为，除了渴望身体上的快乐或厌恶身体上的痛苦之外，我们还有许多其他天生渴望，比如渴望知识，渴望我们的亲人、朋友、国家的幸福等，而且这些也是我们终生所渴求的。 16

第二方面的区别在于，伊壁鸠鲁认为，美德之所以值得我们追求，既不是因 17

---

① 译注：原子论哲学（Atomic Philosophy），由古希腊哲学家德谟克利特（约前 460 年～前 370 年）创立，他认为，万物的本原是原子和虚无空间。原子是不可再分的物质微粒，虚无空间是原子运动的场所。人们的认识是从事物中流射出来的原子形成的"影像"作用于人们的感官与心灵而产生的。在伦理观上，他强调幸福论，主张道德的标准就是快乐和幸福。在他之前，古希腊的哲学和美学大都建立在研究大自然的基础上（前苏格拉底时代），通称自然哲学。但他的哲学却跨出了一大步并转向研究社会和人。他的原子理论虽然存在错误与不完善之处，但对后世物质理论的形成仍具有先导作用。即使在今天，德谟克利特的学说仍在发挥作用，可以说没有他就没有现代自然科学。

② 原注：Prima naturae（首要的天性）。

为美德本身，也不是因为它本身是我们天生渴望的主要对象，而仅仅因为美德是一种既有利于避免痛苦又有助于获得自在与快乐的手段。但另外三位哲学家的观点则与他相反，他们认为，美德之所以值得我们追求，不仅仅因为美德是一种满足那些天生渴望的手段，而且还因为美德本身就比那些渴望对象更值得追求。他们三位都认为，人，既然生来就是一个行动者，那么，一个人的幸福必然就不只是在于那些外在被动感受所带来的愉悦，而且还在于那些内在主动努力中的合宜性。

第三节　主张美德以仁爱为本的学说

01　　　主张美德在于仁爱①的学说，虽然不如上述那些已经讨论过的道德学说古老，但我觉得历史也非常悠久。它好像是自奥古斯都②时代以来，那些自称"折衷学派"③ 的大多数哲学家所提出来的主张。由于他们还宣称自己主要追随柏拉图和毕达哥拉斯④的思想，所以常常又被人们称为"后柏拉图学派"。

02　　　这些哲学家认为，在神性中，仁慈或仁爱是唯一的行为动机，并且支配着其他所有美德的运用与发挥。神会先用她的智慧来制订各种计划，再用她那无穷力量来执行这些计划，以便最终实现她那些仁慈的目的。同时，仁爱还处于至高无上的支配地位，其他所有美德都必须服从于它。并且，神所表现出的全部卓越与美德——如果允许我这样形容的话，其实最终也都源于仁爱。人性的至真至善，就在于具有几分类似于神性的完美，也就是说，就在于像神那样也把仁慈和仁爱作为一切行为的动机。在折衷学派看来，只有这种出于仁爱动机的行为才真正值得赞扬，或者在神的眼里才可以算得上美德。只有当我们的行为出于仁慈和仁爱

---

　　① 译注：仁爱（benevolence，有时也译作"博爱"），也就是对他人的宽仁和慈爱。在中国古代哲学家当中，《墨子》提倡"兼爱"，而《淮南子·修务训》也说，"尧，立孝慈仁爱，使民如子弟"。

　　② 译注：奥古斯都·恺撒（Augustus Caesar，前63年～14年），Julius Caesar的侄孙，在公元前27～公元14年间担任首位罗马皇帝，在位41年。

　　③ 译注：折衷学派（Eclectics），指继伊壁鸠鲁学派（公元前3世纪～公元1世纪）之后，于公元前2世纪～公元6世纪期间，在希腊—罗马盛行的把各派学说折衷起来的哲学学派。其主要特征是把学园派、逍遥派、斯多葛等学派中不同甚至对立的观点机械地结合在一起。其中最早的主要代表人物是中期学园派的奠基人卡尔尼亚德，他主张怀疑主义，并站在所谓一视同仁的立场上批判各种哲学学派及其学说。

　　④ 译注：毕达哥拉斯（Pythagoras，约前580年～约前500年），古希腊数学家、哲学家。他所创立的毕达哥拉斯学派亦称"南意大利学派"，是一个集政治、学术、宗教于一体的组织，后于公元前5世纪被迫解散，其成员大多是数学家、天文学家、音乐家。它是西方美学史上最早探讨美的本质的学派。

动机才能让我们效仿并接近神的行为。也只有这样，才能让我们对神的无限仁爱展现自己恭敬而虔诚的赞美，才能在自己心中培养形成同样神圣的行为准则，才能把自己的仁爱之心提升到更接近于神的仁爱，进而让我们成为神更加喜爱和垂青的对象。这样，我们最终就可以实现"直接与神交流"这个折衷学派激励我们要去追求的伟大目标。

　　折衷学派的学说，一直深受许多早期基督教神父的推崇，所以，在宗教改革①之后，同样也深受某些知识渊博、亲切友善、最杰出、最虔诚的神学家的推崇，尤其是深受剑桥大学的拉尔夫·卡德沃思博士②、亨利·摩尔博士③和约翰·史密斯先生④等神学家的推崇。在折衷学派古往今来的所有追随者当中，故世不久的哈奇森博士⑤的成就毫无疑问是无与伦比的，因为他不仅观察最敏锐、

03

---

　　① 译注：宗教改革（Reformation），指开始于欧洲16世纪基督教自上而下的宗教改革运动，即新教宗教改革运动（Protestant Reformation），从而奠定了新教基础，同时也瓦解了从罗马帝国颁布基督教为国家宗教以后由天主教会所主导的政教体系。该运动打破了天主教的精神束缚，为西欧资本主义发展和多元化的现代社会奠定基础，因而西方史学界直接称之为"改革运动"（Reformation）。宗教改革的代表人物包括：马丁·路德、茨温利、约翰·加尔文、门诺·西门斯、雅各布斯·阿民念、约翰·卫斯理，以及其后发展出来的新教徒教派。狭义上的宗教改革，通常认为从1517年马丁·路德提出《九十五条论纲》开始到1648年签订《威斯特伐利亚和约》为止的欧洲宗教改革运动。宗教改革，是欧洲资本主义发展的一个必然结果，也是宗教发展历史上的一个重要里程碑。

　　② 译注：拉尔夫·卡德沃思（Dr. Ralph Cudworth, 1617~1688），英国著名的圣公会牧师、基督教的希伯来人、古典主义者、神学家和哲学家，也是剑桥柏拉图主义者中的领军人物。1630年，他进入剑桥大学艾曼纽学院，在这里学习工作了十五年后，成为剑桥大学第11位里吉斯希伯来语教授（1645~1688）、第26位克莱尔霍尔硕士（1645~1654）、第14位基督学院硕士（1654~1688）。他也是霍布斯的政治与哲学观点的主要反对者，1678年出版了代表作《真正的宇宙知识体系》（The True Intellectual System of the Universe）。

　　③ 译注：亨利·摩尔（Henry More, 1614~1687），出生于林肯郡的英国神学家和哲学家，被人们视为剑桥柏拉图主义者。他是格兰瑟姆市长亚历山大·摩尔（Alexander More）的第7个儿子，父母都是加尔文主义者，但他自己"永远不能接受这种强硬的教义"。他先后在国王学院、格兰瑟姆学院和伊顿学院接受教育。他于1631年进入剑桥大学基督学院，并于1635年获得学士学位，1639年获得硕士学位，毕业后成为剑桥基督学院的一员，并拒绝了所有其他职位的邀请。

　　④ 译注：约翰·史密斯先生（Mr. John Smith, 1618~1652），出生于北安普敦的英国神学家、哲学家和教育家，是剑桥柏拉图主义的开创者。他于1636年进入剑桥大学艾曼纽学院，1640年获得学士学位，1644年获得硕士学位，并被选为剑桥皇后学院的研究员。他最初主要从事数学教学，但他却具有罕见的布道口才。1660年，他的Select Discourses一书出版。他在这部著作中，主要讨论了基督教的几个形而上学与认识论问题——上帝的存在、永恒的生命和理性，进而让这位数学老师名声大噪，并因此赢得了同事们的高度钦佩。他的特殊贡献，就是倡导并建立了基督教哲学"理性和对新科学开放"的基础，得以更好地指导人们实现宗教生活中的现实目标。

　　⑤ 译注：哈奇森博士（Dr. Francis Hutcheson, 1694~1746），亚当·斯密的大学老师，于1730年在苏格兰担任格拉斯哥大学哲学教授。18世纪苏格兰启蒙运动的奠基人，苏格兰哲学之父，其著作涉及伦理学、形而上学、逻辑学、美学。哈奇森其他的主要著作有发表于1722年的《逻辑学纲要》与《形而上学概要》，三卷本《道德哲学体系》在他去世后于1755年由他儿子整理发表。需要说明的是，《道德情操论》第一版于1759年出版，而亚当·斯密于1790年修订完成第六版，所以他才说"故世不久的哈奇森博士"。

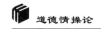

思路最清晰、见解最富哲理，而且最重要的是，他还极富理智和远见卓识。

04　　折衷学派这种"美德在于仁爱"的主张，其实也可以从许多人性现象中得到证实。正如我前面已经指出（译按：请参阅第一卷第二章第四节）的那样，那种真正的仁爱是一切情感中最高尚最宜人的情感，因此它会加倍激发我们的同情心；同时，由于它总是倾向于施仁行善，因此也会成为感激与报答的真正对象。以上这几点自然就会让我们觉得仁爱似乎具有超越其他一切情感的更高价值。我前面还指出过（译按：请参阅第六卷第三章第 14～16 段），尽管仁爱也会出现"表现过度"的遗憾，但它并不会让我们非常反感，更不至于像其他情感表现过度时那样总是令我们极度厌恶。谁不讨厌那种极度的怨恨、极度的自私与极度的愤怒呢？然而，无论是那种最极端的溺爱，还是那种极度偏爱的友情，都不会令人如此反感。唯有那些出于仁爱的情感可以尽情挥洒而无须去顾虑或者去在意是否合宜得体，并且仍然不失其宜人之处。甚至那种纯粹只是出于本能的善意也会令人感到几分欣慰，因为这种本能的善意只会激励人们持续不断地去施仁行善而片刻也不用担心自己的行为究竟会受到谴责还是赞许。但那些不是源于仁爱的其他情感就并非如此，一旦它们变得不合时宜，就会立刻遭到唾弃而不再受人欢迎了。

05　　折衷学派认为，那些源于仁爱动机的行为会被赋予一种高出其他所有行为的美或善；反之，凡是缺乏仁爱的行为倾向——更莫说那些背离仁爱的行为倾向了，必然都会显得特别丑恶。比如，人们之所以认为恶行理所当然应该受到惩罚，其根本原因就在于，它们明显缺乏对他人幸福的足够关切。

06　　折衷学派除了以上观点之外，哈奇森博士还特别指出了三点：其一，任何原本认为源于仁爱动机的行为，如果一旦被发现掺杂了其他动机，那我们赋予这种行为的道德价值就会相应地减弱，因为我们会觉得，这样的仁爱动机受到了玷污。比如，那种原本被认为是出于感激的报答行为，如果后来被发现是为了获得一些新恩惠；或者，那种原本被认为出于爱国的壮举，如果后来被发现当初只是为了获得金钱上的报酬，诸如此类只要被发现掺杂了不良动机的行为，就会彻底破坏其原有的道德价值或值得赞许之处。可见，任何出于仁爱的行为，只要混杂了丁点儿自私动机，就如同混有杂质的合金那样，必然会削减甚至彻底破坏其原本具有的价值，这是显而易见的事实。因此在哈奇森博士看来，美德必然就只存在于那种纯洁无私的仁爱之中①。

07　　其二，那些原本认为是出于自私动机的行为，如果后来发现却是出于仁爱动

① 原注：这段论述见《美德之研究》（*Inquiry Concerning Virtue*）第 1 篇和第 2 篇，这段论述大概还在拉斐尔（David Daiches Raphael）所著《1650～1800 年间的英国道德学家》（*British Moralists 1650～1800*）出现过，见该书第 2 卷第 3 章第 318～319 页。

机，通常就会大大增加其道德价值。比如，一个努力为自己赚取财富的人，如果我们发现并确信他这么做是为了更好地施仁行善，或者为了更好地报答自己的恩人，而不是出于任何个人利益，那我们就会更加喜爱和崇敬他。这种现象似乎也非常有助于证实这样一个结论：唯有仁爱动机才能赋予各种行为以美德。

其三，哈奇森博士发现，道德诡辩家们（casuists）① 在有关"究竟什么样的行为才称得上高尚美德"的所有争辩中，各学派都经常提到的公共利益，其实就是美德的衡量标准。于是，他就把这一点也视为"美德在于仁爱"的明显证据。因此，人们才会普遍承认，凡是有助于增进人类幸福的行为，都是正确而值得赞赏的美德行为；反之，则都是错误而应当谴责的邪恶行为。同时，哈奇森博士还发现，道德诡辩家们后来在有关"当个人的既有基本权利受到侵犯时，究竟应该消极顺从还是主动反抗"的争辩中，各派观点其实也仅仅出现了"一味屈从是否要比立即报复会导致更大不幸"这一点分歧。所以他据此认为，凡是总体上最有利于增进人类幸福的行为，那就永远也不用担心"道德上的善恶"问题。

在折衷学派看来，唯有仁爱的动机才会赋予其行为以美德，因此，某种行为表现出的仁爱越多，它必然就会赢得更多赞美。

比如，那些旨在谋求大团体幸福的行为，相比那些旨在谋求小团体幸福的行为，显然就会表现出更广博的仁爱。因此，前一种行为也相应地具有更高尚的美德。可见，在所有情感当中，具有最高尚美德的就是那些把一切有理智生灵的整体幸福作为追求目标的情感。反之，在那些多少还具有几分美德性质的情感当中，最平庸的就是那些仅仅以儿子、兄弟或朋友等个人幸福作为追求目标的情感。

在折衷学派看来，至真至善的美德，就在于引导我们的一切行为尽最大可能地增进人类整体利益；就在于让所有低层级的情感服从于增进人类整体幸福这个目的；就在于我们把自己仅仅视为芸芸众生当中的一员；就在于我们只去追求那种同人类的整体幸福相一致的个人幸福，或者只去追求那种有助于增进人类整体幸福的个人幸福。

在折衷学派看来，自爱行为在任何程度上或者从任何方面上看，都不具有高尚美德的成分。并且，凡是有碍人类整体利益的自爱行为都是邪恶无德的。但我觉得，如果自爱行为只是出于追求个人幸福而没有任何危害，那它就是纯洁而无可厚非的，也就是说，尽管自爱行为不值得任何赞赏，但也不应该遭到太多指责。所以，有些仁爱之举即使是出于某种强烈的自利动机，但仍然会因为没有危害而显得

08

09

10

11

12

---

① 译注：请读者注意，这里译作"道德诡辩家"的英文词"casuists"，原义为诡辩家，通指那些采用"似是而非的论点来阐述伦理或法律问题"的学者，所以这里不能按"诡辩家"的一般字面含义去理解它。具体请参阅本卷第四章第 8 段的译注。

非常高尚。因为这种出于自利的仁爱之举，也展现了仁爱动机的力量与活力①。

13　　　哈奇森博士也认为，在任何情况下，自爱都很难成为美德行为的动机。因此在他看来，我们的仁爱之举无论是"一旦开始在意自我赞许的愉悦"，还是"一旦开始在意自己良心上的心安理得"，都会有损其原本的道德价值。他认为，这种"在意"其实就是一种自私动机，只要这种"在意"对某个人的行为产生了影响，那就表明他同那种纯洁无私的仁爱还有差距和不足；因为只有纯洁无私的仁爱，才能赋予一个人的行为以美德。② 然而在现实生活中，人们却普遍认为，每个人心里对自我赞许的这种"在意"，在任何情况下都不应该视为那种有损某个行为道德价值的动机，反而更应该视为那种称得上"高尚美德"的唯一动机。

14　　　以上就是我对折衷学派关于美德本质的观点所做的说明。这个广受欢迎的道德学说之所以特别喜欢宣扬"一个人只要怀有自爱之心，就绝不会赢得任何赞誉"，其实就是想借此劝诫人们要在自己心中培养形成那种最高尚、最宜人的仁爱之心。然而折衷学派，不仅想要抑制人们因自爱而引起的不义行为，甚至还想在某种程度上彻底根除人们的自爱之心。

15　　　折衷学派的道德学说，其实同我前面那些已经讨论说明过的其他各派学说一样，也没有充分解释仁爱这个至高美德的绝对支配地位究竟根源何处。因此，这派学说似乎还存在同我的观点相悖的另一个缺陷：也就是它并没有充分解释我们为什么会赞赏诸如审慎、警惕、慎重、节制、忠贞、坚定等较低层级的美德。折衷学派的道德学说似乎只关心我们情感的意图与目的之善恶，只关心我们情感企图产生的结果究竟是有益的还是有害的；至于我们的情感是否合宜得当、我们的情感是否与激发它们的客观原因相宜相称，则被完全忽略了。

16　　　最后我还要指出一点，在大多数情况下，我们出于自爱而关切自身的幸福与利益，似乎也是一种非常值得赞赏的行为动机。比如，尽管节俭、勤劳、谨慎、专注、尽心等行事习惯通常会被认为是出于自利动机而培养出来的，但它们同时也会被人们视为那种非常值得称道的品质，因此也值得每个人的崇尚和赞许。尽管我也承认，如果仁爱行为掺杂了自私③动机，似乎常常会让其原本高尚的品质受到玷污。但我还是觉得，产生这种玷污的原因并不是自爱永远无法成为高尚的行为动机，而是在掺杂自私动机的特殊情况下，仁爱这个动机原有的作用力度就会被减弱，进而显得完全不适合它的行为对象。可见，似乎这一点才是导致自爱

---

① 译注：亚当·斯密主张，通过适当激发"自利与自爱"动机来激发每个人的创造力和主动性，进而增加社会整体的福祉。这在《国富论》中有更详细论述。

② 原注：参见《美德之研究》（Inquiry Concerning Virtue）第 2 篇第 4 个论文。亦见《论道德知觉》（Illustrations on the Moral Sense）第 5 篇最后一段。

③ 译注：请读者注意自私（selfish）、自利（self-interest）、自爱（self-love）之间的区别，这三个词在本节中多次出现。

行为存在明显缺陷的真正原因，进而让自爱行为总体上显得更应受到谴责而不是受到赞赏。反之，那种原本仅凭自爱动机就足以促使一个人去完成的行为，如果混杂了仁爱的成分，那就不太容易削弱这种行为的合宜性，或者说不太容易削弱行为当事人的功德。所以，我们并不会动辄就怀疑某个人有自私自利的缺点。因为自私自利绝不是人性的弱点，也绝不应该轻易遭到人们的质疑。反之，假设真有这样一个人，如果不是出于保护自己家人和朋友的需要，他就不会好好爱护自己的健康、生命或财产——这些原本仅凭自我保护本能就足以促使他去做的事情，那他这种为了别人而关爱自己的做法，即使含有仁爱动机，但毫无疑问也是人性的一种缺陷。虽然这是一种可以接受的人性缺陷，虽然这种缺陷顶多只会让一个人变成怜悯的对象而不至于遭到鄙视或憎恶，但这种人性缺陷多少都会有损一个人的人格尊严和可敬程度。比如，那种对自己漠不关心却对他人慷慨大方的行为之所以普遍得不到赞同，其实并不是因为这种做法缺乏仁爱，而是因为它缺乏对自身利益的适当关切。

总之，尽管折衷学派的道德诡辩家（casuists）经常把"一个人的行为是否有利于社会福祉或社会秩序"作为评判其行为是非对错的标准，然而这并不意味着对社会福祉的关切是唯一能够让行为具有高尚美德的动机，而仅仅意味着当其他任何动机与"关切社会福祉"这个高尚动机发生冲突时，仁爱之心将会平衡好其他所有动机并做出恰当取舍。　17

所以我认为，仁爱也许可以作为神的唯一行为动机，而不能作为人的唯一行为动机。下述两条经得起推敲的解释也许有助于说服大家去相信这一点。其一，我们很难想象，当那个无所不能而高度完美的神的存在不再依赖任何外在事物，当她的幸福完全由自己掌握，那么，除了仁爱之外，她的行为还会出于别的什么动机。然而，无论仁爱是不是神的唯一行为动机，可对人类这种并不完美的生灵来说，想要维持自己的生存，就必须求助于自身以外的许多事物。这就必然会让人们的行为除了出于仁爱之外，常常还会出于自爱等许多其他动机。其二，我们在求生本能的驱使下往往会做出各种利己的行为。在任何情况下，如果连这种出于求生本能的自爱之心都被视为不符合道德要求或者都无法得到任何人的尊重与认同，那么人性的处境就变得尤其艰难了。　18

总之，上述三种分别主张"美德在于合宜性、美德在于审慎、美德在于仁爱"的道德学说，就是各种道德学说在美德本质方面所提出的主要观点。其他关于美德本质的所有论述或观点，无论它们表面上看起来有多么不同，其实都很容易将它们归结为三者当中的某一种。　19

比如，那种主张美德在于遵从神的意志的学说既可以归入主张美德在于审慎的学说，也可以归入主张美德在于合宜性的学说。如果有人质疑"我们为什么要　20

服从神的意志"，那么这个问题本身不仅是对神的大不敬，而且也荒谬到了极点。如果他是由于对"我们是否应该服从神"还心存疑惑而提出这个问题，那他只会得到两种回答：要么他必须承认，我们之所以应该服从神的意志，是因为她法力无边而无所不能。也就是说，如果我们服从神的意志，她就会一直奖赏我们；反之，如果我们不服从神的意志，她就会一直惩罚我们。或者，要么他必须承认，即使我们完全不关心自己的幸福，即使我们毫不在乎任何奖赏与惩罚，那么，仅仅出于"和谐融洽与合宜性"的要求，每一个创造物都应该服从它的创造者，每一个力量有限而不完美的生灵都应该服从那个无所不能而无比完美的神。除了这两种回答之外，无法想象还能给予这个问题什么别的解释。如果第一种解释是恰当的，那么，美德的本质就在于审慎，或者在于合理追求我们自己的根本利益和终极幸福。因为正是出于这些个人需要，我们才不得不服从神的意志。如果第二种解释是恰当的，那么，美德的本质必定就在于合宜性。而我们之所以必须服从神的意志，其根本原因就在于我们的情感唯有恭敬顺从激发它们的那个至高无上的神，才会显得和谐融洽而合宜得体。

21　　再比如，那种主张美德在于效用①的学说，其实与主张美德在于合宜性的学说并无不同。按照这个学说的观点，无论在每个人自己心中，还是在他人心中，凡是让人愉悦或对人有益的品行，全都可作为高尚美德来赞赏；反之，凡是令人厌恶或对人有害的品行，全都可作为丑陋恶行来谴责。然而，某种情感是否令人愉悦或者是否对人有益，其实取决于它实际能够被人接受的具体程度。因为每一种情感，只要被约束在适度得体的范围之内，那它就是令人愉悦或对人有益的；只有当它超越了适度得体的那个界限，才会令人讨厌或于人有害。所以，其实按照这个学说的观点，美德的本质并不在于情感本身的善恶，而仅仅在于情感是否表现得适度得体。而且同我一直在努力建立的道德理论相比，这个学说其实也只有一点不同：它是把"效用"作为衡量"情感是否合宜"的自然尺度或根本标准，而我是把"旁观者的同情或情感共鸣"（译按：即赞同或同感共鸣）作为衡量"情感是否合宜"的自然尺度或根本标准。

第四节　主张善恶不分的学说

01　　上面那些我讨论说明过的道德学说其实几乎都认为，不管美德与恶行的本质是什么，两者之间始终有着某种本质区别。比如，在情感的合宜与失宜之间、在

---

　　① 译注：有关"品行的效用"及其对赞许的影响，请参阅第四卷第二章。

行为的仁爱动机与其他动机之间、在真正的审慎与短视愚蠢或鲁莽草率之间始终都存在一种本质区别。而且上述所有道德学说都主要致力于鼓励那些值得赞赏的情感或行为动机，而劝阻那些应当谴责的情感或行为动机。

　　然而其中某些学说也许真有几分想要打破"自爱与仁爱"等情感之间的平衡，并且试图让人们心中对某些行为动机产生超出其应有程度的独特偏爱。因此，它们各自都存在自身的缺陷。其一，那些主张美德在于合宜性的古代道德学说，似乎主要偏爱宣扬"自制和克己"这类高尚、庄重而令人敬佩的美德，并试图借此鼓励人们不仅要刚毅坚韧、宽宏大度、不计成败得失，而且还要藐视"痛苦、贫穷、流放、死亡"等外在不幸。在他们看来，只有这些恢宏的努力才能让人表现出那种最高贵的行为合宜性。相对而言，"宽容和仁慈"这类温善、宜人而儒雅的美德不仅很少受到他们的重视，似乎反而常常被他们——尤其是<u>斯多葛学派</u>——视为性格上的一种懦弱；他们甚至还认为，一个智者的内心中就不应该潜藏这种懦弱。 02

　　其二，那些主张美德在于仁爱的学说却相反，当它们极力宣扬倡导所有那些"宽容和仁慈"的美德时，似乎又完全忽视了那些较为"庄重而令人敬佩"的心性品质。这些学者甚至拒绝把后一类心性品质称为美德，而认为它只是一种道德能力，因此它们也就不应该与那些所谓的真正美德享有同样的崇敬与赞赏。凡是仅仅旨在追求个人利益的行为动机，他们都会抓住一切可能的机会进行抹黑。他们还宣称，那些追求个人利益的行为，不但它们本身没有任何价值，而且当它们与仁爱动机共同发生作用时，反而会有损仁爱行为的价值。因此他们还断言，如果审慎只是用来增进个人利益，那它就不能再被视为一种美德。 03

　　其三，那些主张美德仅在于审慎的学说，当它们极力宣扬谨慎、警觉、冷静、理性、节制等心性品质时，似乎同时又极力贬低"亲切宜人和令人敬佩"这两类美德；它们不仅完全抹杀了"亲切宜人"这类美德所蕴含的全部价值与美善之处，而且还彻底抹杀了"令人敬佩"这类美德所蕴含的全部价值与崇高之处。 04

　　这三种道德学说尽管都存在上述各种缺陷，但每一种学说的基本倾向都是致力于鼓励人们要在心中培养那种最值得赞赏的高尚品性。无论是普罗大众，还是那些自以为按照某种道德准则生活的少数哲人，如果他们当中真的有人能够根据其中任何一个道德学说的训诫来约束自己的行为，那么，这种道德学说对社会而言就是有益的。而且，我们还可以从每一种学说当中学到一些有价值的独到教诲。如果想要通过训诫与劝勉来让我们的内心变得刚毅坚韧和宽宏大度，那么，那些主张美德在于合宜性的古代道德学说似乎就足以做到这一点。同样，如果想要通过训诫与劝勉来让我们的内心变得仁慈善良，来唤起我们用仁爱和博爱去对待我们周围的同胞，那么，主张美德在于仁爱的学说所描绘的那些美好愿景似乎 05

就能发挥这样的作用。尽管<u>伊壁鸠鲁</u>的学说无疑是上述三种道德学说当中最不完善的，但我们仍然可以从中懂得，践行"亲切宜人和令人敬佩"这两类美德将多么有助于增进我们自身的利益，多么有助于我们在今生获得自在、安宁与平静。<u>伊壁鸠鲁</u>一直主张，幸福就在于享有自在与安宁，因此，他总是试图独辟蹊径地极力阐明，若想获得自在与安宁这种无价的财富，那么践行美德不仅是最佳、最可靠的办法，而且也是唯一手段。尽管其他道德学家大多都在颂扬美德在帮助我们获得内心平静与安宁方面所发挥的良好作用。然而在这个问题上，只有<u>伊壁鸠鲁</u>没有出现疏漏，因为只有他率先强调，"亲切宜人"这类美德除了有助于我们获得内心宁静之外，其实在帮助我们取得外在的成功、顺遂与安然方面也发挥着巨大作用。<u>伊壁鸠鲁</u>正是因为这一点才让他的哲学著作引起了古代各派哲学家的广泛重视和深入研究。比如<u>西塞罗</u>，尽管他是<u>伊壁鸠鲁</u>学派的主要劲敌，但在阐述"仅凭美德就足以获得幸福"这个观点时，他所采用的那些最令人信服的论据其实大多都是从<u>伊壁鸠鲁</u>那里借用的。再比如<u>塞内卡</u>，尽管他是一名<u>斯多葛</u>派哲学家，而且<u>斯多葛</u>学派又极力反对<u>伊壁鸠鲁</u>学派的观点，但他引用<u>伊壁鸠鲁</u>著述的频次却远远多于其他任何哲学家。

06　　　然而，除了上述三种道德学说存在各自的缺陷之外，还有一种存在更大缺陷的道德学说，它似乎要完全抹杀美德与恶行之间的区别，其善恶不分的倾向绝对是有百害而无一益。它就是我接下来要讨论说明的<u>曼德维尔博士</u>①的道德学说。尽管这位哲学家的观点几乎在各方面都是错误的，但是，如果以某个特定视角去审视某些人性现象，乍看起来又貌似符合他的观点。那些人性现象经过<u>曼德维尔博士</u>用他那粗浅疏陋却又生动风趣的雄辩进行一番夸张的形容与论述之后，就让他的道德学说仿佛披上了一件貌似真理的面纱，进而得以轻易蒙骗那些不谙世事的人。

07　　　<u>曼德维尔博士</u>认为，无论是出于合宜性而做出的行为，还是为了赢得赞美或颂扬而做出的行为，在本质上都是在追求赞美或颂扬，或者像他所说的那样，都是出于虚荣。他认为，人，天生都更关心自己的幸福而不是他人的幸福，而且，

---

　　① 译注：曼德维尔博士（Dr. Bernard Mandeville，1670 年 11 月 15 日至 1733 年 1 月 21 日），盎格鲁—荷兰派（Anglo-Dutch）哲学家、政治经济学家、讽刺作家。他出生在荷兰的一个医生家庭，1685 年进入莱顿大学专修医学和哲学，1691 年获医学博士学位后开始行医，专治"歇斯底里"病。后来他大约在 1696 年移居英国。1714 年，他在自己之前 1705 年出版的散文讽刺诗《抱怨的蜂巢与骗子改做老实人》的基础上，增加了论文《道德的起源》和一些注释，出版了成名作《蜜蜂的寓言》（The Fable of the Bees），但一直未引起学界关注。1723 年，他又增加《论社会本质之研究》和《论慈善和慈善学派》等论文再版，并提出了西方思想史上著名的曼德维尔悖论"个人私欲的恶之花也会结出公共利益的善之果"，这突然引起学界的广泛关注，并引来包括亚当·斯密在内的"正人君子"们的一致批判。此外，他还著有《关于宗教、教会和国家幸福的自由思考》（1720）、《关于荣誉起源的研究》（1724）、《为公共烦恼的客观辩护》（1723）等。

绝不可能有人会真心只是希望他人成功而不希望自己成功。一个人即使表现出那种更关心别人的样子，我们也可以确信他在欺骗我们，因此他这种行为表现其实与其他任何时候一样，也是出于某种自私动机。人，除了更关心自己之外，还有许多源于自私的其他激情和欲望，虚荣心就是其中最强烈的一种；并且，人总是因为身边那些人的赞美而容易获得满足并为之洋洋得意。一个人即使表现出那种为朋友而牺牲自身利益的行为，在曼德维尔博士眼里，也是源于他心里清楚自己那么做了之后将极大地满足朋友的自爱之心，对方必定会极其夸张地赞扬自己，并借此表达他们自爱之心的满足。因为他心里预料到自己这么做所能获得快乐的价值会超过他为之所放弃的利益。因此在曼德维尔博士眼里，这种牺牲自身利益的行为其实同其他任何情况下一样，也是一种出于卑劣动机的自私行为。不过，当事人仍然会为之感到满足，并且想当然地自以为他这种行为是完全无私的：因为，如果当事人不这样认为，那他这种牺牲自身利益的做法，无论在他自己还是别人看来，似乎都不值得任何赞扬。总之，在曼德维尔博士看来，所有公益心和爱国心，所有将公众利益置于个人利益之上的做法，不过只是对世人的一种愚弄和欺骗；甚至那些被人们极力夸耀和争相效仿的人间美德，在他眼里也不过只是谄媚吹捧与炫耀虚荣苟合的产物。

　　至于那些最具恢宏慷慨和最具爱国热情的行为，在某种意义上是否不应该视为出于自爱之心，我不打算在这里进行讨论。我觉得搞清楚这个问题对于明确美德的本质而言没有任何意义，因为自爱之心有时也会成为某种美德行为的动机。这里我只打算尽量阐明，不管是渴望做出可敬而高尚的行为，还是渴望自己成为真正受人尊敬与赞赏的对象，无论如何都不能把它们视为虚荣。而且，那种追求名副其实的名利和声誉的行为，那种渴望凭借真正可敬的品行而不是假借虚名来赢得尊敬的行为，也都不应该被视为虚荣。前一种行为是追求美德，是人性中最高尚、最美好的情感。后一种行为是追求真正的荣誉，尽管后者无疑比追求美德的层次要低，但其高尚程度似乎也仅次于前者。所以我觉得，如果一个人的品行根本没有任何值得称道之处，或者并没有达到他期望得到称赞的那个程度，但他却渴望自己获得那种称赞；如果一个人总是试图借助服装和马车的那种浮华而粗俗的装饰，或者总是试图通过日常举动中那种轻浮而浅薄的做派来让自己显得高贵优雅；如果一个人心里明知自己并不值得称赞的情况下，却仍然渴望得到那种称赞；等等唯有诸如上述各种行径的人，才可以被视为真的犯了虚荣的毛病。比如，空洞无知的纨绔子弟经常会装出一副显赫高贵的样子，但与他的实际身份地位却完全不相符；愚蠢的吹牛大王，经常会吹嘘自己在各种冒险事业中所取得的功绩，但他所谓的冒险事业根本就没有发生过；愚笨的抄袭者，经常会自诩为某种理论的作者，但他根本没有任何独立见解；等等诸如此类的人，全都可以被指

08

责为真正贪图虚荣的人。还有一种人，也可以认为犯了虚荣的毛病：他似乎不满足于人们只是在心中默默地对他尊敬和赞赏，而是更喜欢那种喧闹的赞扬与喝彩；他根本不太在乎人们赞扬他什么，而只在意他是否亲耳听到对自己的赞扬声与喝彩声，否则，他绝不会感到心满意足；他还急切而强烈地渴望拥有那些意味着自己受人尊敬的各种外在象征，比如，他不仅喜欢漂亮的头衔、被人恭维赞美、有人拜会求见、有随从簇拥伺候，而且还喜欢在公共场合被众人投以那种恭敬而殷勤的注目。可见，贪图虚荣这种愚蠢可笑的渴望完全不同于追求美德和追求荣誉这两种渴望；并且，前一种渴望是人性中最低劣、最浅薄的情感，后两种渴望则是人性中最高尚、最恢宏的情感。

09　　因此我觉得，上述三种情感中，渴望让自己成为人们崇敬与赞赏的真正对象或者渴望让自己成为值得崇敬与赞赏的人，就是在追求美德；渴望自己凭借真正可敬的品行而不是假借虚名来赢得尊敬与赞赏，就是在追求荣誉；而那种在任何情况下都渴望自己得到赞赏的人，就是在贪图虚荣。尽管这三种情感有着极大的不同，尽管前两种情感总是为人们所赞许，尽管最后一种情感总是会遭到人们鄙视，但它们三者之间仿佛又有着某种说不清道不明的相似之处。然而，才思敏捷的曼德维尔博士正是利用它们三者之间的那点儿相似之处，并通过他那幽默风趣的雄辩对其进行一番夸张的论述之后，才得以成功蒙骗他的读者。首先，曼德维尔博士宣称，追求真正的荣誉其实也含有贪图虚荣的成分，因为两者都旨在获得尊敬与赞赏。但我觉得，他却忽略了它们两者之间的不同之处：前者是一种正当、合情又合理的情感，后者则是一种不正当、荒唐又可笑的情感。如果一个人渴望凭借真正可敬的品行而不是假借虚名来赢得尊敬，那他无非只是渴望得到自己有资格正当拥有的东西；如果连这种正当渴望也遭到拒绝，那就不可能不对他造成某种伤害。反之，如果一个人渴望通过假借虚名等其他方式来博得尊敬，那他就是在索求自己没有资格正当拥有的东西。真正追求荣誉的人，通常比较容易获得满足，他既不会去猜忌或怀疑人们不够尊敬自己，也很少在乎自己是否拥有那些代表着受人尊敬的外在象征。贪图虚名者则完全相反，他永远也不会感到满足，他总是对人们是否足够尊敬自己充满猜忌与怀疑；因为他心里总是暗自奢望得到那种超过自己应得的尊敬。比如，哪怕只是礼仪上的最微小疏忽也会被后者视为对他的致命侮辱与严重冒犯，或者被视为对他的一种极度蔑视。他会为之坐立不安和焦躁难耐，进而总是担心人们压根儿就不再尊敬他了，因此，他总是渴望得到那种象征受到尊敬的各种新礼遇，而且唯有那种持续不断的殷勤逢迎与谄媚吹捧，才能让他保持好心情。

10　　其次，曼德维尔博士宣称，无论是渴望成为值得尊敬和赞赏的对象与渴望得到实际的尊敬和赞赏之间，还是追求美德与追求真正荣誉之间，其实彼此之间都有着某种说不清的渊源。一方面，它们都旨在使追求者成为真正值得尊敬与赞赏的人；而另一方面，即使在那种对真正荣誉的追求当中，其实也含有几分所谓的虚荣，因为追求它们的人都在意别人的评价和看法。但我觉得，即使一个人具有极高的恢宏气度，即使他纯粹只是追求美德，即使他毫不在乎人们对自己的实际评价会如何，但是，当他想到自己值得人们尊敬和赞赏时，还是会觉得开心。因为他心里不仅会觉得，即使自己没有实际获得尊敬与赞赏，但他仍然是值得尊敬与赞赏的真正对象；而且他还会觉得，只要人们能够保持清醒、秉持公正、恪守事实，只要人们能够真正了解自己行为的动机和真相，那人们必定会尊敬和赞赏自己。可见，一个人即使毫不在意那些会令他开心的实际评价，但他也会极其看重自己是否值得那种令自己开心的评价。也就是说，即使一个人的行为是出于那种非常崇高的动机，他也会在乎自己的行为是否值得尊敬和赞赏。因为，一个人只要以旁观者的视角来审视自己，即使他毫不在意人们会对他品行怀有什么样的看法，即使他不在乎人们给予自己的评价如何而只在意自己值得什么样的评价，但他还是会极度渴望自己获得人们的尊敬和赞赏。因此，一个人即使在追求美德的过程中，或多或少也会在意他人的评价或看法；也就是说，即使他不在意别人的评价或看法会如何，也会在意自己究竟值得什么样合情合理的评价或看法。尽管就这一点而言，追求美德与追求真正的荣誉难免都含有一点儿虚荣的成分，但我始终觉得，<u>曼德维尔</u>博士还是忽略了它们与虚荣之间所存在的重大区别。一方面，一个人的行为，只要遵从"是非对错与合宜性"的要求，只要遵从"如何才会成为值得尊敬与赞赏的真正对象"的行事原则，那么，即使他永远没有实际得到那些尊敬与赞赏，但他的行为，不仅没有虚荣成分，甚至还有可能源于人性当中最崇高、最神圣的动机。而另一方面，一个人在渴望自己成为值得赞赏的真正对象时，如果同时又急切想要实际得到那种赞赏，即使他在总体上是一个值得赞赏的人，但他的行为动机中也掺杂了大量的虚荣成分。当然，后一种急于得到赞赏的人，可能会因为人们不了解实情而受到不公对待，进而会有遭受屈辱的危险，以致他的幸福也可能由于对手的嫉妒猜忌和公众的愚蠢无知而遭到破坏。但是，前一种追求美德或真正荣誉的人却相反，他的幸福绝对安全无忧而不受命运摆布，更不会受到旁人看法反复无常的影响。即使人们由于不了解实情而鄙视他憎恨他，但他心里也会觉得自己并没有过错，所以他根本不会为之感到屈辱。而人们之所以会鄙视和憎恨他，完全是因为他们对他德行的误解；只要人们对他了解更多一点，他们就会尊敬并喜欢他。更确切地说，其实人们所憎恨和鄙视的，并不是那个真实的他，而是那个被人们误解的另一个他。这就好比在一个化装舞会上，当一个朋友假扮成我们的敌人出现在我们面前时，如果我们误把他当作敌人来发泄心中的愤恨，那么，这位朋友此刻的感受其实更多的是滑稽有趣而不是委屈羞辱。这位朋友对我们的误会也将"一笑了之"，然而这种"一笑了之"的态度，就应该作为一个真正宽宏大度者在遭受不公正指责时的情感反应。不过，人性却很少能够修炼到如此刚毅笃定的程度。尽管除了那些最浅薄最卑鄙的人之外，绝没有人会因不实的虚荣而洋洋得意；然而，人性中却总是存在一种奇怪的矛盾，即使那些看似最刚毅笃定的人，往往也会由于遭受不实羞辱而感到屈辱难当。

11　　　曼德维尔博士并不仅仅满足于把那些公认的所有美德行为全都解释定性为源于虚荣这种浅薄的动机，他还试图证明人类美德还存在许多其他方面的缺陷。他宣称，人类美德在任何情况下都无法达到它自称的那种完全无私的程度；所以通常情况下，我们顶多只能抑制激情的宣泄或者隐藏自己的欲望，而无法彻底征服它们。比如，只要我们对享乐的节制没有达到那种极度清心寡欲的程度，就会被曼德维尔博士视为严重的骄奢淫逸。在他眼里，凡是超过维持我们生存所绝对必需的东西都是奢侈品；因此，即使只是穿了一件干净的衬衫，即使只是住在一座舒适方便的房子里，也是邪恶而不道德的。他甚至认为，即使最合法婚姻中的性欲放纵，也同奸淫这种危害极大的性欲满足一样，都是那种追求肉欲的淫荡行为；他还嘲讽说，节欲守贞其实并不难，如同节俭戒奢那样非常容易做到。同其他许多道德诡辩论家一样，曼德维尔博士在这里也采用了那种模棱两可的语言来巧妙地完成他那些诡辩式的推理。据我所知，我们的某种激情或欲望，除了采用那种能凸显其令人反感与讨厌程度的名称来给它命名之外，通常也没有更好的其他命名方式；因为这样的命名方式，要比其他任何方式都更容易让人们仅凭名称就可以隐约感觉到那种激情或欲望的激烈程度。某种激情或欲望的名称由来通常有两种方式：其一，某种激情或欲望的程度如果让某个人感到震惊或者让某个人感到厌恶和不舒服，那么，那个人必然就会被迫注意到它，于是，他自然就会根据感受的激烈程度来给它取个相应的名称。其二，如果那种激情或欲望的激烈程度正好吻合某个人内心的自然感受，这个人就极易完全忽略它；那他根本就不会给它取任何名称，或者，即使给它取了个名称，也更多是为了凸显那个激情或欲望应该被驯服和抑制到何种程度，而不是表示那个激情或欲望在受到一定驯服和抑制之后能够被容许表现的程度。比如，"奢靡"和"淫乱"这两个词通常分别用作表示"贪图享乐"和"追求色欲"，而这两个词本身就表明并凸显了这两种欲望令人讨厌与邪恶的程度。① 但"节俭"和"贞洁"这两个词似乎更多是凸显了"贪图享乐"和"追求色欲"这两种欲望应该被驯服与抑制的程度，而不是指它们能够被容许表现的程度。然而曼德维尔博士却认为，既然可以证明"节俭"和"贞洁"这两种美德当中仍然存在几分"贪图享乐"和"追求色欲"的

①　原注：见《奢华与欲望》（*Luxury and Lust*）。

成分，那么凭这一点就可以完全否定"节俭"和"贞洁"这两种美德的真实存
在，从而可以证明这两种美德其实只是利用人性中的疏忽与淳朴而对人们的一种
欺骗。然而这两种美德其实并不要求我们彻底根绝那两种欲望，而只想让那两种
欲望得到适当抑制。因为人类的美德并不要求彻底根绝一切欲望，而只是旨在抑
制各种欲望的强烈程度，以免伤害个人、侵犯同胞或扰乱社会。

　　曼德维尔博士哲学著作①的主要谬误就在于他把每一种激情或欲望，无论其 　12
强烈程度如何，无论其作用对象是什么，全都笼统地说成是邪恶而不道德的。正
是这种谬误，让曼德维尔博士把人们在意他人评价或看法的任何关切，无论是在
意"他人会如何评价自己"，还是在意"自己究竟值得什么样的评价"，全都视
为贪图虚荣而毫无美德可言。通过这样的诡辩，曼德维尔博士还提出了"个人私
欲的恶之花，也会结出公共利益的善之果"② 这个他最得意的观点。当然，按照
曼德维尔博士的说法，如果把喜欢富丽堂皇的房子，把喜爱各种优雅的艺术品，
把追求各种有利于改善人类生活的事物，把喜欢漂亮宜人的服饰、家具和马车，
把追求有品位的建筑、雕塑、绘画和音乐，甚至把一个人在自身处境富裕而且不
会产生任何不利影响的情况下对上面这些爱好或追求的痴迷，全都看作只是满足
个人私欲的骄奢淫逸和炫耀显摆，那么，所有这些为了满足个人私欲而追求所谓
的骄奢淫逸和炫耀显摆，毫无疑问，它们最终全都会结出善果，从而有助于增进
公共利益和人类福祉。众所周知，如果没有这些个人爱好与追求——曼德维尔博
士认为给它们取个难听的贬义名称更恰当，那些精美优雅的艺术就绝不会获得鼓
励和发展，进而必然会由于没有什么用处而凋萎衰落。其实早在曼德维尔博士之
前，就曾经大肆流行一些主张禁欲苦修的学说：那些学说认为，美德的本质就在
于彻底根绝我们的一切欲望。而这些观点，正是曼德维尔博士主张善恶不分的道

---

　　① 原注：即曼德维尔博士的《蜜蜂的寓言》（*The Fable of the Bees*）。
　　② 译注：个人私欲的恶之花，也会结出公共利益的善之果（有关"Private vices are public benefits"
这句话的翻译过程，请参阅"译后记"），这是曼德维尔在他的成名作《蜜蜂的寓言》（1723 年）提出的
西方思想史上著名的"曼德维尔悖论"，在当时引起了包括亚当·斯密在内的大多数哲学家的广泛关注和
争论。一方面，从道德角度看，凡是以个人私欲驱动的行为，都应该受到谴责。但另一方面，如果试图以
"公益精神"的道德情怀来建立那种充满美德的繁荣社会，其实只是一种"浪漫的幻想"；因为个人私欲
以及受个人私欲支配的所谓"恶行"，恰恰是驱动社会发展与繁荣的原动力。历史事实已经多次证明，离
开了"个人私欲"这个原动力，公共利益将是无源之水、无本之木；而公益心和道德情怀的善之花，也将
结出贫困和伪善的恶之果。曼德维尔的《蜜蜂的寓言》其实是现代自由主义经济学和经济伦理的基本隐
喻，其理论主旨是弘扬私欲，相信市场对个人私欲引起的所谓"恶行"具有神奇的转化和净化力量；反
之，那种纯粹出于道德情怀的行为，不但不可行，反而有可能危害公共利益。自这个悖论 1723 年问世以
来，就遭到学界的广泛质疑和事实上的严峻挑战，至今一直争论不休。尽管在道德层面，亚当·斯密当时
也和大多数哲学家一样，不太赞同曼德维尔的这个观点，但在后来的《国富论》中，他却极力推崇"自
利"在推动自由经济发展方面所发挥的巨大作用。

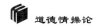

德学说的真正理论基础。<u>曼德维尔</u>博士确实可以毫不费力地证明并得出下面这两个正确结论：第一，人类的各种欲望，事实上从未被彻底征服过；第二，如果人类欲望真的被彻底征服，对社会发展也是有害的，因为一切生产与商业活动都将完全随之终结，甚至在某种意义上，人类生活的一切事业也将彻底随之葬送。然而，<u>曼德维尔</u>博士却利用第一个结论来反推出"真正的美德绝不存在，而那些所谓的美德，也不过只是对人类的一种欺骗与捉弄"；同时又利用第二个结论来反推出"个人私欲的恶之花，也会结出公共利益的善之果"，因为他始终认为，如果没有个人私欲这个原动力，人类社会就绝不可能繁荣兴盛。

13　　以上就是<u>曼德维尔</u>博士主张善恶不分的道德学说，曾经名声大噪而轰动于世。尽管同他的学说还没有引起轰动之前相比，他的学说也许并未引发更多新的败德恶行；不过他的道德学说至少教唆那些源于"个人私欲"之外的其他原因的败德恶行比之前表现得更加厚颜无耻，进而让人们以一种闻所未闻而肆无忌惮的态度公开宣扬那些令人堕落的败德恶行。

14　　然而，无论<u>曼德维尔</u>博士的学说显得多么有危害，如果它不是在某些方面接近生活现实，那它就绝不可能蒙骗并影响那么多人，更不至于在那些追求更高道德信仰的人们中间引起如此普遍的信仰危机。一种自然科学①理论，即使在本质上毫无根据，甚至没有任何接近真理的成分，它也有可能显得非常合理，并长期得到世人的普遍接受。比如，<u>笛卡儿</u>②的宇宙漩涡理论③曾经就在差不多一个世纪的时间里，被一个富有独创精神的民族视为对天体运行规律的最完美解释。然

---

① 译注：我们现在所说的"自然科学"，在 18 世纪被称为"自然哲学"（natural philosophy），故这里直接译作"自然科学"。本段下一处亦同。

② 译注：笛卡儿（Rene Descartes，1596～1650），法国著名哲学家、物理学家、数学家、神学家，出生于法国安德尔·卢瓦尔省的图赖讷拉海市（现改名为笛卡儿市以纪念他），逝世于瑞典的斯德哥尔摩。他与英国哲学家弗兰西斯·培根共同开启了近代西方哲学的"认识论"转向。笛卡儿是二元论的代表，不仅留下名言"我思故我在"，而且还提出了"普遍怀疑"的主张，是欧洲近代哲学的奠基人之一，黑格尔称他为"近代哲学之父"。他的哲学思想深深影响了之后的几代欧洲人，开拓了所谓"欧陆理性主义"哲学。笛卡儿自成体系，融唯物主义与唯心主义于一体，在哲学史上产生了深远的影响。同时，他又是一位勇于探索的科学家，他创立了著名的平面直角坐标系，他所建立的解析几何在数学史上具有划时代的意义，对现代数学的发展作出了重要的贡献，他被称为"解析几何之父"。笛卡儿堪称 17 世纪的欧洲哲学界和科学界最有影响的巨匠之一，被誉为"近代科学的始祖"。

③ 译注：宇宙漩涡理论，是笛卡儿在发展宇宙演化论的基础上创立的，它比康德的"星云说"早 100 年，是 17 世纪最流行最权威的宇宙论，并且得到了惠更斯（Christiaan Huygens，1629～1695，荷兰物理学家、天文学家、数学家）和莱布尼兹（Gottfried Wilhelm Leibniz，1646～1716，德国哲学家、政治家、数学家）等人的接受；甚至在牛顿的"万有引力和三大运动定律"（1687 年）发表了五十年之后，还广为人们接受。漩涡理论认为，宇宙的一切物质都处于太阳周围的统一巨大的漩涡之中，带动着行星不断运转；所有物质都处于统一的漩涡运动中，保持在一条线上，除非它们被另一主体冲击而偏转，这又歪打正着地解释了远日行星慢于近日行星的现象。但现在已经知道，行星的前进是因为惯性并非因为漩涡的带动。笛卡儿本是研究惯性的先驱者，但他仍然受亚里士多德的"力维持运动"千年谬误影响而忽略了"惯性"的存在。

而，笛卡儿用来解释天体奇妙运转的那个所谓漩涡，事实上不仅不存在，而且根本就不可能存在。即使真的存在那些所谓的漩涡，各种天体的运行规律也绝不可能都归因于那些漩涡，这一点如今已经得到证实并为世人所公认。但道德哲学理论却无法长期蒙骗世人。即使一位学者宣称自己的学说可以解释人类道德情感的最初根源，那他也绝不可能长期蒙骗我们，更不可能如此远离真相而脱离现实生活。因为自然科学家就如同一位旅行者在描述某个遥远的国家时那样可以杜撰一些子虚乌有甚至非常荒唐的故事来蒙骗我们，进而让我们信以为真。然而道德哲学家却无法一直凭空杜撰；因为他们所说的东西，就如同一个人宣称要告诉我们邻居那里发生了什么事情那样，或者就如同要告诉我们自己教区里发生了什么事情那样，很难蒙骗我们。这时，尽管道德哲学家在许多事情上可能也会蒙骗我们——如果我们由于太过粗心而不去亲自查证的话；然而，即使是他们用来欺骗我们的最大谎言，必定也有几分接近真相，其中必定也会夹杂着大量事实。可见，当一位自然科学家宣称要解释宇宙中诸多现象的起因时，那他就相当于宣称要描述某个遥远国家里所发生的事情，因此他可以随心所欲地向我们解释那些宇宙现象；并且，只要他的理论解释不超出"似乎有可能"这个程度，就不必担心不会取得我们的相信。然而一位道德哲学家，当他想要解释我们欲望和情感的最初根源时，当他想要解释我们产生赞许与谴责的情感根源时，那他就无异于宣称，不仅要告诉我们那些发生在我们自己教区里的事情，而且还要告诉我们那些发生在我们自己家里的事情。这时，尽管我们极有可能像一个懒惰的主人会相信那个一直在蒙骗他的管家那样，也会受到某种道德学说的暂时蒙骗，但我们绝不可能相信其中那些几乎脱离现实生活真相的说法。道德哲学理论中的某些论述，至少必须具有充分的理由或依据，甚至是那些夸大其词的道德理论，其论述也必须有几分事实作为依据；否则，只要我们愿意进行粗略的调查研究，就会识破其中的谎言。当一位哲学家想要把某种理论用来解释某些内心情感产生的原因时，如果他那个理论不仅与那些内心情感本身没有任何关联，而且与其他相关理论也没有什么相似之处，那么他的理论，即使在最不明事理和最不谙世事的读者眼里，也会显得荒唐可笑。

第三章　各种关于赞许之
心理根源的学说^①

引　言

01　　讨论说明完"美德的本质究竟是什么"这个关于道德理论第一方面的问题之后，我们接下来讨论有关它第二方面的重要问题，即赞许之情产生的心理根源究竟是什么？以及在我们的心灵深处，究竟有一种什么力量或判断能力让我们喜欢一种品行而讨厌另一种？让我们喜欢一种行为方式而讨厌另一种？让我们认为一种行为方式是正确的而另一种是错误的？进而让我们把某种行为视为赞许、推崇与奖赏的对象，而把另一种又视为谴责、鄙弃与惩罚的对象？

02　　有三种持不同观点的学说，解释了产生这种赞许之情的心理根源。第一，某些学者认为，我们赞许或谴责某种行为——无论自己的行为还是他人的行为，纯粹只是出于自爱，或者只是基于那些行为对我们自身的幸福究竟是有益的还是有害的。第二，另一些学者认为，我们赞许或谴责某种行为与情感是出于理性，而且正是基于这种理性，我们才得以鉴别真伪，才得以区分究竟什么样的行为与情感是合宜得当的或者失宜不当的。第三，其他学者则认为，我们对行为与情感的这种区别对待——赞许一种而谴责另一种，其实完全源于我们道德知觉上的一种直观感受，也就是说，完全基于我们在看到某种具体行为或情感时，自己的直观感受究竟是愉悦的还是讨厌的。总之，自爱、理性和直观感受，就被认为是产生赞许之情的三种不同心理根源。

---

① 译注：第二卷第一章第三节，第三卷第一、第二章，也对"赞许、自许与赞美"进行过相关论述。如果读者先回顾一下这些内容，或有助于理解本章各节的论述。

在开始讨论这三类不同的道德学说之前,我必须先指明一点,有关道德哲学第二方面问题的讨论结果,虽然在哲学思辨上显得极为重要,但它对现实生活中的道德实践却无关紧要。因为在许多具体情况下,第一方面关于美德本质的讨论,必然会对我们的是非对错观念产生一定影响;但关于赞许之情产生的心理根源方面的讨论,绝不可能产生任何类似影响。我们之所以仍然需要对它进行讨论,其实更多只是出于哲学研究上的一种好奇;因为我们总是想要搞清楚,我们对某个行为或情感所形成的不同观念或看法,究竟是源于人性中一种什么样的心性设计或心理机制。

第一节　主张赞许源于自爱的学说

那些主张赞许之情源于自爱的哲学家,他们各自的具体解释其实也不尽相同,而且他们各自的理论也都存在大量混淆不清与错误片面之处。比如,霍布斯先生[①]及其追随者[②]认为,人之所以被迫接受社会的庇护,并非源于他对同胞天生的爱,而是源于自爱,因为,如果一个人脱离同胞的帮助,就无法继续那种安定而轻松自在的生活。也正因为这一点,社会对每个人来说都必不可少。并且,凡是有利于增进社会安定与福祉的,每个人都会认为它有利于间接增进自己的个人利益;反之,凡是有可能扰乱破坏社会安定与福祉的,每个人都认为它会给自己带来一定程度的危害或不利。众所周知,美德是社会安定的主要基石,恶行则是社会混乱的主要根源。因此,霍布斯先生据此认为,每个人之所以会喜欢美德而讨厌恶行,其实都是出于自爱;因为每个人心里都非常清楚,社会对保证自己那种安定而轻松自在的生活有多么重要,而且每个人都可以预见到,一个崇尚美德的社会必将繁荣兴盛,而一个恶行泛滥的社会必将混乱不堪甚至国破家亡。

---

① 译注:霍布斯(Thomas Hobbes, 1588年4月5日至1679年12月4日),英国政治家、哲学家,现代政治经济学的奠基人。生于英国威尔特省的牧师家庭,早年就学于牛津大学,后做过贵族家庭教师,游历欧洲大陆。他创立了机械唯物主义的完整体系,指出宇宙是所有自动运转着的广延物体的总和。他提出"自然状态"和国家起源说,指出国家是人们为了遵守"自然法"而订立契约所形成的,相当于一部人造的机器人。他一方面反对君权神授,但另一方面又主张君主专制;一方面把罗马教皇比作魔王、僧侣比作众鬼,但另一方面又主张利用"国教"来管束人民、维护"秩序"。代表作有《论公民》《利维坦或物质、形式或教会的、世俗的国家权力》《论物质》《贝希莫特》《论政体》《利维坦》《论人》《论社会》《关于〈笛卡儿形而上学的沉思〉的三组问题》等。

② 原注:追随者即塞缪尔·普芬道夫(Samuel von Pufendorf, 1632年1月8日至1694年10月13日,德国哲学家、法学家、史学家,《论自然法和万民法》的作者)和伯纳德·曼德维尔(Bernard de Mandeville, 1670~1733,英国哲学家、政治经济学家、讽刺作家,《蜜蜂的寓言》的作者)。

02　　　正如我前面所指出的那样，美德有利于增进社会良序，而恶行则会扰乱社会秩序，这是众所周知而毋庸置疑的。并且，只要冷静理智地思考这个问题，那我们必然就会意识到美德的巨大价值与恶行的丑恶无比。霍布斯先生认为，如果我们用那种抽象的哲学眼光来审视人类社会，其实她就像一部庞大的完美机器；正是她那有规律的和谐运转，为我们带来了无数宜人而可喜的累累硕果。正如一部精美壮观的人造机器当中，凡是有助于机器更加平稳顺畅运转的事物，都将因它所发挥的促进作用而展现其自身价值；反之，凡是会阻碍机器平稳顺畅运转的事物，都将因它所产生的破坏作用而令人恼怒。霍布斯先生由此认为，在人类社会这部庞大机器中，美德就相当于齿轮的优良润滑剂，必然会招人喜爱；恶行就如同那些会导致齿轮相互冲击摩擦的可恶铁锈，必然会令人讨厌。于是，他就这样仅仅根据美德和恶行的作用，而把赞许美德和谴责恶行的心理根源简单地归结为出于维护社会秩序和安定繁荣的需要。而他的这种说法，其实本质上同我在前面（译按：第四卷第二章）讨论过的"仅仅根据某个品行的效用是否有益来评判它是否值得赞赏"这个说法相同。不过，正因为霍布斯先生是从"美德对社会的实际作用"出发，才得以让他的学说具有合理解释各种赞许之情的可能性。那些主张赞许之情源于自爱的哲学家，当他们把文明社会的群居生活描绘得比野蛮社会的独居生活有数不尽的好处时；当他们阐明美德盛行与社会良序对维护前一种文明生活是多么的必不可少，而恶行肆虐与违法犯罪将会多么绝对无疑地让人类社会重蹈后一种野蛮生活的覆辙之时，读者自然就会出于"利己"的考虑而着迷于他们所描绘的前一种新奇壮丽的生活情景。显然，这不仅会让读者对美德和恶行产生一种前所未有的新认识，进而让他们更加看重美德的裨益与美善之处、更加憎恨恶行的危害与丑恶之处，甚至让他们普遍沉醉于这些之前很少留意到的新发现。总之，对于霍布斯那些类似"政治宏伟蓝图"①的美好描述，如果读者之前从未听说过，那他们就不太可能花时间去进行思考求证；以致读者就很难发现，其实一个人对那些不同品行的一贯赞许或厌恶，根本就不可能出于自爱。

03　　　还有一点我要指出，就是当那些哲学家提出"我们关切社会的安宁与福祉、追求并崇尚美德，其实都是出于自爱"这个观点时，他们的意思并不等于说，我们今天之所以赞赏古罗马时代小加图的美德而讨厌当时喀提林的恶行，是由于我们觉得，自己今天能够从前者的美德中获得好处或者可能受到后者恶行的伤害，

①　译注：亲爱的读者，也许你很难相信，仅这一段的第二稿修订，译者就花了两天多时间。反复阅读英文原文不下百遍，并逐字逐句进行了几十次修改。尽管仍然不太满意，但我还是禁不住要与读者分享"political view"这个词的翻译。这里绝不能按照字面含义，而像某个译本那样直接译作"政治见解"，有兴趣的读者，可以对照其他译本或参阅英文原著。最终能够找到"政治宏伟蓝图"这个还算恰当的译法，正是得益于连续两天"死磕"之后的"书读百遍，其义自见"。

从而在情感上受到了影响，进而才产生的那种赞许或厌恶之情。也就是说，在霍布斯他们这些哲学家看来，我们之所以崇尚美德善行而谴责败德恶行，其实并不是因为那些远古年代与远古国家的繁荣或衰败可能会给今天的我们带来幸福或不幸。因此，他们绝不会认为，我们是因为觉得古罗马时代小加图的美德和喀提林的恶行可能会给今天的自己带来什么实际好处或伤害，从而在情感上受到了影响，进而才产生的那种赞许或厌恶之情。他们只是认为，如果我们生活在那些远古年代或远古国家，那我们当时就会因为觉得他们两人的那些美德和恶行可能会给自己带来什么样的好处或造成伤害，而在情感上受到影响并产生相应的赞许或厌恶之情；或者，如果我们在今天生活的年代碰到类似的美德或恶行，必定也会因为觉得它们可能会给自己带来什么样的好处或造成伤害，而在情感上受到影响并产生相应的赞许或厌恶之情。简而言之，尽管这些哲学家一直在努力探索"间接同情"这个概念，但他们却从来没能把它搞清楚过；因为他们并不明白，"间接同情"不仅会让我们像那些美德善行的受惠者本人那样心生感激，而且也会让我们像那些败德恶行的受害者本人那样心生愤恨。不过，当这些哲学家提出"我们之所以会赞赏美德而讨厌恶行，其实并不是由于我们想到自己曾经获得过的好处，或者害怕自己曾经遭受过的伤害，而是由于我们会考量，如果在现实生活中碰到美德或恶行，自己可能会因此获得什么样的好处或遭受什么样的伤害"这个观点时，其实他们已经隐约指出了"间接同情"这个概念。

　　主张赞许源于自爱的观点，尽管或多或少都是以"间接同情"为基础[①]，但是在任何意义上，"同情"[②] 都不能被视为一种出于自爱的动机。当我同情你的悲伤或愤怒时，我的这种同情，确实有可能会被误认为是出于自爱的需要；因为我的这种同情，是源于当我对你的实际处境了解之后或者当我把自己置身于你的处境之时，想象我如果遭遇类似处境，自己将会产生什么样的感受。尽管"同情"可以非常恰当地被看成那种源于我与当事人之间的一种虚构的情境交换，但这种虚构并不是假想那些情况就实际发生在我身上，而是假想我就是那个被自己同情的对象。比如，当我为你失去独生儿子表示哀悼时，为了同情体谅你的悲伤，我并不是假想如果我有个独生儿子不幸离世了，自己将遭受什么样的痛苦；而是假想如果我就是你本人，自己将遭受什么样的痛苦，这时，我不仅假想自己身陷你的处境，而且还假想自己的身份与角色都是你。可见，我悲伤的原因完全源于我对你的同情，而与我自己毫不相关。所以，"同情"绝不可能出于自爱。既然我在同情你时所设想的那些事情并没有实际发生在我身上，不仅与我毫不相

　　① 译注：请读者注意，"主张赞许……为基础"这句话，在英文原文中并没有，是译者为了上下文的转折过渡而添加的。

　　② 译注：在本段中，请读者更多从广义上理解"同情（亦即共情和同理心）"的含义。

04

关，而且完全只是发生在你身上的事情，那又怎能把我对你的这种"同情"看作是一种源于自爱的情感呢？即使是一个男人，也会同情一个正在分娩的女人；尽管他不可能以自己固有的性别与角色去想象自己分娩时可能遭受什么样的痛苦。总之，这种把一切赞许与厌恶之情全都解释归结为源于自爱的人性理论，虽然曾经名声大噪而且轰动于世，不过据我所知，它从来就没有完全解释清楚过"同情"这个概念。而且在我看来，这派学说的错误似乎就源于他们对"同情"的作用机理的理解仅仅停留在模棱两可的一知半解上。

第二节　主张赞许源于理性的学说

01　　霍布斯先生还有一个众所周知的观点，他认为，人类的原始社会就相当于战争状态；并且在成功建立公民政府之前，人类当中绝不可能出现一个安定祥和的社会。因此在他看来，若要维护社会的稳定繁荣，就必须拥护公民政府；而推翻公民政府，就等于终结社会。然而公民政府的存续又有赖于民众对最高行政长官的服从；一旦最高行政长官失去权威，整个公民政府也就随之土崩瓦解了。霍布斯先生认为，自我保护的天性会教导并要求人们赞赏一切有助于增进社会福祉的事物，而谴责任何有可能危害社会的事物。所以，如果人们的言行始终与这种想法一致的话，那在任何情况下，人们同样也会出于自我保护这种自爱的需要而赞成对行政长官的服从，并谴责对行政长官的任何违抗与叛乱。而且，用来判断"什么样的品行应当赞赏，什么样的品行该受谴责"的那个原则同样也可以用来判断"哪些要求应该服从，哪些要求应当拒绝"。因此，霍布斯先生极力宣扬，应该把行政长官所颁布的法律，视为判断"公平正义与不公不义"和"是非与对错"的唯一终极标准。

02　　霍布斯先生公开宣称，他就是想通过传播这些思想观念，来让民众的信仰直接服从于公民政府而不是服从于教会权力；因为他那个时代所发生的各种鲜活事例，已经教他彻底看清，引起社会动荡的主要原因正是宗教的狂热及其权力野心。他的学说也因反对教会权力而遭到神学家们的猛烈抨击。当然，神学家们绝不会放过向他发泄心中的愤怒，但这同时也让神学家们的粗暴凶狠与尖酸刻薄全都暴露无遗。霍布斯先生的学说同时还冒犯了所有正统道德学家，因为他宣称，在"是与非"或"对与错"之间，不仅没有本质区别，而且其评判标准也变化无常，有时甚至仅仅取决于行政长官当时乾纲独断的个人意志。他的学说也因为这一点而遭到了来自四面八方的攻击，既有那种理智的论战和激昂的雄辩，也有那种愤怒的辱骂，各种攻击手段和伎俩"无所不用其极"。

　　然而，神学家们想要驳倒霍布斯先生这个如此讨厌的学说，首先就必须证明，早在法律或成文制度出现之前，人类的心灵天生就被赋予了一种判断能力，从而让人类可以自然区分，究竟哪些行为和情感是正确得当、值得赞赏而正直善良的品行，究竟哪些又是错误不当、该受谴责而奸诈邪恶的品行。　　　　　　　　　03

　　神学家卡德沃斯博士①就义正辞严地指出，行政长官颁布的法律绝不可能作为判断是非对错的根本标准，因为他认为，假设真的存在这种法律，那就会出现两种可能：要么我们遵守它就是正确的，而违背它就是错误的；要么我们无论遵守与否都无所谓。首先，如果一种法律连我们是否遵守都无所谓，那它显然不能作为判断是非对错的根本标准。其次，即使我们认同"遵守法律就是正确的，而违背法律就是错误的"这个说法，法律也不能作为判断是非对错的根本标准，因为这个说法本身，就是基于它事先假定，早在法律作为判断是非对错的根本标准之前，就已经存在"遵守法律就是正确的，而违背法律就是错误的"这个用于判断是非对错的观念或概念。②　　　　　　　　　04

　　卡德沃斯博士进一步指出，即使认为在一切法律出现之前，人类心灵中早就已经存在判断是非对错的观念，那么，这个早已存在的是非对错观念，似乎必然就源于理性。因为理性，不仅能为我们指出是非对错之间的区别，同样还能为我们指出真理与谬误之间的区别。他的这个论断，在某些方面还是比较正确的；尽管在其他方面难免也存在不严谨之处，但在深奥而抽象的人性哲学发展早期，在人类心灵各种机能的确切作用和功能尚未考察区分清楚之前，他的这个观点，在当时还是非常容易被接受的。这场与霍布斯先生的争论，即便到了最白热化之时，人们也没有在人类心灵中发现，除了理性之外的其他任何判断能力可以形成这种是非对错观念。因此，当时的主流观点就认为，美德与恶行的性质，根本就不取决于人们的行为是否符合行政长官所颁布法律的要求，而是取决于人们的行为是否符合理性的要求。于是，理性判断也被视为产生赞许或厌恶之情的原始基础和心理根源。　　　　　　　　　05

　　卡德沃斯博士关于"美德就在于行为是否符合理性要求"的这个说法，不仅在某些方面是正确的，而且在某种意义上也有非常充分的理由进一步认为，理性这个判断能力是产生赞许与厌恶之情以及形成可靠的是非判断能力的基础和心理根源。卡德沃斯博士认为，正是凭借理性，我们才得以产生那些据以约束自己行为的一般正义准则；同样也是凭借理性，我们才得以形成那些据以判断"什么样的行为才是审慎的、合宜得体的、慷慨大度的、高尚的"等一般道德准则。尽　　　　　　　　　06

---

　　①　译注：卡德沃斯（Ralph Cudworth，1617～1688），古典主义者，英国神学家、哲学家。

　　②　原注：这段论述见《不变的道德》（*Immutable Morality*）第1篇第1章。

管这些一般道德准则不如正义准则的要求那样严格而明确，但我们还是会时常心怀这些一般道德准则，并且尽量按照它的要求来塑造自己的行为。尽管卡德沃斯博士也承认：同其他所有一般准则的产生过程一样，这些一般道德准则也可以基于直接好恶感受而归纳推理形成。比如，在大量不同的生活实例中，我们通常可以发现，究竟什么样的行为会直接让我们的"道德知觉"感到愉悦或不快，或者说，究竟什么样的行为会直接让我们喜欢或讨厌，进而让我们基于对这些直接好恶感受的不断归纳推理就可以逐渐形成那些一般道德准则。不过，即使一般道德准则也可以通过归纳推理而形成，然而归纳推理本身却一直被公认为是一种源于理性的能力。因此，我们理所当然可以认为，所有那些一般道德准则与道德观念，其实本质上也是源于理性。可见，我们正是借助这些源于理性的一般道德准则，才得以规范自己绝大部分的道德判断。如果我们全凭那些千变万化的直观感受来进行道德判断，结果就会变得极其摇摆不定。果真那样的话，即使是不同的健康状况或不同的心情，也有可能从根本上彻底改变某个道德判断。总之，既然我们在是非对错方面的最可靠判断有赖于那些基于理性而归纳推理形成的道德准则和道德观念来进行规范，那我们理所当然也可以认为，美德就在于行为符合理性的要求，而且至少在这个意义上，理性这个判断能力可以被视为产生赞许与厌恶之情的心理根源和决定因素。

07　　　不过我要指出一点，尽管理性无疑是我们据以形成一般道德准则的基础，尽管理性也是我们进行一切道德判断的基础；然而，如若据此认为最初的是非观念是源于理性，甚至据此认为那些据以归纳推理形成一般道德准则的所有好恶之情也是源于理性，那就实在太荒谬可笑而莫名其妙了。因为无论是最初的是非观念，还是那些据以归纳推理形成某些一般道德准则的所有好恶之情，都不可能是理性判断的结果，而是直观感受作用的结果。正是基于现实生活中大量不同的直观感受，我们才得以发现，某一种行为方式总是会让自己感到某种愉悦，而另一种行为方式则总是会让自己心情不快，进而让我们得以据之归纳推理形成那些一般道德准则。但理性本身，绝不可能直接让我们心里喜欢或讨厌任何具体事物。也就是说，理性可以先帮助我们判断"某个具体事物是否必定会令我们产生愉悦或不快"，然后才得以让我们借助这个判断间接地对那个具体事物产生喜欢或厌恶之情。而且，任何事物都不可能直接让我们产生喜欢或厌恶之情，除非它本身带给我们的直观感受就是令人喜欢的或令人讨厌的。所以在各种现实生活中，即使美德本身总是直接令人心生愉悦，即使恶行本身无疑也会直接令人心生不快，然而最初让我们直接喜欢美德而讨厌恶行的，绝不可能是理性，而是直观感受。

比如，快乐与痛苦，尽管都是直接令我们喜欢与讨厌的主要对象，但我们据以区分快乐与痛苦的，却是直观感受而不是理性。可见，即使美德本身会直接令人喜欢，即使恶行本身同样也会直接令人讨厌，但我们最初据以区分美德与恶行的，绝不可能是理性，而是直观感受。

08

然而，正是卡德沃斯博士所主张的"理性判断在一定意义上可以合理地被视为赞许与厌恶之情产生的心理根源"这个观点，长期导致人们因疏忽大意而以偏概全地认为，赞许与厌恶之情最初全都是源于理性的判断。哈奇森博士在这方面的贡献就在于他是明确区分"究竟哪些道德判断可以被认为是源于理性，而哪些道德判断又是基于道德知觉上的直观感受"的第一位哲学家。他有关"道德知觉"方面的那些论述①已经对此给予了非常充分的阐释。并且在我看来，他的阐述也是无可辩驳的。如果还有人就这个问题争论不休，那我就只能认为，他们仍然没有搞明白哈奇森这位绅士所提出的见解，或者他们仍然执迷于"理性"这样的固有说法。在学术界——尤其是在讨论现在这种深奥有趣的哲学问题时，这种墨守成规的毛病其实并不少见；而且这种毛病，甚至会让一个贤明有德的智者对他一直看重的那些简单格言警句往往连一句也不愿放弃。

09

第三节　主张赞许源于直观感受的学说

各种主张赞许之情源于直观感受的学说，通常可以分为以下两类：

01

第一类学说认为，赞许之情源于某种性质独特的直观感受，即源于内心对某些行为或情感的某种特殊知觉能力。某些行为或情感会触动这个特殊"知觉器官"，进而让人产生愉悦或喜欢的感觉，于是，它们就被人誉为"正确得当、值得赞赏、正直善良"的德行。而另外一些行为或情感也会触动这个特殊"知觉器官"，进而让人产生不快或厌恶的感觉，于是，它们就被人斥为"错误不当、该受谴责、奸诈邪恶"的德行。这些学者认为，这种性质独特而有别于其他任何情感的赞许之情，就是源于某种特殊知觉能力作用的一种直观感受；他们还给这

02

---

① 译注：有关"道德知觉"的概念与具体论述，有兴趣的读者可以参阅哈奇森的三卷本《道德哲学体系》。亚当·斯密在这里肯定他的大学哲学老师哈奇森的贡献，不仅因为哈奇森是提出"道德知觉"这个概念的第一人，而且还因为他提出了"很多道德感受是源于'先行知觉'这种'直观感受'，并非全都取决于'理性'"这个见解。然而读者要注意的是，在本章第三节中，作者看似又在不停地反驳哈奇森博士有关"道德知觉"方面的观点。其实作者并不是在否定"道德知觉"的存在与作用，而只是反驳哈奇森所主张的"赞许源于'道德知觉'这个特殊官能"的观点，因为亚当·斯密主张"赞许源于同情（即：同理心）的作用"。

种特殊知觉能力取了一个特别的名字，并称之为"道德知觉"①。

03　　　第二类学说则认为，要解释赞许之情产生的心理根源，其实并不需要假定存在那种从未听说过的新知觉能力。因为这些学者认为，造物主在这件事情上，就像她在其他所有场合那样，也会采用那种极简的方式来让同一个原因产生无数不同的结果。所以他们认为，既然同情（译按：即同理心）在各种场合都可以随时被人感觉到，那它显然就是造物主赋予心灵的一种特殊能力，这就足以说明，赞许之情也是源于"同情（译按：即同理心）"作用的一种直观感受，而不需要假定"道德知觉"这种独特的新知觉能力来进行解释。

04　　　（1）哈奇森博士②就是第一类学说的代表人物，他一直煞费苦心地试图证明，赞许之情既不是源于自爱，也不是源于理性的任何作用③。因此在他看来，除了造物主赋予了人类心灵一种特殊知觉能力之外，再也不存在任何东西能够发挥"是否应该赞许"这个特别重要的判断功能。当然，如果连自爱与理性都被排除在外，哈奇森博士确实也无法从人类的心灵中再找出什么其他已知的知觉能力能够发挥"是否应该赞许"这方面的判断功能。

05　　　哈奇森博士把心灵中这个新知觉能力称为"道德知觉"，并且认为它与我们的外部感觉器官有几分相似。他觉得，正如我们所感觉到的各种外部事物，首先会以某种方式触动我们的外部"感觉器官"，然后，似乎就会让我们产生了诸如

---

　　① 译注：此处译作"道德知觉"的"moral sense"，在本节中不能按其常见字面含义译作"道德意识"或"道德观"。在现代心理学术语中，狭义的道德知觉是指内心的"道德感受或道德判断能力"（本节仅为狭义），广义是指人在社会交往中对他人的道德印象和留影。每个人在社会交往中，总是会对他人产生某种印象，比如，关于高矮、胖瘦、面孔等可以产生自然特征方面的印象，关于言语、动作等可以产生行为特征方面的印象。个体因交往情境影响而对对方产生的道德印象，就是道德知觉。道德知觉关注的是他人行为的道德意义方面，所以，当行为状况只有在能够表明行为人的道德属性时，那个行为才会成为道德知觉的对象。道德知觉虽然是交往双方彼此对对方的初步成像，但良好的道德印象为交往疏通渠道、增加交往价值、留下思念和回忆、产生人际关系的亲和力，从而提高交往频率，并成为社会凝聚力、向心力的重要因素。因此，自觉整饰（甚至粉饰）自身的道德面目，于己、于人、于社会都是必不可少而意义重大的"修身"课题。

　　② 译注：弗兰西斯·哈奇森（Francis Hutcheson，1694~1746），亚当·斯密大学时期的哲学老师，1730年开始任格拉斯哥大学的道德哲学教授，18世纪苏格兰启蒙运动的奠基人，苏格兰哲学之父，其著作涉及伦理学、形而上学、逻辑学、美学，他于1722年发表了《逻辑学纲要》与《形而上学概要》，在他去世后，由他儿子整理其文稿并于1755年发表了三卷本《道德哲学体系》。在伦理学上，霍布斯认为"自爱"是人类一切行为的基础，而哈奇森认为"仁爱"才是人类行为的唯一的直接动因，从自爱产生的品行在道德上有好有坏，而发自仁爱的品行才是唯一能够得到赞许的。哈奇森还认为，人类除了"视觉、听觉、味觉、嗅觉、触觉"五种感觉器官之外，还有"道德知觉"这个第六种感官。哈奇森凭借"为了大多数人的最大幸福"这个信条，为古典功利主义奠定了基础，他的伦理观深刻地影响了大卫·休谟（David Hume）和亚当·斯密。

　　③ 原注：这段论述见弗兰西斯·哈奇森（Francis Hustcheson）所著《美德之研究》（*Inquiry concerning Virtue*）。

"声音、味道、气味、颜色"等性质不同的各种感觉；那么同样的道理，我们内心的各种爱憎好恶，首先也会以某种方式触动"道德知觉"这个特殊的内部"感觉器官"，然后，似乎就会让我们产生诸如"亲切宜人与讨厌可憎、正直善良与奸诈邪恶、是与非、对与错"等性质不同的各种感受。

哈奇森博士认为，人类心灵据以形成一切简单概念的那些不同的认知能力或判断能力，可以分为两类：一类就是所谓的"直接或先行知觉能力"；另一类就是所谓的"抽象或后发知觉能力"①。一方面，所谓"直接或先行知觉能力"，就是那些不需要以其他任何事先感知为前提，就可以直接让心灵对这类事物产生相应感觉的知觉能力。比如，我们所听见的声音和所看见的颜色就是直接知觉能力作用的结果，因为听见一种声音或看见一种颜色，并不需要以事先感知到其他任何特性或结果为前提，而只需要听觉或视觉这种直接感觉器官。另一方面，所谓"抽象或后发知觉能力"，就是那些需要以其他某些事先感觉为前提，才能借以间接让心灵对这类事物产生相应感受的知觉能力。比如，我们所认为的"声音悦耳动听或颜色漂亮绚丽"，就是抽象知觉能力作用的结果。也就是说，若要辨别某种声音是否悦耳动听，或者辨别某种颜色是否漂亮绚丽，我们就必须借助听觉或视觉来事先感知那种声音或那种颜色。② 所以，哈奇森博士由此认为，道德知觉其实就是一种抽象的后发知觉能力。而且在他看来，那种被洛克先生③称为"反射知觉"的并且让我们的内心产生各种情感或喜怒哀乐等不同直观感受的知觉能力，就相当于心灵的"直接知觉能力"；而那种让我们的内心以各种情感或喜怒哀乐这类事先感受作为前提，进而得以形成"美与丑、正直善良与奸诈邪恶、是与非或对与错"这类抽象概念的知觉能力，则相当于心灵的"后发知觉能力"。

为了进一步证明他这个理论，哈奇森博士还指出，"道德知觉"其实类似于某种天性，而且我们的心灵确实也被赋予了许多类似道德知觉的其他抽象知觉能

06

07

① 原注：这段论述见《论激情》（*Treatise of Passions*）。

② 译注：关于这一点，《墨子·经上》也说：闻，耳之聪也……循闻而得其意，心之察也……言，口之利也……执所言而意得见，心之辩也。

③ 译注：洛克（John Locke，1632 年 8 月 29 日至 1704 年 10 月 28 日），英国的哲学家，著有《政府论》和三卷本《论宽容》等。在知识论上，洛克与乔治·贝克莱、大卫·休谟三人被列为英国经验主义（British Empiricism）的代表人物，他在社会契约理论方面也作出了重要贡献。洛克的思想对于后代政治哲学的发展产生巨大影响，并且被广泛视为是启蒙时代最具影响力的思想家和自由主义者。他的著作也大为影响了伏尔泰和卢梭以及许多苏格兰启蒙运动的思想家和美国开国元勋。他的理论被反映在美国的独立宣言上。洛克的精神哲学理论通常被视为是现代主义中"本体"以及自我理论的奠基者，影响了后来大卫·休谟、让·雅各·卢梭与伊曼努尔·康德等的著作。洛克是第一个以连续的"意识"来定义"自我"概念的哲学家，他也提出了心灵是一块"白板"的假设。与笛卡儿或基督教哲学不同的是，洛克认为人生下来是不带有任何记忆和思想的。

力。正是借助道德知觉这种抽象判断能力，我们才得以区分各种外在事物的美与丑，才得以形成感受同胞的幸福快乐与痛苦不幸的社会意识，才得以形成羞耻感与荣誉感，才得以区分嘲笑讥讽与赞美夸奖。

08　　　哈奇森这位聪明而见解独到的哲学家，尽管一直在煞费苦心地试图从理论上证明，赞许之情是源于道德知觉这种有几分类似于外部感觉器官的特殊知觉能力；然而他自己也承认，确实可以从他的学说中推演出一些与现实生活相矛盾的结论。而这些矛盾之处也许会被很多人作为足以驳倒他理论的证据。不过，哈奇森博士针对这种质疑也提出了他的有力反驳。① 他辩解道：如果把属于某个感觉器官感知结果的特性又归于那个知觉器官本身，那就太荒谬了。比如，有谁会把"视觉"说成是黑色的或白色的？有谁会把"听觉"说成是响亮的或低沉的？有谁会把"味觉"说成是甘甜的或苦涩的？因此在他看来，如果把"道德知觉"这种知觉能力本身也说成是正直善良的或奸诈邪恶的，或者也说成是道德上的善或恶，那同样也荒谬至极。因为这些品质特性只是"道德知觉"判断的结果，而与"道德知觉"这种知觉能力本身无关。让我们先来假设，现实生活中真的有一个人荒诞至极，以致他把残忍与不义作为最高尚的美德来赞扬，而把公平正义与仁慈善良当作最卑鄙的恶行来谴责，那我们确实可以认为，他这种荒诞不经的心灵不仅对个人和社会有百害而无一益，而且这种心灵本身，也是最不可思议、最令人惊讶而有悖常理的。然而，如果按照哈奇森博士上面的说法，我们这时却不能认为那个人的心灵本身是邪恶狠毒的或道德败坏的，这岂不是荒谬至极？

09　　　然而在现实生活中，当狂妄的暴君因猜忌多疑而残忍处决一个蒙冤者时，如果我们在围观者当中发现，居然有人会为这种残暴冤案而欣然地大声叫好，那么，即使我们把这种欣然大声叫好的做法视为一种最恶毒的败德行为，也不会觉得自己有任何荒谬之处。但这种欣然大声叫好的做法，无非只是代表那个围观者的道德认知能力已经荡然无存，以致让他反而把暴君的残忍行为荒诞地误以为是值得赞赏的高尚仁慈的伟大行为。我想，如果我们看到这样荒诞的围观者，想到居然会有如此可恶的卑鄙之徒，心中就只会对他充满厌恶与憎恨，甚至会让我们暂时忘记对那个受害者的同情。以致我们对这种荒唐围观者的痛恨程度甚至会超过对那个暴君的憎恨。因为，那个暴君也许只是受到过度猜忌、恐惧和愤怒等激情的驱使，因此也容易得到原谅；然而，围观者这种由于道德认知错乱而"大声叫好"的行为，似乎根本没有任何理由或目的，因此也最可恨最可恶。我们心里最难理解、最无法接受、最痛恨气愤、最坚决排斥的，也莫过于这种黑白颠倒的

① 原注：见《论道德知觉》（*Illustrations upon the Moral Sense*）第 1 卷第 237 页等；亦见拉斐尔（Raphael）所著《1650~1800 年间英国的道德学家》第三版第 364 页。

道德认知或道德取向。因此在现实生活中，我们绝不会仅仅认为这种黑白颠倒的心灵只是有点危害或奇怪而已，更不会认为它没有任何恶毒与败德之处；而是会认为其道德败坏的程度已经到了无以复加的最可怕地步。

反之，正确的道德认知，自然就会展现出道德上的几分"善"，进而也值得几分赞赏。如果一个人对某个品行的赞美或谴责，在任何情况下都能做到恰如其分并且极其吻合那个品行的优劣程度，那他至少在道德层面上值得一定的赞许，那我们就会钦佩他敏锐而精准的道德认知与判断能力。因为这种非凡而不可思议的精准判断能力，不仅会令我们感到惊讶和赞叹，而且还会引领我们自己在道德上的认知与判断。即便如此，我们也未必就能肯定，这种有着极高道德认知的人能够像他对别人的品行可以作出恰如其分的精准评价那样，也能确保他自身的行为在任何时候都表现得恰如其分而高度合宜。因为真正的美德，不仅要求我们的内心具有敏锐精准的道德认知能力，而且还要求我们自身的行为也同样保持一贯的高度合宜。可现实却总是令人遗憾，很多人虽然具有敏锐精准的道德认知与判断能力，但其自身行为却常常缺乏那种高度的合宜性。尽管这种"知而不为"的心灵往往不尽完美，但他已经具备了道德认知这个据以建立崇高美德大厦的最坚实基础。而且这样的人也不至于会犯下什么严重罪行。当然，现实生活中也有很多人"为而不知"，尽管他们的秉性非常善良，并且总是非常认真地履行自己的应尽职责，但却因道德认知粗浅低下而令人讨厌。

当哈奇森博士无法解释道德认知方面的上述现实矛盾时，他又退而求其次地继续辩解道①：或许可以这样认为，赞许之情产生的心理根源，即使不是源于那种有几分类似于外部感觉器官的道德知觉，但它仍然可以源于某种专门负责判断"是否应该赞许"的特殊知觉能力。哈奇森博士也许误以为，赞许与厌恶之情其实就相当于我们在看到各种不同的具体品行时，心中会产生的那种直观感受或情绪反应。因为他觉得，既然愤怒可以被视为是受到伤害之后的一种情绪反应，而且感激也可以被视为是得到恩惠之后的一种情感反应，那么赞许与厌恶之情理所当然也可以被认为是基于"是非观"或"道德知觉"而产生的一种直观感受。

尽管哈奇森博士后面这个辩解不会像他前面那个说法那样在现实生活中引起错乱与矛盾，但在其他方面又会暴露出同样无法解释的以下四点矛盾：

第一，任何一种具体情绪表现，无论如何千变万化，它仍然会保持自己的基本特征。正是这些基本特征，才得以让一种情绪有别于其他任何情绪；即使一种情绪在某种特定情况下发生某种变化，但其基本特征总是非常明显而易于辨别。

10

11

12

13

---

① 译注：请读者注意，"当哈奇森博士无法……继续辩解道"这句话，在英文原文中并没有，是译者为了上下文的转折过渡而添加的。

比如，"愤怒"作为一种特定情绪，无论它在某种特定情况下如何千变万化，但总是具有"怒"这个明显而易于辨别的基本特征。毫无疑问，对男人的愤怒有点儿不同于对女人的愤怒，而对女人的愤怒又不同于对小孩的愤怒。只要稍微留意我们就可轻易发现，这三种"愤怒"之所以不同，是由于它们所针对的具体对象不同，但在这三种实例中，"怒"这个基本特征仍然都居于主导地位。要识别这些基本特征，其实也不需要那种非常仔细的观察；反倒是那些具体情境，需要进行细致入微的观察才能发现其差异所在。每个人通常都容易注意到那些基本特征，却很少有人能够留意到那些具体情境的细微变化。因此，如果像分析"感激与愤怒"这样，也把赞许与厌恶之情视为一组有别于其他任何情绪的特定情绪，那我们就可以推论：无论它们两者如何千变万化，我们仍然应该能够从中发现它们所保留的那些作为这种特定情绪标志的基本特征，而且那些基本特征也应该非常清晰明显而易于识别。但事实却与这个推论截然相反。不同具体场合下所产生的赞许或厌恶之情，只要我们留心观察自己的真实感受，就会发现自己在一种场合下的赞许或厌恶之情在性质上往往完全不同于另一种场合；而且在这两种具体感受之间，也无法找到任何共同特征。比如，当我们看到"亲切、优雅和仁慈"这类美德行为时所产生的赞许之情，就完全不同于我们受到"伟大、英勇和慷慨"这类美德行为感染时所产生的那种赞许之情。我们在不同场合下所产生的这两类性质不同的赞许之情，也许都会表现得非常充分，但它们两者在我们心中所激起的实际感受却没有任何相似的基本特征，因为前者会让我们变得平和，而后者则会让我们变得激昂。并且，按照我一直在努力建立的道德理论的观点，这必定也是不争的事实。因为在这两种场合下，我们所赞许的那两种情感，彼此是完全对立的，可我们的赞许之情又是源于我们对那两种对立情感的同情（译按：即赞同），所以，我们在这两种不同场合下的同情感受，在性质上就不可能有任何相似的基本特征。但是，如果按照哈奇森博士的说法，认为赞许之情也是源于一种特殊的情感反应，那就会出现这样的矛盾：一方面，就像其他任何激情都会被某个与它对应的客观对象激发那样，我们的赞许之情也会被某种美德行为激发；但另一方面，尽管激发我们赞许之情的上述两类美德行为是性质不同的两种客观对象，却又可以让我们产生性质相同的赞许之情，然而这是绝对不可能发生的。同样的道理，如果按照哈奇森博士的说法，厌恶之情的产生也必定存在这种矛盾。比如，我们对残忍行为的恐惧与我们对卑鄙行为的鄙视，这两种性质不同的厌恶之情，也不可能具有任何相似的基本特征。其一，当我们看到残忍和卑鄙这两种不同恶行时，我们自己的内心感受会不同。其二，这两种不同恶行的两个作恶者本人，其行为方式和内心感受也各不相同。其三，我们对这两种不同恶行的感受差异本身与那两个作恶者本人的感受差异本身，在性质上也有区别。

第二，正如我前面（译按：参阅本节第 9～10 段）所指出的那样，不仅我们内心所赞许或厌恶的各种情感或喜怒哀乐本身在道德上有善恶之分，而且我们的赞许本身是否准确恰当在我们心中自然也有好坏之别。因此我想试问，如果按照哈奇森博士的理论，那么，当我们在赞同"某个赞许准确恰当"时，所依据的又是什么呢？以及我们在反对"某个赞许偏颇失当"时，所依据的又是什么呢？我认为这个问题只可能有一个合理答案。因为它必然是这样产生的：如果我们的邻居对某个人行为所表示的赞许与我们自己对那个人行为的赞许相一致，那我们就会赞同邻居的赞许，进而就会认为邻居的赞许在道德上具有几分"善"。反之，如果邻居的赞许与我们自己不一致，那我们就不会赞同邻居的赞许，进而就会认为邻居的赞许在道德上具有几分"恶"。因此我们必须承认，观察者在道德层面上的那种"赞同或反对"，至少在这种情况下，是基于被观察者与观察者本人在情感上的那种"相一致或相对立"。那由此我再试问，既然在这种情况下，赞许之情是源于"彼此的情感是否相一致"这个心理因素，那为什么在其他每一种情况下，就不是源于这个心理因素呢？更何况，为了解释赞许之情产生的心理根源，为什么非要刻意想象出一种新的特殊知觉能力呢？

第三，我还可以提出语言学方面的两条理由，来很好地反驳那些主张"赞许之情产生的心理根源是那种有别于其他所有情感的特殊知觉能力"的观点。一方面，倘若真的存在那种特殊知觉能力，那按照造物主的旨意，无疑就会让它成为人性的支配原则。然而实际上，它至今却仍未受到什么重视，甚至在所有语言中，连一个专用名称都没有，这难道不奇怪和矛盾吗？而且只是到了最近，才出现"道德知觉"这个尚且不能作为正式英语词汇的名词。甚至"赞许"这个词，也是近几年才被人们借用于特指"心里对某种事物赞同或喜欢"这类感觉。另一方面，在正式语言中，我们对自己感到非常满意的任何事物，通常都会采用一个贴切的专用词来表达这种满意之情。比如，我们会用"宏伟"来赞美一座建筑，用"精巧"来称赞一部机器，用"美味"来称赞一盘食物。尽管"道德知觉"这个词，并不直接代表那种我们据以赞许或鄙薄的道德官能，但它确实暗示存在那种道德官能，进而得以很好地让我们心里清楚自己的所作所为是否符合道德良知的要求。可是，如果连"爱、恨、高兴、悲伤、感激、愤恨"等这些被认为是源于"道德知觉"这个判断能力的情感反应，它们全都拥有足以体现其重要性的专用名称，而"道德知觉"这个各种情感反应的所谓主宰，至今却仍未受到什么重视，并且除了哈奇森博士等几位哲学家之外，甚至都没人愿意花功夫赋予它一个专用名称，这难道不奇怪和矛盾吗？

14

15

16　　　　第四，根据我前面所提出的观点，当我们赞许某个人的品行时，我们心中的赞许之情其实源于彼此不同的四个层次的心理感受。其一，源于我们对行为当事人行为动机的同情（译按：即赞同）。其二，源于我们对他行为的受惠者的感激的同情（译按：即共情）。其三，源于我们觉得他的行为符合那种据以产生上述两种同情的一般道德准则的要求。其四，源于当我们把他的行为看作是一种有助于增进个人与社会幸福的努力之时，其行为所产生的那种实际作用和价值；这一点其实与我们赋予一部构造精巧的机器的那种效用价值并无不同。在任何一个涉及赞许之情的具体实例中，如果把那些被公认为源于这四个方面的赞许之情全都排除之后，我很想知道，还有源于其他什么方面的赞许之情被遗漏了。并且，假如有人能够准确查明具体遗漏了什么，那我也乐意承认它是源于其他任何类似"道德知觉"这样的特殊官能。假设真的存在所谓"道德知觉"这样的特殊官能，那至少可以推断一点：既然我们经常可以在不掺杂其他任何情感的情况下就能感觉到那种纯粹的"喜悦、悲伤、希望和恐惧"，那么，我们应该也可以在不掺杂上述四方面情感的情况下就能感觉到那种纯粹源于"道德知觉"的赞许之情。但我认为这种假设根本就不可能成立。因为我从来没有听说过任何一个实例是单凭所谓"道德知觉"的独立作用就可以产生赞许之情的，而且既不掺杂丝毫同情与厌恶，也不掺杂丝毫感激与愤恨，更不掺杂对行为是否符合既有一般道德准则的任何看法，最后甚至不掺杂丝毫对万事万物的实用价值与良好秩序的那种普遍喜爱之情。

17　　　　（2）第二类学说虽然也试图从同情（译按：亦即共情和同理心）的角度来解释我们产生诸如赞许这样的道德认知与判断的心理根源，但这类学说在"赞许产生的心理根源"方面的解释，其实与我一直努力建立的道德情感理论的看法又有所不同。这类学说主张"美德的本质在于是否能对个人或社会发挥实际作用和价值"，进而认为旁观者是通过对品行效用的受益者幸福的同情（译按：即同感共鸣），来审视判断那种品行是否令人喜爱或值得赞许。但这类学说所说的这种"同情"，既不同于我所说的那种我们对行为当事人行为动机的同情（译按：即赞同），也不同于我们对受益者心中感激的那种同情（译按：即同感共鸣），而是恰好与我所说的那种我们出于一部机器的精巧构造而赞美其实用价值的"效用心理"相同。然而，任何一部机器，既不能产生行为当事人那样的动机，也无法产生受益者心中那样的感激，进而也就不可能成为"我们对当事人行为动机或受益者感激的同情"的那种同情对象。关于这一点，我已在本书第四卷进行了相应说明，这里不再赘述。

第四章 不同学者阐扬道德准则的方式

我曾在第三卷第六章中指出，正义准则是唯一要求严格而明确的道德准则；其他所有美德的要求都是宽泛、含混而不明确的。如果把前者比作语法规则，那后者就好比文学评论家用来衡量文章是否庄严优美的标准。因此，后者只能较好地为我们所追求的那种完美境界指明一般的概念性要求，而不太可能为我们如何达到那种完美境界提供明确而可靠的指引。

由于不同道德准则的具体要求所能达到的精准程度各不相同，所以，那些试图将各种道德准则收集整理并归纳形成道德学说的学者，通常会采用两种不同的阐释方式。第一类学者钟情于研究那些要求本来就含混不清的美德，所以他们在自己的道德学说里必然就会全都采用那种宽泛概略的阐释方式。第二类学者只是钟情于研究那种要求清晰明确的美德，所以他们在自己的道德学说里普遍都会尽量采用那种不易做到的严格而明确的阐释方式。前者的阐释，就像文学评论家那样宽泛而随意；后者的阐释，就像语法学家那样严格而明确。

（1）第一类学者几乎包括所有古代道德学家，他们只是满足于采用那种宽泛概略的方式来阐释各种恶行与美德。虽然他们既会指出恶行的丑陋与卑鄙之处，也会指出美德的合宜与优雅之处；然而，他们却从未试图提出一些要求明确的道德准则，以便能够很好地普遍适用于现实生活中的所有具体情况。他们更多只是发挥语言技巧来尽量阐述清楚各种美德的要求。一方面，他们会尽量阐述清楚，究竟是基于什么样的内心感受才得以让我们形成每一种具体美德；究竟又是基于什么样的内心感受或情感反应，才得以让友爱、仁慈、慷慨、公平正义、宽宏大度等美德被我们视为具有"善"的性质，而让那些与之相反的恶行被我们视为具有"恶"的性质。另一方面，他们会尽量阐述清楚，究竟每一种美德是如何引导我们的内心感受，进而让我们形成一般行为方式和格调的；或者说，究竟每一种美德是如何激励一个友爱的人、一个慷慨的人、一个勇敢的人、一个正义的人、一个仁慈的人，在日常生活中作出合宜得当的行为选择的。

01

02

03

04 　　众所周知，若要把那些据以建立每一种具体美德的不同内心感受的共同特征全都描述清楚，确实需要细腻而精准的文笔；尽管这样的描述很难，但还是可以做到一定程度的准确。然而，若要把某种美德可能发生的每一种情境变化全都罗列出来，若要把内心感受将会或者应该会产生的一切相应变化也全都描述清楚，那确实不太可能。因为那些变化不仅无穷无尽，而且在我们的语言中也没有足够的词汇来赋予不同内心感受以不同的专用名称。比如，我们从一个老人那里所感受到的友爱就不同于我们从一个年轻人那里所感受到的友爱；而我们对一个不苟言笑者所怀有的那种友爱就不同于我们对一个温和有礼者所怀有的友爱，更不同于我们对一个热情奔放者所怀有的友爱。我们对一个男人所怀有的友爱就不同于我们对一个女人所怀有的友爱——即使其中没有掺杂丝毫粗俗情欲的成分。可见，在上述七种不同情况下以及其他一切无穷变化时，又有哪位道德学家能够把友爱这种美德可能产生的不同内心感受全都罗列出来并描述清楚呢？尽管如此，我们仍然可以从各种不同的友爱当中观察到，其实它们都具有"情谊和亲密"这两个可以被描述得足够准确的共同特征。尽管在许多情况下，我们都无法用这两个共同特征来准确地完整描述某一种"友爱之情"；然而，正是凭借这两个共同特征，才得以让我们在遇到其中任何一种"友爱之情"时，可以知道它的根源所在，进而让我们把"友爱"与友善、尊重、尊敬、钦佩等这些看起来同"友爱"特别相似的情感区分开来。

05 　　如果只是宽泛概略地描述各种美德通常会激励我们采取什么样的行为方式，就要比描述美德在不同情况下可能产生的不同内心感受容易得多。因为，如果没有实际经历或亲身感受，根本就不太可能把那种据以建立美德的内心感受或情绪反应全都罗列出来并描述清楚。也就是说，根本不可能直接用语言——恕我直言，把内心感受的所有变化当中那些看不见的特征全都一一描述清楚，因为所有微妙变化都潜藏在内心深处。因此，若要区分各种内心感受的内在无形变化，就只有描述它们所引起的各种外在变化，比如，要么描述内心感受所引起的表情变化、神态变化与外在行为变化，要么描述心中所暗藏的决心和想要付诸的行动。可见，除了采用这种宽泛概略的描述方法之外，绝不可能再有其他任何好办法。这也是为什么<u>西塞罗</u>在他《论责任》的第一卷里会努力劝导我们去践行"理性、勇敢、节制和正义"这四项基本德性。<u>亚里士多德</u>在他《伦理学》的道德实践部分，也为我们指明了慷慨大义、端庄优雅、宽宏大度等不同德行，并要求我们用它们来引导规范自己的言行举止。这位任性的哲学家，甚至把诙谐幽默与好脾气也纳入美德之列，尽管我们对诙谐幽默与好脾气的那种赞许似乎还不足以让它们有资格获得如此庄重的美名。

总之，第一类学者的道德著作，生动地为我们描述了各种宜人的行为方式。
通过他们那些生动的描述，自然就会激发我们崇尚与追求美德的热情，同时增加
我们对恶行的憎恶。通过他们所描述的那些准确而细致的道德准则，往往不仅有
助于纠正或明确我们在行为合宜性方面的常见看法，而且还有助于提醒我们应该
注意的许多微妙细节、有助于培养我们形成更加合宜得体的行为习惯，而不再像
之前没有接受过这种道德教化那样随性而为。这种对道德准则宽泛概略的阐释与
研究方式就形成了那门所谓"伦理学"的科学。尽管伦理学有点儿像文学评论
那样无法做到高度精准，但却非常实用而广受欢迎。在所有道德哲学当中，伦理
学最擅长采用各种雄辩技巧来巧妙地阐扬他们的道德观点；只要有可能，伦理学
就会借助各种雄辩，来赋予那些最不起眼的道德责任与要求以某种新的重要意
义。伦理学的那些说教与告诫经过雄辩的装点美化之后，就能对年轻人尚待塑造
的心灵产生那种极其崇高而持久的影响。而且伦理学的那些告诫正好吻合那个意
气风发的年纪所自然具有的豪迈情怀。因此，它们至少在一段时间内，可以让年
轻人的心灵受到感化，进而激发出那种最勇敢的决心，从而有助于教导那些可塑
性强的年轻心灵，建立并巩固各种最高尚最有益的品行。无论箴言说教还是训诫
布道，它们之所以能够激励我们去践行其弘扬或倡导的各种美德，其实都是借助
伦理学这种雄辩技巧来实现的。

　　（2）第二类学者几乎包括中世纪①以来基督教会里的所有道德诡辩家②以及　

---

　　①　译注：欧洲历史通常划分为"古典时代、中世纪和近现代"三大时期。中世纪（Middle Ages）通
常指公元 5 世纪到公元 15 世纪，始于东罗马帝国（476 年）初期，结束于 15 世纪初的地理大发现时期，
最后融入文艺复兴和探索时代。人们常说的"黑暗时期"一般仅限于中世纪早期。

　　②　译注：请读者注意（尤其阅读过英文版的读者），此处译作"道德诡辩家"的英文词"casuists"，
其原义为"诡辩家"，指那些采用"似是而非的论点来阐述伦理或法律问题"的学者。在本章（以及本卷
第二章第三节）中，绝不能习惯性地从贬义角度或者仅从字面上去理解"诡辩家"（casuist）和"诡辩
论"（casuistry）的含义，否则就会非常突兀。所以，为了便于阅读理解的同时又尽可能忠实原文，译者权
将"casuist"译作"道德诡辩家"。因为在本章中，这个词多少都有几分道德学家、雄辩家甚至思想家的
含义。并且通读亚当·斯密在本章的论述内容可以发现，他所说的"casuists"并不是指那种彻头彻尾的
"诡辩家"，其实更多是指中世纪以来基督教会里那些有学识有阅历的研究撰写道德哲学的牧师们或道德学
家们。他们为了更好地"传经布道"，经常会在其谈话或著作中采用或借用"casuistry"（诡辩论）的论述
技巧来阐扬自己的道德主张或道德观点。不过，亚当·斯密认为应该摒弃这种"诡辩论"式的道德诠释方
式。译者窃以为，本章所指的"casuists"（诡辩家），或许有点类似于当今那些为了弘扬道德而传播"心
灵鸡汤"的道德学者；而"casuistry"（诡辩论），则类似于炮制"心灵鸡汤"的手法。

　　下面这段有关"诡辩论"和"智者"的说明，也许有助于读者理解本卷中"道德诡辩家"（casuists）
的具体含义。公元前 5 世纪前后，在古希腊有一批传授知识、教人以论辩和演说技巧的职业教师，被称为
"智者"。智者们以其独特风格自成流派，即智者派。智者们对哲学和社会问题有各自不同的见解，他们在
深入研究和运用论辩时，还涉及辩证法和认识论的许多问题。尽管这对于推进哲学和逻辑思维的发展起
了积极作用，但在智者们的观点和辩论方法中却又包含了一些导致感觉主义、怀疑论、相对主义和主观主
义的因素；这些缺点后来被那些片面追求雄辩术的部分青年智者进一步扩大。以致原本旨在增强论证力量

本世纪和上世纪（译按：分别指 18 世纪和 17 世纪）研究自然法理学①的所有学者。他们都不满足于采用那种宽泛概略的方式来描述他们倡导我们去践行的那些行为准则的主要特征，而是一直试图提出一些严格而明确的要求，以便引导我们的行为在每一种情况下都表现得合宜得当。由于正义准则是唯一可以被恰当给出严格而明确要求的美德，所以，正义准则就成了道德诡辩家们和自然法理学家们研究的主要课题。不过，他们的考察研究方式却大不相同。

08　　那些专注于研究法理学的学者，仅仅侧重于从"权利人"的角度去考察究竟哪些才是权利人认为自己完全可以使用强制力去主张的权利，以及究竟哪些才是每个公正旁观者会完全赞同权利人使用强制力去主张的权利，或者究竟哪些才是一个法官或仲裁者在审理权利人的诉讼案件并为他主持公道时可以使用强制力要求义务人去承担或履行的义务。然而，那些道德诡辩家们则相反，他们并不是侧重于从权利人的角度去考察究竟哪些才是一个人完全可以正当使用强制力去主张的权利；而是侧重于从"义务人"的角度去考察究竟哪些应该是一个义务人认为自己必须履行的道德义务，无论这个人是出于对一般正义准则的最神圣最严格的遵从，还是出于道德良知而担心伤害他人或害怕玷污自己品行的完美。法理

和演说效果的论辩术，却变成了可以用来为任何说法辩解的诡辩，或者变成了那种只是为争辩而争辩的技巧，从而最终走向了反面。同时，由于智者们大都对传统习俗和制度持批判态度，从而引起了苏格拉底、柏拉图等奴隶主贵族思想家的极力反对，以致他们不得不否定、污蔑、贬损智者派。从此，智者就被人们视为诡辩家，智者派就成了诡辩派的代名词，而论辩术也成为诡辩术的别称。

还有一则关于古希腊智者派哲学家普罗泰戈拉的逸事，虽然这个故事无疑是杜撰的，但它也许可以很好地说明"智者"与"诡辩家"的关系。据说曾经有个向普罗泰戈拉学习"辩论术"的青年学生，普罗泰戈拉为了让这个学生相信学必有所成，他便和这个青年学生约定，如果对方在毕业后的第一次诉讼里获得胜利才需要交学费，否则就不用交。而这个青年人的第一次诉讼，就是他的老师普罗泰戈拉控告他，要他交学费。显而易见，无论这个青年人输赢如何，都必须缴纳学费。

在中国历史上，阐述"白马非马"与"离坚白"的公孙龙，以及"智请魏王下宝座"的孙膑等学问家，也曾被人们称为"诡辩家"。

①译注：自然法理学（Natural Jurisprudence），就是研究自然法的伦理学与法理学，它不等同于我们通常说的"法理学"。"自然法"萌发于古希腊哲学，其中智者学派将"自然"和"法"区分开来，认为"自然"是明智的、永恒的；而"法"则是专断的，而且只是出于权宜之计。苏格拉底、柏拉图和亚里士多德都断定能够发现那种"可以作为评价成文法优劣"的永恒不变标准。自然法是独立于政治上的成文法而存在的正义体系。不过，对自然法的诠释与使用在其历史进程中千差万别。通常而言，自然法的意义包括道德理论与法学理论，尽管二者的本质在逻辑上互不相干。根据自然法的伦理学说，在某种意义上，支配人类行为的道德规范起源于人类的自然本性或和谐的宇宙真理；而依照自然法的法学理论，法律准则的权威至少部分来自针对那些准则所具有道德力量的思考。而我们通常说的"法理学"，是以整个法律现象的共同发展规律和共同性问题为研究对象的学科。它的研究范围十分广泛，主要包括法律的起源、发展和消亡，法律的本质和作用，法律和其他社会现象的关系，法律的创制和实现，法律的价值等。

学之目的，是为法官和仲裁者提供审案断案的各种明确依据；而道德诡辩论之目的，是为善良者的行为提供各种指导要求。一方面，尽管法理学或法律的要求非常完善准确，然而，即使遵守法理学或法律的所有要求，也无非只是让我们得以避免遭到各种外在惩罚。另一方面，尽管那些道德诡辩论的要求不过就是一些似是而非的诡辩，然而，通过遵守其倡导的道德准则，却可以让我们的行为完全做到合宜得当，进而赢得人们的高度赞扬。

比如在现实生活中，常常就会发生这样一种情况：一个恪守信义的善良人，也许会出于对神圣正义准则的那种虔诚般的尊重而极端地认为，无论是别人以极其不义的方式强迫自己承诺的东西，还是法官或仲裁者判决强制剥夺他的财产，自己都有义务去履行承诺或者服从判决。比如在那个老套的例子中，一个拦路强盗即使以威胁生命这种不义手段来逼迫一个旅行者承诺交给他一笔金钱，那个恪守信义的善良人也会认为，被威逼的旅行者应该兑现自己的承诺。但是，这种以不正当暴力勒索而来的承诺是否具有约束力，一直都是一个备受争议的问题。 09

其一，如果我们仅从法理学的角度来分析这个问题，就很容易得出一个毋庸置疑的结论：倘若有人认为那个拦路强盗有权使用暴力来强制对方兑现承诺，那就太荒唐可笑了。因为强迫他人作出承诺，已经是一种应该受到最严厉惩罚的罪行，如果再强制对方兑现那个承诺，则是罪上加罪。拦路强盗绝不应该因为那个不兑现承诺的旅行者骗了自己而喊冤叫屈，因为他原本可能被对方合理合法地杀掉。如果认为法官应该强制那个旅行者兑现承诺，或者认为行政长官应该认定那种因受威逼而作出的承诺具有法律效力，那就会成为荒唐至极的笑柄。可见，只要从法理学的角度来分析这个问题，我们的判断就绝不会出现任何闪失。 10

其二，如果我们从道德诡辩论的角度来分析这个问题，就不再那么容易作出明确判断。那个恪守信义的善良人，通常会出于对神圣正义准则的虔诚般尊重，而要求自己信守一切庄重承诺。所以，他是否会拒绝承认自己有义务兑现对拦路强盗的承诺至少非常难以确定。一方面，毋庸置疑的是，他根本不用顾虑那个让自己陷入这种困境的强盗是否会失望，因为即使他不兑现承诺，也不会给那个强盗造成任何伤害；因此，绝不可以使用暴力来强制他兑现承诺。另一方面，在这个老套的例子中，那个恪守信义的善良人，是否可以毫不顾忌自己的个人尊严与声誉，是否可以毫不顾忌自己人格中"诚信为本而憎恶一切背叛与欺骗"这条神圣而不可亵渎的原则，这当然也会成为一个问题。所以在这个问题上，道德诡辩家也产生了极大分歧。其中一派斩钉截铁地断定，无论出于任何考虑，都不应该兑现那样的承诺；否则，就纯粹是一种懦弱的表现和对信守承诺的盲从。古代 11

的<u>西塞罗</u>、近代的<u>普芬道夫</u>①以及他著作的翻译评注者<u>巴贝拉克</u>②，尤其是刚去世不久的<u>哈奇森</u>博士——他是一位在大多数情况下都没有出现过论述漏洞的道德诡辩家，全都可以算进这一派。而另一派则持相反观点，他们认为，所有那些因受到威逼而作出的承诺，也同样具有约束力。古<u>罗马</u>基督教会中的某些神父以及近代某些知名的道德诡辩家③，都可以算进这一派。

其三，如果我们根据人们的普遍看法来分析这个问题，我们就会发现，即使有人认为应该对这种承诺有所顾忌并在一定程度上信守这种违心承诺，但人们也无法找到任何一条适用于各种场合而毫无例外的一般准则，来确定究竟应该在多大程度上信守这种因受威逼而作出的违心承诺。通常情况下，无论是那种十分草率而轻易作出承诺的人，还是那种随意违背承诺的人，我们都不会选择他们做自己的朋友或合作伙伴。如果一位绅士答应付给拦路强盗五英镑却又不兑现承诺，也许会招致几分指责。但是，如果他承诺的金额非常巨大，那么，究竟如何处理才算得当，就会变得非常难以确定。比如，如果兑现这笔钱将导致那位绅士的家庭彻底破产，或者由于这笔钱的数额足够巨大，本来可以用来增进某些最有益的公共事业，但这位绅士却由于拘泥小节而把这笔巨款白白扔给那种卑鄙之徒，那他似乎多少也存在几分罪过，至少这么做是极不恰当的。如果一个人为了兑现他对强盗的违心承诺而让自己沦为乞丐或者出于类似承诺而轻易付给一个盗贼十万英镑——即使他能够承担这笔巨款，那在一般人看来，他的这种做法就会显得极其荒唐而代价高昂。这种慷慨大方，似乎有违他对自己和别人的应尽责任，因

---

① 译注：塞缪尔·普芬道夫（Samuel Pufendorf，1632~1694）是早期现代政治思想中最重要的人物之一。他的开创性著作《自然法要求的全部责任》（The Whole Duty of Man, According to the Law of Nature）于1673年首次以拉丁文出版，他是第一个提出自然法纯粹传统基础的著作。拒绝经院哲学的形而上学理论，普芬道夫找到了自然法的源泉，人类需要培养社会性。同时，他也与霍布斯以"自爱"为出发点的理论相去甚远，其结果就形成了一种对人类社会角色和所有政治制度的传统特征的复杂理论。普芬道夫写这本书是为了让广大读者——尤其是大学生——了解他的见解。作为部长、教师和公务员，他不得不与主权问题斗争，在《威斯特伐利亚和平条约》签定之后，他又与那些主导欧洲新国家体系和关系的教会斗争。

作为洛克和斯宾诺莎的同时代人，他改变了格罗秀斯和霍布斯的自然法理论，发展了容忍和政教关系的惊人思想，并撰写了大量的政治史和对德意志帝国宪法的分析。他的《自然法要求的全部责任》于1691年被译成英语，英文版中还收录了让·巴贝拉克译注的法文版中的大量重要材料，从而为普芬道夫的政治理论从德国的专制主义环境移植到英国的议会环境，提供了一个有趣的视角。

② 译注：巴贝拉克（Jean Barbeyrac，1674~1744），法国哲学家、翻译家。他最早是一名胡格诺派（Huguenot）难民，先后在德国柏林、瑞士洛桑和荷兰阿姆斯特丹教授自然法，后来将荷兰法学家格劳秀斯（Hugo Grotius，1583~1645）、德国法学家普芬道夫（Samuel Pufendorf，1632~1694）和英国法学家坎伯兰（Richard Cumberland，1631~1718）在"自然法"方面的主要著作翻译为法语并进行了编辑和注释。

③ 原注：比如，圣·奥古斯丁（St. Augustine，354~430）和拉·普拉塞特（La Placette，1639~1718）。译注：前者是古罗马帝国时期天主教思想家，天主教会四大圣师之一；著有《忏悔录》《上帝之城》等，提出原罪论与神恩论思想，强调意志优先于理性。后者是法国新教神学家和道德学家，著有《论慈善》《论信仰》《基督教道德简编》和一些新教辩论作品，其影响力令罗马天主教徒十分畏惧。

此，绝没有人会赞同兑现那种因受到威逼而作出的违心承诺。然而，究竟应该在多大程度上信守这种违心承诺，或者可以为这种违心承诺支付的最大金额究竟是多少，显然无法单凭任何一条严格而明确的道德准则来进行判断。因为它总是变化的，它不仅取决于当事人双方的秉性，而且还取决于他们的实际处境、取决于承诺的庄重程度，甚至还取决于他们在彼此遭遇对决时的一些细枝末节的特定情况。比如，如果那个被迫作出承诺者非常豪爽——某些放荡不羁者偶尔也会表现出这种豪爽，那他似乎就应该比其他人或其他情况支付更多的钱。即使是出于严格的合宜性要求而兑现这种违心承诺，通常情况下，也不能违背其他某些更神圣的道德义务要求。比如，至少不能违背公众利益，至少不能违背那些我们出于感激而应该报答的恩人的利益，至少不能违背那些出于亲情而应该赡养或抚养的亲人的利益，至少不能违背那些出于仁爱而应该关爱的同胞的利益。但是，正如刚刚指出的那样，我们不仅找不到任何一条严格而明确的道德准则可以据之判断，我们出于信守承诺的这种内在动机究竟应该采取何种程度的外在行动，而且我们同样也无法判断，究竟在什么时候或什么情况下兑现这种违心承诺才不会违背公众利益等美德的要求。

值得注意的是，尽管从上述三个不同角度分析所得出的结论会不同，然而在任何时候或任何情况下，只要违背了承诺，即使有那种最必要、最充分的理由，也总是会让承诺者本人蒙受几分耻辱。尽管有些违心承诺在作出之后，就可以立即断定不应该去兑现它们，但作出违心承诺这种行为本身就存在一定的过错。因为，这种行为至少背离了"气节与声誉"方面的最重要最高尚的道德准则要求。一个真正勇敢的人，他宁死也不愿作出那种违心承诺。因为，如果信守那种违心承诺，就会让他显得愚蠢；如果违背那种违心承诺，又会让他遭受耻辱，而这种进退两难的窘境，总是会伴随着几分耻辱。背信弃义和欺诈蒙骗尽管都是那种危害巨大而令人讨厌的恶行，但在许多情况下，或许也是人们极易非常心安理得地放任自己触犯的恶行，以致我们对这两种恶行的忌讳几乎超过了其他任何恶行。因此，不管是基于什么情况或出于什么理由，任何背信弃义的行为在我们的脑海里都会被贴上耻辱的标签。人们的信义观念，其实有几分类似于人们对女性贞洁的看法。基于类似原因，女性贞洁也成为我们极其看重的一种美德；而我们对背信弃义与欺诈蒙骗的憎恶程度，其实并不亚于我们对女性贞洁的在意程度。女人失去贞洁，不仅会导致无可挽回的名誉损失；而且，任何理由或任何恳求都无法获得宽恕，任何悲伤和任何悔改都无法为她赎罪。由于人们特别在意女性的贞洁，以致在我们的观念中，即使是一次强奸，也会让女人蒙受耻辱；无论她的内心有多么纯洁，都无法洗刷她身体上所遭受的玷污。总之，凡事一旦庄重承诺，哪怕是对最卑微者许下的诺言，只要出现任何形式的背信弃义，都会像女人失去

13

贞洁那样终身背负耻辱。可见，信义与忠贞是一项最基本的美德，以致我们普遍都会认为：即使是对那些一文不值的人，即使是对那些我们认为可以合法杀掉或消灭的人，我们也应该以诚相待。一个人只要犯下了欺诈蒙骗之罪，即使是那种违心承诺，任何辩解都无济于事。无论他如何辩解自己当初作出违心承诺是迫于保命，还是他如何辩解自己如今不得不违背之前的承诺是因为继续兑现承诺就会有悖于其他某种庄重的责任，等等诸如此类的辩解也许可以减轻他的名誉损失，但却无法彻底洗脱他的耻辱。因为在人们的脑海里，他似乎已经犯下了背信弃义之罪，并将终身背负几分耻辱。因为他已经违背了自己曾经庄重立誓要一直信守的诺言，即使他的品行不会因此而遭到那种无法挽回的玷污与损害，但至少也会因此而增加一个难以彻底抹去的笑柄。所以我认为，那些因受到生命威胁而被迫作出违心承诺的人，绝没有一个人会乐意去吹嘘这样的冒险经历。

14　　尽管法理学与道德哲学都旨在研究一般正义准则所要求的应尽义务，然而"拦路强盗"这个老套的例子却很好地说明了这两门学问之间究竟有哪些本质差异。

15　　尽管这两门学问确实存在上述根本差异，尽管它们的目的也大不相同（译按：这种不同，请参阅本节第 8 段末），但它们还是因为"正义准则"这个相同的研究主题而具有很多相似之处。所以一方面，那些自称研究法理学的大多数学者，他们在分析解决自己研究的各种不同问题时，不仅会采用法理学的论述手法，有时候也会借用道德诡辩论的论述技巧。可见，他们也许并未严格区分这两门学问，甚至连他们自己也从未觉察到，究竟什么时候采用的是法理学的论述手法，什么时候又采用的是道德诡辩论的论述技巧。

16　　另一方面，道德诡辩家的道德学说，其实也绝不仅限于研究那些应该被神圣遵从的一般正义准则究竟会对我们要求哪些应尽义务，而且还会研究基督教宗教以及道德方面的许多其他应尽义务。当初道德诡辩论获得发展机会的主要原因，似乎就是在尚未开化的蒙昧时期，罗马天主教所推行的那种秘密忏悔习俗。按照天主教当时的习俗，每个人最私密的行为，哪怕只是心中的一些念头，只要有违犯天主教那些清规戒律的一丝嫌疑，全都必须向神父告解忏悔。然后，告解神父会告诉那些忏悔者，他们是否违背了或者在哪些方面违背了宗教义务，以及在告解神父以上帝之名赦免他们之前，那些忏悔者必须通过什么样的苦修才能赎罪。

17　　这是因为，如果一个人意识到或者只是怀疑自己犯了错，心里通常都会产生一种负疚感，进而为之感到焦虑不安与恐惧害怕，除非那个人因长期作恶多端而变得冷酷无情。当人们身陷这种苦恼时，通常也会像受到其他苦恼困扰时那样，渴望通过向某个能为自己保守秘密而且能明辨是非的朋友倾吐自己心中的苦恼来释放那个压在自己心头的重担。他们因主动承认过错而蒙受的耻辱也会得到充分补偿，因为他们相信一定会得到自己的倾吐对象的同情，进而得以减轻自己心中的苦恼与不安。在倾吐完之后，他们就会发觉自己并非完全不值得赞许，尽管自己过去的行为应该受到责备，但自己现在承认过错的做法至少值得赞许。而这种想法，也许足以补偿之前的过错，至少会赢得朋友的几分尊重，进而减轻他们心中的苦恼。在那个迷信的蒙昧时期，无数狡猾的牧师，就利用人们盲信忏悔的心理，骗取了几乎每一个私人家庭的信任。因为那个时期所能产生的各种粗浅学问全都由牧师掌握和控制。尽管当时牧师们的行为举止，在很多方面都显得粗鲁而无礼，但在他们所处的那个年代，相对来说还算优雅得体。因此，牧师不仅被视为宗教信徒的主要导师，而且还被视为道德义务的主要楷模。那些有幸得到他们亲近的人，就会获得好名声；而那些不幸受到他们指责的人，都将蒙受奇耻大辱。于是，牧师就被视为"是非对错"的主要评判者。一旦人们心中有了任何疑惑，自然都会向牧师请教。在那个蒙昧年代，无论是让人们知道自己已经向圣洁的神父吐露了让自己内心不安的所有秘密，还是让人们知道如果没有得到神父的忠告与宽恕，自己根本就无法完成"轻松脱离苦恼"这样重要的跨越，这两点对任何人来说，都是一件荣耀的事情。可见，当时的神职人员，其实很容易通过建立一条基本戒律来要求人们，无论是那些已经普遍认为应该托付给牧师决断的事情，还是那些通常应该托付给牧师来决断的事情，必须全都托付给牧师来决断；然而当时的神职人员，却并没有人这么做。于是，让自己有资格成为信徒们的告解神父就成为当时传教士和神职人员的一门必修课，他们会经常为此而去收集整理一些有关所谓道德良知方面的实例。在他们所记录描述的那些美好而微妙的道德实例中，尽管很难确定某个行为的合宜点究竟处于什么具体位置，但他们觉得，自己根据道德实例整理而成的那些道德著作，无论是对那些从事道德教化的布道牧师，还是对那些接受道德教化的世人，都会大有裨益。就这样，这些专注于道德教化的书籍，后来就成了道德诡辩论的开端。①

　　因此，道德诡辩家所倡导的道德义务，主要是那些在某种程度上至少可以被认为是一般道德准则要求之内的行为；如果违背一般道德准则的要求，自然就会感到几分良心上的不安，进而多少都会害怕遭到惩罚。可见，他们那些道德著作的初衷，其实也是为了帮助那些违反一般道德准则要求的人缓解他们良心上的不

18

---

　　① 译注：尽管亚当·斯密认可某些具有诡辩论性质的道德著作在道德教化方面所发挥的积极作用，但在本节第16～17段中，他也一针见血地指出了其欺骗性与危害性。正如约翰·赫斯特在他的《极简欧洲史》中所指出的那样：无论是披着宗教外衣的那些布道牧师和告解神父，还是独裁统治下那些标榜自己大公无私而品德高尚的官员和头头是道的御用文人，他们当中根本没有人具备他们每天所宣扬的那些高贵品质，很多人反而卑鄙无耻至极。尽管他们心知肚明自己在愚弄蒙骗民众，但每天仍然会不遗余力地进行各种诡辩式的"传经布道"或"愚民宣传"，他们惯用的手法就是控制知识传播、控制财富分配和控制舆论方向。而他们之所以会昧着良心这么做，大多数人只不过是为了拥有那份体面而高收入的工作而已。

安。而且他们也认为，并非每一种美德上的行为缺失都会带来良心上的严重不安。比如，绝没有人会因为自己没有做到那种当时自己有可能做到的极度慷慨大方、极度亲切友善与极度宽宏大度，而去向神父告解并请求赦罪。在这一类美德上的行为缺失，究竟违反了一般道德准则的哪些要求，通常很难明确；并且这种行为缺失的性质，通常也不过就是遵守它可能有资格得到荣誉与奖赏，而违反它似乎也不会遭到什么真正的责备、谴责或惩罚。因此，当时那些道德诡辩家就认为，践行这一类美德似乎已经不属于一般道德准则的要求范围，而且也不宜严格地强行要求，当然就没有必要作为他们讨论研究的重点。

19　　　总之，上述那些托付给告解神父裁决的，同时也是道德诡辩家重点研究的各种违反道德义务的行为，主要分为以下三种不同类型：

20　　　第一种——也是最主要的一种，就是那些有违正义准则的各种行为。由于正义准则的要求总是严格而明确，因此每个人心里都清楚，凡是违背正义准则的行为，必然会让自己遭到来自上帝和人类的共同惩罚，进而感到恐惧不安。

21　　　第二种，就是那些有违贞节的各种行为。尽管在那些粗暴残忍的所有恶行实例中，确实存在大量有违正义的各种行为，但只要不对他人造成那种最不可饶恕的伤害，就不会被视为违背了正义。在那些伤害较小的道德实例中，如果把那些仅仅相当于违反了男女交往中应该严格遵守的礼节礼仪也视为有违正义的行为，那就太不合情理了。不过那些失节失礼行为通常还是违反了那个要求非常明确的礼节要求。因此，在男女交往中，违背贞节的一方就容易背负耻辱，而那种较轻的失礼行为至少也会令一个谨小慎微者的心中感到几分羞愧和懊悔。

22　　　第三种，则是那些有违诚信原则的各种行为。值得注意的是，一方面，诚信缺失，尽管在许多情况下都有违正义，但也未必总是如此，因而也未必总会遭到什么外在的惩罚。比如那种普通的说谎行为，尽管极其卑鄙无耻，但往往并不会伤害任何人。因此在这种情况下，无论是那些遭受蒙骗者本人还是其他任何人，都无权要求进行报复或获得赔偿。另一方面，尽管诚信缺失未必总是有违正义，但它终归还是违反了那个要求非常明确的诚信原则，这必然就会令一个诚信缺失者的脸上蒙羞。

23　　　让我们接着讨论一下"信任"这个话题。众所周知，年幼的小孩似乎都有一种本能倾向，就是他们会相信成年人告诉他们的一切事情。造物主认为，为了保护小孩，就有必要让他们绝对相信那些养育他们的人，相信那些为他们提供最必要早期教育的人，至少在年幼时期应该这样。但孩子们的这种轻信，相应地也会显得盲目或极端；若要让他们能够合理质疑别人而不再轻信盲从，就需要让他们长期地真切感受人世间的种种虚伪。毫无疑问，即使成年人也会轻信他人，只是程度不同而已。那些最明智与最富阅历的人，通常最不易轻信他人。然而，无论是那种在明辨是非方面能够超过自身年龄或阅历的人，还是那种能够在大多数情况下都不会轻信流言蜚语的人，在人世间几乎不存在。尽管各种流言蜚语原本就是完全虚假的谎言，并且只要稍加思考或留意，就可以发现它绝不可能是真的，然而天性却总是让人们倾向于选择相信。因此，唯有借助后天的智慧与经验，才可以让我们学会合理地质疑。不过，单凭智慧与经验，还不足以让我们远离对传言的轻信。即使我们当中某个最明智最谨慎的人，往往也容易相信某些传言；这不仅会让他自己脸上蒙羞，而且最后连他本人也会觉得诧异，自己当初怎么可能相信那些传言。①

如果我们在某一类事情上信任某一个人，那他在那个领域中，必然就会成为我们信赖的领导者与指挥者，我们自然就会怀着几分尊重与敬意来钦佩他。然而，正如我们在钦佩别人时，也希望自己受到别人的钦佩，所以，当我们在接受别人的领导与指挥时，也会希望自己成为别人的领导者与指挥者。并且，正如我们总是不会仅仅满足于受人钦佩，除非我们同时确信自己真的值得钦佩，所以，我们总是不会仅仅满足于被人信任，除非我们同时觉得自己真的值得信任。正如渴望获得赞美与渴望值得赞美，虽然彼此非常相似，但它们却是性质截然不同的两种渴望，所以，渴望被人信任与渴望值得信任，虽然彼此也非常相似，但它们同样也是性质截然不同的两种渴望。24

渴望被人信任，渴望说服、领导、指挥他人，似乎是我们所有天生渴望当中最为强烈的一种。而人类特有的语言能力，或许正是建立在这种本能之上。因为其他动物都没有语言能力，而且在其他任何动物身上，我们也不能发现那种领导、影响或指挥同类的判断与行为的渴望。渴望超越、领导、指挥他人的巨大野心与抱负，似乎完全只是人类特有的渴望；而演讲能力，则是实现野心与抱负、超越他人、领导并指挥他人的判断和行动的重要手段。25

不被人信任，则总是让人感到羞愧。如果我们觉得自己不被信任的原因，是自己不值得信任或者被认为是存心地故意欺骗，那我们就会更加羞愧难当。当众被人揭穿谎言，是所有公开侮辱当中最致命的一种。无论任何人，只要是蓄意欺骗，那他必然就会意识到：他将会遭受那种致命的公开侮辱而不再值得信赖，从而让他不再有任何资格得到同胞的信任。然而，唯有同胞的信任，才能让一个人26

---

① 译注：根据译者的观察，无论在政治领域还是在职场，无论是达官贵人还是平民百姓，甚至是大家族里的亲人之间，凡是背后说他人不好或者攻击他人的"小报告"，绝大多数都是断章取义的"谎言"。很多独裁国家所谓主流媒体上那些"义正辞严"地公开为独裁者辩护的言论或攻击对手的言论，其实大多也逃不出"断章取义"的诡辩伎俩。它们不仅利用知识不对称和信息不对称来进行各种断章取义，而且还经常极其隐蔽地采用"诡辩"技巧来自圆其说，以致普通民众极易上当受骗。尽管有些"谎言和蒙骗"是如此明显地缺乏基本逻辑和常识，但听到"小报告"的当事人和所谓主流媒体的绝大多数"忠实"读者，还是极易选择相信。等他们明白过来——绝大多数人永远都不会明白——却已经"悔之晚矣"。

在社会交往中感到轻松与自在、获得慰藉与满足。如果一个人觉得自己所说的每句话都无人相信，那他就会觉得自己被社会抛弃了，进而心里就会害怕无人相信自己，就会担心被人发现自己在撒谎。这样的人实在太不幸了，而且我几乎可以断定，他会因绝望而死。然而任何人，都不可能无缘无故地对自己怀有这种有损尊严的看法。我也更倾向于相信，即使是一个最声名狼藉的骗子，当他故意撒谎一次，至少也曾不偏不倚地说过二十次真话；而且，即使是一个极度谨慎的人，当他面对传言时，也会倾向于去相信而很少去质疑或不信。可见，在绝大多数情况下，即使是那些最罔顾事实的人，他们通常也更倾向于说真话而不愿存心欺骗，而且在任何方面，也极少故意篡改事实或隐瞒真相。

27　　如果我们不经意欺骗了别人，即使不是存心的，甚至只是因为自己之前先被别人骗了，其实我们也会为之感到羞愧。尽管这种无心欺骗，往往并不意味着我们诚信的缺失，也不代表我们缺乏对诚实守信的珍视，但它总是在某种程度上意味着我们缺乏判断力而且不善于反省，意味着我们出现了不当的轻信甚至有几分轻率鲁莽。尽管这种无心欺骗，总是会削弱我们在说服他人时的威信，进而难免让我们领导和指挥别人的资格受到几分质疑。但是，如果一个人只是由于过失而误导了别人，那他就完全不同于那种存心骗人者。而且在大多数情况下，我们仍可安心相信那种无心欺骗者，但存心骗人者，几乎在任何情况下都不值得信任。

28　　真诚与坦率总是会赢得信任，我们会信任一个愿意信任我们的人。如果我们心里清楚某个人将带领我们走上什么样的道路，那我们就会乐意完全听从他的领导和指挥。反之，寡言少语与深藏不露总是会引起猜疑。如果我们心里不清楚某个人将带领我们走向何方，那我们就不敢追随他。另外，交谈沟通与社会交往的主要乐趣，就在于情感上或看法上的那种相互认同与一致，就在于心灵上的那种交融与相通，这就如同多种乐器在一起合奏时的那种相得益彰与琴瑟相和。因此，倘若没有在情感上或看法上的那种坦诚自由的交流，就不可能获得那种最令人愉悦的心意相通。正是这一点，让我们每个人都渴望知道对方的感受，渴望深入对方的内心，渴望了解对方的真实看法与爱憎好恶。如果一个人让我们这种天生渴望得到充分满足，如果一个人让我们走进他的内心，如果一个人愿意向我们敞开心扉，那他的这些做法，要远比其他任何殷勤与热情更令我们愉悦。同样的道理，一个人在情绪正常时，如果有勇气直言不讳地敞开自己的心扉，那他必定会招人喜欢。正是那种毫无保留的真诚，让人感到开心愉悦；甚至是小孩子的那种童言无忌，也会因为纯洁天真而逗人欣然一笑。那些心胸坦荡的人，无论他们的看法有多么肤浅或不足，我们都乐意对他们表示体谅，并且会尽量以接近他们理解力的水平、以接近他们看待问题的特定视角，来看待各种问题。然而，那种"想弄清他人内心真实感受"的渴望，天生就非常强烈，以致常常会演变成那种

令人讨厌而无礼的窥探他人隐私的好奇心；可我们每个人，都有非常正当的理由
来保护自己的隐私。所以在很多情况下，我们都需要按照审慎与高度合宜性的要
求来控制那种无礼的好奇心。这就如同抑制人性中其他所有激情或欲望那样，也
要把好奇心降低到所有公正旁观者都可以接受的程度。但是，如果好奇心已经被
控制在适当范围之内，如果想要打探的事情也算不上什么真正的隐私，那么，倘
若这时也不让好奇心得到满足，同样也会令人讨厌。如果一个人面对最纯洁的问
题也闪烁其辞，如果一个人连毫无恶意的好奇打探都不给予丁点儿满足，如果一
个人把自己完全包裹在高深莫测的缄默不语之中，那他就无异于给自己筑了一道
心墙。当我们满怀热情地跑到他面前，想用毫无恶意的好奇心去敲开他的心扉之
时，却突然觉得自己被一股最粗野无礼的强大力量给挡了回来。

寡言少语而深藏不露的人，虽然不太亲切友善，但也不至于不受人尊重或遭
人鄙视。这样的人对我们似乎很冷淡，进而让我们对他同样也很冷淡。虽然这样
的人不会受到什么赞扬或喜爱，但也很少会遭到什么指责或憎恨。不管怎样，他
几乎不会为自己的这种谨小慎微感到什么后悔，因为他通常更愿意把自己的这种
寡言少语视为一种审慎。所以，他的行为即使出现了严重过失，甚至有时造成了
危害，他也不太情愿到那些善于诡辩的告解神父面前去忏悔，或者极少会觉得自
己有多必要去请求获得神父的赦罪或宽恕。

真正珍视诚信者，就未必总是这样；即使是由于错误信息、疏忽大意、草率
鲁莽而无意中欺骗了别人，他也会懊悔不已。比如，仅仅是误传了一条普通消
息，即使并没有产生什么不良后果，他也会为自己的粗心大意感到羞愧，从而会
争取在第一时间坦承自己的过失。如果造成了某种不良后果，那他就会觉得罪过
更大；并且，如果那种不幸或致命后果完全源于他误传的消息所致，那他几乎永
远都无法原谅自己。尽管他本身并没有犯罪，但他还是会觉得自己成了古人所说
的那种罪孽深重之人，进而急切地想要倾尽全力去进行各种赎罪。这种真正珍视
诚信的人，通常更愿意跑到那些善于诡辩的告解神父面前去忏悔，而神父们通常
也非常喜欢这种人。尽管神父们偶尔会对他的草率鲁莽加以适当指责，但普遍都
会为他这种无心之过①进行开脱，以免让这些诚实的人蒙受耻辱。

不过，如果一个人极其频繁地到那些善于诡辩的告解神父面前去忏悔，那他
就是那种口是心非而深藏不露的人。因为他一方面进行着蓄意欺骗，另一方面似
乎又想当然地自以为，既然他已经向告解神父道出了真相，那他就已经获得宽恕
而不再有罪。神父们对待这种人的方式也各有不同。当神父们非常理解体谅告解
者的欺骗动机时，他们偶尔也会为告解者开脱，但说句公道话，神父们在绝大多

29

30

31

① 译注：关于这种"无心之过"，作者在第二卷第三章第三节中也有专门论述。

数时候，通常还是会谴责这种蓄意欺骗者。

32　　总之，道德诡辩家们——第二类学者——著述的主题，就是旨在讨论清楚：各种正义准则究竟应该得到何种程度的切实尊重；对他人的生命与财产，我们究竟应该给予何种程度的尊重；如果对他人造成了危害，我们究竟又该承担何种程度的赔偿责任；按照贞节之道与羞耻之心，究竟何种性质的行为才应该被定性为道德诡辩家们所说的那种淫邪之罪；按照诚实守信原则，各种性质不同的誓约、承诺和契约究竟应该履行到何种程度。

33　　或许可以这样认为：道德诡辩家们的那些著述，通常都是在枉费心机地试图用那些严格的道德准则去引导规范那些由内心感受或看法支配的外部行为。可是，面对变化无穷的实际情况，怎么可能单凭那些明确的道德准则就可以确定：正义要求究竟精细到了何种程度就开始变成一种在良心上愚蠢可笑而浅薄无知的过度谨慎？保护隐私与寡言少语究竟到了何种地步就开始变成一种虚伪的掩饰呢？可以接受的玩笑或者反话究竟可以到什么程度？而玩笑或反话究竟到了哪个具体程度就开始演变为一种可恶的谎言呢？优雅得体的行为举止究竟可以轻松自由到什么程度？而每一种行为究竟轻松自由到了哪个极限程度就开始变成一种轻率鲁莽的放肆呢？面对诸如此类的种种实际变化，在一种情况下非常适用的道德准则却很少能适用于其他任何情况。更何况，决定某个行为举止是否合宜得当的具体程度，在每一种实际情况下，都会随着某种最细微的情境变化而发生变化。因此，那些充满诡辩的道德著作，通常都没有太多实用价值，而且大多都显得无聊而令人厌倦。即使有人觉得那些论断是正确的，但他若想按照那些书中的说法"依葫芦画瓢"，那他从中可能获得的帮助也微乎其微。因为，尽管那些书中收集列举了大量的道德实例，但现实生活中可能发生的各种变化要远远多于其中所收集列举的实例；倘若有人试图从那些书中找到与他所面对的实际情况完全类似的道德实例，那他就只能碰运气了。一个真正渴望尽忠职守的人，如果认为自己经常需要参照那些书中的道德实例行事，那他这么做就非常浅薄无知。反之，对于一个玩忽职守的人而言，那些道德著作的那种诡辩式说教也不可能唤起他更多关注自己的应尽职责。那些充满诡辩的道德著作，不仅没有一本能够激励我们变得更加慷慨高尚，而且也没有一本能够感化我们变得更加友善仁慈。很多书甚至还起了反作用，以致更多的是教我们学会如何昧着自己的良心去狡辩，教我们学会如何借助那些虚妄的狡辩为推脱自己的最基本责任而寻找更多漂亮借口。道德诡辩家们总是试图采用那些愚蠢可笑的严明道德准则来引导规范现实生活中千变万化的行为，可实际上根本无法做到这一点；这几乎必定会误导他们犯下那些可怕错误。同时，那些愚蠢可笑的条条框框，必定还会让他们的著述变得枯燥乏味，因为其中充斥着大量令人费解的形而上学观点，根本就不可能在人们心中激

发出任何高尚情感；可是道德学术著作的主要作用，原本就在于激发各种高尚
情感。

可见，只有伦理学和法理学这两类道德哲学具有实用价值，道德诡辩论则应 34
该彻底摒弃。并且，古代道德学家的做法似乎要比中世纪以来的那些道德诡辩家
更为正确，他们在研究道德准则这类课题时，并不像道德诡辩家那样热衷于追求
任何精确性很高的严格论述，而只是满足于使用那种宽泛概略的阐释方式。古代
道德学家只是专注于描述清楚：究竟是基于什么样的内心感受，才得以让我们形
成"正义正直、尊礼守节、诚实守信"这类美德的，以及这三种美德通常又会
鼓励我们采取什么样的行为方式。

不过，确实有几位古代哲学家，曾经也尝试提出那种有点类似于道德诡辩家 35
那种严格而明确的道德准则。比如，西塞罗在《论责任》（*Offices*）的第三卷中，
就表达过类似的论述；他或多或少也像一个道德诡辩家那样试图通过列举许多巧
妙的道德实例，来尽量为我们的行为提供各种严格而明确的道德准则。然而，在
这些道德实例中，想要确定各种行为的具体合宜点究竟在哪里，同样也非常困
难。在《论责任》这本书中，有许多段落似乎还表明，其实早在西塞罗之前，
就已经有其他几位哲学家也曾尝试提出那种类似的严格而明确的道德准则。不
过，西塞罗和那几位哲学家，似乎都不旨在提出一套完美的道德准则体系，而只
是打算从反面阐述清楚，究竟在哪些特定情况下我们会对"行为的那种高度合宜
性就在于是否坚守那些我们通常都会奉行的道德义务"这条准则突然变得犹豫
不决。

每一套成文法①法律体系，尽管它们或多或少都存有不完善之处，但都可以 36
看作是尝试建立自然法理学体系的一个成果，或者看作是尝试对各种正义准则进
行逐条精准描述的一个成果。由于违背正义是人们绝对不能容忍的事情，所以行
政长官就不得不动用国家权力来强制公民践行正义这种美德。如果没有这种强制
预防措施，公民社会就会充满杀戮和骚乱，任何人只要觉得自己受到了伤害，都
可以亲手为自己报仇雪恨。为了防止"人人都可以为自己伸张正义"所必然会
造成的混乱，在行政长官已经获得足够控制权的所有公民政府中，行政长官都会
承诺为所有公民伸张正义，承诺审理每一件涉及伤害的控诉并作出赔偿判决。此
外，在所有治理良好的国家，不仅会任命法官来裁决个人之间的纠纷，而且还会
制定一些法律来作为法官审理与断案的依据。而那些法律通常都倾向于与那些自

---

① 译注：成文法（positive law）主要是指国家机关根据法定程序制定发布的并以规范性的文件形式
表现出来的具体系统的法律文件。成文法是"不成文法"的反称。通常包括宪法、普通法律、行政法规、
规章、地方法规等。

然正义原则①相一致。然而国家法律未必在每一种情况下都能与自然正义原则相
一致。因为很多时候，所谓的国家制度或法律体系，本质上就是为了维护政府利
益；以致那些由特权阶层控制的专制政府，有时候就会出于维护他们的自身利益
而扭曲国家的成文法律，甚至造成它们偏离自然正义原则。在某些国家，人民的
粗暴与野蛮也会妨碍自然正义的发展，从而导致其法律体系的准确程度与合理程
度不及文明国家所能达到的一般水平；以致他们的法律也像他们的行为方式那
样，粗陋简单、野蛮无礼而是非难辨。而在另外一些国家，尽管人民的行为方式
已经进步，而且其文明程度足以采用那种最严明的法律，但不幸的是，这些国家
落后的司法体制反而阻碍了各种基本法律体系的正常建立。不过，任何国家都无
法做到根据其成文法律所作出的判决在每一种情况下都完全符合自然正义原则的
要求。可见，成文法法律体系作为不同时代与不同国家在人类道德情感理论方面
的成果与结晶，固然应该具有最高权威，但也绝不能因此把它视为是自然正义原
则的精准诠释。

37　　　有人可能会觉得，既然法理学家们已经注意到不同国家的法律所存在的种种
缺陷与需要改进之处，并且也进行了相应的分析研究，那他们就应该有机会注意
到，自然正义原则应该独立于成文法法律体系之外，并且应该对其进行单独研
究。还有人可能会觉得，法理学家们基于那些分析研究，就应该把目标集中在如
何建立一套可以被真正称为自然法理学的体系，或者应该建立一套通用法学理
论，以便能够贯穿所有国家的法律体系，从而可以作为所有国家的立法基础。尽
管法理学家们的分析研究确实在这方面取得了一些成果，尽管所有法理学家在系
统分析研究某个国家的法律体系时，都无一例外地会在其著作中夹杂一些他们自
己对自然正义原则的许多见解与论述；然而直到最近，才有人提出"通用法学理
论"这个涉及自然正义的概念，才有人开始把"法律哲学"②作为一门单独学科
来研究，而不再涉及任何国家的具体法律制度。在那些古代道德学家中，我们确
实也没有发现有哪位学者曾经尝试对各种正义准则进行特别详细的论述。无论是
西塞罗在他的《论责任》中，还是亚里士多德在他的《伦理学》中，都如同他
们研究论述其他所有美德那样，依旧采用那种宽泛概略的方式来研究论述各种正
义准则的要求。然而，我们通常希望看到的而且每个国家的成文法律都应该强制

---

　　① 译注：自然正义原则（Rules of Natural Justice），是英国普通法中的一个重要原则，最初的适用范
围仅限于司法领域，是司法权运行的基本程序要求。从自然正义原则的基本内容来看，自然正义原则与司
法权的运行有着密切的联系，是实现司法公正的根本保障。

　　② 译注：法律哲学（Philosophy of Law）是哲学在法律领域中的一个分支，如同科学哲学、政治哲学
等领域一样，是一门对于社会现象或者学术领域的基础信念进行反思的学问。在不同的场合或者学术脉络
之下，法律哲学（法哲学）又被称为"法理学""法学理论"甚至"基础法学"，尽管这些名词的含义原
本不尽相同，但它们很多时候都被用来代表法律哲学。

要求的那种自然正义原则与自然公平原则，却并没有在西塞罗和柏拉图的法学著述①中出现过任何相关论述。因为他们所讨论的法律只是有关公共政策的法律②，而不是有关正义原则的法律。格劳秀斯③似乎是第一位尝试建立那种类似通用法学原理的理论，以便能够贯穿所有国家的法律体系，进而可以作为所有国家的立法基础。他在"战争与和平"方面所作的法理学阐释，虽然存在许多缺陷与不足，但也许是迄今在法理学方面论述最全面的著作。我将在另一本书中专门针对各种有关正义原则方面的问题，各种有关公共政策、国民收入和国防军备方面的问题，以及其他一切有关法律对象的问题，尽量阐明法理学与政府制度的一般原理，以及这些一般原理在不同时代与不同社会阶段又经历过哪些变革与演进。因此在这里，我不打算就法理学的发展史作任何更深入的详细说明④。

————全书完————

---

①　译注：分别指西塞罗的《论法律》（De Legibus）和柏拉图的《法律篇》（The Laws）。西塞罗在他《论法律》（De Legibus）中，将法律分为"自然法"和"成文法"两大类（但并未涉及亚当·斯密所说的自然正义原则）。他认为，成文法就是民众根据自己的观念，对他们希望的事物进行限定、允许或禁止的规定；而"自然法"高于"成文法"，是普遍存在、永恒不变、至高无上的法，也是判断善与恶、好与坏，以及成文法优劣的基准。而柏拉图的《法律篇》（The Laws）是他一生中最后的也是最长的一部著作，共十二卷。这本书不仅涉及大量政治与法律方面的基本问题，还包括公共与个人生活的各个方面。前三卷讨论了好的法律制度的基本原则，以及应该如何基于法律来建立一个新城邦；第四卷和第五卷讨论了立法的前提与基础；其余各卷则为理想城邦描绘了各种法律制度。

②　译注：有关公共政策方面的法律，作者在本书第二卷第二章第三节第 11 段说明了"违背公共政策的法律"与"违背正义准则"之间的区别，又在第四卷第一章第 11 段对"公共政策"的作用做了详细说明。在亚当·斯密看来，公共政策方面的法律并不是基于正义原则，而是旨在增进社会福祉、促进社会发展与繁荣。

③　译注：格劳秀斯（Hugo Grotius, 1583~1645），荷兰著名政治家、法学家，现代国际法学的奠基人，同时也是近代折衷法学派的创始人之一。

④　译注：作者的这个承诺，就像他在本书序言"致读者"中所说的那样，在他的另一部名著《国富论》中，至少就"公共政策、国民收入和国防军备"而言，得以部分实现。但在正义与法学原理方面，虽然作者从未放弃写作，但生前未能如愿完成，目前流传下来的，也仅仅是他的学生所做的一些课堂笔记。

译后记

历经三年半多的"艰辛"岁月，落下严重的眼疾，译者之所以能够坚持完成《道德情操论》的翻译，或许主要得益于以下几点：

互联网和电子词典的快速查阅和搜索工具；

我阅读过的那些西方经济学、社会学、哲学著作；

自己的人生阅历（工作、生活和情感经历）；

持之以恒的决心和毅力。

其实英语词汇跟汉语词汇一样，每个词都有丰富的含义；即使是同一个词，在不同的上下文和语境中，其含义也各不相同，有时甚至完全相反。所以在翻译过程中，如果不考虑论述主题和上下文的具体内容，而只是像某个所谓权威译本那样，简单地按照"sympathy、sentiment、admire、nature、say、though、and、if、principle、great"等词的常见字面含义，在不同的章节段落中，全部直接译作"同情、情感、钦佩、自然、说、虽然、和（而且）、如果、原理（原则）、伟大的"；或更有甚者，将"mean principle"直接译作"恶劣习惯"、将"production of art"直接译作"艺术品"、将"Political view"直接译作"政治见解"、将"Private gentleman"直接译作"没有官职的绅士"、将"Private vices are public benefits"直接译作"个人劣行即公共利益"，那就会出现严重的概念错误，甚至缺乏最基本的逻辑和文理，进而前后矛盾甚至啼笑皆非，以致让读者不知所云。这就好比某个中文功底不够深的英译者，如果他完全按照汉字的常见字面含义去直译，那他就有可能把"教学相长"中的"教学"按照白话文来理解成一个词，甚至把"水天一色"中的"一"直译作"one"、"色"直译作"colour"。所以在本书中，比如，"and"除了译作"和、而且、并且"之外，许多地方其实应当译作"从而、进而"；而"if"除了译作"如果、倘若"之外，许多地方其实应当译作"只要、即使"；关于"principle"这个词的翻译，读者可以参阅本书第一卷第一章第一节的"译注2"。

我不得不说，正是基于译者对以下这些关键词（或概念）的理解，才得以让很多章节的翻译读起来比较通顺而有条理：

sympathy，enter into，fellow-feeling，pity，compassion，sentiment，affection，passion，emotion，passions and emotions，passions and affections，nature，natural，naturally，principal，principle，otherwise，proper，properly，propriety，impropriety，fortune，misfortune，merit，demerit，just，justly，justice，unjustice，love，self-love，selfish，self-interest，self-deceit，beneficence，benevolence，virtue，vice，virtuous，vicious，admire，admiration，approve，disapprove，approbation，disapprobation，particular，sense of duty，beauty，utility，custom，fashion，art，happy，character，quality，humble，happiness，order，self-command，partial，impartial，say，moral，morally，morality，moral sense，faculty。

此外，我还想分享几处有趣的翻译：

在某"权威"译本的第 7 卷第 2 章第 4 节第 12 段中，我记得每次读到"个人劣行即公共利益"这句话时，都觉得不知所云。后来阅读英文版时也发现，也很难从字面上理解原文"Private vices are public benefits"的含义。我一直对这句话的翻译很苦恼，后来反复联系本节上下文，在第一稿时将其意译为"满足个人私欲就是增进公共利益"，但在第二稿修订时仍然觉得非常不满意，因为丢了"vices"这个词"恶"的含义。于是又查阅了大量资料，最后译作"个人私欲的恶之花，也会结出公共利益的善之果"这个自己比较满意的翻译。

在第 3 卷第 6 章第 7 段中对"private gentleman"的翻译，我反复琢磨也百思不得其解，最终得益于 2019 年端午节下午，在家观看一部大学时代的中英字幕老电影《阿甘正传》时，突然受到台词"private Gump（列兵阿甘）"的启发，才得以在第二稿修订时，找到"自视清高的绅士"这个满意的译法。

在第 7 卷第 3 章第 1 节第 2 段中对"political view"的翻译，也是在第二稿修订时，花了整整两天时间对这段英文原文的连续琢磨和"死磕"，才得以"柳暗花明又一村"找到"政治宏伟蓝图"这个还算恰当的译法。

在第 4 卷第 1 章第 1 段（实为本章原英文标题移入内容）中"the productions of art"与第 3 段中"the production of art"的翻译，得益于两点：一是觉得若像某些所谓权威译本那样将其译作"艺术品"或"工艺品"显得文不对题；二是在多家英汉字典查询无果的情况下，最终在《21 世纪大英汉字典》中找到了"art"这个单词的不常见用法和例句，而得以译作"构造精巧的物品"。当然，也许对英语很好的朋友来说，根本就不存在我所说的这个问题。

在第 4 卷第 1 章第 1 节第 8 段中，对"He feels himself naturally indolent"的翻译，同样也是"indolent"除了常见的"懒惰、懒散"之意外，还有"不活跃的、无痛的"之意。所以不应该像某个所谓权威译本那样，直接译作"他自然地感到自己懒惰"，而应译作"生活自然就不再艰辛痛苦"，这样，上下文才会通顺而不至于让读者备感突兀。

在第6卷第2章第2节第3段中，对"the mean principle of national prejudice"的翻译，同样也是因为"principle"这个词，除了常见的"原则、原理"之意，还有"心理、缘由、心理因素"之意；因此不应像某个权威译本那样译作"民族歧视的恶劣习惯"，而应译作"民族偏见这种不良心理"。

在第7卷第2章第1节第6段中，对"general and scientific ideas"的翻译，也是在第11稿校对时（打印出来通读第5遍时），由于总是觉得"科学观念"这个说法在此处显得非常唐突，才得以发现"scientific"这个词，除了"科学的、关于科学的"这个常见含义之外，其实还有"细致严谨"之意。

在第7卷第2章第1节第34段中，对"a refinement of philosophy"的翻译，同样也是在第11稿校对时（打印出来通读第5遍时），觉得"哲学"在这里非常突兀，才得以发现"philosophy"这个词，除了"哲学"这个常见含义之外，其实还有"人生观、处事态度"之意。于是，最后将"philosophy"译作"人生态度"而显得通顺。

本书中频繁出现的"great"，更不能全都笼统译作"伟大的"，因为它还有"重要的、主要的"之意；而"fashionable"也不能全都译作"时髦的"。

还有很多地方，译者结合正文或上下文内容，对类似第1卷第2章第2节"Of Those Passions Which Take Their Origin from a Particular Turn or Habit of the Imagination"这样的几处标题和多处正文进行了意译，以免晦涩难懂。

尽管如此种种让我先"痛苦不堪"而后又"得意扬扬"的翻译还有很多，但我还想与读者再分享一件有点"丢人"却非常有趣的事情，就是英文版中大量出现的"I say"和"They say"，我在开始翻译本书时，限于自己的英文水平，也像某个"权威"译本那样按照"say"的字面含义，理所当然地把它们直接译为"说"。随着翻译的深入，我愈发觉得将"say"翻译为"说"不对劲。有一天，我突然想起台湾《白话版资治通鉴》的作者柏杨先生曾经说过的一段话，大意是"我对文言文的理解，至少不会像很多人那样，把'曰'翻译为'说'，因为文言文中的'曰'，更多是指'认为'之意……"受此启发，我才得以将文中大量的"say"译作"认为"。之后不久去美国出差，同一位华人朋友谈及我这个窘事，他立即大笑说："你的英文果真不好……"我笑答："原来18世纪时'say'的含义，跟文言文中的'曰'完全相同嘛。"不过，这件窘事让我明白了两点：一是进一步认识到了《道德情操论》的翻译难度而不敢有丝毫疏忽；二是明白了我之前读的中译本为什么会出现那么多缺乏基本文理逻辑而令人啼笑皆非的"句子"。

此外，正如我在目录的注释中所说：本书英文名为 *The Theory of Moral Senti-ments*，有学者曾经提出《道德情操论》这个书名的翻译不太准确，因为他们觉得本书主要讨论的，似乎并不只是"道德情操"方面的问题，甚至有学者提出应该译作《道德情感理论》。但我觉得这些说法，都是源于这些学者太过关注"*Theory*"这个词的字面含义而忽视了本书论述的主要内容。所以我坚持认为，《道德情操论》这个书名是简洁精练的最佳翻译，更何况它已广为人知。

当我在网上看到某些学者关于书名或某个句子的翻译问题的各种激烈讨论（甚至诟病）时，让我想到了在做企业管理时"当评论家易而做实干家难"这样一个感慨，评论他人（或挑毛病）非常容易，但自己做到或去改进完善却很难，尤其是面对那些难以"攻克"的问题时。所以我觉得，无论是做一件具体的事情，还是做一门学问、追求一份事业或管理一个公司，甚至治理一个国家，最好多一些实干家而少一些评论家。

尽管我的英语造诣非常粗浅，但我还是打算分享一条自己不太成熟的感想：现代英文的书写与表达习惯，是否也像现代白话文相对于文言文或半白话文那样，同 18 世纪相比已经发生了很大变化；以致有些句子（比如第七卷第三章第三节标题中"sentiment"这个词）可能也有点类似文言文的"简洁"表达方式。无论我的这个感想有几分正确性，但有一点是肯定的，那就是翻译工作切记"贯通"和"信、达、雅"，而切忌仅仅按通常的字面含义去翻译，尤其是哲学著作中的那些基本概念和论述逻辑。否则，就无异于将"水天一色"中的"一"直译作"one"、"色"直译作"colour"，进而令人啼笑皆非而贻笑大方了。

总之，译者窃以为，在哲学著作和经典古籍的翻译过程中，除了充分联系上下文并力求文理与逻辑上的"贯通"之外，长句、多重从句、代词的恰当处理，也至关重要。

如果在社科、历史、哲学方面没有一定的阅读量，如果没有互联网资源和唾手可得的检索查询渠道，如果没有工作、生活、感情上的各种"美好或苦涩"的经历，如果没有足够的决心与毅力，即使译者在英语地区生活过三十年，也无法完成本书的翻译工作。由此我觉得：如果你真的爱一本书（或一个人），并且这本书（这个人）也值得你为"她"付出爱，你就会全力以赴。

随着翻译的进行，我也逐步加深了对本书的理解，并从第四卷开始，个人认为翻译得越来越通顺达意。以致在第二稿校译修订时，发现在第一至三卷中，有些曾经自以为翻译得还不错的地方，还是显得不够通顺，尤其是一些长句的处理不够恰当。所以，后来又决定对第一至三卷全部进行重译，以致这三卷的第二稿与第一稿相比变化较大。

虽然即将完稿，但三年多连续"紧盯电脑屏幕"，导致双眼时常干涩不适。

现在几乎无法直视电脑或手机屏幕超过 10 分钟，而只能使用投影仪，眼睛恐怕很难再恢复到正常状态了。所以，做任何事情都要劳逸结合。

促成我开始并坚持翻译这本巨著的，除了犬子的那句玩笑之外，其实还有一个因素。那就是从 2017 年初着手翻译此书开始，直到本书完成第一稿（2019 年 3 月 12 日）这段时间，我的事业和人生同时跌入了前所未有的低谷。"枯燥"的翻译工作，一方面帮助我度过了三年多的艰难岁月，让我有一件可以十分专注的事情，在缓解我痛苦的同时，还给我带来很多快乐；尤其是经历反复字斟句酌的"煎熬"之后，不时译得自以为的"妙句"之时，那种禁不住"自鸣得意"的开心一笑甚至自拍大腿的快乐。另一方面又让我得以进一步领略《道德情操论》的恢宏与要义，从而增进了对世界、对人生、对自己的理解与认识，可以说是受益良多。现在看来，不知道是上帝有意给我安排了这样一段艰难岁月，以便让我有决心和毅力来完成本书的翻译（方便自己和他人阅读）；还是上帝想通过让我翻译本书来帮助我度过这一段艰难岁月，进而让我得以有机会为喜欢《道德情操论》的读者作点绵薄贡献；又或兼而有之。

翻译过程中，曾经有位朋友问我，这些成年人都耳熟能详的七情六欲、喜怒哀乐和爱恨情仇，为什么要花那么多时间去论述、去阅读、去翻译呢？我当时本来想回答说，当年我们学习的那些数学公式、几何定理、化学方程，到底又有什么用呢？或者回答说，古今中外的爱情故事和英雄故事，甚至宗教故事和迷信传说，到底又有什么用呢？但我当时并没有作任何回答。现在我想回答这位朋友说，正如我建议读者至少要读三遍《道德情操论》那样，亚当·斯密和他的这部伟大著作，其目的或许在于让我们祛蒙昧而少作恶积怨、晓事理而多行善积德，让我们学会辩证地看待人世间的一切，既要看到公平之中的不公平，也要看到不公平之中的公平……

还有一点需要说明的是，尽管我本人在日常生活中经常会提到"上帝"，其实我并无任何宗教信仰，而且到此时此刻，我仍然是一位无鬼神论者。一方面，我并不排斥那些有普世价值的宗教，反而极其赞赏和推崇"上帝"在宽慰人心、惩恶扬善等方面所发挥的巨大而有益的作用。另一方面，作为一个打懂事起就坚信无鬼神的我，到 30 多岁才开始有了对"上帝"的一些真正认识，并且按照自己对"上帝"的认识与理解，逐步完善了"上帝"在自己心中的形象和作用。亚当·斯密先生在本书中提及次数最多的也许就是"造物主、上帝和神"，我相信每一位读者看完之后，对"上帝"都会有自己的独特理解。诚如以色列的尤瓦尔·赫拉利教授在他的《人类简史》与《未来简史》中以及费罗姆先生在他的《爱的艺术》中多次指出的那样：所谓的上帝其实并不存在，她仅仅存在于我们每个人的心中或想象中。而我们每个人心中的那个"上帝"，只不过"名称、样子和作用"各不相同而已；因为"上帝"的具体形式或作用，其实完全取决于我们每个人的认知与理解。

我相信，读完《道德情操论》，不仅有助于我们更好地了解人性、认识自我、理解他人，有助于理解人类行为或情感的本质和产生的心理机制，而且还有助于理解道德意识、宗教信仰和"上帝"的形成、本质、作用与利弊。

本人一直怀着"方便阅读和易于理解"之心，花了大量时间纠结某段话的句式、语序或表述方式，尤其是一些容易产生歧义的地方，反复订正不下几十遍。本书的翻译，在内容要旨、逻辑条理方面，可以说做到了胡适先生所说的"融会贯通"；无论是句子内部，还是上下文之间、段落之间、章节之间，都有脉络条理可寻，读后觉得有头绪和有条理，而不再不知所云。

就全书的翻译而言，第一卷（第三章除外）相对较易，第四、第五卷较难，第二卷（尤其第二、第三章）、第六卷（尤其第三章及本卷总结）更难；当然，第三卷（第一、第二章除外）和第七卷最难。其中有数百处极难翻译的段落或句子，曾让我几度产生放弃翻译本书的念头。尽管许多词句的翻译，至今我仍不太满意，但至少单就翻译而言，我自认为翻译得最好的而且也最令我开心得意的，正是当初觉得最难翻译的那些部分。

窃以为，或许只有那些通读过其他译本并且真正感受过其"晦涩难懂"的读者，以及那些有兴趣看过英文原著的读者，才有可能更好地体会到本书译文的妙处所在，才有可能更好地理解本书翻译过程之"艰辛"。

这三年半多的翻译时间大致分配如下：

第一稿历时二年，在英汉电子词典的帮助下，逐句完成对原文的翻译。

第二稿历时九个月，将译稿与英文原文进行逐句逐段校译，进一步梳理了每个段落之内以及各个段落之间的论述逻辑与条理（这也许是整个翻译中最难也最有价值的部分），并订正了一些翻译错误。

第三稿历时四个月，再次将译稿与英文原文进行逐句逐段校译，继续完善论述的逻辑与条理，并进行了初步润色；同时，针对150多处自认为表述仍然存疑或不够准确的地方，与爱妻讨论后进行了完善。

第四稿历时二个月，第三次将译稿与英文原文进行逐句逐段校译。

第五稿历时一个月，编辑修订各条"译注"，再次对正文进行了润色。

第六稿历时一个月，根据爱妻（她是本书的第一位读者）提出的宝贵意见，对个别地方进行了修订和润色。

第七至第十二稿历时三个月，将译稿先后三次打印出来，通读六遍并重点修订、润色。主要修订润色了一些转折词、连接词、助词与代词，同时还对少数段落的语序进行了优化，以便更加通顺易读。正是在通读六遍的校译与润色过程中，才得以先后发现并订正了之前一直没有发现的 17 处翻译错误或逻辑错误（第一卷 3 处，第三卷 1 处，第五卷 1 处，第六卷 4 处，第七卷 8 处），且有 8 处还是在第十二稿时才发现的。尤其是第六卷的标题，在第十二稿交稿之后仍然觉得极不满意，于是又经过数十遍的反复琢磨，才得以最终修订为"论德性"这个自认为最精练的译法。

为了方便阅读过英文版的读者朋友检索资料，我把本书某些段落或句子的翻译，摘录了英文原文和某中译本的译文，供有兴趣的读者参考。读者可以扫描下边右图二维码在百度网盘下载"译文选萃"之 PDF 文件（提取码：c4cq），或者扫描左图二维码关注微博与译者讨论交流。读者朋友在看完这些译文对比之后，也许不仅可以体会到我在翻译过程中的艰辛和快乐，还可以明白我为什么花了三年多时间才完成本书的翻译。

再次感谢"百度搜索"和"百度百科"的同时，还有两点需要特别感谢"百度"：其一，在我开始翻译本书时，中、英文版"维基百科"均可正常使用，后来先是中文版无法正常使用，再后来英文版也无法正常使用了。因此，如果没有"百度快照"的帮助（尽管只能预览英文版"维基百科"的部分内容），很多背景资料根本无法查询到。其二，之前"百度"不到的中文词条，只能使用"百度快照"预览到部分英文资料，以致总有残缺不全的情况。在校对修订时发现，某些"曾经"检索不到的中文词条，后来在"百度百科"中也可以检索到了，得以让我弥补之前那些残缺不全的英文版"快照"内容。

扫码关注微博 与译者交流

百度网盘下载 提取码c4cq

本书由张春明翻译、校译并定稿。毫无疑问，限于自己的专业知识、英语水平和理解能力，译文必然存在许多纰漏之处，敬请读者和专家指正。

张春明

2020 年 7 月 22 日　于武汉